中央党史和文献
研究宣传专项引
导资金重点项目

大别山革命历史回忆资料丛编

全民族抗日战争时期卷　下

主编：田青刚

本卷主编：张金林　赵　赞

中原出版传媒集团
中原传媒股份公司

大象出版社
·郑州·

★ 目 录 ★

驰骋豫中　会师大悟

◎ 王首道 [1]

　　1945 年 1 月 11 日，我们又在雪地里走了 50 里路，来到泌阳县所属的薛庄。听说新四军第五师已派出一支先遣队前来迎接我们，于 10 日到达武功镇西南，预计 12 日可到舞阳和泌阳两县交界地区。于是我们决定在薛庄附近休息一天，并令第二大队派出一个连去接护新四军先遣部队，以期在薛庄附近实现两军会合。黄昏，我们接到新四军先遣队来电，他们在向我前进路上，为顽地方反动武装所阻，无法如期到达预定地点。我第二大队派出的一个连，也因受到顽地方反动武装阻挠，中途折回。以后两天，我们又在很深的雪地里行军 100 多里，渡过沙河，进到了确山所属的蚁蜂镇。

　　从 1 月 12 日至 15 日，部队都是在雪地行军，途经方城、舞阳、泌阳、遂平四县之间，向确山县之竹沟前进。前进方向的左侧为日伪占领区，主要有武功、出山寨、老君庙、文城、沙河店等据点；前进方向的右侧为顽军占领区，主要是顽五十五军，他们控制着方城东乡和泌阳北乡山区，这些顽军和老君庙、文城、沙河店等日军主要据点 1000 余人，是我们前进途中的主要敌人。我们采取充分利用日、伪、顽之间的矛盾，走日、伪、顽接合部，可以避免大的战斗，这对我军少受损失、顺利通过豫中平原是有利的。15 日零时出发，夜行军通过牛蹄、沙河店两敌据点

---

① 本文作者当时任南下支队政委。

之间公路封锁线，天亮前又安全地渡过了南汝河的支流沙河。这四天的行军，小的战斗时有发生，但避免了大的战斗。这里的雪比鲁山、叶县地区下得还大，对我军行军又增加了不少的困难。

1月16日早晨，部队从蚁蜂南下，经过两三个村庄，翻山到了一个叫鸭口的地方。出鸭口就是从确山通向竹沟的公路。附近有个不大的山村，叫作瓦岗寨。第二大队刚走出鸭口，只见前面瓦岗寨浓烟滚滚，火光冲天，从寨子里传出一片粗暴的呵斥声和凄厉的哭喊声。很快，侦察员气喘吁吁地跑来向大队长陈冬尧同志报告：一队日本侵略兵昨天从确山押运武器辎重到竹沟，今天在返回确山途中，正在这里烧杀掳掠。陈大队长一听日本侵略者糟蹋亲人，顿时不由得火冒三丈。他身边的战士们也都义愤填膺、摩拳擦掌。

"打吧，大队长！快下命令打吧！"战士们都围着陈大队长，焦急地请战。

陈大队长说了声"监视敌人，做好战斗准备！"就拿着望远镜爬上了高地。他靠在一块山岩上，仔细观察一阵之后，突然转身，高声对大家说："同志们！鬼子既然撞到了咱们的枪口上，咱们就没有理由不打他！要打，就打个漂亮仗，给新四军战友们做见面礼！"战士们巴不得听到他这一句，转眼间都携起步枪，扛上机枪，飞快地冲出山口去了。接着，各种爆炸声响成了一片。公路上立刻腾起浓黑的烟雾。呛人的火药味，弥漫在清冷的雪野上空。

陈大队长亲自带领三营出击，迅速展开队伍，占领了一处有利地形，朝着山下敌人猛烈开火，打得日军人仰马翻，死伤过半。剩下的敌人，利用公路以南凹凸不平的地形作掩护，进行顽抗。我九连战士猛冲上去扔出一排手榴弹，先把敌人的机枪打成了哑巴，紧跟着扔出一排手榴弹，又炸翻了前面一排敌人。后面的敌人一看站不住脚，爬起来就朝瓦岗寨跑。有几个敌人逃进村边一个空无一人的老乡家里，妄图负隅顽抗，被我战士紧追上去，一顿手榴弹炸得血肉横飞。还有几个敌人钻进茅草丛中继续抵抗，我指战员们就从四面放火把他们烧死在里面。

这一仗打得干脆利落，战斗从开始到结束不到一个小时，歼灭日军数十人，缴机枪1挺、步枪30余支，还有几大车无线电器材和军用物资。战斗结束后，我们对损失茅草和被炸坏房屋的老乡们，分别给了补偿，又把敌人抢去的牲畜、大车全部归还原主。当地群众对我军无比钦佩，团团围住我指战员说："你们真是解救老百姓的天兵神将啊!"

当天,我们通过从确山到竹沟的公路,进到南河庄宿营。离此只有十几里路的雷家寨,就是我豫南游击兵团司令部的所在地。游击兵团下辖四个团,其中第一、二团由新四军第五师的部队改编而成,第三、四团分别由鄂东独立团和淮南支队改编而成。次日,我和王震、王恩茂同志先后来到雷家寨,同游击兵团的负责同志一起研究了今后的行军路线。初步安排:18日在原地休息一天,19日晚全军通过平汉铁路,进入路东新四军汝南、正阳、确山边区根据地。转回驻地后,我们又商定由王恩茂同志起草一份与新四军第五师会合的工作意见,抓紧在全军进行一次加强革命团结和搞好军民关系的教育。同时,向各大队和支队直属队各单位发布了行军作战命令:为确保全军于19日晚安全通过平汉铁路,决定第一大队除担任对平汉铁路的警戒任务外,还要调出两个连的兵力占领大冲口和小庄以东一带山梁,作为防御铁路线方向敌人袭击的主阵地。第二、三大队加强东南面明港方向的警戒,第四大队加强北面瓦岗、竹沟方向的警戒。

第一大队大队长陈外欧和政委李铨同志接到命令后,立即带领各营、连长实地勘察地形,确定一营二连和二营五连分别占领驻地以东山梁之主阵地,加紧构筑工事,设置伪装。由于雪后天气奇冷,陈大队长特别交代:监视敌人时阵地上可留一排人守卫,其余暂入附近民房休息,定时轮换。一旦发现敌情,全连火速占领并扼守主阵地,掩护全大队展开进入战斗,进而保证全军出发前后宿营和行动之安全。

日军16日在瓦岗地区遭到我第二大队痛击之后,随即调动兵力,企图伺机报复。19日,他们在平汉铁路沿线集中了7个大队1300余人,加上各据点伪军2000多人,分兵三路合击我军:一路由新安店、李新店西进,一路由明港北上,一路由确山、邢店、竹沟南下。

19日上午,支队司令部向各大队发出命令,决定于当天下午4时,按原定计划,全军分两路纵队同时出发,通过平汉铁路。下午1时许,第一大队二、五连同时报告,发现日伪军共千余人,从新安店、李新店方向径向我军主阵地前进。我二、五连指战员已全部进入阵地,准备迎击敌人。陈大队长和李政委当即赶到主阵地详细了解敌情,并再次检查工事,下令该大队一、二营其余各连立即占领二线和纵深阵地。将近2时，五六百名日军展开战斗队形，开始接近我主阵地，后面还有近千名伪军尾随跟进。由于我军指战员利用积雪布置了天然伪装，使整个筑有坚固工事的山头看上去一片雪白。日伪军直到距我军数十米远时，仍未发现我军主阵地配置情况。这时，我军指挥员一声令下，二、五连的步枪、轻机枪和特别配备给他们的四挺重机枪一齐开火，投弹能手们又将手榴弹雨点似的扔进敌第一线战斗队形中爆炸，一时打得敌人晕头转向，狼狈溃退，我军阵地前留下了数十具敌人的尸体。日军遭到这一突然打击后并不甘心，随后在猛烈的炮火掩护下，重新组织了第二次、第三次进攻，均被我英雄们打了回去。接着，日军又命令处于第二线的伪军向我进攻。伪军连续向我军冲锋四次，每次还没有进到日军到达的地段，就被我军打得抱头鼠窜。伪军头目跑回去向日军报告："太君，华北过来的八路军，大大的厉害！"战斗持续四个小时，日伪军始终未能前进一步。

按照支队司令部19日上午命令，第一大队原为左路纵队前卫，应于下午4时出发，当晚通过平汉铁路。眼看阻击日伪军战斗正激烈进行，支队副司令员郭鹏同志来到主阵地前沿，重新传达了王震同志的命令：支队主力将乘铁路沿线日伪兵力空虚之机，于今晚通过平汉铁路。第一大队在掩护主力转移完毕以后，可利用黑夜掩护，相机撤出阵地，然后尾随支队或另选路线通过铁路和主力会合。

入夜，支队直属机关遂以第二大队二营为前卫，经胡岗、潘集、余庄到刘告庄，准备在此穿越平汉铁路。突然，一列火车轰隆轰隆地从北开来，我军指战员们立即就地卧倒隐蔽，直到火车开过以后，大家才从地上一跃而起，迅速地通过了平汉铁路。这时已是深夜，天降大雾，指战员们由于通宵未眠，加上紧张行军，一个个都感到又冷、又饿、又累，有的人边走边打瞌睡，后面的人不断踩到前面人的脚跟。天色平明，部队才从后埠、杨店走到胡庄宿营。

第一大队从黄昏起，又抗击了日伪军多次进攻，直到掩护主力向东南转移完毕后，才开始有计划地撤离阵地，向南跟踪支队路线，顺利通过铁路，继续东进，于次日凌晨到达路东之大李凹。该大队二连七班，在先后掩护支队和大队转移时，吸引了敌人的全部火力，最后完全陷入敌人的包围圈中。他们在班长齐卫民同志的率领下，毫无畏惧地继续阻击敌人。估计部队主力远离阵地，这才开始突围转移。向南的退路此时已被敌人切断。他们镇定地掩埋了战友的尸体，负伤的战士包扎好自己的伤口，其余同志带上全部武器装备，借着夜色掩护，从容地向北面山地转移。在后半夜，他们疾走40余里，终于远远地摆脱了敌人。天亮后，他们隐蔽在一个小山村里。当地老乡都是贫苦农民，恳切地留下他们休息养伤。他们在群众的掩护和照料下住了12天，直到负伤的同志伤势好转，才依依不舍地向老乡们告别，踏着正从隆冬中渐渐苏醒的大地，向着他们久已向往的中原解放区大步前进。七班在班长率领下，全班9个人边走边询问跟随我军过平汉铁路后南进的路线。沿途经历了许多艰险，终于2月7日达到大悟山区，找到了部队，回到了革命的大家庭，不久和二连的同志们一起，欢度1945年的春节。

部队通过平汉铁路到胡庄的当天，我豫南游击兵团司令部领导的路东指挥部，立即派人与我们取得了联系。据他们反映，驻在陡沟、老店的国民党第五战区第四游击纵队，近日正向我汝南、正阳、确山边区根据地加紧进攻。第二天，我军在向陡沟以北地区移动时，捉到国民党顽军一名通讯人员，在他身上搜出的信中，诬我人民抗日武装为"奸匪"，声称他们正全力"准备攻歼"。我军当即站在自卫立场上，坚持有理、有利、有节三项原则，配合我边区军民连克陡沟、老店及附近七个村落，两天缴获人枪各四百，粉碎了国民党顽军的阴谋，胜利地保卫了我豫南游击根据地。

1月23日，部队徒涉淮河。随后踏着雪水泥泞的道路，来到信阳县所属的大、小甘园。在此休息一天后，又在王家湾与殷家湾之间徒涉浉河，到阎家嘴通过信（阳）罗（山）公路，抵罗山县所辖的朱堂店宿营。从甘园到子路岭，有一块东西150里，南北50里的荒区。到处野草丛生，有的地方竟没人头顶。听人说，这里原是一片富饶的地方，经过日本侵略者残酷地烧杀掠劫，如今已变成炊烟断绝、狐兔出没的"无人区"，如果不是大部队经过，真令人心寒胆栗。可以想见，在侵略者的铁蹄之下，多少同胞死于非命，多少人家骨肉离散。目睹"无人区"的惨景，全军将士都不由得怒火中烧，誓将深仇大恨化作熊熊烈火，把万恶的日本侵略者烧成灰烬。

部队接着向豫鄂边境进发。这里人烟渐渐稠密，矮小的茅屋代之以砖坯瓦房。沿途大小山上，都有青松、杉、竹等相为掩映；村边鱼塘甚多，更添几分南方景色。当部队翻过鸡公山东麓，接近鄂北礼山县（今大悟县）三里城时，新四军第五师派来迎接我们的队伍也即将到达。忽然,侦察员跑来报告:"前面发现日伪军一个中队百余人,企图阻止我军和新四军会合。"指战员们听到这个消息,都认为机不可失,坚决要求消灭这股敌人。王震同志接受了大家的要求,当即下令:"一定要把敌人歼灭在豫鄂边区的大门口!"我们事先与新四军战友取得联系,分别沿三里城左右两侧运动过去,迅速把敌人包围起来。战斗打响以后,两军战友一齐向日伪军冲杀,很快就把这股敌人全部歼灭。在胜利的欢呼声中,我们和新四军战友们会合在一起。新四军的战友们夸奖我们:"八路军老大哥真行,一上来就打了个歼灭战!"我们的战士说:"今天是双喜临门——两军会合,又打了胜仗。你们立了头一功!"说得大家都笑了起来。

在朱堂店,我们看到新四军第五师第二军分区印发的捷报,报道新四军北上迎接南下支队以及在豫鄂边境会合的消息。出发后,一路上我们又看到《七七》《挺进》《农救》三个报纸联合出版了两期"欢迎八路军"的特刊,上面记载了许多动人的事例:两个病号听说八路军到来,心里一高兴,病很快就好了。因为天冷,第五师十三旅花几万元买下老百姓一座柴山,把山上的树木柴草全部砍倒,分送到我们的宿营地。江汉地区人民推派代表,担了30多担肉和鸡鸭,通过敌人两道封锁线来慰劳我们。为了欢迎我们,整个豫鄂皖湘赣地区的党政军民都动员起来了。

1月27日,我们到了礼山县的下家河。全支队集合在一片沙滩上,王震同志和我先后向部队讲话。王震同志兴奋地说:"同志们!今天,我们就要和盼望已久的新四军第五师兄弟兵团,胜利地在中原会师了!"全体指战员听到这一喜讯,都高兴地使劲鼓掌。王震同志随后简要回顾了部队从延安出发后行军作战的历程,最后强调指出:"现在,我们就要同自己亲爱的兄弟部队新四军第五师胜利地会合了。第五师的战友们在李先念、郑位三同志的领导下,同豫鄂皖湘赣边区人民一起,在敌后收复了广大的国土,创造了中原解放区。他们已成为不可战胜的人民抗日武装,我们要向他们好好学习。"

王震同志讲完后,我接着向部队宣布了有关的注意事项,要求大家谦虚谨慎,戒骄戒躁,模范地执行三大纪律八项注意,特别注意向第五师的战友们学习,搞好团结,并肩战斗。

我新四军第五师是一支英雄的抗日部队。早在抗战爆发时，党中央就派李先念同志来到中原地区。1939年1月，李先念同志带领80个干部，从河南省确山县竹沟出发到达鄂中、鄂东一带，与当地的抗日游击队取得联系，组成了新四军豫鄂挺进纵队。他们在北起信阳、西至汉水、东接安徽、南至洞庭湖畔的广大区域里，依凭着桐柏山、大洪山、大悟山和江汉平原上纵横交错的湖港河汊，发动了广泛的抗日游击战争，向武汉采取了包围的形势。从这一年的夏天到冬天，李先念同志率领这支部队连续消灭、击溃了鄂中的伪军李汉鹏、马筱甫、熊克、杨青山等部数千人。特别是同年10月在湖北京山的新街之战，一举打垮了日伪军一个团的兵力，使日本侵略者对鄂中的进攻遭到了第一次惨败，极大地鼓舞了中原地区广大军民抗战胜利的信心。在不到两年时间里，这支部队很快发展到一万多人，豫鄂边区也得到迅速发展。皖南事变以后，党中央任命陈毅同志为新四军代理军长，刘少奇同志为政治委员，重组了新四军军部。原新四军豫鄂挺进纵队和豫鄂边区人民武装改编为新四军第五师，由李先念同志任师长，郑位三同志任政治委员。从此，他们更积极地活动在豫南、皖西、鄂东及鄂中、赣西及赣北、湘东及湘北等地区，在中原大地上建立了抗日民主政权，树立起一面抗日民族解放的战斗旗帜。从1944年4月豫湘桂战役以后，他们虽然继续处于日伪顽军的包围夹击之中，但是为了解救被国民党遗弃的豫、湘两省人民，毅然同时分兵北上与南下，在豫南收复了信阳、确山以西和遂平、汝南以及平汉铁路以东淮河两岸广大地区，在湘鄂边解放了嘉鱼、岳阳、华容、公安等地，先后共收复国土12500平方公里，解放同胞150万人，巩固和扩大了抗日解放区。现在豫鄂皖湘赣边区，已成为一个面积75000平方公里、人口920万人的大解放区。多年以来，第五师的同志们和解放区的人民一道，一次又一次地粉碎了日伪军的"清乡""扫荡"和国民党顽军制造的各种"摩擦"，坚持敌后游击战争，积累了极其丰富的斗争经验，是我们学习的榜样。

　　部队来到汪洋店，只见街道两旁贴满了欢迎的标语："热烈欢迎八路军老大哥！""扩大解放区，缩小敌占区！""誓把日本侵略者赶出中国去！""抗战胜利万岁！"部队从汪洋店到陈家湾，沿途十几里出现了热烈而动人的场面：道路两旁，排列着新四军和当地群众的欢迎队伍。他们手里挥动着鲜花、彩旗，口里不停地呼喊："欢迎！欢迎！""欢迎同志们！""同志们辛苦了！"儿童团员们举着红旗，扛着红缨枪，站在群众队伍的前面。沿途搭起了一座座彩色牌楼，设立一道道欢迎站。当我们走到第一道欢迎站时，口号声、军号声、锣鼓声震天动地，到处弥漫着爆竹的硝烟。到了第二道欢迎站，那里舞起一只红毛金头的狮子，旁边站着一个穿着袈裟的大头和尚。红毛狮子随着锣鼓声摇头摆尾，口中不时吐出一张张标语，大头和尚接过标语，笑嘻嘻地向我们高诵："真高兴，真高兴，热烈欢迎八路军！""大喜事，大喜事，庆祝两军大会师！"战士们边走边看，都不禁笑逐颜开，把长途跋涉的疲劳忘个一干二净。

部队继续前进，前面出现几匹高大的战马，直向我们奔驰而来。待到临近，才看清马背上的人原来是新四军第五师师长李先念和豫鄂边区党委副书记陈少敏同志。他们特别从第五师司令部赶来迎接我们，更使我们分外激动。当我们相互紧紧握手时，多少心里话一时都梗塞在喉头，每个人眼里都滚动着喜悦的泪花。

1月29日，是八路军南下支队和新四军第五师举行会师大会的日子。八路军、新四军、边区的人民群众和各界人士共计13000多人，会集在陈家湾的广场上，热烈庆祝两支兄弟部队胜利会师。

南下支队和新四军的队伍首先进入会场，在前面并排摆好方阵。举着一面面红旗的群众队伍，从附近山沟里、大路上向陈家湾前进。青年男女推着彩船，抬着披红挂绿的猪羊，熙熙攘攘拥向会场。原红二十五军军长徐海东同志的女儿领着几十名妇救会员，穿着鲜红的裙子，每人提着一个缀饰着鲜花和红绿彩带的竹篮，里面满满地装着红枣和花生。她们一走进会场，就把红枣、花生撒向我们的队伍。这时，军乐声、鼓掌声、鞭炮声响彻全场，人们都沉浸在一片欢乐的海洋里。

新四军第五师师长李先念同志首先致欢迎词。他说："战友们，同志们！我今天高兴得连话都不会讲了，不晓得用什么话来表达我们对八路军老大哥的热烈欢迎。当我得到八路军南下支队在河南同新四军第五师北上部队会合的消息之后，兴奋得两个晚上都睡不着觉。同志们知道，我们在党中央、毛主席的领导下，在豫鄂边区已经有了六年历史。可是在这六年中，一直没有看见过八路军老大哥。我们天天想，日日盼，简直比想自己的爱人还厉害。今天，我们终于看见了老大哥，你说我们该是多么高兴啊！"李先念同志的讲话感情真挚，语句动人，不时引起一阵阵掌声和笑声。他接着说："八路军老大哥在北方打了许多胜仗，英勇善战，经验丰富，我们第五师总想学，但是在见到你们之前总也学不像。这一次同志们来了，我们要好好地学，加倍提高我们的战斗力。"这时，新四军的战友们热烈鼓掌，高呼口号："向八路军老大哥学习、致敬！"我们南下支队的同志们也高呼："向新四军第五师的战友们学习、致敬！向豫鄂边区的人民学习、致敬！"

李先念同志最后说："党中央、毛主席派遣八路军南下，具有重大的战略意义。豫鄂边区是个突出地带，我们在日伪军和反动顽固势力的包围夹击之下，战斗非常频繁，很希望老大哥来助一臂之力。今天你们来了，我们就不是一支孤军了。你们的到来，把华北、华中打成一片，将来你们南下，又把华中、华南打成一片。这样，我们的人民抗日武装，就从遥远的东北向南摆开，一直摆到华南，摆到海南岛。"

在雷鸣般的掌声中，王震同志发表讲话。他风趣地说："同志们！昨天我留着一脸大胡子，好像个老大哥的样子。今天我把胡子一剃，实际上只算得上个小弟弟。"同志们听了，禁不住发出一阵响亮的笑声。

王震同志说："新四军第五师在李先念师长、郑位三政委和陈少敏等同志的领导下，创立了鄂豫皖边区抗日根据地，沉重地打击了日伪军。你们功勋卓著，中外驰名，你们辛苦了！党中央、毛主席委托我们向你们表示亲切的慰问。我们向你们表示热烈的祝贺，并致以崇高的敬礼！

"我们这次南下和新四军第五师会合，决心在李先念同志的领导下，成为第五师的一部分，我们今天就加入第五师了！我们决心狠狠地打击敌人，保卫鄂豫边区，把胜利的旗帜插到敌后去！"

王震同志的讲话，充分表达了我们南下支队全体干部、战士的心意。大家一齐举手高呼："向第五师的战友们学习！我们愿意加入第五师当新兵！"

同志们又请我讲话。当时，我正患着感冒，但是盛情难却，便哑着嗓子说："在这样喜庆的日子里，同志们的真挚情谊，使我精神倍加振奋，因此非讲几句不可。在延安时毛主席说过，新四军第五师战斗在日伪顽军的腹心地带，创造了丰富的经验，要我们虚心地向你们学习。今天我们亲自来看了，果然名不虚传，值得我们好好学习。我们衷心感谢第五师战友和边区人民对我们的热烈欢迎和盛情接待。我们用什么来感谢你们呢？最好的礼物就是胜利地完成党中央、毛主席和朱总司令交给我们的任务，就是高举抗日的旗帜，实行抗日的政策，以抗日的实际行动，缩小敌占区，扩大解放区，继续创造和发展抗日民主根据地。现在，我们这支公开的队伍是逐渐强大了，但是我们还要建立和发展一支在敌占区和敌后城乡的隐蔽的抗日队伍。这就要抓紧敌占区的工作，抓紧敌后城乡的工作，扩大抗日民族统一战线的力量，把一切抗日力量统统联合起来，广泛开展人民战争，把日本帝国主义赶出中国去！"

接着是豫鄂边区党委副书记陈少敏同志讲话："我们过去孤军作战，受了一肚子冤气，今天要把它吐出来了。我们两军会师后力量壮大了，但是还要在此基础上更加壮大。在我们这里，老百姓只有在生伢时送红鸡蛋。你们看一看，今天群众挑来那么多红鸡蛋拥军，这是要我们八路军、新四军也多多地生伢，大大地发展呀！"在豫鄂边区，陈少敏不仅在女同志中很受敬重，而且在广大军民中都有很高的威信，大家都亲切地称她"陈大姐"。她的几句简短的讲话，顿时使大家笑得前仰后合。

会师大会在热烈的欢呼声和口号声中结束。

当天晚上，在陈家湾又召开了一个盛大的联欢晚会。第五师剧团为我们表演了许多丰富多彩的文艺节目。他们还把我们南征途中的事迹，很快编成快板和歌曲，在晚会上演唱。记得其中有一个反映我们"过冰桥"的节目是这样的：

> 八路军，是神兵，
> 数九寒天过凌冰。
> 黄河冰桥巧飞渡，
> 气死日伪军。

> 老大哥，八路军，
> 英勇善战早驰名。
> 跋山涉水到敌后，
> 人人夸神兵。

中原会师为我们继续南征创造了有利条件，使我全体指战员增强了胜利的信心和勇气，也极大地鼓舞了鄂豫皖湘赣边区以及敌后的广大军民。对于这次会师的意义，当时我党在国民党统治区出版的《新华日报》，曾作了这样的报道：

一支保卫中国人民的武装，一支收复广大国土的武装，一支由毛主席、朱总司令亲自教育出来的劲旅——八路军南下支队，战胜了冰霜，战胜了敌人，战胜了一切封锁线和困难，到达了五省边区的基地，和新四军第五师兄弟作光荣而骄傲的胜利会师。

这一会师，使五省边区有了通陕甘宁边区的直达交通线，使华北、华中人民的武装连接了起来；这一会师，扩大了华中解放区，缩小了华中沦陷区；这一会师，打击了敌人，减杀了日寇在正面战场上的气焰！现在，五省边区不再是悬在日伪顽夹击包围孤立的形势之中了。

我们一踏上中原解放区的土地，立刻感到无比亲切和温暖，就像回到自己家里一样。第五师的战友和边区的人民待我们比亲人还亲。他们早就为我们准备好了房子，置办了锅碗瓢勺等一些用具，送来了柴草、木炭和许多猪、牛、羊、鸡、鸭，还有各种蔬菜。我们每一个干部、战士都收到了慰问袋，里面装着边区人民自己生产的"女将军"名牌香烟以及花生、麻糖和慰问信。每一封信，都表达了热忱而真挚的感情。一位老太太在信中写道："只有你们和我们的'四老板'（当地人民对新四军的爱称）才真正是为我们穷人做事的。我希望能有你们这样争气的儿子。"

会师大会的第二天，支队司令部等直属机关移驻第五师驻地白果树湾，同时决定部队在此休整一个时期。在这里，我们又看到了第五师和边区党委为欢迎我们而发出的《为庆祝大会师慰问八路军兄弟书》。慰问书的内容摘要如下：

八路军南下支队同志们：

鄂豫边区的人民及其子弟兵多年渴望着你们的来临，现在你们终于在千百万人民与数万兄弟部队殷切热望之下来临了。我们谨代表全边区的军民向你们致以热烈的欢迎敬礼！

同志们！你们胜利地完成了全国人民托付给你们与党中央给予你们的伟大任务，到达了久已渴望着你们的鄂豫边区了。同志们，这是你们的大胜利，也是全中国人民的大胜利！我们谨代表全边区的军民向你们致以真诚的亲切慰问！

由于你们带来了新的力量，这力量象征着广大敌后的新发展、新胜利。黑暗在下降，光明在上升！千百万被侮辱与损害着的沦陷区的兄弟姐妹们必然振奋起来，都会联想到，是起来的时候了！是奴隶做主人的时候了！是大翻身的时候了！

由于你们带来了新的力量，孤军苦战七年的边区军民不再孤单了，就地建国的信念已最后确立了，而且将必然使边区抗战局面全然为之一新，伟大的战果将随着你们的足迹而不断地涌现出来，该有多少人张着欢欣的泪眼在期待着你们一展身手啊！

同志们！你们带来了新的力量，带来了党中央、毛主席的指示。我们已号召边区的党、政、军、民，以最虚心最赤诚的心来接受，来向你们学习，这将必然使边区各方面的工作迅速地走上更巩固的道路！

同志们！让我们紧密地携起手来，让我们团结得像一个人一样，肩并肩地为完成党给予我们的任务而共同奋斗！

祝你们胜利！祝你们健康！

郑位三　李先念　陈少敏

任质斌　张树才

1945 年 1 月

2 月 1 日，南下支队各大队干部来到八角门楼，参加第五师在白果树湾礼堂举行的干部联欢会。王震同志在会上介绍了延安和陕甘宁边区的情况，他从大生产运动到整风运动，从经济建设到文化教育，以及我们出发前，中央陆续派遣部队和干部奔赴前方，迎接抗战胜利的有利形势，都一一作了详尽而生动的介绍。到会同志听了都异常兴奋，备受鼓舞。

此后几天，我们相继听了郑位三同志关于创建抗日根据地经验的报告，李先念同志关于军事斗争经验的报告，陈少敏同志关于边区群众斗争经验的报告，边区政府主席许子威同志关于边区政权工作的报告。这些经验报告，都是我们对部队进行政治思想和军事教育的重要教材。

与此同时，我们也乘休整的机会，对全军的各项工作进行了一次全面总结。各大队的同志展开了热烈的讨论，一致认为我军前一段所取得的胜利，已为今后继续南征打下了良好基础。我们应该更进一步地总结经验，发扬成绩，克服缺点，争取更大胜利。对于部队中个别存在的打人、骂人、脱离群众等问题，还开展了批评与自我批评。这对于加强团结、改进工作，都有很大意义。

2月12日是旧历除夕，鄂豫边区呈现一派除旧岁迎新春的节日气氛。部队里也喜气洋洋。我们住的老乡家，把我们当作一家人，恳请我们一起吃团圆饭。王震和王恩茂同志住的一家，因王震同志外出办事，主人一直等到半夜王震同志回来后，才一起吃年饭。第二天天还未亮，到处都响起噼噼啪啪的爆竹声。我们刚刚起床，老乡们就提着年糕，成群结队来给我们拜年了。乡亲们见面就作揖说："恭喜！恭喜！恭喜你们兵强马壮大发展！""恭喜你们出师大吉打胜仗！"我们也祝贺大家新春愉快，感谢乡亲们的亲切关怀和大力支援，表示在新的一年中一定多打胜仗。

上午，李先念同志也带领机关干部和文艺队伍来给我们拜年。在南下支队的驻地，到处都有文艺演出，节目有旱船、高跷、花鼓、小调等。从早到晚，鞭炮、锣鼓和歌声不绝于耳。

在中原休整期间，我们南下支队军政委员会成员参加了鄂豫边区党委会议，学习和讨论了党中央的指示，研究了当前形势和我们的任务。经过充分讨论，确定中原地区今后的工作方针是：以发展为主，着重恢复与扩大鄂南根据地，同时兼顾现有解放区的巩固工作。会后，边区党委和新四军领导号召全体军民节衣缩食，以最大努力支援大军南下，为解放江南人民做出贡献。

在此期间，我们向边区和第五师移交了随军南下的干部，取消了干部大队的建制，研究和确定了下一步的行动计划，准备踏上新的征程。

原载中共河南省委党史资料征集编纂委员会编：《豫鄂边抗日根据地》，河南人民出版社，1986年，第433～451页。

挺进河南敌后

◎ 陈佑铭

一、挺进淮北

1944 年 4 月，日寇集结五六万兵力，从河南发起了打通大陆交通线的作战，几天后国民党军队就开始溃退，农村到处是散兵游勇和丢弃的枪支弹药。我及时将这些情况报告领导，并建议独立二十五团配合淮南支队和独立二十六团配合信南支队沿平汉线铁路东西两侧向北挺进，深入敌后农村，收容散兵，收集枪支弹药，开创敌后抗日游击根据地。总队领导担心与边区党委"以巩固为中心"的方针不符，没有采纳我的意见。

5 月初，信应罗礼总队部、中心县委召集各单位负责人开会，研究新形势下是继续执行"以巩固为中心"的方针，还是向河南敌后发展。会上领导同志一致认为应该集中主要力量开辟河南敌后抗日游击根据地，发展武装，建立地方政权，并建议上级增派一部分主力部队向淮河以北发展。总队部将会议讨论的意见上报，几天后地委、分区复电：关于向河南敌后发展问题，在区党委、师部没有指示之前，为了不失时机，可由娄光琦同志率领独立二十五团一部去淮南，以淮南为前进基地，相机向淮北发展。

总队部领导经过研究并报军分区批准，娄政委带总队电台及全体报务、机要人员和我（作战参谋）率独立二十五团一、二、五连及重机枪排、总队部警通连两个排、侦察队一个班，于 6 月初到达罗山县五里店以北陡沟以南地区。由于国民党军队兵败如山倒，我们到达淮南后，河南战役已基本结束，汤恩伯溃散在农村的散兵游勇和枪支弹药已为数不多了，外省人员大多已趁机回家。本省人一部分被国民党河南省主席张轸收容，组成河南挺进总队第十三、十四、十五纵队，主要分驻在汝南、正阳、确山及以东地区；一部分被伪军李玉霖收容组成豫陕绥靖救国军第一、二、三、四师，主要分驻上蔡、西平、遂平、叶县、舞阳等豫中、豫西各县县城及公路沿线一些较大的城镇；有的被地主、恶霸收容，成了地方的保安队、游击队；有的当了土匪。沦陷区的社会秩序极其混乱，烧、杀、抢，强奸妇女，横征暴敛，搞得民不聊生。一向饱受水、旱、蝗、汤（汤恩伯部队）之苦的河南人民，充分认识到国民党军队扰民有余，保民无能，渴望新四军挺进敌后领导抗战。但可惜的是我们行动太晚，错失了发展的良机；现在渡淮向北发展，需要比较大的力量，力量小了打不开局面，付出的代价也要大得多。

部队到达淮南后，娄光琦立即召集淮南县委、淮北工委书记肖章、淮南支队长闵南俊等领导同志研究如何向北发展的问题。肖章、闵南俊先后介绍了淮南淮北日伪及国民党军队的情况后提出：淮南游击区的主要城镇都被日伪军或国民党地方军队控制，作为向北发展的前进基地是不巩固的，只有消灭顾店、肖王店地方保安大队，并控制这些地区，淮南根据地才较为巩固；淮北汝南、正阳、确山县城及公路沿线大城镇都被日伪军控制，其他一些大的集镇都为河南挺进总队所控制，一些大的村寨也被地方乡保和地主恶霸武装占据。依靠独立二十五团 3 个连及淮南支队 5 个中队的兵力很难打开淮北的局面，建议师部速派一部分主力北上，组成统一的领导机构，统一组织领导开辟河南的工作。经过反复研究，一致同意采取如下措施：

一是淮南县委和淮南支队积极开展敌后地下工作和对敌、伪、顽情况的侦察，积极开展开辟淮北的准备工作。

二是将独立二十五团其余部队全部集中到淮南，在淮南支队配合下相机攻打肖王店和顾店，然后向北发展。

三是报告分区和师部，建议速派一部分主力部队和干部开辟河南敌后抗日根据地，并成立统一的组织领导机构。

四是由我带一个连和重机枪排到陡沟以北地区进行活动，一方面试探一下敌、伪、顽的反应,另一方面配合地方党开展工作。

会后第三天夜间,我带独立二十五团三连和重机枪排(两挺马克辛重机枪)由陡沟西沈湾渡过淮河,进到陡沟西北十五六里之胡家大湾。我们宿营后不久,听到西北几处有枪声,经派人侦察,系乡保武装打枪。据此判断,敌人可能已发现我们过淮河。为了防敌偷袭,又派出手枪队员向陡沟方向进行侦察监视。拂晓前,手枪队员报告,陡沟敌人向我方开来。我立即命令部队进入村南、村东的交通壕(国民党军队修筑的交通壕,村与村相通),准备迎击敌人。不久,村南、村西方向先后响起枪声,向我们驻地盲目射击,但枪声持续了几分钟,仍不见敌人,我当即告诉任连长:敌人不敢前进,说明他们对我们情况不明,怕遭我们伏击;陡沟驻两个大队,可能出来一个大队,我们要在天明之前对敌实施突然袭击,将敌打垮,不然天明后敌人看清了我们的情况,会缠住我们不放,这对我们的行动极为不利。你率一排,带着司号员守住村南、村西,我带其余部队顺交通壕绕到村东南,在敌侧后发起突然攻击,你们听到我冲锋号后即吹起冲锋号,向敌猛打猛冲。

我带二、三排在重机枪排掩护下,在敌侧后发起突然猛攻,敌人遭受我突然袭击后迅速向陡沟溃逃,我们直追到陡沟北三四里的地方才停止。此次战斗,俘十四纵队特务大队一中队长以下80多人,打死3人,打伤10余人,缴获轻机枪2挺、步枪70多支。我在攻击中右小腿擦伤,在追击中一排李排长不幸牺牲。

战斗结束后,敌中队长供称:你们渡过淮河不久,十四纵队司令部即得悉你们有一股部队渡过淮河,但有多少人、什么企图,都不清楚。司令部命令特务大队向陡沟西北方向搜索前进,查明渡河部队的情况。当搜索到胡家大湾南面时,听到胡家大湾及周围村庄狗叫,看到胡家大湾有火光,但怕遭受埋伏,大队长命令向胡家大湾开枪搜索,一听到你们的冲锋号就叫快撤,我们中队被你们的重机枪打死了3个人,都吓得不敢跑了,所以,被你们抓住了。

我们第三天夜间回到淮南,当天下午将战斗情况及侦察的情况向娄政委作了详细汇报,并提出如下建议:

1.我们渡过淮河后不久,陡沟的敌人就得到我们渡河的情报,估计他们在淮河边设有情报站,专门监视我们的行动。建议地方党设法查明此情况,以便采取对策,否则将对我们今后的行动不利。

2. 我们渡过淮河后地方的乡保武装都跑到胡冲店及周围大镇子去了，地主武装紧闭寨门不出，既不打我们，也不让我们进寨，这些对我们今后根据地建设很不利。建议淮北地下党查明情况，然后区别不同情况加以处置：对愿意接受我们领导参加抗日的，我们公开或秘密地加以委用，成为我们的地方武装，待建立起我们的民主政权后再加以改造；对愿意同我们合作抗日，向我们提供敌伪情报，支援新四军抗日的，可允许存在，待建立起我们的民主政权后再行妥善处置；对与日伪有勾结、反共的顽固分子，派精干的小分队采用偷袭的办法加以消灭；对大地主看家护院的武装，动员将枪交给新四军抗日，如不愿意交出，但保证支援新四军抗日，不与敌、伪、顽勾结反共的，可暂时允许保留，待我们的民主政权建立后再行收缴。

3. 俘虏兵大多是本地人，建议将成分好的经过教育后补充淮南支队，再从淮南支队抽调四五十人充实警卫、侦察部队，将两个警卫排扩大为警卫连，将侦察班扩大为侦察队，补充一些本地人，对加强侦察工作有很大好处。

娄光琦政委表扬了这次战斗打得好，这是过淮河打的第一仗，打出了新四军的军威，对那些反共的顽固派是一个打击。你指挥机智果断，部队沉着、勇猛。然后说：淮北汝南、正阳、确山等县的保安队、游击队、乡保及地主武装的情况，淮北工委基本了解，最近肖章同志找来了几个地方党的支部书记，谈了很多情况，你可找胡冲店地区的支部书记尹道德谈谈情况，研究一下对这个地区的保安队、乡保及地主武装的处置措施。俘虏不能留下，经教育后都放回去，这样对做好十三纵队、十四纵队的统战工作及与地方土顽作战都有好处。张和智团长（独立二十五团团长）最近带二、七连来淮南，我们研究先打肖王店的土顽，下一步再打顾店。你布置一下侦察工作，尽快把肖王店、顾店的敌情和地形侦察清楚。

二、肖王店战斗

1944年7月初，张团长带二、七连到淮南，娄政委召集淮南支队、淮南县委、独立二十五团负责同志研究打肖王店的问题。我汇报完肖王店的敌情和地形后提出：肖王店的碉楼比较坚固，强攻很难打得下来，建议采取偷袭的办法。经过讨论，确定由独立二十五团打肖王店，淮南支队向五里店（驻日寇一个小队、伪军一个中队）、顾店（驻一个保安大队）各派一个中队警戒。

肖王店驻有罗山县保安大队约200人。日寇侵占县城后逃到肖王店，与五里店的日伪军有勾结，经常到我抗日游击根据地进行骚扰。镇东、西、南有三个碉楼，三个中队各守一个碉楼。张团长决定让一、三、五连从东、西、南三个方向同时偷袭三个碉楼，但五连在接近镇南碉楼时被敌哨兵发现，开枪射击，突击队迅速冲进碉楼，将敌全部消灭，除被手榴弹打死10余人外，其余50余人被活捉。由于五连的行动提前了十来分钟，镇东、西的两个碉楼的敌人听到枪声后紧闭碉楼，向一、三连射击，部队强攻两次，均未成功，结果伤5人，牺牲1人。为了减少伤亡，天明后即撤出战斗。

三、抓获国民党军统局河南站长

7月中旬，接到第二军分区电报：区党委正在召开扩大会议，讨论进军河南敌后问题，在未做出决定之前，独立二十五团和淮南支队除继续配合地方搞好淮南工作外，可抽出部分兵力渡过淮河，开展宣传工作，侦察情况，建立立足点。

根据第二军分区的指示精神，娄政委率领独立二十五团一、三、五连和淮南支队两个连于7月29日夜间在陡沟西沈湾与邱湾之间渡过淮河，进入正阳县胡冲店以南地区，开展地方工作，侦察情况。我率一连连夜进到胡冲店西南10余里的地区活动，中午侦察员在通往胡冲店的大道上抓住一个国民党军队的上校和一个上尉。当侦察员拦住他们乘坐的马车时，这位上校问："你们是不是十四纵队的？"

"我们是十四纵队的谍报员。"侦察员机警地回答。

"快送我到你们司令部去。"上校神气十足地下命令。

"我们司令部的谍报参谋在南边村子里，请你去那里吧！"侦察员沉着地应答。

我听了侦察员的报告后决定摸清他们的来历和到十四纵队的使命，当即命令侦察员告诉一连：不要暴露我们部队的身份，如果上校问我们部队番号，就说是十四纵队特务大队。

"你是哪一部分的？"我用怀疑的眼光盯着他问。

"我从重庆来，到张主席这里来公干。"上校俨然回答。

"杨上校是国防部军统局新委任的河南站站长。"上尉赶紧向我介绍。

"有什么文件能够证明你们身份呢？"我疑惑地问。

"重庆有电报给张主席，我带着胡宗南长官给张主席的介绍信，请你派人送我到你们司令部去，我跟你们纵队司令是同乡、同学。"上校生气地打着官腔。

"请你把信拿出来，我要看看。"我仍表示不相信。

上校打开皮箱拿出一个战区长官司令部的信封不声不响地放在我面前。我看完胡宗南给张轸的信，又仔细检查了印章，然后把信装进信封交还给上校："对不起，我是十四纵队司令部的中校谍报参谋，看不到官方文件我是从不轻易相信的，这年月，国军、伪军都穿一样的军服，很难分清，再说，我也怕新四军冒充国军！"

"淮北不是没有新四军吗？怎么怕新四军冒充呢？"上校惊问。

"你怎么知道淮北没有新四军呢？"我像"自家人"一样地同他闲聊。

"我从豫陕绥靖救国军第二师那里来，听张国威师长讲，新四军还没有到淮河以北来。"

"豫陕绥靖军是汉奸部队，你怎么敢到那里去呢？"我知道国民党军队与伪军有勾结，但为了弄清他到伪军那里干了什么，故作惊奇地问。

"我是拿着胡长官的信去的。老弟，你不了解情况，绥靖军也不是真心当汉奸，是'人在曹营心在汉'，他们和胡长官有联系，我这次去是叫他们注意与张主席的部队取得联系，互通情报，防止新四军过淮河。"上校非常神秘地小声告诉我。

"现在是国共合作抗日，河南被日寇侵占了，没有理由不让他们过淮河呀？再说，有什么办法能堵住他们过淮河呢？"我听了他这一套"曲线救国"的汉奸逻辑非常气愤，但为了弄清他们怎样防止新四军过淮河，还是心平气和地问。

"新四军说是在敌后开展抗日游击战争，实际上是游而不击，他们是扩大实力，抢占地盘。不是用堵的方法，最好的办法是把地方部队集中整编，驻在集镇上、寨子里，修筑坚固的碉堡，不要分散被他们一个一个吃掉。你们要与绥靖军取得密切联系，互通情报，配合行动，一致对付新四军，这样新四军就不敢过淮北来，即使过了河，也很难站住脚。"上校恶毒地污蔑新四军，讲出了顽、伪联防反共的阴谋。

上校吃完饭出去小便，回到屋里后向我提出："今晚我们要赶到陡沟，你们有公务,我们自己坐马车走。"上尉还解释说:"我是陡沟附近的人,到陡沟的路我熟悉。"

"那么急干吗?"我不慌不忙地说,"你们在这里好好休息休息,明天同我们一起去陡沟。"

"也好!"上校面对上尉说,"明天同他们部队一起去更安全!"

"等一会儿我们去与娄大队长带的部队会合,在那里住一宿,明天上午回陡沟。"

"现在走多好,等一会儿天就黑了!"看样子上校有些焦急。

"这里的事办完了就走。"我怕白天去与娄政委会合他们看出破绽。

天黑后我率一连到事先约好的地点与娄政委会合。当晚娄政委就找上校谈话。

"娄上校是十四纵队特务大队长。"我故套近乎说,"杨上校,你要找张主席公干,可娄大队长就是张主席的外甥,他陪你去,你看好不好?"

"太好了!"杨上校哈哈大笑,"这太巧了!真乃天助我也!我来的时候还怕找不到合适的地点设站,现在看,不仅张主席处可设站,老兄这里做我的后台更好!"

"站座!不管私事、公务,尽管下命令,我们照办就是了!"我也跟着他打哈哈。

"上校当前的任务是什么?有些什么公务要我们干?"娄政委为了弄清敌伪顽怎样联合反共的阴谋,故意试探。

"先把河南站组建好,然后开展工作。"杨上校神气十足地说,"我首要的任务就是把张主席的几个纵队与李司令的几个师之间的关系搞通,形成联防,互相支援,共同对付新四军!"

"我们怎么与他们联系呢?"我疑惑地问。

"你们每个纵队指定一名对党国忠诚的联络参谋,专门跟我一起去绥靖救国军几个师进行联系,协调行动!"杨上校更进一步说,"为了联系方便,我已经和李司令谈妥,他们每个师也指定一名联络参谋,专事联络协调工作,都要随身携带对方的谍报证。"

"有了紧急情况怎样联系呢?"娄政委故表担心。

"这不用你们操心!"杨上校表示成竹在胸,"我与李司令已商量好,他派两名机要秘书驻在张主席挺进总队司令部,专事无线电联络;请张主席也派两名机要秘书驻绥靖救国军司令部,专事无线电联络。"

天明后,他们去野地大小便回来可能发现"照顾"他们的"勤务兵"是在监视他们，上尉又向我提出："上校怕耽误你们的公务，我们早餐后自己去陡沟！"

我看他们神情紧张，估计他们已看出破绽，又怕他们动武拼命，立即缴了他俩的手枪，把他们看管起来。

他们知道反抗无用，乖乖举起了双手，让手枪队员缴下了手枪。上校却嘴硬地说："现在是国共合作抗日，你们不能缴国军的枪！"

"我们是和真正抗日的国军合作！但对你和那些与日伪联合反共的顽固派决不合作！"我十分气愤地说，"我将把你们与日伪勾结、联合反共的事实向中国人民和世界反法西斯人民揭露！"

四、顾店战斗

1944年7月中，第二军分区电报传达师部的决定：师部根据区党委扩大会议精神，确定以原在豫南活动的淮南支队三个中队、信应独立二十五团五个连和十三旅三十八团第三营等部组成豫南游击兵团，任命十三旅副旅长黄霖为司令，向河南敌后进军。豫南游击兵团以淮南县委所属地区为前进基地，经平汉铁路东敌占区之信阳、正阳、确山交界的走廊地带，前进至舞阳，建立与中央的联络点，迎接八路军南下。同时成立豫南工委，发展汝南、正阳、确山地方工作，掌握豫东、豫南及桐柏山一带的情况。

8月初，黄霖率十三旅三十八团第三营九连和工作人员约200人，从大悟山出发，进抵淮南地区，在肖王店西北黎山头地区与我们会合。第三天黄霖与娄光琦一起召集淮南支队、淮南县委和淮北工委负责同志开会，传达区党委扩大会议精神和华中局刘少奇、陈毅同志6月23日电报指示："第五师今后发展方向应该确定向河南发展，完成绾毂中原的战略任务。"黄霖说："7月末，李先念师长根据区党委扩大会议的决定，向进军河南的干部作了动员和工作部署。强调大力发展河南敌后抗日游击战争的战略意义和有利条件；勉励大家利用有利形势打通与八路军、新四军第四师的联系，改变第五师孤立地位。他强调游击兵团进入河南后，必须坚决执行党的政策，同时责成淮南县委做好进军的一切准备工作。"

黄霖传达完后，集中讨论怎样向北发展的问题，经过讨论决定：第一步消灭顾店的土顽。第二步以淮南县委所属地区为依托，渡过淮河，消灭胡冲店的土顽；然后以胡冲店为中心，开辟汝（南）正（阳）确（山）抗日游击根据地。第三步以汝（南）正（阳）确（山）根据地为依托越过平汉铁路，向西（平）遂（平）叶（县）舞（阳）发展，打通与北面兄弟部队的联系。

我对区党委和师部的决定有些不理解，会后找娄光琦政委提出：我认为区党委和师部的决定不符合中央和华中局进军河南的指示精神，行动迟缓，错过了发展的良好时机，现在伪军、国民党地方军都组织起来了，现在派这样少的部队，很难完成打通与八路军、新四军第四师联系的任务；组织领导关系也不明确，规定独立二十五团五个连和淮南支队三个连归豫南游击兵团，我们总队还管不管？总队部的领导、电台和人员算不算游击兵团的？娄政委听完后无可奈何地说："你提这样多的不理解，我跟你一样回答不了，你去找黄司令谈谈。"

黄司令听完我的意见后不大高兴地说："区党委扩大会议那样多的领导意见都不采纳，你在这里讲这些意见有什么作用！师部命令独立二十五团五个连和淮南支队三个连归豫南游击兵团，你们总队部的人不归豫南游击兵团，我管不了。"

"这样说，娄政委只好带着电台和总队部人员回总队部去！"我也不高兴地起身往外走。

"陈参谋，你不要跟娄政委讲，我跟他商量后再定。"黄司令似乎觉得说得不妥，马上作了纠正。

黄司令与娄政委经过商量决定：娄政委带来的电台和人员同黄司令带来的人员一起行动，由黄、娄共同指挥。

虽说共同指挥，但娄光琦是信应罗礼总队的政委，在豫南游击兵团没有职务，下达干部任免、作战等命令无法按规定写职务，只能写名字；部队作战指挥及平时各项工作，娄光琦通过我指挥独立二十五团和淮南支队，黄霖通过薛国衡（黄带来的十三旅作战参谋）指挥三十八团九连；警卫部队也是各用各的，工作十分别扭。有时黄、娄交办的事项有矛盾时，得靠我们参谋协调，协调不好，两面受责备，搞得我们参谋人员十分为难。

黄霖到淮南后第四天夜间打顾店，商定由我率二十团一、五连打顾店，由镇南进入；由三十八团三营黄副营长率九连打镇北小山岭，由镇北进入；独立二十五团三连及警卫部队随指挥所行动，做预备队；淮南支队两个中队，向五里店警戒，防日伪增援；规定夜 11 时打响，天明前结束战斗。战斗比较顺利，全歼通敌反共的保安大队，俘敌大队长以下 180 多人，缴获轻机枪 4 挺、步枪 100 多支；我三十八团三营黄副营长和 3 名战士牺牲，3 名战士负伤。

五、挺进豫中

1944 年 8 月 29 日，黄霖、娄光琦率三十八团九连，独立二十五团一、二、三、五、七连和淮南支队两个中队，在陡沟西沈湾附近渡过淮河，以数十里的远距离奔袭正阳县胡冲店，全歼通敌反共的保安大队，俘敌大队长以下 180 多人，打死打伤 30 多人，缴获轻机枪 6 挺、步枪 100 多支，我军伤亡数人。

战后以胡冲店为中心开展地方工作，建立抗日民主政权，组织地方武装。9 月初，接受了赞同共产党抗日主张、愿意参加新四军的地方游击大队乔玉林部参加游击兵团，与淮南支队一个中队合编为挺进三团，独立二十五团改为挺进二团。

鉴于我熟悉独立二十五团部队的情况，原来独立二十五团没有团的领导干部，快过淮河时才调来邵敏为团政委，娄政委要我去该团任参谋长，并调独立二十五团见习作战参谋来接替我的工作。但当我要去独立二十五团报到时，娄政委却告诉我，黄司令要调三十八团参谋长林国平任团长，说我的资历太浅，要从老红军中选调参谋长和政治处主任。后来又决定暂不配参谋长和政治处主任，调我去暂任作战参谋，李民任政治协理员兼党总支书记，由林国平（当时未到职）、邵敏、我和李民组成团军政委员会，由邵敏任书记。

我在总队部任作战参谋时，常带独立二十五团一两个连打仗，我也很喜欢打仗，去团里工作比在指挥部工作单纯得多，所以，我愉快地到了挺进二团。当时团领导只有邵敏政委一人，一般的军事工作都由我做主，大的问题才请示政委。我经常带一两个连去打伪军或顽军的乡保武装，打了不少小的歼灭战，工作很顺利，上下级关系很好。

9 月下旬，我们部队在汝南县兰青店附近活动，地方干部跑来报告：兰青店来了广西军，有几百人，戴的钢盔，到了兰青店就抓人、打狗吃。我们分析，广西军驻豫东地区，离这里很远，不会派几百人来，可能是十四纵队冒充广西军。经过研究决定：我率一、二、三连包围进攻窜扰兰青店的敌人，邵敏政委率五、七连跟进，同时报告兵团司令部（位于驻地西五六里的地方）。当我们分三路包围兰青店时，敌仓皇溃退到镇东北村子里，我们尾追到该村将大部分敌人歼灭，大队长率30多人在一个独立大院内顽抗，我们向院内投掷60余颗手榴弹都拒不投降。总队部杨参谋（见习作战参谋）前来传达命令：为了减少伤亡，不要强行攻击，将部队后撤，待敌逃跑时，在野外予以消灭。但杨参谋在进村子时头部负伤（抬下去后牺牲）。当我们后撤时敌突围逃跑，二连尾追五六里，将大部分敌人消灭，仅大队长带数人逃脱。

此次战斗，歼灭十四纵队特务大队，俘中校副大队长以下200余人，打死30多人，缴获轻机枪6挺、步枪100多支。我军牺牲3人，伤6人。十四纵队遭受这次打击后，再未到兰青店以西我游击根据地骚扰过。这次战斗取得了很大胜利，但在总结会上，黄司令讲话时却批评挺进二团：这次战斗虽然取得了很大胜利，但也暴露了挺进二团战术素养差，不讲战术，蛮干。陈佑铭一个人就投了几十颗手榴弹，两个通信员给他送手榴弹，把手榴弹往手枪上碰（木柄枪榴弹，当手榴弹使用时，先碰底火后投掷），不利用地形地物，乱冲，结果总队部的参谋也牺牲了。对此批评我很不服，在讨论发言时我很不冷静地说："我不懂什么叫战术素养，在野外不猛打猛冲能消灭敌人吗？猛打猛冲时没有伤亡人，是在攻村庄时伤亡的。杨参谋牺牲与我们没有关系，是他自己进村时负伤牺牲的。木柄枪榴弹刚发下来不久，很多战士不敢投，我示范一下，战士就敢投了，手榴弹在土墙上不好碰，在手枪上碰方便，这怎么能说是蛮干呢？"会后娄政委批评我发言不冷静，并说："司令部对我们战前未请示有意见，你这样跟他顶，他更不会同意你当参谋长了。"

六、挺进豫西

为了巩固铁路东、开辟铁路西，豫南游击兵团决定在铁路东以淮南、汝南、正阳、确山、上蔡、遂平为基础，成立铁路东指挥部，留挺进三团协同地方坚持淮河南北地区的抗日斗争，建设根据地，兵团主力挺进铁路西。

1944年9月底，挺进二团和三十八团九连、兵团警通连在黄霖司令员率领下，由张杨店奶山地区出发，在明港以北越过平汉铁路，向西挺进，到达确山县沙河店地区开展抗日游击战争。

1944年10月中旬，挺进二团在沙河店至驻马店的公路上伏击日军运输队，击溃日军掩护队，打死日军2人，打伤多人，缴获步枪2支、药品5万多件和一批衣物。在衣物中有一件羊皮大衣，团没收委员会看我没有棉被，执意要分给我既当大衣又当被。我第一次接受没收委员会分给我的东西。我很少穿它，只是晚上睡觉当被盖，把两只脚伸进大衣袖内，盖在身上挺暖和。有了大衣，再不用向老乡借棉被盖，这既减少了老乡的麻烦，也免得勤务员到宿营地又弄稻草又借被。河南农村，一般农民都生虱子。我刚到河南时很怕虱子，情愿盖稻草，也不借老乡的被子盖。后来时间长了，我身上也有了虱子。

1944年10月，我得了伤寒病，住在四方山医院里，身上虱子很多，羊皮大衣里的虱子多得更是吓人，抓又不好抓，也不能用开水烫。勤务员小李想了一条"妙计"，把皮大衣放在蒸笼里蒸。他蒸完后兴冲冲地跑来告诉我："我想了一条好办法，到老乡家里，用蒸笼把皮大衣蒸了一家伙，虱子都蒸死了!"我看着他那得意的样子也高兴地笑了。可是，第二天下午，小李拿着大衣，低着头，流着泪跟我说："这下全完了，大衣皮子都碎了，你再没有皮大衣盖了!"我恍然大悟："对呀! 皮子用蒸笼蒸熟了，晒干后可不就碎了，开始我也没有想到这一点。"我看小李难过的样子，便跟他开玩笑："小李呀，你不是会唱《游击队歌》吗? '没有吃，没有穿，自有敌人送上前；没有枪，没有炮，敌人给我们造。'你不用发愁，到天冷时敌人自会给我们送来的，不过不能哭，你哭敌人就不怕，就不给送了!"

1944年10月中旬，师部增派三十八团七、八两连来到铁路西，补充了一批参军的农民，编为挺进一团；10月下旬，师部又增派四十五团二营到铁路西，与地方武装合并编为挺进四团。豫南游击兵团以确山县郭山冲为中心，建立了铁路西的豫南抗日根据地。挺进二团主要活动在西平、遂平、舞阳地区，根据地在嵖岈山。

七、酒店战斗

挺进二团在路西活动中，打的第一个漂亮的歼灭战是1944年12月歼灭遂平县伪保安大队。酒店是遂平县一个较大的镇子，镇东有一条河，河东岸有座小山，镇内驻着一个伪保安大队，160多人，镇东、镇西各有一碉楼，碉楼内及附近民房各驻一个中队，大队部和一个中队驻街北。镇内有一家卷烟厂，经理王方明是当地我党负责人，战前他向我们详细地介绍了敌情和地形，并同我们一起研究作战方案，确定采用偷袭的办法：一连攻镇东，二连攻镇西，五连攻镇北的敌人，镇内由我统一指挥，我随五连行动；邵敏政委率三、七连位于河东岸小山上，向西平、遂平方向警戒。

部队经过充分准备，于夜间11时30分，在地方党（组织）的同志引导下，由镇子南面野地里摸进镇子内，同时对敌人进行突然袭击。一、二连准时摸到碉楼，将大部分敌人消灭，少数敌人逃进民房，天明后也被活捉；五连一举攻进大队部，将大队长活捉，经他喊话，一个中队也投降了。此次战斗，俘敌大队长以下150多人，缴获轻机枪3挺、步枪100多支；我军无一人伤亡。

歼灭保安队后我带着部队搜索到卷烟厂，"快叫你们掌柜的来，我有话问他！"我指着几个伙计说。

"掌柜的不在家。"一个伙计笑脸说。

"商会的会长也是他吧？"我故作气愤的样子说，"烟厂不给新四军交税，商会也不给新四军交税，把钱交给保安队，你们说是不是汉奸！"

"保安队在镇子上驻，我们不交钱不行呀！"几个伙计几乎同时解释。

"快叫他出来见我！"我大声说。

"不知道他到哪里去了！"

"快去搜！"我给警卫班杨文森班长下命令。

"这家伙躲在烟库里面！"过了一会儿，杨文森把王方明带到我面前，高兴地指着他说。

"你这个汉奸，一个月给保安队交多少钱？"

"交二三百块钱！"王方明害怕的样子，我想想就好笑。

"全商会呢？"我大声吼问。

"五六百块钱！"王方明撒谎说。

"商会一个月交一千多，你这样不老实，我们来了你还躲起来。快把他捆起来带走！"

杨文森找了一根绳子把他结结实实地捆起来，几个伙计都一齐向我哀求："长官，我们愿意受罚，把掌柜带走了，生意就垮了，我们生活就没有着落了。我们知道新四军是穷人的队伍，为我们工人行行好吧！"

"看在工人的面上，今天饶了你，赶快把今年的税补交我们。"我指着几个伙计对王方明说。

"今天柜上没有钱，烟还没有批发出去，你们要烟可以随便拿。"王方明哀求道。

"胡说，我们又不是土匪，能拿你的烟吗？"

"长官，我是说用烟顶钱，弟兄们也是要用钱买烟的。"王方明赶忙解释。

天明后，邵政委要通信员通知我，遂平县的日军已出城增援，把部队迅速撤出酒店。我顺势跟王方明和几个伙计说："遂平的日本鬼子来了，我要带部队去打鬼子，以后把税钱给我们补交去。你们都是中国人，要支援新四军打鬼子，不要支援汉奸和鬼子。"

后来酒店成了抗日游击根据地，王方明同志经组织批准也参加了游击兵团工作。有一次他来团里吃饭，见我叫"佑铭同志你好"时，我故作严肃地说："你叫得不对呀，为什么不叫我长官？"逗得大家哈哈大笑。

杨文森在一旁老盯着王方明，我知道他感到奇怪，便逗趣地说："杨文森你傻看什么，还不赶快向王方明同志赔礼，你在酒店把他捆得那样紧！"

"哦！难怪面孔这样熟呢！"杨文森似有所悟地说，"那不能怪我，首长事先也不告诉我们，我看陈参谋对你那样凶，我真把你当汉奸对待的。"

"谢谢你捆得紧，不然怎么骗过保安队呢！"王方明伸手拉着杨文森哈哈大笑。他接着问："事先他不知道内情，怎么一到烟库就把我抓住了呢？他好像知道我躲在烟库里似的！"

"他是活猫逮住个死耗子，他要逮不着还得我亲自去抓你这个'汉奸'！"我接着向王方明同志介绍道："杨文森当时是警通连的班长，现在是邵政委的警卫员，当时没有跟连以下人员讲你的情况。他怎么知道你是自己人呢，更不知道你躲在烟库里。"

原载马焰等:《驰骋江淮河汉》，解放军文艺出版社，2001 年，第 165 ～ 182 页。

忆抗战时期在豫南的斗争

◎ 冯仁恩 [①]

1938 年，艰苦卓绝的抗日战争进入了第二个年头。华中战场上，面对日寇的疯狂进攻，国民党 40 万大军，奉行"不抵抗政策"，从平汉铁路两侧向四川逃窜。在这种情况下，我党召开了具有历史意义的六届六中全会。会议批判了王明"一切经过统一战线"的右倾投降错误，重申了我党独立自主地放手组织人民开展抗日武装斗争的方针。根据会议精神，河南省委决定在豫南地区，以四望山为中心发动组织群众，筹建抗日武装力量，建立豫南山区抗日根据地。

当时，我从延安抗大毕业不久，被分配到河南省确山县竹沟镇新四军四支队八团队留守处警卫大队任副大队长。10 月中旬的一天，留守处王海山同志找我谈话，让我和他一起去四望山工作。11 月上旬，在刘子厚、王海山同志的带领下，我们到了信阳县四望山北麓的黄龙寺一带，从此开始了我在豫南为期三年多的敌后游击斗争生活。

组织抗日武装

四望山坐落在信阳县西南三四十公里处，海拔 900 多米，山高林密，战略地

[①] 本文作者当时任竹沟新四军四支队八团留守处警卫大队副大队长、副支队长、团长等职。

位十分重要。我们如控制了这一带，南取武汉，北进中原，就有了可靠的根据地。

抗日战争爆发后，这一带在地下党的领导下，组织了许多救亡团体和抗日武装。同时，还有国民党的地方武装。这些武装大大小小十几股，多的几百人，少的几十人；人员组成也很复杂，有工人、农民、知识分子和旧军人等等。根据河南省委和豫南特委的指示，我们的任务就是把这些力量汇集起来，成立"豫南抗日挺进纵队"①。

当时国共两党已经合作，我们打着国民党信阳县政府的旗号，首先争取、改造了实力较强的信阳县政府常备队。经过半年多的艰苦工作，收编基本结束，"豫南抗日挺进纵队"随即成立。

"豫南抗日挺进纵队"下辖两个支队。第一支队是原信阳县政府常备队，支队长余镜清；第二支队支队长张裕生。我任副支队长兼第三大队大队长②。挺进纵队领导共四人，李德纯任司令员，朱大鹏任副司令员，危拱之任政治部主任，王海山任参谋长。李德纯是国民党信阳县县长，是个有爱国心的民主人士；刘子厚同志当时是我地下党豫南特委书记③，公开身份是信阳县政府的一名科长。纵队其他领导人都是共产党员；支队干部除余镜清外，大都是共产党员。这样，我党就牢牢地掌握了这支队伍。

在收编各路队伍的同时，我们还广泛发动群众起来抗日。部队每到一地，就三五人一个小组走村串户，贴标语，开大会，宣传抗日主张。我党领导的在这一带从事抗日救亡活动的"七七工作团"和"战教团"的青年学生，充分发挥自己的特长，自编自演了许多揭露日寇抢劫财物、屠杀我同胞及反映我军民同仇敌忾、奋起抗日的文艺节目。他们走上街头，向群众演出，并组织群众学唱抗日歌曲。每逢赶集和节日，我们各级领导干部还抽出时间给群众讲话。我们联系战争的形势、日寇的暴行、人民群众的苦难生活等实际，讲我党的抗日主张和每个中国人应尽的责任。一次，在南王岗集上，我们刚讲过话，就有青年要求参加抗日。在参军的青年中，多数是深受剥削和压迫的贫苦农民，也有不少青年学生。有一个女青年坚决要求参军，家里几次把她找回去，她又一次一次地跑出来，终于参加了我们的队伍。

---

① 应为"信阳挺进队"。（下同）
② 朱军、刘子厚等回忆是"大队"。王海山等回忆挺进队编成支队后，余镜清任第一支队支队长。
③ 刘子厚未任过豫南特委书记。

在宣传抗日的同时，我们还根据党的指示，开展了减租减息运动，把群众从高利重租下解放出来，改善他们的生活。这样从政治、经济两个方面把群众动员起来了，整个豫南抗日的呼声日益高涨，出现了母送子、妻送郎上战场的动人情景。挺进纵队迅速发展壮大起来，在一年多的时间里，由300多人、百把枪发展到拥有2000多人、1000多件轻重武器的抗日武装。

打击顽固派余镜清

对于我们的抗日救亡活动，四望山地区的国民党顽固派，一开始就处处设障碍，搞破坏。

信阳县有个区长余镜清，是地主武装的头子，也是一个反共老手。他控制着十八个大队，实际上是十八个联保处。成立抗日武装时，他拒不入编，由于司令是县长李德纯，他迫于压力，勉强受编，后又一再声称"受编不受调"，不接受我们派去的干部，害怕队伍被"赤化"。挺进纵队司令部开会，他拒绝参加。有时来了，也是带着一大串警卫，立马横刀，向我们示威。余镜清对我们发动群众抗日，处心积虑进行破坏。我们开群众大会宣传抗日，他就派人来捣乱；我们搞减租减息，他就抓丁派款。后来发展到捆绑吊打我地方干部和群众，制造和散布谣言，以至公然对我们进行武装挑衅。

1938年底，一位地方党的同志告诉我们，国民党主力部队溃逃时，在大庙畈丢弃了一些枪支弹药，王海山同志让我带一个中队去取。我们取回来，刚走到崔家桥上，余镜清部600余人突然从正面山上向我们开枪射击。我当即命令部队跳水散开，迅速发起冲锋。守敌是一群乌合之众，不堪一击。我们很快占领了山头，并突出包围圈。事后，我们向余质问，他一口咬定不知此事，说"完全是误会"。当时我们刚进入四望山不久，为了尽量团结他抗日，就没有深究。

余镜清仗着人多势大，得寸进尺，特别是县长李德纯被免职，反共老手马显扬接任以后，余镜清与我们摩擦加剧了。他在南王岗附近建立了一个据点，派了一个中队，有七八十人，监视并向日寇密报我们的活动。同时，我们得到情报，这个据点的中队长在余镜清的指使下，已经投靠日寇当了汉奸。于是，特委决定让我带一个中队拔掉这个"钉子"。战斗从拂晓开始，只用了一个多小时就将据点拿了下来，那个伪中队长想从后门逃跑，刚出门就当了俘虏。打扫战场时，我们搜出了日寇给伪中队长的委任状、太阳旗，还有从群众那里抢来的大批衣物。大约十点钟，我们正准备押着俘虏撤离，余镜清的十八大队队长许固堤带着四五个警卫闯了进来，气势汹汹地问："你们为什么攻打我们的人？"

"我们打的是投降日本的伪军。你们是伪军吗？"

"有什么证明？你们这是破坏抗日！"

我把委任状、太阳旗"啪"地摔在他面前说："是谁破坏抗日，看看吧！"

看到面前的罪证，许固堤傻眼了。他一时张口结舌，无言对答。

"不管怎么说，不把人交出来，一切后果由你们负责！"他说完指了指四望山上，扭头就走。

原来，他们已将我们团团包围。我一拍桌子："站住！想打，我们根本不怕。你要想一想，你们的中队长勾结日寇，投降卖国，证据确凿，理应严惩，你却出面保护，这是站到哪边去了？而且还要使用武力，这是明目张胆地破坏抗日。如果你们任意胡闹下去，要负完全责任……"战士们也都纷纷责问许固堤。许固堤的威风完全被打下去了，马上满脸堆笑，向我们说了许多好话，但还是坚持要人，说回去一定要严加处理。我们几位干部研究了一下，决定把人交给他们，但要许固堤亲自写个收条，太阳旗、委任状是他们投降的证据，坚决不给他们。

我们反摩擦斗争进行得有理、有利、有节，余镜清损兵折将，哑巴吃黄连，有苦说不出。他清楚地知道，对我们日益扩大的抗日武装用武力消灭是完全不可能的，于是他便精心策划了一场"鸿门宴"。

一天，余镜清在西河村宴请当时我们在四望山地区的主要领导人。我当时在地委负责军事工作，也受到邀请。余镜清手枪队的一个队员，与我们关系密切，他送情报说，余镜清想借此机会干掉我们的领导人，动手信号是请吃饭时上某一道菜（什么菜记不清了）。当时，国民党的官员和开明人士，为表示与我们共同抗日的诚意，常请我们吃饭，我们有时也回请。但这次去不去呢？去，无疑要冒很大的风险；不去，余镜清肯定会抓住这件事大做文章，说我们没有合作诚意。为了挫败他的阴谋，地委决定如约赴宴，并让我负责安全保卫工作。那天，我带着十几名精心挑选的战士，随同刘子厚、张裕生、王光力和文敏生等领导同志前去赴宴。我们每个人的手枪都压满子弹，并在西河村四望山上部署了部队，约定枪响为号，立即下山接应。

宴会在村中的三间北屋里举行。按照计划，我们的战士控制了门口和窗口，密切注视敌人手枪队的一举一动，没有我的命令，谁也不准离开。他们出席的有余镜清、马显扬等五人。宴席摆了两桌，双方人员交叉入座，我坐在余镜清的对面，打算一有情况，如他要打我们地委的负责人，我就先把他干掉。

宴席上，马显扬频频举杯敬酒，大讲什么"精诚团结""齐心抗日"的假话。刘子厚同志也侃侃而谈，不时发出爽朗的大笑。越是这样，我越加焦虑不安。余镜清再三向我劝酒，我婉言谢绝，他还"热情"地安排我们的战士去伙房吃饭，战士们都讲吃过了。为了防止他们投毒，他们的筷子往哪儿伸，我们的筷子也往哪儿伸，他们不先吃菜，我们坚决不动。狡猾的余镜清看出我们有了准备，一直没敢动手。吃完饭，余镜清说了些客气话，刘子厚同志擦了擦脸，语意双关地回答："感谢你们的盛情款待，我还从来没吃过这么有味的饭菜呢？"说完哈哈大笑，带着我们走了。

余镜清阴谋破产以后，仍不死心，变本加厉地搞摩擦。他死心塌地地反共，已达到不可救药的地步。为此，在一个大雨滂沱的夜晚，我们在祖师顶、余家寨打响了讨余的战斗。余部除遵约倒戈的外，大部分被歼灭，他只带了少数人逃到信阳。从此，四望山地区真正成了我们的天下。

奇袭日本侵略军

我们始终没有忘记，在日寇侵华时期，我们挺进纵队的首要敌人是日本侵略者。在与国民党反共势力做斗争的同时，我们集中主要精力，积极主动地开展游击战，打击日本侵略者。

反动县长马显扬上任以后，信南的斗争形势发生了变化。余镜清和溃逃在豫南的国民党正规军崔仁甫部，联合起来向我们发难，派部队卡住了我们来往铁路东西、南下湖北的道路，摩擦日益加剧。日寇对我们的袭击也更加频繁，听到我们的一点动静就紧追不放。这些都使我们的活动受到很大的限制，对此，我们决定暂避敌人锋芒，从铁路东的当谷山一带转移到铁路西的四望山活动。

1939年秋天①的一个夜晚，部队出发了，我带一个连担任前卫，到达东双河附近时，我立即布置警戒，掩护机关过铁路。因为这一带常有日寇的军车、装甲巡逻车通过，必须格外提高警惕。谁知警戒还没有布置好，就从北面开来一列火车，我们立即开枪射击，打了一阵以后，列车走了。我们估计，附近柳林的日军可能很快就会赶来，我一面通知机关、部队迅速通过铁路，一面在铁路两侧的高坡上布置了两个连，做好战斗准备，一旦日军赶来，就打他个措手不及。果然，部队刚刚过完，就从柳林方向开来一列满载日军的敞车。我们居高临下，突然开火，手榴弹像冰雹一样落到车厢里，敌人顿时血肉横飞，乱作一团。我军有个排长叫王传煦，是个老红军，作战十分勇敢。他扒上火车，端起机枪对着敌人猛烈扫射。日寇被打蒙了，连头都抬不起来，一个个趴在车厢里听天由命。敌人始终没敢停车，一直开进了东双河车站。天还不亮，敌人不敢贸然追赶，只是发疯似的朝我们阵地的方向盲目打了一阵炮算完。战士们风趣地说："小日本真够意思，还鸣炮给我们送行呢！"三天以后，从信阳传来消息说，这次夜袭列车的战斗，打死打伤日军300多名，信阳车站上躺满了死尸和伤兵。

随着挺进纵队的不断发展壮大，我们在四望山站稳了脚跟，经常主动出击，进攻敌人，围歼小股日军。1940年五六月间，日寇的一个机枪中队从潼关败退下来，驻扎在鸡公新店附近的一个小村里。我们商议了一下，决定趁敌人新来乍到立足未稳之际，立即消灭他们。事先，我们派手枪队队长周子怀等人进行侦察，摸清了日寇的人数、装备、住址和岗哨等情况。一天晚饭后，我带一个大队奔袭20里，将敌人团团围住。发起进攻之前，我们割断了敌人的电话线，在铁路沿线布置了部队，阻敌增援。周子怀同志带领手枪队队员摸进村子，干掉了敌人的岗哨，翻窗进入日寇中队长小川的房间，把这个罪恶累累的侵略者扼死在床上。战斗打响后，敌人失去了指挥，像无头的苍蝇一样，光着膀子到处撞，有的还在梦中就去见"天皇"了。战斗持续了一个多小时，最后剩下20余名日寇躲进房子里继续顽抗，

---

① 罗叔平写的《信南情况》说是5月。

用八九挺重机枪一齐向外射击。我们没有重武器，很难接近，考虑到这里离日寇据点不远，不宜恋战，便主动撤出了战斗。这次战斗中，100多名日寇，除那顽抗的20余名外，全部被击毙，并缴获了30多件武器和大批弹药。

1941年秋，我接到命令，调到重建不久的新四军第五师十三旅三十八团任团长。我带着一个团的部队从信阳出发，到第五师师部所在地大悟山报到。途中，我们在广（水）应（山）公路南侧的一个村庄休息，应山县地下党的一位同志报告说，最近每天拂晓都有日军的马车队从广水运物资经过这里到应山去，有300多辆马车，有40多名日寇护送。我们马上到村里，找群众进一步作了调查核实。我想，决不能让这些物资落到敌人手里去杀害我们的同志。再说，新四军经过皖南事变重建不久，这是个补充给养的好机会，于是就决定袭击敌人车队。由于上级令我立即报到，我就把指挥这次战斗的任务交给了团参谋长朱芳，并给他留了两个连的兵力。临走前，我和朱芳同志详细研究了具体打法，并一再交代物资能运走就全部运走，实在运不走就烧掉，不能给敌人留下一颗子弹和一片布。我一到大悟山，李先念师长劈头就问："你是不是在广应公路留部队打仗了？"我很吃惊，问道："你是怎么知道的？"李师长笑着说："你们打的是日军第三师团运输队，消息传得很快，影响很大。国民党的电台已经广播了，延安刚才发来电报，还询问这件事。"第二天，朱芳同志回来了，非常兴奋地汇报了战斗的经过。这一仗打得相当漂亮，运输队日军全部被消灭，我们缴获了300多辆马车的枪支弹药、药品、医疗器械和被服等。这次战斗对敌人的打击很大，广应运输线中断了好几个月。

三年多的时间很快过去了，信阳挺进纵队在党的领导下，从小到大，由弱到强。在这段时间里，我们以四望山为中心，开辟和巩固了豫南革命根据地，不断给日伪以沉重打击；动员和武装群众，壮大抗日武装力量，为地方培养了一批干部；先后向主力部队输送三个团的兵力，为中华民族的解放事业做出了应有的贡献。

原载中共河南省委党史资料征集编纂委员会编：《豫鄂边抗日根据地》，河南人民出版社，1986年，第347～356页。

忆新四军第四支队东进敌后抗日

◎ 许军成　沈　淦　石和伦

1937 年 7 月 7 日卢沟桥事变后，为拯救中华民族，我党中央发出通电，号召全国人民、政府和军队团结起来，筑成抗日民族统一战线的坚固长城，抵抗日寇的侵略。为贯彻执行我党中央抗日民族统一战线的主张，打败日本侵略者，党中央、中央军委命令：南方 8 省 13 地区的红军游击队改编为"国民革命军陆军新编第四军"。1938 年 1 月新四军军部在南昌成立，辖 4 个支队共 10 个团，计 10300 余人。

一、第四支队组建及演变情况

1. 组建情况

1938 年 2 月，第四支队由集中在湖北黄安县七里坪等地区的红二十八军鄂东北独立团、豫南游击队、鄂豫皖边区各地游击队、便衣队改编而成。支队下辖七、八、九团和手枪团，共 3100 余人。高敬亭任支队司令员，郑位三任政委，林维先任参谋长，肖望东任政治部主任。东进抗日前，肖望东因病离队，戴季英接任。

第七团由原红二十八军八十二师二四四团、鄂东北红军游击队、便衣队组成。杨克志任团长，曹玉福任政委（杨、曹二人于 1939 年批捕前叛逃），林英坚任参谋长，胡继亭任政治处主任。

第八团由原豫南桐柏山游击队组成。周俊鸣任团长，林凯任政委，赵启民任参谋长，徐祥享任政治处主任。

第九团由原鄂东北独立团、红二十八军八十二师特务营、皖西红军游击队、便衣队组成。顾士多任团长，高志荣任政委，唐少田任参谋长，郑重任政治处主任。

手枪团由原红二十八军手枪团和部分便衣队为基础组成。詹化雨任团长，汪少川任政委。

第七、九团下辖各两个营，第八团下辖3个营。每营3个连，每连80～100人，有机枪3～6挺。各团装备的步枪多是东北造双环马步枪和"汉阳造"。

2.演变情况

1938年4月，第四支队东进至皖中舒城、桐城、庐江、无为地区。10月底，第七、九团进行合编，取消第九团番号。将第九团二营编入第七团为二营，第九团一营编为支队特务营，第九团机关及团直属队均保持未动。

为更好地执行东进作战任务，1939年1月，第四支队进行整编，恢复第九团编制，下辖两个营。其一营由第七团三营改编；二营由第七团二营的四、六连及五连的一个排为基础，补充新兵组成。詹化雨任团长，胡继亭任政委。第七团辖两个营，原一营仍为该团一营，三营由五连（欠一个排）、支队学兵连、庐合游击大队等部组成。取消支队手枪团，该团干部、战士分别充实到第七、九团，一部分到地方搞武装工作。同年3月，部队进一步扩大，第七、九团分别组建了二、三营，其中第七团二营由庐江何泽州游击大队改编，第九团三营由寿县刘仲书游击大队改编。

1939年7月，部队又进行了整编。第四支队下辖第七、九、十二共3个团，以原第四支队第八团为基础成立了新四军第五支队，司令罗炳辉，政委郭述申，江北指挥部副指挥徐海东同志兼任第四支队司令员，政委、参谋长、主任未变。第七团由秦贤安任团长，徐海珊（后徐士奎）任政委，参谋长未变，余明任政治处主任。第九团由李德全任团长，政委、参谋长、主任未变。第十二团由杜国平任团长，徐海珊任政委。1940年初，第四支队又成立了新八团。全支队共4个团6000余人。

1941年1月，国民党顽固派为降日反共，破坏抗战，破坏团结，发动了震惊中外的皖南事变，宣布取消新四军番号。本着"坚持抗战，反对投降，坚持团结，反对分裂，坚持进步，反对倒退"的方针，1月20日中共中央军委发布了重建新四军军部的命令，将部队统一整编为7个师。28日新的军部在苏北盐城成立，原第四支队改编为新四军第二师第四旅，梁从学任旅长，王集成任政委，黄一平任参谋长，王敬群任政治部副主任（没有主任）。下辖第十、十一、十二共驻3个团，第十、十一团由原第七、九团改称，新八团改编为第六旅第十六团（后又改编为二师特务团）。第十团由秦贤安任团长，钟明标任政委，程启文任副团长，王凤歧任参谋长，蔡炳臣任政治处主任；第十一团由吴华夺任团长，高志荣任政委，吕清（后李清泉）任政治处主任；第十二团由杜国平任团长，徐海珊任政委。全旅共6000余人。

二、向东挺进，深入敌后

1938年1月至2月，党中央毛主席先后派周恩来、董必武、叶剑英等同志向第四支队传达了开展敌后抗日游击战争、发展人民抗战力量的指示。3月初，根据党中央指示，第四支队奉新四军军部命令，率第七团、九团、手枪团由七里坪出发，经新集（今新县）、立煌（今金寨）东进；第八团由河南竹沟出发，经光山、商城东进。3月中旬，全支队在安徽霍山以西的流波礓会师，经霍山县于4月初进入皖中之舒城、桐城、庐江、无为、六安地区。支队司令部进至舒城县中梅河之东蒋冲、西蒋冲地区，第七团沿金牛镇、盛家桥进至巢县以南地区，第八团进至和（县）含（山）地区，第九团随第七团进至巢县、无为地区。

1938年7月至8月，第四支队展开于安（庆）合（肥）公路两侧。第七团仍留于安合公路以东金牛镇一带地区活动，第八团进到定远、凤阳一带地区活动，第九团留守东、西蒋冲一带地区活动，手枪团进至舒城西华盖山一带地区活动。1939年5月，遵照叶挺军长的命令，第四支队东进至合肥、定远、全椒地区，开展游击战争，建立根据地。第七、九团经合肥以东罗集、十里桥，进至埠子里、青龙厂地区。7月，全支队向津浦路开进，在路东、西开展游击战争。1940年春，开辟了以定远东南藕塘镇为中心的抗日根据地，同时与第五支队（后改为第五旅）一起开创了津浦路以东的抗日根据地。

三、参加的主要战斗

1. 蒋家河口首战日寇告捷

1938年夏初，国民党杨森部二十、二十一军不战而退，日寇占领巢县。巢县位于巢湖以东、运漕河东岸。蒋家河口位于巢县东南10余里运漕河西岸，是敌人经常抢掠地点之一。5月15日晚，第九团受领任务，由政委和二营长率团侦察队和二营一个排于蒋家河口化装设伏，侦察队隐蔽于运漕河堤岸一线，步兵排隐蔽于村西、北两侧小高地。16日，敌20余人乘汽船两只进入我伏击圈后，激战20分钟，将敌全部歼灭。

2. 出击安合公路，粉碎日寇正面进攻

1938年5月，徐州失守后，日寇部署向武汉进攻，安合公路沿线敌军运输频繁，每日均有敌数十辆乃至百辆汽车通过，成为敌进攻武汉的重要补给线之一。为配合正面作战、粉碎敌人进攻，第四支队奉命向安合公路全线出击，破坏敌人的运输线。10月初，第七团一营出击舒城至合肥段公路，又两次在桐城棋盘岭设伏，伏击由安庆开往合肥之敌汽车队，毙敌150多人，击毁汽车50余辆，缴获长枪21支、子弹2700余发、指北针20个，俘日寇7人。这次战斗是东进抗日以来首次俘虏日寇，第四支队在当地军威大振。

二营、三营同时分别出击舒城以南至桐城段公路、桐城以南至安庆段公路，有力地牵制了日寇的西犯行动。在出击安合公路的同时，第七团和手枪团还围攻了舒城西华盖山一带的土匪，在天龙庵将舒桐最大的土匪头子罗大同等部全歼，计歼、俘敌2000余人。

3. 攻克庐江，占领无为

正当我第四支队积极对敌作战时，巢、无、桐、舒等县城的封建势力，乘机搜罗零散土匪、兵痞、流氓组织保安团队，勾结敌伪，残害人民，破坏抗战，并逐渐走向公开与日寇勾结，阻挡我军向庐江、无为前进。土顽分布在无为县2000余人（其中保安大队600余人驻襄安镇，县政府及土匪武装1000余人驻县城），庐江县3000余人。

为打击这股宫匪，打开庐江、无为地区的抗战局面，1938 年 10 月底，我军首先发起了对庐江的讨伐战斗。利用敌疏忽麻痹之机，第七团一举突入庐江县城，歼敌 3000 余人。手枪团向襄安之保安大队攻击，将敌 600 余人全部歼灭。1939 年 1 月至 2 月，全支队又会师无为，一举将无为土顽全歼。

4. 周家岗反"扫荡"战斗

1940 年，敌 2000 余人分三路向津浦路西之周家岗为中心地区对我合击"扫荡"。一路由滁县出发，经朱龙桥、施家集向周家岗前进；一路由全椒出发，经石沛桥、枣林集、梅山向周家岗前进；一路由巢县出发，经含山和程家市。每路约 1000 人。

我第四支队第七团、九团奉命投入战斗，分别于周家岗、玉屏山、陈郢后山等地与敌激战 3 天，共毙伤敌 160 余人，生俘敌军 3 人。迫敌回窜原防，我军乘胜收复了周家岗、复兴集、大马厂、古河等地。这是我军在皖东首次取得反"扫荡"的重大胜利。

5. 配合三师，会攻陈道口

陈道口驻有江苏顽军第六旅，旅长兼专员王光夏部 2000 余人。该部战斗力较强，经常窜扰我淮泗根据地，对我军危害甚大；陈道口位于泗岸，隔开了我淮北、淮海两根据地的联系，是西路反共军东进，与韩德勤部西进向我军进攻的会师地。

为全歼陈道口王光夏部，打通淮北、淮海地区的联系，陈毅同志亲自组织指挥，并给参战部队团以上干部动员。第二师第四旅第十团（原第四支队第七团）配合第三师第七旅第十九团、独立旅等兄弟部队，于 1941 年 10 月 14 日发起攻击。第十团担任由陈道口西南突击的任务，团长秦贤安同志组织指挥三营突击。至 16 日，第十团九连以迅速勇猛的动作，在团组织的 4 挺重机枪、3 门迫击炮的火力组密切支援下，首先突进陈道口，几分钟后，兄弟部队也先后突进，歼灭该部。第十团俘顽 300 余人。

6. 大桥攻坚战斗

1941 年 10 月，桂顽（广西军）向我淮南津浦路西根据地进攻，顽之一七一师五一二团二营配合顽定远县大队进占大桥。为粉碎桂顽进攻，第二师第四旅第十一团奉命歼灭大桥敌人。

11 月 12 日晚，一营由大桥西南实施主要突击，二营在大桥西北攻击，三营为团预备队，随一营后视情况加入战斗。当晚一、二营一举攻占小街，歼土顽一部，数次攻大街均未成功。至次日12时，经过反复冲锋、激战肉搏，将顽五一二团二营及土顽定远县大队全部歼灭。计毙伤顽300余人，俘顽500余人。14时，顽五一一团两个营及五一二团一个营，由广兴集向大桥增援，被我第十六团阻击在新张家一带，先头营全部被歼，歼俘顽300余人，其余增援之顽被迫回窜。

大桥战斗全歼桂顽两个多营的兵力，是我军第一次给桂顽以歼灭性打击，粉碎了桂顽向我根据地进攻的企图。战后经第二师批准，授予第十一团"铁锤子"光荣称号。

7. 谢围子战斗

谢围子驻土顽谢黑头部300余人，亦为定远西部土顽之一。谢凭借坚固工事长期固守，每当我主力转移时，则在当地肆意抢掠，残害百姓。

我第十团奉命发起对谢围子的进攻，以一部兵力突然包围并攻入谢围子，全歼一个中队，敌一部仓皇逃往梁园。经两次对土顽作战，将谢黑头部全歼。战后经第二师批准，授予第十团"金刚钻"光荣称号。

继谢围子战斗后，第十团又进行了对土顽牛登峰的战斗，歼灭土顽200余人，对巩固和扩大路西抗日根据地起到了重要作用。

原载安庆市政协文史资料委员会、安庆市地方志办公室编：《安庆文史资料》（第二十六辑），内部资料，安庆四中电脑胶印厂，1995年，第23～29页。

挺进皖中皖东敌后的第四支队

◎ 周骏鸣　赵启民　邓少东

　　严冬过去，阳春来临，新四军第四支队胜利地告别了三年游击战争的艰苦岁月，踏上了抗日战争新的征程——挺进皖中皖东，在江北抗日战场上浴血奋战。

积极进行和谈　下山集中改编

　　1937年7月7日，日本发动了全面侵华战争。在民族存亡的危急关头，鄂豫皖边区红二十八军和鄂豫边区桐柏山红军游击队面临着由土地革命战争到抗日战争的战略转变。

　　早在西安事变后，红二十八军政委高敬亭就从白区报刊上了解到有关国共两党酝酿合作抗日的消息，敏锐地觉察到新的革命高潮即将到来。1937年7月13日，他从鄂东到岳西县南田村，与中共皖鄂特委书记何耀榜会合，看到了姜术堂从西安红军办事处给何耀榜带来的两份文件：《中共中央委员会告全党同志书》和《中央关于抗日救亡运动的新形势与民主共和国的决议》。在长期与党中央失去联系的情况下，第一次看到中央文件，高敬亭的心情非常激动。他根据文件精神，毅然于7月15日写信给国民党豫鄂皖边区督办卫立煌，提出停止内战、合作抗日的谈判倡议。对方很快答复，表示愿意谈判。

　　停战谈判是一场尖锐复杂的斗争，国民党方面一面表示愿意停战谈判，一面却密令部队包围红二十八军，企图逼我军屈服投降。还散布"若归顺国军，官晋一级，给优厚薪俸"进行诱骗，妄图借停战谈判之机，达到消灭我军之目的。高敬亭在领导谈判斗争中，头脑清醒，警惕性高，军事上严防对方的突然袭击，政治上及时揭露对方的欺骗引诱。7月20日起，我方代表何耀榜与卫立煌的代表、少将高参刘刚夫，在岳西县青天畈上青小学举行谈判。7月28日，在岳西县九河朱家大屋举行了签字仪式。高敬亭化名李守义，以红二十八军政治部主任的身份，同刘刚夫分别代表双方在停战协议上签了字。协议的中心内容是"停止内战，共同抗日"。具体条款，我方提出12条，对方提出7条，经谈判后即为双方协议的共同内容。

1937年4月，鄂豫边区省委派周骏鸣到延安向中央请示汇报工作。中央有关同志指出，桐柏山红军游击队比较弱小，国民党根本不可能同游击队谈统战问题。游击队要从实际出发，猛烈发展部队，成为比较坚强的抗日武装，并和当地开明士绅与政府建立统战关系，以便争取合法存在。朱德总司令还对周骏鸣说，你们要猛烈扩大，扩大到他们消灭不了你们时，就会同你们谈判。7月，周骏鸣返回鄂豫边区后，鄂豫边区省委和红军游击队坚决贯彻了中央首长指示精神，积极动员地方党员和革命群众参军，并在红二十八军两个营的有力支援下，先后攻打了蔡冲、邓庄铺等恶霸地主围寨和国民党的反动联保处，从而打开了局面，迅速发展壮大了游击队队伍。10月，鄂豫边区省委主动将红军游击队扩编为"豫南人民抗日军独立团"。当地的国民党政府，对红军力量的发展既怕又恨，一面集结一个保安团和几个县的反动武装，准备对我方发动"围剿"；一面又以信阳专员武旭如为代表，约我方举行和平谈判，阴谋通过和谈，扣押我独立团主要领导人，逼我方缴械投降。鄂豫边区省委和独立团根据中央指示精神，在做好谈和打的两手准备的情况下，于1937年10月至12月，先后派文敏生、张明河、刘子厚同志为代表，与国民党地方当局进行了4次谈判。前3次谈判，均因对方玩弄手法，毫无诚意而未达成协议。最后一次，我方代表刘子厚在开封与河南省当局代表张钫进行谈判，初步达成了合作抗日的协议。当谈判双方得知南方红军游击队编为新四军时，谈判遂告中止。

根据与国民党地方当局达成的协议，1937年8月至10月，红二十八军所属部队及地方武装、便衣队共 1800 多人，陆续进到湖北黄安县七里坪地区集中。鄂豫边区桐柏山红军游击队也于 1938 年 1 月初，在河南确山县竹沟集中。

中共中央和毛泽东同志对红二十八军非常关心，1937 年 7 月，派郑位三、肖望东同志从延安到红二十八军工作，同行的还有张体学、程启文同志。郑位三在欢迎大会上，代表党中央、毛主席向红二十八军全体同志和老苏区人民群众表示敬意和亲切的问候，祝贺他们坚持三年游击战争取得的辉煌胜利，报告了八路军在平型关歼灭日军 1000 多人的胜利消息，传达了党中央关于红二十八军将要改编，并东进皖中、皖东创建敌后抗日根据地的指示，号召全军指战员继续发扬革命传统，随时准备开赴抗日前线。

为了适应抗战需要，红二十八军集中后即在七里坪举办干部轮训班，学习《抗日救国十大纲领》等文件，引导部队认清形势，明确任务。同时，对部队还普遍进行了游击战争的战术训练和一些技术训练。在整训期间，第二批从延安派来的林英坚、高志荣、张学文、文明地等 30 多名干部到达七里坪，会同郑位三、肖望东等同志一起，协助高敬亭同志整训部队。

1937 年 12 月下旬，高敬亭、肖望东由七里坪去汉口八路军办事处，参加中共中央长江局召开的关于部队改编的会议。会上，周恩来副主席对红二十八军和鄂豫皖根据地人民在十分艰难困苦的条件下坚持敌后斗争的功绩给予了高度评价，表彰了他们为中国革命事业做出的重大贡献。周副主席代表中央宣布：鄂豫皖红二十八军和鄂豫边桐柏山红军游击队合编为新四军第四支队，高敬亭为司令。会后，高敬亭随即返回七里坪。

与此同时，鄂豫边特委（原省委）和桐柏山红军游击队派张明河、胡龙奎等同志到达汉口，向周恩来副主席请示汇报工作。周副主席对红军游击队非常关心，尤其对干部情况和同国民党地方当局和谈问题询问甚详。汇报后，周恩来同志传达了中央关于桐柏山红军游击队改编为新四军第四支队第八团的决定，并介绍张明河去见项英副军长。项副军长对部队工作做了指示，还给第八团发了电台、密码和经费等。张明河返回后，鄂豫边特委随即根据中央决定，于 1938 年 1 月上旬将桐柏山红军游击队改编为新四军第四支队第八团。改编前后，党中央陆续派了朱茂绪、贺德斌、赵启民、徐祥亨、成钧、李木生、朱绍清、王敬群、朱国华、祝世风、胡定千、张翼翔、吴华夺、童浩生、宁文、左金祥等20余名在主力红军任过营团职务的干部到第八团工作，加强领导。

1938年1月中旬，叶剑英同志从汉口抵七里坪，向高敬亭再次详细阐明了抗日民族统一战线的方针政策，分析了皖中、皖东地区形势，具体部署了东进抗日的作战意图和创建敌后抗日根据地的任务。

2月中旬，红二十八军在七里坪宣布改编，组成新四军第四支队。支队部和所属第七团、九团、手枪团，加上已经改编的第八团，全支队共3100余人。支队司令员高敬亭，参谋长林维先，政治部主任肖望东，经理部主任吴先元。

第七团由红二十八军八十二师二四四团和便衣队组成，下辖2个营。团长杨克志，政治委员曹玉福，参谋长林英坚，政治处主任胡继亭。

第八团由桐柏山红军游击队组成，下辖3个营。团长周骏鸣，政治委员林恺，参谋长朱茂绪（后赵启民），政治处主任射有才（后徐祥亨）。

第九团由红二十八军八十二师特务营和鄂东北独立团组成，下辖2个营。团长顾士多，政治委员高志荣，参谋长唐少田，政治处主任郑重（后文明地）。

手枪团由红二十八军手枪团和部分新战士组成。团长詹化雨，政治委员汪少川。

2月下旬，中共中央派戴季英同志到第四支队工作。3月，肖望东调离第四支队，戴季英接任政治部主任。

开赴抗日前线　威震皖中地区

1938年3月8日，遵照中央军委"高敬亭部可沿皖山山脉进至蚌埠、滁州、合肥三点之间作战"的指示和新四军军部关于东进皖中、皖东的命令，第四支队第七、九团从七里坪，第八团从邢集出发，在高敬亭司令员率领下开始东进。于3月下旬在皖西霍山县流波疃会师，高司令看望了第八团指战员并讲了话。而后，第四支队继续向皖中挺进，高敬亭同志因病留立煌县（今金寨县）双河休养，部队由林维先、戴季英率领，于4月中旬在庐江、无为、舒城、桐城和巢县地区展开。5月，高司令病愈后，率手枪团和后方机关进到舒城西蒋冲，指挥部队作战。

皖中的舒、桐、庐、无地区，是日军西犯的必经之路。红军曾在这里打过游击，群众基础较好。抗战开始后,当地的进步人士和爱国青年,纷纷揭竿而起,进行各种抗日救亡活动和武装斗争。第四支队进到皖中后,和皖中工委、当地群众一起,积极开展敌后游击战争,配合正面战场作战。

1938年5月12日,我第四支队第九团首战蒋家河口,歼灭日军20余人。6月中旬,为配合友军保卫武汉,我第四支队奉命向合(肥)安(庆)、合(肥)六(安)公路沿线出击。自6月至10月,我军先后在公路两侧取得了大小关、范家岗、椿树岗、棋盘岭、铁树岭、三十里岗、运漕等数十次战斗的胜利,共毙伤日军1000多名,俘虏10名,毁敌军车150辆,缴获大批武器和军用物资,狠狠地打击了敌人的嚣张气焰。如6月,第八团在合安公路舒(城)桐(城)地段,两次伏击西犯日军,毙伤敌50多名。8月25日,支队特务营突袭舒城大杵街守敌,经过激战,歼敌51名。9月,第七团一营在合六公路三十里岗发现1500余日军骑兵在露营,即就地隐蔽,挑选英勇机智战士多人潜入敌营,猛掷手榴弹,炸毁帐篷数顶。敌惊慌失措,相互射击,伤亡近百,我军缴获战马3匹。第七团三营于棋盘岭设伏,以集束手榴弹猛炸敌汽车队,毙敌官兵116名(我军伤亡9人),毁军车32辆,缴获步枪21支。10月,第七团一营再传捷报,在合六公路的椿树岗附近,击毁敌车65辆,毙伤敌146名,俘敌汽车队长1名。敌损失惨重,我军威大振。这些胜利有力地钳制了日军的西犯行动,配合和支援了友军的正面战场作战。部队在猛烈打击日军的同时,还积极打击汉奸土匪武装,维护社会秩序,保护人民群众利益。第七团先后歼灭无为石涧埠、巢湖姥山围等地的汉奸土匪武装数百人。第八团消灭庐江的土杂武装吴可庄部200多人。手枪团应爱国人士、舒城县县长陶若存的请求,围歼张母桥、张龙庵土匪武装300余人,活捉匪首罗大刚,为民除害,大快人心。

庐江、无为两县县长组织反动武装,勾结日伪,为非作歹,残害人民,破坏抗战,且不服从国民党安徽省政府调动,拒绝新县长上任。为扫清坚持敌后抗战的障碍,我第四支队奉省政府电令,由参谋长林维先率第七团、手枪团、特务营进行了无为、庐江讨伐战斗。1938年10月23日,手枪团和特务营攻打无为县之襄安镇,歼灭保安大队等反动武装共600余人,活捉警备司令。第七团和特务营攻克无为县城,歼灭5个保安大队,击毙反动县长。接着,第七团、特务营、手枪团会战庐江,经过10个小时激战,攻克县城,消灭反动武装千余,守备司令被我军活捉。庐江、无为战斗，共歼反动武装 2800 多人，缴获枪支 1600 余件，并护送省政府委任的两个新县长到任就职。

部队在行军作战中，抗日宣传工作非常活跃。支队战地服务团（团长程启文、副团长汪道涵）和各团的宣传队运用召开军民联欢大会、演活报剧、散传单、贴标语、教唱救亡歌曲等形式，激发广大军民奋起抗战、保家卫国的热忱。同时，还协同中共皖中工委和皖西工委广泛开展抗日救亡运动，发动与组织群众，进行统战工作，建立党的组织，成立工、农、青、妇等抗敌协会；将各地的游击武装和人民自卫队，组织改编，扩大为叶雄武、陈友亮等 5 个游击大队。另外，还协同地方党组织，组建了由戴季英任司令的江北游击纵队，下辖第一、第二两个大队，近 2000 人。我第四支队在皖中的活动，为以后建立皖江抗日根据地做了奠基工作。

挺进皖东敌后　开辟津浦路西地区

徐州失守后，皖东敌后非常空虚，是我江北部队继续向东发展的最有利时机。鉴于第四支队一时难以全部东进皖东，新四军军部根据党中央和周恩来副主席的指示，命令第八团首先挺进皖东。

1938 年 8 月，第八团由皖中西汤池等地出发，向皖东敌后挺进。9 月，越过淮南路，先后在肥东、巢北、含山、全椒、滁县一带开展抗日活动。

1938 年 10 月前后，撤退到大别山的国民党桂系军队站稳脚跟后，竟以抗日为名，抢先向淮南路东敌后派出行署主任、专员、县长，恢复旧政权，收编土杂武装，扩充反动势力，与我军争夺皖东地区。在此情况下，为了发展皖东、动员高敬亭同志率第四支队主力继续东进，新四军参谋长张云逸奉命于 11 月率军部特务营（两个连）渡江北上，抵达皖中，向第四支队领导传达了军部指示。12 月底，张云逸由戴季英陪同到立煌县与国民党安徽省主席、二十一集团军总司令廖磊谈判，就江北部队活动地区等问题达成了协议，商定我第四支队到皖东津浦路南段两侧活动，并留一部在无为地区。而后，张参谋长返回西蒋冲，给高敬亭做工作，要他率支队主力进到皖东。12 月，第四支队恢复了 7 月间曾被撤销的第九团，团长詹化雨，政委胡继亭；支队手枪团改为教导大队，大队长李世安，政委江岚。1939 年 1 月，第四支队派梁从学、汪少川同志组建了淮南抗日游击纵队。后与郑抱真同志的寿合游击支队合编，郑抱真任纵队司令，汪少川任政委，梁从学任副司令，全纵队千余人。1939年一二月间，第四支队第七团、淮南抗日游击纵队先后进到淮南铁路东侧的肥东青龙厂、下塘集等地活动。3月，林维先参谋长、戴季英主任率支队司政机关和特务营来到青龙厂和定远吴家圩子地区指挥部队行动。在此期间，部队分散活动，积极袭扰敌人。第七团在淮南路两侧的备头集、太平巷、朱龙镇、顾家圩、谢家圩等地，打击日伪军，共毙伤敌150余名。特务营在怀宁县的月山、野圹、沟口、石碑、十里铺等地歼灭日伪军400余名。张云逸参谋长在皖中活动后，于1939年2月由舒城来到皖东，直接领导第八团和第三游击纵队，开辟皖东地区。1939年4月24日，党中央在给东南局并第八团的电示中，进一步明确了江北部队发展的方向和任务。中央指出，目前我党我军在皖东的中心任务是建立皖东抗日根据地，要迅速扩大部队，积极向东、向北发展，建立后方。5月4日，东南局书记项英给高敬亭并报党中央的电报，要求第四支队"迅速东进，积极作战"。

为贯彻党中央和东南局的指示，1939年5月，叶挺军长等领导同志亲临皖中，在庐江东汤池组建新四军江北指挥部后，即到舒城西蒋冲召开了第四支队干部会议，重申中央的东进方针，要高敬亭同志率第四支队全部迅速越过淮南路进入皖东的定远等地区活动。5月19日，叶军长、张参谋长从西蒋冲抵达皖东青龙厂。5月底，在舒城、庐江的第九团先后进到青龙厂附近。6月4日，高敬亭同志率第四支队后方机关和教导大队来到青龙厂。至此，第四支队全部进入皖东地区。

高敬亭同志6月24日被错杀于青龙厂。总政治部已于1977年4月27日发出通知，遵照毛泽东主席生前批示，中央军委决定给其平反，恢复了名誉。

1939年7月，江北指挥部根据党中央的指示和军部的决定，将第四支队扩编为第四、第五两个支队。以第四支队第八团为基础，组建了第五支队。第七、九团等部仍为第四支队。第四支队司令员由江北指挥部副指挥徐海东兼任（徐未到职前由戴季英代理），政治委员戴季英（后郑位三），副司令林维先，参谋长谭希林，政治部主任戴季英兼（后何伟），副参谋长赵俊。下辖第七、九、十四团和特务营、教导大队。第七团团长秦贤安，政委徐海珊，参谋长李占彪，政治处主任余明（后邓少东）；第九团团长詹化雨，政委高志荣，参谋长高昆，政治处主任吕清；第十四团由原支队特务营和淮南抗日游击纵队（欠 1 个大队）等部组成，团长梁从学（后谭希林兼），政委李世焱，参谋长杜国平，政治处主任陈辛仁。

部队整编后，根据江北指挥部的部署，第四支队在淮南津浦路西的定远、凤阳、滁县、全椒等地区活动。经过两个月发动群众，连续战斗，开辟了以定远县藕塘镇为中心的淮南津浦路西抗日游击根据地。

据不完全统计，从 1938 年 4 月至 1939 年上半年，第四支队对敌人进行了 90 多次战斗，共毙伤日军 1700 余名，俘虏 10 名，毙伤伪军 600 余名，俘虏 400 余名；消灭反动武装和土匪 3700 余名。并积极协同地方党组织开展抗日救亡工作，部队也得到了发展，为创建淮南抗日根据地做了奠基工作。这一时期由于对抗日民族统一战线中的独立自主原则认识不够，不懂得怎样建立抗日民主政权，没有个"家"，部队缺乏经济来源，吃饭穿衣没有保障，以致在敌、伪、顽的夹击中，处境极其困难，教训是深刻的。

坚持路西斗争　保卫淮南抗日根据地

1939 年 11 月后，在路西地区活动的第四支队和广大人民群众一起，在中原局、刘少奇和江北指挥部的领导指挥下，满怀信心地投入了创建政权和保卫淮南抗日根据地的斗争。

1939 年 12 月下旬，日伪军由南京、明光、蚌埠、巢县等地出动 2000 余人，分 3 路对我津浦路西之周家岗、大马厂合击"扫荡"。从巢县出犯的日军接近国民党专员公署所在地古河镇时，专员李本一闻风而逃。我第四支队司令徐海东，奉命率第七、九团，英勇反击，激战 3 日，粉碎了日军在皖东发动的首次大"扫荡"。敌人来势汹汹，最后损兵折将，死伤 160 余名，被俘 5 名，中队长毛高千穗被我军击毙。我军缴获了大量炮弹子弹及其他军用物资，伤亡 32 人。

战后，我第九团在古河镇停留休整时，国民党的"逃难专员"李本一却率领几十名武装随从，耀武扬威地回到古河，向我们要地盘。徐司令当即训斥他们说，你们贪生怕死，不配合作战，丢掉古河，很不应该，但为了团结抗日，准备将古河交给你们。当李本一知道说话人就是赫赫有名的徐海东将军时，态度马上软下来，表示感谢，并大摆宴席，款待我军。部队则张贴标语，召开群众大会和士绅座谈会，宣传我党抗日政策。过了几天，我军主动离开古河，去大墅街整训。李本一等军政官员和古河的人民群众，敲锣打鼓，鸣放鞭炮，热烈欢送我们，还送来了许多大米、猪肉等物资表示慰问。

在周家岗反"扫荡"中，徐海东同志由于过分劳累，肺病复发。他在进行战斗总结时，突然大口吐血，从此卧床不起。他因在抗日战争的紧要关头病倒不能为党工作而焦躁不安。党和同志们都非常关心徐海东的病情，中原局把此事电报了延安。不久，毛泽东同志发来电报，表彰了第四支队广大指战员在周家岗作战的胜利，安慰徐海东同志好好养病，电报的最后八个字是"静心养病，天塌不管"。徐海东同志看完电报，流下了眼泪，并让秘书把这八个字写下来，放在枕边。他久久凝视着，盼望早日恢复健康，重返战斗岗位。

第四支队在津浦路西的活动中，除积极打击敌人外，还根据刘少奇同志关于"猛烈扩大部队，准备反摩擦"的指示，到处宣传发动群众，发展抗日武装，迅速扩大部队。经过短短3个月，全支队由4000多人发展到6000多人。

1940年3月，蒋介石在第一次反共高潮中，密令安徽省主席兼二十一集团军总司令李品仙（简称桂顽）和江苏省主席兼鲁苏战区副总司令韩德勤（简称韩顽）调集重兵，东西夹击我军，妄图将我第四、五支队消灭或赶往江南。在此紧要关头，刘少奇同志和江北指挥部根据党中央指示，提出双方"以淮南路为界，分区抗日"的倡议。李品仙对我方倡议竟置之不理，我方当即决定，集中第四、五支队主力和江南指挥部所属苏皖支队于淮南津浦路西，首先反击桂顽，巩固路西阵地。而后，挥师向东，粉碎韩顽进攻。

3月初，李品仙出动6000多兵力，向路西地区大举进攻。我第四支队以第七团在南线反击占我界牌集的李本一之第十游击纵队；以第九团保卫大桥，抗击从定远来犯的颜仁毅之第十二游击纵队；命第十四团乘顽军后方空虚，奇袭定远县城，以调动颜部回援。3月4日，战斗打响后，在戴季英、谭希林指挥下，第十四团一举攻克定远城，全歼县保安大队。颜仁毅闻讯后，即率部仓皇回援，在高塘铺遭我军从定远南下的第十四团截击，在第九团协同下，将其大部歼灭。在南线，刘顺元、秦贤安和徐世奎指挥第七团将占领界牌集的李本一部击溃，歼其700多人。随后，第七团在王子城与顽一三八师一部遭遇，将其击溃。3月7日，罗炳辉、陶勇率第五支队主力和苏皖支队进到路西，在施家集全歼顽滁县保安团800余人，在管家坝击溃顽军1个营，将李本一部赶回古河；9日，在王子城与第七团会合，反击向我进攻之一三八师一部，于八斗岭激战两昼夜，将顽军击退。与此同时，江北游击纵队新七团袭击了含山、和县县城，新八团在肥东青龙厂歼顽保安团一部和谢黑头土顽百余人。路西反顽战役，共歼顽军2500多名，俘顽支队副司令商业勤以下1000余名，缴获轻重机枪30多挺、长短枪560多支、子弹19万余发。我军伤亡136人。桂顽遭受沉重打击后，被迫同意与我方和谈，达成了以淮南路为界，彼不向东，我不向西，分区抗日的协议。至此，路西反顽作战胜利结束。接着，我第四支队第七团奉命驰援路东，配合第五支队等取得了半塔保卫战的胜利，击溃了韩顽对我路东地区的进攻。

路西反摩擦胜利后，第四支队即在中原局和江北指挥部的领导下，配合路西省委（书记刘顺元）建立抗日民主政权，开展根据地的各项建设工作。部队抽调了大批干部和从大别山撤回的地方干部一道，广泛深入发动群众，恢复和发展党的组织，建立地方抗日武装和工、农、青、妇等群众团体。经过两三个月的工作，县、区、乡的民主政权纷纷建立起来。继1940年3月，我淮南地区第一个县政权——定远县抗日民主政府成立之后，滁县、全椒、凤阳等县抗日民主政府也相继建立。当定远县政府成立时，领导非常重视，同志们都很关心。为了选配一个有威望的好县长，刘少奇同志和有关领导机关经过反复研究，决定派魏文伯同志担任第一任县长。当时，魏文伯同志担心人家不承认，刘少奇同志说："要谁承认，党承认你，人民承认你就行。"新县长上任时，为了扩大影响，邓子恢主任还叫定远驻军负责人、第四支队第十四团政委李世焱特意给魏文伯做了一套兰（蓝）士林布的衣服。新县长上任那天，定远县召开了数千人的群众大会，隆重庆祝抗日民主政权诞生。当邓子恢陪同魏文伯县长登上主席台时，全场热烈欢呼，锣鼓喧天。会上，魏县长庄严宣布了定远县抗日民主政府的成立和施政纲领，并张贴安民布告，公布我们的有关政策。

在路西各县民主政权初步建立的基础上，1940年4月，成立了地区性的政权机构——路西联防办事处，魏文伯任主任。6月，成立了路西联防司令部，司令由魏文伯兼（后梁从学），政委彭康（后谭光延），参谋长程式。

抗日民主政府根据刘少奇同志的指示，及时制定了减租减息、惩治汉奸等政策法令，公布了财政、贸易、征收公粮等条例，吸收了开明士绅、进步分子参政，大大调动了广大人民群众的积极性，开展了轰轰烈烈的建设根据地的斗争。

敌后抗日根据地的建立和发展，引起了日、伪、顽极大的恐慌和仇恨。1940年五六月，津浦路南段的日伪军很快出兵对我路西、路东进行"扫荡"，企图摧毁我淮南根据地。5月中旬，日伪军出动3000多人，占我定远县城，并四处"扫荡"，奔袭我驻藕塘的第四支队司令部。我第七团在藕塘与日军激战竟日，将敌击退。6月上旬，滁县的日伪军千余人，又侵占我周家岗、全椒一线，奸淫掳掠，无所不为，被我第四支队猛烈打击后，退回滁县。刚打退日伪军，桂顽又来了。6月中旬，桂顽不顾团结抗战的大局，撕毁分区抗日的协议，派一三八师和第十游击纵队等部，向我路西古城集、青龙厂一带进逼，企图将我军挤出路西。为制止摩擦，我军一面呼吁团结抗日，一面坚决自卫。我第四支队于古城集等地区与顽军激战3日，歼灭千余人。当残敌西窜八斗岭一带时，为了团结抗战，江北指挥部即令部队停止追击，并向桂军倡议和谈，再次商定双方以淮南路为界，分区抗日。

为配合兄弟部队向东发展，根据中原局、江北指挥部的命令，第四支队第七团于1940年8月，在第五支队首长统一指挥下，参加了开辟淮河北岸的淮（阴）宝（应）地区的作战。任务完成后，又遇日军对我路东发动"9月大扫荡"。江北指挥部决定我支队机关和第九团留路西，协同江北游击纵队防止桂顽乘隙进攻；以第十四团和路东的地方部队，在人民群众和民兵配合下，广泛开展游击战争，打击敌人；在淮宝的我支队第七团和第五支队第八团赶回路东参加反"扫荡"。

这次"扫荡"来势凶猛。1.7万余日伪军，在飞机配合下，从9月5日起，分七路对我淮南路东地区大规模"扫荡"，并扬言1个月内摧毁我路东根据地。敌人铁蹄所至，烧我民房，奸我妇女，杀我无辜，无恶不作。在半塔集惨遭杀害的群众有的是无头尸体，有的身上被敌人的刺刀捅了许多窟窿。一位72岁的老人被敌人杀害后，倒挂树上，惨不忍睹。

我第十四团与路东地方武装、人民群众密切配合，空室清野，灵活穿插，以袭击、伏击战术与敌人周旋，疲惫敌人，使敌人到处扑空挨打。9月9日，敌军指挥机关由六合往竹镇开进，被我第十四团三营包围在盘山以南，战斗 5 个小时，敌人大为恐慌，急调 20 多架飞机轰炸营救，我军遂转移。这是我们第一次同日军的航空兵作战，受到了刘少奇、张云逸同志的鼓励。11 日，我第七团由淮宝地区南渡三河参战。渡河后即与侵占盱眙之敌恶战 3 次，歼敌一部。团政委徐世奎同志壮烈殉国。战后，刘少奇同志为他写了碑文。13 日，日伪军 140 多人，由来安出发，向北"扫荡"，我第七团三营于崔子岗英勇阻击，敌人伤亡惨重，出扰的 45 名日军，除 3 人逃命外皆被歼灭。敌人遭我军猛烈打击，连续受挫后，被迫于 17 日分路回窜，结束了"扫荡"。

半年多来，我第四支队由于辗转路西、路东，连续作战，减员较多，精力疲惫，亟待休整。不料蒋介石又发动第二次反共高潮，桂顽再次对我路西地区大举进攻，我支队第七、十四团在粉碎日军"9月大扫荡"后，奉命返回路西，进行自卫作战。

1940 年 11 月，桂顽出动一三八师等 6 个团的兵力，越过淮南路，先后占我梁园草庙集、复兴集、王子城、杜集、周家岗等地，逼近我军中心区藕塘以南之界牌集；桂顽一七二师亦进至淮南路西侧，准备参战，妄图将我军赶往津浦路东，摧毁淮南根据地的西部屏障。定远、滁县的日伪军，亦于此时接连出动，"扫荡"我藕塘周围的仁和集、珠龙桥、施家集、曲亭等地，形成日伪顽相互配合、夹击我军之势。当时，路西根据地只剩下以藕塘为中心的东西 60 余里、南北 40 余里的狭小地带，形势十分险恶。

面对这种严重局面，我第四支队（3 个团）、江北游击纵队（两个团）和从路东赶来增援的第五支队第八团的广大指战员坚定沉着，英勇顽强地阻击顽军的进攻。第四支队第九团在复兴集与桂军反复激战，参谋长高昆同志壮烈牺牲。江北游击纵队第一团在界牌集击退了一三八师团的进攻，毙伤顽军 300 多名，俘数十名，打击了桂顽的反动气焰。同时，也粉碎了日伪军的"扫荡"，打死敌人 300 多名，俘虏 100 多名，收复了被占领的地方。在我军自卫反击下，顽我双方遂形成相持局面。根据中原局和江北指挥部的决定，为确保路东，策应苏北，防止桂顽进攻路东地区，粉碎桂、韩两顽的夹击阴谋，我第四支队于 1941 年一二月，由路西转移到路东集中整训。路西则由江北游击纵队和第五支队第八团运用游击战的方式方法同桂顽周旋，继续坚持路西斗争。

第四支队自 1938 年 3 月出征，陆续挺进皖中、皖东敌后以来，在党的正确领导和地方组织的密切配合下，在抗日战争的烽火中，不断发展壮大，由 1 个支队扩编为 2 个支队，同时，还协同地方党组织组建了江北游击纵队，并抽调了 1 个团（老十四团）加强江北游击纵队，兵力由 3100 余人发展到 1.2 万余人。部队的武器装备也有很大改善，成为江北抗战的主力，为开展敌后抗日游击战争、创建和巩固淮南抗日根据地做出了重大贡献。皖南事变后，这支英雄的部队改编为新四军第二师第四旅，为"坚持路西，巩固路东""向东发展，对西防御"，争取抗日战争的最后胜利继续战斗。

原载中国人民解放军历史资料丛书编审委员会编：《新四军·回忆史料》（1），解放军出版社，1990 年，第 242～253 页。

受命改编　联合抗日

——红二十八军改编为新四军第四支队情况的回顾

◎ 汪　浩

1936 年 12 月西安事变后，国共两党达成了国共合作、团结抗战的协议。党中央于 1937 年 10 月 12 日正式宣布，将湖南、江西、福建、广东、浙江、湖北、河南、安徽八省十三个地区的红军游击队，改编为国民革命军陆军新编第四军（简称新四军）。军部于 1938 年 1 月 6 日在南昌成立。新四军下编 4 个支队和 1 个军属特务营。第一、二、三支队是由江南五省红军游击队改编的。第四支队是由鄂、豫、皖三省红军游击队改编的，高敬亭任第四支队司令员，下辖 3 个团和 1 个手枪团，全军共计 1.03 万人。

新四军第四支队是由鄂豫皖边区坚持三年游击战争的红二十八军和豫南游击队改编而成的。

一、改编之前

西安事变后，蒋介石背信弃义，玩弄两面派手法，明着合作，暗地里调兵遣将，任命卫立煌为"鄂豫皖边区督办公署"督办，调集了八个师、一个旅、二十个保安团，共计十几万国民党军队，对我边区红军游击队进行疯狂的"三月清剿"（即 1937 年 5、6、7 月），妄图彻底消灭边区红军游击队，摧毁我游击队根据地。

但我红二十八军在高敬亭政委的领导下，经过艰苦的反"清剿"，终于取得了斗争的胜利。卫立煌不得不接受我们提出的谈判主张。在我方与卫立煌的高级参谋刘刚夫谈判和达成协议的一段时间内，由于双方下面部队不了解两党在进行谈判，因此还在继续斗争。

高敬亭政委是于 1937 年 7 月下旬才接到中央关于国共谈判、团结抗日的指示，以及红二十八军与国民党在鄂豫皖边区最高当局联系谈判的通知，他派皖西北道委会（相当于地委）书记何耀榜等同志去岳西县与卫立煌的高级参谋刘刚夫接头。双方商定在青天畈进行谈判。谈判中国民党方面指定我们到岳西县境内的鹞落坪集中，而我方则坚持在黄安县七里坪集中。红二十八军之所以要选在黄安县七里坪集中，是因为：一、从政治上讲，黄安县是老革命根据地，又是红二十八军坚持鄂豫皖三年游击战争的中心活动区，人民群众基础好；二、从军事上讲，七里坪一带属丘陵地带，背靠老君山、天台山，地形有利，红军在此打了许多胜仗，对地形很熟悉，便于我军行动；三、从地理位置上讲，黄安距武汉较近，交通方便，便于我们通过八路军驻武汉办事处与党中央保持联系，同时国民党在这里的力量也较弱。而岳西县接近国民党的势力范围，对我们是不利的。实践证明红二十八军选择七里坪集中部队改编、整训是正确的。

何耀榜等同志与卫立煌的代表经过几天谈判，达成协议后，高敬亭化名李守义亲自去九河签字。之后，双方明确通知各自部队停止一切作战行动。从而结束了三年游击战争，开始了团结抗战的新时期。

高敬亭同志对中央关于国共合作、团结抗日的指示是坚决拥护、认真执行的。因此红二十八军在同国民党进行谈判和整个改编期间，始终坚持"以我为主"的原则，对国民党的反革命两手保持高度的戒备，所以部队没有受到任何损失。

二、七里坪改编

遵照中央指示，红二十八军改编为新四军第四支队。1937 年九十月份，各部队、鄂东北道委会、皖西北道委会、后方医院、各地便衣队，都从边区各地四面八方陆续来到黄安县七里坪集中，进行改编。

改编工作并不是一帆风顺的。开始时有些同志的思想一时转不过弯来，有的便衣队接到国共合作、团结抗日的通知后也不下山，坚持要在山上打游击；有的地方把送信人押起来；有的甚至把送信的人抓起来杀掉了，说送信的同志"投降"了敌人，是国民党的"狗腿子"，要把红军诓下山，消灭掉。总之，对中央的指示精神不理解，一时间部队的思想很不稳定。

为了统一部队的思想认识，顺利地完成改编任务，高敬亭政委指示全军在改编的同时，要广泛深入地开展党的抗日民族统一战线政策教育，要求各级领导反复、耐心地向部队讲明革命形势的变化和执行抗日民族统一战线政策的重大意义，提高干部、战士的政策水平，排除思想障碍。

党中央非常关心红二十八军的改编工作，先后委派郑位三、肖望东等同志来部队传达中央的有关精神，指导部队改编，充实改编后第四支队的领导力量。

1937 年 9 月下旬的一天，红二十八军在七里坪南头大空场上举行庆祝大会，隆重庆祝新四军第四支队的诞生。大会上，郑位三、肖望东、高敬亭三位领导同志都讲了话。郑位三、肖望东同志传达了中央指示精神，大意是：日本帝国主义侵略中国，国共两党要以民族利益为重，结束内战，重新合作，共同抗日。为此，我们红军要改编为八路军、新四军开赴抗日前线，挽救我们中华民族。根据中央决定，你们将要改编为新编第四军第四支队。改编后部队的番号虽然改了，但是革命军队的性质不变，仍然是共产党的队伍，归中央军委指挥……听到这些激动人心的话，战士们热烈鼓掌。

随后，高敬亭政委作了长时间的讲话。他说："同志们，我们红二十八军在共产党的领导下，高举武装斗争的旗帜，在鄂豫皖边区坚持了三年艰苦卓绝的游击战争，牵制了几十万国民党军队对中央红军的进攻和对红四方面军、红二十五军的追剿。国民党反动派动用了二三十万军队长期地'围剿''清剿'我们，我们不但没有被强大的敌人所压垮，反而在三年游击战争中进行了几百次大小战斗，歼灭了大量敌人，发展壮大了自己。"此时，台下广大指战员高呼口号："共产党万岁！红军万岁！"

高敬亭政委在总结了红二十八军坚持鄂豫皖边区三年游击战争并不断取得胜利的形势后，接着又讲了国共合作、团结抗日问题。他说："西安事变后，国共两党进行了谈判并达成协议，国共合作，共同抗战，红军改编成八路军、新四军，不打内战了。我们也不打土豪劣绅，不分田地了。"讲到这里，台下顿时骚动起来，有的战士说："不打土豪、不分田地不行！"有的说："我们当红军就是来革命的，革土豪劣绅的命。不打土豪劣绅，不分田地，我们不干了！"还有的说："我的父母就是地主恶霸杀死的，非报仇不可！"有个别战士把枪扔在地上说："投降我不干，宁可回家种田！"主持会议的同志大声喊："同志们，不要讲话，好好往下听！"台下安静下来后，高敬亭政委接着又讲道："同志们，我们不是投降，不是不革命，因为日本帝国主义打到我们中国来了，我们和国民党打个不休，怎么腾出手去打日本呢？等我们两家打得筋疲力尽，日本帝国主义就会把我们一个一个吃掉，占领全中国。到那时候我们就成了亡国奴了。所以，为了挽救国家，我们就不能再打内战了，而要把枪口一起对准日本帝国主义！"台下一片寂静，大家都在思考着。高敬亭政委继续说："我们红军改编为八路军、新四军后，由国民党政府给我们发军饷，穿国民党发给我们的军衣，戴国民党发给我们的帽徽。"这时台下又嚷起来："不是投降是什么？投降我不干。上山打游击，革命到底！"高敬亭政委大声道："同志们肃静！"等大家安静下来，他接着说："同志们，党中央派来的两位首长刚才的讲话中不是说了吗？虽然我们红军的番号改了，但我们还是共产党领导的队伍，红军的性质到任何时候也不会改变的。"顿时，台下活跃起来。有人喊道："只要保持我们红军的本质不变，我们就没有意见。"

当时为什么有些红军战士理解不了抗日民族统一战线政策呢？这是因为：一方面红军战士长期受党的教育，阶级意识、土地革命观念在头脑中树得很牢固，对土豪劣绅、国民党反动派有刻骨的仇恨；另一方面，红二十八军长期脱离党中央，是在国民党的重兵包围中，独立坚持武装斗争的，不能及时听到党中央的声音，对全国斗争形势的发展变化缺乏全面的了解。

这次大会和以后三个月的抗日民族统一战线政策教育，逐步澄清了一些人头脑中的各种错误观念，全军上下统一了认识，增强了抗战的自觉性，为红二十八军顺利改编和东进抗日奠定了良好的政治思想基础。

1938年1月18日，八路军参谋长叶剑英同志受党中央的委派亲临七里坪视察红二十八军的改编工作，向军里领导传达了党中央的有关指示精神。党中央的精神进一步开阔了广大指战员的眼界，党的抗日民族统一战线政策逐渐深入人心，全军上下焕发出极大的抗战热忱。党中央的亲切关怀和正确领导，是红二十八军顺利完成改编任务的根本保证。

1938年2月上旬，高敬亭政委到武汉八路军办事处，参加了长江局召开的各支队司令员会议。返回七里坪后，立即召集团以上干部会议，传达了长江局会议精神，并当场宣布了红二十八军和豫南游击队正式改编为新四军第四支队的命令。

三、改编前后的编制情况

红二十八军改编前的编制是：军部30余人；军属手枪团300余人；八十二师师属特务营400余人，一营400余人；鄂东北独立团100余人；全区便衣队80余个，共计500余人；鄂东北道委会及皖西北道委会各约30～40人；后方医院80余人；小被服厂和军械修理所约30余人；豫南游击队500余人。八十二师师部及二四四团团部开始有机构，编制都很少，人员不多，到1936年时便取消了，师、团干部都下到团、营去了。那时候，军、师、团、营的编制非常精干，无一闲人。

部队集中时，军队、两个道委会及后方医院进驻七里坪以西方家湾和蔡家湾一带，军属手枪团进驻七里坪，二四四团一营进驻礼山县宣化店，特务营进驻枣林岗，鄂东北独立团进驻礼山县黄陂站，各便衣队集中进驻两道桥。

改编后，高敬亭任新四军第四支队司令兼政委，林维先任参谋长，肖望东任政治部主任。第四支队下辖四个团——第七、八、九团和手枪团。第七团是以二四四团为基础组建的，为二营制，杨克志、曹玉福分别任团长、政委；第八团是由豫南游击队改编成的，为三营制，由周骏鸣、林凯分别任团长、政委；第九团由八十二师特务营和鄂东北独立团合编而成，也是二营制，顾仕多、高志荣分别任团长、政委；手枪团在原基础上进行了调整，团长、政委分别由詹化雨、汪少川担任。两个道委会大部人员编到了支队机关。便衣队则分别编到第七团、九团、手枪团和支队机关。

支队司令部直属单位有一个参谋处，处长叫唐少田。还有军需处，主任是吴先元，他是红二十八军领导中年龄最大的一个，改编前曾担任过八十二师政治部主任，所以大家都尊称他老主任。他于1941年由第二师调到第五师工作，抗战胜利后新四军第五师北撤时不幸光荣牺牲。

红二十八军在七里坪改编时，高敬亭政委指示我负责组建第四支队军医处和后方医院。任命我为军医处医务主任。军医处处长是阮汉清同志，他是国共合作时由湘赣边区红军游击队调到第四支队来的，也是红军中一名老医务技术干部。副处长是林之翰同志，他是鄂豫皖红军中的一名老医务技术干部。他1929年参加红军，医疗技术较高，曾担任过鄂豫皖苏区第五和第六分院院长以及总医院院长。

此外，直属单位还有被服厂、军械修理所。

第四支队共有3000余人，在新四军四个支队中是人数最多的，武器装备也比较好。

红二十八军在七里坪集中后，在短短的几个月里胜利地完成了改编整训和东进的准备工作，为开赴抗日前线做好了一切准备。

1938年3月8日，改编后的新四军第四支队3000余人，在司令员高敬亭、参谋长林维先、政治部主任肖望东率领下分两路出发。支队主力由黄安县七里坪，礼山县宣化店、黄陂站出发，第八团由河南省确山县竹沟出发。告别了十年内战的战场，告别了老革命根据地，告别了根据地的人民群众，踏上了东进抗日的征程，揭开了红二十八军军史的新篇章。

1985年2月15日

（霍亚军　整理）

原载中共信阳地委党史资料征编委员会编：《丰碑——中共信阳党史资料汇编》（第十二辑），内部资料，信阳报社印刷厂，1986年，第396～403页。

在历史转折关头

◎ 李世焱

一

晓宿夜行，披星戴月，我率领红二十八军手枪团三分队的 1 个班，在敌人 1 个营兵力的追击下，抬着负伤的军部小号官，朝着中共皖西特委所在地——岳西鹞落坪疾行……

1937 年春的所谓"3 月清剿"，乃是蒋介石的一大阴谋。那时候，已是西安事变之后，国民党被迫接受我党中央提出的停止内战、共同抗日的主张。但是蒋介石妄图趁我南方 8 省红军游击队尚未与党中央取得联系之际，下令 3 个月之内，予以歼灭。在鄂豫皖地区，敌人调兵遣将重新布置了兵力。对我红二十八军实行"围剿""追剿""驻剿""堵剿"，采取前堵后追、左右包抄的战术手段，妄图消灭我红军游击队。

当我们一行摆脱了黄冈地区的追敌，到了英山境内朱家山的半山腰时，又遭到敌人的两路夹击。山顶上，从陶家河出来的敌人，用火力猛烈射击，企图阻挡我们前进；山脚下，从英山出动的敌人像洪水般地拥来，想抢占英山去陶家河的大路。在这万分危急的情况下，成败胜负的关键就全靠红军战士的勇气和胆量了。

凭借山间的岩石和坎子，同志们胆大、心细、机警、敏捷，在岩壑间穿行，在弹雨中进击，决心凭借这有利的地形，既隐蔽前进，又争分夺秒，赶在敌人前面越过大路。连负伤的小号官也跳下担架，投入战斗，但在激战中，另一位战士陆光明同志却被敌人的子弹击中，鲜血染红了半个身子，这又给我们的行动带来困难。同志们立即组织火力掩护抢救，背的背，扶的扶，交替着朝鹞落坪方向冲去，终于冲出了敌人的包围圈，顺利地越过了英山去陶家河的大路，进入朱家山北边的一座大山，甩掉了追敌。

陆光明同志因流血过多，一直昏迷不醒。同志们绑了一副担架，抬着伤员行进。当晚，宿营在一座山林里。第二天早上，正要继续赶路，见陶家河的敌人又出动了，我们急忙藏进了深山，观察周围的敌情。这里离鹞落坪只有 20 里地，金龟畈一带的敌人，正在山顶上修筑工事。看来敌人正加紧准备"清剿"鹞落坪根据地。我们经过商量，决定由雷文学同志带领队伍先去鹞落坪，找到当地便衣队，并设法与军部取得联系；留下一位战士与我一起照顾陆光明同志，等候便衣队。

我们把陆光明同志安置在一座看玉米的棚子里。棚子周围是密密的树林，有一条山溪从棚子下面穿过，环境比较隐蔽。已经一整天没有吃饭了，我们摘了个南瓜，捡了些树枝，起火煮南瓜充饥。

第二天天一亮，我们两人就跑到半山腰，隐蔽在树林里等候便衣队。天渐渐黑了，天空下起了毛毛雨，正在焦急时，忽然听到山路上有脚步声，接着林子里走出十多个人，穿的都是便衣，还带有一副担架。我断定是鹞落坪便衣队来的人，立即喊道："干什么的？"

听到我的喊话，来的人停住了脚步，领头的那个人问道："是三分队队长吗？我们是来接你们的。"我仔细一看，原来是便衣队指导员宋青云同志，便跃身奔了过去。

我们就在林边席地而坐，我急于向老宋打听反"清剿"的一些情况，了解军部在什么地方。

宋青云同志说："告诉你一个消息，国民党派了高级参谋来和我们谈判了。"

"谈判？"我猛地吃了一惊。老宋见我直瞪瞪地望着他，便继续说："谈判国共合作、一致抗日的事。"

我以为他跟我开玩笑，便说："好啊！可惜我的肚子不跟我合作，带来什么吃的，先填一填肚子吧。"

老宋一面给了我几块玉米饼子，一面解释说："真的，军政委还亲自跟他们谈判，你一到军部就会明白的。"

我嘴里嚼着玉米饼子，心里直纳闷：国共合作，这是从何说起啊！想起敌人在"3个月秘密清剿"中的暴行，想起转战途中遭到敌人的前堵后追以及敌人在鹞落坪周围山上修筑工事的情景，越想越不理解，越想越觉得这不是事实。一到鹞落坪，我急忙找到了雷文学同志，向他打听国共谈判的事。雷文学说："谈判是真的，很多同志也不理解，议论纷纷，我们同国民党打了 10 年内战，打到最后怎么会合作起来呢？"

在军部，我向高敬亭同志汇报了转战途中的情况后，又问他目前传说国共合作是否确有此事。高敬亭说："国共要合作了……"未等军首长说下去，我焦急地说："那……我们不能上反动派的当，首长！"高敬亭摇摇头，又笑笑，便随手递给我两本小册子。我接过一看，是党中央在西安事变后印发的关于国共两党重新合作抗日的《中央委员会告全党同志书》和《中央关于抗日救亡运动的新形势与民主共和国的决议》。接着，高敬亭政委便开始给我讲解国际和国内形势，叙述如何与党中央取得联系以及同国民党进行谈判的经过。

二

三年游击战争期间，我们红二十八军在远离党中央的鄂豫皖地区坚持斗争，只能偶尔从敌人的报纸上得到一星半点消息。在这历史转折关头，我们能够与党中央取得联系，及时了解到当前国际与国内形势的重大变化，其中包含着一段极其曲折的过程。

不久前，一名叫姜术堂的人，突然来到了鹞落坪根据地。他自称来自西安红军办事处，并带有党中央的文件，必须亲自交给中共皖鄂特委负责同志。便衣队的同志大都认识这个人，他原是国民党十一路军的少尉排长，这已经是他第 3 次出现在鹞落坪根据地了。

头一次是 1936 年秋天，姜术堂从潜山率领 20 多名士兵向我万山便衣队投诚。

由于我便衣队力量较小，无法改编这支队伍，经过一番劝说，姜术堂等人自愿放下武器，领取路费各自回家。

到了1937年春，姜术堂独自一人又找到便衣队，要求参加革命。当时，国民党正加紧对我们"清剿"，斗争非常残酷，对姜术堂这样来历不明的人，不能不有所警惕。鉴于上次投诚的积极表现，特委决定再次动员他回乡。姜临走时，请求特委给他一个身份证明，以便返回河南老家，寻找当地秘密组织，投身革命。谁也不曾料想，正是这一偶然的事件，使红二十八军与党中央取得了联系。

大约1个月后，姜术堂又一次出现在鹞落坪根据地，便衣队怀疑此人是否受敌人派遣，前来刺探情报。姜术堂竭力申辩说："我是从西安红军办事处那里来的，给你们带来了上级重要指示。"有的同志将信将疑，有的同志要杀掉他。姜术堂满含委屈地说："我在这座山上爬了两三天，好不容易才找到你们。既然来了，想跑也跑不掉，你们带我去见特委，那时再杀也不迟！"

姜术堂确实带来了党中央的两份重要材料。他在返回河南老家时，途经郑州，听说西安事变后国共两党达成协议，便径直前往西安，找到了红军办事处，出示了特委给他的身份证明。也就在这段时间，党中央曾多次派人前来鄂豫皖地区寻找红二十八军，但因敌人封锁严密，红军分散游击，一直没有联系上。听说姜术堂来自鄂豫皖地区，办事处的负责同志立即给予热情接待，并询问了有关情况。几天后，给了他两份材料，让他带给红二十八军。于是姜术堂带着材料，千里迢迢，又从西安返回鄂豫皖，寻找中共皖鄂特委。

特委书记何耀榜同志正在沙衬河一带活动，离鹞落坪有七八十里地。便衣队派人带着姜术堂，连夜越过敌人封锁线，找到了何耀榜同志。何耀榜先是询问了姜术堂到西安的经过，继而叫人把党中央的告全党同志书等两份文件仔细地念了一遍，听完之后说："这两份文件不是假的，完全符合实际情况，我们在国民党的报纸上也看到了这个消息。"

这时，高敬亭同志还在鄂东，何耀榜同志经过反复考虑，决定以"中共皖鄂特委会"的名义，将红二十五军离开鄂豫皖以后，红二十八军坚持鄂豫皖3省游击战争的情况，用密写的方法，扼要地向中央作了报告，并请求中央派人前来联系。这份报告仍由姜术堂送往西安红军办事处。

不久，高敬亭同志率部到达皖西桃岭，何耀榜同志向他汇报了姜术堂去西安的经过，并交给他两份小册子。高敬亭拿到中央的两份小册子后，独自关在屋内，反复阅读，然后决定同国民党谈判，并根据中央的指示精神，写信给豫鄂皖边区督办公署主任卫立煌，提出和平谈判、合作抗日的主张。国民党本想通过"3月清剿"一举消灭红军游击队，结果相反，红军越打越坚强，国民党自己足陷泥潭，难以自拔。卫立煌自知秘密"清剿"即告破产，也就接受了和平谈判的建议，并派出高级参谋刘刚夫作为全权代表，与我们接触和谈判。

双方开始接触是在岳西县南田地区的一座马鞍形的山头上。双方的武装部队都摆开了阵势，规定互不开枪，只准对话。在一种极其严肃的气氛下，高敬亭同志化名李守义，以政治部主任的身份到现场与刘刚夫对话。在停止内战、重新合作、一致抗日的前提下，各自提出了一些具体条件和要求。

刘刚夫提出的条件是：红军停止袭击国民党军队，停止袭击基层政权机构，停止打土豪和没收地主财产，停止破坏各地一切交通设施；同时以一个月为期限，要求我方将部队全部集中于湖北省黄安县城，改编为国民革命军，听从国民政府和军事委员会统一领导，开赴抗日前线作战，等等。

高敬亭同志提出的条件归纳起来如下：第一，国民党当局必须以实际行动体现合作的诚意，立即撤退"围剿"部队，停止对红军的"围剿"；撤销和毁坏所有的封锁线，并将岳西青天畈让给我军临时居驻；拆除所有的"移民村"，让群众重返家园从事生产，停止迫害红军家属和革命群众。第二，同意我军集中整编后听从国民政府统一指挥，但必须保持独立系统，由共产党领导。第三，我军的一切军需给养，一概由国民政府供给，与国民党军队享受同等待遇。第四，由于我军部队比较分散，集中时间不得以一个月为限。集中、整编地点应以在湖北省黄安县的七里坪为中心，包括河南省宣化店至七里坪一带。

由于双方提出的条件仅是初步接触尚未达成协议，南田山头接触后，国民党方面要求我方派出代表到岳西衙前镇继续商谈。这时高敬亭同志已率部到达鹞落坪，便派何耀榜同志前往岳西县衙前镇，就双方举行正式谈判的具体时间和地点进行磋商。在我方的坚持下，国民党方面同意让出青天畈作为我军驻地，并确定青天畈汪氏祠堂为正式谈判地点。

1937 年 7 月 20 日，高敬亭派何耀榜同志到达岳西青天畈与国民党方面代表刘刚夫等人进行正式谈判。在谈判中，国民党方面除南田山头对话提出的条件外，又提出了一些新的条件，企图从各方面限制我们。我方对国民党提出的条件给予了严厉的批驳。在谈判中争论最激烈的问题是：（一）关于我军的领导问题。国民党方面说，你们既然同意改编为国民革命军，就应由国民政府领导。我方坚持说，我军是共产党领导的部队，必须保持独立系统，仍应由中国共产党领导，如果国民党不接受这条根本原则，就无从谈判。（二）关于我军的作战行动问题。国民党方面提出，你们在抗战中，要在规定的地区范围内活动，不得超越作战规定地区的范围。我方坚持说，抗战不分地区界限，哪里有日本人我们就要到哪里去打，因此我军的作战行动不能受到任何地区限制。（三）关于我军的兵员补充问题。国民党方面提出，你们不能随便扩充军队，发展势力。我方坚持，人民群众自愿参加我军，我们必须吸收，群众愿意在我军领导下组织抗日游击队，我们也要积极领导、支援他们。（四）关于收容部队问题。国民党方面提出，你们收容分散在各地的游击队、便衣队，再不准留人在那里活动，否则就以土匪论处。我方说只要国民党接受我方条件，我们就按照协议决不留人在那里活动，但是我们在收容集中部队时，国民党军队和民团不得阻击和追击。

经过激烈的争论和斗争，终于达成了鄂豫皖地区国共双方停止内战、一致抗日的协议。7 月 28 日在岳西县九河，高敬亭化名李守义，以红二十八军政治部主任的身份同刘刚夫分别代表双方在停战协议上正式签字。至此鄂豫皖军民坚持的三年游击战争，宣告胜利结束。

两天后，我接受军部给予的任务，前往赤南地区大小伏山、金刚台一带，联络赤南县委张泽礼同志领导的便衣队。

三

赤南地区包括同家山、南溪、汤家汇、胭脂、麦园一带，南北七八十里，东西三四十里，是皖西根据地的重要组成部分。在三年游击战争期间，这个地区屡遭敌人摧残，群众大都惨遭杀戮，少数幸存者拿起大刀长矛，走上大小伏山、金刚台一带,打游击去了。领导群众坚持革命斗争的是中共赤南县委,县委书记是张泽礼同志,人称"张三铁匠"。

听说军首长派我去找赤南县委,就不禁想起1936年春夏反"5个月清剿"中,我们手枪团三分队在林维先同志的率领下,和张泽礼同志领导的便衣队,在熊家河一起摧毁了敌人11个碉堡的事。我兴奋地说:"首长,是找赤南县委吗?"

高敬亭同志说:"对!我们和赤南县委有半年多没有联系了。敌人的'清剿'很残酷,不知他们现在什么地方。过去你们和张泽礼同志一起战斗过,比较熟悉,所以派你们去。"

"放心吧,我们一定找到他。"

高敬亭同志又进一步交代说:"找到后,要他把便衣队集中起来由你们带到七里坪去。"

我比较了解张泽礼同志,他出身贫寒,早年参加革命,对国民党有着刻骨仇恨,现在一听国共合作的事,思想弯子会不会转过来?我迟疑地问:"万一张三铁匠不相信,怎么办?"

高敬亭同志立即写了一封致赤南县委的信,又叫秘书拿来好多张布告,一并交给了我,又嘱咐我们:"将这封信亲手交给张泽礼。记住,虽说国共合作了,一些反动家伙还想搞阴谋,你们的任务是找到赤南县委,不要和敌人正面接触。"

高敬亭经过慎重考虑后,又派石裕田、雷文学两位同志和我与手枪团三分队一同去,并向他们交代了任务。石裕田同志是赤南一带的人,还担任过赤南县委书记。雷文学同志在赤南地区打过游击,对那里的地形、道路都比较熟悉。有他们在,我心里就踏实多了。

离开鹞落坪后,我们一行经金寨县境,到达金刚台和大小伏山一带,这里群山起伏连绵,浓荫遮天蔽日,就是看不到村庄,看不到人烟。好不容易找到一个村落,进去一看,只见墙倒屋塌,茅草丛生,有的屋子里长起了小树,锅台上结出了南瓜。山这么大这么深,找不到群众,摸不到线索,谁知便衣队在什么地方呢?

找了一山又一山,寻了一处又一处,我们坚持一天走上几十里,好多同志鞋子磨烂,脚上磨起了血泡,仍然继续不停地寻找。干粮吃完了,就吃生南瓜。同志们一边嚼着南瓜,一边爬山越岭寻找。从金刚台到大小伏山,又从大小伏山到金刚台。我们攀上了金刚台，隐伏在倒塌的敌人碉堡里，盼望能够看到一缕炊烟，以便发现便衣队的踪迹。但是四下瞭望，只见山连山，树连树，茫茫一片。山上的风特别大，虽说时值炎夏8月，但仍感呼呼地吹得人浑身生寒。

这一天，太阳还未出山，我们终于发现了一位身穿破衣烂衫的老人。石裕田同志赶忙上前问道："老大爷，我们是红军，请告诉我，你们这一带有没有便衣队？"老人打量了我们一番，摇摇头，不理睬。后来又向几位老乡打听过便衣队的下落，他们也总是用怀疑的目光看看我们，然后扬长而去。我们下山后，在要道口上张贴起布告，布告上写着：

　　当此国难日亟、民族危亡之际，凡本部同仁，愿意抗日者，一律到湖北省黄安县七里坪集合。

中国工农红军第二十八军司令高敬亭

1937年8月

奇怪的现象，给了我们希望，同志们肯定便衣队就在附近活动。

已经是第21天了，清晨，我们向山林走去，一路仔细观察动静，寻找便衣队的踪迹。山林间，清新的空气沁人肺腑，树梢上飘动着乳白色的晨雾。突然，发现树梢上空有一缕黄烟在缭绕，我高兴地推了一下石裕田同志："你看，黄烟下面肯定有人，说不定便衣队就隐蔽在那里。"

老石一看，也说："雾是白色的，没有这样黄。"

同志们听说看到炊烟，一个个都嚷着赶快去找，可是，一直找到次日，才在大伏山离敌人并村的围子很近的山沟里，找到了一个草棚子。草棚外面是一片丛林，仅门口一条小路直通山上。我们决定在树林里守候，等天黑后看个明白。

天快黑时，果然从山上下来几个人，身穿便衣，倒背着枪，悄悄地钻进了草棚子。许多迹象表明这些人是便衣队员，于是我们立即向棚子拥去。

我们的突然出现，使草棚里的人大吃一惊，几个人把枪栓拉得哗哗响，警惕的目光直向我们射来。我急忙说："不能打，我们是红二十八军手枪团三分队的，你们是便衣队吧。"

便衣队的一位同志一下子认出了我，我们立刻被迎进草棚，原来他们是大小伏山便衣队二分队的人，队长叫沈晋堂。便衣队的同志知道我们带有重要任务而来，便领着我们上山去找沈队长。

路上，便衣队的同志们向我叙述起当地的斗争情况：自3个月秘密"清剿"以来，敌人对赤南地区进行了疯狂的反扑，搞起移民并村，把山区的群众赶到平畈，修起圩寨，派兵把守；又在山顶上修筑碉堡，经常向山沟滚放石头；还采取人搜、火烧等方法进行搜山。总之，敌人千方百计企图使便衣队无处存身，无路可走，最后自行灭之。那位同志自豪地说："可是，敌人搞来搞去，没有伤到我们一根毫毛啊！"

翻了几个山头，便进入深山老林，只见山洼子里露出一座草棚。20多个便衣队员就隐蔽在这里。想起刚才路上听到的一番话，对赤南的群众和领导他们坚持斗争的张泽礼同志不禁肃然起敬。

便衣队队长沈晋堂，是我的老战友，一见面，老沈就哈哈大笑："原来是你们啊！早几天群众报告说有人找便衣队，我还以为是敌人玩的诡计呢？"

"哎呀，真是踏破铁鞋没处寻，差点儿把我们累死了。"我也笑着说，久别重逢，我们各自向对方介绍了许多情况。老沈突然想起什么，问道："那些布告是你们贴的吗？究竟是怎么回事？"说罢，他拿出一张叠好的布告。

"这些布告都是你们揭下的？"我们都吃惊地问。

"是群众送来的，送来时上面糨糊还没干呢？"

原来我们在路上遇到的那些冷冰冰的面孔，却深藏着对党对革命的满腔热情！

我告诉老沈目前形势的变化，要他及早见到张泽礼同志，并出示高敬亭同志的信。

沈晋堂同志说："你们先休息休息，我查问一下，这会儿，张三铁匠大概在槐树坪。"后来我们才知道，他们已经暗地派人送信给张泽礼同志了。

很快就要见到张泽礼同志了。我寻思：在这历史转折关头，这位县委书记持什么样的态度？可能发生什么样的情况？

四

我们一到槐树坪，就看到一个人挥动手臂，大声呼喊着"三分队队长！"朝我们跑来。他正是我们寻找了20多天的张泽礼同志。在他身后，跟着拥过来一群便衣队队员。我们一下子就被热情的战友包围了。有的紧紧握手，有的搂抱摔跤。

接着，便是便衣队员们一连串的问话：

"我们的部队现在在什么地方？"

"是军首长派你们来的吗？上级有什么指示？"

张泽礼同志笑着说："上级到底没有把我们忘掉啊！"

"我们找你找了很久，军首长有信给你。"我从口袋里掏出那封信，递给了张泽礼。这时，几十双眼睛一下子都集中在那封信上。

张泽礼双目炯炯放光，一面小心地拆信，一面问我："你们从什么地方来？"

"潜山。"

"路上可遇到什么情况？"

"现在国共合作，有卫立煌的通行证，路上可以畅通无阻。"

"什么？"张三铁匠拆信的手停住了，脸上的笑容凝固了，眼里闪过一道怀疑的目光。

我掏出护照给他看，并说："这是卫立煌签发的护照。"

"卫立煌！"便衣队的同志差不多一齐喊起来。张泽礼一把从我手中夺过护照，怒视着"卫立煌"几个字。这名字，大家是很熟悉的。几年来，许多缉拿共产党和红军的通令上有它，各种判决书上有它，各种禁令上有它……便衣队怎能一下子理解印有这个名字的护照，竟会在一个红军战士身边带着，并且在大别山通行无阻呢？

张泽礼同志抑制着怒火，将信递给了小秘书徐其昌同志："念！"他昂首挺立，像要承担什么重大变故，便衣队的同志互相交换着警惕的目光，我的心怦怦剧烈跳动，一直担心发生的事情终于要发生了。望望老石、老雷和其他同志，他们也露出紧张的神色。这时候，小秘书在大声地念信："……目前国内政治形势已经起了重大变化，日本帝国主义已全面发动了侵略我国的战争。国难日亟，民族垂危，我党为救中华民族的生存，已同国民党……"小秘书念到这里停了下来，用惊疑的目光扫了我们一眼。张泽礼迫不及待地追问："下面说什么，快念！"

小秘书结结巴巴地说："信上说，我们……不，他们已和国民党合作，叫我们停止……停止活动，到黄安七里坪集中。"

张泽礼听罢，一把夺过信，脸色陡变，厉声问道："这是怎么回事？"跟着，便衣队员们也一齐喊起来："要我们同敌人合作，你这是搞什么鬼！""你们究竟是什么人？是谁派来的，快说！"

刷——便衣队一下子散开了，在我们身边形成一个包围圈。哗——队员们一个个端起枪，拉开枪栓，推上了子弹。我们的那一班战士都用紧张的目光瞅着我，焦急地问："怎么办？"霎时间，气氛紧张极了！连山上的空气仿佛也都凝固了。

"不准开枪！"我对战士们说，"你们不要动，便衣队是不会打我们的，他们为革命吃尽千辛万苦，对党对人民是有深厚感情的，对敌人是有深仇大恨的。主要是我们工作没有做好，道理没讲清，一旦讲清道理，他们是会理解的。"听我这样一说，战士们的情绪稳定下来了，便衣队也放下了枪，空气开始缓和了。

我正要向张泽礼同志说明原委，只见他一挥手，下了命令："干部集合，队伍原地不动。"几个短枪队员站到我的身边，对我进行了严密监视。张泽礼和干部们围坐在一棵大树下，研究着什么，一会儿蹦起，一会儿又蹲下，显得十分不安。后来才知道，他们是在审查信件的真假，拿出军政委以前写给他的信加以对照。开始发现图章一个鲜红，一个暗淡，张泽礼以为这封信是伪造的，气得一蹦老高，后经小秘书徐其昌提醒，方知印油变色是信件久存的缘故。最后，细细核对两封信的笔迹，一模一样，也找不出什么疑点。

但是，张泽礼的疑虑仍未消除。他跑过来，气冲冲地说："到底国共怎么个合作法呀，你说说。"我把谈判的经过和军政委的指示详细地说了一遍，见他渐渐冷静下来，便进一步对他说："客观形势发展很快，我们共产党员一定要适应新的形势，服从党的决定。你们一定要下山，到七里坪集中。"

看到张泽礼没有什么反应，我有些激动了："张书记，我们不是反革命、叛徒。你们可以找国民党反动派的报纸看一看，有没有西安事变的事，有没有国共合作的事。要是你还不相信，我们可以把枪下掉，交给你们，就是把我们当作犯人看管起来也可以，请你们自己选择路线去七里坪，到了那里，一切就都清楚了。"

石裕田同志也说："县委书记，三分队队长说得很坦率，很诚恳，请你多从大局着想！目前的形势变化很快，要相信党中央的路线是正确的。"

雷文学同志平时为人老实，不多话，这时倒有点沉不住气了："军政委的信是伪造的吗？你们不去是你们的事，请打个收条给我们，我们回去也好向首长交代。"

几个便衣队员也活跃起来，从旁劝说："张书记，他们3人曾跟我们同过生死，共过患难，可不能将自己人当作仇敌啊！"

张泽礼听了大家的议论，开始用征求意见的目光环视了周围的干部。指导员雷维先同志站到他的身旁说："怕什么，我们手枪队还有七八十条枪，出了问题，还可以打嘛。"这时，只见张泽礼果断地说："好！既是上级的决定，我们坚决服从。马上下通知，集中便衣队，开赴七里坪！"

几天以后，我们到达七里坪，跟着就有人来找张泽礼同志。其中一位是窑沟便衣队队长杜立保同志，他们装扮成茶叶贩子，是跟在队伍后面观察情况的。而在金刚台上，他们还留了一支便衣队，以防万一。

回到军部后，我向高敬亭同志说："军政委，这次找张泽礼同志，差点儿送了老命。"

高敬亭同志笑笑说："我知道你们有危险，但我相信你们会把工作做好，张三铁匠是个好同志嘛！"

战斗在豫皖边的红二十八军及其便衣队，都陆续到达了七里坪。这时，去西安送信的姜术堂，也回到了鹞落坪，随同第2批集中的红军游击队一起来到七里坪，并带回郑位三给高敬亭的亲笔信。不久，郑位三同志从延安来到七里坪，领导这支队伍整编，改名为新四军第四支队。这支队伍于1938年春奔赴皖中抗日前线，经受了历史转折关头的严峻考验！

1987 年 4 月定稿

原载中国人民解放军历史资料丛书编审委员会编：《新四军·回忆史料》（1），解放军出版社，1990 年，第 17～28 页。

从武汉到新四军第四支队

◎ 江 岚

1938年7月，我奉命调往新四军第四支队工作。

6月的一天，方毅（方彭吉）同志（湖北省委领导）通知我到八路军武汉办事处去一趟，董老（董必武）找我。董老说："我刚从大别山回来，那里的部队（指新四军第四支队）需要一些年轻党员做文化政治教育工作，我和方毅同志商量过，调你去，好不好？"我不假思索地立即回答："好!"董老叫人带我上楼去，他说："郑位三同志在楼上，他是第四支队的领导人，你去看看他。"郑位三同志是1927年黄（安）麻（城）地区起义领导人和鄂豫皖革命根据地创建人之一。他非常和气，亲切地和我谈了第四支队的来龙去脉。当我走出办事处时，身心感到振奋。到部队里去，做一个革命战士，上前线打鬼子。

7月12日一早，我随着办事处的交通员走到江边，登上去团风的小火轮，离开了工作半年的武汉，告别了亲密的战友，踏上新的征途。

途经立煌，我在省工委住了一夜，有幸见到了中共安徽省工委书记、创造社时代的有名作家彭康同志。他对我谈了第四支队在前方作战的近况，打了胜仗，令人鼓舞。第二天我继续赶路，翻山越岭，穿过大别山麓，终于到达舒城地带。经过几道岗哨，看到小山坳里露出一座大庙，交通员一指，"到了"。走近一看，庙门上三个大字——"钝斧庵"，这就是第四支队司令高敬亭的住所。门卫问过以后，里面出来一位瘦小个子的老同志，他是高司令的秘书廖华。他把我引到客厅里坐下后，就进入里面房间。不一会儿，左厢房走出一位同志，高高的个儿，穿一套褪了色的灰军装，我立即站了起来。廖华同志说："这是高司令。"出乎意料，司令非常文雅，和颜悦色地说："请坐，路上辛苦了。"他问了我武汉一些情况。看来，他对武汉并不陌生。不久，从外面走进一位干部，向司令敬礼，他中等身材，白皙的面容，双目炯炯有神。高司令对我说："这是手枪团团长詹化雨，你就到他团里去工作，做政治教员。详细情况，他会和你说的。"告别后，我随詹团长跨过一条小溪，五分钟就到了团部，很近。手枪团团部机构很精干，政治委员汪少川同志到前方去了。手枪团下属三个分队，都驻在周围，保卫首脑部门。它是第四支队主力之一。人虽不多，300多人，但战斗力强，一人两支枪（一支驳壳枪、一条马步枪），每个排还有一挺轻机枪，武器轻便，行动敏捷，个个都是游击战争老手，经验丰富，以一当十，能征善战，内战时常随高敬亭行动。

手枪团随高司令住西港冲，拐过一座小山那边叫东港冲，司令部、政治部、参谋长林维先、政治部主任戴季英都住在那边，再往前是后方机关各部门。总管后勤的老主任吴先元也住在那里。

8月份，手枪团开始上政治课，根据戴季英主任的指示，主要讲抗日民族统一战线，以凯丰在延安的讲稿为课本。随后，讲点社会发展史、劳动创造世界，这是历史唯物主义的入门课，抗战前几年我在上海读过这类著作。戴主任要我通俗地讲讲，大家也很高兴听"猴子变人"，同志们都是劳动者出身，一听就懂。后来毛主席的《论持久战》发表了，又讲了持久战，树立抗战必胜的信心。手枪团公差勤务很多，不能天天上课，就到各个分队轮流讲。大家学习很认真，很注意听，经常提问，对我也是一个促进。经过几个月，我对三个分队都熟悉了。

1938年12月，手枪团改编为教导大队，詹化雨同志调任九团团长，汪少川同志调任淮南纵队政委，李世安同志调来教导大队任大队长，我任政委。除原来手枪团三个分队外，又扩建一个学生队，是地方党送来培训的。课程增加了，教员也增加了，除政治教员外，设了专职的军事教员、文化教员。改编以后，手枪团成为以教学为主的机构。

到第四支队半年，在实际生活中，耳濡目染，所见所闻，受到了很深刻的教育和革命熏陶，其中给我印象最深、教益很多的是詹化雨团长和老秘书廖华二位同志。

詹化雨为人谦和，比我大几岁，他有丰富的革命战争经验，毫无架子，他"对自己，学而不厌；对别人，诲人不倦"。我跟他出发打过两次仗，一次是攻打襄安（无为）和庐江，一次是剿匪，两次都是应地方请求。我虽初上战场，但跟随这样的部队，信心百倍。团长指挥果断灵活，部队勇猛顽强，迅速解决战斗，取得胜利。

我多次听他谈起红二十八军在三年游击战争中如何艰苦奋斗、如何依靠人民、以少胜多、转危为安等等，使我对红军的革命品质有了具体的认识，对国民党蒋介石残杀人民也有了更深的仇恨。鄂豫皖地区三年游击战争在中国革命史上占有光辉的一页。

我在第四支队的另一位老师是廖华同志。廖华是福建莆田人，原名陈国柱，生于1898年，早年就读于厦门大学，后转入上海大夏大学，1924年在上海加入共产主义青年团，1925年转为中共党员，是福建早期建党创始人之一。他曾两次被捕入狱，直到抗战爆发，国共合作，我党把他从狱中营救出来，在中共中央长江局工作。1938年高敬亭到武汉参加会议，要求长江局给他调一位秘书，廖华就被派过去了。方毅同志曾经说："廖华这个人很有学问。高敬亭同志非常信任他，当时第四支队许多文件都是他起草的。"在第四支队他是最老的干部，但是非常谦虚，为人厚道，受人尊敬，高敬亭周围工作的同志，都亲切地尊称他为"老师爷"。

熟识以后，他把我当作小弟弟看待，嘱咐我讲话要谨慎，对事要有分析。他讲了许多白区地下党斗争的经历和国民党监狱的黑暗。他对古典诗文也有很深的修养，他常常拿自己的诗作同我研究，引起我对历史和经典著作的兴趣和爱好。

在东西港冲，不知不觉生活了近一年。谁知天有不测风云，1939年5月初，叶挺军长和一批领导同志从皖南渡过江来，我们十分高兴地列队前往欢迎。不久，新四军江北指挥部成立了，半年前过江来的张云逸副军长兼江北指挥部指挥，还有其他领导人，加强了对江北部队的领导。5月13日叶挺军长应约赴立煌会见安徽省主席廖磊，后由立煌到达合肥青龙厂。叶军长来电令高敬亭前往合肥参加会议。高率领教导大队到达青龙厂，单身去见叶军长，随即被扣押起来。戴季英主任对我说，高不执行军部命令，所以被扣押，叫我和李世安要好好掌握部队，稳定情绪，不出问题。第二天，军部通知连以上干部到褚家围子开会，邓子恢副主任宣布高敬亭一大堆"罪状"，到会人无不张口结舌，十分惊讶，这些都是闻所未闻的问题。高敬亭在会上一一否定，一条也不承认，这就更增加人们的疑问。但是怎么说好呢？大家都低着脑袋听着。邓主任讲完后，叫大家回去讨论。讨论结果由支队政治部收集整理报告军首长。

第二天，戴主任将大家意见汇总后，向军首长汇报，一致请求对高敬亭予以教育，立功赎"罪"，虽然绝大多数干部并不清楚他有哪些"罪"。军首长没有接受，于6月24日就急急忙忙将高敬亭在青龙厂冤杀了。

当时，是我和李世安带着教导大队随高司令到达青龙厂附近的，斗争大会我们也参加了。第一，做梦也未想到他竟会被军部扣押。第二，根本想不到他被扣押后会被枪杀。第三，谁命令枪杀他呢？这是最最关键的一个问题。这些疑团在我们脑子里隐伏了几十年，直到毛主席给高敬亭平反以后，才拨开乌云见太阳，真相大白。1939年5月13日叶挺军长应廖磊邀请到达立煌，不久他就到了合肥青龙厂，电令高敬亭去军部开会。此时叶挺军长口袋里已装着一纸蒋介石复白崇禧第五战区的电令：所请将高敬亭处于枪刑照准。但此事未经中共中央批准。这就是王明的"一切经过统一战线、一切服从统一战线"！杀人者正是蒋介石、白崇禧、廖磊等国民党反动派。当年三年游击战争时，蒋介石以17万大军"清剿"不成，悬赏重金谋杀高敬亭不得，现在竟有人把他送上门来，真是"踏破铁鞋无觅处，得来全不费功夫"，岂有不杀之理？桂顽要霸占大别山这块重要阵地，卧榻之旁岂容他人酣睡！1943年原第四支队第八团团长周骏鸣在延安中央党校学习，刘少奇同志对他说："不让出大别山，不是更好吗？有这块根据地，跟敌人斗争不是更有力量吗？"1975年12月14日，毛泽东同志指示军委讨论一次，给高敬亭平反，并恢复其名誉。高敬亭蒙冤38年，终于昭雪。在此，请允许我引录方毅同志的话作为本文的结束。方毅同志说："高敬亭同志根本不存在反党、反中央的问题，根本不存在不抗日、不东进的问题。他的被杀是冤枉的，加给他的一切罪名是莫须有的。"他的被杀"造成我党历史上一桩大冤案"。"1975年12月14日，党中央毛主席亲自指示给高敬亭同志平反。这说明我们党是实事求是的，勇于纠正错误，尊重历史的。高敬亭同志在九泉之下得知也会感激的。""高敬亭同志的英名将和大别山一样永存千古！"

1987 年

原载上海市新四军历史研究会二师淮南研究分会编：《战斗在淮南——新四军第二师暨淮南抗日民主根据地回忆录》，上海文艺出版社，2005 年，第 401 ～ 404 页。

烽火历历在眼前

◎ 汪少川

　　抗战初期，我在新四军第四支队手枪团，随支队司令部机关东进抗日，1938年夏，进驻安徽省舒城县西南山区东、西港冲。1939年春，又挺进到皖东抗日根据地。舒城，是我和战友们冲锋陷阵、浴血奋战的沙场，是我和战友们呼唤抗日、奔走驱虏的阵地，是我和战友们继续东进、深入敌后的后方。舒城的一年，是我难忘的岁月。每当我记忆之门重现出闪光的彩环，往事的回忆便不能自已，那通天燃烧的抗日烽火就历历于眼前。

东征抗日

　　1937年7月7日，卢沟桥事变后，全面（民族）抗战开始。坚持在鄂豫皖边区三年游击战争的红二十八军，从1937年7月20日开始，在安徽省岳西县青天畈与国民党豫鄂皖边区督办公署进行和平谈判，合作抗日。7月27日，达成停战协议。10月份，红二十八军部队先后到湖北省黄安县七里坪集中。1938年2月，红二十八军和豫南游击队正式改编为新四军第四支队。司令员高敬亭，参谋长林维先，政治部主任肖望东（东进抗日时肖望东因病离队，由戴季英接任），下辖第七、八、九团和手枪团，共3000余人。手枪团团长是詹化雨同志，我任团政委。

　　1938年3月，党中央命令第四支队向东挺进，开辟皖中、皖东抗日根据地，抗击日寇。部队遂从七里坪出发，经过河南省经扶、商城，安徽省立煌、霍山等地到达舒城。

我们手枪团一直随高敬亭司令行动。大概是五月份，天暖和了才到达舒城。路过九井时，休息了一两天。九井地势开阔，两面是山，中间成冲。由于地形好，所以部队选定在此休息。两天后，部队前站到了乌沙，发现乌沙地形与九井相似，但更好，这里有山。司令部等机关遂转移至乌沙。20天左右，高司令感到乌沙地势低，冲狭窄，于是又重新选择驻地。他打开地图，看到东港冲地势比较高，就带我等几个人到东港冲察看地形。东港冲，四面环山，中央平坦，东抵一望无垠的皖中平原，西入巍峨连绵的大别山，南临安庆，北濒合肥，横扼安合公路，是块打游击、抗击日寇的理想根据地。因而，高司令立即决定将司令部以及警通连、情报、侦察等支队指挥机关转设到东港冲的一个大庄子上。这已经是5月底了。7月"新开岭事件"后，高敬亭司令把戴季英主任从新开岭请了回来，把设在东港冲的司令部驻地韦家大屋让给了政治部（政治部初到舒城时设在新开岭），司令部搬到与东港冲仅一山之隔的西港冲一个大庙里（事先是我去察看的房子）。我们手枪团全部移驻西港冲华家湾。

高敬亭司令为什么把部队驻扎在靠山的舒城东、西港冲？他与国民党打了三年，虽然国共合作了，但对国民党仍保持特别高的警惕性。在此安下指挥机关，一是为了更有力地打鬼子，二是为了防国民党。原红二十八军之所以能够胜利地坚持了鄂豫皖三年游击战争，是因为有了大别山这个天然屏障。红军在此就像鱼游大海一样，来去自如，游刃有余。有山，就有一切；有山，就可以打游击，就有了巩固的后方，就有了稳定的靠山，也就等于有了政权。

这样，第四支队从湖北七里坪东征舒城，一个以舒城为中心的抗日游击根据地建立了，从而开始了第四支队抗日斗争的新阶段。

董老来乌沙

5月时节，丽日融融，惠风和畅；漫山遍野，杜鹃怒放，染红了天地；山坡沟壑，兰花吐蕊，送来阵阵沁人心脾的馨香。走在山间小道，宛若置身于花市之中。乌沙，成为一片花的海洋、花的世界。

就在这缤纷似锦的 5 月，董必武同志偕聂鹤亭同志来到舒城，视察第四支队。听到这一消息，高敬亭司令派副官带着牲口接到了中梅河。当时，司令部设在乌沙，董老就住在乌沙。董老一到第四支队，就跟高敬亭司令进行了个别谈话。第二天，召开第四支队军政委员会会议。会上，董老传达了党中央关于开除张国焘党籍的决定，介绍了张国焘叛党的经过，并对张国焘的功过作了恰当的评价，分析了全国的抗战形势，传达了中央东进指示。

听到董老来到第四支队的喜讯，我和詹化雨团长怀着激动的心情前去看望他。董老有 50 岁左右，身体和精神都很好，他蓄有八字胡，头戴高级草帽，身着白绸子便装，拄着文明棍，态度和蔼，平易近人。见到董老，我热诚地说："董老，欢迎您来！给我们传达中央指示呀？"董老说："我是从武汉中央长江局来的，中央指示精神要向你们传达。"我说："董老，您身体很好呵。"董老说："还可以呀，我原准备了一根棍，进山了，高司令还派人送牲口给我骑，棍用不上喽。""董老，我们手枪团全体同志盼望您到手枪团去，给我们全体同志作一次报告。"我向董老提出了请求。请董老作报告，事先是征得了高司令的同意才向董老提出的。董老笑着说："好啊，敬亭同志昨晚跟我说了。明天上午去看看大家。同志们坚持大别山三年游击战争不容易，我明天去，高司令陪我一道去，传达党的指示，讲讲形势。"第二天（董老来舒城的第三天）上午，我和詹团长去接董老，而董老、高司令、聂鹤亭等人已经向团部走来了。手枪团的一、二、三分队的全体干部战士，还有高司令的参谋、干事等，共 300 多人早已等候在屋里。大家就背包而坐，坐满了屋里屋外，整整齐齐的，见董老来了，全体起立，鼓掌欢迎。董老向摆在屋子中央的桌子走去，我把坐在前面的手枪团各分队负责同志一一向董老介绍了。报告开始，我先简单地说："我们热烈地欢迎董老的到来，现在请董老给我们作报告。"董老的报告讲有一个多小时，重点是讲了张国焘叛党的经过、中央争取他的情况和开除他党籍的决定以及西安事变后全国抗日形势和我党的斗争任务。董老很善讲，讲话很有说服力，在干部战士中产生了强烈的反响。最后高司令表达了态度，会议结束。

第四天，高敬亭司令设宴欢送董老，特地把国民党舒城县政府的厨师请来做大蛋糕，一套餐具也是从国民党县政府借来的。我和詹团长都参加了。我还是第一次吃"蛋糕",以前从没吃过那么好、那么大的蛋糕！三年游击战争时期艰苦异常，哪吃过那玩意儿？见也没见过。下午，董老吃过饭休息以后，可能就走了，也可能是第二天走的，高司令派人送的，经过舒城时，听说和舒城地下党接了头。

围剿天龙庵

第四支队进驻舒城以后，第七、八、九团在皖中之巢县、无为、全椒、滁县、桐城、庐江等地区以及安合、舒六、六合公路沿线开展广泛的抗日游击战争。手枪团的基本任务是驻守东、西港冲，主要担负保卫司令部、政治部等指挥机关的任务。另外就是配合当地政府及动委会在舒城县境宣传发动群众、清剿土匪，有时作机动，配合各团作战。

6月，日本鬼子侵占舒城，社会秩序极为混乱。强梁横行，土匪蜂起，白天敲诈勒索，夜晚打家劫舍，奸淫掳掠，无恶不作。百姓深受匪患，恨之入骨。在众股匪中，中梅河以西，盘踞在天龙庵的土匪尤为猖獗，他们横行乡里，鱼肉百姓，殃及西北山乡。

7月的一天，该匪在乡间抢掳民女，他们把一个十七八岁的姑娘糟蹋得不能动后扔在山沟里，被我们发现了。我们把姑娘抬到手枪团团部。因不知是谁家姑娘，暂时找了一个老百姓家收养起来。战士们对此愤慨异常，不断向我和詹团长请求要拔掉这个瘤瘤。

不久舒城地方党（主要是动委会里的党组织）又到高司令那里汇报，说天龙庵土匪危害很大、作恶多端、坏事干尽，坏透了，群众因此昼夜不安，忧心忡忡，严重地影响了抗日运动的开展，要求新四军把他们消灭掉。广大群众也纷纷请求新四军为他们消灾弥难，为民除害。

于是，高司令决心予以歼灭。他亲自把我和詹团长找去，面授了清剿天龙庵土匪的任务，并指点着地图，详细交代了清剿方案。之后，他说："守庵匪兵不到100人，你们能把他们彻底吃掉吗？"我和詹团长互相对视了一下，回答道："没问题，打土匪还不是像抓小鸡一样？保证连锅端掉，一个不剩。"高司令用信任的眼光望着我们，笑了。

从高司令处回团部后，我们决定把任务交给一分队就足够了，不需要派更多的人去。一分队战斗力强，100多人，相当于一个大连，配有6挺机关枪，战士们除了清一色的手枪外，另配有马步枪，火力很猛。他们早已秣马厉兵，等急了，一听说要去围剿天龙庵，个个兴奋不已，摩拳擦掌，决心打一个痛痛快快的漂亮仗，包个"饺子"，过个"瘾"。

天龙庵匪巢，设在山顶的大庙里，四周陡壁，只有一条蜿蜒崎岖的羊肠小道可达上面，地形险要，易守难攻。守巢的匪兵装备颇优，亦较强悍，实为亡命之徒。战斗之前，一分队在地方党的配合下，进行了近一个星期的战前准备，在掌握了其装备、匪首、人数、地形、活动规律等情况后的一个星夜，一分队队长武坤山率领戎装整齐的战士，像离弦之箭，直插匪穴。他们在夜色的掩护下摸到了山顶，干掉哨兵。匪徒们做梦也没想到自己的末日已经到来，当他们从美梦中被枪声、呐喊声惊醒的时候，天兵陡降，战士们已冲到了山顶出现在他们的眼前。抵抗的当即毙命，活命的举起了双手。不大一会儿工夫，匪巢整个被端掉，土匪全部被歼灭。战士们痛快地包了一顿"荤饺子"。这一带的土匪，以后再也无兴风作浪之力了。

之后，那个寄养在老百姓家的姑娘，我们通过政治部想方设法找到了她的父母，当他们来领姑娘回去的时候，一再向我们表示感谢，说是新四军不仅救了他们的姑娘，而且救了整个乡邻，为百姓做了一件大好事。

年底，我们还清剿了舒城东乡的土匪。这股土匪比天龙庵人多、力量大，公开抢掠，骚扰群众。我地方党和国民党都向我们作了反映，并请求新四军前往打击。考虑到土匪人多势众，詹团长亲自出马，带领手枪团二、三分队奔赴清剿，取得赫赫战绩。从此东乡匪患被平息。

棋盘岭伏击战

1938年9月中旬的一天，接高敬亭司令员通知，要我与詹化雨团长立即去支队部开会。

到了司令部，除高司令外，还有参谋长林维先、第七团副团长顾仕多以及参谋等人。

高司令首先向我们说明了当前日寇正沿安庆、九江两岸和长江向武汉进逼的形势，党中央召开六届六中全会确定的"放手发动群众，组织人民抗日武装斗争"的方针。他表示：遵照党中央指示，我支队要在安（庆）、桐（城）、舒（城）、合（肥）广大地区积极开展敌后游击战，破袭敌交通运输线，打汽车、割电线、炸桥破路，积极配合正面战场，打击日寇。

接着，高司令对我们说："你们手枪团早有请战要求，现在决定由汪少川政委率二、三分队配合顾仕多同志的第七团三营，并由顾、汪负责指挥，插到安、桐线捕捉战机，狠狠打击敌人，扩大胜利影响，以便我军更好地发动民众进行抗日武装斗争。"

受领任务后，经充分临战准备，我即率部开赴桐城县陶冲驿地区与顾副团长带领的第七团三营会合。

经战前侦察查明，桐城县内驻有日寇步兵 200 余人、骑兵 20 余人及炮兵一部，其番号为齐田部队；杨西桥守敌 40 余人，附炮 1 门；新安渡有敌 60 余人，附炮 1 门；高河埠守敌百余人。并获悉安桐公路每天有敌汽车数辆至数十辆通过。由于近期敌人屡遭我军袭击，此时，已从桐城派出两辆装甲车及一中队日军（140 余人）昼夜巡查于桐城—新安渡公路线上。此外，桐城有维持会，杨西桥、新安渡两地也准备成立，但视我军连战连胜，犹存观望态度。

敌人为对付我军破袭，逼迫沿路居民护路，强拉民夫修道、架设电线，并要百姓随报我军消息。否则，即以烧房杀头威胁。但当地群众甚少屈从，反而时常为我军通风报信，可见人民抗日情绪极为高涨。摸清敌情后，我军决心在桐城—新安渡路段之间的棋盘岭设伏，寻机再次歼敌。

10 月 16 日晚，我部从挂车河出发，于次日拂晓前进入棋盘岭伏击区。兵力部署为：北路我团三分队与第七团三营九连配置在桐城杨西桥方向，南路我团二分队与第七团三营八连配置在新安渡方向，南北两路均构筑了警戒阵地和预备阵地，先后还派出便衣侦察和瞭望、信号人员。

时值天亮，行人渐多。为防走漏风声，我军警戒人员遂将行人集中，实行封锁，政工人员则向过路群众宣传解释，并向他们探听敌情动态。

11 时前，发现敌由新安渡出动骑兵 60 余人，其后跟进汽车百余辆，由南向北而来，其先头距我伏击点约 30 里。同时，又发现桐城方向，约距我 10 里处之杨西桥附近敌两辆装甲汽车由北向南驶来。南北两路同时发现敌情，先打哪一面？当时我们的处置决定是：新安渡方向来敌兵力较多，但距我军较远，且敌在此段屡次吃亏受损，估计他们不敢贸然急进；而杨西桥方向来敌距我军较近，到得早，且兵力较少，为好打之敌，故决定先消灭这股敌人，务求速战速决。同时，坚决阻击新安渡方向敌大队人马，以保证首先打掉敌人这两辆装甲汽车。

11 时整，北路敌两辆装甲汽车进入我伏击圈，我指挥所发出枪音信号，敌首车闻声，遂停止于北端隘路口上，当即被我军一排手榴弹击毁，炸死敌 10 余名。尾车由后急驶而来，刹车不及与首车相撞自毁。敌兵下车，仓皇奔入路边一凹地，企图利用地形抵抗。我伏击部队趁其混乱之际，连掷手榴弹 50 余枚，毙伤敌甚多。之后，敌我相持半小时，我考虑久战对我军不利，当即带领一部兵力从右侧迂回敌后。敌腹背受攻，交战仅 10 余分钟，即向洪家山方向交替掩护，边打边退，我军跟踪追击，直扑堤岸，歼敌大部，残敌逃进杨西桥据点。

与此同时，新安渡方向敌骑兵与下车步兵 300 余名，正向我阻击部队两翼包抄，我军则由警戒阵地退至预备阵地，依托工事，以猛烈火力杀伤进攻之敌，掩护北路我追击部队撤回西侧地区。

整个战斗一小时十分钟结束，我军取得了仅以亡四伤六的代价而毙敌军官 4 名（内联队长、中队长各 1，分队长 2）、士兵 80 余名，伤 6 名，毙马 4 匹，毁装甲汽车 2 辆，缴获三八式步枪 38 支、日式盒子手枪 5 支、左轮 2 支、指挥刀 5 把及一大批军用物资。

我军主动撤出战斗后，全部安全转移至挂车河方向西高山。敌增援部队追至山脚下沈家大屋，唯恐再遭伏击，不敢再进，只得用炮火向挂车河一线盲目轰击。杨西桥之敌，也向该地区发炮。那一声声炮响，恰似庆祝我们胜利的隆隆礼炮，也宛若侵略者失败后的悲伤哀鸣。

棋盘岭大捷后，我军乘胜于夜间对敌人诸据点实行警戒封锁，并配合地方政府发动群众，连续五个晚上，大力破坏公路，使敌交通运输处于瘫痪状态。此后，敌对安桐路沿线各据点增兵坚守，但因遭受我军各部队的不断打击，不得不收缩防区。半个月之后，桐城、舒城、潜山一带之敌不打自退地撤走了。

当地人民群众在我军胜利鼓舞下，各处抗敌组织风起云涌，如雨后春笋般地建立起来。

华锦城与淮南抗日游击纵队

华锦城是西港冲华家湾人，颇有文化，算个"老夫子"，年纪在 30 岁开外。由于为人正直，他在东、西港一带威望甚高，深受人们的爱戴。在舒城时，他给我的印象最深刻。手枪团随司令部从乌沙移到西港冲时，是他主动邀请我们住在他的家里。团部也就设在他家。

抗战爆发，日寇铁骑长驱直入，大片锦绣河山沦于敌手，无数同胞惨死在日寇屠刀之下，呻吟于水深火热之中。他热血沸腾，义愤填膺，积极拥护共产党提出的停止内战、一致抗日的主张，号召黎民百姓肩负起挽救国破土丧的匹夫之责。他不拘孔孟之道"安分守己""明哲保身"之规训，不当"夫子"，甩掉"长褂"，投身于如火如荼的抗日运动之中。他的第一个举动，就是热情地把新四军接到家中住，这在当时环境下的"士绅"中，确是一个了不起的行动。

团部设在他的家里，可忙坏了他们一家，腾房子，打扫卫生，搬搬叠叠，忙忙乎乎，尽一切力地为我们服务、考虑周详。

开始，我还认为他出身士绅，只是迫于新四军的威望、抗战形势才请我们住在他家里，对他不太了解，就对他进行了一番宣传教育，说我们新四军第四支队就是原来的红二十八军，是共产党的队伍，是人民的队伍，是专打日本鬼子的救国救民的队伍，并跟他谈全国的抗日形势、国共合作、唯有抗日才是出路等等。哪知他激动地说："抗日保家，人人有责，理所当然，义不容辞！我可不可以参加你们的队伍？"这一出乎我意料的提问，使我愕然。我错看他了，内心酸酸的。我说："你就不要出来了吧，还有老婆和孩子，一家就指靠你一人啦。"他生气了，坚定地说："不，我们要拿起枪杆子出去打鬼子，与其坐家待亡，不如起而抗战，在家里守着只有待做亡国奴。好多人都知道你的团部驻在我的家里，他们也都要我跟你说说……"我被他的话感动了。

我把华锦城的表现和要求向高司令做了汇报。高司令很高兴地说："很好，这人是谁?""就是我的那个房东。"我说。"这人比较进步,就让他干。"高司令说。晚上,我把高司令同意他参军的意见告诉他时,他竟连一句话也说不出来,只是嘴一个劲地抿着,脸涨得通红。那是他内心迸出的火焰燃烧的!好半天,他才说了一句:"谢谢你,谢谢高司令对我的信任。"

他参军后,焕发出很大的热情和干劲。为了壮大队伍,他积极活动,四下联络,到处宣传抗日,动员组织青年参加新四军,经常忙到深夜才回家。在他的带领下,一开始就有五六十人参加了第四支队,不仅有青年,还有结过婚的中年人。之后,他又在东港、西港、晓天、乌沙、中梅河等地协助我们做抗日宣传动员、组织青年参军工作。陆续又有 100 多名青年来到了部队。很快,就发展到了三四百人。当然,青年们如此踊跃参军,与舒城地方党的大力帮助、支持、动员是分不开的。一般青年来参军,都持有便条作介绍,落款都是"中共××地方党组织"或"抗敌动委会"。

这一大批人参军后该怎么编制?我立即去请示了高司令。高司令对华锦城的表现很赞赏,对我在短期内就把群众组织起来很满意。他给了这个新组建的队伍一个名称,叫"国民革命军新编新四军第四支队淮南抗日游击纵队",并命令纵队组成后,立即开赴淮南抗日前线。他还要我进一步发展、壮大队伍。同时,对国民党卡我们的脖子、不给经费、限制兵员、限制编制甚为焦虑。"那怎么办?"我问。他稍思索了一下,自信地说道:"不要紧,蒋介石不是说了吗?'地不分南北,人不分老幼,有钱出钱,有枪出枪,有力出力,有人出人'。我们就利用他说的话,去要国民党各级政府捐献,总是可以解决一些问题的。"

1938 年 11 月,这 400 多人的队伍在东、西港冲正式改编为淮南抗日游击纵队。纵队长梁从学,政委汪少川,参谋长陈宗胜,政治处主任宋青云。华锦城任一中队队长,二中队队长姓李(晓天人),三、四中队队长也是舒城人(也可能是副中队长)。纵队全都是在舒城发展的舒城人,大多数是农民。

新参军的青年热情高、信心足、自尊心强,看到老战士身穿灰军服、配钢枪,心里就直痒痒,非常羡慕,一来就要枪要军装,尤其是华锦城发展的青年穿得都很破烂,有的人连屁股都露在外头,要衣要枪更是强烈。服装是亟待解决的大问题,天也很冷了。可是这么多人的衣、枪一下子到哪里弄到呢?高司令的话启发了我们。于是,手枪团指战员广泛深入农村,运用各种形式,进行抗日宣传,发表演说、教唱抗日歌曲、演出抗日戏剧，激发群众抗日热情，动员群众捐献、支援抗日。

我经常跑的地方有中梅河、乌沙、程河道、山七里河、晓天等地。我是公开的、合法的。手持一张名片到处跑，主要是找国民党征钱、征衣、征枪。上至国民党的各级政府，下到乡联保、地方富户和豪绅，不论对象地游说募捐。根据对象的不同，演讲的内容也不同。对国民党各级政府就说："现在是一切按照蒋委员长提出的'有钱出钱，有枪出枪，有力出力，有人出人'的口号办事。守土抗日，人人有责。如果不付出实际行动抗日，支援新四军，就是违反蒋委员长的训令。"跟区、乡、保长和地富豪绅就说："我们军队要发展，要抵抗日本鬼子的侵略，目前缺衣少枪，不能上前线。抗敌保家，是我们全中国人的责任。如果军队上不了前线，谁打鬼子呢？日本鬼子来了，还有什么国？什么家？还有你什么区长、乡长、保长？还有你什么家产财富？现在一切为了抗日！我们也不是舒城人，为什么抛家别妻远来舒城？还不是为了打鬼子、抗日呀？"一些士绅连连点头称是。我还带有日本鬼子侵略中国、残杀我国人民罪行的照片，给他们看，非常有说服力。对于群众，主要是组织他们开会，给他们演讲、演戏，教他们唱救亡歌曲。我记得歌有《九一八》《松花江上》，排演的戏有《放下你的鞭子》《三江好》等等。连续长时间的开会、演讲、唱歌，使我的嗓子都哑了。经过一段深入的宣传动员工作，很容易就从各地募集了一些经费，解决了纵队粮食、被子、衣服、绑腿、鞋子等问题，但是武器弹药仍很难募集。高司令就让后勤部吴先元部长从库存枪支中解决了一部分，不足的，要我们上前线从敌人的手中夺取。淮南抗日游击纵队就这样诞生、武装起来了。

1938年底，纵队奉令到程河道整训，同时扩充部队。在整训时期，程河道联保主任对我们贡献很大，纵队在那里过了一个冬天，还过了一个丰盛的春节，都是他提供的帮助。

翌年3月，冰消雪融。纵队整训完毕，奉高司令之命令，从程河道出发，东进合肥、寿县、淮南和下塘集一线，对日作战，开展游击战争。从此，我就离开了可爱的战斗的舒城，告别了舒城的父老乡亲。

在舒城建立的淮南抗日游击纵队，东进以后，得到了进一步的发展壮大。他们挥戈跃马，纵横驰骋，血染抗日战场。英雄的舒城儿女，为伟大的抗日民族解放战争的胜利做出了一定的贡献。

华锦城一出来，他家的生活就更困难了。记得我给了他几次救济，每次大概十来元光洋，他都坚决不要，要我把它用在抗日上。后来，纵队在淮南铁路以东的柘塘集与郑抱真部队合编，扩大到1300多人。因为他会算账，算盘打得很麻利，字写得很漂亮，我把他调到了纵队供给处当总会计。后来他又被调到了新四军第二师司令部副官处，成为我军一名优秀的领导人。

（李卫生　整理）

原载中共舒城县委党史办公室编：《舒城县革命史资料（抗日战争时期）》，内部资料，舒城印刷厂，1985年，第67～80页。

看俘记

◎ 雷伟和

1938年春，我们新四军第四支队奉党中央指示和军部命令，从湖北省黄安县^①七里坪出发，翻山越岭，开赴安徽前线抗日。初到皖西和皖中地区时，当地群众还存在恐日心理。支队司令部号召广大指战员，在战斗中不仅要狠狠打击日本强盗，而且要注意活捉一些鬼子，以增强群众抗日信心。

的确，当时的日军，在军国主义和法西斯思想的长期灌输下，十分顽固，甚至受伤后还死拼到底，不肯缴械投降。因此，要活捉日本鬼子是比较困难的。但是，在我新四军战士眼里，日本兵绝不是不可战胜的三头六臂的怪物。自5月中旬我新四军第四支队首战蒋家河口以后，接着先后在六（安）合（肥）、安（庆）合（肥）、舒（城）六（安）公路两侧抗击敌人。在战斗中，除打死打伤一大批日寇外，还活捉了近10名日本鬼子。

日本鬼子虽然成了新四军的"阶下囚"，却仍旧狂妄。在他们心目中，用飞机、大炮、坦克、毒瓦斯等武装起来的"皇军"，是无敌于天下的。当我们的战士准备把他们押往支队司令部驻地时，他们死活不愿离开。战士们只得轮流抬，硬是将他们抬到第四支队司令部驻地舒城县西港冲，把他们放在华家湾群众腾出来的空房里，交给手枪团一分队看管。我当时就是看管人员之一。

---

① 1937年全民族抗战大爆发后，红安县改名为黄安县。1952年，正式将黄安县改为红安县。

对待俘虏，刀剁斧劈古已有之。可我们是共产党领导的人民军队，有自己的章程，那就是捉到俘虏，一不打，二不骂，三不掏腰包，有伤的还给治伤。因此，对这些日俘虽然严加看管，但是一没上脚镣，二没戴手铐。

"新四军打败了日本鬼子，还捉到活的送到了西港冲!"消息不胫而走，前来看俘房的老乡像潮水般涌来，有的声言要剖开日本鬼子的肚子，看看他们究竟安的是什么心。有的妇女想冲上去，咬几口，泄泄恨。说实在的，要不是我们死命拦住，唇焦口燥地做说服工作，这些日俘早被老乡们剁成了肉酱。

一天，舒城县山七里河召开抗日宣传大会，为了扩大宣传新四军抗日战果，支队司令部决定把日俘带到会场上"示众"。可是我们不懂日语，而这些日俘又误认为我们要处死他们，因此死活不走。这样，我们只得将几个俘房抬到会场。当我们把日俘抬到会场台上的时候，1000多人的目光齐刷刷投来，口号声惊天动地，整个会场沸腾了。面对激愤的群众，这些骄横的日俘也禁不住流露出惊恐的神色。

为了教育日俘、动员他们参加世界反法西斯战争，军部专门派来曾在日本留过学的陈辛仁同志用日语向俘房进行宣传教育。向他们说明日本军国主义者发动的侵华战争，完全是侵略的、非正义的战争，中国人民奋起抗战，完全是出于自卫、求得生存，中日两国人民之间并没有仇恨。一次，陈辛仁同志在和日俘交谈，我看见有几个日俘低着头流下了眼泪，悔恨自己受到日本军国主义反动宣传的蒙蔽，成为侵略中国的罪人。他们十分想念家乡，那个年龄较大的，在家是个照相的，有妻子儿女，非常盼望能回国和亲人团聚。

我们对日俘在生活上尽量优待。日本士兵喜欢洗澡，我们就经常给他们洗澡机会。由于经常来往，我们还学会了几句日本话，协助陈辛仁向他们做宣传工作。经过一段时间的教育，日俘思想感情上有了很大的转变，我们解除了对他们的严格看管。

这年秋天的一个晚上，华家湾一家茅草屋突然着起火来，而且火势很大。那几个日俘发现后，毫不犹豫地扒上了房子，冒着烟呛火烤，迅速地切断了火路，将大火扑灭。穷凶极恶、杀人放火的形象从他们身上一下子消失了。

11月下旬，新四军参谋长张云逸来到西港冲视察工作，并准备前往立煌同国民党安徽省政府进行谈判。为了驳斥国民党污蔑我第四支队对日寇"游而不击"的谰言，决定将几名日俘带往立煌。他们得知这一消息时，都难过得哭了起来。

没过几天，我们送走了日俘。后来听说他们中有的参加了反战同盟，不断揭露日本的侵略罪行，以实际行动同日本军国主义进行斗争。

50 年了，我一直有这样一个信念，那就是日本人民和中国人民应当友好相处下去，也一定会世世代代友好下去。

原载中共六安地委党史工作委员会编：《皖西革命回忆录：抗日战争时期》，安徽人民出版社，1989 年，第 198 ～ 200 页。

棋盘岭上出奇兵

◎ 吴元远

  1938年6月，日军攻占安庆后，相继占领舒城、桐城，打通了安（庆）合（肥）公路。国民党军继续西撤，六安、商城、潜山、太湖等县城陷落。日军西进武汉的大门基本上被打开。为了配合正面战场国民党军保卫武汉作战，我们新四军第四支队在司令员高敬亭率领下，根据党中央开展敌后抗日游击战争，发展人民武装力量的指示，和5月新四军关于"深入敌人后方，开展广泛的游击战，达到牵制和分散敌人兵力，配合国军主力正面作战"的命令，展开于安合公路两侧，积极打击敌人。

  当时由于国民党军队不战而溃，新四军又组建不久，日寇的气焰十分嚣张，所到之处杀人放火，奸淫掳掠。一些被敌凶悍之势吓断了脊梁骨的民族败类，纷纷出来组织维持会，充当汉奸，并到处散布"皇军不可战胜""中国必亡"。

  为了打击日寇的嚣张气焰，鼓舞群众抗日情绪，高敬亭同志率第四支队，先后取得了首战蒋家河口和范家岗伏击战等胜利。但这些战斗毕竟规模不大，高敬亭司令员决心在棋盘岭设伏，打一个较大的伏击战。

  棋盘岭位于安庆至桐城之间，离桐城十多公里。安合公路从岭中穿过，路两边山地高出公路十多米，形成一个天然要隘，卡住公路；在棋盘岭西侧，则有七八里路长的小坡，长满小树林，可以隐蔽部队。且安合公路是敌人配合进攻武汉的重要通道，公路上敌军运输频繁，每日均有数十辆乃至上百辆军车通过，是我军伏击敌运输队的有利地点。

9月2日，高敬亭同志根据侦察员关于"敌9月1日在范家岗遭我七团三营伏击后，其注意力主要集中在范家岗西侧地区，而对棋盘岭方面的警戒有些忽视"的报告，命令支队特务营配合七团三营组成4个连和两个便衣班，由七团政治处主任胡继亭带领，立即自驻地黄甲铺出发去棋盘岭设伏。部队经挂车河于3日拂晓前进入棋盘岭伏击地区，对范家岗及新安渡两端来路各派出一个排担任警戒（两头警戒相距10余里），其余部队则按主攻、预备队分工挨着公路占据有利地形设伏。胡继亭主任在向部队作简短动员后，规定了潜伏纪律和统一信号，接着部队进行了充分的战斗准备和伪装。

上午快到9点钟时，观察新安渡方向的侦察员发现远处公路上一股股尘土扬起，他及时向潜伏部队通报了情况。几分钟后，远处传来阵阵马达声，越响越近。渐渐地，敌车队也看得清楚了，一共来了80余辆。设伏的指战员们越数越高兴，个个心里发痒，决心利用这有利地形来个"大会餐"，叫敌人运输队有来无回。当敌人先头两辆运输车驶抵棋盘岭隘口时，被我军埋伏的便衣班跃出打毁，其第三辆亦被我们用集束手榴弹炸翻，车上的10名日本兵被我军全部击毙。这时，敌整个车队已全部进入我军伏击圈，停在路上竟有10里之长。说时迟，那时快，我军迅速出击，车上运载的200余敌兵纷纷跳车乱跑，被我军火力大量杀伤，其余退至棠梨山垂死抵抗。我军用汽油烧毁了敌20余辆运输车，又用手榴弹炸毁了20多辆，战斗持续了半个多小时。此时敌增援兵车6辆，载有步兵、炮兵100多人，在杨小店下车，从公路东面向我军包围过来；接着敌骑兵大队500余人，由公路北面对我军实施包抄。此时我军伏击任务已胜利完成，立即发出信号，命令部队从何家老屋前小河隐蔽徒涉，经李家墩、方家大屋，向长里冲方向撤出战斗。当敌人进占棋盘岭炮击挂车河时，我部已安全抵达长里冲山地集中，指战员们正在笑谈"皇军不可战胜"神话的破灭。

棋盘岭伏击战，我军以伤一亡一，消耗子弹1400余发、手榴弹100余枚的代价，共击毙敌70余人，打毁敌汽车50多辆，缴获枪弹及军用物资无数。这是我新四军进入华中抗日以来，战果最大的一次战斗。此战大大鼓舞了广大军民抗日的胜利信心，也打得敌军心惊胆怯，牵制了其西犯行动，很好地配合了正面战场保卫武汉三镇的作战。在战后的两周内，敌凡有运输车通过棋盘岭地区，事先都派出骑兵或兵车，向杨西桥、新安渡公路西侧严密搜索，以保障其运输的安全。然而"魔高一尺，道高一丈"，日本侵略军的这些防范措施，难不住具有三年游击战争经验的第四支队健儿们。据不完全统计，仅9、10两个月，在第四支队高敬亭同志指挥下，在安合公路上，神出鬼没地伏击敌运输车队18次（棋盘岭3次），击毁敌汽车179辆，毙伤敌560人，俘3人，缴获各种枪支258件。其中七团一营10月19日椿树岗一战，伏击敌运输车300辆，经3小时激战，打毁敌汽车65辆，毙敌46人，伤100人。

1989年

原载上海市新四军历史研究会二师淮南研究分会编：《战斗在淮南——新四军第二师暨淮南抗日民主根据地回忆录》，上海文艺出版社，2005年，第293～294页。

椿树岗伏击战

◎ 张本科 张国政

椿树岗，这个在一般地图上很不容易找到的小集镇，坐落在六安城东南约 25 公里处。这里是典型的丘陵地带，舒城至六安的公路经这里蜿蜒通过。抗战初期，就在这个普普通通的集镇附近，我新四军第四支队曾打过一场漂亮的伏击战，取得了伏击日军汽车 65 辆（内有 5 辆全部烧毁），打死日寇 40 多名、生俘 1 名的辉煌战果，沉重地打击了敌人的嚣张气焰，有力地鼓舞了皖西人民的抗日信心，在皖西人民的抗日史上留下了光辉的一页。

敌人为了进攻武汉，日夜在安合、合六、舒六公路上运输军用物资。当时，我们新四军第四支队第七团正驻守在舒城县境内，经常到安合公路两边偷袭敌人，破坏运输线以增加敌人供给困难，延缓其进攻武汉的速度。

1938 年 10 月 9 日，我们第七团第一营奉命从舒城西南部的中梅河出发，向六安东南部的舒六公路上椿树岗一带运动，待机打击敌人。

这一天是个阴天，秋风瑟瑟，浓云密布，刚近黄昏天已经全黑了。我们吃罢晚饭就踏上了征程，经过一夜急行军，到达了目的地。

地处公路边的椿树岗，备受敌人的糟蹋，房屋早已被焚为灰烬。当我们到达时，看不到一星灯光，听不到一点人声，黑暗中只有几堵断壁残垣还依稀可辨。面对这一片凄凄惨惨荒凉的景象，战士们的怒火在心中熊熊地燃烧，热血在胸中急速地奔流。我们要敌人以血来偿还。

我们迅速观察了一下地形，发现公路东有一条长 250 米左右，深、宽各 1 米多的干沟，沟东一路慢坡上去有一块高地，是一个很好的制高点。营首长就命令二连迅速占领高地，向北警戒，掩护在公路内侧倒塌的土墙边埋伏的一连、三连战士。

活该敌人送死。我们刚刚布置就绪，就忽然听到从东南方向传来隐隐约约的汽车马达声，再抬头一看，果然发现了在黑暗中显得特别炫目的汽车头灯的亮光。当时，舒六公路路面早已被我们破坏了，一路坑坑洼洼高低不平，敌人的汽车犹如乌龟爬，又如醉鬼上山，摇摇晃晃，慢慢吞吞地向我们的伏击圈中驶来。原来这是敌人的一个汽车运输队，车厢上没有盖棚布，借助车灯的光亮可以隐约看到每辆车上都有十几名押运的士兵。

营首长果断地决定截击敌人车队的尾部，战士们情绪高昂，立即做好了战斗准备，子弹上了膛，刺刀出了鞘，手榴弹拧开了盖，在黑暗中两眼直盯着从面前慢慢爬过的一辆又一辆敌人的军用汽车，恨不得把侵吞我河山、蹂躏我同胞的敌人消灭干净。汽车一辆又一辆过去，指挥员的枪声还没有响，许多战士心急如火，耐着性子静候着战斗命令。当敌人汽车大部开了过去，尾队进入我伏击圈时，叭叭两枪，负责战斗信号的二连指导员张本科的枪终于响了。顷刻间，带着战士仇恨的手榴弹一颗接一颗地从公路两边飞向敌人，炸毁了最后五辆汽车，燃起熊熊大火把大地照得通亮。我们看到，有三辆汽车被炸得斜躺在公路上，有一辆翻到了路边的干沟里，马达还在哼哧哼哧地直喘气，还有一辆被炸得翻了身，四个轮子朝天，可还在轱辘辘地转动哩！

五辆汽车上大部分敌兵被我们消灭了，没有被炸死的日寇哇哇乱叫，爬到公路边疯狂向我们扫射。

一连的一个战士甩出一颗手榴弹，炸毁了敌人一挺机枪，敌人更加慌乱。营首长抓住战机，指挥部队向敌人发起冲锋。战士像猛虎下山一样冲上公路，与敌人展开了激烈的肉搏战，把敌人杀得尸横遍野。被我们围困的日寇企图向合肥方向逃窜，但被我们压缩到一个水塘边的稻田中歼灭。剩下几名敌兵四散逃窜，有的藏到田坎下，有的钻进涵洞里，有的一头跳进粪坑内。我们跟踪追击，仅用 20 分钟就将残敌消灭。

当战斗开始，敌人尾部汽车被炸之时，先过去的敌人妄图调头救援，但由于我二连战士早已占领路东的制高点，用密集的火力封锁，援敌无法靠近，又不知虚实，加之路面狭窄、不平，汽车难以调头，不得不仓皇逃窜了。

在打扫战场时，二连副连长吴高升同志突然被一个装死的敌人紧紧抱住，在地上翻滚起来。吴副连长在红军时代作战时失掉了左臂，是个独膀子。他被敌人紧紧抱住不放，急得大声喊叫。张本科听到声音及时赶去，见他正被敌人压在身下，情况十分危急，就举起枪托，狠狠地朝敌人头上砸去，枪托重重地落到敌人左肩上，敌人这才松了手。张本科又手疾眼快，和战士们一起活捉了这个敌人。原来他还是个汽车队的小队长呢!

这个日军小队长被俘虏时，很不老实。他先是企图顽抗，后又想要自杀，但均被我们战士紧紧按住手脚而没有得逞。于是他就耍赖，硬是躺在地上不走。一连长李文斌同志只好命令战士把他捆在破板上抬走。到达营地后他不吃不喝，十分顽固。这名俘虏在一连看押时，由于张国政学过几句简单的日语，就用不熟练的日语向他宣传新四军优待俘虏的政策。他似懂非懂地听着，态度开始有所变化。后来，我们发现他粗识几个汉字，就把我们的政策写给他看。一个多星期后，他态度好转。当我们把他送交第四支队司令部时，他还显得恋恋不舍，连声用日语向我们说谢谢。

战斗打了两个多小时，结束后我们迅速打扫战场，扛着、抬着、挑着战利品，乘着夜色，踏着寒露，兴高采烈地转移到距椿树岗5里多路的刘老庄宿营地。撤离时营首长宣布命令，张本科带领一个班在椿树岗东北的一个小高地上掩护。直到午夜以后，我们才看到敌人派来了援兵。但敌人不敢远离公路，生怕再遭伏击，胡乱地放了一通枪，沮丧地往汽车上搬运尸体，然后调头开回合肥去了。

第二天敌人又派飞机来侦察，妄图报复，当然发现不了什么蛛丝马迹。敌人怎么也想不到那天我们正在附近的刘老庄上尽情地享受胜利的喜悦，用缴获的高级饼干、美味牛肉干、香烟、汽水会餐呢!

椿树岗伏击战是新四军第四支队东进抗日，最初打的几次胜仗之一，使我军军威大增。椿树岗这个普普通通的集镇，将永远留在我们的记忆之中，它记载着人民的胜利和光荣，记载着侵略者的失败和耻辱!

原载中共六安地委党史工作委员会编:《皖西革命回忆录:抗日战争时期》，安徽人民出版社，1989年，第194～197页。

组建抗日武装琐记

◎ 储鸣谷

索取番号

1938 年春，上海、扬州、南京等地的救亡团体，纷纷来到六安，六安城区抗日救亡运动出现了一个十分活跃的新局面。在中共六安县委领导下，我们也组织了青年抗敌协会，从事抗日救亡工作。

一天，中共六安县委书记邹同礽派人找我去谈话。我意识到有什么重要事情，因而赶紧到了他的住处。他对我说："现在各地都在编组抗日武装，你看盛县长，一到六安，就派吴伯孚当安徽抗日自卫军第六纵队司令，吴见白当六安县抗日自卫军第六支队司令，还收罗过去大刀会残部，拼命抓枪杆子。而我们县委手中到现在还没有掌握一支枪，今天叫你来，就是研究编组抗日武装的问题，县委希望你能负责这一工作。"

我听了邹同礽的话，感到这是组织上对我的信任，愉快地接受了任务。但到什么地方去组织武装，我心中没有底。我经过再三考虑，才想到在国民党第三都察公署任副官的共产党员马霖曾对我说过，合、六、舒三县交界地区，在内战时期曾是革命根据地，群众基础好，他特意选开明人士郭蔚廷当双河联保主任，还派进步青年李道宏在联保里当队长，到那里组建抗日武装，估计没有问题。我把这一想法向邹同初同志谈了，并提出请县委要多派懂军事的人去帮助工作，得到他的赞同。

第二天天刚亮，我便背了一捆青年抗敌协会的宣传品，一个人徒步到了双河。当晚，在联保主任办公处，我以组织青年抗敌协会的名义，召集罗晴涛、李宏道等进步青年开会，讨论在组织双河青年抗敌协会的名义下，如何编组我们自己武装的问题。他们一听都表示拥护，并都愿意参军。我又为没有番号而犯愁。

此时日寇已占领合肥，并向皖西步步进逼，兼任巢湖守备司令的第三督察公署专员覃寿乔及其部属，已由三河退驻双河。

我在河南大街遇到马霖，战友重逢，格外高兴，我们边走边谈。我向他说明了我到双河的任务，他问道："计划编多少队伍？"

我说："因为没有番号，还不便着手。"

他爽朗地说："没有番号容易，我们公署正在积极编组民枪，我去找专员要一个就是。"他说后便回司令部去了。不到一个小时，他来到联保办公室，从身边取出一张十行纸，对我说："一个大队的番号可以吧！"我接过纸一看，上面写着"委任储鸣谷为第三行政区抗日自卫军独立第一大队大队长"，下面盖的是巢湖守备司令部关防。

有了这张委任书，我和马霖、罗晴涛等就赶紧筹建队伍，因为我们看到敌军已经压境，编组队伍已到了刻不容缓的时候。在研究人选问题时，我们一致认为要尽力选用坚决拥护抗战的进步青年。经过努力，编成九个中队，分驻南官亭、埠塔寺、马道寺、孙家岗、毛坦厂、三旺冲、高山、小界河、雨淋岗，双河联保办公处30多人枪也被编为大队的直属分队，设大队部于南官亭储新庄。

我将大队和中队编组的情况详细报告给县委，并请速派军事人员来领导。

过了两天，县委就派张志一同志来任大队教导员，汪伯民为大队副，高宗林为大队秘书，并派高静波为大队副官，暂留城内，办理一些具体事务。

半个月后，全体指战员都佩戴上新的臂章符号，各队部门前也插上自己的队旗，队员们学会了不少救亡歌曲，士气一下子高涨起来。大队命令各中队，抓紧时间，进行军事训练。

攻打日寇

这时日军已开始沿安合公路、六合公路向皖西进犯。县委指示我们向舒城方向游击，以迟滞敌军。

我们把第一出击地点选在沦陷不久的安合公路上的桃溪镇。这里距合肥有45公里，距舒城县城也有15公里，敌人不能及时救援。我们一面派侦察员前去侦察，一面把从各中队抽调来的有战斗经验的分队长和战士集中到大队部储新庄和第二中队部埠塔寺待命。第二天下午侦察员回报说，敌人分驻在桃溪镇西街、中街两个碉堡里，一些商店里也零星驻了一些，共有150多人。我们决定夜袭桃溪镇，火攻敌碉堡。

储新庄和埠塔寺距桃溪镇约45公里。我们命令集中在这里的全体战士连夜到达分路口待命。

战士们初次出征，士气高昂，夜里行军和第二天白天隐蔽都十分顺利。于是我们决定这天夜里11时左右部队向桃溪镇进发：张志一同志率领直属分队和第一队为南路，挺进小河南，准备打击由舒城增援之敌；我带第二、三两队为北路，顺前河北岸，直取西街敌人碉堡。

战斗部署以后，战士们个个精神抖擞，决心要在同日寇的第一次战斗中，露一露我们这支抗日自卫军的锋芒。一路上，我们不说话，不吸烟，人不知鬼不觉地到达桃溪镇西外。先头部队正准备放火烧碉堡，敌人的机枪从碉堡里向我们疯狂地扫射起来。敌人已发现了我们的行动，看来我们采取火攻已经无法实施了。从实力上看硬攻硬拼也是不行的，是攻是撤我左右为难。正在这时，张教导员派两名战士来告诉我说，他们在河南通往舒城的街上已经缴获五挑子伪币。鉴于强攻碉堡不行，我立即命令部队撤退到距桃溪镇15里的谢家河，准备另找机会打击敌人。

当晚，我们宿营在谢家河西南两里地的石家城。这里有一条一里长、三四丈宽的大土埂，为了防备敌人的突然袭击，我和张教导员带直属分队和第一队，驻大埂南头的大庄子，第二队驻大埂左边的庄子，第三队驻大埂右边的庄子，呈三足鼎立的阵势。

这天夜晚特别闷热，蚊子也特别多，大家无法入睡。拂晓前，侦察员跑来报告："鬼子到谢家河了，现在正向这里开来。"情况十分紧急，我们赶紧叫传令兵李为德、黄方元分头通知部队迅速准备战斗。当时，天已大亮，我同张教导员迅速带直属队和第一队共60多人，沿着大埂迎击敌人。我们走了大约200米，敌人机枪啪啦地打响了，我们派出去的一个三人侦察小组，伏在大埂头一个坟包后面，开枪向敌人射击。敌人的枪弹扫落了水田中的秧叶，坟包上的泥土被打得乱翻。我们侦察小组却沉着应战，瞄准射击，敌人藏在小土地庙的门里，不敢向前一步，连头也不敢伸出门外。

这时，我们60多人迅速选择了掩体，投入了战斗。敌人从左右两侧向我们阵地疯狂扫射。我和张教导员见敌人火力猛烈，决定由他带两个班抢占谢家河西面的制高点大土墩子，我带队就地坚持。

不过十几分钟，就听到谢家河西面响起一阵阵枪声，张教导员他们已经占领了制高点。日寇不知虚实，怕被包围，就向谢家河撤退。接着又停下来，向我们猛攻。双方相持10多分钟，忽然狂风大作，雷声隆隆，下起了倾盆大雨，敌强我弱，我怕僵持太久会造成损失，故决定乘雨全部撤出战斗。

这两次战斗，虽然规模不大，但是我们这支刚组建的队伍经受了战斗的锻炼。

首次分编

我们回到南官亭，正在总结这两次战斗，忽然接到新四军第四支队要我去张母桥开会的通知。到张母桥后，王参谋告诉我，高敬亭司令员建议把我们大队编入新四军第四支队。

我没有思想准备，就说这事我一人不能做主，必须请示六安县委。王参谋说："好，等你请示县委再说。"

过了几天，县委派程明远同志来到我们大队部，他向我们传达了县委的意见，地方党组织既要帮助新四军扩军，又要使自己拥有或掌握一支抗日武装。根据县委这一指示精神，我和程明远等同志一起去舒城县西港冲，与高敬亭司令员研究部队改编事宜。

我们向高司令员转达县委的意见，他恳切地说："我不是非要编你们的部队不可，因为据我了解，你们的队伍组建不久，成分复杂。我考虑到地方党懂军事的同志比较少，不如让我们来搞比较有把握，你们县委考虑自己掌握部分武装也是必要的。"他最后说："你们研究一下，可以交多少人枪给我们就交多少。"高敬亭说后，就叫炊事员多搞点酒菜，招待我们。

我们研究后决定，从大队现有600多人中，抽调300人枪给第四支队，我们大队自己保留300多人枪。高司令员听了我们的意见，说："可以，就这么办。"

我们回到大队部，当即召开各队负责人会议，研究决定除第五、九两中队不动外，其他七个中队各抽调一个分队交第四支队组编。张教导员要求各中队务必把战斗素质好的战士连同使用的枪支选调出来。

第二天是个大好的晴天，万里无云，中午时分，第四支队司令部派王参谋和独立营营长等，前来接收部队。由我们大队副汪伯民同志率领300人枪，随他们去支队司令部，汪伯民同志被委任为第四支队游击纵队第三营营长。

解决供给

我们大队的给养本来是由省动委会拨发的，由于省动委会撤离六安，西迁立煌，我们大队留下来的这300多人一切经费都无着落了。加之我们与县委的联系又中断了，因而处境十分困难。为了尽快解决供给，摆脱困境，我们决定尽快找到县委。

这天，我带着通信员汪承柱向六安奔去，经张家店时，当地中学校长胡苏明告诉我，六安可能已经沦陷。为了大队的生计，我毫不犹豫地继续前往，终于在六安西十里桥遇到程明远同志。我向他说明了来意，他说："现在敌军已到城下，县委其他同志都已转移到麻埠，我们不如一起到麻埠研究后再说。"

我们刚到独山东北的山地附近，发现敌人正攻打独山。敌我双方炮战激烈，独山街成了一片火海。我们就绕过独山向麻埠前进，直到当天黄昏才到达，找到了县委。

次日一早，我同程明远、唐晓光、翟树生等同志去县委临时办公地点水晶庵。

经县委研究，决定将我的第三行政区抗日自卫军独立第一大队改名为六安县抗日自卫军第八大队，大队长仍由我担任，县委书记程明远兼大队教导员，第三十八工作团团长翟树生任大队副，其给养由六安县张家店区拨给。县委考虑到张家店区区长若不是同情革命的人，势必多有不便，所以又决定设法让县政府委任大革命时期就参加革命的胡苏明来任区长。

为了请胡苏明当区长，我们一行60多人就由水晶庵动身去东西溪胡苏明的住处。当时日寇已占领霍山县城和诸佛庵、黑石渡等地，我们只好绕道去东西溪。找到胡苏明后，他欣然同意出任区长。接着，胡苏明和我们到了张家店。由于日寇两天前才退出这个数百户人家的大集镇，出现在我们眼前的是一片瓦砾。

经过三天紧张的筹划和布置，区政府开始工作。胡苏明调拨90多支枪给我们，成立特务中队，队长由县动委会第二战地服务团团长姚荩忱担任；其余三个中队分别由陈良良、王海龙、胡汉迟担任队长。张家店区政府为了解决各项经费开支，决定在全区征收田赋，地主每亩田交一石稻。由各救亡工作团分驻各乡，一面宣传抗日，一面帮助乡长征收。这时天气转冷，但大队的战士还身穿单衣，区政府便拨出大米兑换白布，然后，把白布染成灰色，赶制棉衣。区政府又拨出7万斤熟米，由大队副翟树生送交新四军第四支队。

与此同时，程明远同志率领救亡工作团、战地服务团和两排战士，前往合肥、舒城宣传"国家兴亡，匹夫有责"，动员地主和工商业户捐助抗日经费。不到两个月，共计捐出2600多元，由程明远同志亲自送交上级党委。

再次分编

一天，晚间9时多，程明远同志对我们说："我昨天到新四军第四支队司令部，高敬亭司令员和戴季英主任同我商量，叫我从第八大队抽调部分人组编第四支队第一游击大队，并任大队长。"大家一听都默不作声，表现出意外的神情。他看在场的人没人讲话，又继续说："据我了解，国民党顽固派怕我们共产党强大起来，正想办法削减地方抗日武装。过去各地组织的抗日部队，将来可能改编的改编，砍的砍。"听程明远这么一说，大家才开始窃窃私语。接着，又认真做了研究，认为能用我们的人枪支援新四军是义不容辞的责任，决定从第八大队抽调部分人枪给程明远同志，编成新四军第四支队第一游击大队，第八大队仍保留各中队原来的番号。

经三天细致的讨论，从各中队共抽出180多人枪，交第四支队第一游击大队，程明远同志到第四支队后，六安县委调特务中队指导员李唯知任第八大队教导员。

1939年夏，六安县县长唐晓光调任合肥县县长。县委决定调我和李唯知同志到合肥组建抗日自卫军，并指定可从第八大队带一部分人枪去合肥做地方武装的基础，将编余的人枪，交还地方，妥善处理。

我们带领80多人到合肥后，编为合肥县抗日自卫军第三中队，1940年编入新四军。第八大队剩下的部分人枪，在原地区继续坚持斗争，直到1948年秋。

（牛青　整理）

原载中共六安地委党史工作委员会编：《皖西革命回忆录：抗日战争时期》，安徽人民出版社，1989年，第159～167页。

河西锄叛

◎ 赵　凯

1943 年 2 月，中共津浦路西地委决定，由我和冯道生同志分任寿（县）六（安）工委正、副书记，以寿东南抗日根据地为依托，在寿县、六安、霍丘、合肥四县交界地区开展统战工作，为开辟抗日游击区打下基础。

接受任务后，我便化装成商人，由寿东南抗日民主根据地南去六安县东桥头集，经木厂埠与先期到达鲍兴集的冯道生见了面。经他介绍，我同坚持六安县地下斗争的一些党员分别进行了接触。从谈话中我了解到，国民党六安县党部书记谢鉴堂率领"行动大队"，经常窜到淠河以西地区，破坏我党组织，杀害抗日干部。原先参加抗日活动的一批青年学生，有的被迫"自首"，有的处在动摇、观望之中。听了他们介绍，我很想和那些没有自首的青年学生见一面，对他们进行前途教育，以坚定继续革命的信念。与冯道生商量后，决定由他陪我回家乡丁集，因为我在家乡有不少关系，可以立足，相机开展工作。

这天夜里，我俩冒着料峭的春寒，偷偷渡过淠河，回到离别了三年的家。我俩在一间更楼上住下来，就连和我同庄住的三叔父都不知晓我回来了。顾不得好好休息一下，我们就投入了紧张工作。晚上，把隐蔽下来的王恩全、王汉三两位党员找来谈情况。为了扩大同外界的联系，第二天夜里冯道生就匆匆赶往顺河集，同那儿的党组织取得联系，安排下一步活动。

三天后的夜晚，狗突然"汪汪"叫起来，我伸头一瞧，原来是冯道生按照预约的时间回来了。我俩赶紧吃了点东西，在夜色掩护下匆匆向顺河集赶去，住在梁金斗同志家里。从此，这里就成为我们开展工作的一个基点。

经过三个多月的积极工作，我们在寿（县）、六（安）、合（肥）、霍（邱）交界地区的西隐贤集、黄梁集、顺河集、鲍兴集、东桥头集、太平集、椿树岗等地，同十多位乡长、保长、区中队长和社会人士恢复和建立了统战关系。我们在统战关系的掩护下，发展了同工委单线联系的地下党员22人。我们的力量大起来了，耳目多起来了，工作也随之活跃起来。

不料这时，六安县新安乡地下党组织出了叛徒，叫曾广全。曾担任过上级党的交通员，送信去过地委机关所在地定远县藕塘，知道的内部情况多，对党组织的威胁大。他出卖了新安乡的地下党组织，还注意跟踪我和冯道生，并向早已叛变投敌的张华德告密。

张华德这家伙很坏，有较大的活动能量，专门破坏我们地下党组织。叛变前，当过我新安乡地下党支部负责人和党的交通员，在艰难的斗争环境中动摇，与国民党六安县党部书记谢鉴堂勾结上了，表面上是共产党员，暗地里却为国民党干事。他从1941年叛党后，当上了谢鉴堂的谍报主任，活像一条疯狗，到处"咬人"，诱逼新安乡党员自首，摧垮了党的支部组织，曾广全就是由他一手策动叛变的。后来他干脆撕下伪装，带领国民党军队到处搜捕共产党人。这次谢鉴堂限令曾广全"做出成绩"，张华德也从中打气鼓劲，他俩做梦也想把六安西北乡的地下党一网打尽。为了配合行动，谢鉴堂也赤膊上阵，亲自率一个中队赶到丁集区。张华德得到曾广全的密告后，积极向谢鉴堂提供情报，致使赵翅生、王恩全、王汉三、梁金斗等同志惨遭杀害，黄岩同志弟弟黄文虎也险遭毒手。张华德扬言，要活捉赵凯、冯道生，好向谢鉴堂报功。一时间，六安县西北乡被一片白色恐怖笼罩。一些地下党员被迫转移到外地，我们的许多关系也被迫中断。

严酷的局势提醒我们，不除掉这两个叛徒，地委赋予我们的任务就难以完成。于是，我和冯道生商议，决定转移。途中我顺道去看望舅舅，一进门全家大吃一惊，舅母一把将我拉进门，姥姥硬是把我推进舅母床巷里，千叮咛、万嘱咐，叫我不要出来。舅舅哭着向我说："你叔赵翅生七天前被六安来的县中队杀了，你还敢在这里转，不害怕吗？"我说："我叔被他们杀了，我知道。我现在还活着，就一定要为我叔报仇!"我怕连累他们,傍晚时分就离开家,赶到淠河岸边霍邱县西隐贤集,在和我们保持统战关系的绰号叫通天教主的赵冠宇家住下来。在那里我们研究了下一步工作,决定以西隐贤集为立足点,积极了解六安方面国民党顽固派的情况,并向地委汇报,请示派遣武工队,铲除叛徒。

接着,冯道生便赶往定远,到地委汇报工作去了。我仍住在赵家,就地开展统战工作。一天,赵冠宇和我闲聊时,突然提出要和我结拜兄弟。我见他为人比较正直,仗义疏财,广为交游,心想有这么一个把兄弟,正好掩护自己,当即表示同意。结拜后,我俩就开始以兄弟相称。起初,他以为我是绿林好汉,受国民党通缉,没办法才跑去求他保护。时间一长,他似乎对我有所觉察,问我道:"六安县国民党枪杀了一位共产党员赵翅生,你认识不认识此人?"在相处中,我对他也有所了解,便坦白相告:"赵翅生便是我叔父。"他听后,感慨不已。他知道我们是同姓,又逐渐了解我是新四军那边的,对我就更加尊敬和爱护了。有一天,他对老婆说:"张学如(我的化名)先生穿的太不像样了。"他老婆会意,赶紧取出一套布裤褂、一双鞋袜和一顶礼帽,要我马上换上。我想恭敬不如从命,换好衣服,往镜子前一站,果然人要衣装,我一下从赵家佣人的样子变成教书先生模样。赵冠宇前看看,后瞧瞧,满意地笑了,说:"这才像我家远道而来的客人。"我也笑着说:"我那套粗布衣服还有用场,请嫂嫂洗一洗,存放在你家。"赵冠宇微笑着点了点头。有时他还带我到西隐贤集西北乡转悠,说是看望家班子,那里有八九户姓赵的。我正好借这个机会察看地形和熟悉人事,为以后武工队开展活动做些准备。

时光流逝,冯道生那边一点消息也没有,急得我寝食不安,人也瘦下去了。转眼三个月过去,直到9月下旬,路西地委才派交通员送来冯道生一封信,传达地委的决定:不久将派出由10人组成的小型武工队,相机除掉叛徒,并在寿、六、合、霍四县交界地区坚持活动,牵制桂顽,配合根据地反摩擦斗争。

我接到信后,首先考察武工队到后驻在哪里,要找个安全地方让同志们好好休息一下,可想来想去总找不到一个合适的处所。我同赵冠宇谈起这件事,他却一口答应驻到他家,还拍着胸脯说:"你不要为难,天塌下来,由我这条大汉顶着!"我很感谢他的好意,可是这里离乡公所才两里路,十来个人挤在他家,目标大,容易走漏风声。我把自己看法一说,他听了也觉得有理,他认真想了一下,提出让武工队员装渔民，在长满柳树的淠河西岸沙滩上，搭个大帐篷，驻那里，好作掩护。他还主动把家里的一块大白帆布拿给了我们。我们按预订的时间，把帐篷搭起来了，还垒了个土灶，备足稻草、干柴，可容纳十多个人吃住。

10月中旬的一天傍晚，冯道生终于带领武工队赶到了东隐贤集。一路上，他们化整为零，三人一群，两人一伙，装扮成老百姓赶路，谁也不曾注意。我们顺利地将武工队员们分散接进帐篷安顿下来。一会儿，沙滩的上空便升起袅袅的炊烟，住在周围的老百姓还真以为是渔民在做饭。

武工队经过短期休整，由我和冯道生率领，于一天傍晚从霍邱县西隐贤集向南开进。这时，曾疯狂搜捕共产党人的张华德、曾广全，以为在六安县西北乡杀掉了五个地下共产党员，宣布了五家连坐，县政府还四下悬赏缉拿赵凯、冯道生，那里的地下党组织土崩瓦解了，已太平无事。离婚不久的张华德正忙着娶亲；曾广全正在跑生意，整天打着发财的小算盘。

正当他们得意忘形的时候，我们武工队已无声无息地驻进新安集一位地下党员家里，等着干掉这两个叛徒的时机。张华德结婚的喜期就定在11月21日，曾广全也肯定要回来贺喜，我们正好将这两个坏蛋一起除掉。这一天张家门庭若市，贺喜的人络绎不绝。曾广全果然也从外地赶了回来，我们派地下党员李大个子混入其间，带着两块银圆去"贺喜"，乘机察看地形。晚上，张华德清点礼单，望着李大个子的名字皱了皱眉说："此人我不认识。"帮办婚礼的人中有人拍马屁说："礼单上的名字，你张主任不认识的多着哩，不要自扫喜头！"张华德听了，觉得有理，也就放下心来。

一切准备就绪后，11月21日晚8点钟左右，按照事先侦察的情况，我们武工队首先到达叛徒曾广全的村庄。武工队员破门而入，他正在洗脚，杨传堂对准曾广全的脑袋就是一枪，结果了他的性命。接着，我们又以飞快的速度，穿过谢鉴堂的圩子，直奔张华德的村庄。这时贺喜的、看热闹的人都已散去，庄子显得特别安静。张华德住的是深宅大院，外边有一道围墙。于是，我们安排一名队员用装着有急事的口气，喊张华德开门，他感到不妙，既不开门，也不应声。我们只好派四个队员，翻过院墙去，把对外的院子大门打开。正巧，院子里有几棵锯倒的大树，几名队员抬起一棵，一使劲把屋门撞开。屋里一片漆黑，什么也看不见。为了防"狗"急跳墙，我们在门口和围墙大门前分别布置队员看守。我们向里屋丢进一支火把，屋内亮堂起来，只见叛徒张华德一闪身躲到屋角处，眼尖手快的队员赵三，乘势扣响了扳机，其他几名队员又接连开枪，这个坏蛋再也不能为非作歹了。新娘子吓得跪在地上，直叩头求饶。一个队员瞪她一眼说："你不大喊大叫，就不杀你！"她才哆哆嗦嗦爬上床，缩进被窝里，一声不吭。

当夜，我们带着为烈士报了仇的欣慰心情，告别了新安乡地下党的同志，向距离40多里的郭店乡开进。临走前，我们将武工队从藕塘带来的两万多张以铲除叛徒、团结抗日为内容的传单，交给了地下党组织，请他们连夜在沣河西岸散发。

张华德、曾广全被消灭后，群众议论纷纷，绘声绘色地说新四军是神兵，来无踪，去无影。有的说："谁叫他们当叛徒，杀共产党的人呢，不是自找死吗？"甚至有人说新四军来了100多支短枪，不是天亮了，谢鉴堂的圩子也保不住。

我们除掉了张华德、曾广全，把谢鉴堂伸向六安西北乡的魔爪斩断了。谢鉴堂和他的"行动大队"也不敢轻易出动到六安西北乡捉人了。这里曾遭到破坏的地下党组织，又重新建立起来，并且恢复了同工委的单线联系。霍邱县东南乡和合肥、六安交界地区的地下党组织，也有了新的发展。

1944年3月间，我们武工队员完成任务集结于西隐贤集，稍事休整后，便渡过沣河，通过敌占区，越过淮南铁路，返回地委机关所在地——定远藕塘。

我在返回的行进途中，心情十分激动，随口咏了两首诗：

> 跋山涉水到新安，虎穴追踪深夜寒；
>
> 灭此奸徒皆搔首，为民除害沣河岸。

> 两万传单惊敌胆，十名壮士凯歌还；
>
> 一害除去千家喜，慰我英灵在九泉。

我们到藕塘后，一天早晨，行政公署专员郑抱真见到我，风趣地说："你们干得不错嘛，把大别山几个外围县闹得摇摇欲坠。"首长的鼓励，使我们激动的心久久难以平静。接着，我们又接受上级分配的任务，马不停蹄地投入新的战斗。

原载中共六安地委党史工作委员会编：《皖西革命回忆录：抗日战争时期》，安徽人民出版社，1989年，第298～304页。

抗战初期我在舒城的斗争活动

◎ 贾世珍

1939 年下半年，我在庐江县东汤池，新四军江北指挥部驻地鄂豫皖区党委党校学习，一同学习的有郑曰仁、刘芳等同志。学习还没有结束，我就被派往舒城做秘密工作，担任县委组织部部长，随曾熙生同志到舒城东沙埂（檀树榜），与那里区委书记李启贵同志接上关系后，就住在他家里。老曾同志调走后，徐建楼同志代理县委书记。

老李同志是个裁缝，爱人死了，又没孩子，我们俩人就住在一起。老李同志白天多在外做活，我一个人在家。当时担任交通员的是袁国定（袁矮子），还有一个同志的名字记不起来了，由他们负责我和县委的联系。为了找个掩护的职业，我从余平同志（他家就在附近，也是区委委员）那里学会了卷土造香烟的手艺，自卷自卖，以此来掩护工作。后来由于这样维持不了生活，就又到庐江找到李岩同志（过去在一起工作过）要了几块钱，老李同志又拼凑了一些，便在路边开了个小杂货店。

1940 年四五月间，在中梅河一个小学里我见到了徐建楼同志。他要我去立煌（金寨县）向皖西省委汇报工作。在立煌我见到了省委书记李丰平同志。李丰平同志要我们组织武装，开展武装斗争和组织干部撤退工作。因为近时期，国民党桂顽李品仙更加反动，反共摩擦日趋尖锐。回来后，我们根据这一指示，就以东沙埂、东街、西街党组织为基础，动员了一些同志，取出了新四军第四支队留下的几支枪，由袁矮子等同志化装成卖柴的摸了一个乡公所的几支枪，就这样拉起了一支小队伍。

这时,适逢新四军江北游击纵队被派到合肥、巢湖一带组织武装的桂俊亭同志,他带了支小队伍正转移在袁矮子家附近。我接到消息后,就连夜去和他接上了联系。这样由他当队长、我当指导员的几十人的游击队就搞起来了。没几天,接县委来信,说西沙埂乡乡长暴露了,国民党反动派要抓他,要立即设法营救。时间很紧迫,我们当即决定武装营救。于是连夜全体行动,端了西沙埂乡公所,缴获了全部枪支,只是晚了一步,乡长同志已被抓走。

随后,徐建楼同志来了,开始组织在中梅河附近担任公开工作的同志撤退。同志们陆续来到游击队后,组织了一个干部队,由徐建楼同志负责。后来撤退的干部多了,游击队员也多了,人多枪少,目标太大,行动不便,晚上行军,队伍老长的,在一个村子宿营住不下,有时要住两三个村子,再加上和上面又一直未联系上,吃饭也成了个大问题。大概于6月前后,我们才武装撤退到了巢湖。

到巢湖后,在湖心里与桂林栖同志率领的巢湖县委游击队会合,随后到了新四军江北游击纵队。我们的游击队一部分编入了主力,干部除留下极少数人外,全部由徐建楼同志率领去津浦路西根据地(新四军第二师驻地)了。我带一小部分游击队,组成巢县独立连(有的人也称我们是四连),留巢县工作,并任县委组织部部长,后又代理书记,有时随当时在巢北活动的纪正同志(地委副书记)的独立大队行动。

皖南事变后的1941年二三月间,舒无地委决定,由我和桂林栖等同志组成舒、庐、桐县委,桂任书记,我任组织部部长,两县游击队合编成一个独立连,由黄炳光同志任连长,随彭胜标、傅绍甫同志率领的新四军挺进团挺进大别山,打通与鄂东新四军第五师的联系。部队到达潜山边境时继续前进,因斗争的需要,我们脱离挺进团,回舒城地区活动。在一个拂晓,我们乘土顽不备,端了西汤池乡公所,夺取了乡公所的全部枪支,吃了他们为我们"准备的早饭",随后撤至附近山洼里休息。中午前后,国民党县常备队来到山下,只在山下面向山上乱放枪,就是不敢上山。我们多数同志在山洼里休息,少数同志在山上监视敌人,以逸待劳,笑看顽军怕死的狼狈相。傍晚时分,他们悄悄地撤走了。我们于夜间也转移到他处,随后沿舒桐边境一带活动。当转移到巢湖边时，适值国民党反动派桂顽向我巢无地区进攻，我们大部队活动已有困难。为了积极开展斗争，我和桂林栖同志决定各带一部分武装分开活动，他留巢庐地区坚持，我和黄炳光同志返回大别山，到舒城边区活动。一返舒城，我们就打击土顽，惩治叛徒。在东街捉到了两个叛徒，镇压了一个。在桐城境内搞到了国民党存的一些盐，我们发动了全体同志想办法，利用一切可以利用的东西，包括裤腿、衣袖，尽可能多装带些盐，同时在村子里又找了几个小伙子，为我们挑一些。当时山区的食盐很紧缺，我们就以盐和群众换粮、菜，群众非常欢迎。这给我们解决了很大的问题。

五六月间，在桐西地区我们和程鹏同志取得了联系，接着又和挺进团的一部分会合。和地委联系上后，我调任桐城县委组织部部长，在那里和坚持斗争的县委何杰之等同志一起又坚持了桐西地区的武装斗争。

原载中共舒城县委党史办公室编：《舒城县革命史资料（抗日战争时期）》，内部资料，舒城印刷厂，1985 年，第 101 ～ 103 页。

在坚持斗争和武装撤退的日子里

◎ 汪子珍

一、山雨欲来

1939 年下半年，舒城的抗日形势在变化。

1939 年 6 月，我任舒城县晓天区督指员。6 月底，县动委会要我回去一趟，到县动委会所在地的梅河镇后，胡泽润同志立即把我找去，说："目前形势有很大变化，国民党准备取消一切抗日团体。为了便于今后开展工作，掩护党员的政治面目，组织上决定派你去立煌军政干部训练班受训，回来后的工作，党设法安排。"短短几句话，我感到气氛不对，晴朗的天空将会有翻滚的乌云出现。

8 月底，我们在立煌训练完毕，舒城送去的 30 多人，均返回舒城。顽县长陈常举行并主持会议，宣布分配名单，绝大多数学员被分配到乡公所担任正副乡长或区乡办事员。我被分配到梅河镇，担任副镇长。乡镇人员安排后，顽县政府就积极推行乡保甲制度，搞十家"联保切结"，行路要有通行证，出乡要有乡的通行证，出县要有县的通行证。所有这些措施，都是针对我党而来的。他们对我们已暴露的党员也开始监视了。

9 月以后，形势日趋严重。很多外来干部和比较"红"的地方干部要撤退，各种抗日救亡团体逐渐名存实亡。我到梅河镇任职后，党交给我的任务是：除及时了解顽政府的行动外，经常性的工作是发放通行证，供党组织使用。按照这一指示，每当夜深人静时，我就把一本本通行证盖上梅河镇的印章，第二天送到县动委会交给徐波或曾子坚同志，由他们转交党。九十月间，一些同志就是使用这些通行证，以送出去受训的名义而被党组织撤出去的。12月左右，又通过这一办法组织撤退了一些干部。这时，全县保甲制度已经形成，顽军对我们东去皖中抗日根据地的路线进行了全面的封锁。暗流越来越急，并趋于公开化了。

二、织布厂里的斗争

1939年11月，县委活动转入地下，机关设在原县动委会内已十分不便。领导想办法通过顽县长陈常成立了县立织布厂，要我辞掉梅河镇副镇长的职务任纺织厂的厂长，来具体筹建。12月，纺织厂建成，厂址设在距县政府所在地梅河镇约3里的一个祠堂内，与四周居民也有一定距离，比较偏僻，对我们的活动十分有利。

这个厂直属顽县政府，厂长的任命和各项经费的来源均由县政府决定，但厂长有权雇用全厂人员。实际上我到职之前，厂里的筹备工作就已基本就绪，共有织布机20台，工人40名左右，主要成员除我以外，就是一个技师和一位账房先生。技师是一个不问政治的人，账房先生是我请来的在九井小学以教书为掩护的中共舒城县委书记徐建楼同志。厂里还有一位女同志，是原红四方面军转移时埋伏下来的老红军，负责对工人的管理工作。

我原是染织专科学校毕业的，对党分配这个公开身份的工作很高兴。我一进厂，很快就把各项工作安排就绪。开始我的工作很简单，每天布置收购棉纱、染色、织布、卖布。开业一两个月后，工厂还有点盈余，所以县政府从不过问。从表面看这座设在祠堂内的工厂，一切都是那样普普通通，毫不被人注意。然而，以"账房先生"为首的舒城党的组织，在暴风骤雨到来的前夕却正领导着全县党员跟国民党顽固派进行着生死搏斗，党的许多指示、决定正是从这个小小的织布厂里面传向四面八方的。

织布厂只织布不纺纱，纱要下乡去收购。这给我们的"账房先生"提供了很大的方便。老徐差不多总是大清早出去，晚上很晚才回来，开展各方面的工作。

回来时常常是拖着疲惫的身躯,挎着一个装满棉纱的大篮子。他的身体本来就不好,虽然我知道他收的纱多半是党员同志代收的,但从他疲乏的神情看,可以想象得到,他的一天不知走了多少路,做了多少工作!

"账房先生"对厂里的账,是从来不过问的,记账、结账都由我"代劳"了。他常常是晚上回来吃过晚饭后,就把我找去了解一天的情况,布置我第二天的工作。我的党内工作是通过收棉纱、卖布做些联络工作。具体就是老徐同志把有关工作的内容写在小纸条子上,卷成一寸长左右、筷子粗细的纸卷,编成号码后交给我,告诉我第二天可能到织布厂来联系的人有哪些,特征是什么,然后根据来人的不同特征,交给不同编号的纸卷。就这样,我每天除检查厂里的正常工作之外,大多数时间就是站柜台收纱、卖布,以此为掩护,向前来联络的人传达老徐交代的话,或传递小纸条。我们柜台的后墙是多年未经粉刷的砖墙,墙缝、孔隙很多,我把老徐交给我的小纸卷就塞在墙缝和孔隙里,只要我认准了来人的特征,与老徐说的对上号了,转身就可把该给的纸卷按号码取出交给他。这个办法一般不易被人发觉,很有成效。县委的活动也因此得到了很好的掩护。老徐对这个方法也感到比较安全,以后就一直沿用了它。在我们撤退前的一个时期,这种小纸卷有时多到七八个,我也千方百计地把小纸卷的编号和来人的特征记牢,使之不发生差错。有些人因为来的次数多了,我已很熟悉了,虽然我并不知道他们的姓名。如有一位操山东口音、黑黑矮矮胖胖的人就经常来。记得撤退以后,又曾见到过他,现在回想起来,可能就是当时的县委组织部部长贾世珍同志。

三、形势突变

1940年4月初,情况急剧变化。顽以舒城、桐城、霍山、六安组成四县联防指挥部,以广西军为主力,配合地方保安部队,开始对我舒城地方党进行武装镇压。

一天,我去西沙埂乡找当时担任副乡长的李传芳同志(现名施陵,共产党员),传达老徐对舒城政治形势的估计,在回厂途中就碰到乡里戒严,还听到零零碎碎的枪声。晚上,老徐回来告诉我说华兆江同志出事了。我一听此话便联想到西沙埂乡的枪声和戒严,原来是华兆江同志去争取在潜山水吼岭起义的国民党四十八军一七六师补充团向舒城方向转移时在庐镇关一带遭顽军包围激战失败的事。对此，大家焦急万分，老徐第二天老早就出去了。

华兆江同志被捕后，英勇顽强，坚贞不屈，表现了一个共产党员的铮铮硬骨、凛凛正气。顽军无可奈何，县长陈常便设了一个圈套，在把华兆江带到梅河镇后，就传出口头通知，说，华兆江犯了法已被逮捕，他过去的老同事要去看他的，可以去探视。老徐回来后，我把这个通知告诉了他，他沉默不语，最后果断地说："这又是陈常玩弄的花头，你千万不能去。"我说："我们该想办法营救。"老徐却陷入了沉思。

这一天晚上，谁也吃不下饭。老徐见我老是想哭，就把我叫到他那里，从当前骤变的政治形势谈起，一直谈到多少同志英勇牺牲的故事。我明白，他说这些是叫我不要对国民党有丝毫的侥幸心理，不要感情用事，这件事既要冷静想办法，又要坚定不表露。听了他的话以后，我极力克制住感情的激动与悲愤，但一夜总是很难合眼，眼前老是浮现出华兆江同志微笑的面容。一个多么好的同志，我不但不能出去营救，就是连去看上一眼也不能啊！然而，斗争是残酷的，党的纪律也是铁打的。第二天，我用最大的努力使自己保持住往日的平静，若无其事似的忙着日常工作。华兆江同志被捕的前后几天，我的工作特别忙，来往人员更加频繁。老徐也是早上走得更早，晚上回来得更晚了。

不久，顽县政府又发出布告，通缉李传芳同志。缉拿的理由是：华兆江拉队伍经过西沙埂乡，定与李有关。形势越来越严重。

这一天，我正在站柜台，县长陈常突然带着七八个随从闯到纺织厂，说是来看看工厂的生产情况。我将纺织厂生产情况汇报后，他就要我谈谈工人情况，还特别指出："你的账房先生哪儿去了，怎么不见？"我说："出去收纱了。"陈常哼了一声，心不在焉地东张张、西望望，然后在一台织布机旁停下说："这个格子花布很好，我买了，哪天叫你的账房先生亲自送给我。"晚上，我把陈常到厂的情况向老徐做了详细汇报。老徐沉思了一会儿问我："你看怎么办好？"我肯定地回答："陈常此行，是来者不善。厂成立这么长时间，他从来未过问，今天突然来'视察'，并两次提到要见账房先生，还要你亲自去送布，这里面一定有文章。"老徐点点头说："你说得对，这里肯定有鬼！"接着他又说："李传芳如果到这里来，千万不要让她回去，你设法把她掩藏下来。陈常那里派人把布送去，就说账房先生昨夜没回来。"我们感到织布厂可能有危险，连夜把藏在祠堂祖先牌位底下的文件和马列书籍等作了清理，该烧毁的烧毁了。

第二天，我派人把布送到县政府，陈常并未收布。显然，他需要拿到的不是"花格布"，而是"账房先生"！

老徐走后，李传芳闻风来到织布厂找我。我把她送到距梅河镇40多里的六安县山区我姊姊家里，暂时隐蔽起来。

老徐两天没有回来。第三天晚上派交通员带来信，要我立即撤退。我请交通员转告老徐，天明之前，我必须将李传芳带出来一同撤退。交通员同意了，并在厂里等我们。情况紧急，我连夜来回跑了近90里路，把李传芳从我姊姊家接出来。不料，在距织布厂约四五里路的地方，突然碰到了顽军的巡逻队，李传芳闻声钻进了玉米地里，我们被冲散了。我脱身后回到厂里，这时交通员正等得发急。我将与李传芳冲散的事告诉了他，他说："李传芳的事交给我吧，你和我先走！"我按照老徐的指示，结清了工厂账目，附上工厂锁柜的钥匙，并留给陈常一封信，说明我到大后方读书去了。（当时有些人经常谈到要去大后方读书的事）结清账目是老徐考虑到不给国民党以账目不清、卷款逃跑的借口去造共产党的谣，因为他们过去对我们撤退的同志就是用种种借口来造谣的。后来听说陈常接到我那封信后，立即对纺织厂和我的家进行搜查，可是什么也未查到，一无所获，空手而归。就这样作为掩护县委机关的活动点的织布厂，到此结束了。这时是1940年的4月下旬。

四、武装撤退

4月24日，我离开梅河镇，由交通员带着向汤池方向前进，夜晚到达联络点。不想，这个村子已被顽军突然包围，正在清乡，强迫群众登记自首，发现可疑的人就立即逮捕。怪不得当我们还没到汤池时，就见到一群顽军押着十几个捆绑的农民，边走边打，麻绳都穿在腋下，往梅河镇送呢？联络员见我们来了既很高兴热情，又很担心紧张，因为顽军正在检查来往、住宿的行人。他指着对面山坡那些灯火通明的地方，说："那就是刚开进来的顽军指挥部，也是我们必须经过的路。"原计划在这里过夜是不行了，此地不可停留，必须赶快转移。联络员与我们的交通员小声商量了一下对策和下一步的行动。这时，等待的两位同志也来了，我记得一位是女同志王静，一位是男同志盛辉。联络员和交通员随即带着我们几人机警地绕道前进，通过顽军的封锁线时，交通员要我们匍匐前进。我们都曾受过比较严格的军事训练，匍匐爬行并不困难，很快就脱离了危险，跳出了顽军的包围圈，联络员完成任务便回去了。

已是深夜，一片漆黑，四野静悄悄的。我们紧张的心松弛了下来。突然，前面传出一声如雷似的大叫："口令？"接着是一阵子哗啦啦的枪栓声。不知几时这里又新设了顽军的碉堡，乌龟壳似的。交通员也感到很意外。我们答不上口令，就回答说，我们是某乡公所的巡逻队。可是，碉堡里的人不相信，但也不敢出来盘问，硬要我们过去接受检查，我们当然不过去。僵持了一会儿，那家伙急了，不知是恐吓还是告警，"砰"地放了一枪。情况十分紧急。这里四面都是山，只有一条小道，唯一的选择就是冲到山里去，于是，我们迅速地夺路向山上冲去。顽军既然不敢在黑夜紧追，就更不敢上山了。

山上荆棘丛生，林密路狭。在黑沉沉的老林中我们又与交通员走散了。这可把我们急坏了，因为此时失去了交通员就意味着与党组织失去了联系。我们三人在深夜的山林里转悠，一直等到天明也没见到交通员的影儿，无奈只好到附近的王静同志的家里去打听消息。聪明的交通员也是在山上山下找不到我们以后，估计我们可能到王静同志家里来而来到了这里，与我们会合了。下午5时，交通员又带领我们前进。这一回倒很顺利，天黑的时候恰巧碰上了我们的游击队，徐建楼同志也在这里，但已病倒在担架上。我们都高兴极了，可是为了隐蔽，埋在心中的喜悦谁也不能痛痛快快地表达出来，因为顽军正在到处寻找我们的踪迹！归队后，我们便默默地跟着队伍继续行军撤退。这时我明白了织布厂那一段紧张的工作，正是老徐在组织党员干部武装撤退呢！

几天后，交通员带着一位小放牛娃上山了，一看原来是李传芳化装的。大家又是高兴，又是好笑，我们从内心佩服交通员的机智勇敢。

我们这支游击队是由舒城地方党的骨干力量组成的。其中除县委书记老徐外，还有县委姓叶的大姐、几位区委书记，另外还有我不知道的领导同志，总共80多人。

大家到游击队后，认识的都改了名字，不认识的，也不询问。游击队枪支的来源是过去埋在地下挖出来的。这支队伍的组建，主要是打破顽军的封锁，掩护县委机关，组织党员干部武装撤退。

游击队在山上与顽军周旋了近两个月，先后派出了9个同志去找上级组织，可都是有去无回，杳无音信，除少数叛变自首的外，多数都英勇牺牲或失踪了。领导再也下不了决心派第十位同志了，终于决定争取一切条件，向巢无根据地进行武装突围。

国民党顽固派为了消灭我们这支游击队，从"清乡"发展到"清山"，但还未摸出我们的行动规律，只是东闯西撞，疲于奔命。我们在舒城东南乡昼伏夜行，进行运动战，一夜要转移好几个地方，有时要走几十里路。有时分散在党员和基本群众家里，白天我们几个女同志还可以扮成村姑，帮老乡采茶。我们身边带有两本书：一本是《联共（布）党史简明教程》，一本是《西行漫记》。隐蔽下来的时候，老徐常常和我们谈这两本书，并要求我们要好好学习，坚定胜利信心，增长革命知识。这些都给我留下了很深的印象。

随着时间的推移，顽军步步紧逼，我们的回旋余地愈来愈小，处境愈来愈困难，给养也成了问题。加上国民党顽固派实行"谁窝藏共产党就杀谁的头""谁家住了共产党不报就烧谁家的房子"的烧杀政策，基本群众和党员同志的家不能住了。一次，我们住到一位党员同志的家里，他们一方面热情地接待我们，替我们站岗放哨、送情报；一方面在避开我们的时候，全家人在一起抱头痛哭。因为他们知道，我们走后，等待他们的将是什么！为了保护群众，对付国民党顽固派的反动政策，以后我们索性住到顽保长的家里。

有一次，我们住进了一个保长家里，这可把保长吓坏了。他脸色煞白，抖抖索索地不知如何是好。我们一进他的家，就将其家属全部看管了起来，严密地封锁消息。恰巧，顽军第二天在这个村子清查户口，得知消息，转移已来不及了，我们立即察看了周围地形环境，发现保长家有一个很大的粮仓，就将队伍全部拉了进去。我们允许保长出去，但规定了三条：第一，不准告密，要确保我们的安全；第二，保长本人可以去应付清查户口，但全家人一个也不能外出；第三，敌人来前，立即通知我们。以上三点如发生意外，唯全家是问！保长点头哈腰，唯唯诺诺地一一答应了。清查户口了，顽军来到保长家里，保长一点风声也不敢透露，嘀咕了几句后就拥着顽军出去查户口了。顽军做梦也没想到就在这里——他们的眼皮子底下竟隐藏着80多人的共产党游击队。就这样，我们既安全，又保护了群众。

在这段日子里，游击队采取了一些灵活机动的策略。如袭击乡公所，杀杀顽乡保长的威风；打地主圩子，夺得一些给养；声东击西，迷惑顽军等，使得顽县政府大为震动和恐惧。民间传说的也很多，有的说新四军开回来了（原来新四军第四支队就驻在舒城），有一个团；有的说有两个团，机关枪都对着梅河镇架起来了……给我们编了不少神奇的故事。各乡公所更是惶惶不可终日，地主也怕我们打圩子，对我们恭敬异常，常常给我们送来猪肉、粮食。如在一次夜行军中，我们发现前面有几个人，抬着什么东西，以为又有敌情，正要准备战斗时，那几个人连忙喊道："别开枪，我们是来慰劳的！"一个地主和几个人抬着两头大肥猪过来了。还有一次，我们与一个乡的巡逻队遭遇了，顽敌一见到我们，拔腿就跑，吓得屁滚尿流，就像老鼠见到猫似的。

五、冲出封锁线

我们之所以能在顽军大军压境之时立于不败之地，是因为我们有党的正确领导，有地方党员和广大人民群众的掩护和支持，使我们得以在舒城东南山区又与顽军周旋了一个月之久。可是，时间一长，顽军慢慢地摸到了游击队的行动规律，渐渐地对我们形成了包围圈。

我们的转移更频繁了。不料，在一次雨后行军中，由于山陡路滑，有的同志折了树枝当拐棍，不慎留下了印迹，被顽军发现了，顽军便紧紧跟踪寻迹而来，将我们包围在一座山上。但他们因不知虚实，行动极缓，直到下午才向山上打枪，慢慢地爬上山来。我们在山上居高临下，利用有利地形予以还击。当我们发现顽军有恐惧心理时，便吹起冲锋号，向山下发起冲锋。这一招，一下子把顽军吓退了。继而，我们在山顶上又吹军号，又唱新四军战歌，弄得顽军稀里糊涂，莫名其妙，以为真的碰上了新四军正规部队了，一直不敢向山上进攻。坚持到黄昏以后，发现没有动静，我们扔掉拐棍，从山后小路悄悄地撤出了顽军的包围圈，脱离了险境。

经过这次正面交锋，我们彻底暴露了。顽军开来了增援部队，进行新的部署，并在我们身后穷追不舍。四五天后，我们撤到距巢湖还有90里路的地方，被顽军追上来了。领导上决定强行突围，采取的战术是将全队分成三个小组，两组一前一后轮番与敌人交火，边打边撤；一组掩护体弱多病的同志，不使他们落下。这样从上午9点打到中午，中间双方都休战一会儿，下午顽军又紧追进攻，一直打到傍晚。我们共跑了90多里路，终于突破了顽军的封锁线，甩掉了顽军，当晚下了巢湖。

六、回到母亲怀抱

巢湖上有一支农民武装，正面临着国民党武装清湖的威胁，打算接受新四军的改编。我们下巢湖事先跟他们有过联系，因此，对我们比较热情，招待甚殷，不仅给我们送来了三只大船，而且还送来了大米和一筐筐的鸡蛋。然而，我们一连在湖上漂了两天，没有找到组织，谁也无心去享受这丰盛的美馐。到了第三天，船上来了一位新四军，一打听是江北游击纵队派来的指导员，到湖上来与他们商谈改编参加新四军的事。这下可好了，大家一拥而上，拉着他问这问那，问长问短，比亲人还亲啦。

与上级接上联系上岸后，我们即到了新四军江北游击纵队津浦路西游击根据地。第二天（或第三天）就是党的生日——七一。这一天，根据地军民举行了热烈的庆祝大会。我是有生以来第一次参加这样的盛会。同志们在一起载歌载舞，欢呼雀跃，《国际歌》、抗日救亡歌、锣鼓声交织在一起，振奋人心。我们也纵情地跳啊，放声地唱啊，很多同志都激动得流下了热泪……

经过一段艰苦曲折的历程，我们终于回到了母亲的怀抱！

（李卫生　整理）

原载中共舒城县委党史办公室编：《舒城县革命史资料（抗日战争时期）》，内部资料，舒城印刷厂，1985年，第104～115页。

江北游击记

◎ 陈金生

过江到无为

1940 年 8 月上级命令新四军第三支队五团三营从江南偷渡到江北打游击。主要任务有两条：一是扩军，扩大新四军的政治影响；二是打"资敌"即汉奸，搞点钱和物资补充新四军的供给。

第三支队五团三营当时编制有营部（一个通信班），七、八两个步兵连。营长傅绍甫，教导员赖正冈。我在八连当连长，指导员杨友旺，下属 3 个排。8 月 18 日夜间，除三营七连留在江南以外，其余人员全部从江南乘民船偷渡到了江北无为县六洲附近。

无为县当时有 3 股反共军队：一是无为县城驻扎的日本鬼子；二是国民党广西军一七六师五二八团，俗称"广西佬"，数量较多，在这一带，专门围追堵截新四军和我党领导的地方游击队；三是无为县反共团。这些反动武装多是一些地痞、流氓纠集在一起的。他们充当日本汉奸，对日本鬼子奴颜媚骨，对自己的同胞血腥镇压，常常为日本鬼子"扫荡"带路。反共团团长杜少青（亦说兼县公安局局长）是一个烧杀奸淫、无恶不作的坏家伙，无为的群众恨透了他。

过江以后，营部和我们连在一起，主要活动地点是六洲、姚沟一带，也曾到过枞阳东乡水圩。在游击活动中，我们十分重视发动群众，处处为群众着想。离无为姚沟不远的娘娘庙（叶家庙）有几家小店，是桐城、枞阳到芜湖做小生意的小商贩过往食宿的地方。有一次，无为反共团三连到娘娘庙把小店和过路小商贩的东西一抢而光，装了满满3条小船，往无为县城划去。我们获知后，立即赶到娘娘庙，把3条小船截住。船上伪军被抓住，被抢走的货物被追回，还给了小商贩。从此，我军政治影响不断扩大，群众都把新四军当作自己的队伍。我们在江北扎下了根，队伍也有所发展。营部组织地方一些游击队，成立了九连。

击毙杜少青

通过几个月的游击，我们打击了日伪军，也为江南新四军部队搞到了不少钱物。1940年11月间，我三营营部、八连连部带领两个排驻在三板桥，一个排驻在姚沟，两者相距不远。一天早晨，天刚蒙蒙亮，"广西佬"五二八团分成两路，一路向姚沟，一路从李庄向三板桥，对我连形成包围态势。因敌我兵力悬殊太大，我连就边打边往东撤。"广西佬"一直尾追不放，我们经过娘娘庙、兴隆庵后往东撤了几十里路。"广西佬"追到兴隆庵以后，惧怕离兴隆庵不远的无为县城里的日本鬼子出动，就停止了追击。我们继续往东走，准备当晚到六洲宿营。

我们沿江堤走了不远，迎面走来了一个30多岁的中年妇女，她见我们是新四军，就大声对我们说："新四军同志，你们千万不能再往东走了！我是下午从城里出来的，杜少青已带人占领了前面的土公祠。"原来，我们上午在姚沟、娘娘庙与"广西佬"打仗时，杜少青估计我们必然要经过土公祠往六洲方向撤，就带队伍占领了土公祠，企图配合"广西佬"后追前堵，把我们一口吃掉。我们非常感激这位妇女为我们提供了情报。为避免从江堤上走时目标暴露，我们迅速将队伍隐蔽到江堤、临江一侧，边侦察边行进。当我们沿江岸向东走了一段路，担任侦察的战士报告说："前面发现敌人。"我爬上江堤一看，只见反共团大约一个营的队伍，都穿着黄衣服，扛着日本鬼子的"膏药旗"（日本鬼子没有出动），若无其事地从江堤上向我方走过来。我迅即命令全连隐蔽，做好一切战斗准备。当敌人的队伍接近我连时，我突然高喊一声："打！"全连的步枪、机枪一齐向敌人开了火。因为反共团事先没有发现我们，突然遭到袭击后，队伍立即乱了套，慌忙向圩心里逃窜。我命令全连追，战士早就恨透了反共团，个个像猛虎一样纵上江堤，一面打枪一面往圩心里追。全连两挺俄式轻机枪在江堤上占领了发射阵地，向完全暴露在开阔地的反共团猛烈射击。反共团被我们打死不少，未被打死的敌人拼命往无为县城逃去。

战斗刚停，我们站在范家湾的一片坟地里看到敌人的几具尸体。一个战士指着一具穿着高筒皮靴的尸体对我说："连长！你看，杜少青被我们打死了！"我们非常高兴。因天色已很晚，来不及细致地打扫战场，我们就继续向六洲前进。群众听说打死了杜少青，无不拍手称快，第二天把他的尸体抬到无为东乡去游街示众。为了感谢我们为民除害，击毙了杜少青，老百姓纷纷用水桶挑着白酒，抬着整头宰好的肥猪送到六洲慰问我们。

1940年12月，新四军皖南部队准备经铜陵、繁昌渡江北移。在渡江指挥部的领导下，第三支队五团二、三营和地方武装负责搞船。搞到的船大多数放在姚沟、六洲附近。我连的任务是控制渡口，看护船只。

1941年1月初，皖南事变发生了。开头一两天，我们曾接到上级指示，准备到江南去支援作战。二营先过了江。我们三营刚准备启程，接到上级指示说，你们不要过江了，就在无为打游击。于是，我们就留在江北。

成立挺进团

皖南事变后不几天，我们游击活动到了无为西乡的尚礼岗、严家桥一带。1月15日左右，我营排以上干部到距离严家桥不远的巢县任家山一户开明地主任道极（名字谐音）家里做客。任道极原是一位开明地主，后来参加了我军。当天，曾希圣也来到了任道极家里。吃完饭，曾希圣召集我们开会，他向我们介绍了皖南事变的大概情况和当时的形势，宣布成立挺进团。任命林维先为团长，彭胜标为政委，傅绍甫为参谋长。挺进团编第一、第三两个营。其第一营即原第三支队五团三营，任命赖正冈为营政委，还有一个姓陈的营长；原三营八连编为第一营一连，我仍为该连连长；其第三营由枞阳水圩、青山地方游击队组成，营长蒋喜伯（后因投敌

——★ 123 ★——

叛变被枪毙）。

曾希圣在会上说："你们挺进团要深入大别山打游击去。"根据当时的形势，中央准备夺取大别山。八路军准备南下；新四军第五师准备东进；第四师、第二师准备西进，要挺进团作为开路先锋，我们的口号是"打进大别山，保卫红军家属"。

当时还确定林维先带挺进团第三营仍在水圩、青山一带打游击，彭胜标带挺进团团部和第一营开往大别山。

开往大别山

1941年2月1日（农历正月十五日）[①]是传统的元宵佳节。这天夜间，挺进团（欠第三营）在彭胜标、傅绍甫的率领下，带着一部电台从任家山出发，到散兵上船。随挺进团上船的，还有准备到湖北新四军第五师去的陆学斌、单元等6名地方干部和舒桐地方党特支书记桂林栖领导的一支40余人的游击队。帆船在巢湖里航行了一整夜，第二天抵达庐江县境靠岸。下船后，在东汤池住了一夜。次日，经舒桐交界的小关进入舒城县境。此时，桂林栖领导的游击队与我们分手。他们留在舒城打游击，发展地方武装。我们挺进团继续往岳西行进。

一天晚上，挺进团在舒城县孔家宿营，请地方党组织帮我们买粮食、买猪。到了半夜，地方党的同志空手而归。他们说："粮、猪都没买到，'广西佬'正从桐城、舒城调兵来围攻你们。""广西佬"周雄的五二八团一直在后面紧追不放，当夜我们又继续行军，绕过舒城县西汤池，第二天下午经过河棚，天黑时到达卢镇关，把卢镇关的乡公所打掉了，搞了几把枪，又向西走了七八里路，才在一个村子里住了下来。次日，我们又继续行军到了卢镇关西南的小街。

当时的天气非常恶劣，时而北风狂吹，时而大雪漫天。大别山区的大小集镇几乎都驻着"广西佬"的部队，挺进团只能选择村庄稀少、人迹罕见的路线走。在大雪封山、无路可走的情况下，全团几乎是在齐腰深的积雪里爬着走的，吃饭、喝水、住宿十分困难。

----

①笔者有误，1941年正月十五元宵节应为2月10日。

在挺进团开往大别山的整个进程中，我们连一直担任部队的前卫。当部队在小街住下以后，团首长命令我连先行一步，要打掉晓天镇敌人的乡公所，为部队筹买粮食，接应全团到晓天镇。奉团首长的指示，我们冒雪爬山越岭向西行进。当我们到达一个小田冲时，听到枪响，接着子弹、手榴弹都向我们队伍里打来。此时，我已知道是中了"广西佬"的埋伏，迅速命令全连就近占领有利地形，架起机枪还击，掩护部队后撤。紧接着，团部也跟着来了，团首长决定绕道驼岭，往岳西方向去。下午，我们越过驼岭，到达了小涧冲，小涧冲也是一个两三户人家的小村庄，我们几百人的队伍到了这里，搞不到吃的，只好饿着肚子夜宿。我们的人多，村里的房子少，柴堆、猪圈里都睡了人。

第二天一早，来到鸡公岭脚下，发现鸡公岭已被"广西佬"占领。我们一位团首长急中生智，学着"广西佬"的腔调，冒充是广西军×团×营。刚刚蒙混过岭头上的敌人，周雄的五二八团又从后面追来了，并朝我们打枪，岭头上的敌人也打起枪来。我们改道向右转，往小涧冲方向走。在山上整整转了一夜，第二天上午才到达小涧冲。此时，部队仍然找不到吃的，连续行军，非常疲劳。团部命令部队在小涧冲到潜山官庄去的一座山上休息，大家就在很深的茅草丛里睡觉。

不久，团首长收到新四军江北指挥部张云逸拍来的一封电报，内容大意是："彭、傅，情况有变，原计划进大别山的部队不进大别山了。你们不要等任何援助，一切靠你们独立自主。"在挺进团处在非常艰难的环境里收到这封电报，彭胜标同志感到肩上的担子重了许多，当时没有把这封电报精神传达到部队。团首长经过研究决定，把挺进团拉到桐城西乡去打游击，发展地方武装。

我们听从团部指挥向潜山官庄方向前进。下午接近官庄，侦察员跑来报告，发现有"广西佬"埋伏。我们只得上猪头尖。

猪头尖是一座高1500多米的大山，山峰陡峭，找不到路。当我们接近猪头尖山脚时，天已很黑了。大家抓着陡崖上的小树，踏着乱石，慢慢地往山上爬着。有的战士抓的小树被连根拔起，就连人带树滚下山涧；有的战士脚踏的石头松动了，也连人带石滚了下去。当天晚上，我们不时地听到枪支和石头的撞击滚动声。听到这种声音，我们就知道是有人掉下去了。当天晚上，我们连摔死了好几个战士。作为连长，我的心情是很沉重的，但是处在当时那样艰苦条件下，除了摸黑上山是无路可走啊！上了猪头尖，原想山上必有寺庙，可以搞点吃的。可是除了大雪封山，别无庙宇，不仅找不到吃的，连口热水也喝不上。

在猪头尖上苦熬了一夜，天亮后，我们饿得实在走不动，就在路边的小沟里喝点水充饥。由于极度疲劳，大家的脚也无法挪动了。但我们的武器都没有丢，特别是两挺俄式轻机枪，大家一直轮换着扛在肩上。体力稍有恢复，我们又慢慢向前移动。下午，终于到达猪头尖南侧的石坦冲。那里有几十户人家，是我红军经常打游击的地方，群众对红军非常了解。但是，这一次，我们突然来到这里，他们不知是什么军队，多数老百姓逃到山里躲起来了。我们找到几户没有走的群众，做宣传解释工作。群众一听说是新四军，就把我们当作自己的亲人，帮我们买米做饭，让我们饱餐了一顿。

吃完饭，请了一位老百姓给我们带路。路过平头山，打了一仗，把敌人打散了。傍晚，我们到达桐城西乡屋基岭山脚下的一个大村庄住了一夜。第二天早晨，"广西佬"发现了我们，又打起枪来，我们就往蒋潭方向撤。

桐城西乡地下党区委书记程鹏听到枪声，主动派人接应我们。在这里，我们得到了地下党的亲切关怀。彭政委和团部住进一个山洞里，电台又与上级联系上了。第一营和特务连的部队化整为零，以排、班为单位分散打游击。这里的群众真好，他们把自己舍不得吃的东西省给我们吃。"广西佬"的部队一有动静，他们就提前告诉我们。

不久，团长林维先带一个警卫排来到这里，团的领导力大大加强了。我们在团的领导下，在蒋潭、黄土关、望狮岭一带广泛开展游击活动，深入发动群众。经过几个月的活动，我们团的队伍不断壮大，增加了第二营的编制，由李德昂任营长，李胜才为第二营政委，各营连基本是满员的。

根据上级指示，除我们一连留在桐城西乡外，第一营其他几个连由赖正冈同志率领，到宿松、泊湖一带去打游击。挺进团其他部队暂留桐城西乡学习、整训。

出没泊湖边

赖正冈同志带全营去泊湖活动约一个月之后，与当时在泊湖一带活动的赣北游击队发生了一些矛盾，上级指示由彭胜标到宿松去调解两支部队之间的矛盾，同心协力，发展泊湖游击区。

1941年7月间，彭胜标、傅绍甫带领我们一连从蒋潭出发，到达八字坂。太湖地下党给我们派了一个向导，我们在一天傍晚动身，小心翼翼地越过了太湖县城周围的一片丘陵地带，于第二天凌晨到达泊湖边宿松县的一个小集镇——新铺。国民党广西军十一旅的一个连也在新铺，他们见我们来了，就埋伏在一条大水沟里，我们发现敌人之后，以一阵突然猛烈的火力把敌人打跑了，掩护团首长很快地上了船。下午，我们才在泊湖中间的王家墩附近上了岸。到达王家墩之后，彭、傅首长对赖正冈和全营作了耐心的说服教育。通过与赣北游击队的反复协商，挺进团向赣北游击队道了歉，双方消除了矛盾和隔阂，取得了谅解，此后一直团结得比较好。赣北游击队以二房屋为根据地，挺进团以王家墩为根据地。王家墩与二房屋相隔不远，都处在泊湖、黄湖中间。内战时期，党曾在这里建立过苏维埃政府，这里的群众基础、地形条件都比较好。

大约在8月底9月初，上级任命李丰平为鄂皖赣边特委书记，傅绍甫为桐南独立团团长，袁大鹏为挺进团参谋长。李丰平、林维先、袁大鹏带领挺进团第二营从桐城西乡来到了王家墩。李丰平到达王家墩之后，成立了鄂皖赣边特委办事处，傅绍甫不久就到桐南独立团去了。

林团长和第二营到达之后，挺进团（欠三营）在林团长、彭政委的领导下，在泊湖四周不断出击，瞅空子打击敌人。当时，我们主要作战对象是国民党广西军第十一、十二、十三旅。我们在泊湖开始一个阶段的游击活动中，比较好地贯彻了毛主席的避强击弱、声东击西等游击战术，屡战屡胜、威震泊湖。

有一天晚上，我们连驻在严家祠堂。天还未亮，哨兵向我报告说，严家祠堂北面小山头发现了穿黄衣服的队伍。我盘算这支队伍肯定是敌人，就带着通信员出祠堂去侦察。还未上山，敌人就向我们打起枪来。我把全连迅速拉出来，机枪利用田埂占领了发射阵地，掩护全连向小山上冲，很快就把敌人4个连冲垮了，抓到了7个俘虏。我对这些俘虏说："现在是国共合作时期，你们不带枪到我们游击区里来参观，我们欢迎。但是你们带枪来扰乱群众秋收，我们不客气！"我问他们是留下当新四军还是回到许家岭去，他们7个都要回去，我就叫他们带封信给他们营长，信中警告他们不要带枪到我们游击区来扰乱。事后，我们把这次战斗的情况报告了团部。团部指示说，你们仍在洪家岭打游击，有情况我们来支援你们。

严家祠堂战斗后十来天，许家岭的敌人一个营共8个连的兵力向我们发起进攻。战斗一打响，团部就得到情况，全团部队都赶来支援。"广西佬"见势不妙，就往许家岭方向逃跑。这一仗，抓了近百名俘虏，缴获了许多枪支，加强了我们团的武器装备。这次战斗结束之后，许家岭的敌人就撤走了。林团长指示我们在杨铺庵至洪家岭一带挖了一条很深的堑壕，修筑十来个碉堡，作为挺进团的根据地。

我们在泊湖四处游击作战，部队不断充实和扩大。桐城县保安队队长张正中也带了几十个人（枪）到宿松参加了我们的队伍。地方游击队也属于挺进团领导，随着部队员额的增加，团对营连干部作了调整。营里不仅有营长、政委，还增配了副职和营政治处主任。这次任命的第一营营长姓程（名字记不清了），我被任命为第一营副营长。当晚，全团去打泊湖东岸的金家山，这次战斗我随团长行动，没有直接带领部队作战。程营长带领第一营突进了村庄以后，被敌人包围起来了，程营长不幸中弹牺牲。第二天拂晓，我团才撤出了战斗。战斗中，第一营缴获了两挺福建造的重机枪。程营长牺牲以后，第一营由我负责指挥。

1941年11月，"广西佬"以3个团的兵力向枞阳、无为交界的三官山发动进攻，被我新四军第五十六团挫败。敌人不甘心失败，就掉过头来，先将傅绍甫领导的桐南独立团（一个多营的兵力）打散，而后又来宿松向我挺进团进攻。敌人来势汹汹很快就占领了许家岭，随后向洪家岭发动围攻。敌我交战约一个星期后，我团阵地被突破。敌人冲过了壕沟，把我们十来个碉堡全部围了起来，并派1个班的兵力突入了我们的阵地。林团长命令我带1个排从右侧出击，很快就把这股敌人赶了回去。随后，敌人一字排开，向我们扑过来。敌人的火力压得我们无法抬头，我们只好撤到右侧的一个村庄里。天黑之后，双方停止了战斗，我们悄悄地撤到了下仓铺。

下仓铺西北约15里的许家岭有3个团的敌人，东侧隔水相望的二房屋已被土匪梁金奎占领。经研究，团首长决定跳出下仓铺，机动到望江太阳山去打游击。于是，团部派出侦察员在湖里找船。天黑时分，我们在下仓铺上船。第二天天还未亮，船到黄湖南岸，已临近长江。我们下船步行，先沿江堤往东走，后往北走旱路。天快黑时，到了太阳山附近一个村庄。当晚，歇了一夜。次日，天还未亮，又继续行军，天亮时到达凉泉。

经过侦察，我们发现凉泉小镇上有碉堡，附近村子里驻有敌人。我命令三连连长黄少成带一部分人先消灭碉堡里的敌人。解决了碉堡里敌人后，我带领本营部队冲进村庄，追歼残敌。村庄里的残敌从一个门缝里朝我们身后打枪，我的右腿中弹负伤，不能行走。团部找人用担架抬着我行军，往潜山水吼方向撤退。

到了水吼附近的黄土山，遇到"广西佬"向我们追击。部队赶紧下山，穿过一片平畈，又开始爬山。林团长对我说："老陈，现在敌人追得紧，我们要到霍山去。离这里不远，有个形虎寨（音），那里有一座庙，把你和修械所几个人都留下来，你就带着他们到那座庙里去养伤吧！"说完，林团长又派我营的卫生员王文达和通信员留下来照顾我和另一个伤员，部队就往岳西方向去了。

"伤兵打游击"

我们和部队分手以后，卫生员、通信员找了几个民夫抬着我，修械所里七八个人（其中有两个女的）爬了一夜山，第二天凌晨才找到形虎寨的和尚庙。我对老和尚说，我们是新四军的伤病员，要在庙里养伤。老和尚当着我们的面点头哈腰，满口"可以，可以"地应承着，谁知他一吃完早饭就偷偷地下山报告了保长。快吃中午饭时，老和尚又对我们说："你们一上山，保长就知道了，说你们有枪，还有女的。"我一听老和尚的这些话就知道敌人很快就要来搜查，此地不能久留。通信员找到山上烧炭的几个农民，把我们背上了山。我们几个人刚上山躲进树林里面，就听到形虎寨周围"抓活的呀！""缴枪不杀！"声嘶吼不绝，幸好敌人没有上山搜查，我们得以脱险。敌人走后，团部修械所的几个人也偷偷地溜走了，只剩下我和卫生员、通信员以及另外一个伤员。烧炭的农民对我说："你们待在这里不是事，这个岭头上有户人家，新四军来来去去，常到他家里去，我送你们去那里好不好？"我说："那就麻烦你送我们去吧！"烧炭的农民抄小路、钻密林把我们送到山顶上。这户群众非常热情，户主是一位五十来岁的老大爷，他对我说："你住我家里很不安全，距我家三四里路有个石洞，我送你们住到石洞里去。"于是，当天晚上他又把我们带到石洞里藏起来了。

这个老大爷把我们送到洞里以后，又给我们送来一些稻草，还有一只铁锅。他嘱咐我们："山下的保长很坏，你们住在里面要隐蔽好，晚上千万不能烧火，以防烟、火冒出来。"头两天，这个老大爷每天给我们送一次吃的东西。以后，我们就给他一点钱，请他帮我们买粮买盐，还买了几件旧长袍子。老大爷每天都冒着生命危险，把东西送到洞里来。十来天以后，老大爷提了一包东西来到洞里，含着眼泪对我们说："新四军同志，山下的保、甲长见我这几天常常下山买这买那，对我盘查得很紧，问我：'你平时不下山买东西，怎么这几天老下山买东西，给谁吃呀?'我怕他们查出线索，把你们搜出来，所以不能再下山买东西了。"他一边说一边把手里的一包东西交给我："这是我家的一点黄豆和咸肉，送给你们。以后，你们想法子过吧!"说完，他就走出了石洞。

不几天，洞里断了粮，我的伤口化脓了，留下照顾我的卫生员、通信员和另一个伤员也都饿得面黄肌瘦，不成样子。于是，我就对他们说："我们不能躲在山洞里被活活饿死，要带伤出洞打游击，搞吃的。革命的部队打游击光荣，革命的伤兵打游击更光荣!"一席话，说得大家都会心地笑了。第二天，我们4人就走出石洞，到潜山、岳西交界的马头岭一带打游击。我的腿负伤未好，走路跛拐，很容易被敌人发觉，我们就专拣大树林子钻。

在树林里钻了好几天，这天早晨才走到半山腰的一个小村庄，一位老奶奶指着一条羊肠小道说："沿着这条路上去，就是马头岭。刚才有两个穿便衣的'广西佬'找我问路，已上山了。"正说着，老奶奶的儿子从山下回来，说："山下来了二三百'广西佬'，可能要上山。"我一听，决定马上离开这里。刚走不远，就听到枪声，大队敌人果然上山来了。从此，我们就住在林子里，在树叶堆里睡觉。卫生员和通信员偷偷进村里讨点吃的，再带点回来给我们吃。

过了个把月，我们两个人的伤渐渐养好了。此时，离1942年春节还有半个多月。我们4人都想回到无为新四军第七师师部去。临行前，我们就到把我们安置在石洞养伤的那户老百姓家里去道别。我们找到那位老大爷，对他说："我们的伤快好了，打算到无为去过春节，我们谢谢您!"他沉思了一会儿说："你们是好了，可是你们还有几个人也在这里养伤，他们的伤还没有好，不能走啊!"我就问还有的伤员在哪里，他就把我带到另外一个山洞里。在山洞中，我见到了本营三连指导员赖伟基、一连连长刘金生以及另外四五个伤员。我和赖伟基指导员、刘金生连长商量了一下，大家一致认为如果我们不走，留下在一起，目标大，容易暴露。因此，我们还是按照原计划准备到无为去找师部。我们依依不舍地告别了那位老大爷、刘连长、赖指导员，踏上了找部队的路程。

辗转返师部

我们离开山洞，经过形虎寨，走到水吼西界岭脚下的一个只有几户人家的村庄里。敲开一户老百姓家的门，见到一个人穿着我们在泊湖游击时穿的土布棉衣，便问他："你是新四军吗？怎么穿我们的衣服啊？"他说："不是的，我穿的是民团衣服。"正讲着，我营二连杨连长听出了我的口音，就从屋里走出来。他喜出望外地问："副营长，你怎么到这里来了？"我反问他："你们不是去岳西了吗，怎么也到这里来了？"他说："挺进团走到岳西小河南，遇到敌人的阻击，部队被冲散了，我们才突围到这里。"第二营教导员李胜才带了十几个人，也住在这里。我告诉他，我们准备回无为去过春节。杨连长说："四周都是敌人，特别是万山难以过得去。"接着，他把李教导员找来商量。李教导员说："这个庄子只有4户人家，住的是姓方的四兄弟。其中一个是甲长，但是他不报告敌人，反而掩护我们，对我们非常好。我看，还是在这里住一段时间为好。"于是，我和李教导员就住在姓方的甲长家里。这个甲长的叔叔是个算卦的，他每天出去搞迷信活动，晚上回来向我们报告敌人动向。其他3人，分散住在另外3个姓方的兄弟家里。有时，我们也集合起来，到水吼岭附近打游击。

到了正月初十，我们决定离开这里。这四兄弟恋恋不舍地送别我们。他们捧着一小袋辣椒面送给我们，说："我们没有什么东西送给你们，送点辣椒面给你们路上当菜吃。你们还要来呀！"我们都感动得流下了眼泪。因为在当时白色恐怖的环境里，敌人对窝藏新四军的不仅要杀头，而且要株连亲戚朋友和邻居啊！可是这四兄弟对我们这样好，临行时还说了一席充满深情的话语，怎能不使人感动呢?!我和李教导员、杨连长等紧紧地握着他们的手说："等革命胜利了，再来看望你们！"

离开西界岭，我们又走到黄土山，碰到一个搞迷信活动的老百姓，他背着的一条板凳上，一头是观音菩萨。我们看他30多岁，穿得很破，估计也是穷人，就上前去问他："我们是新四军，你能否做件好事，把我们带过万山？"他说："万山的敌人很多，不能过。"我又说："那我们就走余井到桐城西乡。"他说："那好，你们今天就住在这里，明天下午我来接你们。"我们就在黄土山那两三户人家住了一夜，第二天下午，那个老百姓果然来了。吃过晚饭，他就带着我们通过了黄土山的碉堡，过了一条河，往南走避开水吼岭。到了下半夜四周起了大雾，我们已经下了山，辨不清方向，摸到一个村庄，抓到了一个乡长。不一会儿，这个乡长偷偷地逃跑了，我们感到很危险，又往黄土山方向走，躲在一个山凹里面，给我们带路的那个老百姓对我们说："我家离这里只有两三里路，我去搞点粮食来。"下午，他给我们送来一小袋米就走了。晚上，他又来把我们带到黄土山，趁天黑通过了碉堡，往万山方向走。随后，他就回去了。我们沿途比较顺利，没有遇到敌人，于1942年春天到达桐城西乡蒋潭，找到了党组织。林维先、彭胜标等首长在"小河南"失利后也在这一带打游击。我见到两位团首长，把从水吼岭附近带来的20个人交给了组织，团首长决定将李胜才教导员等其他人员留在桐城西乡，叫侦察员送我到无为去休息。过了两天，团侦察员带着我经过桐城老母猪街、菜子湖东岸、纵阳汤沟、水圩，进入无为西乡。此时，湖区的芦苇已经长高了。

有一天，我们住在普济圩一间芦苇扎的房子里。正巧第七师五十五团的侦察员从土桥过来，经过这里。因为这户老百姓对他很熟悉，就指着我们对他说："这里来了两个不三不四的人。"他一听到这个情况，马上端起枪，对着我们高喊："不准动！"我赶忙藏好团部给师首长的信和手枪。挺进团的侦察员惊叫一声："哎呀！还是你呀！"因为他们经常送信到师部，很面熟。于是，当晚我们就往严家桥走，找到了第七师师部。

此后不久，挺进团改编为新四军第七师第五十八团，组织上送我到第七师干校学习。

原载安徽省新四军历史研究会编:《抗日战争回忆录》，安徽人民出版社，1992年，第222～236页。

坚持在舒桐潜

◎ 杨　震

舒城、桐城、潜山一带位于大别山的东麓，这里高山连绵，地势险要。1943年1月，我和张有道同志率领新四军第七师五十八团七连第二次进入这一地区。这次进山的主要任务是恢复和建立党的组织，壮大人民武装，开辟抗日游击根据地，牵制顽军向我新四军第二师、七师的进攻。我们紧紧依靠群众，团结一切可以团结的力量，终于克服重重困难，粉碎了千倍于我的桂顽军队对这一地区的"清剿"，出色地完成了上级交给的任务。

汪中联送枪

一个春日融融的傍晚，我和通信员由开明士绅叶惠泉陪同，来到潜山县大水乡乡长汪中联家。这是一个依山傍河的深宅大院，门前的一对石狮和门环上的铜质貔貅铺首显示了汪家的富有。

在叶惠泉的招呼下，一位40来岁的士绅出门相迎，边拱手边说："鄙人汪中联，不知杨连长大驾光临，未及远迎，失敬！失敬！"显然他事先已知我要来，于是我便说："久仰汪乡长大名，今日特来拜访，幸会，幸会！"

我们跨过厅院，走进他家正房。刚入座，我便单刀直入地说："汪乡长德高望重，有志抗日，我们早已知道。我们新四军英勇抗日，战功卓著，但国民政府既不给武器弹药，又不拨粮草薪饷，反而时时刻刻刁难攻打新四军。此次我们重进大别山，就是要发动群众参加抗日，并阻止顽固派向我们进攻，还望汪乡长多予方便，为抗日出力。"

汪中联接过话题说："我干乡长的差事，实在是不得已而为之，不过是为保身家性命而已。鄙人也是炎黄子孙，若非家室所累，也早已效命疆场了，如有抗日机会，不甘后于他人。况且久闻贵军抗日英名，内心敬佩之至。而中央军一再攻打贵军，其倒行逆施，亲痛仇快，莫此为甚，就是汪某也愤懑不已。汤长官如有吩咐，鄙人当为驱驰。"

"汪乡长如此看重民族大义，令人钦服。我们支持你当乡长，并保证贵府财产和人身不受侵犯。"我向他提出三个条件：一、凡我部队人员在此地活动，不得泄露报告，并设法帮助解决困难；二、官府摊派的苛捐杂税，只准向富户索取，不许敲诈穷苦百姓；三、有群众被捕关押者，要设法保释出来。

汪中联连连点头说："一定照办！无奈家道衰微，如今徒有其表。现将20元现金和寒舍仅有的两条长枪贡献出来，聊表汪某抗日之心。"说着就呼唤家人拿来现金和两支步枪。后来，汪中联在与我们多次交往中，看到我们言必信、行必果，确实保护群众利益，同国民党军队的任意敲诈勒索、欺压百姓大不相同，因而拥护我党政策，越来越倾向于我们。当他得知我们刚建立的游击队急需武器时，就主动同我们联系，设法将乡公所的枪支送给我们。

一天下午，叶惠泉通知我们："今晚乡长要在我家竟夜作方城之战（打麻将），你们可派人到乡公所取枪。"又告诉我们乡公所的详细情况和注意事项，提出行动方案供我们参考。

当晚，我们将分散活动的70多名战士集中起来，在月亮下山的时候包围了乡公所。为了防备万一，我们只派20人打进去，并派人把住各个路口。

这晚，乡公所的公务人员和乡丁大都回了家，只留八九个乡丁看守。这时，两个值班的乡丁在吊着的围灯下抱枪打瞌睡，我们几位同志摸上去后轻声叫着他们的名字，要他们把枪交给我们。因我们平时与这些乡丁有交往，乡丁们乐得做个顺水人情，于是把全部枪支弹药交给我们。考虑到国民党政府可能要追究责任，叫他们对上都说是土匪下山抢劫，不要说新四军来了，并陈明利害。然后，我们扛着 30 多支枪及一些子弹、手榴弹高高兴兴离开了。

次日，汪中联照常到乡公所办公，得知枪弹一空，当然"惊愕不已"，当即上报县里，说是遭到山上惯匪袭击，为了防备匪患，维持地方治安，请求补发枪弹若干云云。县政府虽加苛责，但不得不补发枪、弹。

我们通过汪、叶两人做工作，国民党许多乡保长和乡丁都被我们争取过来。大水乡的乡丁每次到县里领取补给或增发的武器时，都秘密送给我们一些。仅1943 年一年，汪中联他们就送给我们 60 多支枪和一些子弹、手榴弹以及粮食、药品等。

国民党潜山县政府只认为汪中联书生气十足，不足威镇一乡，严重失职，但他人缘好，巧机变，善交际，长辞令，又是士绅出身，在当地有一定影响力，结果被调到县政府任建设科科长了事。汪中联调到县里后，仍经常为我们办事，帮助购置粮、盐、药品等。当他获悉李品仙在汤池畈召开军事会议，布置反革命"清剿"的情况后，立即通知叶惠泉转告我们，使我们对桂顽的"清剿"有了一定的准备，主力部队得以及时转移。

桂清邦饮弹

聂斋潜是国民党潜山县黄柏乡乡长，与汪中联是老表。在一次县政会议上，汪中联察觉聂对桂顽不打日寇而大力"清剿"共产党、欺压老百姓的倒行逆施有不满情绪，就因势利导向聂宣传我党政策，解除他的顾虑，鼓励他向我们靠拢，为抗日救国做出贡献。

在汪中联的介绍下，我们很快取得聂斋潜的信任，与聂建立了统战关系。聂在任乡长期间，先后将乡公所的 13 支步枪送给我们，桂顽每有行动都事先向我们通风报告。

聂斋潜快人快事，有一次，一个黄姓保长请他和几个保长喝酒，我也被邀参加。酒酣耳热之际，聂就滔滔不绝地说起了心里话："他们新四军纪律好，不拿百姓一针一线，保护老百姓，不像'广西佬'（桂系军队和官员）要钱要粮要伕还要搞女人，欺压老百姓。新四军够朋友，讲义气，我真心佩服。以后他们在这里需要吃的、用的，你们想法给他们搞，不要走漏风声……"在他的宣传、带动下，几个保长也大都真心为我们办事。

聂斋潜还帮助我们做邻近几个乡乡保长的统战工作。他和其他几个乡乡长任命保长都首先征求我们意见，经我们同意后才任命。有时征粮完税也同我们商量，实行合理负担：富裕户多交，贫穷户少交，抗日军属免交。

不久，国民党潜山县政府和桂顽军法处以"通共""泄密""破坏抗战"罪名逮捕了聂斋潜。我们当即发动与我们有关系的各邻乡乡保长一齐出面向县政府作保，聂家也拿了许多钱，终于将聂保释出来。

黄柏乡桂河保保长桂清邦依赖桂顽势力，无恶不作，是当地一霸。我们游击队进入该地后，曾晓以大义争取他，又多次警告他，但他不思改悔，拒不与我们合作，还向桂顽报告我游击队动向，这次他又向反动当局告密，使聂斋潜被捕。对于这样的顽固分子，不打不足以平民愤，儆众顽。在一个明月当空的晚上，我得知桂清邦邀了三个地主和亲戚打麻将的情况后，就带领二十几位战士包围了桂家宅院，冲进了厅屋。一间灯火通明的房内，桂清邦和三个牌友吆三喝四牌兴正浓，忽见几支枪口对着他们，一个个目瞪口呆，片刻后又像小鸡啄米似的叩起响头。我宣布了桂清邦的种种罪行后，向他连开三枪。其他人抱头跪地，连喊饶命。我严正警告他们，桂清邦作恶多端死有余辜，今后谁要告密，桂清邦便是先例。

镇压恶贯满盈的桂清邦后，不仅保护了人民，争取了许多骑墙派，坚定了原来的统战对象，而且使地方上的一些顽固派的嚣张气焰有所收敛，再也不敢明目张胆地捣乱、破坏了。

老百姓拥军

1944年1月，李品仙杀气腾腾，纠集了桂顽军队5万余人，配合地方武装，对我大别山游击根据地开始实行全面"清剿"，提出"宁可错杀一千，决不放走一个"的口号，采取封山、烧林、移民并村、五户连坐等办法，设立五花八门的哨卡，使用"梳篦"形战术，一个山头一个山头地清理过网，对深山悬崖不能上去的地方就封锁、监视，还用机枪扫射，企图将大别山区的新四军部队赶尽杀绝。

在此之前，我们已获悉桂顽大"清剿"的情报，决定将部队大部分转移到靠近皖江抗日根据地的地区，以保存有生力量，在外围破敌顽"清剿"计划；由我带领20人和舒城县杨其文游击队、岳西县吴汉卿游击队，共100余人，组成一个中队（俗称"山里中队"）。战士们在身缺御寒衣、口无充饥粮的情况下，仍旧夜以继日地行军作战，与顽军"捉迷藏"，就地坚持斗争。

年初，接连几天大雪纷飞，把大别山封了个严严实实。这一次，我和二十几位同志在潜山与桐城交界的石马山被顽军五〇二团追击包围，隐蔽在悬崖上。顽军自己不敢上来搜查，就逼着老百姓向上爬。我们都屏住气将子弹推上膛，手榴弹揭开盖子，做好了牺牲的准备，紧张得连呼吸似乎都停止了。有两个老乡上来后，发现了我们，却又一声不吭地返回。不一会儿就发现顽军向另一个山头搜索去了。显然是两个老乡冒着生命危险保护了我们。

顽军走远了，我们一颗颗吊到嗓门口的心也放了下来。但这里既无粮菜也无栖身之所，我们只好向其他地方转移。

山高路滑，风雪迷漫。战士们顶风冒雪，在没有道路的群山之间，一步步向前摸索，走在后面的同志还要不断扫平脚印，一不小心就可能滑下几丈至几十丈深的雪窝。到了黄昏时分，才来到舒城境内一个以余姓为主的小村庄前。战士们又饥又累，手脚都冻得像紫茄子，实在是走不动了，却又不敢贸然进村。我派了两个战士以打猎为名进村探察。得知没有桂顽军队驻扎，我们才放心进村，叩开了一个有几间草房人家的门。一个约50岁的老头开了门，见到我们先是愣了一下，又很快让我们进屋，然后问我："长官贵姓？"

"姓余。"因为大别山区的群众非常纯朴、敦厚，很重视家族关系，在这种时刻利用家族关系更能赢得群众的同情和支持。

"你是哪一房头？"

"是五房。"

"什么辈分？"

"'一'字辈。"我们在平时就摸清了各大姓的谱系辈分，这次就顺口说了出来。

他听了很高兴，笑着说："你比我还小两辈，我是'礼'字辈。"

我就势说："原来我们是一家人，以后您老要多多照顾！我们来就不能走漏风声，向'广西佬'报告。我们的部队很多，分散住，到处都有，如果……"

没等我说完，他就打断我的话："瞎扯，我还能让别人来打我家里人吗？还能让人家来打我自家晚辈吗？"说着，就招呼家人为我们烧饭、腾房子，让我们安歇下来。

由于日寇的侵扰和国民党的掠夺、封锁，山区大都变成了无人区，群众的生活苦不堪言，经常揭不开锅，更增加了我们的困难。我们在余姓人家待了两天，他和他的堂兄弟们几乎是倾其所有。离开时，他们又把度命的粮食硬掖进我们的背包。

我们后来转移到苦顶山时，又被顽军包围，七天没吃饭，只能以野菜野果充饥。地下党组织知道后，派刘思进同志把豌豆种子磨成粉后，假装上山砍柴，送给我们煮糊吃。国民党发现后，就以"济共"的罪名将刘思进兄弟俩杀害了。山上还有个姓胡的老乡，在国民党并村时，他把老母亲和媳妇送到山下，自己一人留在苦顶山上设法为我们搞粮。他每天砍柴挑到源潭镇上去换粮食，可是一路上桂顽军队搜查严密，只能带来一点咸菜。我们在断盐断粮时，就是用这咸菜就着野果充饥。他几次来往，引起顽军怀疑。一次搞粮回来，被顽军抓住，逼他带路上山。他坚决不从，英勇牺牲。

那时，无论环境如何险恶，斗争多么残酷，生活怎样艰苦，人民群众的心总是向着我们的，为我们付出了巨大的牺牲。仅 1944 年，舒桐潜边区的革命群众被顽军杀害的就有近千人，他们将永远活在我们的心中。

（蒋二明　整理）

原载中共六安地委党史工作委员会编：《皖西革命回忆录：抗日战争时期》，安徽人民出版社，1989 年，第 265 ～ 272 页。

舒、桐、潜、怀地区的游击斗争

（1940—1945年）

◎ 杨 震

1940年，以蒋介石为首的国民党顽固派掀起了第二次反共高潮。新四军军部命令皖南的第三支队从五团抽出三营八、九两个连和一个新兵连，由第三支队参谋长林维先率领，于农历七月十五日由支队部驻地繁昌县八房村出发，轻装向江北挺进，先行过江，为军部做好过江准备。七月十六日，我们经马坝、油坊嘴至王家套过江，到达无为白茆州地区，在无为东乡和西乡一带打游击。

1940年10月上旬，支队指示我们成立新四军第三支队挺进团，任务是为迎接新四军军部渡江建立以三官山为依托的根据地，打击敌伪顽。挺进团在桐城水圩成立，团长林维先，政委张有来（后来调军部学习），政治处主任曾兴忠（半个月后调走，由何志远接任），团党委书记、副政委彭胜标（后兼政治处主任），副团长兼参谋长傅绍甫。挺进团下辖三个营（又称大队）和新兵连。一营（一大队）由原国民党川军杨森部第一四七师残部改组编成，营长蒋希柏；二营（二大队）由原在当地活动的桐东游击队组成，营长方英；三营（三大队）即原第三支队五团三营（我所在的营），营长先由傅绍甫兼任，不久由陈家宏担任；新兵连（后改为团特务连），连长杨立元，指导员童金水。挺进团属于新四军第三支队领导。10月下旬，一营在桐城的水圩逃跑，蒋希柏带第一、二两个中队投降了桂顽五二八团。实际上挺进团只有两个营。

1940年冬，我们先后在桐城、庐江、无为等县边区活动，打击了敌伪顽的嚣张气焰。在庐江黄泥河战斗中，歼灭顽军两个排；在无为志牛埠战斗中，歼灭敌、伪军数十人。此后，又相继打击了桐城孙家畈和其他地方的一些顽军。

1941年1月皖南事变后，我们三营及团直机关和江北游击纵队驻在巢县任家山。2月1日，游击纵队司令员孙仲德向我们传达了谭震林同志的指示，要我们团挺进到大别山，开展桐、怀、潜、舒、岳敌后游击战争，创建新的游击区，打通与新四军第五师张体学所率领的独立团的联系。

部队出发前，江北游击纵队司令孙仲德等首长给我们作了形势报告，部署了任务。2月2日，我们从巢县任家山出发，过巢湖从怀宁嘴上岸，经庐江盛家桥和东汤池，向舒城山区进发。一路上国民党某部五二〇团和保安四团在我们后面紧追不放，我们天天都要打仗，环境极为艰苦。在到达舒庐交界的大马槽时，与顽军激战了一整天，第二天继续向西，抵达舒城县境，经岐岭、王家河、西沙埂到庐镇关、洪庙、小街，当部队到达张田时又与保安队打了一天。战斗后部队迅速转移到猪头尖、板仓、小涧冲、驼岭等地，但又被顽军一三八师的一个团和保安四团包围，在高山中我们利用有利地形与顽军激战了七天七夜。在此期间，搞到粮食非常困难，我们只能利用战斗间隙派一部分同志通过顽军的封锁线到山脚下一个锅炉厂买点咸白菜充饥，渴了就含雪当茶。当时正值隆冬季节，大雪纷飞，举目是一片被大雪压低了头的白色树林。夜间只能用茅草当被子，几个人挤在一起互相取暖。为了冲出顽军的包围，摆脱困境，团副政委兼政治处主任彭胜标、副团长兼参谋长傅绍甫等同志召集排以上干部开会，决定兵分两路，留特务连死守猪头尖作掩护，其余大部队分两路突围。大部队冲出包围以后，顽军又穷追不舍，追到猪头畈、驼岭。为了拖住顽军兵力，我们又转移到舒城庐镇、小街，返回张田。这时特务连也安全地打了出来。在张田，我们与顽军打了一天，然后转移到潜山的后冲再到桐城蒋潭一带。在叶家湾和乌脚岭大塘与舒桐潜工委的程鹏、叶树槐、何杰之等领导的独立营会合。

舒桐潜工委和独立营是这样建立的——

1940年，新四军军部派了一些同志转移到大别山坚持敌后斗争。挺进团进山前那里的情况是：党的地下组织叫舒桐潜中心区委，书记程鹏，他在那里发展了11个党支部。10月，桐东的鲁生派何杰之来加强舒桐潜工作。12月，舒无地委批准中心区委报告，成立舒桐潜工委，负责人程鹏，委员何杰之。挺进团到那里以后（1941年2月份），三营副教导员郑启才同志兼任舒桐潜工委书记，程鹏为副书记。5月底，郑启才同志带两个同志在舒城周家冲活动，由于叛徒告密，顽舒城县县长黄示带敌到庐镇关连夜包围了周家冲，郑启才同志突围时不幸牺牲。之后，舒桐潜工委书记仍由程鹏负责。桐西还有山外一个区，宋海珊任区委书记。桐城花果园小河沿包括潜山后冲一个区，蔡启堂任区委书记。以上三个组织属于桐庐中心县委领导，挺进团到这里后由林维先统一领导（即一元化领导，辖党政军），组织合并为两个，即将花果园小河沿合并为舒桐潜工委，桐城西乡（山外）另成立一个工委，宋海珊为工委书记。1942年9月，程鹏调无为学习，舒桐潜工委自然消失，仅有一个中心区委，书记陈光华。1941年桐庐中心县委改为桐庐县委。桐庐县委有一个武装组织——独立大队（又叫独立营），大队长叶树槐，政委何杰之。下辖三个中队，每个中队三四十人。一中队活动在桐庐一带，二中队活动在桐潜舒边界、桐西蒋潭一带，三中队活动在桐城花果园、后冲等地。舒桐潜工委还有一个直属游击队，由程鹏同志直接领导，有三四十人。

我们三大队和团直机关在彭胜标、傅绍甫率领下与程鹏等同志会合后，顽军仍在追击。为了甩掉顽敌，避免拼消耗，当晚团首长与程鹏同志研究，决定挺进团三大队和团直机关分散隐蔽活动。我们八连一排（连长陈进生，指导员郑启才，排长是我）跟团部到叶家老屋、天平岭休整。四天后又到舒城的安菜山、小街、洪庙、小竹岭、程河道及桐城花果园、苦顶山和潜山后冲、茅草湾等地活动。其他连排也在桐潜舒交界地区活动。这时我们与舒城地下党组织取得了联系。不久，林维先团长带二大队从桐东打过来，往乌脚岭与彭、傅会合。这时整个团除原来分散在舒桐潜坚持斗争的外，其余部队由团长带领以乌脚岭为依托，到周围县打击顽敌。

不久，分散活动在舒桐潜地区的挺进团主力，在桐城叶家老屋、天平岭集中起来，由彭胜标政委和傅绍甫参谋长率领开往宿望湖地区。后就在王家墩与第五师张体学独立团的三营营长曾少怀、政委桂平等同志见面，并与赣东北特委会合，完成了军部交给的打通与张体学独立团联系的任务。1942年1月，挺进团撤出湖区，2月2日回到无为，2月底与桐西独立团一起改为五十八团，在无为花桥、茅公山驻防。

1943年的1月份，我们第二次挺进大别山。主要力量是我们五十八团三营七连。连长张有道，指导员是我。我们进山后的主要活动地方是舒桐潜边界地区，以后不断向邻县庐江、岳西、太湖等地展开。这时候，因为顽军主力大部转向无为和津浦路东进攻我新四军第二师、七师，山区形势较好，只有一些土顽。我们的主要斗争任务，也就是打击土顽，袭扰顽军后方，以牵制向我第二师、七师进攻的顽军兵力。同时，开创游击区，恢复和建立党的组织，壮大人民武装。

3月，傅绍甫、黄瑛、陈怀民、王进臣等在桐怀潜边境花山恢复桐怀潜中心县委，书记是黄瑛。7月，沿江支队参谋长胡继亭任中心县委书记，黄瑛同志为副书记。年底，胡继亭调走，皖江区党委又任命黄瑛同志为中心县委书记，组织部部长王进臣，副部长齐平，宣传部部长马守一，副部长韩非（后叛变），群工部部长陈怀民。同年4月，黄瑛同志来舒桐潜视察和组织恢复舒桐潜工委，书记黄瑛（兼），桐西大队历任大队长为副书记，委员有陈怀民、王进臣、杨震。同年下半年，王进臣、陈怀民回花山，舒桐潜工委增加张信邦、余成玉为委员。同时建立三个行动委员会：张信邦是一个行动委员会书记，以桐城张家楼至水贵为活动中心，兼辖舒城安菜山两个支部；余成玉是一个行动委员会书记，以桐城大塘、毛家排为活动中心；杨震是一个行动委员会书记，以舒桐边界为活动中心，开创皖西各县新区。

1943年三四月，沿江地委在贵池成立。五十八团改为沿江支队。地委书记先后为林维先、黄先、李丰平，支队长林维先，副支队长傅绍甫，政委王集成（12月份到任），参谋长王培臣（12月后为胡继亭），政治部主任何志远。

桐西大队受沿江支队和桐怀潜中心县委双重领导。大队长先后有四任：第一任大队长梁斌，教导员钟大湖，主要活动在桐西、潜山、舒城等地；第二任大队长冯洪（洪海波，后叛变）兼教导员，活动于桐城唐家湾、毛竹园、荒草尖和潜山后冲、方家冲等地；第三任大队长钟大湖兼教导员，活动于潜山后北乡、巍岭、李河、汪河；第四任大队长张振兼教导员，大队副汪立庭，活动在舒桐潜地区。桐西大队四任大队政委都是黄瑛同志兼任。大队下辖三个中队。第一中队中队长张有道，指导员余成玉；第二中队中队长汪立庭，指导员杨有旺；第三中队中队长杨震，指导员张国平。

根据斗争需要，1943 年底成立沿江团，受沿江支队领导。傅绍甫任副支队长兼沿江团团长，何志远兼政委，副团长徐绍荣，政治部主任马守一。

1944 年 1 月 5 日，为了保存革命力量，待机打击敌人，桐怀潜中心县委决定：大队由张振和汪立庭同志带领从巍岭向桐南花山地区转移，命令我带领十几人（随即发展数十人）和舒城县杨启文游击队、岳西县吴汉卿游击队配合，留下坚持，共 100 余人。任务是一面开辟新区，发展壮大党组织；一面组织武装力量，同顽敌进行长期的游击斗争。从此，大别山里就剩下我们这支武装（中队）了。

我们这个中队始终坚持在舒桐潜岳边区活动。有人说叫山里中队，其实不叫山里中队。是说桐西大队有个中队在山里活动，所以人们习惯叫"山里中队"。我们这个中队在大别山区艰苦转战，先后打了 300 多次仗。

战斗最频繁、环境最艰苦的是 1944 年 1 月到 1945 年 8 月鬼子投降。

1943 年，以蒋介石为代表的国民党反动派极力狂嚣"宁亡于日，勿亡于共"的反动口号，顽固地实行"防共、限共、溶共、反共"的反动政策，掀起了第三次反共高潮。盘踞在大别山的新桂系也积极响应。1943 年 10 月，新桂系军阀、国民党第五战区司令长官李宗仁，会同新桂系大将、第五战区副司令长官兼二十一集团军总司令、安徽省政府主席李品仙，积极秉承蒋介石的旨意，为蒋介石反共尽效，召集其所属第四十八军全军、第七军一部分以及地方武装十一游、十二游，省保安三团、四团、七团等团以上军官和皖西六安、舒城、庐江、桐城、潜山、岳西、霍山、太湖、宿松、望江、怀宁 11 个县的国民兵团（各县临时成立的反动武装，县长兼团长）团长在岳西汤池畈召开军事会议，布置对我大别山游击根据地实行所谓"全面清剿"，扬言"要在三个月内剿灭皖西共匪"。

1944 年 1 月 5 日，顽军"清剿"开始。李品仙纠集了敌四十八军、第七军、省保安团、各县国民兵团等武装和特务 5 万余人，连同胁迫的 10 万群众，号称 15 万人，大规模进犯我游击中心区。新桂系在皖西布置的兵力是：潜山后北乡有四十八军所属一三八师和一七六师，岳西有两个团，舒城西南山区有两个团，桐城西部一个团有余。另外，各县还有国民兵团等杂牌武装，总兵力超过我游击队千倍以上。他们使用"梳子队形"的"梳篦"式战术，拉网、包抄，一个山头一个山头地清理过网，沿途设立哨卡，公路上每距 100 米处就有一个"盘查哨"，高山顶上、羊肠小道还有什么"瞭望哨"、"埋伏哨"、"巡逻哨"、"跟屁股哨（即一旦发现新四军游击队，一面跟踪，一面向四十八军报告）"，夜间还组织挨家挨户的"耳听哨"等五花八门的哨卡，采取封山、烧林、移民并村、五户连坐（即五户为一组，户与户之间互相担保，一户涉入"通匪"，其他四户皆连环遭殃）等办法，实行日寇残酷的烧光、杀光、抢光的"三光"政策，提出"宁可错杀一千，决不放走一个""有山必搜，有洞必封"的口号，对深山悬崖不能上去的地方就用机枪反复扫射。其气焰极为嚣张，暴行惨绝人寰。

在这次大"清剿"中，舒城的黄土关、彭家老屋的房子被焚，夹树湾一带山林被烧，广兴店党支部书记"沈三爷"、小街党支部书记"程瞎子"及其儿子等党员均遭杀害。敌人把老百姓都当作共产党的地下党，要人人过筛，个个过网，挂上"通匪"牌子，逼迫办理"自首"手续，并强令每人要交出三个共产党员的名字。不少善良无辜的群众因拒绝或被（作为）嫌疑而遭残杀，甚至有的全家被杀光。潜山县陆家河有一个绰号叫"汪跛子"的贫苦农民，全家六口就有四口被杀，其中还有一个怀孕的妇女。他们还大力扩充国民党、三青团、调查室（中统特务机关）、情报站，建立反动组织，疯狂地搜捕残杀我地下党员和革命群众。一时间乌云翻滚，阴霾满天，腥风血雨，鬼哭狼嚎。

面对顽敌的疯狂"清剿"，我们采取了机动灵活的战略战术，敌人集中我分散，敌人分散我集中，敌人上山我下山，敌人下山我上山，避免拼消耗，不与敌人打硬仗，以保存革命力量。同时，我们用"麻雀战"等游击战术，寻机打击弱小之敌人，并采取一些有力的措施，配合地方党组织，保护人民群众。如：针对顽敌要每个群众交出三个共产党的"自首"规定，我们向群众宣传，能顶就顶，顶不住就办"自首"手续。至于交出三个共产党人，一是供反动分子，二是供我，反正我的名字敌人晓得，三是供已被杀害的人。老区人民是拥护共产党、坚强勇敢、死不投降的。虽然有的被迫"自首"了，遭受了严刑拷打，回来后，还是冒着生命危险替我们办事。他们说："共产党是真正为人民的。共产党和我们心连心，新四军是为老百姓办事的。"赞扬我们部队"真好"！尊敬地称我们是"新四爷"。

那时，我们的行动大部分是在深夜，在最紧张的时候，每晚要转移五六个地方，有时我们就宿营在基本群众家。每当夜深人静叫开群众的门进到屋里的时候，他们首先就机警地用东西把窗子遮盖起来，然后才点灯，如同亲人见了面，问寒问暖，叙说心里话，控诉顽军的罪行。他们把房子腾出来让给我们住，把焐热了的被子揭来给我们盖，自己却坐在柴火旁烤火。男女老幼还替我们站岗放哨，替我们探敌情、买粮盐和医药用品。在放哨中还跟我们约定好暗号，如发现顽军，他们就喊"黄牛散了绳子（指穿黄衣服的国民党军队已经出发）""黄牛跑到某某山上去了（指国民党军队已经占领了某山，我们不要向某山转移）"等等。他们有时向顽军提供假情报，迷惑敌军。一般是以少报多，指东画西，使顽军丈二和尚摸不着头脑，胡追乱赶，晕头转向。

顽敌"清剿"时期，对山区封锁很严，粮食供给非常困难，我们一连几天吃不上饭是常事。群众的生活苦不堪言，经常揭不开锅。就是这样，他们也经常把一点度命的粮留着给我们。记得一次我们转移到苦顶山，被顽军包围了，七天没吃饭，只能以野菜野果充饥。农民刘思进兄弟俩就把豌豆种子磨成粉做成糊给我们吃。后来，被国民党发现了，以"济共"的罪名将他兄弟俩杀害了。山上还有个姓胡的老乡，在敌人并村时，他把老母亲和媳妇送到山下，自己一人留在山上，每天从山上砍柴挑到源潭镇去换咸菜，回来后就送给我们。我们在食盐短缺的时候，就是用这咸菜水来代替食盐的。后来，这位老乡在下山为我们买粮食时，被顽军发现抓住杀害了。

还有一次在石马山，我们被顽敌五二〇团包围，隐蔽在悬崖绝壁上。敌人开始搜山了，但自己却不敢上来，就赶着老百姓向上爬。有三个老乡上来后，发现了我们，但一点也没有声张，不动声色地下了山，报告敌人说："山上没有一个人影。"就这样，我们安全地脱了险。

总之，老区人民实在好，他们冒着生命危险支持我们，为我们付出了很大的牺牲。据不完全统计，仅1944年一年，这里的革命群众被杀的就有近千人。他们将永远活在我们的心中。

我们部队干部战士也是英勇无畏、吃苦耐劳，不怕任何艰难险阻，具有压倒一切敌人的英雄气概和高度的革命乐观主义精神，对胜利充满了必胜信心。在环境恶劣、粮食供给困难时期，同志们互相关心，互相帮助，互相爱护。有时弄来一点粮食，大家把它熬成稀粥，就这样还互相推让，往往是干部传给战士，战士又传给干部，最后还是传到了伤病员和体质较弱的同志手里。记得有一个班长，自己分得的一点粮食他舍不得吃掉，悄悄地省下来，而自己却捡野菜野果吃，在最困难的时刻，他就把这一点粮食拿了出来送给伤病员，自己几次都饿昏了过去。

在将近两年的时间里，我们吃不好，穿不暖，睡不了，甚至一连几个月每天都要行军100多里的路。战士们一边行军一边打盹，累极了，随便往树上一靠、往地下一坐就睡着了。我们穿的草鞋破了也来不及打，就赤着脚板在山上跑。数九寒天，没有棉衣，冻得直打寒战，晚上宿营，大家就挤在一起互相取暖。有时情况特别紧张，又怕连累群众，只得在大山头上一两尺深的雪窝里睡觉。可是，无论环境如何险恶，斗争多么残酷，生活怎样艰苦，我们都始终怀着一个坚定的信念：跟着共产党，将革命进行到底！始终没有一个人动摇，革命热情像火一样越烧越旺。

正是因为有这样好的群众基础，这样好的干部战士，我们不但在顽敌大规模"清剿"的近两年（舒城县从1943年10月至1945年8月）时间中未受损失，反而愈战愈强，不断发展壮大，粉碎了新桂系的"清剿"计划，宣告了"三个月剿灭皖西共匪"的彻底破产。

在根据地方面，我们由原来的茅草湾等小块地区发展到田墩、陆家河、叶家河、东西堡、槎水、逆水、杨四房、黄柏、杜铺、源潭等地区。

在武装方面，我们游击队由开始留下的十几人、长短枪各1支，发展到500余人、长短枪400余支。同时，还在舒城发展建立了三支小游击队：储德纯游击队（一名七中队），队长储德纯，人枪十余，活动在晓天、小涧冲、三里湾、潜山板仓一带；杨启文游击队（一名八中队），队长杨启文，近20人，长短枪5支，活动在平田、洪庙、潜山官庄及岳西附近；黄应华游击队（一名九中队），队长黄应华（后叛变），20余人，长枪七八支，活动于庐镇关一带。在潜山建立了韩九怀、张海游击队。岳西吴汉卿的游击队也有了很大发展。

在党的建设方面，在舒城发展了100多名党员，建立了11个支部。分布在西南山区：小百丈岩支部，书记彭柏春，党员7人；江家山支部，书记唐××，党员5人；广兴店支部，书记沈三爷（牺牲后为程照荣），党员7人；安菜山支部，书记沈谋正，党员8人；小街支部，书记周××，党员3人；甘家岭支部，书记甘起×，党员4人；西黄土关支部，姚永成负责，党员10余人；驼岭支部，万××负责，党员5人；庐镇关支部，党员5人；小涧冲、三里湾支部，书记方××，党员8人；张田支部，书记田继德，党员10余人。在潜山发展了200多名党员，在桐城、岳西发展了100多名党员，在霍山诸佛庵和东西溪各建有一个支部。

在战斗成果方面，我们几十人的游击队，在中共舒、桐、怀、潜中心县委的领导下，在地方党和广大人民群众的支持和配合下，同强大的敌人进行了无数次战斗，毙伤顽敌数百名，缴获枪支300多支，有力地牵制了敌人，完成了上级交给我们坚持大别山的战斗任务。

总结取得胜利的原因，概括地讲主要有以下五个方面：（一）党的正确领导。我们正确地执行了党的"独立自主，发展武装，扩大根据地"的方针。（二）人民群众的大力支持。广大人民群众不惜牺牲一切掩护和支援了我们，我们好像鱼游大海，鸟入丛林。（三）干部战士的英勇顽强、不怕牺牲、团结如钢。（四）自然条件好。战斗在巍峨连绵、茂丛密林和有着光荣革命传统的大别山。战士也是土生土长的，习惯于山地游击战。（五）统战工作做得好。我们认真地贯彻了"发展进步势力，争取中间势力，孤立顽固势力"和"团结一切可能团结的人，建立广泛的抗日民族统一战线"的原则，团结了上中层进步人士，有力地分化了敌人。

以上回忆是我亲身经历，由于事隔久远，记忆衰退，难免有错误之处，望批评指正。

（李卫生　整理）

原载中共舒城县委党史办公室编：《舒城县革命史资料（抗日战争时期）》，内部资料，舒城印刷厂，1985年，第125～136页。

新四军第七师挺进团的组建与发展

◎ 林维先

1940年春夏之交,国民党顽固派在华中地区反共风云日紧,摩擦事件纷至沓来。

为粉碎国民党顽固派分割包围聚歼我新四军之企图,实现发展华中的战略任务,党中央指示皖南部队迅速由铜(陵)繁(昌)地区直接北渡或经苏南北渡,并强调要以自卫战斗粉碎反共军队的进攻,争取时局好转。

无为、巢南地区原是我党在安徽境内建立的江北抗日民主根据地之一,既是我大江南北新四军平时来往的重要通道,又是我皖南军部及部队由铜繁地区渡江北移必经之地。正因为如此,日、伪、顽在这一地区及其周围部署了相当雄厚的军事力量。当时,在桐、庐、无、巢地区坚持斗争的我主力部队——新四军第四支队和江北游击纵队,都已先后移至津浦铁路东西两侧,留下继续坚持这一地区斗争的只有巢无县委(书记胡德荣)和巢无办事处(主任侯奕斋)及其领导的不到百人的游击队,桐庐县委(书记鲁生、副书记李岩)及其领导的近200人的游击大队。由于敌、顽兵力几乎百倍于我,敌我力量悬殊,因此,日伪军和国民党顽军经常肆无忌惮地对这一地区骚扰,袭击我游击队,破坏抗日组织,残杀人民群众,妄图彻底摧毁我抗日政权,截断我大江南北新四军的交通联系,堵截皖南部队北移,敌我斗争甚是激烈。

为了恢复和巩固巢无抗日民主根据地,控制桐、庐、无地区,为皖南军部和部队北移做准备,1940年6月,新四军军部决定,以第三支队五团三营为基础,与桐庐游击大队（当时驻桐东水圩）和章啸衡同志在铜陵地区收编的原国民党川军蒋希伯部合编为新四军第三支队挺进团，任命我为第三支队参谋长兼挺进团团长，张友来为政委（数月后调去学习），彭胜标为政治处主任，廖乾祥为后勤处主任。下编3个大队，收编的原国民党川军编为第一大队，大队长蒋希伯（后叛变）；桐庐游击大队编为第二大队，大队长方英，教导员鲁生兼；第三支队第五团三营为第三大队，大队长傅绍甫，教导员赖振刚。团直属队编有1个特务连。全团约700余人。

第三支队五团三营，是一支老部队。它原是闽北红军独立师的一部分。1937年9月，闽北红军独立师改编为新四军第三支队第五团，其上饶、苗竹关等地游击队改编为第五团三营。该营大部分成员是经过三年游击战争锻炼的，军政素质都比较好，对敌斗争坚决，作战勇敢，战术动作灵活，能攻能守，有游击作战的经验，会做群众工作。

当时军部交给我们的主要任务是：挺进桐、庐、无地区，配合当地党组织和地方游击队，放手发动群众，大力发展抗日武装，恢复和巩固巢无抗日游击根据地，开辟以三官山为中心的抗日游击根据地，控制桐、庐、无地区，为接应皖南军部及部队北渡做好准备。

我接受任务后，深感任务光荣而艰巨，想到桐、庐、无地区是我战斗过的地方，地形熟悉，党和群众的基础好，因而对完成军部交给的任务充满信心。

8月初，我即率三营北渡长江到桐、庐、无地区，迅速进行挺进团的组建工作，并令第一大队从铜陵过江到桐东灰河地区待命。我们先从皖南繁昌县的汪家套过江到无为东乡白茆洲，然后到临江坝。在临江坝找到巢无县委书记胡德荣和办事处主任侯奕斋同志及他们领导的游击队。胡德荣等同志向我们介绍了敌、我情况后，我向他们传达了军部的决定和指示：经研究，决定由傅绍甫、赖振刚同志率第三大队（即三营）留无为，配合县委行动，相机拔除对我们妨害最大而守备较薄弱的严家桥、石涧铺、开城桥等敌伪据点，恢复巢无地区，然后待命去桐东水圩（今属枞阳县）。接着，我同何志远、廖乾祥同志带十余名干部去桐东，在灰河与第一大队会合，后令他们继续就地隐蔽待命。紧接着，又找到桐庐县委书记鲁生、副书记李岩和第三支队政治部民运科科长方修等同志。我向县委领导同志传达了军部关于将桐庐游击大队改编为挺进团第二大队的决定以及我们到桐、庐、无地区的任务。他们也介绍了情况。这时，军部派张友来同志率电台人员也来到桐东水圩与我们会合。经与他研究决定调第三大队来水圩。这时，第三大队在巢无游击队的配合下，已拔除了几个敌伪据点，并组建了一个新兵连。为了搞好后勤保障，着赖振刚同志率新兵连继续留驻兴隆庵地区，掩护税收，赶制冬衣。

不久，各大队在桐东水圩集中，随即召开了新四军第三支队挺进团成立大会。地方党委的同志和附近群众参加了大会。在雄壮的军号声中，庄严宣布了新四军第三支队挺进团正式成立。会后，全团指战员立即投入新的战斗。

一、开辟桐庐无，奋战敌伪顽

挺进团组成后，召开了团领导干部和县委领导同志的联席会议，共同讨论研究了行动部署。会议一致认为，坚持独立自主的抗日战争，坚持把发展进步势力、争取中间势力同打击最顽固的反动势力紧密结合起来，把大力宣传发动群众、发展武装同加强游击根据地建设紧密结合起来，是挺进团配合当地党组织和游击队，恢复和巩固巢无根据地，开辟以三官山为中心的桐、庐、无地区的根据地，把反敌"扫荡"、反顽斗争引向胜利的中心环节。于是，共同研究决定：一、首先发起对最顽固和对我危害最大的土顽的进攻。即先攻打盘踞在无为老牛埠的土顽章干大队，再攻打盘踞在桐东孙家畈的江子龙大队。得手后，进而歼灭土顽常备队。二、为开辟和巩固三官山抗日游击根据地，由桐庐县委分别在钱家桥、老洲头、六百丈、砖桥等地区建立4支游击队，以控制三官山地区。同时决定派得力干部去桐西屋聚岭、蒋铁，桐北龙眠山地区发展地方武装，把敌人的注意力引向这些地区，迷惑敌人，掩护巢无和三官山根据地。三、大力开展政治攻势，积极开展敌占区工作。进一步做好驻老洲头（今属枞阳县）的伪军张开元和盘踞在长凤洲、扫帚沟一带的土匪刘东雄部的争取工作。行动方案制定以后，部队、地方党组织密切配合，分头实施。

8月下旬的一天，我们全团首先向无为老牛埠章干大队发起进攻。当时我团兵分两路：一路由第一大队从灰河出发，经新安镇，攻打风火载土顽前哨据点，得手后再向老牛埠攻击；另一路由第二、三大队从水圩出发，经施家湾、昆山，直插老牛埠。按照预定作战方案，于第二天拂晓前发起了猛攻，激战时许，顽军溃不成军，我团一举攻克老牛埠。此战，共毙伤土顽百余人，俘数十人（经教育后释放），缴获枪支数十支。残顽四处逃窜，很长时间不敢回老牛埠。我团首战告捷，军民欢腾，部队返回水圩集结。

返回水圩后，我同张友来政委商量决定乘胜前进，攻打孙家畈土顽江子龙大队。根据敌情和地形，令第三大队直取项镇埠，截顽退路；第一、二大队和黄彬同志率领的一个连从正面攻击江子龙驻地孙家畈。按照这一作战预案，于夜间完成了对江子龙大队的包围，拂晓发起攻击。战斗进行得很顺利，一举歼其一个多连，残顽逃往会宫，我们攻占孙家畈。当天，部队在孙家畈一面肃清残匪，一面宣传发动群众，晚饭后返回水圩。我团再战告捷，狠狠打击了土顽的嚣张气焰，扩大了我军在人民群众中的政治影响，鼓舞了军民团结抗战的斗志。广大群众欢欣鼓舞，奔走相告，抗日情绪高涨。顿时，严惩汉奸走狗、团结抗日的烈火，在桐东、桐南、庐南地区熊熊燃烧起来。

老牛埠、孙家畈战斗后，我团在桐东地区站住了脚。我们便以水圩根据地为依托，以大队为单位分散活动，相机打击敌伪和土顽部队。令第三大队留驻水圩，我率第一大队到桐南破罡地区活动，攻打了盘踞在这里为非作歹的土顽陶洪恩大队，歼其一部。然后，第一大队的一、二中队返回水圩休整，我率第一大队三中队到枞阳周围地区活动。这时，我到扫帚沟见到了刘东雄。因地方党组织加强了对他的工作，他当时对我们态度较好，还请我吃了饭。经我进一步做工作，他表示愿意接受我团的领导，团结抗日。我们即将刘东雄部改编为挺进团独立大队，刘东雄为大队长，令其活动于汤沟、破罡、枞阳一带。这期间，第二大队进至庐南砖桥、黄屯、大凹口、黄泥河、罗昌河、钱家桥等地活动，也歼灭了部分常备队。

在这段时间里，桐庐县委大力发动群众，积极建立抗日武装，也取得了很好的成果。为了加强庐江县境内的工作，先后在庐南的大凹口、罗昌河、钱家桥地区组建了一支几十人的游击队，队长胡长武（后叛变）；在三官山、草鞋岭、将军庙、砖桥、矾山等地组建了一支几十人的游击队，队长张金彪。县委派李岩同志具体领导上述地区的工作。县委还在老洲头、桂家坝、左岗（今都属枞阳县）一带组建了一支游击队。为了开辟桐西、桐北地区，县委派何杰同志到该地区加强领导，并在该地区组建了一支几十人的游击队。

我团挺进桐、庐、无地区，与地方组织和游击队密切配合，在较短时间内，即扫清了三官山外围土顽据点，发展壮大了抗日武装力量，控制了三官山、将军庙、钱家铺地区，为建立以三官山为中心的桐、庐、无抗日根据地打下了良好基础。

9月间，我团集中到水圩休整。此时，我将挺进团挺进桐、庐、无地区的活动情况，电告了军部、江北指挥部和第三支队司令部，并请求军部派部队来加强巢无地区的军事力量。没几天，江北指挥部派江北游击纵队政委孙仲德同志率江北游击纵队二团团部、团直属队和二营及三营的1个连（即黄彬同志所在的连）来到无为。数日后，我从水圩赶到无为东乡三官殿见了孙仲德同志，我们就今后部队如何配合行动等问题进行了磋商。后着赖振刚同志将冬衣急送水圩，我从无为返回桐东青山头附近的第二大队驻地，当夜在第二大队休息。拂晓时，得悉蒋希伯带第一大队的一、二中队叛逃。我立即赶回团部，组织追击叛逆，但时间已来不及了。这股叛逆乘船经灰河时，遇我第二大队守口子的一个排的拦截，发生激烈战斗，但因我方人少，未能将其截住，使其逃往庐江，投降了桂顽一七六师周雄团（即五二八团）。

当天上午，我们召开了紧急会议，县委领导同志也参加了会议。会议分析，蒋希伯投顽后可能要引桂顽来袭击我水圩地区。当即确定：团部、第三大队和第一大队三中队（后编入第三大队）由政委张友来、主任彭胜标同志率领转移到无为地区，我率第二大队和团部几名干部坚持桐东地区，县委机关分散到老洲头和庐南地区。并通知各地党组织和游击队急做准备，严防蒋引桂顽袭击。不出所料，约半个月，蒋希伯果然带领桂顽周雄团进犯我水圩地区。由于我军早有准备，顽军扑了空。周雄是个杀人不眨眼的刽子手，到一处糟蹋一处，烧杀抢掠，无恶不作，因此，群众叫他"狗熊"。他找不到我军踪影，便恼羞成怒，对我根据地人民实行残酷的烧、杀、抢"三光"政策，以发泄其对抗日军民的刻骨仇恨。顽军在水圩骚扰一天，第二天撤出水圩，缩回到庐江砖桥。不几天，顽军再次袭击水圩地区，仍然扑了空。由于顽军对我军袭击，早在我们预料之中，并做了充分的准备，因而，我军无损失。与此同时，我团第二大队隐蔽地穿插到顽军后方，在游击队的配合下，广泛袭击顽常备队，捣毁顽区、乡公所，打得顽军晕头转向，惶恐不安，再也不敢轻举妄动了。

经过这次反顽斗争，我各地游击队都有了新的发展，战斗力有了提高，根据地也得到巩固和扩大。不久，桂顽周雄也不再信任蒋希伯了，将蒋希伯部缴械解散了。我根据地军民对建设根据地，战胜敌、伪、顽的决心更大、信心更足了。

1940年12月间，我接第三支队司令员张正坤同志电令：他带领若干人员已过江到了无为东乡，组成了有曾希圣、张正坤、孙仲德、军政治部民运部副部长余再励、巢无县委书记胡德荣和巢无办事处主任侯奕斋等同志参加的渡江指挥部，为接应军部从铜繁地区北渡长江做准备。要我报告我团在敌、顽后方活动情况，并令我团严密监视敌、顽活动，随时掌握敌、顽动态，每日向指挥部报告。

我接电令后，即将全团展开活动，地方党组织也积极投入了紧张的准备工作，在很短时间内各项准备工作已就绪，只等军部过江了。但到1941年1月初，又突然接张司令员电，令我团迅速集中返回江南，并说军部不从铜繁地区过江了。我们立即进行了研究，并复电：因我团已全面展开，交通不便，需10天左右时间才能集中起来。张司令员接我请示电后，又令我团"集中后南渡"，他们便先过江去了。没几天，蒋介石发动了皖南事变，我团也就没有南渡。

皖南事变后，皖南我军突围出来的部分人员陆续来到水圩地区，引起了日军对我桐东的注意。

1941年2月15日，日军一一六师团集中驻大通、安庆等地的日伪军3000余人，在飞机、舰艇的配合下，向我桐东水圩地区进行"扫荡"，企图消灭我挺进团，搜捕皖南突围北渡人员，摧毁我抗日根据地。

当时，我们在水圩地区有第二大队和县委机关及皖南突围来的部分人员。为了对付敌人对水圩地区的"扫荡"，14日我们同县委同志进行了分析研究，当即确定我们在水圩人员全部撤出，分散隐蔽；第二大队掩护皖南突围人员渡湖转移到龙王咀、戴山脑地区；我从王家排直接到龙王咀、戴山脑地区。桐庐县委书记鲁生同志已接上级党委的指示，要他去加强桐、怀、潜地区工作，即刻去桐西；其余人员转移到三官山、将军庙地区。当时我再三强调，所有人员必须在夜间12点以前全部离开水圩，并嘱咐第二大队大队长方英、县委书记鲁生同志，千万不要延误时间，否则，后果不堪设想。

当夜，日伪军分两路向水圩地区进击：一路由老洲头，经左岗直插青山头，以切断我陆上退路；另一路进击炎河、六百丈，以切断我通向炎河的水上退路。次日拂晓，即向水圩地区发起了疯狂的"扫荡"。同时，日军飞机对龙王咀、王家排反复进行轰炸。这时，第二大队的四连已由副大队长李德安同志带领转移到周家岗、豪梢一带，并在此与"扫荡"的日军遭遇，发生战斗。他们打死七八个鬼子后，进入湖区芦苇丛中隐蔽。但由于皖南突围出来的人员还没有组织起来，也没有指定负责人，他们对方英同志又不熟悉，行动迟缓；鲁生同志因将去桐、怀、潜地区工作，下面同志为他饯行而喝醉了酒，也延误了时间。因此，鲁生同志和第二大队另两个连及皖南突围出来的人员，没有及时撤离而被包围。他们在突围时，鲁生、方英和六连指导员吴中亚等同志不幸牺牲，其余人员被冲散到湖心（冬季湖中无水，而淤泥很深）芦苇丛中隐蔽。

日军"扫荡"后的第二天，我们在周家潭、戴家嘴、施家湾地区集中了部队。第二大队大队长由李德安同志接任。皖南突围来的人员由地方党组织收容后，由交通员分散护送到无为，有少数人留在桐庐地区工作。地方党组织和政府掩埋了牺牲同志的尸体，较好地做了优抚工作，很快即恢复了正常秩序。由于第二大队被敌冲散后，有些人到了游击队，有些人回家了，集中后只有两个连了。人数虽然减少了，但经过两次反顽和一次反敌"扫荡"斗争及多次战斗的锻炼，部队的战术技术水平和组织纪律性都有了很大提高，斗志更旺了，战斗力更强了，为以后进行更严酷更复杂的斗争打下了良好的基础。第二大队稍事休整后，又进至三官山、将军庙、罗昌河、钱家桥、大凹口等地活动，并在浮山附近摧毁了土顽江子龙的后方。这时，各地游击队又有了新的发展，以三官山为中心的抗日根据地日趋巩固。

二、转战大别山区，牵制顽军

1941 年 5 月，新四军第七师在无为正式组成。张鼎丞同志任师长（因张鼎丞同志在延安学习，未到职，由副师长傅秋涛同志代师长），曾希圣同志任政委。

原第三支队挺进团改为第七师挺进团，我仍任团长，彭胜标同志任政治处主任。

这时，挺进团各大队改为营的番号：第三大队改为一营，营长傅绍甫，政委赖振刚；第二大队改为三营，营长李德安，教导员李盛才（后江厥成）。全团共辖第一、三两个营。

在第七师正式组成前后，驻在大别山区的桂顽李品仙部，与日军暗中勾结，调兵遣将，不断向我皖中、皖东根据地发起进攻，妄图阻击我皖南突围渡江的部队，全歼我在皖中、皖东的新四军。为了牵制桂顽对皖中、皖东的进攻，第七师师部令挺进团挺进大别山区，深入到桐城、潜山、怀宁、舒城、霍山、岳西等地开展活动，打通与第五师的联系。令第五十五团进入桐东、庐南地区，接替挺进团活动区。

我们接到命令后，即分两批向大别山区挺进。先由彭胜标、傅绍甫同志率团部、团直属队和一营，在舒庐游击大队配合下，由无为出发经庐江县境，进至舒潜交界处的猪头尖、驼岭地区。此时，与桂顽遭遇，经激战后转移到桐西蒋铁（蒋潭）、屋聚岭地区。这里有我地方党组织一个区委及其领导的几十人的游击队，区委书记是程鹏同志。桐潜交界之小河沿地区还有一个区委，书记是宋海珊同志。彭、傅在屋聚岭同程鹏同志及其领导的游击队会合后，便在该地分散隐蔽休整。不久，我率三营由庐江罗昌河、钱家桥出发，途中歼灭驻金神墩常备队1个班后，进入桐西屋聚岭同彭胜标、傅绍甫同志会合。次日，我们同程鹏等区委领导同志共同分析了当地及周围地区的敌、顽情况和敌我斗争形势，研究了行动部署。确定以桐西蒋铁地区为依托，向四周邻县开展工作，大力宣传发动群众，发展抗日武装；积极开展统战工作，发展进步势力，争取中间势力，打击最顽固的反动势力；大力开展争取伪军、帮会的统战工作；建立和扩大抗日游击区，配合皖中、皖东根据地军民开展反顽斗争。

随后，全团集中活动，先后到舒城小街、晓天，霍山磨子潭，岳西主簿原、魏岭、彭家河，潜山官庄、龙山等地，攻打了上述地区的一些顽区、乡公所，歼灭了部分反动武装。然后，部队返回蒋铁稍作休整后，又分散进行活动。三营又到潜山的官庄、龙山、万山（皖山）和岳西的魏岭、彭家河等地活动；一营一部到舒城小街地区，一部到桐南金神墩、老梅树街、罗家岭、徐家河等地活动，攻打了桐城青草塥和怀宁高河埠等地的土顽据点。这样，我们很快就将蒋铁地区周围的一些主要的土顽据点基本扫除，巩固和扩大了游击区。

与此同时，部队还积极配合地方党组织大力开展宣传发动群众工作，向广大群众揭露皖南事变的真相和国民党顽固派投降卖国的罪行，广泛深入地宣传发动群众，发展抗日武装，积极开展统战工作和争取伪军、伪组织及帮会工作，均取得显著成效。各地抗日武装纷纷组建起来。宋海珊同志在陶冲驿（小河沿）组建了叶树槐（原国民党联防大队长，率部起义）游击大队，活动于青草塥、徐家河、高河埠地区；在桐南罗家岭地区组建了一支游击队，活动于罗家岭、广济圩、安庆市附近地区；在桐北龙眠山地区组建了一支游击队，活动于龙眠山及其周围地区。张振中同志（原国民党桐城县常备队中队长，率部起义）组建了一支游击队，活动于桐北龙眠山和庐江大凹口之间地区；在花果园地区组建了汪浩然游击队，活动于小河沿、花果园、孔四方（杨四方）地区；在孔四方地区还有一支游击队；还在潜山官庄、龙山地区组建了一支游击队。桐西原游击队也有了较大发展。这些抗日武装，在地方党组织的领导下，积极宣传发动群众，搜集敌顽情报，掩护和配合地方党组织、我团行动，打击土顽势力，对巩固和扩大抗日游击区等发挥了很好的作用。

随着抗日武装的迅速发展，抗日游击区也进一步扩大。我们在桐西地区建立了一块以蒋铁为中心的游击区，活动范围，东可达桐城县城附近，北到舒城的东沙埂、庐镇关、晓天等地，西达岳西魏岭、彭家河、主簿原地区，南抵怀宁高河埠、桐城罗家岭及安庆市附近。统战工作也取得明显成效。当时桐西及其周围地区的一些政权，名义上是国民党的，但大多数区、乡、保、甲长都为我们办事，有不少后来参加了革命队伍。许多地主、士绅，通过我们做工作，对我们态度较好，反对分裂，支持抗日。还争取了部分伪军、伪组织和帮会人员，经常通过他们掌握安庆地区的日、伪军动态，掩护我党、政、军人员出入安庆，有些医药和军需物资也能通过伪军、三番头子购买。形势发展很快很好。

1941 年 4 月中旬，军部命令我挺进团与第五师张体学同志的独立团合编为独立旅，我为旅长，张体学同志任政委，以便形成拳头，更好地在顽中心区开展工作，建立和扩大抗日游击区。

根据军部的命令，我即率一个通信分队进入宿松，并于 4 月 22 日在宿松陈汉沟与张体学同志会合，共议了军部的指示，决定各自回去向领导报告后，再确定合编的时间和地点。这样，张体学同志仍回鄂东，我即回到桐西。我回桐西后，即将部队挺进顽区的发展情况和同张体学会合协商合编的情况，向上级做了报告。后因情况变化，独立旅未组建成。这时，部队仍分散活动，进一步宣传发动群众，发展地方武装，打击土顽势力，巩固和扩大抗日游击区，又先后在太湖的罗家岭地区、潜山的万山（皖山）地区、岳西的鹞落坪地区和魏岭、彭家河地区以及舒城小街地区，各组建了一支游击队，并在舒城的庐镇关与晓天之间，建立了一块以小街为中心的游击区。在其他地区还建立了一些新的隐蔽的立足点，并保持了同第五师的联系；进一步发展了大好形势，巩固和扩大了抗日游击区。

三、挺进泊湖，开辟沿长江两岸敌顽之间地区

1941 年 7 月中下旬，师部令我回无为师部接受新的任务。8 月初，我对部队活动和桐西地区工作进行安排后，即带通信分队回到无为。我回无为后，又将挺进团挺进大别山区的发展和同张体学同志会合、协商合编的情况，向师部做了详细汇报。后师领导命令我团西进宿松、望江、太湖 3 县之间的泊湖地区，同赣东北特委及其领导的游击大队会合，开辟和扩大沿长江两岸敌、顽之间地区的抗日游击根据地。

泊湖东边是望江，西边是宿松，北接太湖县，南临大官湖、黄湖和长江，隔江是江西省的彭泽。湖区有一些小岛，湖汊较多，适于游击作战。在抗战初期，米济群、周静轩、桂逢（黄育贤）、郑重等同志在该地区工作过，建有党的组织，也有武装活动。张体学同志也到该地区活动过。之后，赣东北特委书记黄先同志带领部分干部从江南进入湖区，领导该地区斗争，并指导江南彭泽地区工作。当时，湖区有由特委领导的 100 余人的游击大队，大队长商群，副大队长刘宗超。该地区的群众基础也很好。

为了加强泊湖地区党、政、军的领导，师部决定派李丰平同志任鄂皖边区特委书记兼挺进团政委，黄先同志为副书记，并派袁大鹏同志任挺进团参谋长。

8 月中旬，我同李丰平、袁大鹏同志由无为回到桐西地区，向地方党委和部队传达了师部的指示，并根据师部的决定，将桐、怀、潜地区的游击队合编为独立团。

挺进团一营营长傅绍甫同志任团长，桐怀潜中心县委书记林立同志兼政委，叶树槐同志为副团长兼参谋长，马守一同志任政治处主任。独立团成立后，继续坚持桐、怀、潜、舒地区斗争，并保持与挺进团和桐东地区五十五团的联系。

随后即部署部队向泊湖地区开进。当时，部队是分批进入泊湖地区的。早在六七月间，即由三营营长李德安和教导员李盛才同志率三营的一个连（其另一个连仍在桐西地区）进入湖区活动。他们在途经太湖徐家桥时，攻打了该地一个常备队，歼其一部，后进入湖区与特委书记黄先同志及其领导的游击队会合。然后，又到宿松与黄梅之间地区活动。先后在宿松的松毛岭伏击了宿松县常备队，歼敌30余人，缴枪20余支；在黄梅县的独皮镇打了驻该地的常备队，歼敌10余人；在望江县的毕家岭，攻打了驻该地的土顽梁金奎部的一个连，歼其两个排30余人，缴枪30余支。然后返回湖区活动。8月中下旬，由李丰平、彭胜标、袁大鹏同志率团部和一营两个连（其另一个连暂留桐西地区）进入湖区。他们在途经太湖徐家桥时，又歼该地顽常备队一个排，缴枪10余支。他们进入湖区后，宣传发动群众，开展统战工作，建立民主政权等。随后，由傅绍甫同志率一营的另一个连最后进入湖区。我们到湖区时，民主政权已基本建立起来，正准备召开参议会议。

我们到湖区后，先对特委领导的游击大队进行了整顿，并将其改编为独立团，刘宗超同志任团长（原大队长商群同志另有任务）。在我和李丰平等同志到湖区之前发生了一件事：当时特委领导同志感到原游击大队有些不太可靠，因此，在三营到湖区后，就将游击大队的枪缴了，引起了一些矛盾。我们到湖区后，经了解认为，游击大队里虽有些问题，但主要还是组织纪律方面的问题，应加强教育，不应缴枪。这样，就把收缴的武装全部归还了，并做了一些工作，消除了矛盾。随后，我们即以湖区原有基地为依托，宣传发动群众，发展武装，打击反动势力，积极开展以巩固和扩大湖区根据地为主的各项斗争。

当时，敌、顽在湖区及其周围的兵力部署是：日伪军驻望江县城和沿江的重要集镇，宿松县的自卫大队驻宿松许家岭、洪家岭至下舱铺一带，十一游纵驻太湖地区，梁金奎水警大队驻望江与宿松交界地区，袁国祥土匪部队驻华阳地区。宿、太、望3县还有一些常备队。后来桂顽一七六师五二八团也进至太湖地区。

为了巩固和扩大湖区根据地，首先，令三营以连为单位，深入到望、太、宿和宿、黄之间的湖区外围地区活动，以掩护湖区工作的开展。一营和独立团主要在湖区附近地区活动，首先攻打了驻洪家岭的宿松县自卫大队，歼其几十人，缴枪10余支，残敌逃窜，洪家岭被我占领。不久，十一游纵和县自卫大队又纠集兵力向我进攻，企图夺回洪家岭。我军予以猛烈还击，歼其一个多连，缴枪几十支。驻许家岭的顽军也被吓跑了，随即许家岭亦为我军控制。随后，一营一连远程奔袭了潜山县黄泥岗，打掉了该镇镇公所，歼灭反动武装一部，缴枪20余支。接着，一营和独立团又攻打了太湖与望江交界处的石炎山，该地驻有十一游纵一个连和一个支队部，歼其一部，摧毁碉堡6座。在这次战斗中，一营营长英勇牺牲。三营各连在湖区外围地区活动，也打了一些顽区、乡公所，歼灭了部分反动武装。

我们进入湖区后，由于地方党组织、部队和人民群众的共同努力，到1941年底，湖区的形势发展很好。这时，望江县城的日伪军已全部撤离。土顽大部缩进县城。宿松县矮脚峦以东，望江县的杨湾以西，东西长几十里、南北宽约四五里的地区，均为我掌握，以泊湖为中心的抗日游击根据地已初具规模。根据地内的民主政权逐步建立和健全，农抗会、妇抗会、青抗会、儿童团等抗日群众组织均已组建起来，抗日武装得到较大发展，武器装备也有了改善。为了巩固根据地，防御敌人的进攻，还动员群众同部队一起，在许家岭一线修筑了防御工事，挖了战壕，修筑了碉堡。

我军在泊湖地区的迅速发展，引起了国民党顽固派的极端仇视和恐慌。从1942年1月1日开始，桂顽一七六师五二八团全部、十一游纵大部及梁金奎水警大队300余人、袁国祥匪部100余人、各县常备队400余人，共3000余人，分两路向我军进攻。一路以十一游纵与梁部、袁匪部共600余人，从望江县向西进攻我王家墩、毕家岭一线；另一路由五二八团、宿松县自卫大队和常备队，共2500余人，从宿松向东猛攻我许家岭一线。妄图东西夹击，消灭我挺进团和宿望独立团，摧毁我湖区抗日根据地。经激战7昼夜，击退顽军无数次进攻，毙伤250余人，缴枪数十支。我亦伤亡二三十人，独立团团长刘宗超同志在战斗中英勇牺牲。8日，顽军继续增加兵力，向我猛攻，突破我防线，并占领许家岭、王家墩等地。我三营七连的一个排和七连连长彭高林、指导员田仁永同志被顽军包围在许家岭前沿的一个碉堡里。我令一营多次攻击营救未成。这时，顽军援兵越来越多，我孤军无援，情况十分危急。我们几位领导同志即研究决定突围转移，地方党政机关部人员分散转移到江南彭泽地区坚持斗争，挺进团和独立团向桐西地区转移。8 日夜晚，部队从下舱铺乘船顺利地转移到黄湖南岸，然后沿江堤向东走一段后，北向望江县的太阳山地区行进。当行至凉泉地区时，遇县常备队和十一游纵一部的阻击。我即令一营将这股土顽歼灭，部队顺利通过。当时准备从下石牌经潜山王家河进入桐西地区，因这样走路程较近。当行至下石牌附近时，独立团报告说下石牌有 10 余人的常备队在此抓壮丁，他们要求去歼灭这股土顽。我同意了，他们就将这 10 余人歼灭了，拿下了下石牌。但他们拿下下石牌后，思想麻痹，没有严加防守，结果又被县常备队两个中队（内有一个排是收编的流散的川军）夺占，并用机枪严密封锁通道。我令一营几次攻击未成。在此情况下，我们即研究决定改道走太湖的罗家岭、柴家沟。部队到罗家岭后，我们几位领导同志研究决定，将伤员安置在罗家岭群众家里，部队拟从小路直插潜山的源潭铺，经小河沿进入桐西。这时，被顽军包围在湖区的三营七连的一个排，在连长彭高林、指导员田仁永同志带领下，于我们撤离湖区的当天晚上也挖地道突围出来了。彭高林同志带领一部在罗家岭与我们会合，另一部由田仁永同志带领，后到第五师去了。部队当夜即从罗家岭出发准备直插源潭铺。但独立团的同志大部是湖区人，不会走山路，走了一夜只走了 10 多里。这样，我们又研究决定走小河西，经岳西鹞落坪、魏岭到桐西。部队行至小河南吃午饭后，正准备向鹞落坪行进时，突遭从来榜河开来的桂顽一个营、店前河的十一游纵一部和岳西县常备队的阻击，我军牺牲 7 人，伤数人。这时，我们研究决定先由李丰平、黄先、袁大鹏等同志率领团部、一营和独立团，从源潭铺直插桐西到无为；我和彭胜标同志率三营暂留岳西、太湖地区活动，牵制敌人。这样，我和彭胜标同志率三营又返回到太湖罗家岭地区，活动数日后，带走在此养伤的轻伤员，经鹞落坪、魏岭返回桐西地区。这时才知道五十五团已撤出桐东，桐、怀、潜独立团也撤出桐西、桐南地区，返回了无为。

三营撤回桐西地区休整几天后，由彭胜标同志率领，经桐北龙眠山、庐江县境回无为。

我带一个通信班仍在桐西地区活动。不几天，顽军 5 个保安大队进入桐西地区"清剿"，其指挥部设在唐家湾。当时桐西没有部队，形势很紧张。为了对付顽军的"清剿"，保证党组织不受破坏，群众不受损失，我同程鹏同志研究后，连夜分别召开党支部负责同志和乡、保长（实际都是我们的人）会议，部署对付"清剿"的办法。布置后，地方党组织负责同志和我们都分散隐蔽活动。桐西地区的群众确实很好，顽军后来到处搜查，又强迫群众开会，威逼群众讲新四军去向，群众和乡、保、甲长都异口同声地按我们布置的讲。顽军没办法，因为他们不能把所有的人都抓起来。他们在这里搞了个把月，什么也没有搞到就走了。顽军这次"清剿"，党组织没有遭到破坏，也没有牺牲什么人，但有不少人被打得很厉害。"清剿"部队撤走后，我也于3月底离开桐西回到无为。这时，挺进团已与桐、怀、潜独立团合编为第七师五十八团了，团长傅绍甫，政委彭胜标，副团长叶树槐，参谋长李德安，主任曾宪忠。我调第七师任副参谋长。从此，挺进团番号撤销。

写于 1985 年

原载中国人民解放军历史资料丛书编审委员会编：《新四军·回忆史料》（2），解放军出版社，1990 年，第 446 ～ 458 页。

忆坚持大别山游击斗争

◎ 黄　英　王明发

随挺进团到大别山

1941 年 2 月间，新四军七师奉上级命令，组织挺进团挺进大别山。团长是林维先，政委是张有来，傅绍甫同志任副团长兼参谋长。团下设三个营，一营营长方英，率领 200 余人，在桐城东乡活动；二营营长梁金奎（国民党起义过来的，后又逃跑了）带 100 余人在安徽沿江一带活动；三营营长陈家宏，率领 200 余人（这个营的战斗力较强），随团部行动。挺进团进入大别山的任务是：一、插入敌人的心脏，联系留下坚持游击斗争的部队和地方党组织。二、牵制打击向大别山根据地进犯之敌。三、打通与新四军第五师独立团的联系（当时第五师独立团团长是张体学同志）。

我们挺进团进入大别山后，国民党的四十八军一三八师和保安四团等部队始终跟在我们后面。我部到达马槽与敌人激战了一天，第二天继续向舒城县前进。部队刚到舒城县的张田地区又与敌人打了一天，战斗后部队迅速转移至猪头尖、板仓等地，在高山中利用有利地形与敌人激战了 7 天。

为了拖住敌人的兵力，团首长令杨震同志带三营八连到舒城县的安菜山等地开辟游击根据地，我们转战到桐城唐家湾、蒋铁一带。这一带的党组织是由程鹏领导的，游击队大队长是叶树槐，政委是何杰之。大约在 2 月底的一个晚上，我们挺进团在桐城县乌脚岭和游击队会合。由于国民党顽军的追击，会合后上级决定部队马上分散活动。

4月间，挺进团在桐城西乡一带活动了两个多月，部队扩大到700多人，有四五百条枪，并成立了一个独立团，团长由傅绍甫同志担任，副团长兼参谋长由叶树槐同志担任，政委由林立同志担任，政治处主任是马守一同志。但因当时的情况发生变化，挺进团原来分散在桐、潜、舒、霍等地的部队又集中到宿松、望江等地与当地游击队会合，并在该地区建立了游击根据地。此段时间敌人多次向我根据地进犯，在7个多月中，我们先后打了20余次仗，缴获大量枪支弹药，武装了自己的队伍。此后湖北和福建之敌合成一股，联合向宿松根据地进犯，我们与敌血战了7天7夜。挺进团和游击队在党的领导下，由于有广大人民群众的大力支援，一直在该地区坚持到1942年2月间。不久，挺进团根据上级的指示，转移到安徽无为县抗日根据地，并令沈博同志留下转入秘密活动。这时挺进团又改编为五十八团。

粉碎第三次反共高潮

1943年，蒋介石掀起了第三次反共高潮，随着形势的变化，大别山的斗争形势也艰难起来了。为粉碎第三次反共高潮，新四军七师命令杨震、张有道两位同志带领七连（后改为七中队）挺进大别山。七中队进山后，在桐、怀、潜中心县委的领导下，部队分别在舒、桐、潜、岳、霍等县一带坚持游击斗争。为了巩固和继续扩大抗日根据地，加强党的组织建设是很重要的。我们在舒、桐、潜、岳、霍成立了20个党支部，发展党员约500人。舒城县有5个支部：黄烟店支部，书记沈茂宏；安菜山支部，书记彭志春（后叛变）；驼岭支部，书记是万××；张田、庐镇关支部，书记先后是杨启文、郭景山；小街子支部，书记姓程，外号叫程瞎子，该县有党员100余人。潜山县有9个支部：螺丝岭党支部，书记李恒；后冲党支部，书记华兆岩；水贵党支部，书记吴家元（后叛变）；巍岭（新中国成立后划归岳西）党支部，书记王本奎；李家河党支部，书记外号叫林瞎子；汪河党支部，书记姓汪；还有龙王地、立源、涡源成立了3个支部。该县发展党员200名。

岳西县有大河山党支部。桐城县有唐家湾、花果园、蒋铁等5个党支部，党员100名。霍山县成立了2个支部，即东溪和西溪各一个党支部。此时党的队伍逐渐发展壮大，为坚持大别山的游击战争奠定了基础。同时，我们还大力发展人民武装力量，分别在舒城、庐镇关、夹树湾、小岘冲和三里河等地，通过宣传动员，发展了3个游击队，约60余人，20多条枪。这些游击小分队成立后，有力地配合了杨震同志率领的三中队（在这之前杨震同志由七中队调到三中队）打击国民党顽军。

1943年10月，国民党第五战区司令长官李宗仁和安徽省主席李品仙为"肃清"大别山游击队，在岳西县汤池畈召开了舒城、桐城、潜山、庐江、岳西、霍山、太湖、宿松、望江、怀宁等10个县国民党县长和保安四、七、八、九团及四十八军、第七军团以上军官会议。会期半个多月，主要是决定向我大别山区游击队进行全面"清剿"，扬言在3个月内"肃清"共产党领导的游击队。但由于我们早已了解敌人的企图，我们除集中游击队的兵力外，同时组织武装地方游击队。在广大人民群众的大力配合下，先后抗击敌人上百次的进犯，消灭土顽军500余人，缴获300多条枪，使国民党顽固派第一次"清剿"彻底破产。经过一年的战斗，我们的队伍不断地发展壮大，原来的三中队发展到700余人，先后编入主力沿江团六个连。

1944年1月5日，李品仙又集结了四十八军和第七军的一七一师同保安团，向我大别山区游击队进犯。此时斗争形势非常艰难，我们为了保持有生力量，经游击大队领导决定暂时分成三路：一路由大队长张振同志率领200余人的一个中队兵力，经水贵向花山根据地转移；一路由杨启文、郭景山带领30余人的游击队，坚持在桐城牛角尖等地区开展游击斗争；一路由杨震同志带领30余人的游击队，经水贵而后再转移到茅草湾、陆家河、东西堡、源潭等地。游击队一面继续开辟新的游击根据地，发展扩大人民武装力量，在不到3个月的时间内，由30多人发展到70余人，打死打伤顽军数百人，缴获枪支50余支；一面牵制顽军向老游击区进犯。这段时间大别山的环境非常艰苦，斗争形势十分恶劣。5月25日，由于大别山斗争形势的恶化，桐、怀、潜中心县委决定派指导员余成宇同志带领30余人，从桐西南进入大别山，配合杨震同志坚持斗争。6月7日，由于斗争的需要，中队又派余成宇同志在蒋铁乡一带活动。余成宇同志不幸在汪河被敌人包围，在战斗中英勇牺牲了。

7月间，杨震同志先后在岳西、潜山等地发展了5个游击小分队，约150人，近100支枪。这支游击队在杨震同志的领导下，坚持在大别山区与土顽军进行斗争，他们不仅在战斗中机智灵活，同时还重视做统战工作和瓦解敌军的宣传工作。有一次，杨震同志带领20人到潜山县包围县常备队的一个班，经过政治攻势，这个班携带一挺轻机枪等武器向我游击队投诚。

在艰难的日子里

1945年初，国民党顽固派更加猖狂，第五次提出在3个月内消灭我大别山的游击队。他们到处张贴布告说："抓到共匪杨震，赏钱二千元。"他们在军事上实行"三光"政策，口号是"宁可错杀一千，绝不可放过一个"，因此他们日夜对根据地反复搜查，黄花洞、老虎洞、猴子洞都不放过，人走不到的地方，就用机枪扫射，打得鸡飞狗跳。除此以外，他们还使用封山、烧山、移民并村、五户连坐（5户为一个组，如其中一人"济匪和遇匪不报"，就把5户全部杀光。例如潜山县陆家河有一个姓汪的，由于他支援了游击队，结果全家6口人，被杀死5口）等毒辣手段，企图割断游击队与群众的联系。

国民党顽固派除了在军事上"围剿"，还在经济上对群众进行封锁。地主老财们对人民群众加租升息，肆意盘剥；政府部门苛捐杂税多如牛毛（如人口税、户籍税、保甲捐、军款捐、壮丁捐，还有枪弹马料费、柴草、军用粮等）。拒捐就抓人，他们抓丁的手段是五抓三、三抓二、二抓一，到最后连独子也抓。他们使尽了各种手段压迫得人民群众抬不起头来。当时大别山的群众把地主的压迫和剥削编成一首歌谣："保长进了门，两眼定了神，不是要伏费，就是要抓人。粮食刚上场，全被敌抢光。儿子被抽丁，群众泪汪汪。地租伏费逼干净，拖儿弃女去逃荒。"国民党顽固派认为用这一种手段，就能达到把我们和人民群众分开，将游击队困死、饿死的目的。而事实却相反，这种残酷的手段更激起了人民对顽固派的仇恨，群众千方百计地隐藏新四军战士，克服艰难险阻给山里的游击队送粮食，同时还有不少青年主动要求参加游击队。

在这种恶劣的环境下，我们集中兵力，利用有利地形打击敌人，同时镇压了一些反动的保甲长。除此以外，我们还给保甲长提出了三条规定：一是抽丁时，只准抽那些身体不合格的老、弱、病、残人员去凑数；二是征税时，只准向富的人家收，不准向穷苦的人民群众收；三是要及时向我们报告国民党的动向。如不执行上述三条规定者就镇压。同时我们号召广大人民群众立即行动起来，采取软拖硬抗的办法来对付国民党顽固派。由于广大人民群众紧密配合，国民党第五个"三个月剿共"的企图再度破灭。而我们的队伍在斗争中发展壮大，到 1945 年 6 月，我们先后打仗百余次，歼灭顽军 400 余人。

　　1945 年 7 月间，大别山的环境更加艰苦，斗争形势更加恶劣，国民党军队把杨启文、郭景山的游击队围困在舒城县的牛角尖山上已约 5 个月之久。游击队只能从这个山头打到另一个山头，这时我们的生活一天比一天艰苦，游击队员们终日在山上露宿，鞋子破了，战士们光着脚照常行军打仗。没有饭吃，同志们就到山上采野果和拔野菜充饥。有一次，四五天只煮了一顿豌豆糊，但由于量少，同志们都相互推让，一碗豆糊你传给我，我传给你，干部传给战士，战士又传给干部。可是全队都传遍了，谁也没有吃一口。不饿吗？同志们都 5 天没有吃饭了。这充分体现了人民子弟兵的阶级友爱。这碗豆糊装满了全队干部战士的心。最后队里决定把这碗豆糊留给伤病员和身体比较弱的同志吃。同年 8 月 15 日，日寇宣布投降，国民党乘机向我花山根据地进犯，我们在螺丝山和顽军激战 3 天。新四军七师向北转移后，大别山的斗争形势更加紧张。在这种情况下，花山根据地的区长冯力群对革命失去信心，又加上受他老婆的影响，终于投敌叛变。8 月 20 日，桐怀潜中心县委根据地委指示，成立大别山工委，由张伟群同志任书记，杨震同志任副书记，姚奎甲、张信帮等为委员，率中队六七十人，继续坚持在大别山斗争。

　　原载安庆市政协文史资料委员会、安庆市地方志办公室编：《安庆文史资料》（第二十六辑），内部资料，安庆四中电脑胶印厂，1995 年，第 30 ～ 35 页。

新四军第七师沿江支队的成长与发展

◎ 彭胜标　何志远　李德安　傅绍甫　王培臣　钟大湖

　　1942年，日军在太平洋战线逐渐失败，在中国解放区战场也遭到了严重打击，为挽救败局，加紧了对华的侵略战争，于1942年冬将"扫荡"重点转向我华中解放区。这时，消极抗战、积极反共的国民党反动派发动了第三次反共高潮，继续调集反共队伍向我华中抗日根据地大举进攻，妄图消灭我军主力和摧残我军抗日政权。在此情况下，皖中地区的敌后斗争形势更趋于紧张、复杂。正如毛主席指出的那样，"接近着胜利，但又有极端的困难"。我新四军第七师沿江支队成立后，正是在这紧张、复杂的反对日本侵略军、伪军和国民党顽固派的斗争中，通过不断加强自身的组织、政治、军事等方面的建设，部队越战越坚强，越战越强大，从胜利走向胜利。下面我们就将这支队伍在成长发展过程中的组织状况和对敌斗争情况，作一简要的回顾。

一

　　在抗战的最后阶段，为粉碎日、伪和国民党顽固派的猖狂进攻，克服各方面极端严重的困难，争取两年打败日本侵略者，党中央、毛主席提出了极其重要的精兵简政的政策。为了适应皖中抗日斗争的需要，积蓄力量，巩固和扩大抗日根据地，战胜敌人，我新四军第七师遵照党中央和华中局的有关指示精神，分别于1943年2月、12月和1945年5月进行了三次较大规模的整编。

1943年2月进行了第一次较大规模的整编。将原所属的1个旅4个团（五十五、五十六、五十七、五十八团）及七师所在地区的地方武装，扩建成沿江、含和、皖南、巢湖4个支队，1个独立团，1个保安大队。同年10月，二师六旅十六团也调归七师建制（番号"巢大"，团长兰祥、政委余明、副团长朱鹤云、参谋长周绍昆、主任邓庆和）。沿江支队是以七师五十八团为基础，加上桐城、庐江、无为边区的地方大队扩建起来的。支队是旅的建制。由七师副参谋长林维先兼任沿江支队和沿江军分区司令、政委、军政委员会书记及沿江地委书记，实行党的一元化领导，副司令傅绍甫，副政委彭胜标，参谋长王培臣，政治部主任何志远，副参谋长叶树槐，供给部部长杜光甫，副部长廖乾祥，卫生队队长尚英才，沿江地委副书记黄先，湖东办事处主任（即专员）后奕斋。沿江支队成立时，下辖5个大队：(1)独立大队。大队长洪宏，政委陶昆，副大队长江信水（现名江永德），军事干事韩旭。(2)桐东大队。大队长由原五十八团参谋长、后为桐庐县委军事部长的李德安同志兼任，政委何志远（支队政治部主任）兼桐庐县委书记，政治教导员张尔庆，副大队长张振。(3)白湖大队。大队长由原五十五团副团长蒋天然担任，政委桂林栖兼白湖县委书记，政治教导员黄炳光。(4)桐西大队。大队长初由洪宏担任，一个月后，由钟大湖任大队长兼教导员和工委书记。(5)桐南大队。大队长汪××，政委陈定一，教导员华春木。一个月后，又将地方游击队编为两个大队：贵池大队，大队长章开如，副大队长王亚中，政委吴文瑞兼贵东县委书记；东流大队，大队长梁斌，政委吴乔木。1943年七八月间，又增加两个大队：舒庐大队，大队长李务本，政委惠自华；巢湖大队，大队长桂俊亭，政委孙质夫。还有河西（即黄姑闸至襄安）、牛埠、陈瑶湖、白荡湖、罗家岭等数个游击队。还有一个特务连（侦察、通信、警卫等排），连长夏云，指导员罗兰州。卫生所（即医院）由支队医务主任王瑞英（女）兼任所长。支队司令部作战科长孙成修，还有曾友诚、周正全、黄若萍等参谋，副官处主任袁仲安，副官唐树荣；政治部组织科长×××，宣传科长王衡，特派员江阙成，秘书长张忠汀等同志。沿江支队、沿江军分区的部队活动于东自无为县城以西，西至宿松县沿长江两岸的无为、巢县、庐江、桐城、舒城、潜山、太湖、岳西、怀宁、宿松、望江、黄梅等地区，并担负开辟长江南岸的贵池、东流、至德等地区和打通与第五师的联系的任务。经过精简整编，部队按生长与发展地区的特点组成，部队更加精干，战斗力得到了加强，因而更适合新的斗争形势，同时积极宣传和组织人民武装抗日，为我党更好地开展敌后游击战争，积蓄力量准备反攻创造了有利的条件。

1943年12月间，我沿江支队再次进行整编。10月份将白湖大队、巢湖大队、舒庐大队及一些游击队合编为白湖团，团长熊应堂，政委桂林栖，参谋长顾洪，主任阙中一，副主任徐志明。11月份，第七师独立团拨归沿江支队建制，团长罗保廉，政委彭胜标，副团长袁大鹏，参谋长王培臣，主任张元培，副参谋长兼作战参谋蔡园，副主任王荣光。12月，又将独立大队，桐东大队，桐西大队等合编为沿江团，团长傅绍甫（兼），政委何志远（兼），副团长徐绍荣，政治处主任何志远（兼）。这样，沿江支队除了3个主力团，还有桐西、桐南、东流3个大队及数个游击队，各区还有区中队。另外还成立了湖东子弟兵团（民兵），由蒋天然任团长。这时林维先仍任支队司令，政委由七师政治部主任王集成兼任，副司令傅绍甫，参谋长胡继亭，主任何志远。

为了适应战争形势发展的需要，在战略反攻到来之际，我军实行由防御转为反攻，由游击战转为运动战，由内线作战转为外线作战，并为这一新的战略转变创造更为有利的条件，创造更为强大的机动部队，以迎接反攻的到来。1945年6月，七师又进行了一次扩编。以沿江支队为基础与师属巢大（即原二师六旅十六团）合编，重建新四军七师十九旅（1941年5月1日成立的十九旅，1943年2月改为沿江支队）。旅长林维先，政委黄火星，参谋长熊应堂（10月，熊任副旅长，张铚秀任参谋长），政治部主任余明（11月，阙中一任副主任），供给部长陈新，卫生部长尚英才。司令部作战科长孙成修、副科长陈新华，侦察科长曾友诚，教育科长赵岗，管理科长袁仲安，政治部组织科长葛明，锄奸科长李仰岳，宣传科长王衡。十九旅下辖3个团：原"巢大"改为五十五团，团长朱鹤云，政委邓庆和，参谋长邬兰亭，主任汪佑志，副主任储云，供给处长李××，卫生队长×××。独立团改为五十六团，团长王培臣，政委石裕田，参谋长刘声起，主任王荣光，供给处长冯大勋，卫生队长柳尚光。白湖团改为五十七团，团长徐绍荣，政委顾洪，参谋长黄金龙，主任徐志明，供给处长冯国璋，卫生队长戴魁。另外，还有一个特务营（1944年桂顽起义的一个连和郑子争同志的游击队合编而成。营长唐松光、政委郑子争）。原沿江支队的沿江团调出，准备与贵池、东流大队及各地游击队合编为新的沿江支队，支队长傅绍甫，政委黄先，副政委张元培，继续坚持沿江两岸地区的斗争，并保持与新四军第五师的联系，不久因日军投降，未组建成。同年 10 月，新的沿江支队所属部队与含和支队合并，改编为新四军第七师二十一旅，其中沿江团改编为六十二团。1946 年 8 月，六十二团又调入十九旅为五十七团。

现在再简略地叙一叙具有光荣斗争历史的三支人民武装的来龙去脉。前面提到，沿江支队是以原五十八团为基础扩建起来的，该团的前身，是闽北红军独立师的一部分。1937 年 9 月整编为新四军三支队五团三营。1940 年 6 月，新四军军部决定以三支队五团三营为基础成立挺进团，团长由三支队参谋长林维先兼任。7 月初，林率该营北渡长江，到皖江敌后开辟以三官山为中心的抗日根据地。8 月，以该营为基础，与桐东游击队和张晓衡同志收编的一部分川军合编，正式宣布为新四军三支队挺进团。1941 年 3 月，改为新四军第七师挺进团。1942 年 2 月，与桐西独立团、泊湖独立团合编为新四军第七师五十八团。1943 年 2 月，与桐城、庐江、无为边区地方大队合编为新四军第七师沿江支队。挺进团挺进敌后一年的时间，经过牛埠、孙家畈、水圩、许家岭等数十次的同日、伪、顽的残酷战斗，足迹遍及无为、庐江、桐城、舒城、岳西、潜山、怀宁、望江、太湖、宿松、黄梅等十余个县，创造了以三官山为中心的无、庐、桐和以泊湖为中心的望、怀、太、宿两块较大的抗日根据地，为创建皖中抗日根据地西半部打下了初步的基础。

七师独立团（即五十六团）的前身，是抗日战争初期由地方抗日武装发展起来的新四军江北游击纵队第二团。1941 年 5 月，以江北游击队二团为基础，与"皖南事变"中突围出来的新四军军部特务团一个营、一支队一团和二支队三团各一部，合编为新四军七师十九旅五十六团。1943 年 2 月改为七师独立团；同年 12 月，改为沿江支队独立团。

五十五团（即原十六团）的前身，是 1934 年 11 月在湖北省黄安县（现红安）宣化店成立的鄂东红军独立团。1935 年 2 月，改为红军第二十八军八十二师特务营。1937 年 9 月，改为新四军四支队特务营。1939 年 7 月，与四支队抗日游击纵队一部合编为新四军四支队十四团。1940 年 4 月，改为新四军江北游击队第一团。1941 年 1 月，改为新四军第二师六旅十六团。1943 年 10 月，调归新四军第七师建制，改称"巢大"。1945 年 5 月，改为新四军第七师十九旅五十五团。该团红一营的 3 个红军连队——一、二、四连，仍然保持着完整建制。

1947 年 1 月，新四军第七师十九旅，改编为中国人民解放军华东野战军第七纵队第十九师，1949 年 2 月，该师改为中国人民解放军第三野战军第二十五军第七十三师。1952 年 8 月，该师赴朝参战，改为中国人民解放军第二十三军七十三师……现在，该师便是中国人民解放军第二十三集团军第六十八师，以上就是新四军第七师沿江支队大概的来龙去脉。

二

沿江支队从初建到改编，虽然为时不长，但却经历了多次的艰苦战争，大体上可分为粉碎日伪"扫荡"、打退桂顽进攻和由防御转入反攻三个阶段。

当时日军、伪军在我皖中根据地巢无中心区周围的兵力部署是：日军十五师团（师团长熊谷）驻南京至芜湖、蚌埠地区，其高田联队分驻于巢县、庐江、含山和和县地区；第一一六师团驻安庆、大通、铜陵一带，其三十三联队分驻无为县城及襄安、黄姑闸一线。伪军独立师驻无为。伪六师驻巢县。伪"皖中清乡司令"吴道南部驻合肥之撮镇、桥头集、长临河地区。由于我皖中抗日力量不断壮大和发展，威胁着日、伪的长江和淮南铁路运输线。1943 年春夏之交，日伪组织了皖中"清乡"司令部，以日军第一一六师团和一一五师团的一部分及周围的伪军，对我皖中地区进行了两次较大规模的"清乡"和"扫荡"。1943 年 3 月 17 日，正当我沿江支队整编就绪之际，日军抽调南京、江浦、芜湖、铜陵等处的第一一六师团和一一五师团一部共 6000 余人，另伪军 3000 余人，先由芜湖、荻港、铜陵突然出动，采取远距离奔袭，一夜之间，蜂拥至巢无地区周围，然后分 8 路向我巢无中心区"扫荡"，妄图消灭我指挥机关和主力部队。各路之敌均采取夜间行动，拂晓突袭，分进合击，反复搜山的战术。敌人铁蹄所至，实行了奸淫烧杀的"抢光、烧光、杀光"的政策，到处是残垣断壁、尸体遍野、鸡犬不留的惨景，实难闻睹。我皖中根据地军民，同仇敌忾，展开了英勇的反"扫荡"战斗。我七师以独立团一部留在巢南山区支持斗争；师部直属队和独立团一部连夜冒着大雨分数路突围，绕到敌侧后袭击敌人。同时，各支队则乘敌后空虚，积极配合作战。皖南支队一部于19、20日连续攻克三官殿、汤家沟两据点；含和支队一部向淮南路上的林头等处袭击。敌因伤亡惨重，首尾难以应付，被迫于24、25日全部撤退。在这次反"扫荡"中，我主力部队和民兵进行了大小100多次战斗，毙伤敌伪军千余人，获得了反"扫荡"的重大胜利。这次反"扫荡"是我沿江支队成立后的第一次战斗。特别是花桥战斗，我沿江支队成立后的第一中队在中队长刘德胜、指导员梅毫带领下与日军拼杀，并在三中队（中队长钱锋、政指王家仁）、二中队（中队长程坚强、政指马步云）协同下英勇作战，共毙伤日军数十人，我排长何鹏飞一人打死日兵4人，我一中队长、红军老战士刘德胜同志在与日军拼杀中英勇牺牲（后由韩旭代理一中队长）。4月下旬，日军又从芜湖、繁昌、铜陵等处抽调第一一五师团、一一六师团一部共2000余人，复向我巢无中心区严家桥一带进行"扫荡"。4月30日晨，敌先后由无为县城出动300余人向红庙（严家桥东南）袭击；同日午后，又由高林桥出动日军200余人，并有伪军刘子清部一个大队配合，当日进至柑子树、万家祠堂（严家桥西北）一带。5月1日，又由开城桥出动敌伪400余人到羊山，后向严家桥进犯。我独立团一部主动出击，收复槐林咀，并在高林桥全歼日军一个小队。各路之敌，沿途遭我阻击，进展缓慢。5月2日才向严家桥合击；5月3日，日军700余人由严家桥分路向尚礼岗、猪头山、花桥、魏家埂进犯；另由蜀山出动日军一个中队进犯周家大山北侧以配合。敌人连遭重创后，于5月6日又被迫全部撤出我巢无中心区。这次敌人为期一周的"扫荡"，由于我沿江支队有了充分准备，在兄弟部队、地方武装和人民群众的密切配合下，再次被我们粉碎了。在粉碎敌伪第二次"扫荡"后，我沿江支队机关进驻潘家大墩进行整训。组织干部学习了毛主席《论持久战》和张云逸副军长写的"扫荡"与反"扫荡"的文章，总结了两次反"扫荡"的经验。同时又召开了100个民兵干部参加的民兵工作会议，研究与布置了今后民兵如何配合主力部队进行反"扫荡"作战等任务，进一步加强了主力部队、地方武装力量，为迎接新的更艰苦的斗争，做好了思想上、组织上的准备。

　　1943年7月之后，处境日趋艰难的日本侵略军，在对我华中抗日根据地的重点"扫荡"被粉碎之后，则施展了"以华制华"的阴谋。在皖中地区，日军自

7月起就撤出设在我根据地边缘上的盛家桥和黄姑闸两据点，使蒋军和我新四军两区接壤，引诱蒋军向我进攻，以图削弱和摧毁我皖中抗日力量。就在此时，蒋介石也把第三次反共高潮推向了顶峰。因而，皖中抗日根据地，尤其是巢无中心区，顽、敌、我斗争日趋剧烈。当时在皖中周围地区的顽军有：桂顽第七军，军部驻在六安县西南的独山，其一七一师（李本一）及第十纵队驻巢县以北的古河地区，一七二师驻肥西县之吴山庙地区，一七三师驻六安县；桂顽第四十八军，军部驻霍山县，其一三八师驻舒城，一七六师（区寿年）驻桐城，一三五师驻潜山；保二团分驻无为县昆山，庐江县砖桥、黄屯等地；第八纵队驻肥西县上派河一带。在皖南的铜陵、繁昌、泾县等地驻有国民党中央军第五十二师和川顽新七师。我皖中地区军民遵照党中央关于"制止反共内战，坚决自卫"的指示，英勇顽强地抗击了桂顽的猖狂进攻，为保卫巢无根据地，打退桂顽进攻，七师副师长、代师长傅秋涛同志于7月中旬，召集沿江支队的支队长兼政委林维先、参谋长王培臣和巢湖支队政委余再励、副支队长张学文，以及独立团团长熊应堂等，开了反顽作战会议，以傅秋涛、林维先为首组成了临时指挥部（9月份傅秋涛同志赴延安），并确定以沿江支队为主，进行反桂顽的斗争。1943年11月，谭希林同志（代师长）率二师十六团（巢大）到皖中。这期间，桂顽进犯我巢无中心区的主要战斗有1943年11月的磨盘山战斗、1944年8月和1945年2月的两次周家山战斗。

1943年11月20日，国民党第八游击纵队司令龙炎武，以"皖中剿匪司令"的头衔，亲率第八游击纵队挺进一、二、三支队和桂顽五一五团、五二八团一部共四个多团的兵力，由盛家桥、黄姑闸分三路向我巢无抗日根据地的槐林嘴、笑泉口、魏家坝一线发动了猖狂进攻。其左翼为第八游击纵队挺进二支队，右翼为挺进一支队和五二八团三营，中央为五一五团和挺进三支队。妄图在日伪军配合下，摧毁我抗日根据地，消灭人民抗日武装。而对顽军分路进犯，我们采取了"阵地阻击消耗敌有生力量，尔后相机出击歼灭敌一部"的方针。我部署：以白湖团两个营及桐东大队位于狮子皮山、独皮山一线阻击敌右翼进攻；白湖团另一个营坚守磨盘山阵地，阻击敌左翼的进攻；独立团坚守大孔家、罗庄、井头山、周家山一线，阻击敌中央的进攻；沿江支队的独立大队位于蒋家山口向西南方向警戒；皖南支队一个大队埋伏于大孔家，巢大（十六团）于笑泉口一线隐蔽，待机出击。

20日晨，敌全线向我猛攻。各部英勇抗击，打退了顽军数次冲锋，激战一天，顽军伤亡惨重，并被阻击在我阵地前沿。

22日，敌人继续全线猛攻。为诱敌深入，白湖团二营五、六连奉命由丁字山、黄泥山阵地向东转移至磨盘山坚守。午后，敌人主攻磨盘山，先后18次冲锋均被打退。当敌接近第二道防线时，我即拉响地雷、石雷，炸得敌人血肉横飞、鬼哭狼嚎。但敌人仍不甘心失败，继续向我阵地猛扑，磨盘山部分阵地被敌占领。黄昏时，乘敌立足未稳疲困之际，巢大（即十六团）奉命反击，协同白湖团二营收复阵地。巢大一、二营迅速向磨盘山疾进。一营副营长肖选进率领二连进至敌前沿，令二连就地隐蔽，自带通信员去侦察。前出数百米时被敌发觉，敌问："你是哪一部分的？"肖副营长见周围都是敌人，并正在吃饭，便随机应变地答道："我是五二八团一营营长，前来支援战斗，你们支队长在哪里？请他跟我去看地形。"顽军二支队长郑其昌信以为真，就带两个卫士与肖一起前进，边走边谈。当走出200米时，见离敌较远并靠近我部队了，肖便乘敌卫兵稍远之机，将郑抓住缴下他的手枪，并高声命令"二连出击"。二连闻声而动，直扑山头。一营各连同时勇猛出击，巢大二营也迅速地冲向敌人。经过一个多小时激战，顽军第八游击纵队挺进二支队除一部逃窜外，大部被歼。计毙其大队（营）长以下160余人，俘顽支队（团）长郑其昌以下400余人，缴获迫击炮1门、轻机枪4挺、步枪400余支。

当巢大向磨盘山顽军二支队反击时，为阻截中路顽军主力增援，独立团一连奉命攻击樊家山井之敌。守敌集中全连几挺机枪猛射，一连伤亡较大，且被阻于村东北，情况十分危急。此时，在村东南的我二营营长胡金龙，看见友邻遇难，令司号员黄长生吹号，把敌人火力引到自己身边，一连脱险了，但胡营长却不幸光荣牺牲。一连进攻受阻后，独立团改用二营五连于当晚袭击樊家山顽敌，五连以二排六班为尖刀班，班长陈裕堆（现名裕德）手持梭镖，身背手榴弹，率领全班秘密运动到岱山北侧山脚下，忽见顽军两个连下山北援，陈令全班隐蔽，待顽军过去后，就带战士朱双喜尾敌而行，全班随后跟进，当顽军后尾快进樊家山井村前时，陈连续向敌投出两枚手榴弹，并乘爆炸硝烟弥漫之际用梭镖捅死最后面一个顽军，前面四个顽军急忙转过身来，四支枪口对准陈裕堆，陈见顽军枪上没有刺刀，就身子一闪，扎死了左边一个顽军，顺势又扎死了右边一个顽军，中间两个顽军慌忙要跑，又被扎死一个，另一个被捅后掉进了粪坑，接着被战士朱双喜、丁学明上前活捉。为防村内顽军反扑，陈班长指挥全班向敌群猛投手榴弹，全连上来后，将敌压在一个大院内，此时皖南支队的一个大队也赶到村北来夹击敌人。经一个小时激战，敌除逃走一部分外，余全被歼灭。独立团五连和皖南支队的一个大队对樊家山井的袭击，阻击了顽军北援，保证了巢大向磨盘山出击的胜利。战后，独立团授予陈裕堆同志"战斗模范"的光荣称号，皖《大江报》、七师《武装报》以《梭镖逞能》为题，表彰了他的英雄事迹。23 日中午，桂顽五一五团猛攻井头山阵地，独立团顽强抗击，在巢大一、二营配合下，与敌展开白刃格斗，战斗一直打到黄昏，毙伤敌 100 余人，俘敌 90 余人，顽军遭此惨败，仓皇溃逃。至此，顽军进攻被我完全打败。此次反顽斗争的胜利，对于配合全国打退国民党第三次反共高潮和巩固以巢无为中心的皖中抗日根据地，有着重要意义。

1944 年 7 月中旬，桂顽一七一师占领了江浦、全椒地区，完全切断了新四军二师、七师之间的联系，并部署一七一师、一七六师实行东西对进，企图摧毁和占领我皖中根据地。顽军经过长时间准备之后，于 8 月下旬向巢、无地区发动了进攻。8 月 23 日 7 时，顽军第八游击纵队司令龙炎武到乌龙山前线督战，令一七六师的五二八团、常备队五个中队和一个迫击炮连共 2000 余人，分两路向周家大山西侧的天井山阵地猛烈攻击。顽军五十八团三营向阵地右翼迂回，进至葫芦山正面，并以机枪火力压制我军前沿。守卫天井山、葫芦山阵地的独立团一、三营和白湖团三营，奋起抗击，以猛烈的火力杀伤敌人，当顽军冲锋逼近时，各分队立即投出一排排手榴弹，乘敌被炸得晕头转向一片混乱之际，战士们拔出马刀，猛扑敌群，杀得顽军胆战心惊。战至 9 时，正面之敌被我军火力所阻，进犯葫芦山之敌也被我独立团 4 个连出击打退。

10 时许，我军因弹药消耗将尽，主动撤离天井山、关山一带。敌占天井山、关山后，则全力围攻我三尖山，我独立团四连一排在支部书记张柏与排长张开运的指挥下，连续打垮敌十余次冲锋，杀伪敌数十人。15 时，全排 23 名勇士提出"与阵地共存亡"的壮烈口号，该排弹药打光，石雷耗尽，就用枪托、刺刀、石块与敌拼杀。杀敌数十人后，拆毁枪机、砸坏机枪。在支部书记张柏和排长张开运带领下，高呼"中国共产党万岁"的口号，全排与敌肉博，最后壮烈牺牲。15 时后，敌以天井山、关山为依托,集中兵力和炮火攻打周家大山。我独立团三营与敌激战,经数小时的反复拼杀,打退了敌千余人的数次冲锋,始终坚守阵地。七连副连长黄跃英勇杀敌,在碉堡附近光荣牺牲。战至黄昏,我巢大增援赶到,顽军畏于被歼,弃尸30余具,向乌龙山、黄姑闸方向狼狈逃窜。我独立团、白湖团在巢大配合下,乘势分路出击,将天井山一线收复。此战,沿江支队毙桂顽一个营长、三个连长及官兵300余人,重创桂顽五二八团。我独立团荣获新四军军部嘉奖。战后,七师《武装报》以《二十三勇士生前英勇事迹》为题,表彰了独立团四连一排可歌可泣的英雄事迹。

1945年2月21日,乘敌伪2000人向根据地无为东乡地区"扫荡"之际,桂顽以其一七六师五二七团、五二八团、保二团、保四团和第八游击纵队一部共五个团兵力向巢无根据地进攻;同时,又以其一七一师一部与保三团向含和地区进攻。妄图东西夹攻我七师,以达摧毁我皖中根据地的巢无中心区。沿江支队根据师指示"既要保卫根据地,又要保存有生力量,隐蔽主力,适时出击"的作战方针,决定以白湖团防守兆河东岸沐家集南北地区,以一营防守沐家集(含)及以南至白湖象山边,以三营位于花山下视情机动。以独立团和巢大防守周家大山至象山魏地区。独立团以二营防守周家大山、葫芦山,其三营防守钓鱼台、象山魏,其一营归巢大指挥。巢大以三营防守菩萨山(周家大山东北),以其一、二营并指挥独立团一营作为第二梯队,视情况机动,沿江团二营(营长夏云、教导员钟大湖)位于蒋家山口,对西和南实行警戒。21日6时,顽军兵分两路,北犯沐家集和南犯周家大山。6时,北路顽军五二七团和保安团由盛家桥、金城寺等两路向东攻我沐家集南北地区。战至10时,由金城寺出来敌两个营的兵力,猛攻白湖团二营防守的兆河东岸吴家嘴主阵地。至13时,敌占我吴家嘴后并向东发展进攻,于14时占槐林嘴,从北边威胁白湖团花山阵地。10时,由盛家桥出来敌一个营,猛攻白湖团一营防守的泊后村阵地。12时,敌兵分两路由泊后村向北和由盛家桥向东夹攻白湖团一营防守的沐家集阵地,战至13时,敌占沐家集后并向东发展进攻。此战白湖团伤亡较大,二营营长桂俊亭负伤,副营长林金芳英勇牺牲。花山阵地遭北边威胁,故三营没法出击。至14时,全团奉命向东北严家桥方向转移。7时,南路顽军五二八团两个营进犯我周家大山,以一个连围攻我独立团四连三排防守的葫芦山；敌五十八团另一个营和保安团攻击我巢大三营防守的菩萨山，战至 10 时，为解葫芦山之围，我独立团七连向顽军侧后田东、吴村出击未成。该团副团长袁大鹏在观察敌情时，不幸中弹身亡。13 时，巢大向菩萨山出击未成，该团团长兰祥、二营长徐炳万在指挥作战时壮烈牺牲。我周家大山、菩萨山防守部队在予敌重大杀伤后，奉命撤出阵地向北转移。22 日，南北两路顽军于严家桥会合，23 时，占我石涧埠。我军于照明山一线阻击后，便转到顽军侧翼之银屏山一带，待机出击。当顽军占我中心区时，我军以一部兵力配合地方武装民兵挺进敌后不断袭击敌人。顽军腹背挨打，被迫于 25 日撤退，26 日退至魏家坝，我军乘势跟踪追击。此战，我伤亡 200 余人，其中团长兰祥、副团长袁大鹏、二营长徐炳万等同志阵亡；取得了共毙伤俘敌近千人的胜利。保卫了巢无根据地，粉碎了敌伪和桂顽妄图从无为东乡、湖东、含和三个方向来夹击我七师的目的。顽军再次遭我沉重打击后，士气一蹶不振，而我沿江支队却从此改变了日伪顽夹攻的不利地位，并为我军在这一地区转入对日战略反攻创造了有利条件。

1945 年春夏之交，我沿江支队由防御转为反攻。由游击战转为运动战。由内线作战转为外线作战，我支队一部曾三渡巢湖作战，向巢湖北岸的日伪据点主动发起进攻，这可以说是我军支队进入战略反攻的起点。第二次是由独立团团长王培臣、主任王荣光率领一、三营和五连去巢湖北岸攻打桐阴镇，船到湖心时，遇上了日军商船队。经半小时战斗，俘伪军、日商百余人和满载货物的船只 7 条，派五连押回南岸，一、三营继续渡湖，当天消灭桐阴镇伪军 50 余人。

1945 年 7 月下旬的巢盛公路大捷，同年 8 月上旬的南渡长江攻克繁昌中分徐伪据点，同年 8 月 10 日的望城岗战斗，以及 8 月下旬攻打雍家镇……这些都是我军进入战略反攻时，我沿江支队和扩建为十九旅时的主动出击，并取得了可喜战果的几次战斗。其中以五十六团（原沿江独立团）为主配属五十五团三营和师部特务营所打的望城岗战斗，歼灭伪军第四师第十二团和巢县保安团一部共 1300 余人，俘伪军副团长以下近千人，缴获轻重机枪 30 余挺，步枪 700 支。以十九旅的五十六团、五十五团及含和独立团等部攻打的雍家镇战斗，歼灭伪中央警卫二师四团二营、和县曹良文保安团 2 个营和雍家镇伪自卫中队共 1200 余人，其中毙伤伪军副团长以下 400 余人，俘伪军副营长以下 800 余人，缴获日式步兵炮 2 门、重机枪 4 挺、轻机枪 26 挺、步枪 500 余支、掷弹筒 10 具、短枪 20 支。

沿江支队从创建到改编，经历了三个年头，部队发展很快，由初建时的 1500 余人，发展到改编时的 7000 余人。全支队指战员英勇地战斗在皖中的无为县以西至宿松县长江两岸地区，为开辟和巩固皖中抗日根据地，为抗日民族解放战争的胜利，做出了应有的贡献。回顾我沿江支队在日伪顽夹击中成长壮大的战争历程，我们深刻地体会到：只有坚决执行以毛泽东同志为首的党中央的一切方针、政策和指示，加强党对军队的绝对领导和政治思想工作，充分发动群众实行人民战争，建立和巩固抗日民族统一战线，才能取得革命战争的彻底胜利。另外，在此值得特别提到的是：我沿江支队主要负责人林维先同志，是有着特殊的贡献的；还有我独立团团长罗保廉、副团长袁大鹏，十六团团长兰祥及营长肖恒辉、胡金龙、余坤、徐炳万、林金芳、华春木等数百名英勇牺牲的同志，他们的业绩也是应当彪炳革命史册的。

原载安庆市政协文史资料委员会、安庆市地方志办公室编：《安庆文史资料》（第二十六辑），内部资料，安庆四中电脑胶印厂，1995 年，第 36 ～ 49 页。

战斗在淮西

◎ 杨效椿

    1941 年春，我新四军第二师在天长县赵庄召开会议，决定抽调第十八团的一部分力量开赴寿县开展敌后游击战争，发展抗日武装，相机建立地方政权，配合路东部队巩固与发展抗日根据地。我当时担任十八团政治部主任，旅部派我和团副参谋长方和平同志率四连 50 余人，随同中共寿县县委书记马曙、宣传部长杨刚及县委其他人员一行共 80 多人，于 6 月 5 日夜从水家湖北边越过淮南铁路，进入寿县境内。

    当时，淮西地区的斗争形势十分紧张，环境异常艰苦。北面、东面铁路沿线的淮南三镇及水家湖、下塘集一线均有日伪重兵驻扎，南面、西面的炎刘庙、保义集、瓦埠一带又被顽军控制，四周沟壕纵横、碉堡林立，敌军经常出动"扫荡"，土匪也趁火打劫，残害群众。我们认真贯彻抗日民族统一战线政策，深入发动群众，团结争取中间力量，惩办极少数的死心塌地的汉奸卖国贼，不断粉碎日军的"扫荡"和国民党顽固派的"围剿"，不仅保护了人民群众的利益，扩大抗日武装，组建了淮西独立团，而且开辟和发展了寿东南抗日根据地。

戚堰捉鬼子

    1941 年冬，师部为了了解日军在淮南铁路两侧的兵力部署情况，指示我淮西部队捉日军"舌头"。我们接到命令后不几天就捉了一个下乡锯树的日本兵，不料一个战士出于义愤，一把抓过这个俘虏，大骂一声："你们残害了多少中国人？"便手起枪响，同志们还没有明白是怎么回事，"活口"已经变成了死尸。大家都很生气，但已无法使其死而复生，只好找机会再捉。

腊月初十的中午，被我们争取过来的一个名叫"陈三麻子"的伪军连长派人送信说，明天驻打石坑的日本兵要到瓦埠河西打猪打鸡。我们当即决定在戚堰一带打他一个伏击。戚堰、沈小湾、陈亚东圩子三个小村庄呈三角形，当晚我带两个排埋伏在戚堰，谢锐同志带一个排隐蔽于紧靠小河西岸的沈小湾，董完白同志带区中队潜伏到陈亚东圩子。一切经周密安排后，战士们便轻装出发，神不知鬼不觉地来到这三个村庄。村里的群众听说要活捉鬼子，个个都十分兴奋，纷纷摩拳擦掌，主动要求参加战斗。

翌日清晨，一场罕见的冬雾弥漫大地，笼罩着远远近近的村庄、田野，四五十步开外就难以看清人。

这时，打石坑据点里的五六个日本兵带着50多个伪军，从炮楼下来过小桥直向拐集方向走来。我们放过了走在前面的伪军，待后面的日本兵刚过沈小湾，我埋伏在这里的一个排立即猛烈地射击，当即打死两个。紧接着埋伏在戚堰和陈亚东圩子里的两支队伍也猛扑过去。敌人惊慌失措，乘着雾障连滚带爬地往回逃。

有两个穿着笨重大皮鞋的日本兵慌不择路，一下陷进了深深的烂泥田里，欲逃不能，见我们扑上来，其中一个高个子、满脸络腮胡子的日本兵"唰"地一下抽出东洋刀，大吼一声，恶狠狠地朝我们砍来。我一战士举枪击毙了这个家伙。另一日本兵声嘶力竭地"哇哇"乱叫，还在挣扎。我一排王班长一个箭步扑上去，紧紧地将他拦腰抱住，两人滚倒在烂泥田里。大家迅速扑上前，夺过这个日本兵手里的大盖枪，把这个从头到脚都糊满了稀泥的"泥猴子"拖了上来。

这次战斗击毙日军4名，生俘1名，缴日式轻机枪1挺，"三八"大盖5支，东洋刀4把，子弹500余发。被俘的日本兵名叫清水，入伍前是一渔夫，经教育进步很快，后来还参加了反战同盟。

夜战杨家庙

随着我淮西抗日民主根据地的不断巩固与发展，日军不甘心失败，经常纠集兵力，借助伪军对我根据地边缘地区骚扰，企图采取蚕食的办法逐步把我们挤出淮西地区。其中杨家庙王玉清，对我们危害甚大。王玉清是汤王庙人，30多岁，土匪出身。日本侵略者占领淮南后，他就带领手下的一伙土匪投靠了"皇军"，认贼为父，为虎作伥，被日寇重用为驻杨家庙的伪军连长。他经常带领日寇到我根据地"清乡""扫荡"，并到处设立关卡。凡是被他认为有嫌疑的人统统捉去交给日本人，轻则毒打一顿，重则活埋、砍头、喂狼狗。在杨家庙附近奸淫抢掠，敲诈勒索更是常事。群众对王玉清恨之入骨，纷纷要求我们除掉这个祸害。我曾通过关系多次写信警告他，叫他改恶从善，但他依仗杨家庙背靠淮南三镇，有"皇军"做后盾，不仅没有丝毫收敛，反而认为我们软弱可欺，变本加厉，活动更加疯狂。因此我们决定干掉他，杀一杀汉奸的嚣张气焰。

1943年8月的一天，天气特别热，一丝风也没有，简直使人透不过气来。田野里，骄阳似火，烤得高粱都卷了叶子。这天，我和其他几位同志商量了一下，便通知一排出击杨家庙伪军，并且要求他们只准"败"，不准"胜"。战士们心里明白，个个高兴得不得了。

下午，战斗打响了，王玉清见新四军人不多，便疯狂地扑来，恨不得一口把我们吞掉。我战士们边打边撤，伪军紧追不舍，一口气把一排"赶"到了北面的小山脚下，才趾高气扬地回到炮楼里。

我一排战士们回驻地时，天已经完全黑了下来，伸手不见五指，我们立即集合了两个连去包围杨家庙伪军据点，路上，战士们个个精神抖擞，快步如飞，到达杨家庙才刚过二更。集上除了偶尔传来几声"汪汪"的狗叫声外，毫无动静。我们先悄悄地杀掉了伪乡公所几个乡丁，随即包围了炮楼据点。

炮楼内狂笑声、叫骂声不断传来，伪军自以为打了胜仗，回到据点吃喝一通后正在兴致勃勃地高声谈论。这时只听王玉清尖着嗓子喊道："弟兄们，'新老四'被我们撵走了，今晚你们只管放心脱光睡吧！"我战士们听得真真切切，气得咬牙切齿，憋足了气等待我下命令，我见时机已到，大喊一声"打"，顿时枪声、手榴弹爆炸声，打破了夏夜的宁静。炮楼下面的几个冒失鬼拿着枪毫不在乎地往外冲，刚出门就中了弹，一头栽倒在地下，再也起不来了。王玉清见势不妙，便一边抵抗，一边组织突围。一个号兵站在墙头上正吹冲锋号，我们一小战士渡沟至墙下抓住他腿一使劲，号兵便一个倒栽葱摔了下来，一刀下去，顿时身首两离。

王玉清几次突围都被打退，便龟缩在炮楼内负隅顽抗。这是一伙亡命之徒，其中大部分是惯匪，具有较强的战斗力。双方僵持了一段时间，为了争取多数伪军，减少我方损失，我们展开了政治攻势。我隐蔽在一堵断墙后面，用厚纸卷成喇叭式的话筒，向炮楼高喊："王玉清，你已经被我们包围了，只要你悬崖勒马，放下武器，我们就对你宽大处理，留你一条活路，不然只有……"我的话还未说完，炮楼里一梭子弹打来，打得墙角的石头直冒火星，有一颗子弹从我肩头擦过。衣服被打穿了一个窟窿。

夏日夜短，已近四更了。如不在天亮前拿下据点，淮南的日军就会出动；如要撤走，以后王玉清就会更加猖狂。大家都很焦急，我召集连排长开紧急会议，根据大家的意见，重新组织强攻。在机枪火力掩护下，战士们英勇地冲向炮楼，前面的倒下了，后面的又冲上去，樊平同志匍匐到炮楼下一跃而起，奋不顾身地将一束手榴弹一下子从枪眼塞了进去，一声山崩地裂的巨响，炮楼被炸开一道豁口。战士们冒着滚滚的硝烟和哗哗落下的碎砖砾蜂拥而上。这一个连伪军，除被打死20余人外，其余全部被俘，王玉清这个罪恶累累的民族败类经公审后被枪决。

智取杨老圩

1944 年，我们派同志打入伪军内部，智取了杨老圩伪据点，全俘了伪军李祥荣一个连。

杨老圩位于杨家庙北两里处，四周有两道又宽又深的壕沟，沟壁笔陡，沟里放满了水，沟沿上又拉一道铁丝刺网，圩的四角各有一个炮楼，伪连部设在圩中心，吊桥是圩子的唯一出口，戒备森严，加之圩子地势较高，因此易守难攻。

团党委认真研究了已经掌握的情况，大家一致认为只能智取，不能强攻。于是，我们决定派人打入据点，采取里应外合的办法拿下这个固若金汤的据点。我把这个任务交给了甄宜亮同志。老甄是本地人，有勇有谋，通过两面派伪乡长关系，打入这个连。伪军大部分是本地人，其中一部分是好吃懒做的地痞流氓，一部分是无业可就的穷苦人，他们喜欢吃喝嫖赌、认干亲、拜把兄弟。老甄有意和这些伪军整天混在一起。在用钱上，老甄表现得十分慷慨，这些伪军得了好处，都夸老甄"仗义疏财""讲义气""够朋友"，因此都愿意和他接近，有的还和他讲讲心里话。

一个叫范家耐的伪班长，家中贫困，有些良心，性格也较爽直，常在背地唉声叹气，为前途愁眉不展。老甄心里有数，便有意和他多来往，并在经济上不断接济他，时常和他叙叙家常，进行开导，后来还和他结拜为把兄弟。一天，范家耐对老甄说："大哥，我总觉得我们干这份差使不是事，替鬼子卖命，干缺德事，背地挨父老乡亲骂。"说着，范家耐伸出四个手指头，"我想去干这个，又怕人家不要。"说着，他深深地叹了口气，无可奈何地摇了摇头。老甄见此情景，便也伸出四个手指头，直截了当地说："我就是这个。我们共产党、新四军不记仇，只要你真正回心转意，改恶从善，不干坏事，我们是欢迎你的。"范家耐一听，"扑通"一声跪倒在地，又惊又喜："大哥，原来你就是'四老爷'！我范家耐也是条汉子，只要用得着我，说一声就行，小弟我决不装孬熊！"后来，老甄又联络了几个伪兵，并及时把这些情况向团部做了汇报。

这年中秋时节，一连几天阴雨。老甄派人来和我联系，我和李国厚同志认为智取杨老圩时机已经成熟，确定了作战方案和行动时间，便带了两个连半夜来到离杨老圩不远的赵家岗，找到区委书记孙祝华同志，然后一起潜伏到杨老圩据点外的青纱帐里。这天晚上正好轮到范家耐这个班守吊桥，接班后，范家耐把全班的士兵集合起来说："今晚这么大的雨，'新老四'根本不会来，我们把老甄叫来赌宝玩吧！"十几个士兵听班长这么一说，争先恐后地去找老甄，要赌个痛快。一会儿，卫兵室内便烟雾缭绕，灯光昏暗，十几个伪军统统围在一张八仙桌周围，个个伸长了脖子，瞪圆了眼睛等着开宝，枪支全部靠在墙边，子弹袋也都挂在墙上。老甄便借故出去小便，悄悄地放下了吊桥，并用手电筒向青纱帐照了几下，我们立刻冲过了吊桥，老甄带领我们摸到了卫兵室。老甄手持短枪，一脚踹开了门，闪身占据了放枪的地点，大喝一声"不许动！"三四个战士也同时把乌黑的枪口对准了这伙伪兵。这些家伙玩得正痛快，被这突如其来的怒吼声一吓，全部愣了。待他们完全明白过来的时候，都战战兢兢地哀求道："甄大哥，不！四老爷，看在以前交情的份上，饶我们一命吧！"与此同时，各排也按计划分别解决了伪连部和另外几个炮楼，酣睡中的伪军包括伪连长李祥荣在内统统做了俘虏。这一仗，我军兵不血刃，弹无一发，就缴获伪军轻机枪 5 挺、步枪 100 多支及其他物资，临走时还把炮楼全烧了。

（寿县党史办公室　供稿）

原载中共六安地委党史工作委员会编：《皖西革命回忆录：抗日战争时期》，安徽人民出版社，1989 年，第 273～279 页。

三打杨家庙

◎ 杨　刚

首擒胡如宽

1940年日军修复淮南铁路后，在下塘集设立指挥铁路沿线日伪军的总部。为了加强防卫，日军还在离下塘集20余里的杨家庙街北头高地上修筑了钢筋水泥碉堡，四周拉上铁丝刺网，外加水沟环绕，驻有日军一个小队，街上还驻有伪军一个大队，防守甚严。

日军利用维持会，组织伪政权，实行"以华治华"，而一些民族败类则甘当汉奸走狗，助纣为虐。第一个充当杨家庙伪乡长兼伪大队长的胡如宽，自恃有日寇撑腰，更是横行乡里，猖狂一时，经常带日寇下乡掳掠，收集我军活动情报，袭扰我军。

我们寿县军政委员会成立后不久，就曾写信给胡如宽，警告他不要忘记自己是炎黄子孙，不要充当东洋鹰犬，要给自己留一条后路。可是一个月过去了，胡如宽依然故我，毫无悔悟表现。寿县军政委员会研究认为，胡如宽伪乡公所是我们开辟寿东南抗日根据地的一个"钉子"，必须尽早拔除。于是制定了一个引蛇出洞，克敌制胜的作战方案。

当时我任寿县军政委员会委员、寿县县委组织部长兼寿三区区委书记，为了更好地配合部队工作，县委决定让我随军行动。这次要活捉胡如宽，我就想到了杨家庙东头的开明地主张聘之。因为他与胡如宽既有来往，又有矛盾。我们部队在当地活动，多次秘密住进他的圩子。他曾表示就是让鬼子烧了房子也要我们住下，为我们做过不少事，这次同他商量智取胡如宽的事，他一口答应下来。

9月16日这天一早，张聘之悄悄来到伪乡公所，说是第二天在杨家庙街上宴请胡如宽。胡如宽做贼心虚，平时很少走出他的乡公所，现在见是常见面的张聘之请客，而且就在近在咫尺的街头饭店，他便欣然答应下来。

就在这天晚上，我们连队和当地游击队已开到杨家庙西边三里的小甄郢。次日上午，我们派出短枪班10多人装扮成赶集农民，混进镇内。正午时分，胡如宽带着两个荷枪的乡兵走出乡公所，他身子虽然大摇大摆，眼睛却滴溜溜乱转，碰到熟人都要招呼一声，一路咋咋呼呼地走进饭店。联络人员见了便飞快地跑回小甄郢报告。军政委员会书记杨效椿一声令下，部队兵分两路跑步前进，一口气冲到杨家庙街上。

饭店里，张聘之和胡如宽饮酒正酣，起初两人是窃窃私语，后来便"五魁""八马"，高声地划起拳来。胡如宽已有三分醉意，忽听得街上乱哄哄一片，预感不妙，抬脚就要向外跑，可刚跨出饭店门口，就听得一声吆喝："动一动就打死你！"抬头一看，几支驳壳枪已对准了自己，顿时吓得魂飞魄散，脸色蜡黄，乖乖地举手就擒。那两个乡兵也吓得像呆头鸡一样，被我短枪班的同志抓住。

此时，我们部队已冲进伪乡公所，看大门的哨兵见势不妙，早已弃枪溜之大吉。乡公所的伪军大都是当地农民，被迫来当兵的。他们知道新四军打仗勇敢，优待俘虏，因此都纷纷缴械投降。这样，我们一枪未发，就活捉了胡如宽和20多个伪军，缴获步枪15支，子弹几百发，又摧毁了伪乡公所驻守工事，然后撤向西边八里处的枣林铺。驻守炮楼的日本鬼子离伪乡公所虽不到二里，但不敢出来作战，只在炮楼里枪炮齐鸣，热热闹闹地"欢送"我们凯旋。

再打胡迪生

伪乡公所被我们打掉后，有两三个月光景，下塘集伪特别区在驻杨家庙日寇允准下，决定扶持胡迪生出来组织伪乡公所。胡迪生也是杨家庙本地人，在当伪乡长之前，他曾秘密托人来同我们谈话，征求我们意见，说他当乡长保证不欺压百姓，不向日寇密告我新四军活动情况。我们经过认真研究，同意他当伪乡长，但不得与我们为敌。

胡迪生的人马很快就拉起来了，有30多人枪。开始还较守本分，可三四个月后，翅膀一硬，就仗着日寇势力，为非作歹，四处敲诈勒索。许多人交不起苛捐杂税，被胡迪生抓去关押，重刑拷打。进步人士颜理忠和联庄会会长董积善靠拢我们后，胡就以通新四军罪名迫害他们家属。胡迪生种种罪行，激起群众公愤，大家强烈要求除掉这条走狗。于是，我们决定再到杨家庙武装"赶集"。

1942年5月，一个漆黑的夜晚，我和杨效椿带一个连和县游击大队，悄悄驻进杨家庙东边的陈老圩。次日上午，我们陆续派出20多人到杨家庙"赶集"，有的带上扁担、口袋，有的挑着稻草，还有的提着菜篮和油瓶，混进赶集人群中的短枪班挨近伪乡公所，突然伸枪打死一名伪兵，接着迅速冲了进去。带队的袁排长大声喊道："我们是新四军，优待俘虏，缴枪不杀。"屋里的伪军有的正在赌牌九，有的还在睡大觉，还没有来得及取枪，就被我短枪班镇住了。伪军一个个软绵绵地跪在地上磕头求饶，一下缴获37支长短枪。

清点俘虏单单少了个胡迪生，原来这天上午他溜到鬼子炮楼里，正在接受日寇交代的任务。为了不让胡迪生漏网，我们派了几个便衣在通向炮楼的路上等候。过了一会儿，只见有几个人从日军炮楼走出来。等他们一行渐渐走近，便衣队员曹云国认出其中一人就是胡迪生，便掏出短枪，照准他连开三枪。胡"哎哟"一声，左臂中了一弹，调转屁股就朝鬼子炮楼跑，还边跑边叫："新四军来啦！新四军来啦！"声音都变了调。站在炮楼顶上的鬼子哨兵听见枪声和呼叫声，就开了枪。可是鬼子不知街上虚实，不敢出来。我们从从容容地在伪乡公所里释放了俘虏，带着战利品安全撤了出来。

后来，胡迪生溜到合肥治伤，也不敢再充伪职，杨家庙乡再也没有人敢当伪乡长了。杨家庙的日寇除集结别处鬼子对我"扫荡"外，也不敢随便下乡抢猪抓鸡为害乡民。于是，我们将杨家庙北面的寿三区和南面的寿四区连成一片，普遍地建立起乡、保级两面政权。杨家庙据点几十个鬼子失了耳目和爪牙，待在炮楼里动弹不得。

拔除敌据点

1943 年春，日寇又将伪第三方面军吴化文部的绥靖师一个排调到杨家庙，在离鬼子炮楼很近的地方驻守下来。这伪军排到杨家庙后几个月都不敢离开一步，直到这年秋天，他们熟悉了环境，胆子逐渐大起来，才开始走出工事到附近活动。

10 月 27 日这天，杨家庙乡伪保长（外号杨四麻）急匆匆地跑到我涂拐乡政府报告："杨家庙绥靖队明天上午要带民伕到杨柿园锯树，准备拉回据点修工事。"听到这个消息，县委立即召开紧急会议，决定请新四军淮西独立团抽一个连协助三区区大队歼灭这股伪军。当晚，同志们披星戴月来到杨柿园、大程集和肖小郢一带隐蔽起来，对杨柿园通向杨家庙的大道取扇形围攻阵势。

次日上午 9 时左右，果然有三十几个伪军押着十几个民伕，带着斧头、锯子、扁担、绳索，朝杨柿园走来。伪军是奉日军之命下乡锯树的，因为附近的成材树都已伐光，只好在四里外的杨柿园锯树。他们第一次离开据点这么远，个个心惊胆战，端着枪弓着腰，一步三顾。

我军战士早已摩拳擦掌，急不可耐。伪军一进入我埋伏圈，肖小郢的一个排就快速抄到伪军背后，堵住他们的退路。民伕见状，一哄而散，与此同时，隐蔽在大程集、杨柿园的战士们也迅速出击，把伪军堵在村前旷野里，不让他们进入村庄。伪军见已被包围，又无法逃跑，顿时慌乱起来，纷纷跳入一口旱塘内藏身，蜷缩在塘埂下断断续续地放着枪，等待援兵。

伪军虽被压缩在亩把地的旱塘内，但武器较好，还有一挺机枪，我们如果硬冲上去，也会有伤亡。但如果拖久了，附近日伪军闻讯后联合出动，我们也就前功尽弃了，怎么办？

驻进杨家庙的这伪军排是从徐州调来的，战斗力比本地伪军强，但他们都是地道农民出身，又离乡背井为日本人卖命，情绪都很低落。针对敌人情况，我与区大队长李伯祥决定采取政治攻势，和事前动员来助威的许多群众一起高声喊话。不一会儿，枪声渐渐停歇，知道敌人军心开始动摇，战士们高呼着"冲啊""缴枪不杀"的口号，勇敢地冲了上去，区大队和群众也应声从四面八方猛烈地往前冲，伪军纷纷缴械投降，全部当了俘虏。这一仗，我们缴获七五式机枪 1 挺，捷克式步枪 32 支，短枪 1 支，子弹 800 多发。

被俘的伪军袁排长说："你们新四军优待俘虏政策我早就知道，我们到杨家庙驻防不久，没干过昧良心的事。如果放我们回山东老家去，永远不会忘记你们的恩情，以后再不替日本人当爪牙了。"我们把伪军带到拐集，又对他们进行了教育，并给了一些路费，让他们饱吃一餐后全部释放回家。

我们终于拔掉这颗"钉子"，为扩大寿东南抗日根据地扫除了一个障碍。

原载中共六安地委党史工作委员会编：《皖西革命回忆录：抗日战争时期》，安徽人民出版社，1989 年，第 288～293 页。

受降纪实

◎ 李国厚

　　1945 年 8 月，在我抗日军民和苏联红军的沉重打击下，日本侵略者宣布无条件投降。抗战胜利的消息像春风一样传遍长城内外，大江南北。这时，新四军第二师和淮南军区遵照上级指示，命令各旅分别向津浦、淮南两条铁路沿线日伪据点及蚌埠、合肥等城市出击，对拒不缴械投降的，即以武力解决之，以战斗收复被日本强盗占领的国土。8 月下旬，我淮西独立团改编为新四军二师六旅十六团，奉命担任淮南铁路沿线部分日伪军据点的受降任务。

　　受降命令到达我团，战士们群情振奋，相互拥抱着，欢跳着，充满胜利的喜悦。我望着指战员们一张张染着硝烟征尘的笑脸，回忆往事真有说不出的激动。1942 年 6 月，我新四军淮西独立团在寿县拐子集刚成立时，只有 300 多人，200 多支枪，现已发展到 1000 多人，900 多支枪。在 38 个月的战斗中，为了逐日寇，救中华，赢得最后的胜利，我淮西独立团浴血奋战，在敌后开辟了一块以禹庙岗为中心长 50 公里、宽 20 公里的淮西抗日根据地。为此一大批优秀的战士倒下了，许多掩护新四军的人民群众倒下了，军民将一腔热血洒在养育他们的土地上，今天我们以胜利者的身份去受降，这是天经地义、责无旁贷的。

　　然而，事情并不是想象的那样简单。以李品仙为首的桂系军阀奉行国民党政府反共反人民的政令，在淮南线上阻止新四军接受敌伪投降，并收编伪军，给汉奸头目委以"司令""专员"等官职，命令他们与我受降部队对抗，大肆抢夺抗战胜利果实。我把这个消息告诉了同志们，同志们义愤填膺，大骂蒋介石、李品仙的卑劣行径，纷纷表示：保卫胜利果实，坚决打好反攻仗，为党为人民争取新荣誉。

8月下旬的一天拂晓，我团一部突然出现在淮南铁路线上的朱家巷。驻朱家巷的日寇闻风逃窜，残余的伪军却负隅顽抗。经我军痛击，一举收复了朱家巷，收缴了敌伪武器，取得了淮南铁路沿线受降第一个胜利。

此后，我部挥师西进和北上，一路势如破竹。在地方抗日武装和兄弟部队配合下，先后收复了车王集、吴山庙、孤堆集、水家湖等地，缴获了很多武器弹药，不少民兵手里的大刀也换成了三八式。每收复一地，那里的群众都成群结队地要求参军参战。我团担任（接受）受降的敌人据点就只剩下田家庵了。

田家庵是淮南铁路的北大门，淮南三镇经济、文化、交通的中心。日寇自 1938年 5 月占领以后，在这里屯驻重兵，对我淮南抗日根据地实行封锁和骚扰，他们杀人如践蝼蚁，无数同胞的尸骨被抛进万人坑。

9月初的一天早晨，我区分队几名队员化装成农民出现在田家庵街头。他们走大街串小巷，仓皇中的日伪军再也无心盘查他们的来历，注意他们的行踪了。据侦察得知，田家庵驻有一个日伪军大队，1000 多人，他们顽固执行国民党政府的命令，拒绝向我军投降，我们决定用武力加以解决。

翌日拂晓，我团及兄弟部队将田家庵团团围住，上午 9 时左右，开始总攻。大势已去的日伪军像疯狗一样作最后的挣扎，借着防御工事和有利地形，展开优势火力，妄图阻挡我军的进攻。我军将士怀着深仇大恨，像奔腾的怒涛，前仆后继向敌人碉堡冲去。战斗持续了两天一夜，我军共毙敌 500 多人，剩余的日伪军活像过街的耗子到处乱窜，田家庵受降战斗眼看就要胜利结束了。

第三天一早，我军将士正准备进入市区收缴敌人武器时，只见国民党桂系军队竟大摇大摆地开进了田家庵，"截收"日伪军的投降，抢走了胜利果实。我军指战员们个个气得牙齿咬得咯咯响，心像刀割的一样。大家意识到抗日战争虽然胜利了，但是新的战争又开始了，为了争取祖国的自由和解放，建设幸福美好的新社会，人民和他的子弟兵决不下战场。

原载中共六安地委党史工作委员会编：《皖西革命回忆录：抗日战争时期》，安徽人民出版社，1989 年，第 305 ～ 307 页。

开辟贵池县以西新区 打通新四军七师与五师的联系

◎ 马守一

新四军第七师于 1941 年 5 月在安徽省无为县境内建立后，即向东积极发展，以便和新四军二师及通过二师和新四军军部进行联系。同时，出兵西进，想通过大别山外围和新四军五师取得联系。由于 1942 年到 1943 年期间，比较顺利地开辟了和（县）含（山）江（浦）全（椒）淮南路东一带新的游击根据地，七师与二师、军部很快就打成了一片。然而，西进中，七师部队在大别山周围地区遭到桂系顽军的拦击，几经战斗，付出了很大代价，虽与五师部队有过接触，但经常性联系的通道未能打开。最后，由长江北岸地区转到江南，经过艰苦斗争，开辟了贵池县以西广大新区，然后沿东流、至德（今东至县）、彭泽一线渗透，才和五师建立起比较稳固的联系，完成了把五师、七师、二师和军部连起来的战略任务。

现将我所知道的有关打通七师和五师交通联系的经过情况简述如下。

一

1941 年 8 月，我由无为地委派至桐城县委工作。9 月间，七师政治部主任兼皖中区党委书记何伟同志与林维先、李丰平等同志率挺进团，由无为抵达桐东。为了适应新的斗争形势的需要，经研究，决定将桐城县委一分为二。一为桐庐县委，仍以桐东为活动中心；一为桐怀潜中心县委，由林立同志任书记，我和宋海珊同志为委员，在桐南开展工作。同时，建立了桐城独立团，林立兼政委，我兼政治处主任，团长是傅绍甫同志，副团长是叶树槐同志。

桐城独立团先在桐南花山地区活动，后转战到菜子湖、枞阳北边大小缸窑一带，挺进团则由花山进到桐西，然后到了安徽和湖北两省交界的湖泊区（在宿松南边，靠近长江），这是黄先同志开辟的新游击区。挺进团去了以后，活动区域有所扩大，并与鄂东新四军五师的游击部队联系上了。

同年11月间，桐城独立团在黄公山遭到桂系十三游击纵队攻击。由于敌强我弱，打了一整天，我方损失较大，以后就分批撤向无为根据地。桐怀潜中心县委工作随之中止。1942年初，湖区遭到桂系的袭击，挺进团及黄先同志领导的游击队也被迫退向无为。这样，一度和五师打通的联系便告中断了。

二

1943年3月间，皖中区党委改为皖江区党委，实行党的一元化领导，下辖沿江等三个地委和三个支队。这以后，又重建了桐怀潜中心县委，归沿江地委领导。我于9月间奉命调花山，第二次参加桐怀潜中心县委工作，任县委委员、宣传部长。县委书记由沿江支队参谋长胡继亭兼任，副书记是黄瑛同志。

同年年底，桂顽四十八军一七六师在无为、庐江、桐城一线，大搞反共摩擦。胡继亭同志回桐东指挥战斗，不幸牺牲。这时，少数党员干部（桐南区委干部周敏、江燕等人）叛变投敌，一部分党的基层组织遭到破坏，局势变得紧张起来。于是，沿江地委根据区党委指示，成立了沿江中心县委，由黄先同志兼任书记，将桐怀潜中心县委改为县委，为向长江南岸地区进军作准备。不久，黄先同志过江到了贵（池）东，布置桐庐县委和桐怀潜中心县委派干部进入贵（池）西开展斗争。桐怀潜中心县委进行了讨论，决定成立一个临时工作委员会，由我任书记，张伟群、张柳溪为委员，开赴贵西。

1944年4月2日晚，我和张伟群、张柳溪等同志带沿江团八连一个排，由江北的广济圩乘船过江，到达贵西三万圩一个叫三棵树的小村庄。不久，即与在殷家汇附近活动的杨友华、在大农圩一带活动的王武秀等同志取得了联系，这不仅便于我们了解周围敌伪军的情况，而且扩大了活动范围，可以深入到秋浦河以南地区去。初时，我们用小部队积极而又隐蔽地进行活动，把群众发动起来，还做好联系当地上层士绅的统战工作，同时严惩敌特分子，分化争取伪保长做两面派，很快打开了局面。三万圩、晏塘桥镇、高岭镇等几处伪军据点被迫撤走，我们就在这一带扎下根，并抓了税收等工作。

4月底，黄先同志带了一批干部，从贵东到了贵西。经研究，决定在沿江中心县委领导下，成立贵西工委，由我任书记，许达抱为副书记，张柳溪、谭兆屏为委员。贵西工委下设三个区：一区，原名三万圩区，又名晏塘区，区委书记是周暮樵；二区，又名洪铺区，区委书记是杨友华；三区，又名高岭区，区委书记是王武秀。在这前后，齐平同志去了东流、至德一带，孙纪正同志到了彭泽地区开展工作。

6月间，沿江支队副司令兼沿江独立团团长傅绍甫同志，带了一个手枪连来到贵西。我和几个同志随他上了武子山。几天后，傅就带了手枪连，沿着八都湖南边山区向东流、至德方向去了。我们则抽调一部分干部和地方武装，在蛟口、八都湖一带发动群众，开展抗日工作。8月间，新四军五师的一个团参谋长，带了30多名便衣武装人员，经过至德、东流来到贵西。我和他们在高岭地区一起活动一次，他们即由此转到贵东，然后去无为。这样，七师和五师的联系又恢复了。

11月初，沿江中心县委在贵西召开了扩大会议，强调要在抗击日、伪、顽的同时，积极扩大活动区域，与五师保持经常性联系。这次会议还决定将贵西工委改为贵桐县委，由我和陈定一同志任正、副书记，领导七个区，即原来的一、二、三区和新成立的四区（又名蛟口区），以及东流的八都湖区和江北划过来的桐南区、广济圩区。同时建立贵桐大队，由我兼任政委，黄少臣任大队长，辖三个连。我还兼安庆城工部部长，负责搜集敌伪情报工作。稍后，贵桐县委就将工作重心移到唐田、吴田和蛟口一带，继续向西开展工作。

1944年底，贵桐县委经受了反"扫荡"的考验以后，坚持武装斗争，开创了新的斗争局面。群众工作、基层党的建设和政权建设，以及扩军、征粮和税收等方面的工作，都取得了较好的成绩。整个贵西抗日游击根据地进一步巩固、发展。它从东面、贵池的池口，到西边、东流的八都湖，长约150里；从南到北，地跨长江两岸，宽约四五十里，成为连接七师和五师的枢纽。

三

回顾起来，我们能够较快、较好地开辟贵西新区工作，主要是因为认真执行了毛泽东同志的军事路线和党的一系列方针政策。

我们过江后，即以所带的沿江团八连的一个排为主干，在发动群众的基础上，积极发展抗日地方武装，很快就建立起四支游击队，以后又逐步扩大，编为贵桐大队的五连、六连和沿江团密切配合，自始至终坚持了武装斗争。当时，贵西地区除敌、顽势力外，还有一贯道、大刀会等反动组织，土匪活动也很猖獗。面对复杂的敌情，我们分别采取了分化、瓦解、争取和打击的方针。

对付日、伪军，我们坚持游击战争，在有利的条件下，则集中优势兵力，歼灭一部分敌人。这里举两次战斗为例：1944年10月间，沿江团手枪连在当地群众配合下，傍晚化装奔袭殷家汇敌据点，打死作恶多端、民愤极大的伪军队长，缴获了30多条枪。战斗中，我们组织了四五个号手同时吹号，迷惑敌人，使驻扎该镇的日军不摸底细，不敢出动增援。第二天，捷报传开了，老百姓都欢呼："新四军打得好！"1945年6月中旬，我和张柳溪带沿江团一个连在乌沙夹一带活动。一天，与100多个鬼子突然相遇。尽管敌人装备精良，但他们毫无戒备。于是我们决定出击，打他个措手不及。经过半个多小时的拼搏，打死一名日军小队长和一批士兵，余敌狼狈溃逃。这次战斗，缴获了一挺机枪和其他军用品，使我军声威大振。

对伪组织人员，我们注意区别情况，有打有拉。我们刚到贵西开展工作，就根据群众的反映，镇压了一批为非作歹的敌伪特务。对投靠日军干坏事的汉奸，也予以坚决打击，起到了威慑作用。另一方面，争取了一批伪保长做两面派，还在安庆伪组织人员（主要是青帮分子，即三番子）中建立了不少关系，利用这些关系收集敌伪情报，在敌伪区域内收税、购买军用物品等。1944年12月下旬，安庆日军出动1000多人"扫荡"我贵西根据地，就是一些与我方有关系的伪人员连夜送出情报，使我们事先有了防备，因而未受到丝毫损失。此外，对伪军的分化、瓦解工作也取得了不少成绩。在八都湖区，伪军一个班，在我抗日政策感召下，携带了机枪等武器向我军投诚。

当时，贵西的国民党军队主要是川军第七师。他们战斗力不如桂顽积极。我们对川军下层官兵采取团结抗日的方针，并派了四川籍的干部黄少臣同志，利用同乡关系，在抗日的前提下，争取川军下层官兵为我们做工作，如代购军火、军用物资等。后来，还从川军中拉过来一个班，参加我贵桐大队。

对危害群众和抗日工作的土匪武装、土顽部队，我们坚决打击。记得刚到江南开展工作不久，就有一股武装土匪冒我军名义"绑票"。他们躲在江心洲，依仗敌伪势力，有恃无恐。我们了解情况后，即派出部队清剿，打死了匪首，消灭了这伙匪帮。当地的国民党地方武装自卫队、保安团，不打日军，专门欺压老百姓。同他们的斗争，是开辟贵西新区很重要的一环。使其不敢轻举妄动，这对于建立和巩固与新四军五师的交通网线，是非常必要的。

以上情况说明，在毛泽东军事思想指导下，开展积极的抗日武装斗争，是克敌制胜、创建贵西抗日游击根据地的根本所在。

这里，还应该提一下的，是我们在开辟贵西新区的斗争中，注意做好当地士绅特别是知识分子工作的情况。这些人有文化，容易接受抗日爱国思想。做好他们的工作，然后通过他们去做新区群众的工作，可以减少新区群众的一些疑虑，对发动群众是有利的。1944年，我在高岭活动时，当地两姓群众之间发生了殴斗，私塾先生王建设请我去调解，结果问题妥善地解决了，群众对我军和人民政府十分感激，王先生也因此向我们靠拢，积极为我们做宣传工作。后来我们邀请他去无为参加皖江参议会，他回来后工作更加积极，还担任我高岭区副区长。1944年初，我到广济圩开展工作时，先在乍尖山争取了当地知识分子（也是士绅）芮仲平先生。他对打开新区局面帮助很大，还为我们做安庆伪组织、青帮的争取工作，替我们买军用品和营救被俘人员。由此可见，做好团结、发动农村知识分子工作，对我们开辟新区有着实际意义。

至于其他方面，像群众工作、党的建设工作等等，我们也有不少成功的经验，因限于篇幅，就不一一展开谈了。

总而言之，从1944年4月由江北到江南开展工作，至1945年9月中旬奉命北撤，在这短暂的近一年半时间里，我们艰苦奋斗，建立起一大块抗日根据地，打通了与新四军五师的交通联系，胜利地完成了上级党组织交给我们的任务。

原载政协安庆市文史资料研究委员会《安庆文史资料》编辑部编：《安庆文史资料》（第十二辑），内部资料，安庆市彩色印刷厂，1985 年，第 216～223 页。

东进广济抗日片段

◎ 向　红 [1]

　　李先念率领的部队从竹沟到湖北，由新四军豫鄂独立游击支队，改称为新四军豫鄂挺进纵队。开始，这里属长江局领导，在王明路线影响下，革命斗争局面不大，搞点武装，就交给了国民党。李先念来了以后，执行中央的正确路线，使这里的革命形势有了新的变化。

　　东进的时间是 1940 年 5 月。那年的五一劳动节，我写了篇庆祝文章，登在《战斗报》上。当地还举办了一次运动会，有部队和地方同志参加，运动项目中有球类赛。后来，国民党从梅店进兵"围剿"，我们抵挡了一阵，就撤退了。部队转移到姚家山，到孝感过铁路，到赵家棚集中干部开会，决定东进。刘西尧、赵辛初等同志是化装从武汉走的。部队由关楚印同志负责，他带我们这个排的兵力向鄂东前进。（易鹏：这是二次东进，一次东进部队已过了铁路。）这时已成立了鄂东地委。我们东进到黄陂、红安交界的一个村子住下，第二天早晨，我同任崇同志去找地方党组织联系，在一个石桥附近的垮子里，找到两个工人党员，他们说桥上有国民党便衣队，叫我们快走。我们回来后，领导派手枪队去袭击敌人，把便衣队赶走了，我们在桥边的一个茶馆里休息。这时敌人进攻了，我们仓促应战，关楚印同志在村前抵抗，不幸牺牲。我们手枪队和那个排及部分干部，继续前进。到达黄冈时，有张体学、

---

① 此篇是向红 1983 年 10 月 21 日在广济县委党史资料征集座谈会上的发言。

熊桐柏、熊作芳等。

1940 年 6—7 月间，我跟随赵辛初到蕲、广边工作，同来的有干鹄、居文焕。我们来到蕲、广边的黄土岭，在竹影垮住下，遇到陈幼卿，找张凤林同志汇报、联系工作。有一天晚上，发展了三四个党员，由我为他们主持入党仪式。我们在这里成立了一个党支部，赵辛初是支部书记，我任组织委员。以后，支部扩大为总支，是区委性质，赵辛初是书记，我任组织委员兼搞统战工作。何启也是委员，他负责蕲春那边工作，主要是搞钱、粮，解决吃的问题。这时，铸钱炉、崇山口、陆政一带，先后成立了区委。卜俭是铸钱炉区委书记，钟子恕是崇山口区委书记。1940 年秋冬之间，张明同志来了，成立蕲、广边县委，张明任县委书记。1941 年春，易鹏同志来了，接替陶子玉任县委书记。我见到易鹏是在黄土岭附近王家祠堂里，当时在开会，主要是讨论搞统战工作、布置民主选举问题，易鹏和我都在会上讲了话。

最初，只有我和赵辛初带有手枪，我们便着手发展党的武装。打了铸钱炉附近国民党税所，搞到两条长枪，又打了塔水桥，搞了两条枪，又在蕲春管家垮搞到几条枪。刘西尧、赵辛初、陈锦文等同志带来了一个班的武装，加上原来的武装力量，共有两个班。我们打国民党戴文义区公所，缴了一个排的枪支，还有一挺机枪。原先我们都是晚上活动，武装力量扩大后，我们就公开行动，借此壮大声威。（1941 年 9 月间——整理者）我们从童司牌到太白湖转了趟，回来后就成立蕲、广边独立大队，大队长是周鸿兴，他是个老红军，我是政委，一中队长卢少华，二中队长翟仕林。接着，我们在崇山口打了一仗。我们估计敌人只一个中队，其实敌人有一个大队加上一个中队。我们一连攻下了几个山头，最后一个山头攻不下，坚持到黄昏，双方撤去了。回来后，县委批评我敌情不明，不该盲目打。

在斗争中我们搞到了不少的枪。搞枪的方法，一是劝集民枪，教育、动员群众拿出民间保存的枪支；二是收缴土匪、百当队的枪支；三是从日、伪、国民党军队手上夺取枪支。有了枪，抗日队伍就不断地扩大，先是由潘天林、刘六带队伍，在郑公塔，我们攻打了卢国秀的伪军驻点。卢国秀是日伪军的自卫队大队长，活动得很厉害，对我们危害极大。一天，我们得知他们住在花官桥下边畈上李垮的祠堂里，就组织小部队去袭击。那天夜里正在下雨，风很大，我们每人背一捆稻草，堆在祠堂门口，放火烧，靠窗眼往里打枪，消灭了一部分伪军，卢国秀跑掉了。

一次，我们又堵住了卢国秀部伪军向广济国民党投降的去路，鲁岱同志同卢是亲戚，做了不少的攻心工作，再通过民主绅士做统战工作，争取了卢国秀，他把伪军拉过来了。在此基础上，我们在干仕祠堂，宣布上级的决定，成立了黄、广边独立团。我以县委书记的身份，兼任团长和政委。卢国秀被委任为副团长兼一营营长，二营营长潘天林，三营营长是刘六，鲁岱是参谋长。接着，张振坤带一支队伍来了，还有林银山营长也来了，武装抗日队伍就更强大了。但是，卢国秀参加我们队伍只活动了两个月，就又把他的队伍拉到余川卢河，去广济县城——梅川，投奔国民党。当时我同张振坤同志研究：是追，还是不追？结果决定不追，因为革命不能勉强。我们给他写了一封信，宣传统战政策，后来卢国秀把我们的人放回来了。鲁岱是第二天清早回来的。卢国秀还写来一封回信，表示今后再不做对不起人民的事。卢国秀叛变了，我们独立团还有两个营。除这支武装队伍外，下面还有一些分散的便衣队，每个队有几条枪，有的只有短枪，他们主要的任务是收集敌人情报，配合我们作战。

1941年冬，我和一位姓涂的同志，带着十几条枪来到黄、广边，工作的重点地区，是郑公塔、花桥、余川、干仕、十八堡和刘陆西等地。在1941年底至1942年春这段时间，成立了黄广边县委，我担任县委书记，委员有干淑宾等同志。下设干仕区委会，干淑宾同志任书记；太白湖、龙坪一带有个区委会，胡藩是区委书记；郑公塔、兰杰、刘陆西、花桥、团山河、大金铺这一带有个区委会，区委书记是刘凯华。十八堡还有个党支部。当时黄梅境内的蔡山、小池口、龙感湖、胡世柏等地都有党支部，属黄、广边县委领导。当时发展党员对象，一是找老关系，找红军时期的老同志；二是抓农会，从中发展青年农民。党组织的主要任务，一是发展组织，壮大队伍；二是扩军；三是给部队送情报；四是选派同志去驻训练班，培养干部。党员与党员之间，基本上还是秘密活动方式，一个普通党员，是不知道党组织的全部机密的。

黄、广边政权情况是，设有区，起先刘砍是区长，他叛变后，由鲁岱任区长。我们还在郑公塔设了一个税务局，张群是局长。局下设三个税务所。先前我们的钱、粮主要靠捐派，后来就靠税收。所收的税除给当地党政军外，还要向上级组织交款，我们每月只有五毛钱零用。虽然艰苦，但干部、战士就是身背成串的银洋，也从不私自动用一文。

那时，统战工作也抓得不错，一些有名的地方人士都同我们来往。例如，朱殿衣、干洪中、陈绪之、陈笑南、陈银山等医生，就同我们很好，有的还冒险为我们送情报，甚至牺牲了生命。死心塌地同我们作对的反动绅士是极少数。兰杰的兰华藩就坏得很，他同日本人勾结，新中国成立后被镇压了。

1943年秋，黄道平同志来了，他带来赵辛初的一封信，调我到蕲、广边工作，黄道平接任黄、广边县委书记，我任蕲、广边县委书记，居文焕是县长，设有指挥所，张振坤任指挥长，我兼政委。这时，有这样一件事：蕲、广边有个翟仕林，他有一支队伍，翟既是我们的大队长，又是日伪军的大队长，还是国民党的少校特务，坏得很，是一个危险性、破坏性很大的家伙。赵辛初来信，叫我果断地消灭掉。接到指示后，我们立即行动。在崇山口找到了他的队伍，我就借开会商谈打大金铺来抓他。开会时，翟在会上提出要钱、要棉衣，我们都一一答应。为了迷惑他，还由居文焕县长主持杀猪办酒席招待。在聚餐时，我们按预定的暗号，在出鱼时开枪打死了翟仕林和另一个反动头子，他的部队猝不及防，被我们缴了械。

后来，吴光治同志带来赵辛初的指示，接替我任蕲、广边县委书记，安排我担任江南工委书记兼江南支队政委，冯坤吾任江南支队队长。这个支队的任务是到江南开辟根据地，以便同六师、七师取得联系。这时，我们仍以蕲、广边和黄、广边作为根据地和落脚点，经常从龙坪、盘圹等处渡江，到瑞昌、九江一带活动。1944年春，地委通知我去大悟参加高干整训班学习，我交代了江南支队的工作，离开了广济。

（广济县委党史办　刘耀先　整理）

原载中共黄冈地委党史资料征编委员会办公室编：《鄂东革命史资料》（第二辑），内部资料，黄冈地委机关印刷厂，1984年，第115～120页。

动委会在皖西

◎ 张劲夫

一

　　抗日战争爆发以后，由于国民政府实行片面抗战路线，国军败退，华北及京沪杭地区的大片河山丧失殆尽。1937年底，日军占领南京后，又调集部队从南北两面夹击徐州，企图打通津浦线。

　　这时国民政府已迁驻武汉，安徽省政府由安庆迁到六安，时任第五战区司令长官兼安徽省政府主席的李宗仁指挥津浦路南段国民党军队抗战，大别山地区的战略地位更加重要。根据这种情况，为了实行我党的全面抗战路线，中共中央及时地发出了开辟大别山区工作的指示。我受中共中央长江局的派遣，于1938年1月，从武汉绕道信阳前往安徽六安。当时，在大别山区坚持游击战争的中共皖鄂边区特委和红二十八军同国民党地方当局政治谈判已取得成功，区域性的国共合作已经建立；由红二十八军及游击队、便衣队、桐柏山地区的游击队改编成的新四军四支队正准备东进皖中抗日前线；皖西及皖中地方党的组织开始重建和恢复。我到达六安以后，党组织又先后派彭康、李世农、谭光廷等来到这里。

　　这时，国民党在安徽的政治力量主要有三个方面：一个是安徽地方势力，一个是控制安徽省政府和军队的桂系，还有一个是控制安徽省党部和省教育厅的CC

系。三种力量相互有矛盾，竞争激烈，形成了复杂的政治局面。中共安徽省工委采取团结进步力量、争取中间力量、反对顽固势力的方针，以巩固、扩大抗日民族统一战线，开展抗日民族运动。

当时，安徽党组织还处于秘密状态，国共两党的合作，抗日民族统一战线方针的贯彻，主要通过组建民众总动员委员会（简称"动委会"）来实现，一直与我党保持联系的老同盟会员、国民党左派朱蕴山及其他爱国进步人士，向李宗仁建议组建民众总动员委员会。此时桂系刚主皖政，为了求得各界人士的支持，李宗仁当即采纳了朱蕴山等的建议。

经过朱蕴山等人的具体筹划，安徽民众总动员委员会于1938年2月23日在六安正式成立，由李宗仁兼任主任委员。通过在桂系上层做统战工作的中共地下党员谢和赓的推荐，李宗仁还特地把著名的救国会七君子之一的章乃器请到安徽担任动委会秘书。章乃器从香港来安徽途经武汉时，周恩来要求他到安徽后敦促李宗仁彻底释放政治犯，搞好同新四军的合作，他接受了这一要求。李宗仁虽兼任省动委会主任委员，但在开了成立大会之后，就到徐州前线去了，日常工作由委员兼秘书章乃器代行。动委会内设五个部，其中四个部的部长由皖籍爱国进步人士担任：朱蕴山、沈子修、光明甫、常恒芳分别担任总务、组织、宣传、后勤部长。副部长则由共产党员或党的同情分子周新民、狄超白、童汉章、朱子帆担任。德高望重的老先生们的加入，增强了动委会的号召力。我当时曾在一篇文章中谈道："诸先生参与主持其事，一时人心振奋，青年问首，可谓自北伐以后，在安徽省政上第一次得到全皖民众热烈的拥戴和企望。"（《安徽政治》第17期，1938年2月20日）现在看来，这一评价也还是恰当的。

省动委会成立后，各县市相继成立了动委会，进步力量在其中占绝对优势。我党为了充分运用动委会这个公开机构和合法形式开展统一战线工作，长江局和安徽省工委先后派了陈国栋、魏文伯、孙以瑾、麦世法、詹运生（詹大悲的弟弟）、史迁、田兰田、刘鸿文、汪胜文、杨思九、曾谋等一大批共产党员到动委会工作，担任省动委会的主任干事和县动委会指导员。我则以省动委会组织部主任干事的公开身份，负责动委会地下党工作。党在省动委会内建立了地下党支部，各部都有党的小组。地下党与动委会内的民主人士一道工作，推动了全省抗日救亡运动的开展。

动委会在县以下的抗日动员工作，则以抗日工作团为基本力量来开展。为了组建工作团，省动委会迁到立煌后，中共安徽省工委以动委会的名义，在桃树岭举办了训练班。参加学习的大多数是爱国进步青年，我和章乃器、童汉章等给学员做报告，经过短期训练，即组成工作团。先后组织了40多个省直属工作团派往各地。此外，还组织了30多个委托工作团，以及妇女战地服务团、少年抗日宣传队等。中共地下党员大部分在工作团中工作，成为各工作团的骨干，多数工作团的负责人由地下党员担任。他们以工作团为单位成立支部，有的由我直接联系，有的则和地方党组织联系。外地到大别山区或途经皖西地区开展抗日救亡运动的"上海文化界内地服务团""江都文化界救亡协会流动宣传团""北平救亡服务团""留日学生抗日救亡团"等，还有随桂系部队来皖的第二届广西学生军及政工队，这些团体的成员都是热血青年，其中不少人是中共地下党员。仅广西学生军中就有党员10名，省工委接到长江局转来的这些同志的组织关系后，即在学生军中建立了党支部，直接向我汇报工作。他们和省、县工作团一道，形成一股巨大的社会力量，推动了抗日救亡运动的蓬勃发展。

二

动委会名义上由安徽省国民政府主办，实际上是我们党领导的抗日民族统一战线组织，从1938年春成立到1940年春，工作搞得轰轰烈烈，开创了大别山区八年抗战中最生动活泼的政治局面。

在各级动委会和工作团的领导和协助下，各地普遍成立了工人、农民、青年、妇女、商民及文化、教育界等抗敌协会。其中以农民抗敌协会人数最多，声势最大；青年抗敌协会最为活跃，最为积极。各抗敌协会根据各自的特点，或组织武装，侦察巡逻，维护社会治安；或组织报告会，教唱歌曲，演出戏剧，进行抗日动员；或组织救护队、运输队，开展募捐活动，支援前线。

各级动委会和工作团，开展声势浩大的抗日总动员。我和章乃器、狄超白等在各种群众集会上发表演说，撰写文章，宣传抗日救国的道理。各县动委会还利用三八妇女节、五一劳动节、五四青年节、七七抗战周年等纪念日发表宣言及《告农民士兵书》，开展抗日宣传活动，青年抗敌协会举行火炬游行，妇女抗敌协会组织洗衣队为抗日战士服务。省动委会还协助"生活书店"在立煌开设分店，发行进步书刊。毛主席的《论持久战》《论新阶段》，延安出版的《解放》周刊，以及鲁迅、高尔基、茅盾等作家的作品在大别山区广为传播。《论持久战》一书，不仅广大群众喜爱阅读，连桂系军队内部也有人在暗中阅读。

那时，在宣传战线上的斗争也是激烈的。国民党CC系安徽头目方治办了一个《皖报》，动委会就推动桂系办了针锋相对的《大别山日报》。中共安徽省工委派几个地下党员到大别山日报社当编辑，并主办副刊。皖西各县动委会也推动县政府创办抗日小报，如《六安报》《立煌抗日报》《舒城战报》《霍邱日报》《霍山日报》等。编辑人员大都是中共地下党员和进步知识分子。报纸除报道抗日消息外，还发表文章，声讨日军侵华暴行，批判汉奸投降言行，激发人民同心同德抗战到底的决心。

在动委会影响下，通过整顿安徽财政，保证了抗战的军政费用。1938年3月，章乃器接任省财政厅长时，由于战乱，以及国民党的一些军政人员贪污浪费，安徽财政已陷入绝境。我们党通过章乃器的关系，及时把一批地下党员和靠近党的进步知识青年派到财政厅及各地货物检查处工作。章乃器经李宗仁同意在全省开展铲除贪污浪费运动，惩办贪官污吏。安徽财政状况迅速好转，按月补助新四军3万元军费。

我们党以动委会为掩护，不断扩大党的组织。当时我们不少县委就秘密设在县动委会或工作团内，以举办训练班等形式，发展共产党员，培养党的干部。1939年2月，鄂豫皖区党委成立以后，区党委在民运部和宣传部下面又专门成立了青年工作委员会、妇女工作委员会、文化工作委员会。这三个党的工作机构就是通过动委会公开组织并开展活动的，培养了不少干部，壮大了党的力量。1939年初夏，桂系省政府举办皖政干部训练班，培养财政、保甲、军事骨干。我们在动委会工作的地下党员在训练班中积极开展工作，把它变成培养、团结和联系进步青年的一个阵地。我们还通过动委会将一些地下党员派到国民党县区政府任职，如刘宏担任立煌县政府秘书，后文瀚担任麻埠区区长，杨效椿担任六安县政府军事科科长，杨刚担任舒城县城关区区长，李绶保担任霍山县城关区区长。同时又把那些思想进步、具备党员条件的国民党政府人员吸收入党，如霍邱县县长谢骙、合肥县县长唐晓光。

我们党在独立组建抗日游击队的同时，还通过省动委会推动省政府组建了安徽抗日自卫军，增强了抗日武装力量。但是，由于担任中共中央长江局书记的王明实行新的右倾投降主义，一度封锁了《中共中央关于徐州失守后华中工作的指示》，我们没能够及时了解党中央的指示精神，失去了大量发展我党直接领导的抗日武装、建立大别山抗日根据地和人民政权的良机。

1938 年 5 月，日军进攻合肥，当时设在六安的省政府机关人员十分惶恐不安，国民党省党部首先迁到皖南，教育厅也借口学校内迁，随同省党部逃走。不久，桂系省政府迁至立煌，省动委会也迁至立煌，主张坚守皖西，顶住了逃跑歪风，稳定了抗战情绪。

日军集结 10 多万兵力继续西犯，取道六（安）霍（山），进攻鄂豫，包围武汉，省、县动委会和工作团号召与组织广大人民群众全力支援抗战。新四军第四支队立即投入抗日救国战斗，深入前线，先后在巢县蒋家河口和安（庆）合（肥）公路、舒（城）六（安）公路、六（安）合（肥）公路沿线英勇杀敌，阻敌西犯。当日军侵犯到国民党驻军防区时，第五战区驻六霍地区部队和地方保安团队也相继投入战斗。安徽抗日自卫军和我党直接领导的游击队奋起杀敌，破坏敌人交通运输，袭击敌军运输队，形成全民抗战的大好局面，对迟滞日军进攻武汉的军事行动，保护人民生命财产的安全起了一定的作用。

三

武汉失守以后，抗日战争进入战略相持阶段。由于国内方面中国共产党领导的人民武装力量有了迅猛的发展，国际方面日本诱降和英美劝降，国民党顽固派转而采取积极反共、消极抗日的政策。统治安徽的桂系顽固势力开始占上风，由联共抗日、抗衡蒋系转入破坏抗日民族统一战线，进行反共反人民活动。1938 年 10 月，廖磊接任安徽省政府主席兼动委会主任委员之后，便开始限制动委会工作范围和权力，排挤动委会中进步人士，先后逼走章乃器、朱蕴山、周新民等动委会主要负责人，并以"改编"为名解散安徽抗日自卫军。章乃器离开安徽后，财政系统进步青年就逐渐被桂系和 CC 分子打击，有的被逮捕，有的被杀害。桂系还特别注意新四军四支队的活动，拖欠和克扣四支队的军饷，并污蔑新四军是"游而不击"。

1939 年 1 月，国民党召开了五届五中全会，制定了所谓《限制异党活动办法》等一系列政策，加紧了反共反人民的步伐。

7 月，中共鄂豫皖区党委根据党中央关于顽固派可能向大别山我后方机关发动进攻，区党委机关应转移的通知精神，将机关由立煌白水河转移到庐江东汤池。不久，区党委在东汤池召开了党代表大会，着重研究对付桂系反共逆流的措施，决定有计划地组织共产党员和进步人士由皖西撤到皖中、皖东，参加建立抗日根据地工作。

10 月，廖磊患病猝死。李品仙接任安徽省政府主席，反共活动进一步猖狂。李品仙竟指使《皖报》社长杨绩荪炮制了《动员委员会怎么动?》一文，污蔑动委会是"乱动、盲动"，为迫害动委会制造舆论。1940 年春，李品仙以办集训班为名，企图将省、县动委会和工作团及广西学生军中的共产党员和进步人士一网打尽。在这紧急关头，我们党立即组织大批同志分批向皖中、淮南、豫皖苏抗日根据地转移。我和郑位三、彭康、谭希林同志一起于 1939 年 7 月撤至东汤池，只留下何伟同志，作为新四军办事处参议留下坚持工作，到 1940 年春他才撤离。广西学生军一部分转移到皖东，另一部分转移到皖东北。一些著名的民主人士被迫离开动委会，隐蔽下来。至 1940 年春末转移的总数达 3000 多人。当时，我们还根据工作需要，有计划地留下一批有一定社会关系作掩护的同志，继续坚持在大别山区工作，其中有詹运生、史迁、麦世法等。后来这些同志被桂系发现，英勇牺牲了。

由于桂系执行了反共政策，大批共产党员和爱国民主人士被迫撤离，动委会就成了被桂系军阀所控制的反动组织，失去了它原来的作用。

1940 年 3 月以前的安徽省动委会，作为抗日民族统一战线的一种特殊的组织形式，为抗日战争胜利做出了不朽的贡献，在安徽抗日战争的历史上占有重要的地位。

原载中共六安地委党史工作委员会编：《皖西革命回忆录：抗日战争时期》，安徽人民出版社，1989 年，第 20～27 页。

少年意气当拿云

——抗战初期皖西青运工作片段

◎罗　平

组建六安县青年抗敌协会

1938 年 3 月间，我受命从延安到六安从事青年工作。当时中共安徽工委负责人曹云露、张如屏正在六安恢复党的组织，建立统一战线，开展抗日救国运动。曹云露介绍我加入了中国共产党，并指示我们组织青年团体，发动广大青年投入抗战行列。

一天深夜，六安的民族解放先锋队（简称"民先"，党的外围组织）召开秘密会议，讨论如何开展青年运动，参加会议的有孙以瑾、汪胜文、蒋岱燕、周公正和我。会议决定，分头吸收新队员，扩大民先组织，开展抗敌救亡宣传活动。

几天之后，中共地下党组织向我们指出，民先是秘密组织，不便直接发动青年群众，应组织群众性的青年抗敌协会（简称"青抗"）。省动委会组织部干事汪胜文提议由我牵头筹建。我当即向曹云露同志做了汇报，他同意我去做青抗工作，并给了我 30 元钱作活动经费。我首先邀集六安一带有影响的青年如储鸣谷、高白明、叶寒生等人，成立了六安县青抗筹备会，制定了组织条例、工作方案。当时，六安是全省政治中心，沦陷区和安庆、合肥等地的青年纷纷涌到这里。这些青年深受国破家亡之苦，抗敌情绪如同干柴烈火，一点即燃。不到一个月，不仅城区成立了青抗，各区乡的青抗组织也都搭起了架子。在此基础上，我们召开全县青抗代表会议，正式成立六安县青年抗敌协会，我被推选为理事长。

县青抗办公地点在六安小东门外六德公园。我们在这里不仅经常开展公开活动，还进行一些地下活动。记得我们就是在办公室里面的一间小房子里，为孙以瑾、汪胜文两同志举行了入党仪式。

六安城乡的广大青年在县青抗的带动和影响下，迅速投入抗日救亡运动，其中城区的青抗最为活跃。当时活动在城关的青抗会员约有 500 人，根据各人的专长，组织成歌咏队、宣传队、剧团等，每天到六德公园集合，然后分赴街头巷尾进行宣传活动。有的给群众团体和学校演唱或教唱抗日歌曲，有的散传单、贴标语、出墙报画报，有的摆设流动书摊，推销进步书刊。晚间，我们组织会员排练抗日短话剧和活报剧，在人群集中的地方表演。我们注意宣传党的全面抗战路线和统战政策，反对国民党的片面抗战路线，批判投降派、亲日派的亡国论调、汉奸理论。有一天，我们邀请一位刚从滁县流亡来的青年到六德公园人群聚集的地方演说。他以自己在沦陷区的见闻控诉了日本强盗烧杀掳掠的残暴罪行，激起了全体听众的极大义愤，"团结起来，打倒日本帝国主义"等口号此起彼伏。同时，我们还组织侦察小组，分散到背街小巷一些偏僻地方，防止汉奸破坏。一次敌机轰炸六安，青抗和妇抗会员组织临时救护队，抢救了不少伤员和财产，曾得到省动委会的表扬。

六安县各个区乡的青抗工作也轰轰烈烈地开展起来。各区都有青抗宣传队，有的乡也组织了小宣传队或剧团。区、乡青抗不仅帮助、推动各界群众组织农抗、妇抗、商抗等抗日团体，还宣传减租减息，以激发广大农民参加抗日的积极性。双河乡罗文清领导的双河剧团不仅自费在本乡演出，还经常到外乡演出。他们演出的话剧《放下你的鞭子》等，很受群众欢迎。

我们县青抗还想方设法组建抗日武装。1938 年夏，县青抗帮助苏家埠青抗筹建一个连的抗日武装，由朱蕴山的儿子朱明出面找国民党六安县长盛子瑾商谈，得到盛的同意，拉起了队伍。谁知盛子瑾却出尔反尔，派县大队长、特务分子陈大瑶提前取走枪支，强行把人、枪带到县里去了。

合肥西乡有一批散兵愿意接受省动委会收编，中共安徽省工委与朱蕴山商定，请朱老出面将其收编过来，带到六安山王河交给新四军第四支队战地服务团训练。

中共安徽省工委军事部长谭光廷派我和朱明去具体办理收编事宜。朱蕴山叫我送信给省动委会情报部长丘国珍，适逢瓢泼大雨，没有雨伞和胶鞋，我便赤着脚冒雨跑了20多里将信送到。丘国珍看过后立即回信叫我带回，信都是封好的，内容不得而知。后来知道是交涉收编武装问题。由于丘国珍的反对，不久，这批人、枪被国民党宋世科部中途堵截去了。

这两次搞武装都没有成功。中共六安县委总结了经验教训，决定独自建立一支武装，派县青抗负责人之一的储鸣谷同志到六安南乡发动抗战青年，组织了一个大队的武装。这年秋天，我曾兼该大队副大队长。这是地方党领导的一支抗日武装，后来大部分被编入新四军第四支队。

成立第三十八工作团

在组织六安县青抗的同时，我们还集中本地和外地男女青年20余人，成立了青年战地服务队，由我兼任队长。由于是自发组织起来的，没有经费来源，全靠募捐维持生活，工作十分困难。5月间，经报请省动委会批准，改为省动委会直属第三十八工作团，我任团长，陈世新任副团长。

1938年8月下旬，日军占领六安县城关和张家店等地，驻县城的各机关团体都撤到六安西乡独山一带。于是我们第三十八工作团决定挺进六安东南乡，开展安定民心、坚持抗日的宣传工作。时值盛夏，烈日炎炎，我们翻山越岭，实在累得够呛。有一天，我们从早到晚翻越两座大山——长岭和挂龙尖，两上两下30多公里，团员们背着行李、长枪，汗流浃背。几位女青年，面色红涨，衣衫湿透，但她们精神振奋，毫不畏缩。当时我颇有感触，曾口占一诗，以表示对他们坚强的抗战意志的赞赏。

> 炎炎烈日似盘汤，涉水登山斗志昂。
>
> 敌后进军凭赤胆，抗倭救国保家乡。

我们的行动得到老百姓的竭诚拥护。一天，我们借宿在一个小山庄，经过攀谈，村民知道我们是到敌后宣传抗日的，对我们非常热情，赶紧煮糯米饭给我们吃，并拒收饭钱。

三天之后，我们穿过霍山东西溪到达六安县毛坦厂。这里时常有飞机来侦察轰炸，我们便向群众宣传防空常识，招呼每家门口准备一堆沙，一缸水，以备日机轰炸时救火之用。

我们团有 10 支长枪，每支枪配有 100 发子弹。为了熟练使用武器，我们在毛坦厂郊外进行打靶实习，每天晚上轮流巡逻，防备汉奸捣乱。

我们在毛坦厂住了 10 余天，就转到张店附近张祠堂。我们把团员分成三个小组，分头到双河、思古潭和张店开展宣传工作。

这时，六安三区（张店区）区长是进步人士胡苏明，在地方上有相当的威望。他经常主持召开群众大会，我和新四军第四支队政治部战地服务团的负责同志登台演讲。新四军第四支队的给养本来就少，国民党政府还经常借故停发，战地服务团除宣传抗日外，还有募捐的任务。胡苏明与朱蕴山在三区一次就筹募 500 担大米，慰问新四军四支队。我们在毛坦厂乡还曾发动 500 余人，连夜抢运军粮。

工作团是个革命熔炉，我们除进行群众工作外，还经常组织学习《论持久战》等毛主席的著作和党的方针政策，每个成员都受到了很好的教育，到 1940 年初撤到皖东时，全都入了党。

组织安徽省青年抗敌协会

1938 年秋天，省动委会在立煌召开各县指导员及工作团团长会议。会上，我和几个做青年工作的同志，提出成立安徽省青年抗敌协会。此议案经讨论后，一致通过。省青抗的秘书麦英富和宣传部长甘怀勋，都是广西学生军中我党地下党员。组织部长是汪胜文，我任省青抗理事兼视察员。这是党领导下的外围群众组织，后受中共鄂豫皖区党委青年工作委员会直接领导。

省青抗成立后，在太湖、阜阳、全椒设立太湖、皖北、皖东办事处，指导各县的青抗工作。每个办事处所辖地区都有我地下党员和五战区政治工作队的进步青年作为骨干力量，以公开身份掩护秘密工作。开展活动非常活跃，大批青年团结在他们周围。省青抗还办了一个指导青抗工作的刊物——《青年》，由甘怀勋主编。每到节日、纪念日，省青抗都要组织青抗会员举行多种形式的纪念活动。

1939年冬，国民党顽固派搞第一次摩擦，省青抗和皖西各县青抗负责人或撤到皖东，或转入地下，但青抗仍然在发挥作用。省青抗经过一年多的工作，在40多个县建立了组织，培养和团结了抗日青年约40万人，在发动群众抗日救国中做出了重大贡献。

　　原载中共六安地委党史工作委员会编：《皖西革命回忆录：抗日战争时期》，安徽人民出版社，1989年，第52～57页。

统一战线是克敌制胜的法宝

◎ 杨 震

　　我于 1943 年 1 月，奉新四军七师命令，同张有道同志率领七连一个连的武装第二次进入大别山。2 月份张有道同志调走，张国平调来任指导员，我任连长。后来他又调走，汪立庭同志任连长，我任指导员。不久汪立庭调任桐西大队副，仅留我一人带领这支部队坚持游击斗争，直到抗战胜利。我当时是中共舒桐潜工委委员、行动委员会书记、游击队队长兼指导员，负责舒、潜、霍、岳一带山区的地方武装斗争和地下党组织工作。回忆 1943 年 10 月起至 1945 年 8 月这一段战斗历程，真是感慨万千，激动万分。握管挥毫，热血沸腾，峥嵘岁月，恰似图画一幅幅浮现在眼前。然而，千里江河，就其一掬，这里仅就我们在对敌斗争中所开展的统一战线工作片段做一简略的记述。

　　1944 年初至 1945 年 8 月，我们这支战斗在大别山的新四军游击队，面对强大的新桂系顽固势力大规模反复的"清剿"，不断取得胜利，由小到大，由弱变强，粉碎了顽敌的阴谋，冲出了顽军的数次包围，使新桂系的全面"清剿"宣告破产，胜利地完成了上级交给的任务。除了广大指战员英勇奋战、不怕牺牲、地方党组织的积极配合和广大人民群众的大力支持，还有我们认真贯彻执行了党的"发展进步势力，争取中间势力，孤立顽固势力"和"放手发动群众，团结一切可能团结的人，建立广泛的统一战线"的方针政策，团结争取了地方上的上中层进步人士，建立了最广泛的抗日民族统一战线，同国民党蒋介石顽固派进行了坚决的斗争。

根据党的统战方针和政策，我们对中间力量——民族资产阶级、开明士绅、杂牌军队、国民党内的中间派、上层小资产阶级和各党派等进行逐个分析，根据他们既与工农有矛盾，又同大地主、大资产阶级、国民党顽固派有矛盾的特点，采取了区别对待、分化瓦解的方针。对有抗日热情、有民族感、表现进步的，我们或通过交朋友，或利用其亲戚、宗族关系等方式，尽一切可能争取他们；对敌伪乡、保组织则打进去，使其成为两面政权；对顽固不化、与人民为敌的则坚决打击。

由于我们的大力宣传和积极活动，一些地方上有名望的士绅、伪乡保长等在我共产党的影响下，大都能积极靠近共产党，支持革命。如潜山县大水乡伪乡长汪中联，我们通过开明士绅叶惠泉的关系，同他建立了统战关系。在他任乡长期间，县里每次发武器时，他都派乡丁秘密地送给我们，有时也通知我们去"取"。每次动手时，他自己便外出打麻将，待我们包围了乡公所，"取"走了乡公所的枪支之后，他就"震惊愕然"起来，第二天连忙上报县里，要求补发。就这样，仅1943年一年内，他就用各种方式，先后巧妙地送给我们60多支枪，10余枚手榴弹。他还保护过我们两位同志，使他们免遭顽敌搜捕，还经常给我们提供情报，使我们处于主动地位。后来，他调到潜山县政府任建设科科员时，获悉顽敌10月份在汤池畈召开军事会议，布置反革命"围剿"的情报后，立即通过叶惠泉转告了我们，使我们得以及时转移。他还为我们做宣传统战工作，扩大统战对象。在县政府开会时，与黄柏乡乡长聂斋潜谈心，宣传共产党的政策和国民党逆历史潮流而动必将最后垮台等。聂斋潜在他的启发和带动下，亦同我们建立了经常的联系，关系一直很好，先后送给我们13支枪，敌人一有行动便即速派乡丁与我们通气。他还勇敢地在士绅会上公开宣传、赞扬共产党，斥责国民党。汪、聂两位乡长任命保长，不是由我们直接指定，就是征求我们意见，经我们同意后才任命。伪省、县政府一有税收、抽丁任务下来，他们都向我们通报，征得我们的意见后才行动。为了凑抽丁数，他俩尽抽些老弱病残者，送去后即被退回。有时预先通知穷苦人家年轻力壮的，让他们躲藏起来"避风头"，然后向县府汇报，说"都跑光了，抓不到人"，采取软拖硬抗的办法加以抵制。可惜的是，聂斋潜后被反动派发觉，被捕到军法处坐牢，并遭杀害。

大水乡开明士绅叶惠泉、叶理洲思想比较进步，经常向伪保长宣传我党方针政策。游击队打到哪里，他们就想办法将粮、盐供应到哪里。叶惠泉还借给我们五六次银圆，每次30余元，之后我们还了一部分，另一部分他就资助革命了。黄柏区士绅、潜山县伪参议员汪甫（此人在极左路线下被镇压），曾为我们被捕的同志作保100多次。我地下党员韩卫堂的哥哥韩卫侯是伪乡长，韩卫堂说服了他的哥哥，与我们合作得较好，为我们保释过游击队员，并处处表现中立，表示决不做破坏革命、对不住共产党的事。

还有一部分中间派，是要在一定条件下才能靠拢我们的。条件是：一、我们一定要有充足的力量；二、要维护他们的利益；三、我们对顽固派的斗争要能取得胜利。具备了这些条件，他们才敢接近我们，否则，他们就动摇不定，疑虑重重。如潜山县槎水乡伪行政专员范苑声，源潭乡伪乡长储进，官庄乡伪乡长余尉，舒城县平田乡伪乡长余兆兰、张清之等人，就是属于这一类。我们对他们的统战工作采取有理有节的方针，并约法三章，禁止其玩滑头。我们规定：一、凡我部队人员在该乡范围内活动，不得泄露，有群众被捕者，要设法保释出狱；二、我方伤病员在该地区休养，要保证其安全，若出现问题要负责任；三、反动派摊派的苛捐杂税，只准向富户索取，令其缴纳，不准敲诈穷苦百姓。以上三条如有违犯者，我们定将采取果断措施，决不饶恕！凡能完全做到者，我们保证：一、其本人的人身安全；二、其家产不受侵犯；三、不打其乡公所。由于我们的力量不断壮大，这些人慑于革命的威力，审时度势，在政治上也都采取中立。官庄乡的伪乡长余尉，就是这样的典型代表。他自己表面上不接近我们，暗地里派乡丁同我们保持联系，并保证履行上述三条。

对于敌人阵营内部的中间派，我们着重做好分化瓦解工作。潜山土顽华品三就是在我们统战政策的感召下，带了一挺捷克式机枪和一个班的人向我们投诚的。后来他在党的教育下，进步很快，表现很好，并担任了一支游击队的队长，还光荣地加入了中国共产党，成为一名坚强的无产阶级战士。

实践证明，我们认真执行了党的统战政策，做好了对中间势力的工作，争取了不少朋友，扩大了革命阵营，壮大了人民力量，孤立了顽固势力，为我们坚持皖西革命斗争提供了有利条件。

在发展和巩固统一战线、争取中间势力的同时，对坚持反动立场，一贯作恶多端，残害百姓、鱼肉乡里、反对共产党的恶霸、劣绅、乡保长等则坚决予以制裁，毫不手软。这是扩大和巩固统一战线的有力措施。潜山县黄柏乡桂河保保长桂清邦，平时依靠反动势力，欺压百姓，无恶不作，是当地的一霸，被称为"地头蛇"，广大群众对其敢怒不敢言，恨之入骨。他还向反动政府报告我游击队动向。我们进入该地区后，决心将他镇压，在一个漆黑的深夜，包围了他的寓所，除掉了这个恶贯满盈的大坏蛋。群众为此奔走相告，争相传颂，扬眉吐气。镇压桂清邦，起到了杀一儆百的作用，从此，一些地方上的顽固派的嚣张气焰有所收敛，再也不敢明目张胆地捣乱和破坏了。

古人云："天时不如地利，地利不如人和。"回顾在大别山的一段烽火岁月，我们之所以能从一支小游击队不断发展、壮大，在数以万计的顽敌"清剿"中来去自如，游刃有余，主要是因为我们的统战工作做得好，起了一定作用，体现了"人和"的重要性。那些中间力量被我们争取过来为我所用——掩护、支援、宣传、送情报，使我们如虎添翼，立于不败之地。如果只靠我们孤军奋战，必将困难重重，难于生存。因此这种统战工作，不仅在抗日战争时期是克敌制胜的法宝，而且在振兴中华、加速四化建设、促进第三次国共合作等方面都具有重要的现实意义。

（李卫生 整理）

原载中共舒城县委党史办公室编：《舒城县革命史资料（抗日战争时期）》，内部资料，舒城印刷厂，1985 年，第 144 ～ 148 页。

建在伪营里的联络点

——淮西统战工作话旧

◎ 马　曙

1941 年 6 月 5 日。

漆黑的夜空，像是浸透了墨汁。一支精干的队伍伴着流萤，沿着清洛河南岸向西疾进。背后，是我华中抗日民主根据地之一定远；前面，是敌占区和国民党控制区寿县，我们中共寿县县委干部和杨效椿同志率领的新四军二师六旅十八团的一个连近百人的队伍，悄无声息地越过了敌人封锁的淮南线，次日拂晓便到达水家湖边的蒋家凹，在那里隐蔽休息。我们此行的目的是到淮南路西开展抗日游击战争，其中我们县委的任务是整顿地方党组织，建立地方抗日武装，开展抗日统一战线工作。为了与根据地保持密切联系，县委决定在敌人鼻子底下开辟几条地下交通线。

几天之后，我秘密来到杨家店附近的一个村庄，通过关系了解下塘集汉奸区政府的情况，得知陈三麻子伪自卫团下面的一个中队中有几个是当地庄稼汉，我的本家堂兄弟马家其就在这个中队混饭吃。通过马家其，我先把帮工出身的马然之争取过来，并约定在一天晚上，由他二人把伪班长韩士德找来。

阴森森的树影，几声零落的狗吠。借着茫茫夜空闪烁的星光，我和通信员马才之（外号马三）轻悄悄地走向村边的一棵大树，插在衣袋里的右手紧握着机头张开的驳壳枪。果然，他们三人已如约在树下等我了。马然之拉着一个身材魁梧的汉子，向我介绍说："这是我们班长韩士德。"

"我当了'鬼变子'，没脸见人。"韩士德声音发颤。

"你不要怕，我们新四军是坚决抗日的，是为穷苦人打仗的。只要你不坏良心，能记住自己是个中国人就行。将来愿意的话，也可以参加新四军嘛。"韩士德连连称是，声调也渐趋平和。我见气氛和缓下来，便又严肃地说："你们都是中国人，怎能去当汉奸？残害自己的父老兄弟是有罪的!"

"小人不敢，我有罪，这全是被生活所逼啊!"原来韩士德是大井寺人，打过长工，因家里穷得叮当响，才靠当伪军弄几个钱养家糊口。

我进一步对他们做了形势分析和爱国主义教育，我说："日本鬼子在中国不长了，迟早我们中国人民会打败日本鬼子的，你们能醒悟过来，为我们抗日工作干些有益的事，将功赎罪，留条出路也是不迟的。"接着我又向他们探问下塘集日军总部、伪区政府及他们中队的情况。韩士德还爽快地说："长官只管吩咐，要我们干什么我们就干什么!"

当下，我给他们规定了纪律，并要他们身在曹营心在汉，搜集日伪军活动情报，争取全班人员为我所用。自那以后，韩士德那个班驻的炮楼就成了新四军传送情报、护送干部过封锁线的地下情报交通站。同时，我们还设法争取了其他地方的一些伪军。

一天下午，我正在黄狗背小庄与韩士德、马然之两人交谈，一个青年气喘吁吁地跑来，把韩士德拉到一边低声嘀咕。只见韩士德脸色铁青，满面怒容。我问了几遍，他才说："外甥马传发告诉我，第十二游击纵队的机枪射手宋大个子是国民党特务，现在专来搞新四军情报。他以前欺侮过我们，无恶不作，今天又来霸占我外甥媳妇。"他叹了一口气，流下了眼泪，非常伤心地说："我也是没办法! 国民党游击纵队的一个大队就驻在离外甥家不远的地方。我的枪头再长也伸不到那里去。"我立刻意识到，如果不除掉这个恶棍，我们的统战关系就不能持久，同时为民纾难也是我们义不容辞的责任。于是我对他进行了一番抚慰，又向马传发详细询问了周围敌军、顽军的情况，提出了一个行动方案。

太阳西斜的时候，我们五人出发了。韩、马身着伪军服在前，我和马才之换上便衣在后，由马传发带路，大摇大摆地通过了伪新集乡公所、白桥湾日军炮楼，于午夜时分到达马传发家庄外。按事先布置，马然之到庄西头放哨，以防顽军派出流动哨，韩士德堵住大门，马才之把住房门，我和马传发进屋擒拿宋大个子。为了防止枪声惊动周围敌人，我用布包了枪口，告诉他们不许乱开枪。马传发悄声打开房门，只见油灯下一个大汉和传发女人睡在一头。我闪身冲进房内，大喝一声："不许动！"伸手抓住那家伙一只手。随着一声惊叫，那家伙另一只手已抄起了床头边的驳壳枪，并迅速打开大机头。我见抓活的已不可能，就朝他头上开了一枪，他身子一颤见了阎王。

杀掉宋大个子，韩士德舅甥二人感激万分地说："新四军真是我们的亲人，你叫我下火海上刀山我也愿豁出命去干！"

8月初，有两位从霍邱县城来的女中学生找到杨效椿同志，要到路东抗日根据地去工作，其中一位是十八团一营营长赵璧同志的未婚妻。杨效椿考虑到武装护送容易暴露，便让我设法护送。这事委实难办，要是两挑银圆也好送，可是这是两个女青年，要通过淫邪成性的日本鬼子的炮楼和国民党游击队经常出没的敌占区确有很大危险。我将她们安排在我家里后，去找韩士德、马然之他们商量。韩听后拍着胸脯说："这事儿包在我身上。"经过几天的准备，三个"伪兵"护送着一位"阔小姐"和一个"使女"上路了。通信员马才之也在其中，歪戴着伪军帽子，一手插进裤袋，一手拿根皮带，叼着烟卷，兵痞相十足，摇头晃脑地走向敌人的岗哨，从从容容地通过日伪封锁区，一直把这两位女同志送到我军团部。几天后，韩士德、马然之回来了，兴高采烈地说："两位女中学生送到了，我们还向陈庆先团长要了收条哩！"我哈哈大笑起来："你们怎么想出要收条？""好向您交差呀！"说着韩果然掏出一张纸条递给我，我说："好，你们又立了一功！"

那时候，我经常到淮南路东向中共淮南津浦路西地委汇报工作，都是由韩班长他们护送过铁路封锁线的，有几次我与通信员马才之还住在他炮楼里呢？记得第一次住在里面时，我与马才之一夜未合眼，驳壳枪大机头拉开夹在裤裆里，随时准备战斗，虽韩说这里保险，但我心里总不踏实。次数多了也就习以为常了，每次我留宿炮楼时，韩士德总是加哨，以防万一。

1942年初夏，他们这个中队调防到下塘集，我给韩士德他们布置了几个暗号和联络点。不久，他们便与当地的地下交通员老窦取得了联系。通过老窦，他们继续不断地向我提供敌伪活动的情报。

春节前的一个傍晚，老窦急匆匆地跑来报告：韩士德、马然之两人被日军抓起来了！我们一下惊愣了半晌，意识到情况危急，立即找人去营救，但没有成功。原来日军的汉奸、特务查出下塘集伪自卫团长陈三麻子暗通新四军，陈三麻子本人和韩士德的中队全被日本鬼子缴了械，关押起来，严刑审讯。韩士德、马然之为保护其他人员，便挺身而出，只承认自己同新四军有来往，其他只字不吐。日寇把他俩打得皮开肉绽死去活来，仍无所获，最后竟凶残地用狼狗将他们活活咬死。虽然他们到死时还身穿伪军衣服，但他们确实是为中华民族的解放事业而献身的民族英雄，值得我们永远怀念。

自从我们打死顽固不化的钱家集乡伪乡长陈旭东，击伤作恶多端的杨家庙乡伪乡长胡迪生后，许多伪乡保长便惴惴不安地来找我们接头。第一个找上门来的是新集乡伪乡长陶大矮子，中共寿县军政委员会让我去与他们谈判。当时到敌占区与汪伪人员谈判还是很危险的，但不入虎穴，焉得虎子，在一个伸手不见五指的夜晚，我与通信员马才之摸到新集伪乡公所。几个伪兵高声喝问，我答说是陶乡长的朋友。陶大矮子闻声而出，恭恭敬敬地迎我入室，献茶敬烟，腰都弯过了九十度，连声说："长官放心，到我家就像进了保险箱，我家老小十几口全都在'四大爷'（新四军）手里，谁敢动您一根汗毛？"我单刀直入："陶先生当了汉奸，对人民是有罪的。""是，是，长官。但我只是替鬼子要粮要草，要捐要税要民夫。其中揩点油也是有的，并未干过其他坏事。只请求长官不要杀我，今后能给我一个出路就行了。"我向他提出要求：第一，日本鬼子出来"扫荡"时，要事先给我们送情报；第二，不能过多地给老百姓摊派费用；第三，日伪军来"扫荡"时，要掩护我们的非战斗人员；第四，我们的伤病员和革命家属凡在该区的要负责保护。做到这四条，我们将给你记功，并给你出路。陶点头哈腰地说："长官提出的四条我一定做到，如少一条就杀我全家。"以后，在掩护抗日工作人员、向我接济粮盐、收容我伤病员和提供日伪军情报等方面，陶大矮子确实做了许多工作。

此外，杨家庙、涂拐、陶楼、吴山、长岗等乡的伪乡长也都被我们争取过来，支持我党建立乡政权。有的上层人士如杨家庙的陈晓风、孙寿成、强聘之、陶德谦等也支持我们工作，向我们提供敌、伪、顽情报，每逢日伪征兵征粮，他们都协助我们动员群众，采取拖、顶、糊等方法来对付，以减轻群众负担。当时我们建立的两面政权比顽固政权的区域还要大，而三面派势力地区更大于两面政权区域。因为国民党大搞"曲线救国"，不少军队和基层政权都伪化起来，也有许多汪伪人员就是国民党派去的特务，这种人是积极反共的，其中一些汪伪人员又被我们争取过来，与新四军保持联系，杨贯之、谭老大便是这样的人。

杨贯之是钱集北边的一个财主，当过汉奸区长，与汪伪汉奸和国民党人员都有渊源关系，过从甚密。但我们回到寿县后，他又跟我们拉关系，经过几次交往，我对他做了大量工作后，他与我便成了好朋友。我们县委游击组经常住在他家，与他谈心都能开诚布公。1941年秋冬间，我们两个受伤的同志也在他家养好了伤。他还帮我们到下塘集购买布匹，让我们在他家里做冬衣。游击组的一匹骡子因活动不便，也请他代为饲养。我们向他表示谢意时，他总是说："都是朋友嘛，何况还是为了抗日，干这点事是应尽的责任。"杨贯之恰似换了一个人。

1942年初春，我叫韩士德在地方上找个有声望的人家作我们的落脚点，因为他新调防的炮楼离鬼子的炮楼很近，经常出入易被鬼子发觉。在一个大雪纷飞的下午，韩士德带着我和马才之到铁路边他的拜把兄弟谭老大家里。韩先向他通报说我叫孟宪忠，是杜岗孟堂大地主家大少爷，专门在外跑大生意的。谭老大把眼睛向上翻了几下，两手当胸一拱："噢！难得相见，不敢高攀，未能前来迎接，望谅。""久闻谭老德高望重，特到贵府请教。""不敢不敢！请到烟床上烧几口。"我顺手拿过烟枪，吸了几口，寒暄几句后，便取出两大碗烟土送给他。见我送他烟土，谭老大来劲了，滔滔不绝地说："孟先生，我这个人就是朋友多。上次路西中央军里的一个朋友叫我干铁路上的自卫大队长，委任状也给了我，我硬是不干。现在新四军里面也有两个好朋友，一个是管军事的杨效椿，一个是管政治的马曙，他们来往都到我家歇脚。你认识这两位吗？如不认识我可写信给你介绍。现在跑生意要与官家、中央军、新四军、日本人及土匪都通气才保险啊！"听到这里，韩士德禁不住笑了起来。我连忙打个手势，接着说："谢谢谭老的美意。你的朋友请你干铁路上自卫大队长你就干嘛，以后我们翻铁梁子（铁路）也有个照应。""哪里，我一个乡下人不能当官，只能吸鸦片，跑跑生意。"接着他就大谈起生意经，又招待我们一顿大餐。以后我们同他做起了生意，先后换取了布匹、药材、食盐等许多根据地短缺的物品，还利用他的关系掩护我们传递情报、运送军需民用物资。

这年冬天，我调任中共淮南铁路工委书记，对外称淮南铁路游击大队教导员，在路东造甲店一带活动。这时，谭老大的儿子当了陈刘集乡伪乡长，国民党特务正在做他儿子的工作。谭老大还想联络新四军以谋将来的出路，就问韩士德："新四军淮南铁路游击大队的马曙是不是路西的那个马曙呀？"韩士德才告诉他："正是他，就是常到你家的孟先生。"当我再次到谭家时，谭老大一迭声地说："我有眼不识泰山，有罪，有罪！我的小孩干了汉奸乡长，今向长官请罪，请长官看在朋友面上多多照应，日后鬼子投降了给我们条出路！"我笑着说："我们都是朋友嘛，鬼子投降以后可以到我们这里来，不过令郎在地方上不要干坏事，要尽力为我们办些事。"以后谭氏父子审时度势，为我们办事更积极了。

原载中共六安地委党史工作委员会编：《皖西革命回忆录：抗日战争时期》，安徽人民出版社，1989年，第280～287页。

抗日战争时期国共合作在经扶县的一件事

◎ 高培维

1937 年秋，红军高级干部高敬亭率领红二十八军从安徽省岳西县过来，到湖北红安县七里坪与国民党谈判，合作抗日。当时我在经扶县箭河区当联保主任。因为箭河区与七里坪是邻邦区，所以经扶县县长胡光麓就指派我同他的亲信县财委委员长石子谦、县司法承审陈汝宪（信阳人）、县城关联保主任汪楚山等四人作为经扶县政府代表，到七里坪表示欢迎。

我们一到七里坪，就进了红二十八军的接待站。然后，由七里坪区区长王子元引导我们见了接待站站长、红二十八军的谈判代表何耀榜。那时我看到何耀榜只有 20 多岁，个头不高，人很精明。我们向他说明了来意并代表胡光麓县长表示问好后，他很严肃而又谦和地说："现在国共两党，正在谈判，不打内战了，要合作抗日。望你们地方政府，今后要多多支援抗日部队，再不能敌视红军和红军家属了……"说罢，叫人安排我们住下，他就走了。

听说红二十八军政治委员高敬亭当时住在七里坪西边的方菜家祠堂，他化名李守义，对外称主任。我们未能见到他。

第二天，红二十八军的另一个领导人郑位三接见了我们。我们见到郑位三来时，带着五个警卫员，骑着高头大马。接见时，他向我们宣传许多合作抗日的重要道理，并提出一个严重的问题叫我们回去告诉胡光麓县长，要求他马上将国民党广西队伍一〇二师在天台山、老君山一带捉去的红军便衣队都释放出来。他说："现在国难当头，要让他们参加抗日，不能叫他们老坐在你经扶县的牢房里。不然能叫合作抗日吗？"我记得他当时还提出了许多具体的人名，其中有个女的叫阮竹青。

郑位三提出释放被经扶县政府关押的被俘人员是怎么回事呢？原来国共合作谈判以前，在经扶县驻防的是广西军一〇二师，师长白辉章是贵州人。1936年和1937年间，一〇二师在天台山、老君山一带捉到的红军便衣队都交给经扶县关押、审讯，有些人还被杀害了。

我们到七里坪时，可能是双方谈判已达成协议，但国民党方面的谈判代表刘专员（指鄂豫皖边区督办公署主任卫立煌的少将高级参谋刘纲夫）还没有离开七里坪。我们也没有见到他，只听七里坪区王区长传达了一些意见，就返回经扶县了。

我们回县后，向胡光麓一一报告了情况，特别向他转达了郑位三要求释放被捉的人这个问题。不久，胡光麓根据国共双方谈判协议的条款规定，将关押在经扶县监狱里的红军便衣队都释放了，并派人送他们回到七里坪。

1938年春，红二十八军改编的新四军第四支队由七里坪开赴皖东抗日前线，路过经扶县城新集时，胡光麓县长带领全体公职人员和许多老百姓出城夹道欢迎，县政府还办了酒饭招待。四支队的官兵代表还讲了话。他们离开县城的时候，老百姓又热情相送，有的老百姓还向四支队战士送了鞋和袜子等慰劳品。当时现场的欢呼声和锣鼓声响成一片，山谷为之震动，人心为之沸腾，充分反映了抗日战争时期国共合作在旧经扶县的山城里所产生的反响。

（陈士农　整理）

原载政协河南省新县委员会文史资料研究委员会编：《新县文史资料》（第一辑），内部资料，1986年，第69～72页。

蔡天明先生与浠水青抗

◎ 王占崧

抗日战争时期，中日民族矛盾和国内阶级矛盾交织在一起。由于民族矛盾处于主导地位，所以产生了国共合作，联合抗日；又由于阶级矛盾客观存在，国民党继续执行限共和反共的政策，所以形成又联合又斗争的局面。这个局面的变化，则因时因地而异。

鄂东地区的抗战形势跟全国一样，也是因时因地而异。在武汉沦陷之后，鄂东地区沦为敌后，消极抗战积极反共的局面逐步形成。

1938 年春，中共湖北省委派方毅、刘西尧、张体学等同志到黄冈成立中共鄂东特委会，组织新四军鄂东游击挺进军第五大队（简称五大队），其给养由国民党鄂东行署供给。1938 年秋，鄂东地区沦为敌后，国民党鄂东行署迁往黄土岭，行署主任是程汝怀。广西军一七二师驻在罗田，师长程树芬兼任鄂东行署副主任。他们一方面对五大队的给养和活动实行种种限制，另一方面积极发展国民党的地方武装，当时国民党鄂东游击挺进军第二十一纵队司令部驻在浠水蔡家河。

1938 年 12 月，刘西尧同志介绍我到一七二师政治部工作，交给我的任务是秘密发展民先队。该政治部秘书普剑魔（民先队员）、科长夏世法（共产党员）研究，为了使我能跻身于广西派的行列，安排我到政治部举办的鄂东干部训练班学习。1939 年 2 月，干训班结业，师长程树芬派我到二十一纵队司令部任政工分队长。我打算利用这个公开身份来成立合法的群众组织，以便开展秘密工作。

当时正值春节期间，我率领政工分队人员在蔡家河开展抗日宣传活动，而浠水县的党政机关竟不重视抗日宣传工作，就连县抗战动员委员会（简称动员委员会）也不开展宣传、组织群众的活动，只要日军不向山区侵犯，就可相安无事，抗战意识极为淡薄。有鉴于此，我就找县动员委员会负责人（我记不得他的姓名）建议成立浠水县青年抗日救国会（简称青抗），并介绍罗田县在一七二师政治部指导下，已成立"青抗"，开展抗日宣传活动。他没有采纳我的建议，并表示敌后抗战是政府的事，无须发动群众，要防止坏人乘机捣乱。我意识到他的意图是防止共产党开展活动。我考虑既然县动员委员会已经瘫痪，要成立浠水县青抗，只有从两个方面着手：一方面由国民党县以上的领导机关给县里下通知，使他们不得不执行；另一方面争取进步人士的支持，把部分青年组织起来，使县里找不到推诿的借口。于是我去一七二师政治部找普剑魔、夏世法等同志研究办法。他们同意我的意见，决定由政治部出面进行工作。一方面通知浠水县动员委员会成立青抗，并送去罗田县青抗的组织章程和工作方案以供参考；另一方面动员爱国民主人士、浠水县中学校长蔡天民先生出面支持，把县中学的学生组织起来，成立浠水青抗。还拟定请蔡天民先生的长子蔡森同志任县青抗的会长，由他推荐青抗的其他负责人。

　　1939年3月初，我偕普、夏二同志到豹龙庙浠水县中学，拜访蔡天民先生和蔡森同志。蔡校长明白我们的来意之后，满口表示支持，并且说不继续抗战，则无法收复失地，不发动群众，则无法进行抗战。他愿意以县中学为基础成立县青抗，并乐意率领师生积极开展宣传活动。他也谈到当时政治上的复杂情况，表示要以国家、民族利益为重，还引用了文天祥的两句诗"人生自古谁无死，留取丹心照汗青"来表明他的爱国立场和态度。蔡森同志（共产党员）当时在家养病，亦乐意接受任务，还推荐几位青年分别担任青抗其他职务。我们还研究了县青抗的组织章程和工作方案，确定成立日期，请县动员委员会派员参加，一周后，在县中学召开浠水县青抗成立大会。在大会讲话的除了普剑魔同志和县动员委员会的代表外，蔡校长慷慨陈词，他以"国家兴亡，匹夫有责"的大义教育青年，以当亡国奴的痛苦唤醒青年，以民族英雄岳武穆、文天祥的抗敌精神激励青年，并表示他乐意与青年一道，为抗日救国事业贡献自己的力量。他的讲话博得了听众热烈的掌声。最后，由蔡森同志宣读县青抗组织章程和工作方案，宣布各项工作负责人待定名单，到会青年一致通过。

浠水县青抗成立之后，蔡天民先生就组织师生开展抗日宣传活动。我当时奉令调离浠水，故对其活动情况，不知其详。

1939年春，鄂东地区已处于国共破裂之前夕。国民党对新四军五大队的所在地——夏家山实行包围，程汝怀命令其部队"把枪口对准夏家山"。鄂东各县的动员委员会，由国民党一手操纵，排斥共产党员和爱国人士，各种抗日群众组织，名存实亡；抗战形势，转入低潮，国共斗争，日趋剧烈。处于阶级矛盾激化之时，蔡天民先生不图明哲保身，而以国家民族利益为重，主持正义，坚持抗战，这种高尚的爱国主义精神，令人钦佩，故为之记。

1987年记于浠水一中

原载中国人民政治协商会议浠水县委员会文史资料研究委员会编：《浠水文史资料》（第一辑），内部资料，浠水县商业印刷厂，1987年，第154～157页。

我在抗日战争时期的经历

◎ 黄全斌

1937年七七卢沟桥事变,日本侵略者全面进攻中国。在这民族存亡的关键时刻,每个中国人都经受一次严峻的考验,是抵抗,是妥协,还是充当汉奸走狗,各人历史都有记载。回忆我在抗战时期的坎坷曲折道路,有悔恨,也有喜悦,有陷入屈难的处境,也有虎口余生的历险,甚至有点传奇色彩,但都是事实。今天我把这段亲身经历写出来,留给青年,留给后人。

一、错上征途

我生于1921年,世居蕲春县蕲州镇。我父亲黄伟臣,抗日时期任县政府财务委员会审核主任、抗日动员委员会委员和田赋主任等职。1938年10月,在蕲州沦陷前夕,蕲春县政府辗转北迁,最后进驻刘公河。时年17岁的我,第一次走向社会,随同父亲来到刘公河搞到一门差使,任财务委员会缮写生,主要是填表册、誊写文稿等。因为有财务委员会的背景,1940年3月,由县政府保送我进鄂东行政干部训练班,受训三个月。训练班地址在黄冈县三里畈(今属罗田县),班主任程汝怀,副班主任刘鸿奎,教导主任汤家骏。受训内容:政治(保甲制度、国民党和共产党)、军事(三操两课、战术),有讲义。7月份学习期满回蕲春。回来约两个月,由县长何庭芳派任蕲州镇镇长(抗日时期,蕲州镇辖蕲州及岚头矶和江南的沛源口，故蕲州镇又称城厢镇），从事秘密抗日工作。何给我定员五人：镇长、文书、干事各一人，交通员二人。镇公所仅有机构，无固定地方，无办公地点，无牌子。我们带有公章，持有县政府通行证两本（每本100张）。其任务：侦探日寇在蕲州附近及沿江一带的军事行动，了解新四军的活动情况（这时新四军刚发展），及时向第一区（漕河区）区长胡伯英或县政府汇报。这段时间虽然不长，我也没有干大的危害新四军和人民群众的事情，但毕竟是错上征途。

二、统战的威力

我任蕲州镇长不到4个月，即1941年春，当时任中共蕲广边县黄土岭区委书记的胡树杨（我的姐夫）知道我的身份，将情况向蕲广边县委书记杨知时汇报之后，要我到他家去一趟。一天，我以探亲为名，到我姐夫家去了。因为是郎舅关系，当时我姐姐还在世，彼此之间无话不说，并在他家住了一夜。闲谈中，胡树杨也向我亮了自己的身份，说他参加了抗日军（四个手指头一比——新四军），还向我讲了许多革命道理和统一战线的意义，反复做我的思想工作，要求我在不改变身份的前提下，一定站在革命一边，为人民做好事，绝对不能办坏事。他告诉我，他们的领导人是大学生，很有知识，很有水平。最后以试探的口气问我，是否同他的领导人见一面，我当即表示同意。通过联系确定，我第一次在黄土岭梅家塆同杨知时见面，在场的还有税务主任何启和胡树杨。杨知时当时不足三十岁，面部有块疤痕，说话很文雅，操黄冈口音，这次谈话时间很长。我向杨知时如实汇报了我的家境、身世、任镇长的经过及所处的环境。杨知时向我谈到许多革命道理和共产党、新四军抗日的决心；谈到国民党假抗日、真摩擦的两面手法；更多地谈到统一战线的精神及其政策。我是到他那里吃中饭的，一直谈到深夜。这次谈话，使我深受教育，说得我心服口服。我想国民党腐败无能，对内残酷压迫剥削人民，对外屈膝投降，为其卖命是没有前途的，决心暗中背叛国民党，以镇长的合法"身份"，接受并从事革命工作。最后，杨知时指示我，从今以后，受何启和胡树杨的领导，按照他们的布置去开展秘密活动，经常向他们联系或汇报。杨在蕲春工作期间，我同他接触过六七次。后来在施家塘一带的胡家塆、宋家塆、张潭塆、梅家塆等处同张体学、赵辛初、孙方等地方党和新四军的领导人见过面。自从与杨知时见面后，我多次接受并完成了党组织交给我的任务，如侦察日伪动态，拉拢顽方人员，掩护革命同志，筹集抗日经费，输送枪支子弹，张贴传单布告，购买西药电池，测绘地图和带路，协助镇压汉奸，等等。从此，我由失足顽方转向为革命出力，这是统一战线的威力。

三、掩护革命同志

在共产党的统一战线政策感召下，我以蕲州镇长的"合法"身份，暗中为新四军办事，掩护革命同志。

（一）那时沿江一带的蕲州、茅山、沣源口等地，都有日军据点，以刘公河为中心的蕲南、蕲北大小集镇是国民党的势力范围。为了掩护新四军便衣队的活动并扩大活动面，我把从县政府领来的通行证，通过胡树杨转给杨知时。这种通行证盖有县长何庭芳的大印，再加盖我的小长印，持证者即可畅通无阻。

（二）1941 年 9 月，国民党桂系军一三八师师长李本一在朱明塆召开地方乡镇长会议，我以蕲州镇长的身份出席。这次会议主要布置收集新四军的活动情况，包括地方组织、武器装备、人员数额及活动地点，限七天之内各地以书面汇报。会上还决定对新四军进行一次"围剿"，会后，我把顽军准备"围剿"的情况及时告诉胡树杨。胡带我去见杨知时汇报详情时，杨说："那好，送上门的生意，我们欢迎。"并对我说："你在向他们汇报时，可以把我军已公开的四十团、四十一团、四十二团的番号告诉他们，把我们的人数说多一点，武器说'精'一点，地点无非是菩堤、黄土岭一带。"

后来顽军"围剿"，由张敏学（菩堤下石潭人，我党叛徒）、黄世敏（黄通八人）各带县自卫队一部，随同一三八师韦团，分两路进行：东路由下庙插入，西路由恒丰堤南下，结果扑了空，连新四军的影子都没找到。顽军沿途抢劫群众的鸡、鸭、耕牛，抓了几个放排鸭的，审一审了事。

（三）1941 年底，国民党游击队经常到共产党领导下的蕲广边抗日根据地搞摩擦。在自卫队第四中队长张敏学手下当兵的王子斌（蕲州人），一次在恒丰堤与我党何启带的便衣队相遇。王被俘，便衣队问他是参加革命还是回家，王要求回家。

何启知道王认识我，答应了王的要求，要王回蕲州沦陷区后要安分守己，并给王20块银圆做本钱，让他做个小生意。过了一段时间，何启向我了解王的表现，问我能否将王争取过来做些工作。因王子斌同我是表兄弟，我对他了解，表示同意试试看。经过几次接触，我以镇长身份，将王收来做外勤人员，主要跑漕河、刘公河一线。后来这条线的许多秘密联络任务，主要是通过王子斌完成的。

（四）有时由于环境紧张，我就设法帮助一些共产党员、军政干部快速隐蔽或转移外地。洪豪（女）、吕斌（女）先后由中共蕲州支部书记王敏送到我家，分别住了十多天。

1941、1942年冬春之交，杨知时要将根据地的高主任、邹主任转移到团风。杨认为走陆路时间长，危险性大，指定走水路。但当时宜昌以下的长江航线全被日军侵占，我先将高、邹两人带到顽占区漕河照相，再回蕲州到日伪维持会那里办理"身份证"。接着在王宣（地名）找到地下工作人员王润清，将高、邹化装成渔民，坐王的渔船沿江而上，我随船一直护送到黄石港。后来听说他们都安全到达了目的地。

四、筹集抗日经费

蕲春沦陷后，日本侵略者很快在此建立日伪政权，勒令当地居民实行"良民证"，限制人们的行动，对许多物资尤其是像食盐、西药、电池、布匹等采取严格的禁运政策，这给我广大抗日军民带来极大的困难。到1941年以后，这种困难局面更为严重。为了冲破这种困难局面，新四军采取多种形式筹集抗日经费，我在暗中活动。

1941年初，新四军将大奸商"李得富烟草公司"的老板李得富（蕲州人，又名李三弟，与李守谦、胡利宾称为"三天官"）捉住，由我找到李的堂兄李金海做工作，最后李得富捐献经费一千元（除800块银圆外，其他用法币折）。钱由我和李金海两人携带送到施家塘胡家塆亲交张体学的。张体学收到钱后，很高兴，将李得富释放。

1942年秋，国民党派方诚任第一区区长，我同方既是上下级关系，又是酒桌、牌桌上的"好友"。一次，区里发子弹，我抓住方爱钱如命的特点，送给他一些钱和旭光牌日本高级香烟（据说当时这种香烟日本"将"级以上的官员才能抽），以在沣源口成立游击队为名，要求他支援一批子弹。这样，我便弄到一箱步枪子弹（500 发），约胡树杨派人到恒丰堤提"货"，然后叫来车夫和花车（一种独轮木车），用柴草将子弹箱包起来放在花车的一边，我坐在花车的另一边，经竹瓦店送到恒丰堤，交给接"货"人。

1943 年 4 月 21 日（农历三月十七日）新四军攻打日伪设在蕲州城外的"农产公司"。战前 3 天，赵辛初派黄土岭区委书记胡树杨同我联系，限我在两日之内将蕲州城内外日伪军碉堡、据点及"农产公司"所在地、周围环境等绘一张图，我按时把绘好的地图转交给张体学。21 日这天一大早，张体学、赵辛初等新四军领导人到黄土岭、西角湖一带侦察，并在这些地方设立了哨卡。傍晚，参战部队在施家塘集中，由我带路，经过高家垸，穿越莲花池，奔新街口，部队在这里分头行动，我跟着主力直取"农产公司"。主攻部队有两个连的兵力，由司令部参谋冯魁吾和十九团副团长孙贯子指挥。这次战斗，由于布置周密，战士勇敢，战斗打得十分顺利，"农产公司"被攻进。在日本援军到蕲州江面尚未上岸之前，新四军撤出战斗，有两名战士在这次战斗中牺牲。由于笤筐队未及时赶到，缴获来的各色布匹 700 余匹，银圆、金票、法币共约数千元，以及食盐、食糖、香烟等一批物资，都是我们战士扛出来的，这次战斗对日军震动很大，说"新四军了不得"！

五、印刻新四军肩章

1943 年 9 月，新四军五师需要印刻一批有"新四军"字样的三角形肩章，这个任务是由胡树杨交给我的。接到任务后，像前几次一样，仍然找到蕲州石印雕刻匠谌正春。谌平时思想开明，非常支持革命工作，在此之前，我曾多次找他为新四军印过传单、布告、符号等。他对这次印刻新四军肩章任务也是乐意接受，很快完成了任务，印好后，由他直接转给我事先联系好的裁缝桂新发踩边子。桂在白天不敢做，安排晚上赶制，不料被人称作"管四姐"的看见。管四姐是投靠日伪的汉流四姐，住在桂新发家隔壁。那时蕲州老房子多是木架结构，中间用木板隔开，彼此间，有什么声响都能听到。那天夜里，管四姐听到桂新发家半夜里传出缝纫机的呷呷声，心想，桂要给日本人做事，不会是在晚上，这样深更半夜地干，肯定是给新四军办什么，联想到白天看到我同桂新发接触过，她便起床挨着木板缝偷看，因目不识丁，只看到桂用缝纫机踩三角形符号之类的东西，暗暗地把情况报给了日本宪兵队。几天后，我在蕲州商会会长刘汉勤家吃晚饭时，被日本侦探人员捉住，并带到宪兵队队部去拷打审问。审讯前，我做了如何应付审讯回答的思想准备，在日本侵略者的心目中，真正的敌人是共产党领导的新四军，国民党军队虽然是交战一方，但日本人却另眼相看。这次案情是管四姐亲眼看见后告发的，不承认不行，关键是承认给谁办事。果然，当晚在宪兵队院子对我进行第一次审讯时，就逼我招供：给谁印过东西？是谁印的？还问我同胡树杨是什么关系。我回答：我曾找谌正春给国民党军队印过肩章，裁缝桂新发踩的边子，我同胡树杨是郎舅关系。其他的就说不知道，或是不承认。宪兵队说我不讲实话，一次又一次地打我的耳光，打得口吐鲜血。正在上开水的一个日本宪兵将开水泼在我的大腿上，至今伤疤还在。第二天，日本宪兵队带着保安队到谌、桂两家抓人，谌因事先得到消息，跑到后面藕塘里躲起来了。敌人把刚满十岁的谌的儿子谌延林捉去，并把他家抄得不成样子，印刷机被打坏，石印被打破。后来谌正春被抓到，才把谌延林释放。

敌人把谌、桂关在同一间牢房，我关在另一间牢房，但两间牢房本是一间屋子，中间隔道木板，彼此说话可以听得见。他俩一进牢就只是哭，认为这回只有死路一条。我跟他们说："在敌人面前，只能承认给国民党军队印、缝过印件，是我交办的，其他的就一口咬定说不知道。千万不能跟新四军沾边。只要我们口径一致，敌人不会把我们怎样。"后来他俩受审时，回答的口径跟我一样，敌人同样不满意，对他俩进行毒打。在审讯我的第二天，日本宪兵队到我家搜查，果然搜出我家里有国民党军的印件，这样，我的回答多少得到一点证实，加上我父亲同汪伪县长黄楚楠（黄州人）见了面，黄出面同宪兵队交涉，在"中日亲善，东亚共荣"口号的掩护下，谌、桂二人被释放回家，我从牢房被放出来，但不准我离开宪兵队大院，实则进行监视。大约过了一个多月，日本人不但再不提起新四军肩章一事，还专门为我办了一桌酒席，对我表示"压惊"，宣布我自由了。

六、日伪合作社

日本宪兵队正式把我放出后，将我安排在蕲春县农产物资合作社（一种政治经济组织，简称日伪合作社）搞代买人。合作社名义上属汪伪县政府管，设有社长、秘书、业务课、政务课、财务课。第一任社长是天津人，叫张士勋，是个亲日派，业务课长赖孟秋（朝鲜人），政务课长冯正平。张士勋调到南京后，冯正平接任社长，冯是北京人，大学毕业，兼翻译。他比我大四五岁，原在武昌某学校教过书，在日伪合作社同他在武昌的一个女学生结婚，不久生了孩子。我借代买的便利，经常给他和他的妻子买些生活急需物资和贵重物品，这样，我们之间的关系甚为密切。有时在私下场合，我站在第三者身份，谈到新四军的活动和人民的情绪，他听后不但不反感，反而同意我的看法。后来我把冯正平的思想动态向胡树杨、何启同志汇报了，他们指示我，想法将冯正平拉过来为我办事，起码要求保持中立，不要与我唱对台戏。这时新四军禁止运谷米到沦陷区，蕲州粮食比较紧张。冯问我能否想法弄到一些，我说办法是有的，就看你是否愿意同有关人员见面，冯表示同意。我引他第一次同何启见面是在王宣李家祠堂，在场的有胡树杨、刘斌（何妻）和我。彼此谈了一些情况后，何要冯帮助搞一些诸如红汞、碘酒之类的西药，冯满口答应。以后冯送给新四军的西药、电池之类的物资有三四次，都是我和冯一道送去的，由新四军十四旅后勤处詹杰指导员、刘玉达政委接待，返城时带些大米、鸡蛋等物资。

1943年下半年，中共长江地委派孙方同志到蕲广边工作。孙与冯是同乡，都是大学毕业生，孙毕业于南开大学，冯毕业于复旦大学。两人经多次接触，关系甚为密切。孙方有时将打来的野鸭送给冯，冯也送些西药给孙，孙患疟疾就是冯送来的西药治好的。

当时抗日根据地食盐非常缺乏，孙向冯提出，弄一批食盐。因为数量多，目标大，又属禁运物资，冯与我商量，决定以合作社换物资的名义，给新四军送一批食盐，第一次送了2000多斤，第二次送了1000多斤，是用王宣湾渔船装运，由我押运到方运才家（银山垅），新四军督导员汪鑫（黄冈人）负责督办。

日本人为了掠夺我矿产资源，曾托朝鲜人村井、大山在银山筹办"东兴煤矿公司"。由于冯正平从中活动，以银山附近经常有新四军活动为理由，为了"安全"，要给新四军一些好处，两个朝鲜人一次拿出2000元，日伪商会会长蔡桂祥等人拿出600元，日华苎麻洋行拿出500元，是通过郜云华、骆守龄等人筹办，由胡树杨和我转给上级的。此外，还有某些军用物资，如电台配件、电台用的电池等，是我同冯正平以合作社换物资名义，转送给新四军的。

七、借刀除奸

日军占领蕲州后，沦陷区的局面是非常复杂的，有日伪汉奸的侦探人员，有"百当队"的土匪，有红黑帮汉流会的组织，有名目繁多的国民党组织的杂牌游击队，如张长江自任游击队大队长，景国宝自任水上游击队大队长，还有十八集团军经济大队长谢祝轩（沔阳人）。这些汉奸走狗，都在蕲州活动，经常捉人绑票，敲诈勒索，甚至公开抢劫，人民群众对他们恨之入骨。当时，在人民群众中流传这样两则顺口溜：

（一）游击队，吊儿郎当，破鞋破帽破军装。检锈子，打乱枪，沿路走，见物端，不打日本鬼，专对共产党。

（二）头戴大萝帽，身背乌龟壳（黑领褂），系着白腰带，讲的扣子多，不是游击队，就是汉哥（红黑帮），欺压老百姓，见到鬼子就溜拖。

抗战期间，我新四军在蕲州设有地下工作人员和税收人员。汉奸走狗的猖狂活动，闹得人民不能安宁，对我坚持抗日的新四军活动带来极大不利，唯一办法就是除掉他们。像日寇警备队侦探人员余美佩、黄大海、董三弟等人，由中共黄土岭区委书记胡树杨、便衣队员华老一，将他们逮捕就地处决示众。何启带人将日伪维持会委员、汉奸张正南，日伪乡长吴学勤二人逮捕镇压；又将破坏新四军地方组织的汉流大哥张海峰、胡奎元予以处决。对有的汉奸，不能捉住，就采取借刀除奸的办法，像对陈杏云等人就是如此。

陈杏云，蕲州人，蕲州沦陷后，给日本人当勤杂员，虽无文化，因接触时间长，能说一口流利的日语，后来在自警团任队长。汪伪县政府成立后，自警团改为保安队，由日本辅佐官从九江带来的冯诚任大队长，陈杏云任保安队副大队长兼第一中队长，他的警卫由原五十七师流散人员田仲平（湖南人）充当。陈、田都喜爱抽鸦片烟。

1944年3月，赢华洋行的一个日本人的一只皮箱被人偷走，空皮箱丢在东门外的魁星楼城脚下，被一个姓江的菜农在守菜时发现。这个菜农还拾到一个打火机，同时看到保安队一中队队员陈继生正在那儿走动。江某把拾到的东西拿回去，打火机给他的小孩玩，被旁人发觉传出，后来传到陈杏云那里。陈为了讨好日本人，将姓江的菜农送到日本人那里拷问，江因无法忍受毒打，照实说出前情，并把看到的一个士兵模样的人供了出来。日本人经过查问对质，认定是陈继生。陈在人证面前，只好将偷皮箱的经过和参加人员一一供认，除了他以外，还有二中队队员段茂林、董江水，日伪警察局警士刘道寿。本来一心想讨好日本人的陈杏云，万万没想到结果是"自己搬石头砸自己的脚"，偷"太上皇"东西的竟是自己手下的人，他如何交代呢？汉奸走狗有他的办法，陈杏云将第一中队全体人员集中在平顶山上，训斥一通之后，把陈继生枪毙了。他这样做，一来显示一下他的权威，二来表示向日本人效忠，好应付过关。由于陈杏云开了一个头，第二天，二中队把段、董二人押到新街头枪毙了，日伪警察局也将刘道寿杀了。因偷东西这样一件小事，四个中国人丢掉了性命，引起了官兵和群众的强烈不满，人们对陈杏云恨之入骨。我新四军掌握了这一情况，认为除掉陈杏云这个汉奸的时机成熟，派人与日警备队侦探长李春华（枣阳人，诨名李洋人，在此之前，何启将其收买为新四军暗地联系工作。日寇投降后，参加国民党的特务组织，因此，李在新中国成立后被镇压）联系，要李从中活动，把陈的警卫田仲平请到他家抽鸦片，趁机说陈杏云如何心狠手毒，要设法把他除掉，田表示同意。事隔不久，一天下午，陈杏云在汪伪县长黄楚楠家吃鸦片出来，与田仲平一前一后回队部，走到袁家弄（现蕲州粮管所）转弯处，田仲平对准陈杏云开了一枪，陈一时未倒地，想用手抽刀，刹那间，田又补一枪，陈杏云倒地毙命。田将陈的手枪及子弹摘下，大摇大摆地出北门，躲在石牌楼居民家，被保安队发觉包围。第二天天亮，保安队用乱枪将田射死。

陈杏云是死心塌地的汉奸走狗，他的死，老百姓无不为之称快。在杀死陈杏云之后，我同冯正平借敌人之刀除掉了汉奸张春年（广济人）。这家伙是在日本警察局当翻译，经常对平民百姓敲诈勒索，民愤极大。我同冯正平商量，造封假信，说他勾结"百当匪"，危害"皇军"。结果日本人信以为真，由警备司令部将他五花大绑，押到白骨庙地方枪杀，示众一天。

八、受任"大队长"

1945 年 5 月，日本蕲州宪兵队撤销，由黄石港派来两名宪兵——高桥、门田和翻译陈文彩，成立宪兵驻蕲州办事处，直接统制长江来往船只停航登记航行证，肖海子（八里湖土台人）为航行登记组长。办事处设在日伪合作社院内。办事处下设情报联络组，主要任务是收集新四军和国民党的军事情报。翻译陈文彩任情报组组长，我任副组长。日本侵略军又委托冯正平为情报组物色几个"联络员"，冯把这个任务交给我。我把这一情况向何启、胡树杨同志做了汇报，他们指示，要趁此机会让我们的人打入敌人内部。我选用黄其元、林炳章及稍后由孙方派来的刘贤元（刘斌侄儿）充当情报"联络员"。后来，我们共同组织了一些活动，例如盖有李先念大印的新四军五师布告，就是由我们在外行宫、新街等地张贴的。

　　自太平洋战争爆发后，日本侵略者战线过长，在我国各个战场每况愈下，这时日本人气焰不如战争初期那样嚣张，有时他们出城，都要经过一番伪装，穿着便衣，戴着礼帽，甚至到黄石港等地去，因害怕国民党的飞机轰炸，不敢白天坐汽艇，选在夜间坐小划子去。

　　冯正平既是日伪合作社社长，又是日军翻译，日本人对他非常信任，在一些问题上，他起着主导作用。汪伪蕲春县长吴幼甫（接任黄楚楠）的秘书陈炳赢到九江运食盐等物资，在途中被国民党飞机投弹炸死后，冯正平趁机将自己的亲信、日伪合作社秘书白如梅派到吴幼甫那里做秘书长。

　　陈杏云被打死后，王之栋（山东人）接任保安队第一中队长。经过冯正平的活动，改由我接任。由于我身兼两职，日伪人员到我家串门颇为频繁。为了应付日伪共三方面的需要，我有两个家。在现在二机厂的老家，专门用来跟新四军接头联系；在蕲钢背后韩家塆建立新家，就是姘妻张金英家，在这里主要应付日伪人员（这时我同国民党脱离了关系）。日本人高桥、门田有时一天来一次，有时隔两三天来一次，冯正平、陈文彩等也来找我。他们来的目的，除吃喝玩乐一番外，主要是收集情报，好向上级汇报，应付差事。

　　到日军宣布无条件投降时，蕲广边新四军计划把汪伪系统的军事力量及武器弹药抓到手。孙方令我同冯正平配合，向汪伪县政府提出改组伪军保安队，将一、二两个中队合并，维持地方治安。并以负责人只能选用本地人为由，由冯正平提名我当队长，汪伪县长吴幼甫只好同意，于是委任我为保安队代理队长，按管理人数和职权范围，实为保安队大队长。

正当我和冯正平筹划行动时，不料以蕲州商会会长刘汉勤等为代表的汉奸们，感到末日来临，纷纷与国民党军暗中通款，寻求庇护，抢先溜出城，跑到驻扎在三渡桥的国民党十六纵队三支队司令部，将邓汉平部队引入蕲州，由水陆两路对蕲州进行重重包围，对汪伪军政人员，当然也包括我在内，实行监视。我们的归顺计划无法实施。我和冯正平只好将各人一支未入册的手枪，交给孙方派来的董道成，转给孙方同志。

九、虎口余生

日本宣布无条件投降的消息传来后，国民党蕲春县县长雷鸣震指派的接收代表宋斌来蕲州之前，鄂东挺进军第十六纵队第三支队已率先进驻蕲州。为了稳住我，邓汉平给我一张"委任黄全斌为本纵队第三支队特务中队长"的委任状，不到十天就将我监视起来，并抄了我的家，我的父亲也被扣押。到 9 月 20 日，日本侵略军离开蕲州，三支队又把我抓起来，押送到十六纵队司令部（朱明塆），由副司令李亿伯（司令刘鸿奎）对我多次审问，主要追问我与新四军"勾结"的经过，并对我施行踩夹棍等酷刑，我始终拒绝承认。他们便以汉奸罪将我辗转押送到鄂东挺进军总指挥部（设在洗马畈许家祠堂）交军法处、武汉保安司令部、湖北省高等法院、黄冈高等法院第六分院（黄州）审讯，最后正式宣判我无罪释放。

出狱那天，我住在黄州城里胜利客栈，准备第二天回家。因心情太高兴，坐在客栈房子里唱起了一支新四军抗日歌曲：

莫要想着家乡，亲爱的同志们；莫要害怕困难，抗日的战士们！莫要忘记，我们都是工农兵，我们的生路仅仅只有一条——只有消灭敌人，才能有出路；只有革命胜利，才能有自由。你想一想，红军苦难十几年，冲破困苦艰难才有今天。

谁要看不到前途，谁就回头想；谁要看不到胜利，谁就没有出路。坚持革命斗争，粉碎顽固混蛋，打倒日寇，争取工农自由解放。

唱者无心，听者有意。我唱这首歌时被国民党行动大队特务听到，进来一个人，问我叫什么，是什么地方人。我告诉他，我叫黄全斌，是蕲春县蕲州镇人。他对我说："你们蕲春有个叫黄土岭施家塘的地方我到过。"我马上问他："你怎么到过那地方？"

他说:"我在赵辛初手下当新四军时到过那地方。"并问我认不认识赵辛初、张体学。这一问,引起了我的警觉。我说,我是老百姓,怎么会认识他们?!于是那人转身走了。刚到黄昏时分,七八个持手枪的侦探人员冲进了房间,先来的那个人用手一指,说:"就是他。"他问我姓什么,把房间搜查一遍,将我捆绑带走。店老板娘说:"这个人是今天刚从牢里放出来的,你们怎么又要捉他?""这与你无关,要他跟我们走一趟。"

　　他们把我带到大队部,绑在柱子上,问我在客栈唱什么歌。我回答唱三民主义的歌,说着我就唱开了。他们说我没说真话,对我拳打脚踢。这时店老板张柏川赶来,对"长官"说:"这个人是刚出狱的,他有神经病。"并就我家有些什么人,做了一番介绍(我在落店时与老板拉了家常),为我说情,并给我家发了一封电报。第二天,我父亲赶来。还是店老板"神经病"三个字提醒了我父子二人,一方面我装成有神经病的样子,另一方面我父亲到处活动,找到监狱看守所写了一份我有神经病的证明,再加上我父亲用些钱,这样他们才将我释放,我终于虎口余生。

　　原载中国人民政治协商会议湖北省蕲春县委员会文史委员会编:《蕲春文史资料》(第一辑),内部资料,蕲春县印刷厂,1987年,第71～87页。

忆我在五师文工团的一段经历

◎原 野

　　我从事文艺工作是从 1939 年冬天调进"十月剧团"开始的。1942 年 8 月,"十月剧团"与五师文工队合并组建师文工团,我又成了五师文工团的成员。在这段时间里,我既当演员,又担负布景和道具工作,有时还被派往部队教唱歌曲、做教育改造俘房的工作。

一、参加演出教唱活动

　　文工团的主要任务是演出。每逢重大节日,边区的党、政、军重大会议,部队打了胜仗都要演戏。记得演出的大型剧本有《雾重庆》《狐群狗党》《马门教授》,历史剧《忠王李秀成》,独幕剧有《搜查》《人约黄昏》《新四军快来吧》《民哨》,等等。这些话剧对揭露打击敌、伪、顽,鼓舞我军士气,团结抗日,都起了一定作用。在这些话剧中,我除了扮演了一些角色,还担负了所有布景和道具工作。

　　1943 年夏季,文工团又扩充了一个湖北地方戏——楚剧队。队员都是从敌占区吸收来的旧艺人。楚剧很受部队官兵和群众的喜爱,有时戏演罢了,观众们总呼喊着"再来一个!"我记得演出的节目有《风波亭》《打渔杀家》《王佐断臂》等。这些虽然是旧剧目,但经过艺术加工,去其糟粕,很有教育意义。如《风波亭》就是影射揭露国民党反动派制造"皖南惨案"而改编的。有一次团队领导派我去教中央军的俘虏唱歌，我是第一次担任这样的任务。我想：教俘虏唱歌，就不能像教自己部队唱歌一样，应该是把党的抗日民族统一战线政策融在一起，于是我选择了一首《国共合作》的歌曲。歌词的内容是："今天大家都来想一想，大革命时代中国情形是怎样？五卅运动掀起了大浪潮，北伐军队雄师到长江。帝国主义吓得缩紧了头，军阀官僚一扫光。不平等条约取消，收回租界汉口和北江。四万万同胞得到了解放，全国人民喜洋洋。国民党、共产党，两党合作中国不会亡，两党合作中国就兴旺。"这首歌既歌颂了第一次国共合作的功绩，也宣传了抗日统一战线，把这首歌教国民党俘虏兵唱，很适合当时情景。俘虏们深感大敌当前，不打日寇反而打抗日的新四军实在不对，后来释放他们时，很多俘虏表示：回去以后一定把枪口对准日本鬼子，再也不打内战了。

二、文工团的整风学习

1942 年 5 月，毛主席在延安文艺座谈会上发表了重要讲话（以下简称"讲话"）。这个讲话，对各个解放区的文艺工作者震动很大，自然也涉及豫鄂边区。1943 年秋，师政宣传部指示文工团进行一次文艺整风学习。目的是解决革命的文艺工作为谁服务的问题及普及与提高的关系，即所谓是搞"阳春白雪"还是搞"下里巴人"的问题。不管是先搞哪一套，目的是一个："团结自己，打击敌人。"记得当时我把这八个字用仿宋体写成横幅标语，粘贴在学习室的墙上。

根据文艺整风要求，我们检查了以往的工作，认为过去对文艺应当为谁服务、普及和提高等带有方向性的问题，思想上不是很清楚。在过去的演出中，多数都是些引进的大型话剧。这些剧，没有一定文化素质和历史知识是看不懂的，剧中人不是"洋人"就是达官贵人、小姐太太，我们的干部战士和广大群众似懂非懂只是看个热闹；另一方面，能够反映边区军民战斗生活的节目太少，这足以说明文艺为谁服务的问题还没有解决好；再就是在文艺的普及与提高上，我们只注意了自身的提高，以致常常演大型话剧。诚然，这对文工团本身的表演技术、布景、化装等方面是有很大提高，却忽视了如何开展部队群众文艺，忽视了深入连队、农村体验生活，从群众中来，到群众中去，以群众喜闻乐见的形式，教育群众，打击敌人。文艺整风以后既普及了工农兵文艺，又充实提高了文艺队伍。

这里还应当提到当时楚剧队的文艺整风。他们都是从敌占区来的旧艺人，文化思想水平较低。为了让他们安心革命工作，所以对他们都给了优厚的工资待遇（当时我们是没有工资的），其中少数名演员工资更多些（达一百多元）。经过教育、熏陶和学习"讲话"，他们提高了觉悟，感到拿工资唱戏就像给老板唱戏的戏班子，不像干革命的样子。他们纷纷提出不要工资了，要与文工团的同志们一样，做一个光荣的革命文艺工作者。因为他们到边区后，从没听到有人称他们是"戏子"，而称同志，这也促使他们思想觉悟的提高。虽然在"讲话"学习中表现了很大进步，但领导还是考虑到他们过去的生活习惯，有的还要养家糊口，就没有撤销他们的工资待遇。后来中原军区突围时，这支楚剧队集体化装成"戏班子"在敌占区数次遭到盘查、逮捕，但在王韧、韩光表同志的领导下，没有一个叛变。而且在湖北老河口，他们为营救集中营的同志，做了不少工作，我在集中营时也曾被他们营救过。他们历尽艰险困苦，最后终于集体回到了党的怀抱。

这次文艺整风使我们明确了革命文艺服务的对象主要是工农兵，解决了革命文艺的立场、观点和方法问题，为边区文艺工作的开展打下了良好的思想基础。

三、深入连队体验生活

通过"讲话"学习，我们认识到以往的文艺工作缺乏扎实的群众生活基础。搞创作的写不出工农兵的剧，搞表演的演不好工农兵的戏，所以我们的舞台上，很少有适合广大战士口味的节目。为了弥补这一不足，我们开始分批深入连队体验生活。首先由副团长方西同志带着我们少数同志深入十三旅三十九团，我被分在二营六连，这是我第一次下连队，吃住都在连队。为了工作方便，我以副指导员的身份在连队工作。

由于没有连队工作经验，开始工作不知从何处下手，我想既然是帮助连队工作，就利用自己文化特长来进行。于是白天我就教战士们唱歌、讲解歌词内容，把文化课和政治课与唱歌融为一体，晚上就找几个战士谈心搞调查、交朋友。问他们教的歌好不好学，歌词懂不懂；喜欢什么样的歌，喜欢看什么戏；有时和他们一起做游戏、学瞄准。这样过了几天就和战士们混熟了，战士们有什么话都愿意和我讲。在谈心交往中（实际上是搞调查），我了解到战士们的爱好和特长，如有的会说大鼓书，有的会唱家乡小调，有的会唱地方戏。发现这些人才后，我就深入到各班把能说会唱的组织起来，同时根据战士最喜爱的文艺形式新编了一出说唱剧《张先生讨学钱》，找两个战士演。在他们练兵结束时开了一次连队文艺晚会，差不多各班都有节目，内容丰富极了，这是连队创建以来第一次兵演兵的文艺晚会。由于内容通俗易懂，形式又喜闻乐见，所以战士们很喜欢看。我也第一次尝到了深入生活的甜头。后来团政治处还把我开展连队文娱活动的方法，向其他连队介绍。

三十九团工作结束后，我们又深入到三十八团一营。三十八团是一个能攻善守、战斗力很强的团队，当时在边区很有名气，曾打得敌人闻风丧胆。而一营又是该团主力营。但使我感到意外的是，该营营长竟是我本家哥哥周子怀，他打仗勇敢，多次负伤。我们兄弟见面分外高兴。他就叫我们住在营部，并派一名通信员照顾我们的生活。白天我下连队开展文娱工作，搞调查研究，晚上回营部和本家哥哥聊天，从他讲的战斗事迹中，收集创作素材。他曾向我讲述了一个非常动人的大义灭亲的真实故事。他本来还有个弟弟，小名叫黑子，在家被国民党抓壮丁拉去了，后来当上了国民党部队的一名连长。那时周子怀也是我军连长。1940年春夏之交，我们部队要通过一个封锁线（实际上是一个山寨子），碰巧这道封锁线就是周黑子带的一连人把守。为了避免伤亡，领导就派周子怀去劝说他弟弟让开一条道好让我军过去。可是不管周子怀怎么劝说弟弟，他就是不肯，硬是要兵戎相见。周黑子提出："你共产党有本事就打过去，否则别想通过我这个路口。"说罢举起手枪朝天哗哗打了几枪，向周子怀示威。周子怀一气之下也想拔出手枪还他几枪，可一想我们的子弹来之不易，不能赌气浪费，就大声向周黑子吼道："你听着，小黑子！我三天以内要不把你这个破寨子攻下来，就不是你哥！"结果当天夜里，他带着部队攻进了寨子，周黑子见势不妙就狼狈逃窜。我军顺利地通过封锁线。我说这个事迹太好了，把它写个剧本怎么样？名字就叫"两兄弟"，可是他坚决不同意。这件事一直埋藏在我心里，很遗憾过去没有把这个剧本写出来。

在三十八团一营，我收集了一些民歌和战斗小故事，春节时又组织战士自编自演小节目，很受战士们欢迎。这次深入连队生活，我体会了战士们的思想感情，了解到他们的爱好，熟悉了他们的语言，这对我以后的表演和创作，打下了很好的生活基础。

四、到农村去参加组织人民大多数

1944 年 2 月，边区党委决定在根据地组织人民大多数（以下简称"组大"），并以礼（山）南县安来乡作为"组大"试点，由区党委副书记陈少敏同志亲任工作队队长。这是当时边区压倒一切的中心工作，目的是组织起 200 万人民，在取得抗日战争胜利后迎接新的任务，具有伟大的战略意义。"组大"试点乡的干部是由党、政、军、群临时抽出来的。我有幸也参加了"组大"试点。

我的工作组长是边区行政公署秘书长陈守一同志，加上一位姓朱的同志，三个人负责一个保的试点工作。领导要求我们吃住都在老乡家。记得我是扎根在一家孤儿寡母家，她家缺少劳力，白天我帮她在地里干活，晚上召集老乡开会。宣传团结起来搞生产，要组织互助组、变工队、农救会等组织，但是群众对这些组织不积极。我一调查，原来有些比较富裕的户，不愿和劳力弱的、家中穷的搞互助，怕吃亏。针对这一情况，我采取把他们认为是穷的、劳力弱的几户先组织起来互助作为试点。当时正是锄草农忙季节，在春锄时这个生产互助组很快就把麦地锄完了并立即转入了追肥，而那些单干户还在慢慢地锄草哩。我抓住这一事例，再次向农民宣传组织起来的好处，如果大家怕吃亏，可以采取自愿结合的办法。经我这一讲大家都赞成。很快自找对象组成生产互助组，大多数都是三五户为一组。没几天生产互助组全都组织起来了。

生产互助组搞起来了。我进一步组织变工队（也叫换工队），就是在农忙时，哪个组的农活忙不过来，可以组织各互助组之间的换工。同时让大家公认：人工和畜力换工的等价。组织起来的变工队，为 4 月份插秧大忙季节打下了组织基础。

生产互助和换工使农民们尝到甜头，我的工作转入了社会组织活动：开办了农民识字班；组织农救会、妇救会；成立了儿童团，教他们唱歌、放哨。儿童团在安来乡农救会成立时还表演了节目，受到"组大"工作队长陈少敏同志和开会代表的一致赞扬。

但是正在这时，当地群众和边区首脑机关却发生了流行性脑膜炎。患病时头晕、呕吐、四肢无力，病情蔓延很快，严重威胁着农业生产和"组大"工作。在缺医少药的情况下，边区卫生部门要求工作队同志都学会扎磁针抢救病人，即用碎瓷片砸成针尖状，在患者舌根青筋部刺破，放出乌血就好了。我学会这个土办法，曾治愈过不少患者，保证了农业生产和"组大"工作的顺利进行。

　　两个多月的"组大"试点工作结束了，下一步是在边区全面铺开。这一次我们文工团全体参加，集体分到陇安南中心县，加上当地干部组成"组大"工作队，由县委书记任士舜同志亲自领导。

　　开始我被分到"组大"第一线，但不久就调回县委"组大"办公室，和文工团王之铎、朱大才同志一起编印"组大"快报，主要任务是传达"组大"工作指示、交流"组大"工作经验。王之铎是总编，我负责组稿和刻板，朱大才负责油印和发行。快报虽不定期，但领导要求出版及时，我们几乎五天出一期。尽管战争年代条件差，但我们有时还出套色版。后来文工团搞美术的姚文光同志也来了，不时加上去一些漫画，使小报更活泼生动，受到工作队同志们的赞扬。

　　在"组大"工作中，文工团的同志都得到不同程度的锻炼，不论是演员还是搞创作的，都有很大收获。特别青年音乐家邓耶同志创作了很有农民生活气息的《农救会会歌》。歌词通俗易懂，富有号召力；曲调又是民歌形式，唱起来顺口流畅，自然和谐；如再配上锣鼓乐器，更显出浓郁的地方色彩。这首歌对动员农民参加农救会，起了很大的鼓动作用。

　　但是文工团没想到在这里出了两件大事。一件是我们的青年音乐家邓耶同志，不幸在游泳中牺牲。其实邓耶的游泳技术是很好的，参军前常常遨游长江，这次是因跳水撞到水下的石头。当时我们有好几个人在场，见他好久没上来，感到不对，我立即扎一个猛子下水，发现他躺在水底不能动，就一手挽住他的腋下游了上来。"快点！邓耶出事了！"我大声叫起来，唐振元立即帮我把他抬上岸。此时发现他的后脑有一血洞，鲜血直向外流，腹部也鼓鼓的，便立即给他做人工呼吸，可是他的伤口已大量进水，怎么也抢救不过来了。眼睁睁看着他离开了我们，牺牲时年仅22岁。全团同志无不为失去一位战友，失去一位年轻有为的音乐家而痛心、惋惜，他去得太早了。由于天气炎热，尸体不能久放，当即买了两丈白布、一副棺材，由我亲手用白布把邓耶的遗体裹起来抬进棺材，掩埋在出事地点的土坡上。坟前立了一个木牌，写上"新四军第五师政治部文工团员邓耶同志之墓"。邓耶原名邓承富，生前非常崇拜音乐大师聂耳，为此把自己的名字改为邓耶，意思是取聂耳的姓作为自己的名字。音乐家聂耳有三个"耳"，邓耶也是三个"耳"。说也奇怪，音乐家聂耳也是 22 岁时游泳去世的。还应该提到，聂耳为人民留下了不朽的乐章，而邓耶同志也给边区留下数十支脍炙人口的革命歌曲。另一件事是文工团担任剧务的丁可人被师政锄奸部逮捕了。原来他是打进我部的一个特务，在搞"组大"工作时，他多次给敌人送情报。此事使文工团同志们大吃一惊，我们真没想到平时表现不错的小伙子竟是一个特务。这使我想起我们在舞台上演戏时，总是把特务、反革命分子化装得不像个人样，叫观众一看就知道是坏人。眼前的事实，对我们公式化的化装和表演是一个极大讽刺，试想如果特务都像我们舞台上表演的那样，那么他一走进解放区就会被识破抓起来。

两个多月的"组大"工作基本结束。收尾工作由当地干部负责，我们文工团全体撤回五师政治部。

五、文工团充满生机的时刻

文工团经过了以"讲话"为主旨的整风学习，又经过下部队、到农村的体验，好像擦了油的机器铿锵运转起来。在文艺工作指导思想上，首先是大型话剧基本停演了，接着而来的是自己创作的独幕剧《张大发的转变》、配合整风任务的《反贪腐》及反特斗争的《民哨》《一条腿的战士》等，广大工农兵不仅看得懂，也深受教育。在音乐上，邓耶生前创作的《农救会会歌》《今年打败希特勒》；周辛谱写的《明年打败小日本》等都是很流行的歌曲。与此同时，楚剧队也创作演出了《长沙沦陷记》，它反映的是日军南下进攻，国民党军队一败千里失守长沙的故事。这是豫鄂边区最早用现代题材写的楚剧，它从台词、化装到表演技巧都做了突破性的改革，很受观众欢迎。我认为这个时期是五师文艺工作的黄金时期。

1945 年 1 月，三五九旅到达边区。兄弟部队兴奋地会师在大悟山下。为庆祝这一具有伟大历史意义的时刻，周辛同志谱写了一首《南北大会合》。歌词大意是：

"八路军、新四军，南北大会合，军民共欢腾！这是我们喜庆的日子，我们心中多快乐。"这首歌表达了当时边区部队喜悦的心情。

三五九旅的到来，为豫鄂边区传播了陕北秧歌剧和秧歌舞的文艺种子。从此《兄妹开荒》《牛永贵负伤》《钟万财起家》等著名秧歌剧在边区广泛流传。三五九旅为丰富边区的文艺工作做出了不可磨灭的贡献。

南下支队来边区前，文工团进行了整编，我被调到抗大十分校宣传干部班学习。作为五师文工团团员的历史就此告一段落。

原载马焰等：《驰骋江淮河汉》，解放军文艺出版社，2001年，第265～274页。

回忆《挺进报》

◎ 谢中峰　齐光　马焰

一

　　《挺进报》是抗日战争时期新四军第五师的机关报，日常工作由师政治部直接领导。

　　1940年1月，新四军豫鄂挺进纵队在大洪山南麓的京山八字门建军后，为了适应形势发展的需要，纵队党委决定创办一份报纸，并确定以挺进纵队的"挺进"作为报纸的名称。纵队政治部迅即着手筹备组建《挺进报》社，任命谢中峰为社长，调来戴君鲁、吴律西、苏玉诚、余海涵、马焰、李建安、王仁……分别担任编辑、记者和负责刻板、印刷工作。2月初就出版了创刊号。它是一种用蜡纸刻写的油印4开4版报纸，以后大约每隔7天出1期。纵队政治委员朱理治为《挺进报》题写了报头，司令员李先念为创刊号题了词。政治部主任任质斌在中央苏区办过《红色中华》报，他详细给我们介绍了办报的经验，帮助我们这些没上过新闻学校、没有办过报纸的人，也办起报来了。

　　当时的办报方针是宣传中国共产党抗日主张、统一战线政策和游击战争理论。本着"从群众中来，到群众中去"的精神，反映部队的战斗、训练和生活，总结作战的经验教训，表扬英雄模范人物，鼓舞士气，巩固部队，提高战斗力，把《挺进报》办成纵队政治工作宣传鼓动的有力武器。根据上级指示，《挺进报》自初建之日起，即在部队建立通讯网和读报小组，不断扩大不脱产的特约通讯员队伍，连队也普遍建立了读报制度。

《挺进报》创刊时，正值国民党第一次反共高潮的阴云笼罩天空的时期。从创刊的那天起，它就处在敌伪顽夹击的极其艰险动荡的环境里。在湖北京山县的八字门创刊后，就因日寇"扫荡"，转移到京山安陆交界的大山头一带随军打游击。记得3月下旬，有一天遭受敌伪3次袭击，转移了5个地方。后来，谢中峰因病休养，齐光接替他担任《挺进报》总编辑。

为了坚持出版报纸，编辑人员随身带着稿件文具；刻写的同志则将钢板、铁笔、蜡纸装在自制的布袋里背着；报务员把收报机背在身上；纸张、油墨和油印机让骡子驮着，印刷人员紧紧跟在后面。敌情紧张时，就将油印机拆开，去掉箱子，背着行军。部队打仗时，采访编辑员常亲自参加战斗，在战斗中采写新闻，及时报导。部队住下时，办报人员不管多么疲劳，放下背包，摆开文具、器材就干，敌人来了，收起就走。

1940年6月，报社随军由大小悟山回师平汉路西的白兆山区，攻克了从山区通往鄂中各县的交通要冲——京山县的坪坝镇，全歼了投敌反共的丁巨川部，才把大小山头与白兆山连成一片。我军先后经过三次粉碎日军进攻坪坝的战斗胜利，牢固控制了坪坝镇。纵队直属机关部队，遂相继进驻白兆山区的钱家冲响堂塆一线。《挺进报》也进驻门板山脚下的王家湾，当时的发行量仅仅1000余份。

在消灭投敌反共的丁巨川部和三次粉碎日军的进攻中，《挺进报》记者都亲到前线指挥部，随时发布战报和号外。平日报纸的国际、国内新闻，都改写成短文，报道战斗消息也很短。报纸一开始就注重对部队的建设开展表扬和批评，《挺进报》成为指战员日常必读的出版物了。

记得一次国民党川军二十二集团军一二七师李团，在敌情不明的情况下，进入我根据地，并被日军包围在安陆的李家冲，情况万分紧急。我纵队首长派主力驰援，敌军撤退，友军因而解围。当我军派卫生人员包扎了他们的伤员，送回牺牲官兵之时，受到了该团官兵的热烈欢迎。李团长在讲话中表示诚恳感谢，他说："国民党报纸宣传共产党、新四军这样那样，我们再不相信了，我姓李的绝对不会再打新四军。"这次援助川军使他们解围，是用我们的实际行动表示了国共团结、一致对敌的诚意。不仅对国民党反共宣传是一次有力的回击，对我纵队全体指战员也是一次活生生的统一战线教育。《挺进报》做了详细报道，很多指挥员和战斗员都认识到，在抗日前提下，许多中间势力是可以争取的，不管国民党当局如何反共，我军和友军团结对敌，仍是共同任务。这样客观上就孤立了顽固分子。

随着部队迅速扩大，《挺进报》发行量逐渐增加。我们通过关系，从武汉日商手中买来了卷筒油印机，一张蜡纸可以印刷2500份，清晰度也比以前大大提高。这时应敏等参加编辑工作，赵康担任印刷科长，赵志刚任新闻台长，从组织上加强了人员配置，《挺进报》进入了正规化阶段。除了因战斗而误期外，一般保证7天出版1期，交由发行科统一发行。

为了加强报纸的战斗性，充分发挥报纸的指导作用，《挺进报》每期都突出一个中心。配合中心和重要新闻，还撰写短小精悍、富有战斗性和鼓动性的短评。1940年春，在以揭露国民党鄂中专员曹勖制造反共流血罪行为中心的一期报上，任质斌主任亲自写了一篇短评，内容是"顽固分子杀了人! 顽固分子杀了人!! 顽固分子杀了人!!! 杀了我们的人应该怎么办? 我们准备用革命的法律手段去制裁他们"。文章短短几十字，就像一团烈火，一把匕首，义正词严，理直气壮，揭露了曹勖的反动嘴脸，激起了全军的革命义愤。

记得这年，我们驻钱家冲王家湾，王翰副主任亲自指导编辑工作。他经常为报纸定中心内容，审定社论和重要稿件。指示报纸在一定时期内要明确提倡什么，批判什么。要求编辑标题醒目，语言通俗生动；记者采访要深入细致，脸要厚（不怕碰钉子），腿、手、嘴要勤（不怕苦和累，多问多记），眼要尖（细心观察发掘材料）；刻写字体仿宋化，印刷要清楚。

当时为突出反映一个方面的问题，每期都有社论，提出当前的中心工作。每逢部队重大事件，重要战役、战斗，《挺进报》都出版号外、特刊或"火线版"。1940年曾出过歼灭伪军柳昂部、袭击侏儒山及我军袭入云梦城等战斗的号外，编过"锄奸"和"巩固部队"专号，报道过国际友人史沫特莱和作家安娥来我边区采访的新闻消息。

二

1941 年 1 月"皖南事变"后，中共中央军委下令重建新四军军部，并将全军整编为 7 个师。豫鄂挺进纵队被编为新四军第五师，李先念任师长兼政治委员，任质斌任政治部主任，随后任代政委兼政治部主任，刘少卿任参谋长。五师的建军，标志着豫鄂边区抗日游击战争进入了新阶段。随着五师政治工作的加强，《挺进报》在部队中的作用也日益增大。在部队整编中，《挺进报》随时报道部队整编经过，对整编工作的顺利开展起了一定作用。12 月报道了侏儒山战役歼灭伪"定国军"汪步青部的经过。这次战役曾威震武汉三镇，对提高部队的士气，起了重要作用。

这一年，豫鄂边区因要创办建设银行印钞厂，齐光调离了《挺进报》，由应敏主持编辑工作。以后由蒋立继任社长。随着形势的发展，《挺进报》加强编辑力量，编制了专职记者，报纸也由油印改为石印版，以后又改为铅印 3 日刊了。为了印刷报纸，我们曾在平汉线西侧云梦县北部的农村建立了一处秘密印刷所；印刷所的工作是在当地党组织和群众的掩护下进行的。当报纸改为石印和铅印以后，编辑和缮写工作人员仍随军行动。每逢重大消息，要出《挺进报》号外，随军印刷分发，与此同时，我们还出版了铅印的《挺进杂志》。这时，我们报社除了编辑部、电台和自己的印刷厂外，还设有负责发行工作的交通站。我们的交通站遍布全边区部队活动的地区，东到黄梅、广济、宿松、太湖一带，西到襄河以西，北到信阳、罗山一带，南达长江、洞庭之滨。《挺进报》就依靠交通站的同志们，冒着生命的危险，突过敌人重重封锁线，送到活跃在全边区各个角落的指战员手中。

1942 年是豫鄂边区最艰苦的岁月，一方面日伪军"扫荡"日益频繁，另一方面国民党顽固派也加紧制造摩擦。在反对日伪军"清乡""扫荡"中，《挺进报》突出报道了部队坚决打击"清乡""扫荡"的日伪军，解救被日伪抓去的群众，夺回被抢去的财物、粮食、耕牛等的战斗消息。在反顽斗争的宣传中，强调"有理、有利、有节"的自卫原则，宣传多交朋友、少树敌人是政治工作的重要内容。这样对深入开展交朋友、孤立顽固分子的工作，起了良好作用。8 月间我五师部队反击鄂东保四旅，歼其旅部和两个团，俘获旅长蒋少瑗。《挺进报》派记者参加火线采访，随时报道作战情况。胜利后又详细报道释放官兵，抢救伤员，为战死的官兵买棺送回的情况等。这使我军指战员深入了解在自卫原则下，打击顽固派的反共政策和优待被俘官兵是并行不悖的。团结友军，共同作战，仍是我们不变的方针。

1943年2月，日军发动了湘北战役，国民党一二八师王劲哉部被击溃。我军进击日军侧后，进军襄南，打击金亦吾伪军。《挺进报》报道了我军进军战斗的胜利消息。同月五师在蒋家楼子召开了军事工作会议。《挺进报》在"一切为了军事胜利"的标题下，做了详细报道，强调了壮大部队、加强主力、保证供给、军民团结、军政团结等等，统一了意志，鼓舞了士气，对打退国民党第三次反共高潮起了积极作用。同年冬，主持编辑工作的黄先调离，马仲凡接任《挺进报》社长。

1944年春，为突出军报特点，《挺进报》实行改版，取消了国际国内新闻，扩大报道部队工作的版面。头版除报道重要新闻、重要战斗、重要训练活动外，还设置两个专栏，一个是《时事述评》栏，综合报道一周国内外大事；另一个是《半月军事动态》栏，报道边区敌、伪、顽、友军事动态和我军综合战报。2、3版介绍兄弟部队工作经验和边区地方部队消息，每期有重点，有评论，强调报道的连续性和指导作用。4版具有副刊性质，力求图文并茂，版面活泼。

这一年秋冬，驻华美国空军加强对武汉日军的轰炸，我边区军民不断营救被日军击中跳伞的美军飞行员。《挺进报》在这一阶段，突出报道了我营救美军飞行员和美驻华空军感谢我军的新闻，还刊登了美飞行员对我抗日根据地友好的观感文章。

1944年8月，部队进行第三次大悟山反顽自卫战斗，报社派出编辑、记者到前线出版《挺进报》"火线版"，及时报道战况和英雄事迹。他们冒着枪弹深入前沿阵地，报道了7天7夜的大山寺防御战，先后出"火线版"十来期。记者曾言所写的火线特写《前线无战事》，严正所写反映被敌刺穿腹部不下火线的英雄战士事迹的《盘肠大战》，张彩文写的关于桐子岩反击战中的青年突击队和坚守桐子岩光荣牺牲的八连指战员等专题报道，受到干部、战士们的极大欢迎，很多指导员还拿它做宣传鼓动的教材。

1945年初，王震、王首道率领八路军南下支队，与五师胜利会师。报纸编辑出版了对开 4 版、套红印刷的欢迎特刊，对两军会师的盛况作了全面详尽的报道，鼓舞了边区军民的胜利信心。

三

战斗中诞生、战斗中成长的《挺进报》，在五师享有很高的威信，在豫鄂边区人民中间也有广泛的影响。

五师的指战员都很爱看《挺进报》，大家把它当做良师益友。基层干部用它作为政治课本、文化课的教材和宣传鼓动材料。在学习会上，在行军途中，甚至在战斗间隙，也开展读报活动。单独驻在边远地区的部队，也常派人到交通站领取报纸。它是部队不可缺少的精神食粮，指战员们从它那里接受阶级教育、爱国主义和国际主义教育，学习抗日杀敌本领和群众工作经验。成千上万的干部战士，从它那里得到了鼓舞，学到了知识，交流了经验。

记得创刊不久，就出了一期以开展文化学习为中心的版面，曾激起了许多连队学习文化的热潮。1940 年夏秋，以巩固部队为中心编的一期报，也受到连队同志的普遍欢迎。战士们把《挺进报》亲热地称作"我们的报"。战斗年代中的《挺进报》，的确起到了"集体宣传者和组织者"的作用。

《挺进报》的战斗性，还可从敌人方面得到证明。豫鄂边区的敌、顽都很重视《挺进报》。日军不惜高价到处收买《挺进报》。国民党安陆县国民兵团团长杨弼卿，率部侵占我白兆山地区，骚扰群众，阻止我配合正面战场作战，《挺进报》以"人来犯我"的通栏大字标题，揭露其罪行。战士们在还击战斗中活捉了杨弼卿。当他见到我们李先念司令员时，恬不知耻地说：我们关系本来不错，就是《挺进报》把我说坏了。李司令员把那期报纸拿给他看，问他哪一点不是事实，他无言对答，只得低头认罪了。

经过长期的艰苦斗争，许多困难被克服，敌人也被战胜了。但是，在走过的胜利历程中，也付出了很高的代价。在《挺进报》的战斗集体中，最早的两位编辑——苏玉诚、戴君鲁及最后一任社长马仲凡，先后被敌人杀害。记者廖挺和负责刻钢板工作的程香卿，也在战斗中英勇牺牲。他们无限忠于革命的献身精神，永远值得人们怀念和学习。

《挺进报》自 1940 年 2 月创刊，至 1945 年 9 月抗日战争胜利后与《七七报》合并而停刊。在近 6 年的艰苦奋斗中，共出版油印、石印、铅印报纸 300 余期，忠实地记录了五师的光荣战史，胜利地完成了党交给的宣传工作任务。

1987 年 4 月定稿

原载中国人民解放军历史资料丛书编审委员会编：《新四军·回忆史料》（2），解放军出版社，1990 年，第 341 ～ 346 页。

活跃在豫鄂边区的楚剧队

◎ 黄　振

在 1941 年的一个军民联欢晚会上，新四军五师参谋训练班的几个爱好楚剧的同志，演出了一出《新送十里凉亭》。剧情描写的是边区一个青年妇女送郎参军，一路叮嘱丈夫革命要坚决，打仗要勇敢，待人要诚恳的故事。这次演出获得了出乎意料的好评。李先念师长看了诙谐地说："我们的小参谋在台上大出风头！"我们听了心里更加乐滋滋的。

我当时是参谋训练班俱乐部文娱委员，对楚剧是个"半瓢水"，曾经拜师学过艺，非常热爱楚剧，就用楚剧《十里凉亭》的形式编写了这出妻子送郎参军的剧本，指导员帮我修改定稿，何金山和我同台合演。哪知师文工队的队长唐亥、副队长方西看过以后，两人轮流找我谈话，动员我去文工队。就在这年年底，我进了师文工队。

这时，领导指示边区戏剧工作要充分运用民间形式，反映当前的抗日斗争。五师政治部宣传部长刘放指示文工队同志：要认真学习楚剧，3 个月之后希望看到你们的楚剧节目。文工队的同志为筹建楚剧组正在忙碌，他们已从新兵连调来 6 个战士，都是会唱楚剧的农民，加上我共 7 人。方西同志兼组长，我是副组长。楚剧是"七紧八松九偷闲"，有了 7 个人，加上文工队的同志作后盾，就可以开锣演戏了。方西同志根据连队战士的思想状况，编写了一出新楚剧《赵连新归队》，我担任赵连新这个角色，文工队的话剧演员米林同志担任赵妻，其他角色全队同志分别担任，唐亥同志任导演,我兼副导演,并负责教唱楚剧。米林同志是大学生,根本不会楚剧,只因她是湖北汉川人,大家都推荐她演,她很乐意地接受了这个新任务。她学戏很认真,我一字一句地教,她一板一眼地学,功夫不负苦心人,不到半月时间,她终于学会了大段的唱腔,创造了赵妻这个纯朴、善良的妇女形象。在师政治部首场演出,演出效果很好。演员在台上演得哭,战士在台下看得哭,对提高部队广大指战员的阶级觉悟起了不小的作用。接着,我们又编演了《新古城会》《赶杀记》等以宣传伪军反正为主题的新剧目。

楚剧组成立不久,我们就到敌人的大门口演了一场戏。

那是1942年春天,楚剧组的同志们的家多数在黄陂西乡游击区。经过上级批准,我们把楚剧组拉到了黄陂,一来通过演戏宣传抗日,二来又可让几个新兵顺便回家探亲。

我们一行8人中,7个演员,1个挑夫兼跑龙套,带着简单行头,到了黄陂白庙乡。当时打听到靠近县城的建安集,有个徐金山的楚剧班子在唱戏。建安集是个敌占区,东是黄陂县城,北是陂孝公路,南是平汉铁路,西边不到2里远的雷家集、双墩寺驻有日伪军,建安集上还有维持会,这是我们宣传伪军反正的好机会。我们在那里有几个地下工作人员在活动,于是通过他们的关系,一下子闯进了建安集。经过一番筹备,戏开了锣,徐金山他们先演了一出旧戏,接着,我们的《赶杀记》就上了场。这出戏唱的是已经反正的伪军王排长的爱人,被鬼子派来杀死他全家的伪军赵连长捉住了。赵连长举刀要将她杀死,她满腔悲愤,历数阶级仇、民族恨,严厉责问赵连长为什么要助贼作恶当汉奸。这大义凛然的控诉,终于使赵幡然悔悟,弃暗投明,也带领部队投向了新四军。演员上台时看到台下站了好些穿黄衣服的伪军,一时颇有顾虑,口里在唱,眼睛却不断地瞟着台下的伪军。但是,由于伪军毕竟是少数,群众对我们连声叫好,他们不敢动手。当台上唱到"为什么帮日寇屠杀自己的同胞"时,观众纷纷以愤怒与藐视的眼光看着伪军,看得他们一个个把头低下去,个别伪军还惭愧得落下泪来。一出戏唱了一个多钟头,我们怕出事故,不等下装,就打算赶快离开。这时,做地下工作的负责同志黄建民跳上台,拿着两条烟送给我们说:"辛苦了,辛苦了! 这可让他们看到'四老板'(新四军)了。"我们走后,很担心当地的老百姓吃亏,结果却平安无事。伪军哑口无言,维持会不敢动作,日本人被蒙在鼓里。群众说："这倒真是一正压三邪!"后来李先念看了这出戏,高兴地说："这个戏编得好,演得好,要多编多演!"我们下部队演出数场,场场受到欢迎。

为了适应形势发展的需要,1942年秋天,师文工队改成文工团,楚剧组吸收了一批艺人,改编为楚剧队,共20余人,我担任楚剧队队长。这年年底,我军集中在礼山县(现大悟县)滚子河练兵,我们忙着搭台唱戏,部队忙着杀猪宰羊,楚剧队同志们高兴的心情无法形容。有的说:"这回可以打开背包睡个好觉了!"有的说:"这回总算要过一个丰盛年!"

我们处在日寇的后方,在敌人的包围之中,离敌人远近不过数十里。敌人立刻调兵遣将,分14路向我滚子河扑来,妄图一举歼灭我军。我们的情报非常准确,反"扫荡"很有经验,敌人分路进攻,我们分兵突围,群众坚壁清野。文工团接到命令,随政治部民运部长余益安一起行动。他只有1个班的武装力量,我们随他行动,对他是一个负担,只因他是位热爱楚剧的领导人,虽有困难也乐意保护我们。我们行军大半夜到了凉亭,已是筋疲力尽,有人说:"未必敌人不过年。"要求休息一夜再走。余部长接受大家意见,同意住下来。为了防止万一,我们没有住靠路边的村子,而是住进了山凹的小村里。不料,第二天清晨起床开门一看,遍地都是敌人,正向我们逼过来。余部长命令我们,化整为零,一个一个地溜到后山,拉开距离,每人相隔50米左右,和敌人擦肩而过。我们在暗处,敌人在明处,敌人大路进,我们小路出,等敌人到了滚子河,我们已顺利地到了陂安南。敌人扑了空,我们还在陂安南搭台唱戏。事后大家开玩笑说:我们运气真好!敌人偌大一次"扫荡",未能动我一根毫毛!

在这次大悟山突围以后,楚剧队交由边区政府行政公署领导。这时我们学习了毛泽东同志《在延安文艺座谈会上的讲话》,进一步明确了楚剧队工作的方向。楚剧队跨入了一个新的发展阶段:队伍进一步扩大了,创作繁荣了,演出水平提高了,战斗作用增强了。记得当时演出的新剧目有《农家乐》《偷牛》《贪污乡长》《反共害民记》等现代戏,《风波亭》《王佐断臂》等新编历史剧,《葛麻》《打渔杀家》等优秀传统戏也经常演出。我们还取材于当时的现实斗争生活,编演了《周志坚三打孝感城》《伪军月下叹五更》等大鼓词。特别值得提出的是还和文工团合演了自编的大型楚剧《长沙沦陷记》。这些戏剧和鼓词都受到了边区广大军民的热烈欢迎。

1943年8月经扩大后的楚剧队，阵容相当整齐，各军分区要求成立楚剧队的呼声很高，特别是江汉军分区，再三要求分一个楚剧队给他们。行政公署决定，在整顿学习的基础上，把现有的楚剧队分成两个队，我带一队活动在大别山区，二队到江汉平原，队长是殷诗全，副队长喻洪斌。三五九旅南下后，江南局面打开了。为了开展江南新解放区的文艺宣传工作，我们以几个宣传员为骨干，以一个"草班子"为基础，成立了楚剧第三队，跟随独立二旅跨过长江，在鄂南广大地区开展战地宣传。那时部队战斗十分频繁，第三队同志一直跟随战斗部队行动，常常是一天要跑上百里路，演出3场。行军中有1个班掩护，演员不下装，停下来就开演。每到一处，都受到指战员和人民群众的热烈欢迎。

我们楚剧队不仅通过演出来团结人民，打击敌人，在关键时刻，还直接为战斗服务。

在边区曾发生过这样一件事：1944年5月8日，国民党桂顽以反攻日寇为名，突然向我大悟山进攻，顽军压境，情况紧急。师长身体不好，正在病中。参谋处已下达命令，令各战斗部队整装待发，后方机关迅速转移。师长知道后，斩钉截铁地说："不能转移，这是一场坚持大悟山（大山寺）的保卫战，关系到我们要不要这块根据地，要不要根据地的人民，我们转移了群众怎么办？我们要坚决地打！打退顽军的进攻！"可是，这时后勤机关已转移，后方已坚壁清野，打起仗来没有后勤支援怎么办？师长当机立断叫管理科科长刘继华："给我把楚剧队找回来！"这时，我们正在向路西转移的行军路上，接到命令，要我们赶回师部接受任务。同志们议论开了，任幼奎说："打仗了，要我们去参加战斗！"周佩芝说："十三旅那么多部队，要你去绊脚！"到底调我们回去干什么？谁也猜不透。跑步前进，回到白果树湾，同志们鸦雀无声地等待着接受任务。我接受任务后回来传达说："搭台唱戏！"同志们以惊奇的眼光看着我，问道："这个时候演戏，叫谁看？"我说就因为没有人看，才要搭台唱戏，把群众都唱回来，把人民的信心唱出来，把部队里战斗士气鼓起来！同志们高兴得跳起来了，说："我们的师长真英明！孔明用的是'空城计'，我们师长用的是'实城计'。"同志们的行动特别快，不到半小时，搭起了土台，挂起幕布，敲起了锣鼓打响闹台，锣鼓声震天动地，回荡在山涧峡谷之中。群众听见了锣鼓声，互相议论："师部在唱戏，还怕什么，回去看戏哟！""师长有决心，胜仗有把握！"群众纷纷下山了。看到我们的师长一边看戏，一边拿着电话机指挥战斗："冲上去！夺回大包子。"我们唱的是《盘肠大战》等优秀剧目，我们唱得有劲，群众看得精神，战士听到锣鼓声，精神抖擞，和顽军拼杀。战斗打得激烈，群众边看戏边待令，一会儿地方干部跳上台来传令："各农会派担架，各妇救会送茶送饭。"一会儿传来胜利捷报："大包子夺回来了！""打退了敌人3次冲锋！"

那几天，仗是日夜打，戏也日夜唱。唱戏的地方竟成了一个指挥阵地，师长就在这里指挥战斗，行政公署就在这里组织各项战勤工作。民夫随叫随到，要担架，群众已经砍来竹子、树枝扎好了。这真是，前方后方打成一片，军民打成一片，边区政府和人民群众打成一片，万众一心，终于赢得了保卫大山寺战斗的胜利。

1987 年 4 月定稿

原载中国人民解放军历史资料丛书编审委员会编：《新四军·回忆史料》（2），解放军出版社，1990 年，第 347 ～ 351 页。

忆新四军第四支队战地服务团

◎ 邢济民

　　新四军第四支队战地服务团是 1938 年 3 月在湖北省黄安县七里坪秦家祠堂成立的，其任务是在支队政治部的领导下，专门从事宣传群众、组织群众参加抗日斗争的工作。我们走到哪里，宣传到哪里，起了"宣传队"和"播种机"的作用。

一、在战斗中成长发展

　　第四支队战地服务团团长程启文，是红二十五军的老红军战士，参加过长征和延安抗大学习，由延安调来四支队的。副团长汪道涵是抗战前上海交通大学的学生，经过延安学习后调来任职的；指导员刘海雁，具有丰富的政治工作经验。团下面，有几个宣传组。

　　服务团刚成立时有四五十人，团员是从湖北省委举办的青年训练班中选调的。我记得的老团员有陈辉、陈全楚、宁家魁、蒋韬、李光旭、李光和、汪佑质、汪景南、谭兆屏、查淑英等。

　　东进至皖中的霍山、舒城、庐江、无为、六安等县时，又吸收了一批寻求参加抗战的知识青年，扩编为 12 个宣传组（每组 10 余人，相当于一个班），共 130 余人。

　　1938 年 6 月和 10 月，战地服务团两次进入无为境内。到无为的任务除广泛宣传我党我军抗日路线政策外，第一次主要是迎接无为东乡白茆洲地下党组织的游击二中队升入主力部队；第二次主要是接应军部张云逸参谋长率军特务营来江北视察工作。第一次来无为时吸收了 11 名新团员，我和张震、陈祥麟、陈道平、王亚运（后开小差投入国民党）等 6 名临泉区文化抗敌协会会员，经县动委会批准，被推荐加入战地服务团。第二次来无为时，吸收张家胜、胡正洲、水斌等人加入战地服务团，担任警卫工作。

战地服务团既是政治宣传队，又是武装工作队，在战斗中成长发展。

1938 年 5 月，国民党 40 万军队在徐州失败后向安徽溃退时，散兵游勇到处乱窜，散失不少武器在民间。服务团通过群众工作，首先在一般居民家征集了一些枪支，开始建立一个警卫班，后来逐渐发展为一个警卫连，这样就变成武装宣传队了。白天在群众中做宣传工作，了解土匪行踪；夜间警卫连出去剿匪，为民除害，收缴土匪的枪支弹药来武装自己。警卫连发展为一支拥有两挺捷克式轻机枪、100 多支步枪和 10 多支短枪的具有相当战斗力的连队。1939 年 1 月，在六安县两河口地区，通过宣传党的路线和政策，收编了一部分地方民团和半民半匪的武装，编成两个大队，经四支队领导批准，命名为游击先遣队，程启文兼司令员，汪道涵兼副司令员，郑时若任参谋长，刘海雁任政治处主任，把一些较老的团员分配去当参谋、干事和大队的正副教导员、连队的正副指导员。1939 年 7 月，扩编新四军第五支队时，游击先遣队两个大队编入五支队十五团序列，战地服务团改为五支队政治部文工团，其所属警卫连编为五支队特务营二连。

二、在革命熔炉里锻炼提高

服务团的成员，除程、汪、刘 3 位负责人具有一定的革命经验和理论水平外，其他都是具有抗战热忱、要求进步而又缺乏革命知识的青年。从湖北省委青年训练班选调的一批团员都是从武汉等地来学抗日理论而培训不到 1 个月的知识青年，到皖中各地吸收一大批知识青年，虽有抗战热情，但对军政理论和文艺知识都是茫然的，有的读私塾出身，虽有些文化，但对戏剧知识一无所有，连简谱都不会读，服务团要完成党交给自己的宣传组织群众参加抗日斗争的任务，必须迅速学习军政理论和文艺知识，提高革命觉悟和宣传能力。服务团的领导在执行宣传任务的同时，抓紧对团员的培训，走到哪里培训到哪里，有计划有步骤地培训军政理论和文艺知识。当时任务重，行动频繁，就结合任务见缝插针，背包当板凳，膝盖当课桌，树荫是课堂，空地、野外就是操场和演练场，把战地宣传队变成一个随营训练班。

学军事，团长程启文是有经验的指挥员和严格的教练员。坚持点名制度，制式教练从单个的军人动作、各种步伐转法到班排连的队形变换，无不严格要求，行军途中利用地形地物出课目进行战斗演习，提高敌情观念，培养应急能力。讲抗日游击战争的战略战术。联系实战讲"敌进我退，敌退我追，敌驻我扰，敌疲我打"的16字原则等，给我们印象很深。

政治教育，主要是两个内容，一是汪道涵副团长讲授抗日民族统一战线的形成和发展，联系实际讲解了《中国共产党在抗日时期的任务》《为争取千百万群众进入抗日民族统一战线而斗争》等文；二是政治处主任刘海雁讲党的建设，讲共产党的性质、最高理想、当前的斗争任务和党员应具备的条件，自觉地在革命实践中锻炼自己，确立革命人生观。

文艺知识学习，主要是汪副团长结合排练的戏剧讲戏剧知识，结合教唱革命歌曲讲简谱知识，他是很好的戏剧导演、音乐教员和歌唱指挥。

服务团员在不断提高革命觉悟和战争环境艰苦生活锻炼考验的基础上，都先后光荣地加入了共产党，逐次分配到部队去当基层干部。至今40多年，除少数同志为革命献身，个别的经不起艰苦危险环境的考验而脱离革命外，大多数同志都成为我党我军的中、高级干部。

三、高举抗日旗帜，激发群众的抗战热情

战地服务团自1938年4月至1939年7月的一年多时间里，在安徽境内先后到过霍山、舒城、庐江、无为、六安、合肥、全椒、定远等县，足迹所至，广泛深入地向群众做宣传，做到走到哪里写到哪里，讲到哪里，唱到哪里，演到哪里，做到哪里。

写，就是到处写标语，当时经济困难，没有那么多钱买笔墨纸张，每组有一个白铁标语筒，自己用麻或棕、草绑扎起来做笔。就地寻找一些石灰、红土和锅底灰代墨汁。凡是战地服务团走过的地方，无论山坡上、桥墩上、宝塔上、牌坊上、砖墙上还是土墙上，到处都可见到"坚持抗战到底""抗战必胜""打倒日本帝国主义""有钱出钱、有力出力""发展抗日民族统一战线""保卫祖国保卫家乡"等红白黑色醒目的大标语。还画了一些抗日内容的漫画。

讲，就是在行军途中短暂休息时，见到围观的群众就宣传；到达驻地后，派宣传小组（每组2至3人）走门串户，深入工厂、田头，用拉家常、帮干活的方法接近群众，然后由近到远、由浅到深地讲我党我军的抗日路线和政策，讲共产党领导的八路军、新四军是抗日的队伍，是人民的子弟兵。遇到赶集、庙会和文艺演出的机会，则登台登桌讲演呼口号，揭露日寇侵华罪行，宣传我党抗日救国十大纲领的主张等。每次讲演，听众总是越来越多。

唱，就是唱革命歌曲。集体合唱，个人独唱，行军也唱，驻扎也唱。服务团所到之处，远远就可听到雄壮激昂、鼓舞抗战情绪的嘹亮歌声。抗战歌声回荡在沦陷区的集镇和偏僻农村。唱的革命歌曲有《国际歌》《义勇军进行曲》《黄河大合唱》《八路军军歌》《新四军军歌》《大刀进行曲》《游击队歌》《军民合作》《三大纪律八项注意》等。歌词通俗简明，富于战斗性，能引起共鸣。

演，就是演出军民携手共同抗日的各种话剧、活报剧、秧歌剧。剧目有《放下你的鞭子》《打鬼子去》《八百壮士》《张家店》《新小放牛》《壮丁》等短剧。演戏的条件极为简陋，只有几件部队缴获的日本鬼子的黄军装和自己制作的小道具。每到宿营地，一面排戏，一面借老百姓门板、条凳搭舞台。自己还有两个汽油灯和几个风灯。周围的男女老少，看到灯光，蜂拥而来，正、副团长，指导员都是带头演出的主角，有时连演几场戏，演员们不顾疲劳，演得活灵活现，使观众受到感染，得到教育。观众有的伤心流泪，高喊打倒日本帝国主义等口号。

在提高群众觉悟的基础上，把抗战积极分子组织起来，指导他们进行抗日救亡工作。一般是先组织识字班、演唱队、秧歌队，逐步帮助他们建立农抗会、妇抗会、青抗会和工商联合会等。1939年2至5月，战地服务团及所属的一个警卫连东进到全椒县的周家岗和定远县的藕塘地区，开展民运工作和剿匪安民工作，帮助群众建立各种抗敌协会100多个，还组织了几十个民兵自卫队，并协助中共皖东工委发展了党员，建立了党的基层组织。

做，就是言行一致，立说立行。革命行动本身是最好的宣传。服务团严格遵守"三大纪律八项注意"。宿营时不经房主许可不进屋。有时半夜到宿营地，就在外面露宿。待人接物有礼貌，说话和气诚恳热情。见了老人，男的叫大伯，女的叫大娘，不拿群众一针一线。买卖公平，进屋后担水扫地搞卫生，临走上门板捆稻草，借物归还，损坏赔偿，热情向房主道谢辞行。服务团所到之处都与群众建立了鱼水情谊。

原载安徽省新四军历史研究会编：《抗日战争回忆录》，安徽人民出版社，1992年，第418～422页。

河大抗敌训练班和"战教团"

◎ 郑竖岩

1932年至1935年，我在开封省立女中读书。1935年10月上高中一年级时，女中闹学潮，我被学校开除了。

不久，北平掀起了轰轰烈烈的"一二·九"学生运动，开封的学校如河大、北仓、女师等校的学生积极响应，参加了为南下请愿要求抗日的示威游行、罢课和卧轨活动。这次学生运动对开封影响很大。

北仓私立女子中学的校长马戴武，是河南比较开明的教育家，经过一番活动，他同意接收我们十一名被开除的学生到北仓女高读书。这个学校是私立的，国民党控制不严，学生思想比较活跃。特别是我们的国文教师冯素陶先生（以后方知是位失掉组织关系的老党员），对我们高中学生的思想启蒙做了很多有益的教育工作。1936年学生中就组织了读书会，传阅进步书籍，如《大众哲学》《政治经济学》《铁流》《母亲》《夏伯阳》等，以后还成立了秘密读书会，阅读了许多革命书刊，并对确立革命人生观、世界观及社会发展规律等问题进行讨论。

1936年2月，北平成立了民族解放先锋队（简称"民先"）的组织。北仓女中于该年秋季也成立了民先组织。我们加入"民先"后，积极参加抗日救亡运动，传播革命思想，出墙报、教唱革命歌曲、演进步话剧等宣传活动。有时也走出校门宣传，甚至把墙报办在鼓楼街上。

七七事变后，北仓女中很快建立了党支部，并开始了发展党员的工作。10月，我在北仓女中加入了中国共产党。11月，组织决定我和其他同志到河南大学抗敌训练班学习。

河南大学抗敌训练班，是党根据革命形势的发展和工作的需要开办和领导的。当时借用河大文学院院长萧一山及嵇文甫、范文澜等河大教授的名义，在河南大学里开办的。训练班共有100多名学员，主要学习了党的抗日救国十大纲领、群众工作、游击战术等。训练班里建立了党组织。记得马致远同志（即刘子厚同志）是以公开的共产党代表身份到开封做统战工作并兼领导训练班、讲游击战术课的。还记得在我们女生住的宿舍里曾开过党的会议，学习党的方针、政策，研究如何开展群众工作及发展党的工作。

训练班原计划办三个月，因为形势的需要，办了一个多月就开始工作了。在训练班的基础上，成立了河南大学抗敌训练班农村工作服务团（后到舞阳改为河南省战时教育工作促进团）。12月某日离开开封，板车拉着简单的行李，第一天走了40多里到朱仙镇，后到尉氏、鄢陵停了几天，开展抗日宣传活动，搞街头演讲，出墙报，演《放下你的鞭子》，唱《义勇军进行曲》《流亡三部曲》，等等。在参加以上活动的同时，我们深切地感到自身也得到了锻炼、教育、提高。

我是鄢陵人。战教团来到了鄢陵，我想尽本地主人的一点情意，但当时考虑到社会风气，怕受此影响导致一些家庭阻挠女孩子外出抗日，只好约几个较好的女同志到家里随便吃点饭，另让侄子抬大筐包子送到战教团驻地去。

接着，我们到许昌过了阳历年，停了大约十天。在许昌除了类似其他地方的街头宣传外，就是演戏。我记得有次演东北流亡曲的活报剧时，连国民党的士兵都感动得直流眼泪。到舞阳停的时间较长，在县城里不仅进行抗日救亡的宣传工作，而且对当地的学生抗日救亡组织（原北仓的同学屈桂卿，女中的同学臧文贤、步世绵等当时都在舞阳）进行帮助，推动了他们的工作。之后，又进一步深入到农村，分了几个工作点，在村里组织农救会，办识字班，动员人民起来抗日。记得我和李梅、张允一同志到蔡庄（是女中同学蔡玉兰的家乡）工作时，我们就住在村里的小学校里，打地铺，自己做饭。原北仓女中我姐姐的同学李坦然大姐（家就住附近），听说我们自己做饭，还特意套了牛车给我们送来了红薯及炊具等。我们利用冬闲，组织妇女识字班，调查了解农村的情况，发动群众起来抗日。在国民党反动派的长期统治下，当时的农村交通、文化都非常落后，国家大事很少有人知道。甚至有的还不知道日本人已占领了中国的东北和华北，更不知打日本是怎么回事。所以，战教团每到一地，开展各种宣传工作，都引起了很大的反响。

战教团在舞阳时，记得范文澜先生曾和我们一起宣传抗日。当时范先生已年近半百，高度近视，身体亦很消瘦，但他热爱祖国，向往革命，毅然离开优越的生活环境。他不怕苦、不怕累，和我们年轻人一起奔波，这种革命精神及平易近人、和蔼可亲的长者风度，给我们战教团的同志留下了很深刻的印象。

过了春节，我们经过漯河到了信阳。我们驻在信师的时候，和留校学生有接触，记得我们女同志还和他们打过球。当时武汉形势吃紧，我们在城里演抗日救亡话剧，群众反响大，会场气氛热烈，一时轰动了信阳。初夏的信阳已很湿热，没有夏衣穿，有的女同志自己做了河南紫花土棉布的短旗袍，穿上它虽然别有风味，但并不凉爽。后来我们离开信阳县城到了柳林，这一阶段也是深入到农村，发动群众。记得我和张允一、李梅等分配到谭家河工作。在柳林，刘子厚同志来开过党员会，传达省委指示，安排战教团的工作。我们党在战教团不是公开的，但也并非绝对秘密，党的领导在战教团还是有威信的。那时战教团党的主要负责人是随团工作的冯纪新同志，杜启远、马彦、郭欠恒、王小慧等同志在不同时期也都做过党的工作。

8—9月间，战教团经光山到了潢川、商城。在这一阶段，成立分团，由冯世安、王良带领，到固始、息县一带工作。总团在潢川时，遇到了上海抗日救亡话剧二队，由电影明星金山、王莹等负责，当时我们知道金山同志是地下党员。还遇上了以臧克家为团长的国民党第五战区文化工作团，我的姐姐郑桂文和曾克、胡霄翔、黑丁、张克刚等都在这个文化工作团里工作。三个团体在潢川都有接触。

秋天，战教团到了商城，臧克家领导的文化工作团也到了商城。因为我和文化工作团的有些成员比较熟悉，记得党组织曾告诉我在和他们接触中，看看能否发展个别党员或者吸收个别人员到战教团来工作。由于相处时间很短，文化工作团的青年又考虑"饭碗问题"（因为当时战教团活动经费及同志们的衣、食费用等主要靠募捐及个人家庭支援，文化工作团有固定的工资），实际也就一谈了事，以后各走各的路。此外，我们在商城工作，还同当地的学生抗日救亡组织（同学武德媛当时在商城）建立了联系，帮助他们工作，并个别发展了党员，我们离开商城时，把这些关系转交给地方党组织。记得当时商城县县长也是地下党员。

秋末，商城形势突然紧张，我们必须立即离开商城转入山区，这是第一次的战斗生活，但我们没有胆怯。我们不顾敌人的枪弹封锁，在落满了带刺的毛栗子的山坡中冒着秋雨突围。

当时我和几个同志患病，同志们就用竹子捆成担架，抬着我们出了山口。我们经麻城、宋埠到了离岐亭镇约五里路的一个小村里，休整了两三天。这时天气冷了，我们没有棉衣，只好拣国民党伤兵扔在路旁的还带有血迹的棉大衣穿。这是第五战区的辖区，我们从这里坐汽车经枣阳、随县到了襄樊，住在郊区。这时敌机经常轰炸襄樊，战教团里有少数人经过商城突围，对战教团下一步怎么办没有信心，就留在五战区文化工作团了。但是，战教团的大多数同志，听党的话，毅然回到了南阳，住在离南阳数里路的小村里进行整顿。

这时因为王小慧、李梅和我有病，组织上叫我们到镇平省立医院诊治。我和李梅心脏不好，但还能活动。王小慧患伤寒，卧床不起。我们由组织安排住在省立医院对面的房东家里。当时组织告诉我们：一、以治病为主，附带做些学校的工作；二、河大、女师虽然有党的组织和民先组织，但工作开展不起来，你们可通过河大、女师的同学关系，向他们宣传一年多在外边进行抗日救亡工作的情况，介绍延安、竹沟的情况，教唱抗日救亡歌曲。条件具备的，个别发展民先，吸收党员。每逢周末，我们那间土砖房就像开了锅那样热气腾腾，墙上贴着《到远东去》的苏联革命歌曲，尽情欢唱。有时我们还到郊区树林里开小会。经过我们联系，女师、女中的同学蒲云湘、牛乐桂、郑织文、于濂、郭子麟、步世绵及当时已入党的王文英、杨明节等先后到了桐柏山、四望山。河大同学张志青、张志书、陶建昌等参加了民先，个别还入了党。

郭子麟走后，她母亲知道了，到镇平找我们住处搜查她的女儿。当时，通过在镇平的嵇文甫先生的关系，证明我们是战教团的，来到这里是为了治病。后来听说郭子麟到了桐柏山，还是被她母亲拉回去了。

当时搬到淅川的开封女中是我和李梅的母校。那一带土匪活动很凶，我们俩也不知道害怕，一定要去看看那里的同学。租了个板车，在路上住店时，我们带的东西都被人偷走了。第二天黄昏到达淅川，借着月光悄悄地进了学校。因为我是校长宋纪璋开除的学生，因此在学校住了三四天，没有公开露面。我们秘密发展了民先，动员了几个同学离校。

我们在镇平住了两个月，在这个比较小的地方，以上活动影响较大，也惹人注目，再加上郭子麟的事情，我们在镇平不便继续住下去，组织上决定叫我们离开镇平。我于1939年初，和王文英、杨明节、步世绵离开镇平经竹沟到信阳四望山地区，在危拱之同志那里（记得是信阳挺进支队政治部，都身着灰色军衣。当时郭欠恒同志也在那里工作）转了党的关系，还见到了战教团的刘东、王素珍、马彦、于群、申玮、赵长河、王平等同志。但这时已不是战教团的名义了，在我记忆里是在政治部的领导下工作的。

四望山是第二次国内革命战争时期的老苏区，群众基础好，我们的红军走了以后，许多党员失掉了关系。当时在有的地方还可以看到苏维埃的货币、红军的标语。老乡们都热情地喊我们同志哥、同志姐，对我们很亲切。

我们在四望山，也是分小组到村里去开展工作的，主要是恢复和发展党的组织。对于失掉关系的老党员，经过了解，研究哪些人可以恢复党籍，哪些人可以重新入党，进而帮助建立党支部。不久，武汉地区形势吃紧，挺进支队要深入到武汉外围敌后打游击，战教团不少的男同志下到连队当指导员，女同志随部队到敌后去的很少。这时，延安成立了女大，要各省委选派女同志到女大学习，组织就决定我们去延安。先去的有马彦、于群等，我和王文英、步世绵是后走的。因为要筹备路费和其他原因，及至到了西安，由于国民党制造摩擦，已发生了"枸邑事件"，为了防止意外，中央通知西安八路军办事处，前往延安学习的同志不要再去了。西办征求我们的意见，要我们到晋东南抗大一分校学习。我们过了黄河到壶关抗大一分校学习了两个多月，又随抗大一分校东进到山东沂蒙山区。从此离开了河南家乡。

（贺明洲　整理）

原载中共河南省委党史资料征集编纂委员会编：《抗战时期的河南省委》，河南人民出版社，1986年，第397～402页。

对战教团和上海救亡演剧二队的片段回忆

◎ 金　犁

七七事变后，河南开封同全国各地一样，掀起了抗日怒潮。

1937 年 10 月，以河南大学文学院嵇文甫、范文澜先生为首，组织了一个抗日救亡宣传工作训练班。主要对象是开封的大中专学生和中学的学生，主要由河大文学院、女师、北仓女中的学生组成，共有 80 多个学员。我是从河南艺术师范学校去河南大学参加训练班的。

在训练班里，范文澜给我们讲文学史，嵇文甫讲哲学，刘子厚（化名马致远）教军事，一位姓刘的老师讲语文，一位李老师讲大众哲学、辩证法，徐述之也在训练班讲课。讲课的内容，在政治方面主要有民族抗战、统一战线、抗战形势。在宣传组织方面，就是如何鼓动民众，组织民众起来抗日，宣传团结抗日的意义。

训练班原定三个月结业，12 月敌机轰炸开封，形势紧张，中共党组织决定停办训练班，组织一个河大文学院抗日救亡宣传工作服务团（简称河大服务团）。参加服务团的还是上面几位老师，主要领队的是徐述之。

我是服务团戏剧组的负责人，组员有赵长河、李梅等。我们演的话剧，开始叫新剧。最初，还是男扮女装，到农村演出后就是男演男角色，女演女角色了。演的节目以街头活报剧为主，如《九一八以来》《放下你的鞭子》《张嘉甫》《逃难》等。

《九一八以来》是讽刺国民党反动派对日军的不抵抗政策，节节败退，丢掉了东北三省，最后由中国共产党领导，建立民族统一战线，联合抗日的故事。《张嘉甫》是写一个游击队员被俘后，在日本鬼子的严刑面前表现出的坚贞不屈精神。这个游击队员是张嘉甫的儿子。《逃难》是我们自己创作的，主要是控诉日军在中国的罪行。《马百计》是歌颂一个游击队领导人机智勇敢，同日军做斗争的故事。

我们从开封出发，经朱仙镇、鄢陵、郾城到许昌。郾城给我们的印象比较深。通过歌咏、演讲、戏剧、壁报这些形式，抗日救亡运动在当地开展起来，我们在郾城演出了话剧《逃难》。剧情是说一个老汉带着女儿从东北逃难出来，在街头向群众讲日军在东北如何烧杀抢掠，控诉日军给东三省人民带来的灾难。我们那位教语文的刘老师扮老头，也不用化装，换换衣服就可以了，一个同学扮女儿。演的时候，父女二人站在街头讲日本人如何占领东三省，国民党不抵抗，他们从家里逃出来。他们正说着，散在观众中的歌咏队的同学就呼口号"打倒日本帝国主义！"并开始讲演，接着又排队唱歌。群众的抗日情绪很高，抗日怒火在胸中燃烧，他们把父女俩当成真的了，有的送白菜，有的给窝头，还有人捐款。我们赶紧把演老头的刘老师和演女儿的女同学扶到我们的驻地。晚上吃饭时，找不到刘老师，最后发现他在屋子里面哭泣，他演了这个逃难的戏后，再也控制不住感情了。这几位教授都是背井离乡出来搞抗日救亡的，可是逢州过县，国民党顽固派百般刁难，表面上联合抗日，而实际上在暗地里搞破坏，不许我们宣传抗日救亡。刘老师想到此，怎能不痛心？

陈素真当时也在郾城演戏，二十多岁，已有了名气，拥有很多观众。她演完后，我们就接着演《放下你的鞭子》。当演到老汉举起鞭子要打女儿时，我扮的是青年工人，就要从观众中跳上舞台，制止老汉打女儿。我上去时，群众不让上，经过解释，维持秩序的人才让上去。戏演完后，我们已经卸了装，仍有几百名观众没有走。原来观众中有一位真正的东北老汉，巧得很，他的遭遇同剧情完全一样，这出戏，引起他对伤心往事的回忆，就痛哭起来了。我们在台上演了一遍，他在台下也"演"了一遍，效果很好，这时台上台下"打倒日本帝国主义"的口号声连成一片。

我们自己编的《捉汉奸》一剧，在演出时，扮汉奸的同学险些被观众打死，我们把他护送到驻地才算没事。这说明群众的抗日情绪已被激发起来了。

服务团在许昌停留了一段时间，又办了一期抗敌训练班，招考来的学员是当地的学生，这一批学员出来后，有的还参加了服务团。在此期间，我们组织了救亡工作队到各地宣传抗日救亡。

我们从许昌到了舞阳，在舞阳发生了一件事情。当时我不大清楚，只听徐述之老师讲，出了事情，不让我们去演出，不让搞救亡活动，等候交涉后的消息。过了几天，徐述之说国民党要我们离开此地，到别的地方去。临行前，国民党舞阳特别党部专门请我们"赴宴"，摆了几桌酒席"送行"，实际是下逐客令，不过是以此掩人耳目罢了。在场的有国民党汤恩伯部的军官、舞阳县的国民党官员，场面很大，我们就把那个场合当成宣传抗日的好机会。范老喝了几杯酒，首先站起，发表抗日演说，主张国共合作，联合抗日，把抗日战争进行到底，并质问国民党为何不让宣传抗日。接着我们起来演讲，喊口号，宣传救亡道理，"宴会"变成了宣传救亡的讲坛。服务人员看到我们慷慨激昂、感情真挚的讲演，也被感动得流下眼泪，同我们一起呼口号。

此后，我们就到了离舞阳30多里的屈岗，继续进行救亡宣传工作。我们住在老乡家里，访贫问苦，分散活动，以小组为单位（两三个人为一组），挨家挨户活动，宣传抗日道理。我们还成立了小先生团，把当地的儿童组织起来，教给他们救亡歌曲，给他们讲抗日道理，让他们向家长、亲戚宣传。还有一种形式，就是办农民夜校，一方面教农民学文化，主要方面还是宣传抗日救亡。

可能在这时，团的名称改为战教团了。后来才知，是河南国民党当局，不让我们用河大服务团的名字，强迫我们团改成战时教育工作团。这个团体一直是地下党领导的，前一段不过是借河大文学院的招牌。

我们从舞阳到了信阳、潢川。在潢川，遇到了金山领导的上海救亡演剧第二队，这个团体同上海救亡演剧第一队曾在河大礼堂演过戏，如《放下你的鞭子》《九一八以来》《保卫卢沟桥》等。冼星海当时也在二队，还教我们演过戏。我爱好戏剧艺术，又同二队会计冯白鲁关系好，金山也比较喜欢我，我就离开战教团到上海救亡演剧第二队了。分别时，许多同学围着我哭。

我随着二队到了商城的新建坳，这是一个恶霸地主盘踞的地方，到了财主的庄园里，亭台楼阁，风景如画，真是别有洞天。我们去的目的，是争取这个地主不当汉奸。一旦形势紧张，使他能以民族利益为重，站在抗日的一边，这是主要任务，另一个任务是发动当地的群众。

我们住在财主家里。白天金山在家陪着地主说话,让王莹领着我们以游览为名,分成许多小组到老乡家里宣传抗日。当地农村的消息闭塞,老百姓不知抗日是怎么回事,更不知为什么要抗日。晚上,金山唱《夜半歌声》,地主听见歌声,知道他在家里没出去,就不怀疑了。而我们其他成员,则悄悄出去做宣传工作。金山很有办法,当时,他已是一名共产党员了。

后来,我们向武汉集中,在湖北宋埠镇,遇到了战教团,在那里同李超领导的第八队联合演出。因敌人飞机轰炸,在宋埠停了很短时间就到武汉了。周恩来、郭沫若把上述的几个救亡演剧队改编成国民党军事委员会政治部抗敌演剧一至十队。我们上海二队没有被编进去,地下党给了我们出国演出的任务。金山带领我们到了桂林,通过他的活动,得到了李宗仁的支持,给了一些钱。我们二队改成"中国救亡剧团",到香港演出,由于日本帝国主义和英国殖民当局审查得很严,不允许喊"打倒日本帝国主义"的口号,在香港演了一段就停下来。金山到了越南西贡,王莹到了美国,我和邹狄凡(诗人)回到内地。

当时,如果没有地下党的领导,这些救亡团体做这么多工作是不可能的。在地下党的领导下,我们这些青年学生的抗日热情被发动起来了。尽管当时的生活很苦,冬天住在地主的院子里,住在学校和破庙里,打开冰块用河水洗脸,吃的是大饼加咸菜,但我们的精神很好,从开封到信阳的沿途各点,宣传工作也都搞得很好。

(贺明洲 整理)

原载中共河南省委党史工作委员会编:《抗战初期河南救亡运动》,河南人民出版社,1988年,第257～261页。

婆婆寨惨案始末

◎ 邵　敏

　　1939 年 4 月，我在竹沟青训班学习结业，5 月份参加前线战地服务团，在信阳县的古城、北王岗等地开展抗日救亡宣传活动。7 月间，由于我们的工作不断受到顽固县长马显扬的阻挠，信应地委便将服务团全部调回四望山根据地，组成若干个工作组，分赴黄龙寺、仙石畈、祖师顶、八里坡、浆溪店、杨家老寨、白马山等地，我和刘西（女）等六七个同志为一个工作组，被分配到婆婆寨一带工作，刘西为工作组负责人。

　　婆婆寨本名西永兴寨，位于四望山东北方向，相距 20 里，坐落在三角山上，石筑而成，周围 80 余丈，可容 1500 人。相传在清朝某日，男丁因故大部分外出，一杆土匪乘机攻寨，而寨中婆婆妈妈自动组织起来，用礌石、滚木把匪徒打得抱头鼠窜，婆婆寨即由此得名。工作组未来之前，寨中驻有挺进队（此时已改称新四军）一个班，我们一行驻在山下的钱家大湾，主要任务是发动群众起来抗日。首先，采取演戏、唱歌、家庭访问等形式同群众建立感情，而后组织起农民救国会及青年救国会、妇女救国会、儿童先锋队等群众团体。这里的人民有革命传统，1927 年间大多数青壮农民参加过四望山暴动，经过宣传发动，又积极参加各项抗日工作，如为军队充当向导，搞运输，筹粮款，捉汉奸，慰劳伤兵等，并从进步的农救会干部中发展一批党员，建立了秘密的党支部，当地农民党员张中业任书记；又在青壮农民中组织了一个自卫队，由工作组黄润清同志负责武装工作。仅两三个月的时间，我们便把寨周围的群众初步发动起来，抗日热情非常高涨。

1939年11月中旬"竹沟事变"发生后，四望山的形势也渐渐紧张起来。国民党第五战区鲍刚部进占黄龙寺，地方的土顽势力也蠢蠢欲动，受鲍部节制的曹大队进驻黄龙寺附近之围墙湾，该游击大队是以曹姓为主体组织起来的一支反动地主武装，大队长曹显扬、中队长曹身修、分队长曹义清和曹义选等均是三角山、冯家庄一带的富户。在四望山农民暴动时他们的家族中的反动恶霸地主曾是打击的对象，其中曹义选的祖父、父亲都是被农民赤卫队镇压的，他们对共产党怀有刻骨的仇恨。倚仗鲍部势力，他们指使附近曹家个别人刁难我们的工作，暗中勾结混入我自卫队中的一些不良分子，欲置工作组于死地。为了应付这种险恶局势，地委将正在患病的刘西及另一名女同志调回四望山，隔了不久又把驻婆婆寨上的一个班撤走，只留下一支马拐子步枪和两排子弹给自卫队。刘西临走时，交代让我暂时负责工作组的工作，单独向我介绍了婆婆寨周围的地下党员。他们走后，工作组开会商量，感到住在寨子下面的钱家大湾危险，保长钱敦五（地主）也劝我们搬到寨上住。于是我们五人及从自卫队中挑选出的十几个人，一起搬进寨中。

由于形势日趋紧张，工作组进寨后便察看了寨周围地势，并商定，万一敌人攻破寨子，工作组就立即从北炮楼西边寨墙铁丝网的一个三四尺宽、二尺左右高的口子逃跑，再顺白马冲往上直达四望山。11月30日晚，山下的十多个自卫队员都上了寨，安排把寨门的钥匙交给一个叫倪粟臣的人保管。9时许，倪正在工作组住房里缠着我们教歌子的时候，忽然听到门外的脚步声很紧，大家都紧张起来，当我刚将马拐子枪压上顶膛火时，第一个暴徒一脚把我们住房的独扇门踢开，用手枪朝屋里连打几枪，口出秽语，嚷着要我们投降。我照来者头上打了一枪，这个家伙歪了几下但还没有倒下，后面的敌人吓得蹬蹬地往南边门楼跑去，并乱作一团，我们工作组的几个同志也吓呆了。说时迟那时快，在慌乱中，我喊了一声"跑啊！"便冲了出去，从北寨炮楼西面跳寨墙跑下山，第二天黎明才回到四望山，及时向地委汇报了婆婆寨遭顽军突然袭击的情况。因跳下寨墙时右脚的鞋挂掉了，脚底扎了一个洞，地委让我住进医院，包扎伤口。第二天，婆婆寨有个姓冯的地下党员来四望山向地委汇报后，地委又派人带他到医院里去看我，谈了婆婆寨事件的具体情况：袭击婆婆寨是鲍部曹大队曹身修一伙人干的，由分队长曹义清带队，被我打死的那个尖兵叫陈新理。我逃走后，黄润清同志拾起敌人的手枪也冲出了住房，但没有跳寨墙跑出去，而是隐藏在一个草棚里，第二天早晨被敌人搜出，被曹义清、曹兴宗等活活打死。当曹兴宗凶狠地用刀背毒打黄润清时，打一下黄喊一声"共产党万岁！"工作组的另外三名同志也在当夜被敌人抓住后吊起来用香火烧，用皮鞭打，最后又被敌人用刀一个个砍死。寨周围的群众看到这些远离家乡和父母，来到信阳敌后抗日的热血青年竟然惨死在国民党的屠刀之下，无不痛心疾首！这就是国民党顽固派在豫南制造"竹沟惨案"后的又一惨案——婆婆寨惨案。过了10天左右我的脚伤基本好了，参加了地委为四位死难的烈士在河滩上召开的追悼大会。不久，鲍刚部又进犯四望山，部队和地委机关便转移到信南地区，我被分配到信南县大队一个中队担任指导员，后整编入独立团，开始了我的军事生活。

1983年7月，我有暇重返婆婆寨，获知当地人民冒着生命危险，暗中将被暴徒砍得七零八落的四位烈士的尸首收拾到一块埋了一个坟墓，解放后三角山村党支部还在墓前立了一个纪念碑，刻上四位烈士的名字——黄润清、陈沉、赵霞辉、周××，年年清明节还组织学生扫墓，甚感欣慰。今作此文，以示多年对黄润清等四位烈士的悼念之情。

（严诗学　整理）

原载刘德福主编：《红色四望山》，河南人民出版社，1988年，第190～192页。

我所知道的《先锋报》

◎ 李 游

　　《先锋报》是在竹沟《小消息报》的基础上派生的一个分支，由少奇同志题写报头，主要编辑人甄劲虎（已故）、易史（已故）、廖维谦（中原突围后下落不明）都是从《小消息报》调来的。该报是中共信（阳）应（山）地委（原豫鄂边地委）的机关报（油印）。

　　我调来主持地委宣传部和《先锋报》工作时，已是 1941 年早春。这时甄劲虎、易史已调边区《七七报》，《先锋报》只留下廖维谦——这是一位忠实正直、勤奋工作、长于组织和编排稿件的老报人。

　　信应地区是我豫鄂新四军五师主力联系河南国民党统治区广大人民的桥头堡，也是日伪严密控制的大武汉外围、平汉路两侧的腹地之一，工作重要得很，也艰巨得很。

　　在国民党弃守武汉（1938 年 10 月）和蓄意制造竹沟惨案（1939 年）之后，我们孤悬敌后。武汉的《新华日报》《群众周刊》和延安、竹沟出版发行的书报都看不到了。我们自己又无收发延安新华社新闻、社论和重要文章的电台，两手空空。如何让在敌后苦难人民中已有一定影响的《先锋报》坚持定期和读者见面，按当时的条件，几乎是难以想象的。

　　办报，首先要解决新闻来源问题，或广义地说稿源问题。

　　国内外新闻主要靠敌占城市如南京、武汉等地报纸。当时人民习惯上称这些东西为"汉奸报"。这当然是片面的、不准确的，甘心当汉奸的人毕竟是少数，死心塌地为虎傅翼的汉奸文丐为数极微。这些报刊所载，多数是违心地穿起敌伪的合法外衣，客观报道一些国际国内的大事，拿来我用，有的甚至大可发挥，做我们自己的文章。

当然，主要靠地委会的领导，靠负责同志的传达、指示、报告、讲话。有时根据其精神写社论或专论，努力把报纸办成党和人民的喉舌。

发动军队和地方的同志写稿也很重要，他们来自工农兵群众，来自革命实践，写的东西往往提供许多生动的事实。有的文字也写得不错，有的因受文化水平限制，词难达意，我们就加以修改补充，甚至全文改写，仍以原作者署名发表。没有作者的支持，报纸是办不成的。四五十年转眼已过，《先锋报》那些无偿劳动的热心投稿人，我还记得马焰、大庵、尹任侠……他们来稿的文字和内容都是好的。他们有的老当益壮，至今仍在为党工作，更多的已作古，思之令人感念不已！

就这，作版面字数计算时，往往还是不足，而不是有余，甚至一版稿件刻写完毕，还有一块空白。我们自己的报纸，总不能自开"天窗"，像国民党反动派"新闻检查"常干的那样吧？自己动手，杂文、小诗、短歌……什么都来了。甚至把《新民主主义论》也以诗歌形式加以通俗宣传。边区党委陈大姐看到这些粗不成文，纯为填补版面的东西是加以肯定的。1942年边区抗日人民代表大会制定了《边区施政纲领》，她说："告诉李游，叫他把《边区施政纲领》编成歌谣，使边区人民家喻户晓！"是的，编党报，就要把党的决策变成人民群众自己喜闻乐见的东西。"初生之犊不畏虎"，陆续编写，陆续在《先锋报》连载出来。但，时过境迁，时隔四五十年，一些长文长歌难以记忆，有些短小东西，却仿佛依稀再现梦境：

春天已到来，

杜鹃红满山。

儿女们灯前话团圆，

日本强盗来到我们门前！

举起锄头，

挥动老拳，

喊杀震天；

种田人儿武装保江山。

春天已到来，
杜鹃红满山，
愁人的饥荒快熬完，
满山遍野都是好田园。
汗珠儿滚滚，
湿透衣衫，
歌声一片；
抗日人儿辛劳种好田。

这是根据从鸡公山、花园、孝感等敌占城镇传来的一首日本的低级黄色的流行歌曲《上海姑娘》的曲调反其意描绘我抗日根据地人民情趣的短歌，让它展翅飞回平汉路，飞回武汉、上海……

一片麦田哟，青又黄，
割麦插秧两头忙；
肚里无食饥似火哟，
一顿不吃饿得慌！

有余粮的哟，拿出来！
抗日人士多慷慨；
借给卖给全可以呀，
谷烂仓里不应该！
高价害人更不该！

这是一首发动贫苦农民向地主借粮，一度脍炙人口的《借粮歌》——当时民族斗争与阶级斗争的一个小小缩影。

更多的是把当地流行民歌小调如《小幺妹，奴的情哥》《哭五更》《纱窗外》及我的老伴儿（自然，当时还是小伴儿）从天（门）汉（川）湖区学来的《一钉卡》《九点半钟来》等，一律改填新词，为《先锋报》补白，许多小歌都经当时的地委民运部长刘东（刘子厚夫人）谱上简谱，这样就更便于广泛流传。

我们幼稚的文墨，粗浅的马列主义理论水平，加上一股子天不怕地不怕的少年抗日豪情，是想把我们的报纸办成自己工农兵群众及其干部的良师益友。同时，对敌人，是传单，是标语，是锋利的匕首。

报纸主要是在信应地区党政军民系统发行。同时送相当数目给边区审阅，也向友邻地区寄发。边区从部队调来严宏章专做发行工作，他逐渐成为我个人的亲密助手之一。

部队出发，短枪队出击敌据点，甚至税收人员深入敌区，都要带一些《先锋报》和其他宣传品，到处散发张贴。长年愁眉苦脸的人，见到这些东西，往往伸出四个手指（指新四军）说："他们来了！"脸上都有了微笑……

有一年春节，谭家河、柳林等地玩灯，《先锋报》登的那些抗日民歌小调，真的变成人民群众的歌声，且歌且舞，热火朝天。日本鬼子听不懂歌词，还竖起大拇指说："顶好！顶好！"

《先锋报》在人民群众中，在对敌斗争中，都起到了它应起的作用。一个革命者的形象又浮现在我的眼前，这就是廖维谦。他是位热情的老广，一口很少改变的广东话，常常引起中原儿女们的谈笑。小鬼们戏称他"尿（廖）同志"，同志们也亲切地称他"老尿"。他无任何个人要求，一双草鞋，一套破军装，加一个旧得变了色的布挎包，装着他随身珍藏的糨糊、剪子、红蓝墨水、蘸水钢笔和一把万能小刀。行军一驻定，他总会找到一片板状的东西支起来，上面还铺起一块斑斑驳驳的白布，摊开他的"文房四宝"聚精会神地字字句句和标点符号干起来，认认真真，一丝不苟。一次，他在看稿中，兴高采烈地吟诵起来："忆端阳，当兵去！""什么呀，尿同志？"人们问他。他放声大笑，"你们看！"原来是一首补白小诗中有一句"日他娘，当兵去！"从此，一句俚俗的粗话变成同志们对他亲密又十分典雅的昵称，"忆端阳"飞出报社，飞出宣传部。这位可敬可爱的，有长者风度的同志，《先锋报》上每一张、每一版，都渗透着他的心血。他长我几岁，文字经验比我多，但在工作上十分尊重我的意见，生活上也和我玩得来。夏季中午，我俩常常找一个僻岬池塘赤身游泳，是他一招一式地教会了我蛙泳，抛弃儿时游惯了的"狗刨儿"。

提起《先锋报》，不能不使我深深怀念这样一位毕生忘我工作的人！你现在在哪儿!? 同志!

办报,靠一块钢板,一张蜡纸,用人的手指刻画锦绣文字。开封女师学生路一程,长得白白胖胖,大眼睛,多才多艺;多少有点口吃的陕北公学毕业生王平;后来和前面提到的撰稿人、地跨豫鄂两省之边的区委书记尹任侠结为伴侣的瞿捷;随兄参军的小姑娘邹树人(不久前,在她哥哥、中国人民革命军事博物馆顾问邹立人的葬礼上没见到她,听她老伴儿说,身体也不好),都是当时刻钢板的圣手。令人难以置信,手刻的文字比机器印的东西还要整齐漂亮。后来,他们还培养了两个文化程度很低的"小鬼",横平竖直,一笔一画在蜡纸上书写仿宋字体。

住惯了高楼大厦,几乎不大相信,我们的祖先确曾穴居巢寝!

我们宣传部和报社是一支无枪的军队,男男女女出没敌伪身边,几乎每晚都要行军、转移。夏季多雨,常常淋得一身湿透。纸张、简单的一套油印机具随之搬来搬去,也诸多不便。我们真的找到山洞"穴居"起来。一位长我 10 岁左右的"老汉儿"带上几个只知抗日却不知怎样抗法的小鬼,办起地下印刷厂来。一张张散发油墨芳香的报纸,是他们辛勤的创作,一张蜡纸,小心推滚,几千张报纸,都是清晰的。

1942 年初秋,子厚调边区行署任副主席,地委改为中心县委,《先锋报》也随之完成了它的历史使命。

1986 年于北京

原载刘德福主编:《红色四望山》,河南人民出版社,1988 年,第 172 ～ 177 页。

忆在豫南民运办事处的工作

◎ 冯　珍

1937年12月南京失守后，武汉受到日军的严重威胁，机关、学校纷纷撤往四川。在民族危亡之际，许多革命知识分子、青年学生走上抗日救亡的道路，组成各种救亡团体，深入城乡宣传发动群众。当时，我正在武汉大学读书。我向党组织要求，不去大后方读书了，愿意投身到抗日救亡的洪流中去。12月底，组织上派我到河南省信阳县鸡公山林场找李相符先生接头。

1938年2月，根据董必武的指示，以国民党第一战区司令长官部政训处的名义，在鸡公山下的农林试验场成立了一战区豫南民运办事处，武汉大学教授兼平汉铁路农林总场场长李相符为主任（李以后加入了中国共产党，新中国成立后曾任林业部副部长）。豫南民运办事处的主要工作是组织一部分中共党员和进步青年，在信阳、潢川、南阳3个行政区的16个县进行抗日救亡的宣传和组织发动群众。

豫南民运办事处初建时，党组织还没有建立，人手又少，不可能大规模地开展工作。我们到鸡公山火车站附近，同铁路工人和农民座谈，了解群众的抗日情绪，宣传党的抗日民族统一战线政策，揭露日寇的暴行，向群众讲解抗战的形势和前途，告诉群众只要我们团结抗战，就一定能够取得最后的胜利。为了扩大影响和教育面，我们还印刷了大量动员民众开展抗日救亡的宣传品，送到群众手里，张贴在火车站等显眼处和集镇闹市区，使群众能随时了解到抗战的形势和我党的方针、政策。我们对少年儿童也做了大量的教育工作。在鸡公山农林试验场办公楼下，我们开办了一所儿童识字班，组织附近儿童参加，教儿童学文化，给他们讲抗日英雄故事，教唱救亡歌曲，还组织他们演一些小型剧目和歌舞剧等。

随着抗日救亡运动的深入开展，1938年3月以后，党组织又陆续派来了唐滔默、苏章、黄心学、史略、刘放、李天铭、郭纶、李力、陈达等同志。这时办事处党的力量加强了，人才济济，阵容可观。在办事处内建立了党支部，由黄心学、唐滔默负责。为了打开工作局面，唐滔默专程去汉口八路军办事处，通过办事处与中共河南省委取得了联系。在省委领导下，办事处人员较前增多，工作地区和规模也扩大了。根据省委指示，民运办事处派一部分同志以民运指导员的身份，先后深入到豫南各县开展抗日救亡宣传。李天铭、陈达分别派往汝南、桐柏县担任民运指导员，我和唐滔默等到信阳县任民运指导员。我们深入谭家河、西双河、东双河、杨柳河、冯家庄、柳林、李家寨、鸡公新店、信阳城郊、十三里桥等地召开群众大会，利用讲演、歌咏、演话剧等形式向广大群众进行宣传。我们向群众教唱《大刀进行曲》《游击队之歌》《三江好》《牺牲已到最后关头》和《流亡三部曲》等抗战救亡歌曲；演出《放下你的鞭子》《打鬼子去》《小放牛》等剧目。宣传队的同志们以前都没演过戏，为了宣传抗日救亡，唤起民众，勇敢地登上了舞台扮演各种角色。同志们以自己的热情，激起观众对日寇强烈的仇恨，台下不时发出"打倒日本帝国主义！""把日本鬼子赶出中国！""誓死不当亡国奴！"的口号声。1938年4—5月间，我和唐滔默在谭家河举办了两期训练班。我负责妇女训练班，唐负责青年训练班。那时条件十分简陋，借两间民房和几张桌椅，墙上挂一块黑板就讲起课来。主要内容是抗日救国的重大意义，国共两党合作和统一战线的具体方针、政策，抗日战争的形势，日寇的暴行，等等。以后又在杨柳河、冯家庄分别举办了不同类型的青年、妇女、儿童训练班。我们还准备在东双河办一期训练班，一切都筹备好了，因形势紧张没能开课。

我们在发动宣传时，发现信阳的群众富于革命斗争精神。在土地革命和三年游击战争时，信阳人民在共产党的领导下，同军阀、地方反动势力进行过艰苦卓绝的斗争。由于这里的群众基础好，出现了一些政治可靠、思想进步的青年积极分子。谭家河的周映渠、张裕生、任子衡几个青年人，有积极要求入党的意识，经过了解才知道他们在土地革命时，为党做过一些工作，后来与党失掉了联系。经我们一宣传,这 3 个年轻人表现得非常积极。我们有意交给他们任务,作为党员培养对象。后来支部决定发展他们 3 人加入中国共产党,建立了谭家河党支部,由张裕生负责。有了这样一个核心组织,我们的工作都好做了。他们几人土生土长,同广大群众有密切的联系。经他们一个多月的组织动员,谭家河地区又有一批革命青年,紧密地团结在党组织的周围。但是由于我们缺乏军事工作经验,没能及时把他们组织起来,成为一个武装队伍,以致日寇进犯谭家河,群众纷纷逃难。没能解群众的倒悬之忧,没能及时发挥应该发挥的战斗作用,这是我们的一个教训。

1938 年 6 月,中共信阳县委在县城内我们居住的一个大药店的楼上成立了,唐滔默任县委宣传部部长。危拱之参加了会议,县委负责同志中似有一位姓余的。由于战争形势的紧张,县委的同志很快分散到乡下去工作,我们仍回到谭家河、西双河一带。

为了能听到省委的直接指示,请求省委派一两位懂军事的同志来组织谭家河一带的群众开展游击斗争,大约 7—8 月间,我和唐滔默前往竹沟汇报。彭雪枫、危拱之亲切而热情地接见了我们。我与危拱之大姐住在一起,谈了好多工作方面的事情。彭雪枫同志还介绍了省委组织部一位姓黄的同志与唐滔默谈了话。省委同意派军事干部去协助我们工作。彭雪枫平易近人,给我们留下了难忘的印象。离开竹沟时,他把自己看的、签有他的名字的几本书送给我们学习,并派了一位新四军战士用两匹马把我们护送到确山县城联络处。

回到信阳不久,省委派齐光同志和邹竖夫妇来协助工作。黄心学、唐滔默、邹竖、齐光等同志开会分析了信阳的形势,明确了任务,会后由齐光与我们一道去谭家河开展工作。这时,已经听得到轰轰的炮声了。齐光有别的任务离开了谭家河,黄心学要我们回去研究工作。我们回到办事处,才知道全体工作人员要马上离开鸡公山转往湖北襄樊。当夜支部会上,唐滔默说谭家河群众基础好,愿意留下来组织群众打游击,支部同意了他的意见。我们带着办事处留下的一支土造手枪和100 元经费,当天返回谭家河,途中,只见扶老携幼的逃难群众涌向平靖关方向。这时日寇已到了西双河。我们改变了去谭家河的路线,转向平靖关,去找谭家河的3 位党员组织逃难群众,在平靖关南边的应山县境内一个小林子里,我们找到了任子衡。第二天,去应山县城找县政府要两份军用地图,准备开展游击战争。不料,次日清晨敌人又打到应山，在各自逃命的情况下群众集合不拢，我们也被冲散了。我和唐滔默看到一时难以把群众组织起来，便决定改道去襄樊找豫南民运办事处的同志们。到襄樊不久，第五战区司令长官李宗仁就任命李相符为豫鄂边区抗敌工作委员会政治部副主任，民运办事处的全体工作人员都在中共鄂中省委领导下的政治部工作。豫南民运办事处在信阳工作了短短 10 个月的时间，就此完成了它的历史使命，1938 年 11 月解体。

（陈广艺　整理）

原载中共河南省委党史工作委员会编：《抗战初期河南救亡运动》，河南人民出版社，1988 年，第 325 ～ 328 页。

回忆豫南民运办事处

◎唐滔默　冯　珍

　　1937 年 12 月，南京失守以后，武汉受到日寇严重威胁，机关、学校准备撤到四川重庆。那时冯珍同志正在武汉大学读书，她与组织上商议后，决定不去大后方继续读书，由党分配工作。这年 12 月底，党派冯去鸡公山工作，同行的有张昔方和武大的一位工友。冯原来和张昔方不认识，组织上告诉她，张昔方不久前刚从国民党监狱出来，还没有党的关系，武大的那位工友，也是一个群众。我们去鸡公山是到李相符那里工作的，李相符是武汉大学农林系教授，兼武汉大学鸡公山农林试验场场长。在国难深重时刻，他毅然抛弃了优裕的大学教授生活，走上抗日救国的道路。他不仅是个爱国者，也是我党工作的热情支持者和赞助者。他当时以自己的声望和社会关系，从国民党第一战区司令长官部那里，争取到一个做抗日工作的合法名义——"第一战区司令长官部豫南民运指导专员办事处"，他担任民运指导专员。"第一战区司令长官部豫南民运指导专员办事处"是在 1938 年 2—3 月间正式成立的，有了这个合法名义，我们就可以公开地开展工作了。

　　冯珍同志初到鸡公山的时候，党的组织还没有建立起来，加上人手少，力量单薄，不能大规模开展工作，她就同办事处的党外积极分子一起，深入到鸡公山火车站附近铁路工人和农民当中，进行访问和座谈，宣传抗日和党的抗日民族统一战线政策。我们经常召开三五人或十多人的座谈会，同铁路工人或附近农民谈论抗战形势和抗战前途，说明我们抗战虽然暂时失利，但只要全国人民团结起来，和日本侵略军斗争到底，中国就不会亡，抗战就一定能够取得最后胜利。工作进行二三个月后，这些工人和农民开始关心国家的命运，对抗战有了信心，有的向我们表示：一旦日本侵略军打来，他们就拿起武器和敌人战斗，誓死不做亡国奴。大家对党的抗日民族统一战线政策也有所了解。

除了进行座谈和访问，为了扩大影响，我们还印刷了大量宣传品，其中有揭露日寇在敌占区烧、杀、奸、淫的罪行材料；有报道战斗的胜利消息；还有形势分析等。我们把印好的材料分送到农民和工人手里，或者张贴在车站人多的地方，让群众随时了解抗战的局势。

我们做成年人工作的同时，还开展了儿童工作。我们在农林试验场办公楼下，开展了一个儿童识字班，组织附近儿童读书识字，教他们学文化，给他们讲抗日英雄故事，还教他们唱抗战歌曲。这群孩子生机勃勃，在楼下教室里，不时传出他们的读书声和高昂的歌声。

1938年3月以后，党又陆续派来一些同志。先期到达的有唐滔默和苏章同志，接着黄心学、史略、李力、郭纶、陈达等同志也来到鸡公山。这时党的力量加强了，党支部也建立起来，党支部由黄心学和唐滔默同志负责。为了和上级取得联系，唐滔默同志专程去汉口八路军办事处，通过八路军办事处，与河南省委取得联系，在河南省委领导下进行工作。有了上级党的领导和雄厚的力量，工作地区和规模也扩大了。党支部以民运办事处的名义，组织了宣传队，深入到谭家河和西双河一带，进行了更为广泛的宣传。如在当地召开群众大会，利用讲演、歌咏、演话剧等形式，向广大群众进行宣传。记得我们演过独幕剧《打鬼子去》和《放下你的鞭子》等，宣传队的同志们，过去都没有演过剧，但为了抗日，他们都勇敢地登上舞台，扮演各种角色。他们以自己的爱国热情，唤起了台下观众对日寇强烈的仇恨，当幕布落下，"打倒日本帝国主义！""誓死不做亡国奴！"等激昂口号此起彼伏。经过多次的宣传工作，我们民运办事处的同志和当地的群众建立了感情，为以后我们在那里进一步开展组织工作打下了基础。

经过一段时间的宣传，我们认为应该进一步在谭家河做好组织群众的工作，同时注意发现培养政治上可靠的思想进步的青年积极分子，作为发展党员的对象。4—5月间，唐滔默、冯珍同志在谭家河办了两个训练班，唐滔默同志负责青年训练班，冯珍同志负责妇女训练班。那时条件十分简陋，借两间民房、几个旧桌椅和长凳，挂一块黑板，就讲起课来。当时没有课本，也没有时间编写讲义，要讲的内容都是事先想好几条，临场发挥。为了激发群众的抗战热情，还教他们唱抗战歌曲。当时广泛流行的《流亡曲》《大刀进行曲》《游击队之歌》等都成为他们最爱唱的歌曲。除了公开讲课宣传，我们还做个别访问、联系的工作，向政治可靠、思想进步的青年讲抗日民族统一战线政策，也借给他们进步书刊看。通过这些工作，我们发现在青年中，任子衡、周映渠、张裕生三位同志有积极入党的要求。经过了解，知道他们在土地革命战争时期做过党的工作，革命失败后和党失去关系。经过民运办事处党组织的研究，决定吸收他们入党。由他们三人建立起党小组，党小组组长是张裕生同志。谭家河有了这个核心，一切工作都好做了，他们在谭家河土生土长，同当地群众有密切联系，最了解当地的群众，因此工作开展得更加顺利。经过一段时期的工作，有一批青年紧密地团结在党组织的周围，但由于我们当时缺乏军事工作经验，没有把他们武装成一支有组织、有纪律的队伍，以致敌人占领信阳，向西双河、谭家河进犯时，群众纷纷逃难，没有发挥理想中的战斗作用。

1938年6月间，豫南民运办事处党组织根据河南省委的指示，派一些同志以民运指导员的合法名义，到豫南各县工作。李天铭同志任汝南县民运指导员，陈达同志任桐柏县民运指导员，唐滔默和冯珍同志任信阳县民运指导员。另外还派两三位同志去外县，但姓名和地点都记不清了。就在这个时期，中共信阳县委在信阳县城内我们居住的一个大药房的楼上成立了，唐滔默同志任县委宣传部部长。开会时，记得有危拱之同志参加，县委负责同志中似有一位姓余的。因为县委成立后，信阳形势开始紧张，县委的同志很快分散到乡下工作，我们仍回到谭家河、西双河一带。

信阳形势日益紧张后，我们为了听取省委的指示，希望省委派一两位有军事工作经验的同志来组织谭家河一带群众开展游击斗争，大约7—8月间，我们去了竹沟。到了竹沟以后，彭雪枫同志亲切、热情地接见了唐滔默同志。冯珍同志和危拱之同志住在一处，也谈了很久。另外，彭雪枫同志还介绍了省委组织部一位姓黄的同志和唐谈了一次。省委同意我们回去后派一两个有军事工作经验的同志来和我们一起工作。我们离开竹沟时，彭雪枫同志把他自己看的有他签名的几本书送给我们学习，并派了一位新四军留守处的战士，用两匹马一直把我们护送到确山县城的联络处。彭雪枫同志平易近人，对同志亲切热情，给我们留下难以磨灭的印象。

我们回到鸡公山和谭家河不久，省委派来了邹竖夫妇和齐光同志。民运办事处党组织的负责人黄心学、唐滔默同邹竖、齐光同志开会研究了形势和工作，会后，齐光同志和我们一道来到谭家河进行工作。这时已经听到了炮声，形势更加紧张了。齐光同志说他还有别的任务，离开了谭家河。民运办事处黄心学同志要我们回鸡公山办事处研究工作。我们回到办事处以后，才知道民运办事处已做好一切准备，马上要离开鸡公山撤往湖北襄樊。当晚支部开会，唐滔默同志表示，谭家河有较好的群众基础，愿意留下来工作，支部同意了他的意见。民运办事处撤离时给我们留下一支防身用的土造手枪和100元经费。我们也于当天回谭家河，在返回谭家河途中，一路上只见男女群众扶老携幼纷纷逃难。这时，我们才知道信阳的敌人已经到达西双河和谭家河，谭家河的群众已经向平靖关方向去了。于是，我们改变了去谭家河的路线转向平靖关，去找谭家河的逃难群众和三位党员。

我们到达平靖关南应山县境的一个村子里住下，遇见了谭家河不少逃难的群众，任子衡同志也来了。第二天我们去应山县城，想找县政府要两份应山县的军用地图，准备开展工作用。不料次日早晨回去的途中敌人又打到应山，群众逃散，集合不拢，我们也被冲散了。我们决定改道去襄樊找豫南民运办事处的同志们。在襄樊找到他们不久，第五战区司令长官李宗仁任命李相符为豫鄂边抗敌工作委员会政治部副主任，民运办事处全体党员和群众都在中共鄂中省委领导下在政治部工作。豫南民运办事处就结束了，时间是1938年11月间。

豫南民运办事处从1938年2月成立到11月间结束，前后不过10个月，在这短短的时间里，豫南民运办事处的党组织和党员同志，在中共河南省委的直接领导下，做了宣传群众和组织群众的工作，在信阳谭家河农村发展了党员，建立了党的组织。信阳沦为敌占区以后，我党在信阳一带建立起一支武装队伍，坚持敌后斗争，不断壮大力量，开始就是以谭家河建立的党组织为中心开展工作的。其中张裕生、周映渠两位同志还为我们党的事业付出了自己的生命。

1985年6月8日

原载刘德福主编：《红色四望山》，河南人民出版社，1988年，第136～140页。

豫南民运指导专员办事处活动的片段回忆

◎ 郭　纶

一、我是怎样来到豫南民运指导专员办事处的

1938 年 2 至 5 月初，我在竹沟留守处教导大队任第三中队长。五一节刚过，彭雪枫要我去谈话，同去的有大队长方中铎。彭对我说："第一战区司令长官部有我们的友好统战关系，要我们去些人，在他们的学生大队担任工作。我们已决定让你先去，这两天你就把中队的工作交下，准备马上去郑州。"

没过两日，我将中队的工作交接完毕，又来见彭。他将写给一战区政训处王伯平的信交给我，要我到郑州直接去找王伯平，并叮嘱：到那里既要敢于担当工作，又要谨慎，一切由王伯平安排。还告诉我，不久将另有一些同志相继前去。当日，张震同志（当时称他参谋长）安排了护送人员和马，送我到确山。

我到郑州找到了王伯平，将信交他，受到他的照顾。不几天，我被任命为学生大队第二区队长。此时日寇进攻开封甚急，敌机连日到郑州大轰炸。我做区队长后的首要一事，是带学员跑警报，一日数惊，这些学生多未受过战争锻炼，人心惶惶，根本上不了课。未几日，开封沦陷，郑州危急。此时传出司令长官部拟西迁洛阳，学生大队也要迁到宜阳的消息，郑州一片混乱。适巧王伯平找我说："学生大队西迁，一时上不了课，可地方上正急着要人做民运工作。你去豫南做民运工作如何？"

这时我已对国民党的一团乱糟糟看不惯，倒乐意离开这里，借此机会返回自己的部队去，因而立即表示同意，对他说："我是从竹沟派来的，现改去豫南，我要去竹沟请示一下。"他同意，就亲自给彭雪枫写了信，还将去豫南民运指导专员办事处的介绍信一并交我。我急急返回竹沟，向彭做了汇报，也将王伯平的信交给他。

不久组织就通知我，同意我去豫南。还说同去的另有教导队政治干事邹坚和他爱人张建之（教导队学员）及另一党员张孟浪（后改名张汉平，亦是教导队学员）。

大约是 5 月下旬麦黄时节，我们一起到了鸡公山下的豫南民运办事处。

二、豫南民运指导专员办事处的部分情况

这个组织是一战区司令长官部属下的民运组织，有军方身份。不属国民党省党部，也不属国民党省政府。它的辖区包括豫南的 3 个行政督察专区，即汝南专区、潢川专区和南阳专区。

指导专员李相符，是武汉大学教授兼鸡公山农林试验场场长。李先生是著名的左派教授，与我党关系友善（新中国成立后，为民盟中央常委）。他对办事处人员的任用，倾向明显，主要是通过我党介绍来的。除我四人外，还能记起的人员有唐滔默、冯珍夫妇（均为党员，汝南人）和黄心学、刘放、李天民、陈博咸（后悉前三人亦是我党党员）等；另一些是从武汉大学来的，有庄湘（后去桐柏做指导员）等几位。专职人员约 30 人上下。其他总务、事务等全由林场人员兼办，不在此数。

我（当时叫郭思源）与冯珍、张孟浪同被委派为信阳县民运指导员，经常往来于各乡镇与办事处之间，未另设县办机构。邹坚、唐滔默等则常在办事处工作。我的印象是李专员用人谨慎，宁缺毋滥。办事处的工作重点，实际也在信阳周围数县，许多管辖县没派人去。

三、在信阳的工作活动

作为县民运指导员，我们的活动主要是用这个"官方"身份，要地方上的区公所、联保处等给我们提供方便条件，由我们主办训练班，为开展游击战争做准备。

当时安徽、长江中游地区战火正急，以武汉为中心已提出"保卫大武汉"的口号。信阳是武汉的北大门，山多林密，地形良好，我们想为此地多多培养游击战争骨干。我与唐、冯、张从办事处出发，巡视台子畈、谭家河时，当地的训练班刚结业，我们与当地干部进行接洽，准备在此基础上进一步搞普遍训练。此时适遇冯玉祥将军悄然来到谭家河视察驻防部队，看到该部队抗日情绪高涨。我们亦与当地驻军的几个营、连青年军官建立了友好关系，期其有助于我们的工作。此时战教团的部分同志亦在此设点工作。我们4人当时分工，由唐对谭家河的工作多作照应，我3人则转往西双河开办新的训练班。我们借街上的福音堂办了一期，有30余人参加训练。课程为抗战形势、游击战术、民众动员等，此期就有地方青年周郁文等参加（周现为西安铁路分局负责人）。随又转往杨柳河办了一期。在杨柳河，我得到五战区青年军团六中队两名青年的协助，一名叫夏桐，一名姓方（后悉为我党党员），他们视我为兄长，我们合作得很好。第四期是在冯家庄举办的，有学员50余人，规模较大。在此参加训练工作的除冯珍和我之外，还有办事处来的两三位同志（姓名已忘）。第五期拟在东双河举办，只因那个联保主任整日躺在床上抽鸦片，办事油滑拖拉，未待办起，我得悉彭雪枫已来过办事处与李相符相会，急于想听到新音讯，遂返鸡公山。据悉，彭是从武汉八路军办事处回来，中途停留，来此相谈的。印象中，所谈主要内容是动员力量保卫大武汉，豫南特别是信阳周围，是武汉北部屏障，准备有场大战，并准备开展游击战争。

此时日寇由安徽西进甚急，武汉、信阳一线战争气氛愈浓。一日，我与唐、冯二位同来信阳城，借住在赵仁义药房，参加了章汉夫同志（武汉《新华日报》负责人）的一个报告会，到会的有数十人，包括五战区青年军团的一些人。主题就是讲"保卫大武汉"的问题。其中也说到，在一场大战之后，有失陷的可能，以后就要靠开展游击战争了。次日，章汉夫同志、唐滔默和我（另有一两位，姓名已忘）同信阳地方党游击队负责人张裕生相会。地点在信阳师范一个教室里（学校已停课），主要由张裕生讲述当地准备游击战争的情况。正谈话间，逢敌机对信阳大轰炸，震得室内天棚哗哗作响，为赶时间大家未动，裕生同志继续汇报。他说，他们的联络、准备活动主要在铁路西，从台子畈到谭家河、杨柳河、冯家庄一带。我们办事处、战教团的活动正与他们的活动相配合。此后不久，我的工作有了调动。

四、开展遂平县民运工作

约是 8 月中下旬，专员办事处确定我去遂平负责县民运指导工作，另悉李天民、陈博咸亦被派往汝南负责民运指导工作。

我抵遂平之日，适遇光明话剧团同时到达。车站相遇，我有意结识他们，但他们见我一身国民党军官穿戴，不知底细，对我冷落相待。到了县城，又闻得竹沟特委马致远（即刘子厚）同志受该县县长袁森之邀，已以新四军代表身份驻此工作。晚间我去见他，碰巧光明剧团团长林亮也来了，相谈之下，知道彼此是一家，我们就可以互相配合了。

随后我又与遂平县委负责人邢静波等同志相见，接上了关系。在刘子厚同志的统一协调下，我以第一战区遂平县民运指导员的便利条件，依地方党的意见先后去了界牌、玉山和嵖岈山，搞抗日干部训练。

界牌紧邻驻马店。镇上有当地青年、学生二三十人成立一个组织（名称已忘），并掌握有一二十条步枪。县委与刘子厚同志的意见，由我去那里直接施行训练。在界牌，承他们照应我住了下来，开讲游击战、抗战形势等，并实练夜行军等夜间动作。是时日寇由安徽西犯益急，信阳吃紧，在镇上已听到驻马店对铁路设施的破击声（阻止日寇来后使用）。我们这个组织在这气氛下，也做了相当程度的集中，加紧训练活动。光明话剧团的李游同志奉子厚同志的指示亦来参加对该组织的工作。该组织的两位负责人何文庆、吴泽芳先后入党。他们和其他一些青年都在后来的地方武装和地方工作中起了重要作用（何后来任过当地县委副书记，前几年尚为四川大学党委负责人；吴后任遂平支队政委，前几年为甘肃白银稀有金属公司负责人）。

10 月，当信阳沦陷时，我已去玉山筹办新的训练。该区区长刘鼎权（后悉此人与我当地党组织有良好关系）见我名片"官衔"，接待甚恭。晚饭桌上，谈话间就表示要将该区即将举办的两个社训中队请我一起施训，我自乐得承担。正筹办间，忽得县政府转告战区司令长官部政训处（原处长李世璋被免职，新任积极反共）关于撤销民运指导员的通令，该通令还要各指导员立即去洛阳集中"待命"。我知情势已变坏，当然不会去洛阳。经与刘子厚同志商酌，确定在与国民党县政府负责人公开告别后，就由遂平县委安排我秘密去嵖岈山荫蔽协助当地工作。当时因受刘子厚之邀到遂平来给县办干训班授课的范文澜教授，也因形势变化，由县委安排去了嵖岈山职校，暂时存身，随后刘子厚同志也离开了遂平。我在嵖岈山和光明话剧团的丁兆一同志协助县委办了地方农训班（外称"冬防训练"），主办这项训练工作的是特委特派员杨毅同志。12月间的一天，国民党方面的一些党政人员突然到了嵖岈山，他们中有不少人认得我，我知情势有异，即辞别地方同志赶往竹沟，向特委汇报了这段情况。

五、后情

年底，李先念同志由延安到竹沟，准备南下豫鄂边。次年元旦过后，特委让我随先念同志去四望山。路过尖山，我遇到了原任汝南民运指导员的李天民、陈博咸夫妇，交谈了彼此情况。李说，一战区情况恶化后，豫南民运指导专员办事处也被撤销了，这原是意料中的事。

以上仅就个人经历所知，就记忆所及简略写来，自知有很大局限性，仅供参考。

原载刘德福主编：《红色四望山》，河南人民出版社，1988年，第141～146页。

我在经扶县民众动员干训班学习的回忆

◎ 戴培元

抗战爆发后，国共合作。当时国民党第五战区有共产党的进步力量，基于抗日救国的形势需要，该战区招收一大批青年学生组成青年军团，进行短期训练，分赴各地开展抗日宣传活动。当时来到经扶县的是"第五战区青年军团经扶实习队"。队长是满击云，负责人还有郝惊涛、赵敏（女）。他们到经扶县城后，一方面组成宣传队，宣传中国共产党抗日救国的主张，教群众唱救亡歌曲，在街头路口，写标语，画漫画，宣传工作搞得十分活跃。另一方面在经扶县立中正小学开办"民众动员干部训练班"招收学员，扩大抗日宣传队伍。

那时，我13岁，小学毕业。经扶县没有初中，我家庭又很贫苦，无法到外地就学。在这种情况下，我听说民众动员干训班在县里招收学员，就和几个大同学去报了名。记得当时同去报名的有住在经扶城内的吴宏章、刘绪章、王宇基、代绍庚，还有家住农村神桥的李苏、西河的张言森等。我们都是失学青年，年纪数我最小，大家都把我当作小弟弟。报名后没有经过文化考试，只面试一下，了解各人的学历和家庭情况后就录取了。该训练班的负责人是女兵赵敏，听说她是北大学生，二十六七岁。她言语不多，但热情、亲切，给学员们留下了深刻的印象。

该训练班不仅进行抗日宣传教育，还进行一些军事训练，学员们食宿都在学校，各人穿着都是自己用柳树皮煮染土布做成的草绿色军装，扎着皮带，裹着绑腿。每天的生活是紧张而有序的，当嘹亮的号声冲破黎明前的晨空时，学员们立即起床、整队，跑向集合地点。雄壮的抗战歌声，唤醒了沉睡的人们，新的一天的学习生活就这样开始了。学习时训练班负责人亲自授课，郝惊涛讲"战地形势"，赵敏讲"民众动员"，还有刘公望、宋××讲"游击战"和"战地救护常识"等。学习方法是听大报告，分组讨论，课外还提倡自学。当时的书籍是十分缺乏的，不知训练班从哪里搞来了百多本小册子，莫看它纸张低劣，印刷粗糙，大家都百读不厌，爱不释手。特别是有一本民国二十七年合订本的《新华社论》，你传我，我传你，人人传阅之后，大家对共产党团结抗日的主张有了初步的了解。

除学习与军训之外，训练班还广泛开展抗战宣传工作，在街头刷写标语，绘制壁画。记得在原经扶县老十字路口旧县府大门（向西）北侧的高大围墙上，有一幅墨绘的长 5 米、高近丈的巨幅壁画，画面上一个威武的抗日战士，头顶钢盔，斜背钢枪，腰缠弹带，足蹬多耳草鞋；胯下的战马呈现出鬃毛飞扬、前蹄腾跃的模样，骑在马背上的抗日战士怒目圆睁，双臂高举一把寒光闪闪的大刀，向匍匐在马蹄下的惊恐万状的鬼子头上砍去。这幅壁画，绘技精湛，生动地表现出抗日英雄威武雄壮的气势，使过往行人深受鼓舞。为了扩大宣传范围，宣传队分设戏剧、漫画、歌咏 3 个组，到附近农村进行多样化的宣传，并教群众学唱抗战歌曲，如把《保卫大上海》改为《保卫大武汉》，把《我们在太行山上》改为《我们在大别山上》，以鼓舞和坚定抗战必胜的信心和勇气。

除演戏和歌咏外，宣传队还自制了土电影，即做一个木匣子，上下各安一个带把的轴，展示一幅宣传画讲解一幅，内容针对性强，群众喜闻乐见，宣传颇起作用。场上又配上《王保长——一个沦陷区边缘的进步人士》。歌剧《放下你的鞭子》《马百计》、哑剧《无客房》等。围观的群众都义愤填膺，高喊"打倒日本帝国主义!"激发起大家抗日爱国的热情。

到了 1938 年 9 月，大批日寇沿着汉潢公路疯狂进攻武汉。鬼子兵在白云山、虎牢关和小界岭一带受到我抗日军民的顽强抵抗，持续两个多月。后来，武汉失守，经扶县形势危急，训练班负责人郝惊涛、赵敏就让我们毕业，并发了毕业证、纪念章，印了同学录。大部分学员都遣散了，只留下 25 人组成战地服务队，由赵敏带队，到箭河、王湾一带，搞社会调查，继续宣传抗日。但由于日机多次轰炸经扶县城，人心惶惶，加之国民党反动派开始制造摩擦，宣传队便从乡下返回县城。赵敏和原训练班的其他成员都转移到潢川去了。至此，抗战初期，我在该训练班的一段经历结束了。

　　原载政协河南省新县委员会文史资料研究委员会：《新县文史资料》（第二辑），内部资料，1987年，第37～41页。

对英山土地革命和抗日时期我党政治
宣传工作的点滴回忆

◎ 熊　超

英山县有着光荣的革命传统。半个多世纪以来，在党领导和全国革命形势的影响下，英山人民在我国反帝反封建的民主革命斗争中，和全国人民一样，前仆后继，英勇战斗，不怕艰难困苦，不怕流血牺牲，在革命的各个阶段，都做出了应有的贡献。多少英雄儿女，为革命献身，抗日战争时期获得了"模范县"的光荣称号，今天，英山县被党和政府确定为老苏区之一，是当之无愧的。在社会主义和"四化"的建设中，英山人民更是一马当先，30 余年来，创造了翻天覆地的伟绩，使英山呈现出一派"旧貌变新颜"的景象。我对英山县建党历史和人民革命斗争史都不甚了解，没有多少发言权，但在青少年时期，耳闻目睹过一些人民革命斗争的片段，有着深刻的烙印，至今记忆犹新。

有史以来，人民手中没有权更没有军队。政权、军队都掌握在统治阶级的手中，成为他们统治压迫人民的工具。1930 年，英山县突然神兵天降似的来了一支红军队伍。在中国人民斗争史上，有不少农民起义，有过李自成、洪秀全等农民起义军，但从未有过什么红军。"南昌起义诞新军，喜庆工农始有兵"，这是 20 世纪 20 年代在中国诞生的新事物。在人们对它尚未真正了解的时候，就遭到了国民党和地主豪绅们无所不用其极的恶毒攻击和诽谤，把共产党、红军说成是"洪水猛兽""青面獠牙""杀人放火""共产共妻"等。因此，对突如其来的红军，尚未觉悟的广大群众，很自然地持恐惧、猜疑、观望的态度。当时像我这样 10 岁左右的无知孩子，被吓得更觉可怕。然而，谎言毕竟不是真理，乌云遮不住太阳，在党的强有力的宣传鼓动工作和实际行动面前，国民党的污蔑和反革命宣传，逐渐被一一戳穿了，人民被唤醒并发动了起来。现在回忆起来，当时我们党的宣传鼓动工作，给人印象极深的、突出的一个特点，是善于紧密结合广大群众的切身利益，针对性很强；并且采用了群众喜闻乐见的形式。最易为人们接受的是赋予了新内容的乡间民歌、小调。这些民歌、小调，言简意深，易学、易懂、易记，无论男女老少都能哼唱。就其内容来说，有发动工农闹翻身的，有鼓舞青年当红军的，有揭露敌军无恶不作的，也有瓦解敌军的，这些内容沁人心脾，扣人心弦，可收刻骨铭心之效。至今还记得的有这样几首（有的记不全），如：

> 民国十九年，红军到英山，打土豪分田地，工农好喜欢。
>
> 正月里来是新春，妹妹送哥当红军，红军白狗不一样，她为穷人大翻身。
>
> ……五月里来是端阳，插秧割麦两头忙，如今农友做了主，分田分地喜洋洋。
>
> ……腊月里来是寒天。
>
> …………

我亲自听过在国民党民团里当兵的熊少怀就哼过"怀抱一支枪，心里也不慌，三个月不发饷，我也是共产党"的小调，还有民众中流传甚广的"嘟哒队"，"嘟哒队（国民党军号的谐音），没收猪油被服絮（讥讽国民党军队什么都抢）"的顺口溜。特别是红军的实际行动，是更有力的宣传队，给人印象更深，所到之处，纪律严明，秋毫无犯，尤其对妇女丝毫不犯，博得了广大工农的高度赞誉。1931年7月第二次到英山的红军，住过当时我们的学校（汪家河傅氏祠私塾），在我们的功课本上写了批语，临走时还给小同学留下一封长信，说明红军是什么样的军队，与国民党军队有什么不同，叫我们不要怕，不要跑，讲得很有道理，令人信服。俗话说得好，"不怕不识货，就怕货比货"，有比较就有鉴别，在事实面前，人们逐渐认识了共产党和红军。红军讲道理，不抓丁，不拉夫，守纪律，不乱来，是破天荒以来没有的，比白军胜之百倍。人们在心理上逐渐发生了变化，因而态度亦随之变化。这一切，正如毛泽东同志指出的：这样普及的政治宣传，能在这样短的时间内，收到了比"开一万个法政学校"还好的效果。于是，在全县轰轰烈烈农民运动的影响下，汪家河、双龙庙一带，也都建立了农会。农会门前红旗招展，喜气洋洋，人们进进出出，忙上忙下，门首还贴有用大红纸写得十分醒目的大字对联："月斧劈开新世界，沙镰割断旧乾坤。"还规定了遇有事时各友邻农会以"筛锣"为互相支援的行动信号。有次桐子垸（是不是桐子垸也记不准了）不知出了什么事，筛过一次锣，顿时四面八方锣震山谷，以红旗为前导，人如潮涌，手持鸟枪、土铳、梭镖、大刀、锄头、扁担、棍棒等各种武器，口喊着："啊……嗬嗬……"的号子，朝着一个方向飞奔，大有万夫莫敌、不可阻挡之势。就是小姐、太太的牙床也敢上去滚上一滚，使人精神为之振奋，颇有为"月斧劈开"的"新世界"之感。土豪劣绅目瞪口呆，纷纷"跑反"，逃之夭夭。农会设有土地委员，负责丈量分配土地工作，威信很高，农友中曾流传着"过去供个'土地佬'，受穷受苦莫知晓；如今选个土地委，分田分地比么事好"的说法。总之，这一切，从一个侧面可以看到在第二次国内革命战争时期，英山县党的领导和农民运动所取得的胜利。但是，由于王明"左"倾错误路线的严重影响，这些胜利成果未能得到巩固和发展，遭到了暂时的夭折。

英山有党播下的革命种子，有经过第二次国内革命战争锻炼的人民。"野火烧不尽，春风吹又生"。1939 年初，英山县来了一位县长杨必声、县动委会（抗日民众动员委员会）指导员魏新民（即魏文伯），人们并不知道他们真正的身份。可是他们却高举动员全县人民抗日的旗帜，实行很不一般的施政措施：改组保甲长和县保安队，取消保甲经费，废除苛捐杂税。普遍兴办小学校，组织县、区、乡的农抗、青抗、妇抗等群众性的抗日团体。还组织了一次全县"坚壁清野"大演习，极大地调动了全县人民抗日救亡运动的积极性。在短短几个月的时间内，英山县的政治形势为之一新，抗日精神为之大振。当时最活跃的要数青年。我家所在的石夹乡第二十六保的保长就是县府由雷家店派来的一位姓杨的青年（名字忘了）。在汪家河傅氏祠也办起了"英山县第二区石夹乡第二十六保兴英小学"，我被县府委任为校长，同时还被选为石夹乡青年抗日协会的理事。青抗积极组织宣传抗日救亡运动，到处写标语，贴标语，大讲国家兴亡，匹夫有责，有钱出钱，有力出力，演唱"流亡三部曲"等活报剧活动。到延安"抗大"去是当时青年学生的一股积极思潮，也是最时髦、最理想的追求目标。街头店铺、小摊里出现了许多异常吸引人的新书，如《论持久战》《论新阶段》《毛泽东传略》《朱德传记》《青年修养》《待人接物》《大众哲学》《共产党宣言》等，一般青年都争先购阅，这对促进青年人接受进步思想，发扬爱国热忱，尤其对了解抗日形势，怎样才能争取抗日战争的最后胜利，投身到抗日救亡运动中去，起了极大的推动作用。杨必声、魏新民同志到英山后，做的对全县震动极大的一件事，也可以说是英山县发生的一次强烈"地震"是县政府于1939年3月间召开的一次全县行政干部大会（保长以上人员参加）。除抗日动员、宣布施政措施和政策外，当众宣判了压在英山人民头上的一座大山——最反动的、罪大恶极的封建势力代表——恶霸地主劣绅24人（第二次即处决了10余人）。他们中有可以左右全县，双手沾满人民鲜血的国民党蒋介石的帮凶、民团头子余友渔、叶灿如、郝若愚（可惜漏网了一个杜聘予，即英山人民谓之"四条鳄鱼"）。这些人是全县的太上皇，有钱有势有枪，谁在英山县做县长，如果不巴结好他们，就休想坐长坐稳。他们任意鱼肉乡民，想抓就抓，想打就打，想杀就杀。他们的狗腿子，人人都有主子的私章，可以任意开白条，盖上主子的私章，说是什么捐、什么税，你就得给钱，不能说个不字。民团下乡"清乡"（名曰清共产党，实则是抢劫民物民财，杀人放火）更是无恶不作。总之，这帮人的罪恶，是罄竹难书的，广大群众看在眼里，恨在心上，敢怒不敢言。当听到枪毙这帮人的大好消息时，人们在背地里无不额手相庆、欢天喜地，街头巷尾，议论纷纷。有的说县里来了"包青天"。有人猜杨必声一定是共产党，别人不会这样干，也不敢这样干。这是多么大快人心的事啊！今天回顾起这段历史，深感英山县党的领导的坚强。全县人民在党的领导下，高举抗日救亡的旗帜，运用统一战线这个法宝，巧妙地运用了合法斗争形式，发展了抗日进步力量，动员了大批学生参加八路军、新四军，有的同志已锻炼成为今天我军重要负责人；争取和团结了一切可以团结的力量，有力地打击了反动黑暗势力，特别是在全县人民的心目中，又重新树立了中国共产党的光辉形象。英山人民将永远忘不了魏新民、杨必声、王枫、林禽、郑重、李静一（魏文伯夫人）等同志这段历史时期在英山所创造的功绩。这段历史虽然不算长，却是在英山人民革命斗争史上，值得大书的光荣的一页，为英山人民求得彻底解放打下了基础。

1982年10月

原载中共英山县委党史资料征集编研委员会办公室编：《英山革命史资料》（第二辑），内部资料，1985年，第42～46页。

我在英山的斗争生活

◎ 林 岩

我叫林岩，今年68岁，雇农出身。1929年加入少共（即共青团），1931年转为正式党员。

入团不久，当秘密交通员。同年12月，我被派到六霍中心县委所辖的霍山县担任第一区少共书记，化名叫陈业清。就在中共六霍中心县委书记舒传贤同志的家里和他的家乡一带——青山附近工作。此地当时还是白区。

1930年春季，霍山一区暴动后，我在这个地区打游击，除任霍山县一区少共书记外，并兼代少共县委书记。

白区的六霍中心县委属皖西北道委领导。县委书记是潘成和潘济、李朴。当时，中共皖西北道委书记是郭述申；少共书记是陈启波（河南人）。还有一位女同志叫漆仙芝（先知），听口音，可能也是河南人。我任皖西北道区军事指挥部政治部少共组织部长兼少共霍山县委书记。军事指挥部少共团委书记是朱克文，宣传部部长是朱普庆，还有两位干事。这个组织是新成立的，刚刚开始工作。

1932年秋季，国民党第四次对鄂豫皖地区红军包围"会剿"时，我在霍山县燕子河（现属金寨县）负伤，到英山县的陶家河。当时皖西北道区军事指挥部司令员是吴保才（六安人，是我的同乡），政治部主任是李本一（记忆中）。在陶家河时，皖西北道委书记郭述申和少共书记陈启波找我谈话，确定我和另一姓陈的同志在英山隐蔽下来，并指示我们（大意是）：一、想尽一切办法，找到合法的社会职业，立稳脚跟，长期隐蔽；二、在可能情况下相机培养和发展党员，壮大革命力量；三、未得上级指示，在任何情况下不得擅自离开英山；四、广泛联系群众，取得社会上的同情，准备应变。

道委还交代了在英山的两个联系点，一个是东河的雷家店，一个是西河的烂柴沟、营坊等一带山区和联系人。雷家店北到蔡家畈，南到程家嘴，原是老根据地；烂柴沟位于霍山与英山、罗田交界处，四面环山，人烟稀疏，交通不便，易于隐蔽，也易于向西、南开展活动。道委派了一个杨指导员带了一支不到20人的便衣队，将我二人护送到烂柴沟。

我们在烂柴沟的深山中转来转去，将近一个月之久，饿了吃点"山珍野味"，渴了饮点"山沟清泉"，入夜就睡在山坡野草里。当时天气一天冷似一天，杨指导员还有别的任务，因此，我们必须尽快找个地方落脚，不能长时间在山上游动了。

就在这时候，有一位年轻人，经常到独树铺附近的山上看书，引起了我们的注意。经过近一个星期的观察、分析，我们认为他不是坏人，就决定和他接近。杨指导员首先上前和他搭话，这才知道他叫何绪昌，是一个不满国民党民团骚乱的知识分子。我乘机向他诉说自己家乡战乱，亲人离散，不得已逃荒度日的情景，请求他暂时收留一下，再定去留。他满口应允，把我和另一位姓陈的同志领到他家。

我们在何绪昌家住了几天，他告诉我，附近有他的一个朋友，叫余承燮。他说余现在虽然是保长，但是老百姓推选他干的，心眼儿并不坏。如果我们到余家去，帮他干点农活，看看孩子，可能要比在他这里好一点，问我们愿不愿意去。我想，这个人既然是何绪昌的好友，又是群众选的一个保长，住到他家，将来可能利用他的地位当保护伞开展活动，就答应了。

到余家不久，余见我年纪轻，也挺伶俐，就问："你识不识字？"我说："只读过几个月的书，识字不多。"他又问："你愿不愿在本村开馆教书？"我说："不行，没有这个才能，愿意干农活、做家务。"就这样，我和那位陈同志就在他家住了下来。

在何绪昌领我们到余承燮家的路上，遇到了当地民团的阻拦和检查，不放我们走。这时，何绪昌说："他们和我是余保长家的朋友，因为跑反，前来投奔余家。"何立刻跑到余家，将余找来，才给我们解了围。当时我和那位陈同志表面虽然镇定，可心里仍不免有些惊慌。

在余家住了两三个月，我们俩看事行事，勤勤快快，余承燮既得了好名声，又得了廉价的劳动力，更是喜欢我们。这时，领导交代的任务一遍一遍地在我脑海里翻腾。于是，我一边称颂余承燮待我们的好处，一边又要求他给我找个正当职业。他答应了。不久，就在营坊上边的邬家村，找了个叫余良才的裁缝师傅，叫我拜他为师学裁缝。余良才是个单身汉，为人忠实，"上无片瓦，下无寸土"。寄居邬家村。此后，我们师徒相依为命，感情越来越好。经我慢慢启发，他的觉悟逐渐提高，成了我在烂柴沟一带发展的第一个共产党员。

在种麦子的时候，和我一起来的那个陈同志，因思念家乡，想回家去看看，当时余承燮以保长之便，为他开具了通行证，还为他准备了干粮和路费。但这个同志去后，杳无音信，是吉是凶，不得而知。

我跟余良才学裁缝时，毛坳匪首、恶霸程佐廷在营坊的姘头沈秀姑看中我这个廉价劳动力，要我到她家开的挂面铺去当帮工。我想，如果不去，她就可能借程佐廷的威风来摆布我，那样将会对我们师徒不利。于是，我和师傅商量，到沈秀姑家的挂面铺去当帮工。在沈家干了一个多月，与沈家的童养媳余兰儿混熟了，她对我很同情，劝我说："沈家乱七八糟，你还不如到程佐廷家去。"并告诉我，程家有两三个长工，也是外乡人，都当过红军。他家有权有势，老头子经常不在家，没人管你们……我反复考虑之后，决定到程家去。于是，我先设法叫程佐廷的母亲把我要到程家，听程佐廷使唤。到了程家，经过一段时间的观察，才知道长工中的郝国柱夫妇都是共产党员，另一个是少共，这个少共不久走了。我和郝国柱夫妇便一直在程家帮工，三个人相依为命。程家的人虽然不多，但老小之间矛盾很多。我们就利用这些矛盾，立下了脚跟。

1934、1935 年，何绪昌也到程家教书。他见我求学迫切，不仅继续教我学点文化，还经常向我讲点他那教条式的自认为是马列主义的知识，对我在理论上似乎起了某些启蒙作用。他的学生很多，如余湛、程贞茂、陈作新、程浩如、江天锡、程抱蜀、程抱愚等。这些青年在某种程度上讲，曾受过我一些影响，我也曾得到他们一些帮助。彼此之间关系密切，成为我进行活动的同情分子外围的有利条件。

何绪昌教书，不光是讲"四书"，他还使用当时比较进步的国文课本，让青年学习。通过接触、观察，他对我有了基本了解，夜晚还专为我补课学习。后来，他写了一首诗送给我。这首诗的全文是：

> 羁旅他乡忍自谋，扁舟未系事如何。
>
> 椿萱一别经年易，伯仲全抛数度过。
>
> 鸿雁未来书孰寄？黄莺啼去泪偏多。
>
> 回首扪心年二十，不知什日得胜波？

诗中椿萱指上级党组织；伯仲指同志。何绪昌当时的思想还比较进步，但后来有何变化，就不得而知了。

英山的革命斗争情况，据我所知，自红军主力撤离后直到1937年，地下党组织始终坚持革命活动，东河有姜克东，西河有付新棠、付忠等。我和郝国柱夫妇在毛坳一带进行秘密活动。

这期间，我和郝国柱发展了党员。除我师傅余良才外，还有一个姓邬的，他家很穷，30多岁了，连老婆也找不到，但他当时的革命意志很坚决。再一个是英山西门外太平桥人（太乙观），名叫姜国清。姜在毛坳的板桥畈做窑，是个窑业工人，和我的关系特别好。姜的妻子吴瑞珠后来也是党员，听说被日本飞机炸死了。同时，程佐廷家还有个看山的人，住在观音岩，姓赵，是个斋公，名字现在记不清了，也是我介绍入党的。后来，他是我与付新棠、付忠等的联系人。

这时，我和付忠、付新棠也联系上了。付忠名气很大，是个教员，敌人对他监视很严，不能活动。付新棠则稍有自由。同时，通过付新棠又联系上的还有孔家坊的闻杰同志，只是一直和姜克东没有直接联系上。我也曾去找过他，他也曾来找过我，由于客观条件限制，均未接上头，直到1938年才接上关系。

我到英山以后，发现当地国民党反动民团头子余惠畴是我们的死对头。他的团防驻扎和活动于西河石头咀、夹铺一带。他本人是一个杀人不眨眼的地头蛇。我们对他必须时刻提防，高度警惕。

大概是1935年前后吧，林维先同志曾带领红军在石头咀一带活动。我曾设法和他接触，他既热情而又严肃地告诫我，大意是说，地下党员，在未得到上级许可时，不得擅自和红军公开联系，要绝对保守秘密，按上级规定办事，以免暴露目标，遭受不必要的损失等。

我们几个党员在英山西河一带长期活动，联系上一些进步分子，进行了一些活动。后来，西安事变发生了，全国形势好转，英山的政治形势也随之好转了。1937年，我写信给我父亲，（这是几年来第一次和家中通信）要他到英山来，再从英山领我到黄安县（现在的红安县）七里坪（大别山红军游击队、便衣队集中地址），在七里坪红军留守处找到了当时的某部民运科长方中立同志，把我在英山一带活动的情况向他做了汇报。他要我马上返回英山，继续坚持下去，要坚决按照组织规定去做，否则，一旦失掉上下联系，就会影响革命事业。同时，他还告诉我说："你看，全国形势发展很快，估计不要多久，上级便会设法找你。"并叫我既要稳步，又要耐心。于是，我又回到英山，等待上级找我接关系。

1937年七七事变以后，国共第二次合作，形势大好，当时我党提出了"全民抗战"的方针和"抗日救亡，匹夫有责"以及"有人出人，有钱出钱，有枪出枪"的口号，对全国影响很大。英山曾是个老革命根据地，人民群众有较高的觉悟，抗日救亡热情高涨。

1938年端阳节成立了英山西河抗日游击队组织。这是地下党发动进步青年组织起来的，同时又借抗日救国的道理，动员利用地主儿子程铁梅（北大学生）、沈兴兰（进步青年）二人为正、副队长，还有沈兴炳、沈杰人等进步青年分子参加。我当该部队文书，并利用当文书的机会，吸收了一批进步青年，也清洗了一些兵痞和坏分子。当时，全队共有七八十人枪。

坚持活动，等待上级接关系，一直等到1938年春，果然有人来找我了。这便是姜克东同志。我们秘密会见之后，他说，他叫"泰山"，奉上级党的指示来找"陈业清"（林华源）的。这真是喜从天降，我俩从此接上了关系。不久，王枫同志也找到了我（他说找我时很不容易）。他告诉我，他在党内是中共英山县工委成员，不公开，但对外他是湖北省政府派来的农村合作经济督导员，是到英山来发展农村经济，推动抗日斗争事业的。王枫同志年纪轻，有文化，是一个年轻有为的同志，在魏新民同志来英山前后做了许多工作。

1938年夏至1939年，我党许多同志被派到英山。魏文伯同志，当时叫魏新民，是湖北新洲人，名义上是英山县抗日动员委员会指导员，实际上是党的中心县委书记。杨德华，当时叫杨必声，公开职务是第五战区高级参谋兼英山县县长，他也是中共秘密党员。他只和魏文伯同志单线联系。

1938 年 10 月左右，王枫找我到县讲习班（第二班）学习，这个讲习班实际是一个入党对象积极分子训练班，通过集中学习，再吸收参加党组织，我到讲习班任党支部书记。在讲习班内，我介绍了李进、郑庆生等 20 多个同志入了党。这些同志学习后，大都当了干部，起了模范作用。讲习班结束我被派到自卫队一中队当指导员。

1938 年 12 月原有抗日自卫队集中在县整编，成立英山县抗日自卫总队，总队长由杨必声兼任，政治部主任是郑重。当时王枫问我："西河自卫队队长程铁梅能不能任用？"我说："他是公子出身，不行。"结果未用。总队下面设三个中队，每个中队下辖三个分队。第一中队（即原英山西河"抗日自卫队"改编的）由付忠任队长，我任政治指导员兼支部书记，李进是一分队政治助理员。

我在程佐廷家以当雇工作掩护期间，接触过不少的青年，其中有陈作新、程贞茂、余湛、余承翰等，以及姓程的其他几个比较进步的青年。我们大都在 1938 年至 1939 年参加了抗日工作，有的参加了党的组织。这些人大部分是何绪昌的学生，是我当时在此处的直接和间接的保护人，有的尚健在。

1939 年初，英山成立了学生军，有三四百人。队长不知是不是徐建楼，已记不清了。英山中心县委又决定派我去任教导员兼党总支书记，搞了两三个月。郑庆生便是这个队里的区队负责人。英山当时的群众发动工作比较充分，各种抗日组织如雨后春笋发展很快。农抗、妇抗和青抗、儿童团等都相继成立，还有妇女认字班。英山当时成了第五战区的抗日模范县，受到了上级党组织的表扬；同时也受到当时第五战区司令长官廖磊某些表面上虚伪的表扬。

当时，地下党的工作任务是：

一、发动群众，建立和健全抗日群众组织；

二、积极发展党员，在抗日各项工作中起模范带头作用；

三、动员和组织进步青年参加工作团，或到延安和江北解放区学习，程贞茂和余湛等人就是那时到延安去的；

四、动员青年参军，组织地方武装，如抗日自卫总队和英山学生军等。

1939 年 4—5 月间，廖磊到英山来巡视工作。看了英山工作以后，表示很满意。于是杨必声就汇报了英山地方土豪劣绅破坏抗日的罪行，并随即递了一份报告，要求将余友渔、郝若愚、叶灿如等人正法。廖批准了，我们就立即执行。当时任达是县政府司法科科长，我是执法队长。这次一下子杀了24个土豪劣绅，群众无不拍手称快。

1939年英山工作搞得轰轰烈烈，实际上国共两党斗争异常激烈。4—5月份，英山中心县委又决定我和李静一同志负责开办两期"关于秘密工作党训班"。

6—7月间，中共英山中心县委负责同志魏文伯和我谈话（王榕同志当时也在场），要我到岳西县任县委书记，接替王榕同志的职务（当时去岳西县任县委书记的名字叫林荫培）。同时，他们向我交代了当时的政治形势，要我准备应变，联系英山地下工作同志，等等。

当年12月，情况急剧变化，奉鄂豫皖省委指示，我负责组织一个英岳工委。成员有英山的姜克东（书记）、付新棠和岳西的王树人3人，负责领导英山、罗田和岳西的地下工作。他们3人由闻杰负责联系，找到岳西开会成立工委。闻当时是岳西县委去英山中心县委和鄂豫皖省委秘密的政治交通员。工委秘密联系的地点在岳西衙前。联络站由储宪章、王临川两位同志负责（岳西地下党负责人）。

1940年1月，我奉鄂豫皖省委指示，到舒（城）芜（湖）地委工作（当时书记是黄岩）。姜克东等同志在1941年初还通过关系到那里找过我，我、何伟同志与姜克东同志谈过话，要他回英岳坚持工作。并叫他与林维先、桂林栖取得联系。想不到那一次我和姜克东同志不仅是生离，还是死别。他是1927年入党的老党员，为人朴实，对党忠诚，在敌人严刑拷打面前，坚决斗争，从容不迫，最后为党为革命献出了自己的生命。

原载中共英山县委党史资料征集编研委员会办公室编：《英山革命史资料》（第三辑），内部资料，湖北省英山县印刷厂，1986年，第62～70页。

回忆抗日战争时期二三事

◎ 熊文藻

一、"一夜光"

"一夜光"是革命前辈在土地革命中创造的一种宣传战术,抗日初期又用上了这个传家宝。那是 1940 年春,本来青黄不接,国民党鄂东行署专员程汝怀私纵商人搞粮食外运,加重了春荒,舆论哗然。当时,我任横车桥总支书记。这年的 4 月 4 日,浠蕲边横车桥区委书记董建勋(后叛变)通知我和盘石桥支部书记邱少华、郦家岗支部书记童树生等到灵虬山普济庵开会。到会后,董说:"奉上级指示,明天(5 日)晚上,你们要在浠水、蕲春两县交界地方组织一次贴标语的活动。我这里有标语底稿,你们拿回去复写,越多越好。"我一看,标语底稿上写着:"坚决反对专员程汝怀私放外地奸商贩运谷米出河!"区委当场下达了我们总支担负的任务。

次日晚,我们分四个组去贴标语,每组两人。北组负责张林冲、铺儿嘴一带;南组负责汪井、五药铺一带;东组负责横车桥、火炉铺一带;西组负责界岭等地。夜深人静,四处漆黑。各组都是一人在墙上擦生山药,一人张贴,既快又牢。山药浆比糨糊强多了,风吹不落,手撕难掉。

6 日,我们派人到各地去打听张贴标语后的反应,各地群众和顽方官兵议论纷纷:这些标语是哪里来的呀?一夜贴了几十里。

7日，我到国民党县自卫队四中队去找熊荣华（熊由党组织于上年派遣，打入四中队任分队长），主要是听听国民党官方对这件事的反应。熊荣华说："好家伙！这一招，把标语贴上了县政府的大门。专员程汝怀知道后，大叫：'共党的五大队到了蕲、黄、广！'立即通知各县自卫队夜间不能在民房宿营，要搬到野外驻扎，以防新四军夜袭。我当时就向上面回答：'我们这几天每夜都睡在坟沟里。'"说到这里，熊荣华仍自觉得好笑。

自此以后，外地贩谷米的商人再不敢来，本地的粮荒也就缓和了一些。贫苦农民知道这件事是我们干的，对共产党、新四军的感情更深了。

二、雨湖除奸

蕲州雨湖是中外驰名的医药学家李时珍的故乡。抗日时期，这里是蕲广边抗日根据地管辖的范围，我地下工作人员经常在此活动，占据蕲州的日伪军也经常到此骚扰。

1941年的7—8月间，正值汛期，江湖内外一片汪洋。一天早晨，有个操着武穴口音的人，探到雨湖南面的银山脚下，被湖水阻住去路，对着清晰可见的蕲州城发愣。愣了好大一会儿，只得找一位农民问路。恰好这位农民是我党支部书记王会理。他琢磨来人口音和装束，感到形迹可疑，便对来人说："现在正发大水，去蕲州城的路淹了，只能坐船。"那人就请老王帮他找船。老王找来一只船，暗暗对船夫（党员）说："何启同志（当时任蕲广边县委锄奸部长）住在湖东老鸦嘴塆，你将此人送上岸，迅速报告领导。"船夫照办了。何启问明情况，当即派通信班长朱启文前去追赶。他边追边喊："站住！"那人见势不妙，拔腿就跑。朱即举枪"砰"的一声打去。那人一听枪声，慌忙扑水逃命，但因湖里菱藕密布，怎么也划不动。朱抓住机会，找来几只渔船，将那人团团围住，最后，派人下水将他拖上船舱，带到老鸦嘴塆。

当何启出面谈话，那人才开口说"我叫朱瑞卿，武穴人"就停下来了。经过解说政策，他又把话岔开："我，我……我鸦片烟瘾发了，说不下去，请搞点烟来再说。"何启答应派人到蕲州城去给他弄点鸦片，接着追问："你老实讲，你是什么人？

到这里来干什么?"朱瑞卿有气无力地回答:"我水性熟,年轻时能在水里待七天七夜,还会气功、武术。近年给日本人做了一些事,前天被你们部队捉住,昨夜跑出来的。如果你们能放我回去,我把妻子带到这里来住,再带你们去捉日本人。"

事情原来是这样,朱瑞卿系武穴的汉奸组长,作恶多端。前日他装成商人,来黄土岭一带刺探我军军情,被我税务人员查获,送到蕲黄广中心县委警卫连关押起来,不料夜里偷跑至此。何启弄清情况后,派人通知警卫连立即来人把朱瑞卿押解回去,当夜枪决于江边。

当时我正在老鸦嘴埫附近的黄冈第二报社工作,将此事写成一篇稿子,题目是《汉奸贼子终难逃脱人民法网》,稿子经蕲黄广中心县委书记赵辛初审阅、修改后,油印100份,交部队散发。

三、特殊任务

1944年夏,日本侵略军进犯长沙。为配合正面战场对日作战,发展敌后抗日根据地,我鄂皖指挥部计划趁此打通皖西交通线,与新四军七师取得联系,并决定派人送信到黄冈向新四军五师十四旅张体学司令员请示。指挥部负责同志赵辛初派人找我去商量。当时我担任蕲广边白民田区委书记。

见面时,赵辛初对我说:"这是一次特殊任务,很重要,组织要你去完成。水、陆两条路由你选择,办法由你想,但信必须在三五天内送到张司令员手里!"我乍一听,心里有些紧张,但想到这是党给我的一次新的考验,当即表示,坚决完成!

当时,水、陆两路都十分艰险。陆路我只知道关卡很多,具体情况又一无所知;水路必须走长江,而江面全被敌人封锁,船夫谁也不敢冒险操船。怎么办?我决定先去找汪伪联保主任,要他在日本人那里给我弄一份通行证。等通行证一到手,我就到雨湖的王宣埫去找地下党员王细云、王云波二人商量。他俩都是多年搞渔业的能手。我们研究决定夜间行船,偷过蕲州。次日太阳西沉后,在蕲州城南门外江边上船。随带有菜油一箱(约有30斤),还有银圆和纸币共2000元。我把信件藏在渔船的夹板里,化装成一商人,说是到团风去贩运大蒜头。我们一夜连扯篷带划桨,等到达黄石对岸天就亮了。

事情真也碰巧，我们一靠岸就碰上两名伪军出来"打野食""找茶钱"。他们一步跳上船，便查问我们是干什么的，我们出示了通行证，他们又胡缠瞎说一通，说什么："你们蕲春、广济那里尽是新四军，我们辨不清，长江已经封了航不准走，现在日本人正要夫子，先把你送到日本人那里再说。"他们不由分说，把我带到他们的寝室里关押起来。这一来，可把驾船的两位同志急坏了。他们原来参加过汉流，便到趸船上去找一名汉流头目，托他想法；又将一箱菜油送到油行去卖了，托油行老板帮忙说情，并把卖油的钱全部送给那两个伪军作"茶钱"。这才把我放出来。我们邀那位汉流头目到酒楼去吃了一席酒，送了他两条香烟。他拍拍胸脯说："你们现在可以放心走了，我保险！"当天，我们赶到黄冈西河铺王同志的姑妈家住宿。但是这里的情况也一样紧张，三江口的敌人经常过江来骚扰。王的姑妈很担心。我们三人便连夜将船划到港里，宿在船上，以防万一。

次日，我们步行至黄冈大铺街过河。过了河，就是十四旅司令部驻地。张司令员带兵到鄂城打仗去了。我们立即返回西河铺，驾船到鄂城燕矶上岸，步行10余里，才找到张司令员和鄂皖地委书记刘西尧。他们一见我就惊异地问："熊文藻，你怎么来了？"我当即呈上带来的信。张司令员看后问了我一些情况，并写了回信。临走时，他十分关心地嘱咐我们，一路要加倍小心。在燕矶，我们等到天黑才开船。仍然是又扯篷又划桨，顺江而下，在江上度过一夜，等船近蕲州南门，不觉东方欲晓。

原载中国人民政治协商会议湖北省蕲春县委员会文史委员会编:《蕲春文史资料》（第一辑），内部资料，蕲春县印刷厂，1987年，第42～46页。

大别山上杜鹃红

——抗战初期生活片段回忆

◎李　洛

抗日战争取得胜利，至今已经 40 多年了。但是，当年在大别山区的峥嵘岁月，却常常在我脑海里浮现。

"江文团"① 在六安

1937 年底南京沦陷前夕，我全家从南京流落到六安。

此时，国民党桂系军队正云集在这里。京沪线大中城市的逃难者蜂拥而至，被称为大别山门户的古城六安顿时畸形繁荣，一片忙乱。一些外地抗日救亡团体经过长途跋涉，赶到这里进行抗日宣传。

这些外地抗日救亡团体，主要来自江苏、浙江、天津、北平、上海、安庆等地，其中江都文化界抗日救亡协会流动宣传团，是由中小学教师和青年知识分子组成的，在中共地下党员领导下，他们从扬州出发，沿途进行抗日宣传。到达六安不久，我和大妹李为枝便参加了这个团体。这支抗日团体在六安城区张贴漫画，散发传单，演出话剧，教唱抗战歌曲，揭露日本强盗的罪行，受到群众的普遍赞扬和热烈欢迎，成为六安抗日救亡团体的一支重要力量。

---

① "江文团"，全称为"江都县文化界救亡协会流动宣传团"。

"江文团"北大学生卞璟,操一口流利的北京话。在街头讲演时,时而慷慨陈词,时而振臂高呼。擅长油画、版画的莫朴,在街道醒目之处,挥笔作了《工农兵学商,一齐来救亡》的大型壁画,引来了许多群众,激励了大家的抗日热情。每当"江文团"在孔庙里演出戏剧时,许多观众在演出前好几个小时就扶老携幼,带着条凳木椅,来到台前选择好位置。有一次我们演出《傀儡皇帝》,我扮演溥仪皇帝,说话和动作全由"日本人"在幕后操纵,演出将结束时,有的观众竟气愤地向我投掷石子儿,高呼"打倒汉奸!""打倒卖国贼!"

那时,六安城关的歌咏活动十分活跃,大人小孩都爱听爱唱抗战歌曲。一天,我们在一块小空场上刚一停下,街上为生计奔波的市民、天真烂漫的小孩,一下子围成一个半圆圈,人们用期待的眼光注视着我们。这时,大家清了清嗓门,唱出了雄壮的歌声。

"起来,不愿做奴隶的人们……"

人群顿时为《义勇军进行曲》所吸引。正当日寇的铁蹄践踏我国大片领土的危难时刻,这一声"不愿做奴隶"的呐喊,该是多么扣人心弦啊!当我们演唱流亡三部曲的时候,又把群众引到悲愤的气氛之中。随着阵阵激昂的歌声,人群中不时响起热烈的鼓掌声和欢呼声。

通过歌咏宣传,我们和群众之间的感情完全融合在一起了。有时群众主动邀我们教唱抗日歌曲,他们捏紧拳头向我们表示:"决不做亡国奴,誓把鬼子赶出中国去!"我们看到抗日宣传活动效果如此之好,个个脸上都露出了笑容。

后来,"江文团"在地下党的安排下,进行了改编,其中部分成员利用桂系第一三八师政治部主任黎炳松到岳西任县长的机会,随同到达岳西开展抗日工作。不久,我也被分到岳西工作。

抗日烽火中的《大别山日报》

1938年底,陈超琼召我到立煌县流波磴。他是广东海南岛人,早年投身革命,担任过国民党桂系第一三八师政治部中校秘书,为该师"文工团"中共地下党组织的负责人。此时他的公开身份是安徽省干训班政训科训导主任,同时担任《中原文化》《中原月刊》等进步刊物的编辑工作。

在一个夕阳西下、晚霞满天的傍晚，陈超琼同志挽着我的手，漫步在风景如画的流沙河边，我们轻轻地哼唱着家乡的歌曲《白沙滩》，诚挚地交谈抗战的前景。他对我说："你还年轻，有抗日爱国之心，要珍惜宝贵的青春，努力学习，前途是大有希望的。"陈超琼告诉我，金家寨有家进步报纸《大别山日报》，需要青年记者，要我去工作。他希望我在工作中努力提高自己，要学会善于识人。他是我参加革命的启蒙老师。

1939 年春，杜鹃花染红了大别山的千坳万壑，嘹亮的抗战歌声，响彻了山城的上空。我跟随陈超琼来到金家寨，在报社门口，一位身材高大、穿着深灰色中山装、神采奕奕的中年人向我们快步迎来。他满面笑容地和我俩一一握手，并连声说："欢迎！欢迎！"而后把我们引进了他的住处。经介绍，原来他就是陈超琼要我学习请教的苏钛大哥。而后，苏钛安排我住在他隔壁的一间宿舍内。从此，我们就成了同事、邻居和战友。他爽朗热情，正直机智，是我的良师益友，是我参加革命的又一位指路人。

苏钛对我说，报纸是宣传工具，无论什么党派，哪种信仰和势力，都懂得报纸的重要作用。我们办报的方针应是"宣传抗日，表彰进步，做大众喉舌；坚持抗战，促进团结，建设新安徽"。

当时，在金家寨有两家大报纸，一家是国民党安徽省党部的《皖报》，由 CC 派掌握。《皖报》专为国民党歌功颂德，不反映群众的要求和抗战的呼声，所以不受读者群众的欢迎。另一家是《大别山日报》，是在安徽省党部主席廖磊的支持下创办的。桂系还成立了中原出版社，出版《中原文化》《中原月刊》，以对抗省党部的《皖报》、《春秋》半月刊。

廖磊为了控制《大别山日报》，委任二十一集团军总部少将参谋长、省政府参事马起云担任社长。副社长张百川，曾任大学教授，有正义感，赞成共产党抗日救国主张，熟悉办报业务。总编余瑶石是二十一集团军总部的军统特务，是打入报社的一颗"钉子"。苏钛担任编辑，他的公开身份是二十一集团军少校参谋，实际上是报社中共地下党组织的负责人。我和王丙南、王福生（中共地下党员）等为专职记者。

《大别山日报》由于一开始就在中共地下党的掌握之下，办报方针明确，成为抗日军民的舆论阵地。该报赢得广大读者的赞誉，销量远远胜于《皖报》。1939年初，新四军参谋长张云逸来到金家寨，当面批评廖磊长期拖欠新四军军费的行为，这是一件轰动山城的特大新闻。苏铉派王丙南进行采访，在《大别山日报》上头版发了这一消息。六安、立煌、霍山等县县长（均为广西军人）勾结走私，贩卖鸦片，贪污受贿，《大别山日报》对此也作了真实的揭露。一时轰动了山城。

1939年5月中旬，新四军军长叶挺和罗炳辉等应廖磊之约前往立煌。为了宣传新四军团结抗日民族统一战线的影响，苏铉要在《大别山日报》头版头条加以报道。余瑶石极力反对，蛮横无理地说："不行，不能放在头版头条，顶多发一则新闻就行了，不要把两个共产党人身价抬得那么高！"苏铉据理力争，指出："国共合作、协力抗日，这是委员长亲自制定的方针！叶、罗两位将军是友军的领导人，新四军的威名和战绩是有目共睹、全国知晓的，他们是廖主席邀请来的上宾，我们的报纸是廖主席创办的，难道不应该表示热烈欢迎？发头版头条新闻，就是代表廖主席对客人欢迎之意，难道不应该？你反对的究竟是谁？……"苏铉的一席话，说得余瑶石脸上青一阵、白一阵，气得直打哆嗦。

编辑部在场的同事，都站在苏铉一边，副社长张百川态度坚定地说："现在是国共合作一致抗日，只要是重要新闻，不管是哪党哪派，我们责无旁贷地都应该报道。这完全符合廖主席、马社长办报的精神。该报道而不报道，岂不是失职？岂不是辜负读者的期望？更如何向廖主席交代？希望诸位目标一致，精诚团结，办好报纸。"

余瑶石在理屈词穷、无言以对的情况下，悄悄地打电话向马起云汇报，马又请示廖磊。廖磊是个性情急躁且虚荣心很强的人，报纸能抬高他的身价，当然高兴。所以余瑶石想借刀杀人不成，反而讨个没趣。

史沫特莱在立煌

1939年9月下旬，杰出的国际主义战士、美国进步作家、记者和社会活动家艾格尼丝·史沫特莱来到山城金家寨参观访问。

史沫特莱出生于美国密苏里州一个穷苦的工人家庭里，她思想进步，同情中国革命。1929 年初就踏上中国国土，并和鲁迅先生结下了战斗友谊。抗日战争爆发前夕，她到过延安，毛主席和朱德总司令都曾接见过她。武汉失守以后，她以英国《曼彻斯特报》战地特约记者身份随八路军、新四军转战华北、华中和华东广大地区，写了许多著名的战地通讯和报告文学，受到国内外人士的称赞，赢得了国际上许多进步人士对中国抗战部队的援助。史沫特莱这次是从皖南新四军驻地来到大别山进行采访的。当时，我作为《大别山日报》的青年记者，荣幸地访问了这位外国同行。

记得那天午后，山城格外静谧。我怀着兴奋而紧张的心情，顺着弯曲的羊肠小道，来到一所绿树掩映的雅致的大草房——省政府接待史沫特莱的临时住所。

当我轻声走进房门的时候，史沫特莱起身迎接，主动和我握手，说："见到你很高兴!"她穿了一件墨绿色的皮夹克，内着白衬衫，美丽的脸庞上闪动着一双蓝灰色的大眼睛，要不是她那满头银灰色的短发，真难以相信她已经是近 50 岁的长者了。

陪同史沫特莱参观访问的青年翻译，是毕业于陕北公学外语系的中共党员方练白同志，他和我热情握手、交谈，接着又把我的答话翻译成英语。史沫特莱不时地点头微笑。

随后，我们和史沫特莱进行了亲切的交谈，她坐在有扶手的竹椅上，就我提出有关抗战形势发展等问题，谈了自己的看法。她说："中华民族是一个伟大而坚强的民族，永远不会向敌人屈服。中国人民只要能够接受中国共产党和毛泽东主席提出的抗日主张，全国上下团结一致，反对投降，抵抗日本帝国主义的侵略，就一定能够获得最后的胜利。"

我全神贯注地倾听着她的讲话，认真地做记录。为了减轻我的紧张心理，史沫特莱总是和颜悦色。她怕我听不明白，还用各种手势来表达她的意思。我们畅所欲言，谈话一直在和谐的气氛中进行。

临别前，我掏出纪念册，想请史沫特莱为我题词留念。方练白同志微笑着问我："是不是想请史沫特莱女士给你题词留个纪念?"我红着脸点点头。这时，史沫特莱也察觉到了，便微笑着接过我的纪念册，迅速地写了一行英文，翻译成中文是："你是中国的青年一代，要为祖国的解放事业奋斗到底! 艾·史沫特莱 1939 年 9 月"

我接过纪念册，默默地读着史沫特莱的题词，感到一股暖流流遍全身，向她深深地鞠了一躬。

第二天上午，中共地下党组织通过省动委会组织妇女工作委员会、妇女战地服务团、广西学生军、抗敌青年剧团、少年宣传团、《大别山日报》社、中原出版社等团体代表和各界进步人士近百人，在包公祠后山坡大草棚举行座谈会，欢迎史沫特莱来山城访问。

会议由省动委会宣传部副部长、中共地下党员狄超白主持，史沫特莱发表了诚挚恳切的谈话，当她说到"中国人民一定能够取得抗日战争的最后胜利"时，全场响起了暴风雨般的掌声。当天晚上，由中共地下党组织领导的"抗敌青年剧团"演出三幕讽刺喜剧《满城风雨》招待史沫特莱。剧本是以日伪占据合肥后在城中群魔乱舞的情况为题材，对那些民族败类，作了无情的讽刺和鞭挞。通过方练白的细心翻译，史沫特莱边看边笑，有时还高兴地鼓掌，并多次起立拍照。

演出结束后，史沫特莱兴致勃勃地走上舞台，祝贺演出成功。当刘保罗征求她对演出的意见时，史沫特莱建议把大幕拉开，请台下的观众一齐参加评论。史沫特莱说，剧中把一个日军参谋官作为中国的朋友对待，感情上不能通过，台下的许多士兵、学生也纷纷起立，发表看法，刘保罗就观众提出的问题做了解答。剧场里的气氛非常活跃。

后来，史沫特莱又到省动委会妇女工作委员会的驻地看望大家，同朱澄霞、刘芳、易凤英等领导人进行了亲切的交谈，了解她们工作的情况。当时，妇工会正处理一起婆婆虐待童养媳的问题，史沫特莱详细地询问了情况。妇工会在那个婆婆接受了批评，承认错误，保证以后不再虐待童养媳后，同意婆婆把童养媳带回去。史沫特莱对这一做法持不同意见，坦率地说："你们错了！"主张把童养媳收养起来。妇工会的同志告诉她，我们还没有条件举办这个机构，无法收留成千上万的苦难妇女，并表示以后会经常去看望这个童养媳。史沫特莱理解后，面带笑容地说："你们做得对！"

在这次回访中，妇工会同志告诉史沫特莱，她们正在创办《妇女月刊》，请她为该刊题词，史沫特莱高兴地答应了。10 月 3 日，她便送来了自己亲自打印的文稿。她的题词阐述了妇女解放与民族解放的关系，热情赞扬战斗在大别山的妇女同志"为了祖国的自由而贡献她们全部的心力"。

史沫特莱在立煌期间，还参观了妇女洗衣社，应邀为妇工会妇女问题研究会做了题为"世界妇女运动的动力"的演讲，后讲稿由刘芳、董启翔翻译，署名振风，发表在《妇女月刊》创刊号上。

10月28日清晨，史沫特莱带着对皖西人民的深刻印象，离开立煌西行，前往豫南地区进行采访。

离别山城

由于国际国内形势的变化，从1939年冬开始，国民党掀起第一次反共高潮。在大别山区桂系也加紧反共，肆无忌惮地摧残抗日民族统一战线，迫害共产党员和进步人士。为了顾全抗战全局，避免摩擦，中共地下党组织根据上级指示，决定转移大别山的革命力量。

1940年2月，一个春寒料峭的夜晚，苏铉低声对我说："今晚不要睡得太沉，12点钟过后，我们要到另一个地方去工作，不要对任何人讲。你妹妹李为枝那里，我们会通知的。"苏铉走后，我兴奋得无法就寝，不等到12点，我就把行李捆扎完毕。不一会儿，苏铉轻声叩门，我立即熄灯拿着行李走出。这时在报社前的一块开阔地上，已经有不少人了，第一个和我打招呼的就是我大妹李为枝，那时她在广西学生军中工作。而后，我见到了刘保罗、陈超琼、莫朴、许晴和夫人陈菌秋（抱着周岁的儿子许雷）、苏铉和夫人王玉珍。地下党还为我们请来了三四个可靠的当地群众，既当向导又充挑夫。我们在黑暗中悄悄地离别山城，翻山越岭，去迎接新的战斗。

两三个钟头后，我们到达桂系第一三八师七八五团的驻地，第二天天亮以后，韦国光团长（中共地下党员）派了一位少校参谋和一个警卫班，护送我们过了进出金家寨的重要关卡——古碑冲。那些广西宪兵，听说我们是第二十一集团军总部和省府的考察工作组，又看陈超琼、苏铉、莫朴都佩戴着中、少校军衔，不但没盘问，而且笑脸迎送。而后，少校参谋离去，警卫班送到流波矲，苏铉塞了一把钞票给班长，叫他们回去了。我们一行在韦国明（韦团长弟弟）营部里，平安度过了一宿。

天明之后，我们告别了韦国明营长，向诸佛庵方向前进，只要过了诸佛庵到达黑石渡，进入桂系第一三八师四一二旅所辖地区，就比较好办了。因为苏铉和该旅旅长赖刚在广西时曾为前后同学，陈超琼和赖刚有一段交情。赖刚和四一四旅旅长龙云闹矛盾时，陈超琼曾在廖磊面前帮过他忙，赖念念不忘。

我们在诸佛庵闯过了十几个广西宪兵的盘查，在黑石渡受到了赖刚的接待。而后，为了安全起见，我们绕过霍山县城，经毛坦厂、舒城、庐江，乘船到达无为开城桥——新四军江北游击纵队的驻地。到了根据地，仿佛置身于另一个世界，我们放声歌唱，尽情欢笑，要在伟大的抗日民族解放战争的洪流之中再显身手。

原载中共六安地委党史工作委员会编：《皖西革命回忆录：抗日战争时期》，安徽人民出版社，1989 年，第 106～115 页。

我们是铁的队伍

——江都县文化界救亡协会流动宣传团在皖西

◎莫 朴 李公然 王石城 陈德钧 江树峰 庄 言

卢沟桥事变后，日本帝国主义开始全面进攻我国。江苏省扬州人民义愤填膺，决心抗战到底。

扬州文化界朋友们在郭沫若、夏衍、钱俊瑞的支持下，于1937年9月发起成立了"江都县文化界救亡协会"。它是我党领导下的革命群众救亡团体，是扬州地区抗日救亡的中坚力量。

1937年11月中旬，国军败退，沪宁沿线城市相继失守，国民政府要员纷纷逃跑，城乡人民扶老携幼，四处逃亡，社会处于无政府状态之中。为了团结进步青年，开展抗日救亡工作，由陈素、江上青、莫朴、王石城等商定，动员了卞璟、江树峰、黄福祥、张一萍、赵敏、朱迈先、张构堂、张耀堂、王振华、陈锦贞等一批中小学教师、店员、青年学生，组成了"江都县文化界救亡协会流动宣传团"（以下简称"江文团"）。11月22日，团员们离别亲人，踏上宣传抗日救亡的征程。

宣传团到达仪征时，李公然、钱俊、许可、李銮生等人又加入了该团。接着宣传团沿长江西行，到了六合。六合小学校长马客谈把自己用的人力车送给了我们，我们把它改装成行李车，几位身体好的团员轮流拉车。

我们继续西行，进入安徽，在和县、含山作短暂的宣传，并接纳南汇流亡在外的小学教师章泉达、孙金华、王明初为团员。接着进入合肥城，这里商业萧条，一种避难的气氛笼罩着全城。我们驻在合肥二中，组织了歌咏队，教唱救亡歌曲。

同时赶排了《我们的故乡》，首次演出效果颇好。我们离开合肥城时，天气转阴，西北风发狂似的越刮越大。虽然寒气逼人，但我们心红血热，也不觉得冷。不久，天空飞起鹅毛大雪。当我们到达舒城县桃溪镇时，大地铺上一层厚厚的雪。这时，王毓贞从舒城赶来参加了我团。我们在桃溪工作时间较长些，莫朴用漂白竹布赶画了大幅"日寇在金山嘴登陆后的暴行"连环画。大家在画前唱救亡歌曲，排演话剧《烙痕》《秋阳》。全镇的人都看过我们演的戏，听过我们唱的歌，许多人还学会了不少抗战救亡歌。陈素同志在我们未离开舒城前，与中共中央长江局联系上了，担任了"江文团"中共支部书记。

我们离开桃溪镇行至山南馆时，被地方青年拦截，他们诚恳地邀请我们在山南馆做宣传，并热情地为我们准备了食宿。这样，我们就地工作了两天，开了座谈会并演出了话剧。

1938年1月上旬，"江文团"经过长途跋涉终于赶到安徽省政府临时所在地六安。我们被安排住进一幢两层楼的房子，20多人打地铺睡在楼上，在楼下大礼堂里排戏、练歌、画漫画、书写标语墙报。

不久，陈德钧、韩北屏分别从桐城、扬州赶来。"江文团"又吸收了北平流亡学生王芸，从南京流亡来的青年李为本、李为枝兄妹两人，至此，团员增加到30人。

我们安顿下来后，就上街看看，以便熟悉一下情况。城内有一座鼓楼，南北各矗立着一座古塔，一派古城风貌。沿街向西行，有伤病员收容站和难民收容所。但国民党政府管理很糟，伤兵缺医少药，在草铺之上呻吟；难民缺吃少穿，饥寒交迫。为此，"江文团"一面派团员前去宣传和慰问，一面派人去和地方政府交涉。此后虽略有改善，但还是很不理想。

我们在孔庙台上演抗战话剧，一时轰动全城。最受群众欢迎的有《放下你的鞭子》《傀儡皇帝》《三江好》《贾二爷》《我们的故乡》等。每次演出群众很早就拿着椅子或凳子坐下。演出时孔庙台前左右都挤满了人，有的爬在树上，有的骑在墙头上，好不热闹。开演前，照例由陈素、江上青、卞璟、王石城等轮流向群众作简短的剧情介绍。演出《放下你的鞭子》，剧中老汉（由卞璟扮演）为生活所逼，用鞭子抽打亲生女儿，青年工人（由章泉达扮演）挺身而出，阻挡了老汉鞭打，并慷慨陈词，启发老汉："是谁逼你们离开了可爱的家乡？又是谁逼你们没吃没穿到处流浪?"每当这时,台下的群众总是振臂高呼:"是日本强盗!""打倒日本帝国主义!""打倒汉奸卖国贼!""全国人民团结起来,坚持抗战,胜利一定属于我们!"愤怒的吼声,凝聚着一股巨大的抗日力量。

演出《傀儡皇帝》时,黄福祥、李为本先后扮演溥仪皇帝,扮演伪满洲国大臣的是朱迈先。在剧情进入高潮时,台下群众有的竟气愤地向溥仪和大臣投掷石子、果皮,有的还破口大骂。

每当我们在街头唱救亡歌曲,总是有无数的群众围着静听。演唱《松花江上》,每当唱到"九一八,九一八,从那个悲惨的时候,脱离了我的家乡,抛弃那无尽的宝藏,流浪!流浪!""爹娘啊,爹娘啊。什么时候才能欢聚一堂",我们往往嗓音发涩鼻子发酸,抑制不住自己的感情,流出了激愤的泪水。当我们高唱《大刀进行曲》《游击队之歌》,大家的情绪立刻亢奋欢快。在群众的要求下,我们"江文团"组织学生成立歌咏队。歌咏队员积极性很高,教歌活动有时从下午6点一直进行到深夜11点。

由江上青写词、沈风作曲的"江文团"团歌,风行一时,许多青年学生都会唱。

> 我们爬过一重山,又是一重山。
>
> 越过一条河,又是一条河。
>
> 从乡村到城市,从城市到乡村。
>
> 我们踏着坚实的步,唱着救亡的歌。
>
> 我们是铁的队伍,是热情的一伙。
>
> 我们要举起抗战的旗帜,要掀起抗战的巨波,
>
> 要燃起抗战的烽火。
>
> …………

这首团歌反映了我们这批青年的政治追求和道德情操。每当我们唱起团歌,总是和声四起。

在宣传画方面,擅长油画的莫朴挥笔画了《全民抗战》大幅彩色宣传画和长1.5米、宽2米的《大战台儿庄》《血战明光》两幅画,挂在我们的住处和街道醒目的地方。我们还油印宣传抗日的连环画,分送给各抗战团体和学校。墙报则每周出版一次,栏目有《时事短评》《一周战况》《抗日活动简介》等,配以鲜艳的漫画,通俗易懂,饶有趣味。

为了广泛地团结青年,加强同青年及抗日团体的联系,我们在所住的楼下召开

"时事座谈会""哲学座谈会",讨论十分热烈,对青年们提高观察分析问题的能力起了一定作用。我们自己也获益匪浅,为后来工作打下了一定的理论基础。

一次,我们邀请各抗日救亡团体和地方青年举行以"中国社会的性质及其任务"为主题的座谈会。会上同志们都争先恐后发言。一致认为自鸦片战争以来,中国就逐渐沦为半殖民地半封建国家,这个社会性质,就决定了中国革命的任务必须分两步走:第一步,要改变这个社会性质,使之变成一个独立的民主主义的新社会;第二步,使革命向前发展,建立一个社会主义社会。

对这些发言,大家都报以热烈掌声。唯独一个姓黄的团员,在会上大唱反调,说:"中国只能有一个主义即三民主义;只能有一个党,就是国民党;只能有一个领袖,就是蒋委员长。这是由中国国情决定的。"陈素等立即针锋相对地发言,严肃地指出:我们所讲的民主主义,是指的实行孙中山先生的联俄联共扶助农工的新三民主义。只有实行国共两党团结合作,动员全民一致抗战,打败日本帝国主义,才能建立一个独立自主的新中国。面对大家有理有据的发言,这家伙显得十分尴尬,便悄悄退出会场。

一天,值班的团员在清理内务、打扫卫生时,无意间在草铺边发现一个黑色皮面的笔记本,遂将它交给了团生活部部长张一萍同志。张打开一瞧,发现这本本是姓黄的。在一页文字中,姓黄的把本团团员分成所谓"元老派""少壮派",并列了争取的"对象"名单。张一萍联想到他利用座谈会鼓吹反共谰言,便同陈素等同志商量,决定召开全团大会,予以揭露。

经过说理斗争,姓黄的承认1935年蒋介石曾派他出国参加希特勒德国童子军。他毫不讳言地说,要在政治上扩大国民党影响,树立蒋委员长的"高大"形象,发展国民党组织。为了保持"江文团"组织的纯洁性,大家决定开除其团籍。

1938年4月初,根据中共中央长江局"到友军中去,到敌人后方去"的方针,经陈素和当时在六安的安徽省地下党负责人张劲夫研究,报请长江局批准,"江文团"集体参加了李宗仁第五战区第十一集团军,以"第十一集团军总政训处救亡工作团策动第二组(下简称"二组")的名义开展救亡宣传工作。经全团讨论,向政训处提出"不接受派员参加工作,组领导由我们自己推选"等五项条件,从而保证了组织上的独立性。

二组成立后,首先到寿县、淮南一带进行宣传教育活动。还到炉桥前沿阵地和广西军士兵举行联欢，士兵颇受感动。

我们离开寿县，前往颍上。在正阳关休整时，陈素同志从长江局带回由延安抗大、陕公、鲁艺调来的徐庚、庄言、张宏、李石君、庄寿慈、胡金兆、庄玄、庄寿菊、方青、郑荣大、王毓群等骨干力量，充实了我们这支队伍。此后，二组到了颍上、固始、商城、麻城、浠水等地，经常遭到敌机轰炸，但大家为了祖国的自由和民族的生存，迈着坚定的步伐，在抗日救亡宣传的征途上毫不退却。钱俊在固始县发电报时被山洪淹没，不幸牺牲。在商城时，长江局特派员章汉夫同志以《新华日报》记者的身份到我们驻地采访、慰问、指导工作。随后在《新华日报》上发表专栏文章，对我们这个革命的战斗集体给予热情的赞扬和鼓励。

1938 年秋，由于党的工作需要，中共安徽省工委派江上青、赵敏、王毓贞、谢景鸿等到皖东北工作。党支部书记陈素同志根据长江局的意见，将二组大部分同志分配到桂系第十一集团军一三一师、一三八师、一七〇师做政治工作，还有部分同志参加其他抗日救亡工作。二组兵分几路，奔向新的岗位，继续为我们伟大祖国的自由独立而战斗，优秀的共产党员陈素、江上青、徐庚 3 位同志在同敌人的斗争中献出了宝贵的生命。

半个世纪过去了，每当我们回忆起当年，眼前就浮现六安小楼上的地铺，耳边就响起"江文团"的团歌。

…………
　　　　我们不怕风霜，不怕艰苦，
　　　　要振作精神，喊破喉管，
　　　　让大家都知道自己应该怎样做！
　　　　铁蹄踏破和平的梦，
　　　　伤心东望可奈何？可奈何？
　　　　只有宣传、组织、训练，武装了群众，
　　　　才能重整山河。

原载中共六安地委党史工作委员会编：《皖西革命回忆录：抗日战争时期》，安徽人民出版社，1989 年，第 70 ～ 76 页。

在动委会的日子里

◎ 田兰田

1938 年 4 月，我由延安抗大来到武汉八路军办事处。中共长江局负责人董必武找我谈话，要我到皖西工作。他简要地介绍了情况，安排我随同到皖西担任中共安徽省工委书记的彭康同志一道走。于是我们由武汉乘船东下，经贵池、宿松、霍山等地来到六安。

同祊牺牲

这时，日军向西大举进攻，国民党安徽省政府撤到六安，又准备从六安迁往立煌，六安可以说是人心惶惶，议论纷纷。好在中共六安县委的负责人都在城内，我很快找到了县委的程明远同志，接上了关系。经县委研究，我负责宣传工作，公开身份是六安县动委会干事，协助县委书记邹同祊开展工作。

邹同祊同志是六安城关人，土地革命战争前期就任过我党的县委书记，此时兼任县动委会指导员。他利用动委会这一合法组织，和县委、县动委会同志共同努力，建立了县青抗、农抗、商抗等群众组织，还协助建立了妇女战地服务团，在六安东南乡组建了抗日武装。六安国民党县党部书记长黄肇祥非常反动，同祊同志能针对此人特点巧与周旋，掩护动委会开展工作。一次，我们不小心丢失一张入党志愿表，国民党六安县党部就倾巢出动，全县戒严，到处设岗盘查，在城乡大肆搜捕。

这时，同礽同志内心十分沉重，为工作中出现差错深感不安，但他从容自若，仍能与黄肇祥谈笑风生。黄肇祥没有发现什么破绽。由于县委的妥善安排，加之日军西进风声越来越紧，国民党县党部无暇他顾，这件事很快就平息下来。

然而不久，传来了一个不幸消息：邹同礽同志牺牲了。8 月 15 日，同礽同志由独山前往中共安徽省工委和动委会汇报工作，途经流波礓时，突遇敌机轰炸。他在指挥群众躲避敌机时被炸成重伤，因流血过多而壮烈牺牲。同时遇难的还有他的妻子卢秀文及子女。同志们怀着悲痛的心情安葬了他们的遗体，并以县动委会的名义在六安、苏埠、麻埠三地举行了追悼会。因工作关系，我未能参加料理他的后事，只能在无尽的悲痛中，追怀着我们之间的革命情谊。

廖磊的困惑

当日军逼近皖西时，国民党不少人已逃到后方，在各派军事势力中，以廖磊为代表的广西派势力最强。为了同 CC 系争夺对皖政局的控制，廖磊便尽可能利用动委会来同 CC 系抗衡。这时的六安，可以说是微妙的三角斗争的形势，我们的工作方针主要是争取广西军方打击反动的 CC 系，以发展我党的力量。

动委会是民众运动的全权指导机关，具有相当权限，我们通过动委会的活动，掌握了不少县区政权。六安县原国民党县长盛子瑾升任第六专署专员后，遗缺由唐晓光同志接任。那时他还不是共产党员，但思想进步，工作热情高。中共党员杨效椿任县大队指导员，这支武装基本上为我党掌握。动委会、工作团和其他各种抗日团体大都受我党的指导，开展工作比较顺利。六安县动委会还办了石印的小报《六安报》，由金涛主编。经过动委会、各群众团体的大力宣传，全县抗日救亡活动非常活跃，特别是歌咏活动，普及全县。每星期的时事报告会、节日纪念会，都有慷慨激昂的演说，雄壮嘹亮的抗日歌声，激动人心的演出。

但是，国民党绝不会坐视抗日民主力量的发展壮大。CC 系更是不甘寂寞，他们一面猖狂反共，一面百般攻讦桂系纵容共产党，反共不力。当时县党部有一反共专员陈××，专事搜集我党的活动情况，采取派人打入我区动委、接近工作团女青年等多种方式，以搜取情报。但他们始终弄不清唐晓光和我是不是共产党员。

桂系在大别山站稳脚跟后，随着形势的变化，开始排挤我党力量。有一次，六安县动委会开大会，我们请龙炎武讲话。龙讲了一会儿话，突然声调一变，大肆攻击新四军"游而不击，不听指挥"，情绪异常亢奋。会后，我问他为什么这样激动，他说："上级有命令，不这样讲不行。"这是武汉失守后国民党政策重点由对外开始转向对内、积极反共的一个信号。

一天，龙炎武陪廖磊到六安视察工作。廖磊听到我是外地口音，就问我是哪里人，怎么能到六安来做官。我见他眉头锁成"川"字，两眼带着无限的困惑，就回答说我是周新民的学生，由他介绍来的。他听后，倒剪双手，陷入沉思。望着这位刚过50岁就显得衰老的军政要人的背影，我觉得他的处境犹如时刻坐在火炉上一样。

一场小小的闹剧

不久廖磊就猝死于中风。他的继任者李品仙是个早已投靠蒋介石集团的反动军人。李品仙上台后，集军权、政权、党权于一身，采取了各种措施压制我党力量的发展。国民党六安县党部与县政府也沆瀣一气，我们开展工作就很难了。此时唐晓光已调任合肥县县长，组织上要我随唐晓光一起到合肥，担任合肥县动委会指导员。

合肥与六安相比，靠近前方，敌情严重，国民党县党部书记路世奎是个反共老手。在我到合肥之前，他还兼任县动委会指导员，通过省动委会的活动，我们将他赶出县动委会。他活动阵地虽然小了，但反共本性未变，视我们为心腹大患，经常制造事端，气焰十分嚣张。有一天，他找县长唐晓光和我到他办公室，奉承中透着阴冷说："你们年轻有为，前途无量，在合肥威望很高。本党部奉省党部书记长冷遹的命令，发展你们两人为我党党员。"说着，拿出一张表格要我们马上填写。这一突然行动，使我们愕然不已，硬顶只能引起他的怀疑。我便转了个弯，说填表是个大事，让我们考虑一下再填吧。这样我们才走出县党部的大门。事后，我立即请示了区党委，决定把这件事拖下去。

路世奎对我的怀疑加深了。恰在这时，合肥县政府举办了一期保甲人员训练班。我们通过训练班做工作,灌输抗日救国思想,培养建党对象。1939年冬的一天,保训班结业典礼和集体加入国民党的大会同时举行。他们再三邀请我参加,主持人唐晓光、路世奎讲完之后,非要我讲话不可。我见路世奎张嘴"精诚团结",满口反共言论,便按捺不住,站在台上慷慨陈词:"我们要团结抗日,就要搞好国共合作,就要拥护孙中山先生的新三民主义,不要信仰假三民主义。国民党有的是真抗战,有的是假抗战,如信仰假三民主义的汪精卫就投降了日本人。今天你们已经宣誓加入国民党了,当然要做一个好国民党员,不要做汪精卫那样的国民党员……"话未讲完,路世奎就跳起来大叫:"只有一个主义,就是三民主义,哪里又来什么新三民主义?这是汉奸理论!汪精卫我们已经开除了,现在再讲他是国民党人就是汉奸,田兰田是汉奸,把田兰田驱逐出合肥!"说着政训总教官(军统特务)就恶狠狠地打了我一个耳光。我奋力还击,路世奎等一伙像疯狗一般扑来。恶斗中,唐晓光为我上下回护。其他人也从中斡旋,总算结束了这场武斗。在同志们的掩护下,我安全离开会场,暂时隐蔽下来,不久撤到无为开城桥。李品仙之流在坚决反共活动中演出了一场小小的闹剧。

原载中共六安地委党史工作委员会编:《皖西革命回忆录:抗日战争时期》,安徽人民出版社,1989年,第122～126页。

最后一班岗

——忆省动委会少年宣传团生活片段

◎ 凌竞亚

接连几场大雪，送走了 1939 年，春神该降临了。然而，大别山的气温依然很低。寒流不断袭来，大地毫无春意。

处于大别山腹地的立煌县，曾经是红四方面军的根据地，而现在却是国民党二十一集团军总司令部和安徽省政府所在地。共产党为了领导广大人民、团结各界进步人士开展抗日救亡工作，在这里除公开驻有新四军办事机关之外，中共安徽省工委和后来的鄂豫皖区党委也设在这里。因此，这里成为安徽省政治、军事和文化中心，公开的、秘密的斗争都十分尖锐、复杂。

在立煌县城金家寨东北五六里的山坡上，非常醒目地立着一座庙。由于地势高，进庙时要爬上几十级台阶，人们因此把它称作"高庙"。庙里住着中共地方党组织领导的省动委会宣传团的几十位小演员，其中最大的不过十七八岁，最小的只有十岁。庙的规模不大，只有十几间瓦房，加上一个大殿，这就够一个生活简朴的文艺团体使用了。整个冬季，小演员们都缺少御寒的棉衣，至于毛线衣之类更是谁也不敢梦想的奢侈品。一套土布夹制服，一件半截头的棉大衣，就是过冬的全副装备。抗日的烈火燃烧着我们未脱稚气的赤诚的心，寒冷算得了什么！

新年前后，大别山天空乌云密布，山崖间妖风四起。二十一集团军总司令兼安徽省政府主席李品仙正在紧锣密鼓策划一场反共摩擦的大镇压。镇压的对象是共产党及其领导的抗日群众团体。什么"一个政党，一个领袖"等反动口号叫得震天价响，还制造"共产党毒害青年""新四军游而不击"的妖言迷惑群众。大规模的集中营已在筹建中。

就在这咄咄逼人的气氛中，少宣团的小演员们挺身而出，大张旗鼓地在金家寨地区演出由作家许晴编剧、名导演黄灿执导的话剧《新年》，针锋相对地宣传共产党"坚持抗战，反对投降；坚持团结，反对分裂；坚持进步，反对倒退"的主张，从而使观众看到了民族的希望。许多人在看了小演员的演出之后，热泪纵横，鼓掌叫好；顽固派看在眼里，急在心里，却束手无策。如果对这批受到群众爱护的小演员进行镇压，必然会触怒社会舆论，担当破坏抗日民族统一战线的罪责，从而也打乱了他们的反动步调；不镇压吧，又明显对他们不利。就在他们举棋不定时，由许晴作词、孟波作曲的话剧《新年》的主题歌已在立煌传唱开来：

　　春天的太阳照山冈，我们的歌声响四方。

　　去年辛苦十二个月，流血流汗没有白忙。

金色旋律在立煌的崇山峻岭中缭绕回荡。

就在话剧《新年》紧张演出的同时，少宣团内的共产党员在上级党组织的直接领导下，分头带领党外同志一批批悄悄地撤离大别山，奔赴抗日根据地，去接受新的任务。舞台上的人员一天天在减少，但一人顶几人用，演出却照常进行。因而，外界丝毫没有觉察到我们的人在撤退，直到全团只剩下十多人时，演出才不得不停下来。

这时，党内只剩下我和副团长袁万华。我们俩正在为完成全团撤离任务而焦虑不安。党外同志不明了内情，加上无事可干，团内空气顿时沉闷起来，不时可以听到《松花江上》的歌声。

一天，上级党的负责人张京华来找我们交代任务。他是一位稳重老练的地下工作者，一坐下就严肃地说：

"万华同志大两岁（也只17岁），又是副团长，容易引起外人注意，必须立即撤离。竞亚同志年纪小些，入党才半年，不引人注目，可以等万华走了三五天的路程再撤离。你把动员成熟的对象，交万华同志带走，余下的人你继续动员，成熟几个就带走几个，来不及就动员他们请假回家过年。"

没想到，这最后掩护全团撤离的任务，竟然落到我这样一个15岁的新党员的身上。这是党对我的信任，也是对我的考验。因而，我从内心里产生一种军人的骄傲。尽管张京华问我有什么困难，我却什么困难也提不出，只是汇报说："目前最成熟的只有魏朋（11 岁，魏文伯的儿子），我答应带他去找他爸爸，他很高兴跟我走，也懂得保守秘密，可以由万华同志先带走，其他同志还要进一步动员。"

第二天，天没亮万华就带着小魏朋上路了。我送他俩出庙门，互相间再三叮咛嘱咐，战友情谊难舍难分。我站在高高的台阶上，目送着他俩逐渐隐没在黎明前黑暗中的身影，默默地祝愿他俩一路平安。

回到屋里，桌子上的油灯仍然亮着，同志们还沉浸在梦乡里。在这空荡荡的庙里，四周寂静无声，一阵阵寒气从门缝里吹进来。这时，我突然产生了孤独感，像是精神上失去了依靠。从此，再也没有人和我商量问题了，一切都要靠自己拿主意了。

于是，我在灯前冷静地分析团内情况：全团除我之外还有 9 人，其中王维良，我们谈得比较多，也比较深。谈过国民党与共产党的区别；谈过新旧三民主义的对比；谈过谁代表民族和人民的利益，谁是抗日的中坚。他几次表示跟我一起去寻找真理，投奔真正抗日的队伍。

公勤员兼传达员黄耀准是金家寨本地人，曾参加过苏维埃政权下的儿童团，全家都被国民党军杀光了。他对苏维埃、红军有感情，常和我谈红军时代的故事，唱红军时代的歌给我听。我也曾告诉他，现在的新四军就是当年的红军，工农大众只有跟共产党干革命才能求得解放。我们之间交谈的内容他能保密，因而，也可以放心。

正在思考之际，对面屋里的王维良起床了。于是，我俩又商量起来：

"维良，你看万华也走了，全团还剩下 10 个人，本来我们俩也可以走了；但是，一定要想办法把大家撤走。"

"那怎么办呢？"

"你能不能把两位同乡带回家去过年？"

"那我怎么办？"

"你到家不要停留，立即折回头，我在这里等你。"

维良点了点头就转身跑了。他是个机灵鬼，加上他们之间的特殊关系，不到半个小时，三个人就一起跑来了。其中一位带头说：

"竞亚，我们也想回家过年。"

"那我们没家的怎么办呢?"我故意作难地问他们。

"我们回来一定带好吃的慰劳你们。"另一位带着商量的口吻回答。

"那我们就在这里看庙吧!"

三人高高兴兴回到自己的房间，我在他们的背后又追了一声："带好吃的来啊!"

"你放心地等着吧!"

说简单也真简单，他们上路不久，另两位自动跑来和我商量：

"都走了，我们还留在这里有什么意思呢?"

"那怎么办呢?"我反问他们。

"我们也想回家过年。"

"那好呀! 有家的归家，没家的归庙。"我开玩笑似的说。

"那你跟我回家过年吧?"其中一位略带歉意地回答。

"不了，我们这里还有几位呢，只要你们带点吃不完的年货回来，我们也就心满意足了。"

"可以。花生、瓜子、糯米粉总是有的。"吃了中午饭，这两人也走了，留下的人都来送他们到庙门外。

这时我感到肩上的千斤担子一下子卸掉了八百斤。回到宿舍里，我往被窝里一躲，回忆这一天的经历：天亮前，送走了万华两人；早饭后，送走了维良三人；中午饭后，又送走两人。一切都朝着顺利的方向发展。想着想着就睡着了，直到小黄来喊吃晚饭，我才爬起来。

平时吃饭，大家都喜欢把碗捧在手里边走边吃。今天特别，只剩下我们五个人了，老炊事员请我们都到厨房去，围着一张矮桌子坐下来吃。他说这里暖和，还特意多做了两个菜，菜里的油也比平时多。我开玩笑地问：

"怎么啦? 还没到过年呢!"

老炊事员笑了笑说：

"嘿! 吃饱了，不想家嘛。"

一边说一边拼命地往大家碗里夹菜。

晚饭后，我到传达室找小黄，想和他把行动方案订下来，我问他：

"小黄，你看我们几时离开呢？"

"我无牵无挂，随时能走。"

"可是，还有刚才来的章忆、刘飞两位女同志怎么办呢？能把她们丢在这庙里吗？"

"那么，我这就去和她们谈谈，看她们有什么想法！"

我推开女同志宿舍门，看她们就像相依为命的亲姐妹，背靠背地坐在床上，各人手里都捧着本书，却不在看书，而是抬着头轻声哼着《松花江上》。听到我推门，两人都站了起来，请我在对面床上坐下。

"我来和你们一起唱。"

唱到"爹娘啊！爹娘啊！什么时候才能聚在一堂"时，都已泣不成声了。还是章忆先开了口：

"竞亚，别人都回家过年去了，你怎么不回家过年？"

"家乡沦陷了，回不去。"

停了一下我反问她们："你们的家呢？"

"也沦陷了。"

从这里开头，我逐步了解到她们一个是安庆人，一个是南京人，都无家可归。两人的年龄相差两三岁。

"那你们怎么到少宣队来的呢？"

"一位大姐说，这里工作好，学习好，是个培养人的地方，就介绍我们来了。"

"那你们看这里到底好不好？"

"好！这里的人都很正派。开始我们感到工作、学习跟不上，不敢多问。现在刚摸着头绪，人又都走了。"

刘飞一直像含羞草似的躲在章忆背后，一言不发。这时突然冒出一句：

"你说，他们回来吗？"

"很难说，有些人可能过了年就回来。可是，那些有理想、有抱负的人，可能从此就远走高飞了。"

"这么好的团体，为什么要离开呢？"

"团体是好的，但是，有人不喜欢我们。他们讨厌我们宣传抗日，我们的生死簿子就抓在他们手里，他们随时可以用两个指头把我们掐死。"

"有这么坏的人吗？"刘飞感到好奇。

"当然有。可我没想到这里也有。"章忆大几岁，见识也多些。

"什么地方才没有坏人呢？"

"什么地方都有坏人。可是，有的地方坏人受到大家的反对，成不了大势。"我顺势把话引向深入。

"这种地方哪儿去找呢？"

"我听说新四军就是这种地方。"我进一步明确了话题。

"唔！恐怕有些同志就是找新四军去了。"章忆若有所悟地说。

"那我们也去行吗？"刘飞问。

"新四军的生活可苦啊！"

"你放心，我们不是娇小姐。"

"那我们明天把公家东西通通集中到两间房子里锁起来，争取在一两天之内就动身。随身带的生活用品越少越好，免得路上背不动，要翻山越岭走十多天呢！"

说完这些话，刚才那种忧伤孤独的情绪在她们脸上一扫而光。当我离开时，她们又小声地唱起：

> 走！朋友！我们要为爹娘复仇，
>
> 走！朋友！我们要为民族战斗。
>
> 你是黄帝的子孙，
>
> 我是中华的裔胄。
>
> 锦绣的河山，怎能让敌人践踏？
>
> 祖先的遗产，怎能在我们手里葬送？
>
> 走！朋友！我们走上战场，
>
> 展开民族解放的战斗！
>
> …………

我踏着她们歌声的节拍，走到小黄的传达室里，把刚才和她们谈话的经过告诉了小黄，他听了很高兴。

第二天上午，我就去找张京华汇报前一天工作进展的情况。张京华听后很满意。要我们在两三天之内，等王维良回来就走。走之前注意保密，尽可能不与外界接触。

回到住地，刚进庙门小黄就迎上来：

"竞亚同志，有人找你。"

天啊！这种时候就怕有人找。但是，既然找来了，也不能躲着不见。小黄把我引进传达室，里面站着一位50多岁、破衣烂衫的老太太，右手拿根树棍子，左手拉着一个七八岁的小男孩。我立刻猜到是谁了。

"你就是竞亚吗？"我还没来得及回答，她接着说，"我是惠元的干妈。"我连忙叫了一声"干妈"，并请老人坐下，我自己也坐在她身边。惠元是我的姐姐，共产党员，在妇女战地服务团工作，随团离开立煌到淮北抗日根据地了。

"我想你姐姐，几个月不见了，只好来看看你。"

惠元姐离开立煌时，曾告诉我，她为了工作，在驻地彭家湾认了一位干妈，要我有空去看看老人家。可我因为工作忙，一直没去过，今天第一次见面。老人家哪里知道，我很快也要秘密地离开这里，今后也难见面了。为了见一面，她来得正是时候。

"孩子，想家、想姐姐吗？"她摸着我的头说。

"想！也想干妈。"

"可怜！跟我回家过年吧？"

"我们过年还要演戏，离不开。"

"唉！干妈也没有好的给你吃。"

别看干妈是个瘦小老太婆，她却承受过常人难以承受的生活重担。老伴和几个儿女都被国民党反动派杀害了，最后一个儿子跟红军长征去了，媳妇改嫁了，留下一个当时刚会说话、现已七八岁的小孙子，祖孙二人相依为命。她要我至少去她家吃顿饭，认认门。干妈的要求应该得到满足，于是我送老人家回家，也为了防止正在化冻的山路把老人滑倒。五六里山路，很快就到了，老人家走了一辈子山路，一点儿也不显得龙钟。

她家只有两间只能挡雨、不能遮风的破瓦房，大门是竹笆门，房门是不到顶的几块木板拼成的。祖孙二人睡在里间一张用树棍子支起的床上，床上的棉被不知是哪年做的，补了又补，但很干净。

干妈一到家就为我做饭，在饭未做好之前，陆陆续续进来七八个邻家妇女。有抱孩子喂奶的，有纳鞋底的，有捻麻线的，像是看新娘子似的来看我这个老人家的干儿子，问这问那。干妈很快把饭端上来了，邻居们也纷纷散了。干妈小声对我说：

"她们看到你，就知道我的干女儿还没把我这孤老婆子忘了。你姐姐在这里组织妇抗会，她们都是会员、积极分子。"

干妈端上来的是一大碗挂面，里面放四大块咸肉。这是穷苦农民在过新年时能拿得出来的最上等的食物了，推让不掉，只得和她的小孙子分而食之，我吃了一半面条，四大块肉全给孩子吃了。

临离开时，干妈拉着我的手说："干妈穷，没东西送你。"说着从棉袄口袋里掏出一个破布小包，一边解开一边说："这是给你留的。"

我一看，是一枚 50 文的大铜板，我连忙说："干妈，这个您留着用吧！"

"孩子，这钱不能用。你把它收好，过去要给白狗看到是要杀头的。"

这时，我才接过来仔细看。钱上有镰刀斧头的图案，上面一行字"全世界无产阶级联合起来"，下面一行字"皖西北特区苏维埃银行"。我顿时惊呆了，作为一名中国共产党党员，竟然从来没听说过，中国工农政权也有自己的钱币。而我的干妈不说全家人的悲惨遭遇，仅就为了收藏这么一枚钱币，又该受过多少惊吓？现在我开始理解，这么一位风烛残年、形容枯槁的老太太，为什么能承受那么沉重的精神和生活重担了。我已无法控制自己的情绪，激动地说："干妈！我一定把它收好，一辈子也不会忘记您老人家。当红军的哥哥一定会回来的，姐姐和我也会回来。"

"怎么，你也要走吗？"

我后悔最后一句话说漏了嘴，慌忙纠正。

"干妈，我要是不走，一定来和您老人家一起过年！"

"孩子，看起来，你也是个有出息的，远走高飞吧！我已经丢了那么多孩子了，我不难过。"老人家真的控制住了眼泪。

回到高庙，我首先检查了一下准备返回桐城老家的老炊事员的准备情况，发现他除带自己的行李之外,公家东西一点儿没拿。我不希望把这些东西丢给顽固派,所以就要他尽量带点回家过年,让老婆孩子也高兴高兴。不过,路远无轻担,他也带不了许多,我把一罐猪油、一大块咸肉扎在一起给他带着。接着我又去检查了一下仓库,全间房里堆满了布景、服装、道具、图书,这些东西都是我们大家省吃俭用,从牙缝里抠出钱来买的,如今都要丢给国民党顽固派了,真舍不得。我发现其中有几块花洋布,是做戏剧服装剩下来的,足有两三丈,是挺好的衣料。我把它抽出来,送给老炊事员。我说:"这东西不重,带着吧! 给孩子们做件新衣服过年。"他开始不愿要,经我反复劝说,才勉强收下。

刚吃过晚饭,张京华突然来了,通知我,组织上做了新的决定,要我们提前两天离开。因为这是个有影响的文艺团体,党希望把它尽可能完整地撤到新四军去,而顽固派对这样一个团体也不会不注意,我们撤退成功就意味着他们失败。现在,既然全部工作进展顺利,掩护的任务已经完成,就没有必要再等两天了。如果因为拖延时间而发生意外,那就前功尽弃了。

组织上的决定无疑是正确的,也是对我们的爱护,但是,我还有件心事未了,那就是在我分配王维良带着任务回家时,曾答应在这里等候他,并带他到新四军去。如果我提前走了,他回来扑个空,而他在立煌除周纯如大姐(共产党员)之外,不认识任何人。如果他为了完成我交给他的任务,而发生意外,我会悔恨一辈子的。对此,张京华同志要我放心,说只要王维良找到周纯如,就可以和他联系上,他一定会把王维良安全地带到我们的去处。这样,我也就放心了。

张京华立即在一张二寸宽、四寸长的小纸条上密密麻麻地写上几行火柴头大小的字。他把小纸条卷得紧紧的交给我,这就是我的组织介绍信。他要我半路上在庐江转一次关系,并根据庐江同志所指定的路线,前往新四军驻地无为开城桥。我接过介绍信,心情很激动,这就是我的政治生命呀!

接着他把两位女同志的假身份证和假通行证交给我,让她们冒充病后归队的青年剧团演员。同时,又交给我100元路费,要我在路上尽量省着用。当我把这些都接到手里时,一股暖流在我胸中流过。

深夜,我同小黄分头去通知老炊事员和两位女同志,连夜做好准备,天不亮就上路。我又把使用假身份证和假通行证应注意的事项,向她们交代了一下。我自己也去准备好简单的行李，把介绍信和路费分别藏在身上可靠的地方，并把指引我走向革命的《共产党宣言》《论持久战》和《大众哲学》三本书小心地捆进背包里。

一切准备好以后，炊事员开始做最后一顿饭。我们四人围着一盆木炭火，兴奋地谈着未来的生活，度过了一个不眠之夜。

吃过饭，天还没亮，各人就背好行装上路了。炊事员挑了一副担子轻快地走在最前面，他将和我们同走两天路程才分手，两位女同学兴奋地跟着炊事员、小黄和我走在最后。一出庙门，小黄就问："要把大门锁上吗？"我苦笑了一下，心想：我们成了《打渔杀家》中的肖恩，里面的东西都不要了，还锁门干什么？再想想，还是锁上吧，也许这把锁可以把特务机关取得确切情报的时间推迟两三天。于是，我返身锁上庙门，再去追上前面的三个人。

当我们走出四五里路，爬上一座山头时，迎面的朝霞已经将一大片天空染得通红。而身后的金家寨，仍被包围在黎明前的黑暗中。这时，我轻松地喘了口气，心想：黑暗终于被我们甩在身后，前途就在那一片朝霞里。于是，我带头唱起了我们的团歌：

> 我们是少年宣传团，
> 我们在大别山这民族革命的最前线。
> 虽说我们年纪小，
> 肩上挑的是重担。
> 不怕苦，不怕难，
> 一面学习一面干。
> 又天真，又勇敢，
> 积极工作不贪玩。
> 打先锋，展开宣传战。
> 动员民众千百万，
> 夺回城镇同河山。
> …………

这歌声最后一次回荡在大别山间，是天真无邪的歌声，是胜利者骄傲的歌声。

再见了，大别山！

原载中共六安地委党史工作委员会编：《皖西革命回忆录：抗日战争时期》，安徽人民出版社，1989 年，第 246 ～ 258 页。

桃溪风云

◎ 程克如

　　七七事变后，全民族抗战爆发。当时，我正在桃溪二高小学读书。在这中华民族生死存亡的时刻，是奋起抗日，还是俯首为奴？在我们青少年中反响很大，尤其是音乐教师鲍有荪（中共党员）来到我们学校任教后，同校长吴云邨等人在一起，以教学为掩护，进行抗日救亡的宣传活动，使广大青年学生更加明确了方向，使沉睡的桃溪镇出现了轰轰烈烈的抗日救亡运动。

　　桃溪镇的抗日救亡运动，主要是在鲍有荪和吴云邨的指导下进行的。他们首先在学生中宣讲抗日道理，教唱抗战歌曲（有《流亡进行曲》《大刀向鬼子们的头上砍去》和《松花江上》等七八首），启发学生的抗日觉悟。继之，组织学生宣传发动群众，到桃溪张贴抗日标语和散发传单。通过广泛地宣传发动，差不多每个群众都会唱抗日救亡歌曲，讲一些抗日道理。鲍老师和吴校长在群众中也树立了很高的威信，影响很大，广大群众都拥护他们，支持他们。

　　然而，在宣传抗日和发动群众上也不是一帆风顺的，处处有着风浪和暗流。桃溪以孔家大楼孔致和为代表的地主阶级，却逆历史潮流而动，妄图阻止正在蓬勃掀起的抗日运动，反对鲍老师和吴校长的抗日救亡活动，极力反对抗战，反对共产党。他们为了排挤鲍老师和吴校长，笼络群众，在桃溪孔家大楼设立了补习班，采取教书不要钱的手段，来广收学生，与鲍老师和吴校长抗衡，并大肆造谣说"桃溪镇是共产党的阵地""吴云邨、鲍有荪要赤化桃溪"等，公开张贴反动标语，散布反动言论,煽动学生不要到二高念书,全校 400 多名学生被他们拉走了 350 多人,仅剩下 70 多人,他们还煽动学生家长不要让吴、鲍在桃溪待下去,要把他们从桃溪轰走。

桃溪的上空布满了翻滚的乌云,斗争十分尖锐激烈。鲍老师和吴校长领导学生和群众给予了坚决的回击。首先,针锋相对,散发传单,张贴标语,揭露孔祥华、孔致和之流的反动实质,驳斥他们的反动谬论,戳穿他们反对国共合作、破坏抗战、蛊惑人心的真面目,用事实来教育广大人民群众。当时的标语和传单,主要是鲍老师和吴校长指导我们青年学生公开张贴和挨门挨户散发的。其次,组织群众、学生上街游行,大造抗日声势,大张旗鼓地进行抗日宣传,回击他们的诬蔑。就在这时,上海有个救亡工作团在桃溪,宣传发动工作做得也很活跃,有力地配合了鲍老师、吴校长的斗争。

在进步与倒退、光明与黑暗的斗争中,以孔致和为代表的反动地主阶级如霜后的败叶,威风扫地,而经过一场风雨之后的桃溪广大青年学生对前途有了更加明确的认识,每个人都意识到如果不抗日,就会国丧家亡,没有出路。因而,他们的抗日积极性都十分高涨,以百倍的热情积极投身于火热的抗日救亡运动之中,救我中华,救我民族,救我处于日寇铁蹄之下的亿万同胞。他们怀着满腔爱国之情,纷纷报名参加新四军四支队。仅 1937 年底到 1938 年春的 3 个月时间,桃溪镇就有青年学生程克如、周希敏、陶贤美、程国斌(后牺牲)、樊功德(田克)、高声琴、石茂山、陈守信、周复焘、徐叶茂、艾光道(艾烜)、方乔、赵宏瑞、陈其明、李景林、陈拔伟、陈宜萍、张树芹、张树藻、石茂贵(后牺牲)、陈励夫、樊功璧、赵宜侯、程春山、黄学仑等 30 多人参加了新四军四支队,拿起了刀枪,走上了抗日道路,冲杀在抗日战场。

在桃溪播下了抗日救亡的火种之后,吴校长和鲍老师在 1937 年底学期结束时,便离开了桃溪,到城关参加抗日动委会工作,领导全县的抗日民主运动了。

(李卫生 整理)

原载中共舒城县委党史办公室编:《舒城县革命史资料(抗日战争时期)》,内部资料,舒城印刷厂,1985 年,第 32 ～ 34 页。

舒城县大众剧团

◎ 钱　钧　巫成亮

舒城县大众剧团，这支抗日宣传的小队伍，成立于1939年4月。当时，正值抗战初期。

1938年秋，日寇占领武汉，气焰嚣张，蒋介石退到四川。一部分人认不清形势，"唯武器论""再战即亡"的失败主义论调甚嚣尘上，妥协投降的空气时有弥漫。毛主席、党中央再次向全国人民提出"持久战"的战略思想，八路军、新四军挺进敌后，在敌人的后方进行抗日战争。大别山是敌后抗日根据地，它的地位极为重要，在这里，我党向人民积极宣传坚持团结抗战、坚持抗日民族统一战线的方针，发动民众，组织民众，武装民众，进行持久的抗日战争。

舒城，是大别山抗日根据地的主要组成部分。此时，在各级党组织的领导下，各地农抗会、青抗会、妇抗会等抗日民众组织纷纷建立，抗日活动空前活跃。

为了适应抗日形势发展的需要，进一步开展抗日宣传和发动工作，1939年春，舒城县举办了干部训练班，召集知识青年四五百人进行训练，在舒城的各工作团团员也都集中到这里培训。这个训练班设有游艺股，钱钧任股长，负责文艺教学工作，教学员唱抗战歌曲。训练班结束后，学员大部分被分配到各工作团工作，钱钧被分配到大众剧团任团长，徐波同志任指导员。这是党交给我们的任务。

大众剧团初成立时，只有钱钧和徐波两位同志是党员，团员是县动委会从干部训练班中分配来的，一部分是之后参加的。如艾光道（艾煊）、沈国瑞（沈锐）、钱逊泉（钱锋）、王敬惠（王敬）、董跃芝（刘明）等，共计 20 余人。剧团成立后，首先住在中梅河以西 4 里路的金家花园村庄上。在这里开展了大量的抗日救亡宣传活动，教大家唱《太行山上》《军民合作》及聂耳、张曙等作曲家创作的救亡歌曲，排练《打东洋》《送郎上战场》等抗战戏剧，然后到中梅河及各地演出。我们的道具很简单，只有一块写有"大众剧团"四个字的紫色布幕，几瓶化装油彩和向县政府借的几条打不响的破枪等。戏剧的情节是两个日本鬼子下乡找"花姑娘"，追游击队。游击队在群众的掩护下隐蔽起来，然后，出其不意地跳出来，卡住鬼子的脖子，夺得鬼子的枪，武装了自己。剧情虽然简单，却伸张了正义，鼓舞了群众的抗日决心，大家都拍手称快。每次演出结束时，我们都指挥台下群众合唱《义勇军进行曲》《大刀进行曲》等抗战歌曲。我们的艺术水平虽然不高，但抗战热情是高涨的。我们的宣传，对于促进舒城人民参加抗日运动起到了一定的推动作用。

我们全体团员还经常到附近各村庄深入群众，作个别访问，宣传抗日道理，揭露日寇在我国烧杀淫掠的滔天罪行，宣传在《舒城战报》上登载的全国各战场抗击日寇的胜利消息，宣传国共合作和对日进行全面抗战的新形势等。这时，我们已听过了刘顺元同志传达毛主席的《论持久战》这篇鼓舞全国人民坚持抗战到底、争取抗战最后胜利的不朽著作的报告，更加明确了抗战的指导思想。于是，我们结合舒城人民曾经遭受过日寇的蹂躏和英勇抗击日寇的事实，向群众宣传"持久战"的方针，号召群众组织起来，发挥农抗会、青抗会、妇抗会的作用，拥护抗战，支援抗战，有钱出钱，有力出力，有枪出枪，有人出人，坚持抗战到底。

1939 年夏，县动委会指示大众剧团和委托第一工作团去千人桥一带进行抗日宣传，我们两个团随即奔赴千人桥、孔家集一带，仍以戏剧、歌咏等为主要形式，进行抗日宣传。但是，在蒋介石消极抗战、积极反共的反动政策下，我们的活动逐渐受到限制，难以全面开展群众工作。团内许多热血青年对国民党的阻挠行为深感迷惘。秋末冬初，国民党顽固派更加紧了反共步伐，要取消工作团，限制工作团的活动经费。为此，我们大众剧团和委托第一工作团不得不合并为一个工作团。

在这种形势下，县动委会决定调大众剧团驻毛竹园休整，一方面做些力所能及的宣传工作，一方面对青年进行思想教育。同住在毛竹园的还有舒城县妇女服务团。我们都住在毛竹园的韦家祠堂内。这时，巫成亮同志已从桐城转到舒城工作，党组织派他到大众剧团，在团内组建一个特别支部，支委会由巫成亮、叶霖、钱钧3位同志组成，巫成亮同志任支部书记，统一负责大众剧团和妇女服务团党的工作。

在毛竹园，我们学习教育的内容主要是社会发展史，给青年指明社会主义是最先进的社会制度，增强抗日必胜的信念。党指示我们在青年中要积极发展党员，对进步青年进行党的基本知识和抗日性质、抗日力量的教育。通过一段时间的考查，在时机成熟的基础上，我们先后发展了一批进步青年入党。

1939年冬至1940年春，国民党顽固派发动第一次反共高潮，工作团被取消，活动经费被取消，形势进一步恶化。广大进步青年已无别的出路。他们认识到，只有跟着共产党，参加革命队伍，参加新四军，才是寻找救国救民的唯一出路。因而，大多数青年要求参加新四军四支队，如大众剧团的秦斌、尹先余、李超，委托一团的单世忠、潘争强及曾在大众剧团工作过的艾光道（艾煊）、耿忠、沈国瑞（沈锐）、王敬惠（王敬）、董跃芝（刘明）、潘永兰、钱逊泉（钱锋）、王凤等。同时参加新四军的还有参加过二万五千里长征的四川女同志、大众剧团团员刘玉芳同志。这些同志参军后，大众剧团也就随之解体。后来，他们奔赴在抗日最前线，开始了新的战斗生活。

原载中共舒城县委党史办公室编：《舒城县革命史资料（抗日战争时期）》，内部资料，舒城印刷厂，1985年，第44～47页。

一支抗日救亡的轻骑队

——忆安徽省动委会第二十二工作团

◎ 宋象乾

  1937 年卢沟桥事变后，抗日战争的烽火燃遍祖国大地。为了挽救民族危亡，青年站在斗争最前列。1937 年冬和 1938 年春，京津沪流亡青年抗日救亡团体纷纷来到安徽，安徽青年也组织了各种救亡团体，中共安徽省工委领导了青年救亡运动。党通过安徽省民众总动员委员会，将抗日救亡青年组成 40 多个工作团，分散在全省各地活动，加上各地成立的县工作团，和其他抗日团体汇成一支抗日救亡的洪流。

  抗战时期，安徽为新桂系军阀统治，省主席先是李宗仁，后为廖磊。桂系为了标榜抗日，伪装进步，政治空气比较自由，抗日救亡运动也出现了高潮。1939 年 12 月，国民党发动了第一次反共高潮后，桂系军阀也就撕下了进步的面纱，开始排斥迫害进步人士，到 1940 年，安徽的抗日救亡运动处于低潮。

  1938 年 6 月，舒城县城沦陷，国民党县政府迁往梅河镇。新四军四支队驻在东西港冲，距梅河镇约 20 里，县动委会也随之迁往梅河。县长陶若存思想比较进步，接受我党的抗日民族统一战线主张。县动委会指导员李竹平（中共党员），是党通过省动委会派到舒城工作的。8 月，中共舒城县委成立了，书记鲍有荪（女）。县委虽然还是秘密的，但实际上领导了舒城的抗日救亡运动。有党的领导，有新四军四支队为依靠，县长陶若存又比较开明，开展抗日救亡工作的客观条件是很好的。

  这时外地来舒城的救亡团体有安庆学生工作团、上海文化界内地服务团、江都文化服务团、留日学生抗日救亡工作团和北平救亡服务团等五个团体。本地青年组织了舒城县动员工作团，省动委会还派来了第二十二工作团、第三十六工作团，共有 150 多人，其中有留学生、大学生、中学生和本地知识青年，这是一支可观的力量。县动委会为了加强领导，发挥救亡团体的战斗力，对这些团体进行整顿，编为 6 个团体。这 6 个团体是省动委会直属第二十二工作团、第三十六工作团，县动委会的第一工作团、第二工作团，妇女服务团，大众剧团。这些朝气蓬勃的青年，不畏艰难，不计报酬（当时每人每月工资只有 8 至 12 元），身背背包，脚穿草鞋，战斗在深山和平原的每一个角落。凡有工作团和群众组织活动的地方，人民抗日情绪高涨，到处是一片抗战的歌声。

第二十二工作团是省动委会组织好来舒城的，全团约有 20 人，人员不稳定，时有调进调出。团长潘幼平，副团长赵登岭。团员先后有石代文（女）、张锡林、王树人、朱旭、靳朝中、杨中泽、汪大伦（女）、樊巧弼（女）、石磊、袁炯、宋象乾、陈启明、高声琴（女）、朱传西（女）、唐德荃（女）和余民等人。

二十二工作团先在梅河一带，以后经过新街、城关到秦家桥、蟹子桥等地活动。到新街不久，潘幼平、石代文等人相继离去，由张灿明（中共党员）接任团长。张灿明来团后，以原有党员为基础，建立了党支部，使工作团有了领导核心。在县动委会领导下，我们做了大量工作。首先开展轰轰烈烈的抗日救亡宣传工作。工作方式是写标语、出墙报画刊。当时是用红土在要道口墙壁上写标语，内容有"打倒日本帝国主义""有钱出钱，有力出力""坚持抗日民族统一战线""抗日高于一切，一切服从抗日""抗战必胜，建国必成"等。教唱救亡歌曲并演戏，经常到群众团体和小学校教唱歌曲，如《松花江上》《五月的鲜花》《大刀进行曲》《义勇军进行曲》《游击队歌》和一些抗日小调。广大青年和儿童几乎人人会唱救亡歌曲。我们还利用空隙排戏，演过的戏有《放下你的鞭子》《三江好》《打杀汉奸》等，宣传资料来源有军事委员会政治部第三厅（郭沫若主持）及省动委会印发的，也有自编自演的活报剧。每到一处就在古庙和旷野搭台演戏，以扩大宣传。演戏所用的服装道具都是临时向群众借用和自己动手制作的。通过一段时间的宣传，了解当地情况后，即着手组织群众抗日团体，如农民抗敌协会、妇女抗敌协会、青年抗敌协会，工人抗敌协会、商民抗敌协会，尽可能把一切爱国力量都组织起来。据统计，到 1939 年初全县有各种抗敌协会 191 个，会员 22194 人。

这些群众团体经常进行抗日救亡宣传，组织盘查哨防止汉奸敌探，检查抵制日货，募捐慰问抗日将士。农民抗敌协会设有巡逻大队，这是一支不脱产的农民武装。许多青年明白了抗日救亡的道理后，纷纷参加新四军四支队，奔赴抗日前线。

1939年夏天，二十二工作团离开舒城去肥西山南馆。此时，安徽省主席廖磊来合肥县视察。工作团住在一个古庙里，为了不使廖磊及其随员怀疑，我们把一些进步标语撕去，换上"欢迎廖主席莅临视察""实行抗战建国纲领"等标语。把一些马列主义进步书刊，糊上《七剑十三侠》《儿女英雄传》做封面，送到和尚方丈室小楼上藏起来。廖磊在我们住处休息时，还对我们的工作称赞了几句。他要我们写标语不要用美术字，要写正楷才好。在庙前的广场上召开了群众大会，廖磊和县长唐晓光（中共党员）都讲了话。会后，我们在万年台上演了戏。

1939年合肥县城还在日军占领之下，县政府设在肥西分路口镇之鸽子笼村。二十二工作团活动在分路口、城西桥、雷麻店一带，这里是桂军一三八师和安徽省第八游击纵队的防地。我们组织过一次慰问活动。在张家新圩子一三八师师部，师长龙炎武举行了欢迎仪式。我们还到伤兵医院慰问受伤的抗日将士。

工作团住在雷麻店附近一个小山村，村后山岗上有桂军的哨棚，大家认为这里是比较安全的。9月里的一天，日寇由合肥城出动到这一带"扫荡"。这天清晨，张灿明同志带领大家正在练唱歌曲，透过薄雾，看见山岗上有大队人马行进，起初我们还以为是桂军换防，没有在意。忽见岗棚被敌人放火烧着，我们才知道是鬼子兵，便悄悄地撤出村庄，避到附近的李陵山上。如果迟发现几分钟，那就不堪设想了。这次给我们一个深刻教训，不要看龙炎武在欢迎会上对我们如何客气，鬼子来了，他们得到情报连夜逃走了，也不通知我们一下，想借鬼子的屠刀来消灭我们。

1939年冬，国民党发动第一次反共高潮。廖磊死后，安徽省主席由反共老手李品仙接替。李下令解散动委会和工作团，命令所有人员到立煌县（现金寨）集训。形势迅速恶化，肥西已无法开展工作，按着党的指示，张灿明同志率领二十二工作团全体同志，绕道合肥北部的吴山庙、长镇、高刘集等地，到达肥东的石塘桥，住在阚集小学。这个地区在淮南铁路东，西去20多里为桥头集火车站，有鬼子据点，东去数十里为新四军活动地区，阚集一带是个"三不管"地带，这里没有大部队，鬼子不到这里来。国民党区乡政权人员轻易也不来，肥东县委的时生同志为我们弄到七八支步枪，男同志每人都领到一支步枪，我们真正成为一支敌后武装工作队了。这一时期，我们的工作，除继续开展抗日救亡宣传外，着重进行组织抗日游击队。在肥东县委领导下，组建成一支百余人枪的抗日游击大队。当我们察觉到国民党企图消灭我们这支抗日武装时，1940年的春天，我们在时生、张灿明等同志的领导下，开始向新四军驻地撤退。撤退途中，被国民党省保安团包围进攻。游击队战士都是刚参军的农民，没有经过严格训练，战斗打响后，我们不敢与敌人纠缠，立即冲出包围圈，撤退到青龙厂。这里已是新四军的防地。

在青龙厂，我们见到了许多从大别山撤退到皖东的同志，有省、县动委会和工作团的同志，有广西学生军的同志，也有各地撤出来的地下党的同志。大家见面非常激动，兴奋地唱起："太阳照红了东方，春风吹动着麦浪。我们自由地走，纵情地唱，在这广大的平原上。"到抗日民主根据地后，中共津浦路西地委把我们分配到各个工作岗位。结束了二十二工作团两年多的战斗生活，同志们依依不舍地告别，投入了建设敌后抗日民主根据地的伟大斗争事业。

原载中共舒城县委党史办公室编：《舒城县革命史资料（抗日战争时期）》，内部资料，舒城印刷厂，1985年，第48～52页。

为了燃起大别山抗日救亡的烽火

◎ 赵荣声

返回故乡

（全民族）抗日战争爆发前，我在燕京大学读书，作为地下党员积极参加"一二·九"运动。随着日军步步逼近，平津告急，中共地下党组织通知我们这些在学生运动中担任公开职务、色彩红的抗日分子迅速离开。我们便由秦皇岛搭运煤的船到上海，本想再去延安，但因旅费耗尽，必须先回老家筹点盘缠和准备行装。1937 年 9 月，我回到自己出生的城市——当时的安徽省会安庆。地处襟江带淮的安徽省是国民政府所在地南京的畿辅外围，是国民党统治森严的地区之一。国民党中央党部和地方上的封建势力勾结甚深，CC 派势力伸进省内各级机关团体，在日本侵略者占去东北数省，又把侵略矛头指向山海关的严重情况下，仍然大讲"攘外必先安内""共产主义不合中国国情"等言论。

上海爆发了八一三事变后，日本侵略军的战火离安庆越来越近，时常鸣放凄厉的空袭报警汽笛，吓得许多人乱跑，恐日病流行，投降主义、唯武器论甚至汉奸理论都有市场。我偶然说几句"必须实行全民动员""实行国共合作，开放党禁""改革政治机构""肃清上层中的亲日派"等话，便有好心人向我警告："还是少说为好，以免引起麻烦。"

对此，我心中实在憋得不好受，也找不到合适的人商量，只有在家中和妹妹荣文谈谈。荣文说她安庆女中的几个同学也有同感，我就让她把她们请来，在我们家中成立一个读书会，谈谈读书心得，交换交换意见。她们都读过不少进步书刊，有革命思想。我讲些延安见闻和红军近况，这是她们闻所未闻的事，一个个很感兴趣。不久，读书会由三四人扩展到七八人。

最初参加读书会的有史春芳（后改名史放）、王伯渊（后改名王榕）等。史春芳是个天真烂漫的小姑娘，不满现状，情绪激昂，正在啃列宁的大部头著作。王伯渊头发剪得很短，皮肤黑里泛红，像一个健壮的小伙子。荣文向我介绍，伯渊是安庆女中有代表性的人物，校学生会主席，曾 带领学生上街游行，声援北京"一二·九"运动。

1936 年夏天，伯渊考取北平师范大学，次年参加了共产党。七七事变以后，她和大批北平同学结伴流亡南下。到了南京，在预备去延安之前抽空回家看看，便搭船回到了安庆。因为她在安庆女中同学中影响很大，有群众基础，所以此时由她出来号召女中同学。由王伯渊聚集起来的这批女中同学，都成为积极抗日的进步学生。

"青年桐城派"

有一天，我在安庆最繁华的四牌楼大街上走，意外碰见一个不知道姓名的亲密好友，四目相对，傻了一两分钟，然后才热烈地握起手来。

既是亲密好友，又不知姓名，岂不是怪事！那是 1936 年 5 月间的事。中共北平市西郊区委通知清华大学、燕京大学两个党支部，各派一个代表合办一件事情，两个代表凭着约定的暗号，按时在圆明园的废墟中见面。当时我作为燕大支部的代表，和清华支部的同志见了面。一个星期之后，两人在原地第二次见面，按秘密工作的规定，凡不在一个党小组的党员因工作需要临时碰头，除谈工作本身，不许谈别的问题，更不许询问对方姓名住址。可是这一次我在谈完工作之后，却说了一句不该说的话。我说："你的化装术真不错。"

他说："这话怎讲?"

我说："上星期和你见面，你剪的是平头，怎么一个星期之后，长出这么多的头发，成了大背头了呢？"

这位同志只是微微一笑便走了，以后我们未再见面。今天竟在这个10万人的城市中相遇，真是太巧了。

他邀我到他家坐坐。在他家见到一位和他面貌很相似的人，才知道一年半之前在圆明园废墟上两次会面的，并不是一个人。他们是一对孪生兄弟，一个在清华英文系，叫方琦德；一个在清华社会学系，叫方珂德。他们是著名桐城派古文家方苞的后代。

我们说着各自的情况，方氏兄弟把他的六弟和璧和七弟珤德也找进房中来听。原来这一家昆仲四人都是觉悟很高的抗日救亡积极分子，也都刚回安庆不久，正在家中研究怎样打开安庆的抗日局面呢！

他们四位周围还有一些出身缙绅阶层的进步青年，这个"青年桐城派"，是一支重要的进步力量。

另一个源头

在这两批人积极筹划进行救亡活动的同时，在安庆城外菱湖安徽大学里借读的回乡学生，也在忧虑国事，准备搞一些救亡活动，他们中最有号召力的是从南京中央大学来的南京学联领导人之一的后文瀚。他能言善辩，周围有一伙被戏称为"芜湖帮"、"南京帮"（原南京学联的成员）的好朋友，这些人乃是安庆进步学生的另一个源头。

后文瀚原是我在南京安徽中学的同班同学，他接受进步思想比我早，受他的启发我读了不少革命书刊。他取了一个别名叫"后白干"，他并不爱喝白干酒，而是取"Beggar"的译音，要做彻底的无产阶级。我偶尔陪后文瀚做过一点革命工作。我那时昏头昏脑，迷恋上一个阔小姐。直到1935年初，那小姐嫌我家衰败破落，抛弃了我，我受刺激才研究阶级和阶级斗争学说。这年秋季我就学北平，碰上了"一二·九"运动，走上了革命道路。后文瀚和我无所不谈，都愿在家乡撒火种。方琦德、方珂德是奉中共南京临时市委（书记）李华之命回来开展大别山敌后工作的，我们商量，先以回乡流亡学生的名义，搞点街头抗日宣传活动。

回乡学生最初在我家聚会。我们天台里赵宅，建于清朝中叶，是安庆城中数一数二的巨宅（著名社会活动家赵朴初和著名京剧表演艺术家赵荣琛皆出生于此宅）。前面有六进的正房，后面花园有亭台池沼。此时我家各房叔伯躲避空袭返回祖籍太湖县，或迁居安庆乡间去了，空出许多房屋，任我们这些回乡学生会面聚谈，高唱救亡歌曲，排演街头剧。

我们觉得光是观点一致的朋友们聚会是不够的，必须把我们的影响扩散出去。我们借用黄家狮子安庆第二模范小学的教室，开了一次"抗日问题座谈会"，除回乡青年外，还邀来十几位当地学生参加，当地学生对我们的抗日主张，有的赞同，有的反对。有人说什么"抗日救国当然重要，但是要当心，不要受坏人利用"。对此，我们让大家充分发表意见，不作尖锐批驳，为的是慢慢争取他们。

队伍逐渐形成

在第二模范小学开这样一个座谈会并不是一件简单的事情，按以前惯例，安庆大大小小的集会，必须由国民党召集。今天这个会竟由回乡的学生们自己开起来了，并讲了一些和官方立场不同的话，这在安庆是罕见的事情。

参加座谈会并帮助借会场的刘慈元，是南京国民党中央政治大学的学生。1936年暑假，他和弟弟刘慈恺回安庆度假和老同学办油印刊物《认识》，宣传反蒋、抗日的主张。这年秋天，慈元被捕。直到七七事变以后，国民党和共产党达成协议，释放政治犯的时候，他才获释出狱。刘慈元9月回安庆，由后文瀚介绍和我们认识。刘慈恺也回到了安庆，他是北平大学法商学院的学生，时已入党，比较沉着稳健，才华不外露。

由后文瀚介绍来的鲍氏三兄弟，各有千秋。鲍光汉性格淳厚，敢打敢冲。二弟鲍光宗做事认真，平时沉默寡言（40年代初在晋冀根据地战斗中牺牲）。堂弟鲍光华原是武汉大学的学生，因响应"一二·九"运动被学校开除，他善于歌咏。安庆女中毕业，在上海大同大学读书的徐国定、徐国会，也在此时回到安庆。还有一个刚从监狱里释放出来、满腔热情的老大哥刘复彭，也跑到我们这里来了。刘复彭年近 30，比我们这些人大一大截，有革命经历，社会经验丰富。他不像我们这些学生那么简单，对安徽国民党内部各系统作了许多分析，并给我们出了一些好主意。

救亡歌声震江城

国民党统治安庆 10 年，其"丰功伟绩"就是在安庆城中修筑了一条"世界上最短的马路"——吴樾街。

吴樾街在市中心由北伸向东、南，充其量不过 1 里。但毕竟是柏油路面，比较宽阔，比花岗岩铺成的旧街道平坦得多。我们流亡学生抗日宣传队就在这里公开表演。

宣传队排列在街旁的人行道上，先吹奏一阵口琴，吸引行人和看热闹的人，然后就高声合唱，其中最响亮最吸引人的就是《义勇军进行曲》：

起来！不愿做奴隶的人们！

把我们的血肉，筑成我们新的长城，

中华民族到了最危险的时候，

每个人被迫着发出最后的吼声！

起来！起来！起来！

…………

围观的人越来越多，我们的歌声也越来越响亮，把憋在心里的强烈感情都发挥出来了。唱了几支歌后，便由一个口齿清楚的同学站在凳子上演讲，讲目前形势的严峻，讲中国必胜的前途，讲必须实行全国总动员的道理。

一天我们到吴樾街宣传时，发现几个鬼鬼祟祟的人跟在我们旁边问这问那，一眼就看得出来是国民党派来的侦探。我们见怪不怪，也好，让他们来听听。我们高唱救亡歌曲，越唱越起劲。

以前安庆听不见救亡歌声，像"千万人的歌声，高呼着反抗……我们要建设大众的国防，大家起来武装，打倒汉奸走狗，枪口朝外放"之类的歌子，连学校里的音乐教员也不敢唱。现在我们这些流亡学生把各种各样的歌子都唱出来了，还发表了抗日必胜的演讲，这对国民党当局是狠狠的抨击。安徽大学原先没有歌咏队之类的组织，经过我们的帮助，安大歌咏队也建立起来了，到处可以听到抗日歌声。

街头宣传不久又增加了街头剧。有一回演《放下你的鞭子》，由于表演逼真，引得一个警察跑过来干涉，他还以为戏中人的争执是真的呢？演戏的同志们认为这种真真假假的演法好，自己编了一个短剧，在安庆一家茶馆里演出。通过两个茶客的辩论，把两种抗日意见有批判地摆给茶馆里众多饮茶者听，还吸引来一些行人，收到很好的效果。

安庆是省会，省级各机关集中在这里。我们听说官方成立了一个安徽省民众抗敌后援会，有招牌，有官，就是没有做具体工作的人。而我们这些流亡学生想做工作，却苦于没有名义，处处受卡，经过商量，我们让刘复彭通过私人关系找到这个民众抗敌后援会，和他们达成了协议，我们用他们的名义做工作。这样他们有成绩上报，我们抗日救国的目的也达到了。

我们首先用"抗敌后援会"的名义借省参议会礼堂，开了一次盛大的抗日宣传大会。大会气氛活跃，把共产党《抗日救国十大纲领》中的许多意见用群众的口吻讲了出来。那天晚上，首先一曲《义勇军进行曲》就把会场引入慷慨激昂的气氛之中。表演者唱《松花江上》时，随着"我们已无处流浪，我们已无处逃亡"的歌声，全场失声痛哭。戏剧有《三江好》《放下你的鞭子》《咆哮的河北》《别的苦女人》等。除此之外，还有小提琴独奏。陈庆纹自幼随父母旅居国外，学过演奏艺术，她的提琴拉得很好，为大会增色不少。这次大会也使一些平时不大参加政治活动的人改变了态度。我有一个闭门读书不问世事的堂弟赵荣瑗，这次也兴致勃勃地在大会门前担任收票工作。

我自己口才不好，在文艺宣传活动上帮不上忙，看到安庆救亡活动已经渐渐上了轨道，考虑可以按原计划到能够发挥自己能力的地方去了。我于10月乘江轮赴武汉，在武汉停留期间，写了一本介绍延安情况的小册子——《活跃的肤施》，然后到山西临汾参加了八路军西北战地服务团。

向大别山前进

淞沪抗战失败后，浩浩长江已成为日本军舰随心所欲的通道。保卫大武汉的炮台之一设在安庆上游八九十里的皖赣交界江边，安庆便成为甩在防御线之外的危城。接着，安徽省会搬迁到大别山的门户六安。

11月底，日军先头部队已经到达芜湖附近，坚持抗日救国活动的爱国青年们才考虑离开安庆。要整队出发，必须要有一个名义。经刘复彭和抗敌后援会协商，以这些爱国青年为主，成立一个安徽省民众抗敌后援会各县流动工作队。方琦德、后文瀚、刘复彭、王伯渊、鲍光华为发起人。工作队成立之后，队员们都搬到赵家老屋过军事化的集体生活，吃大锅饭，伙食费由各人自己缴纳。流动工作队从安庆出发的日子是1937年12月9日，选择这一天出发，为的是纪念"一二·九"运动，表示大家下决心把日本帝国主义赶出去，收复一切失地，建设一个自由民主的新中国。

工作队第一天抵怀宁县高河埠。每个队员都自己背着小铺盖卷，走了70里路，人人脚上都起了泡。一到高河埠，大家就动手搭台演戏。

工作队第二站到达桐城县城，受到桐城县抗敌后援会抗日宣传队的欢迎。在工作队没有建队之前，就有几个桐城籍的青年从安庆回到本县，打开本县抗日救亡活动的局面。后来他们听说安庆青年与抗敌后援会挂钩，成立流动工作队，便与桐城县抗敌后援会联系，在县里成立了工作队。大家到了一起，都很高兴，两个队共同召集桐城县士绅耆老开抗日问题座谈会。

流动工作队青年队员孙其珠（现名孙玚）到桐城后，顺便回家探望，被亲属扣留下来，不让她回队，家人拿出成匣的灿烂珠宝首饰和许多产业契约引诱她，说凭着这些就能过一辈子富裕的生活了，何必自己扛行李下乡演戏呢。孙其珠自家的状元府和亲戚张宰相府，虽然物质条件很好，但抗日救国的工作对她有更大的吸引力。她家人把她锁在一间房里，连鞋子也收起来了。她不顾三九严寒，赤着脚，返回工作队。她扮演《放下你的鞭子》中的香姑娘，从大别山一直演到江南，以后又演到延安。

在行军途中，由官方派来担任队长的中统特务郭云不断和工作队的队员们辩论，主张片面抗战，队员们则主张全面抗战，各持己见，谁也说不服谁。

当工作队走到舒城县城时，郭云和队员们爆发了一场争论，争论中心是工作队下乡不下乡的问题。工作队员们的目标本来很明确，是来点燃大别山抗日救亡运动烽火的。而郭云想的则不一样，他的计划是把这个工作队拉到大后方去，他可以用这些爱国青年为垫脚石，向国民党邀功请赏，达到自己升官晋级的目的。郭云有时对队员表示关怀，但没有人愿意接近他。当流动工作队进驻六安时，郭云与全体队员摆开阵势大辩论了一场，开始是郭云与少数人辩论，后来召集全团大辩论，他被驳得理屈词穷。最后这个特务竟掏出手枪，一连向空中放了几枪进行恐吓。团员们团结得很紧，无所畏惧。郭云恼羞成怒把工作队的队旗烧了，把团章劈了，孤身一人向他的主子禀报去了。

郭云走后，工作队们的精神放松了，你一言我一语，什么话都敢说了。有的问："我们工作队最终走到什么地方去呢？"有的说："到延安最好。"

料想不到的遭遇

工作队员们深入穷乡僻壤搞宣传，从不考虑个人安危得失，由舒城的中梅河行至六安县境毛坦厂时，有老百姓告诉工作队："山区不平静，常常出土匪，要小心一点。"队员们不在乎，以为自己没有多少财物，不会被土匪盯上。

风声越来越紧。一天我们住在毛坦厂的一个小学校里，土匪果然光顾了。为首的土匪手拿一支驳壳枪，还有一个女头目，双手各拿一支驳壳枪。他们一进小学操场，就气势汹汹地向天放枪。此时我们的老大哥刘复彭，要全体队员安静地蹲在教室里，他则向放枪的土匪喊话，说我们是抗日的青年学生，有事好商量。这样一喊，土匪气焰有所收敛。土匪令队员们都聚集到小学校的操场上，不许自由活动，不许离开指定的圈子，小土匪又拿出麻绳，把队员们三个三个地捆绑在一起。

队员们心忧国事，要团结全国各式各样的人共同抗日，对土匪不仅不怕，还要去动员教育他们呢。土匪环顾我们所有的队员都穿着朴素的衣服，头戴航空帽、罗宋帽、八角帽，没有一个着女装，气氛顿时缓和下来。

土匪和队员们对话。首先刘复彭理直气壮地讲述："抗战失利，这样下去我们都会变成亡国奴，有良心有力气的人都应当团结起来，把枪口朝日本侵略军，保卫家乡，保卫中国……"土匪们对于这些道理无话反驳，不置可否，只背诵他们从《水浒传》上学来的一套话，说现在贪官污吏吸尽民脂民膏，他们无法生活，才到绿林结义……

　　这一带的人从来没有见过学生下乡宣传，见独轮车上的道具箱子很大很重，不知里面装有什么好东西，更不知几支演戏用的步枪都是假的，而土匪们最感兴趣的就是枪支弹药。

　　双方重要人员正在对话的时候，不知怎的，队员小都都（即都至圣，现名李伯中）头上的帽子掉下了，一头浓密的秀发披散下来，小土匪见此情形，伸手摘去每个队员头上的帽子，这时他们才注意到，工作队里女队员不少。有的小土匪笑了，说："这下好了，给我们每人留一个做压寨夫人，我们去筹粮筹款，你们演戏唱歌给我们听，那多好呀。"

　　虽然大家心都提到了嗓子眼，但人人保持镇静，继续向这伙绿林朋友们做思想工作。既讲抗日救国的大道理，也动之以情讲我们自己不怕艰难来到这里，为的是唤起大别山群众起来抗日救国，奉劝他们也加入抗日救国的行列，做一个名垂青史的英雄好汉。

　　这一天土匪是上午八九点来的，队员们一直讲到天黑，土匪们也静听到天黑。这时，他们挑来两个箩筐，拿出一些芝麻饼和饼干请队员们吃。土匪头目郑重发话："你们是坚决抗日的，那好，你们就继续抗日去吧，我们不打搅你们了。"

　　这句话表示他们要走了，要恢复队员的自由了。队员们的心这才放了下来。那头目提出一个要求，要在临别之前听队员们唱一支歌。队员们虽然很劳累，仍集中精力唱了一首《大刀进行曲》。匪首临行抱拳说了句"青山不老，后会有期"，然后扬长而去。

　　等土匪们走远，工作队员们回到教室中查看自己的行李，才发现每个人的背包和铺盖都被翻了，每个人的被单、花布被面、毛衣和较好一点的东西全被拿走了。其中最贵重的东西是会计朱世裘的皮背心，队里很少一点的钱都缝在他的背心里面。晚上，队员们只好睡在棉花絮里面。事后才知道他们与我们并非是偶然狭路相逢，而是早有行动的打算，并且和毛坦厂的地主武装——民团团长有勾结。

汇入洪流

后来工作队先到霍山县补充了一点衣物，然后到安徽省战时省会六安，借住在六德公园旁边的文化馆。

我党为了团结各方面力量，实现全面抗战，派出一批党的干部来到皖西。安徽省民众总动员委员会及其所属的几十个工作队成立了，掀起轰轰烈烈的抗日民主运动。安庆流动工作队找到中共安徽省工委，找到省动委会领导人周新民、章乃器等人，加入了安徽省抗日救亡的洪流。从此，抗日力量更有了用武之地，不断在斗争中锻炼成长。

原载中共六安地委党史工作委员会编：《皖西革命回忆录：抗日战争时期》，安徽人民出版社，1989 年，第 77 ～ 89 页。

战地黄花分外香

——在血沃中原的峥嵘岁月里

◎ 肖 鹤

一、刘少奇同志教导我们:"做无名英雄"

1939 年春,中共中原局书记刘少奇化名"胡服",坐镇竹沟,主要通过无线电密码电报通信联系,领导指挥开展中原敌后抗日游击战争。他对机要工作很重视,对机要人员的成长关怀备至。

我于 1939 年 8 月,从河南省确山县竹沟镇教导队训练班结业后,分配到中原局机要科工作。机要科和少奇同志在一个院内。

9 月的一天中午,天气闷热,我们人少工作多,个个埋头伏案,汗流浃背,紧张地翻译电报。

少奇同志漫步走进机要科,微笑着对我们说:"同志们辛苦了!"我们赶紧站起来。

少奇同志走近我的身旁,拍拍我的肩膀,顺便坐在一把破旧的椅子上。然后,向大家摆摆手,示意我们坐下。他亲切而又严肃地教导我们:"我们远离党中央和毛主席,与中央保持联络,全靠你们了。如果没有机要通信联络,得不到党中央和毛主席的指示,我们就成了'瞎子''聋子'。你们是党的上通下达的命脉呀!"

他语重心长地说:"你们是党的传令兵,人人都要政治思想好,业务工作好,埋头苦干,做无名英雄,保证机密、准确、及时地翻译电报。机要工作做得好,只要党知道就行了，你们为党立下的功劳，党是不会忘记的!"

大家聆听着少奇同志的教导，感动得连连点头称是。

少奇同志在百忙中经常亲自过问机要人员的思想、工作、生活等情况，当他了解到机要科工作量大、人员少的情况后，立即指示薛丹浩和宋世荣两位科长："你们要办个机要译电训练班，选调政治思想好、有文化的年轻共产党员培训，以适应形势发展的需要。"

当时，少奇同志的生活同样很清苦，每天都是粗茶淡饭。但是，他考虑到机要人员工作过于劳累，夜间工作量最大，又都是年轻人，便亲自向后勤干部交代："你们要保证机要科的夜餐，并尽可能每天供给每人一个鸡蛋。"

60年后的今天，少奇同志的这些教导和这些往事仍历历在目，铭刻在我的脑海中。"做无名英雄"是我终生的座右铭。

二、竹沟惨案

1939年9月17日，我们机要科收译了党中央的紧急指示："鄂中、鄂东、竹沟各部队要提高警惕，做好充分的战斗准备，在严格自卫立场上，对敢于前来进攻的顽军予以应有的还击，以争取人民抗日武装力量的存在和发展。"

10月初，少奇同志再次由延安赶回竹沟，立即对豫鄂边区应付突然事变问题做了详尽指示，决定中原局和河南省委逐步撤离竹沟，把主要力量放在建立敌后抗日游击根据地和发展壮大抗日武装力量上。

10月底，我们机要科的部分同志跟随少奇同志离开竹沟，东进皖东敌后新四军江北指挥部。不久，我和宋世荣科长等跟随朱理治、任质斌首长离开竹沟，到达信阳县四望山一带，开展抗日游击战争。

11月1日，我地方工作人员4人在竹沟附近的婆婆寨惨遭顽军捕杀，这是国民党顽固派进攻竹沟的信号。11月11日，国民党信阳、确山、泌阳、汝南4县的常备队和一战区豫南游击司令戴民权部共2000余人，围攻尚留竹沟的新四军四支队留守处及中共河南省委机关。我少数警卫部队和留守处干部奋勇抗击。

首长表扬杨凯等同志是优秀的机要战士，光荣的无名英雄，为粉碎顽敌的进犯、保卫我首脑机关和部队的安全转移，立下了汗马功劳。

三、陶铸政委培养我们良好的工作作风

1939 年秋，根据中央局的决定，统一整编了党在豫南、鄂中的抗日武装队伍，成立了新四军豫鄂独立（游击）支队①，由李先念任司令员，陶铸代理政治委员。11 月，我调来豫鄂独立支队机要科工作。

陶铸政委年近 30，中等身材，精力充沛，风华正茂。我们机要部门由政委主管，陶政委很关心和爱护我们机要人员的成长，经常启发和教育我们应具备共产主义的远大理想、无产阶级的高尚情操，指点我们如何培养良好的工作作风。那时，陶政委是我们年轻人心目中崇敬的首长，总在不知不觉中效仿着他。

初冬的一个中午，陶政委身着整洁的粗布军衣，稳健地走进我们机要科，亲切地望着我们，微笑着嘘寒问暖。他说："我们经常行军打仗，到了宿营地，应该休息了，你们还要通宵达旦地工作。大家辛苦了！"

他严肃而又亲切地教导我们："机要工作是党的上通下达的命脉，你们是构成这一命脉的传令兵，你们的天职就是机密、准确、及时地完成党的密码电报通信任务。"

他走过来摸摸我们的头，拍拍我们的肩膀，态度和蔼地强调："机要人员需要培养良好的工作作风。埋头苦干，一丝不苟，忠于职守，养成整洁和井然有序的工作习惯，便于保密和卓有成效地完成任务。"

我们经常出入陶政委的办公室，虽是农舍简室但却整洁，墙上挂着地图和陶政委的亲笔书画。

我们遵循陶政委的教导，精神饱满乐观，办公室整洁，工作分清轻重缓急，井然有序，机密、准确、及时地收发电报；工作完毕后，立即清理，不留片纸只字，圆满完成任务，从未发生过延误电报或失泄密等较大事故。

1941 年，我在十三旅机要股任股长。3 月，部队转移至大、小悟山一带休整，

---

① 全称为："新四军豫鄂独立游击支队"。

我们随旅部同住在滚子河村。我们机要股住处清洁整齐，墙上贴着条幅和画，室内肃静、清新、舒畅。周志坚旅长和方正平政委看后很高兴，乐于到机要股阅读文电以及我们翻译的新华社发的新闻电稿。首长赞赏地说："在战争环境中，机要股整洁、肃静，像个办公室的样子，旅部各机关都应当学习机要股的工作作风！"

四、"脑记密"

1939年12月至1940年3月，国民党发动了第一次反共高潮。当时，在敌情十分严重，不能保证密码安全的情况下，经首长批准，可以将密码销毁，使用"脑记密"通报。"脑记密"就是将通报双方预先约定的简易密码记在脑子里，在紧急情况下使用。

1940年4月，中央军委和中原局电令豫鄂挺进纵队在路西采取守势，增兵路东，打击桂军程汝怀，以拊其侧后，牵制桂军向新四军四、五支队进攻。纵队决定进军鄂东。这时，我和贾开公同志由纵队机要科调往鄂东地委机要股工作。

4月，鄂东地委书记程坦率领地委机关和独立团第三大队由路西到达（黄）陂（黄）安南，建立了陂安南县委和地方抗日武装力量。不久，又深入到经扶（新县）一带活动。

5月初，桂军一个团侵入陂安南，县委书记杨业珍被杀害。5月25日，我们与桂军在二房湾一带相遇，展开了激战，独立团参谋长李宗南和二团三大队队长袁高峰在战斗中壮烈牺牲。

当时，环境艰苦，敌情危急，斗争十分残酷，鄂东地委和部队完全靠无线电密码通信与上级保持联络。程坦书记非常注意密码和机要人员的安全。行军和作战时让我们紧随着他，每到宿营地，总是叫我们与他同住一起，甚至让我们住在里屋，他与爱人小向住在外屋，并微笑着说："为了安全，理应如此。"

1940年10月，蒋介石掀起第二次反共高潮。1941年1月制造了震惊中外的皖南事变。

皖南事变后，1月20日，中共中央军委发布命令：重建新四军军部，豫鄂挺进纵队整编为新四军第五师，下辖十三、十四、十五旅，李先念任师长兼政委，任质斌任副政委兼政治部主任。

5月，日、伪、顽军分进合击，对我方进行"蚕食"性的残酷"扫荡"，妄图一举歼灭陂安南的我五师主力部队和鄂东地委领导机关。一天，我们被敌军包围了，程坦书记把我和贾开公同志叫到身边，严肃地问道："现在处境十分危险，只有突围了，需要烧毁密码。你们能否用'脑记密'与十三旅沟通联络？"

我们坚定地回答："能够！保证完成任务。"

我们彻底清理了密码、文电，反复熟记了"脑记密"，又武装好了自己。入夜，我们接到通知，立即沉着地烧毁了密码和文电，清理了现场。深夜，地委机关和警卫部队在漆黑的夜幕掩护下突围。

突围后，我们马上用"脑记密"与十三旅通报联络。在十三旅的接应护卫下，地委机关平安转移至黄安。为此，我们受到了程坦书记的表扬。

五、李先念师长让我骑他的马

1941年，我由鄂东地委机要股调回五师司令部机要科工作。

李先念师长经常单独带着电台和一两个机要人员以及警卫部队，转战于鄂东和鄂中一带。机要科指派我跟随李师长工作。

11月下旬，我们随李师长来到安应中心区的赵家棚。27日，应山、广水、花园、王家店的日寇2000余人突袭赵家棚，情况紧急。当夜李师长率领我们撤离赵家棚。临行时，李师长叮嘱我："现在敌寇分进合击，在交通要道设埋伏。小肖，保护好密码，紧跟着我，不要掉队。"

我们通过敌人封锁线时，李师长命令："跟上，不许出声，快速前进！"他又回头低声问道："小肖，跟上没有？"我赶紧回答："跟上啦！"

越过封锁线，已是深夜，天色漆黑，伸手不见五指，冷风迎面扑来。这时，侦察员报告："敌寇占领了赵家棚。"李师长率领我们，沿着小路，继续急行军。路上，他总是问我累不累，并几次让我骑上他的马，我执意不肯。他关切地微笑道："那好吧！快跟上，拉紧我的马尾巴走吧！你这样可以减少疲劳，又不至于掉队。"我高兴地赶上前，一只手拽紧马尾巴，紧随着李师长走。真灵，在马尾巴的带动下，顿感身轻步快，疲劳消失了，心里暖烘烘的。

黎明前，我们平安转移到大鹤山一带，李师长命令部队宿营休息。然后，命令电台马上架线，与三十七团联络。我们收到了三十七团"立即回电"的万万火急电报。我报告李师长后立即翻译。李师长来到我身旁，看我译出的电文。当时，由于电波干扰，有两组电码不清。我一面请电台重收，一面认真译校，急得满头大汗。李师长拍拍我的肩膀，笑着说："小肖，不要着急嘛！注意准确翻译。噢，这两组电码，我看可能是地名谢湾吧？"电码经电台重收后很快译出，内容是报告敌情，请示作战部署。那两组电码，果然是地名谢湾。李师长知己知彼，对这一带地理了如指掌。我暗自钦佩。李师长阅报后，当即草拟了回电。我译好，交电台，及时发出。

敌寇占领赵家棚后，构筑工事、碉堡，夜晚"伏击"，白天"扫荡"。李师长指挥五师主力部队，不断袭击敌人据点，并以我之伏击对敌之"伏击"。地方组织和游击队配合主力部队"空舍清野"，袭击和牵制敌人。经过 20 余天的艰苦斗争，敌人"清乡"和"扫荡"的地区日渐狭小，最终全部撤退，赵家棚又回到我们手中。

在外出工作期间，李师长和我们机要人员编在一个党小组里。每次开党小组会，他无论有多忙，多累，都必然认真参加。有一次，我看到李师长工作实在是太紧张了，开党小组会就没通知他参加。事后，他严肃地批评我："我是个共产党员，必须积极地认真地过组织生活。你这个党小组组长，今后召开党小组会，必须通知我参加！你们绝不能把我视为特殊党员。"

在孤悬敌后的艰苦斗争岁月里，李师长一贯重视机要工作，对机要人员备加爱护。他平易近人，严于律己，身先士卒，身体力行，是我们学习的楷模。这种精神激励了我们，使我们能在如此艰难的环境里胜利地完成任务。

六、历尽艰险的 8 个月

1942 年春，国民党五战区对我鄂豫边区发动了长达 8 个月的反共高潮。日、伪、顽军勾结夹击，我五师一部分主力留在内线，坚持游击战争，掩护群众和地方组织，袭扰敌军。大部分主力转移至外线，对敌各个击破。

机要科的工作量剧增，电报如雪片似的飞来，又都是"万万火急""立等回电"。我们经常连续工作几个昼夜不能合眼。战斗又频繁，我们白天行军打仗，夜晚通宵工作。在行军途中或战斗间隙，电台架起天线联络，如有电报，我们就在隆隆的炮声中，席地而坐，皮包放在腿上当桌子，聚精会神地将电报译发出去，或译校出来。

当年春天，我十四旅在浠水战斗胜利结束后转移，机要科在山坡下湾子里，坚持收译完最后一份急电。这是中央军委发来的紧急情报，（电）报文告知："十四旅行军途中，桂顽设伏。"旅首长见报，当机立断，改变行军路线，使我军免遭"伏击"。

这年夏季酷热，干旱缺粮，生活很艰苦，常常是一天只能吃一顿饭。缺粮时，就以藤萝花及树皮、树根充饥。机要科有的同志患了疟疾，发高烧又发冷，仍带病坚持工作。我浑身长满疥疮，奇痒难忍，就想了个法子，工作时坐在盛满冷水的盆里，清凉解痒，坚持工作。有的同志开玩笑，戏称我是勇敢的"癞蛤王子"。

10月，日寇对边区进行秋季"大扫荡"，战斗频繁、激烈。我们经常急行军，设伏阻击敌寇。冬天，我师部机关和部队驻在大、小悟山一带。顽军兵分几路，向我军逼进夹击。师首长决定分路突围。当夜，细雨蒙蒙，枪炮齐鸣，我们机要科的同志沉着地处理完密码电报后，才紧随师首长，在夜幕的掩护下，沿着崎岖坎坷的山路，冒雨穿插而行，机智地与敌军近距离相向而过。翌晨，突出重围。

从5月至12月，我五师胜利地粉碎了日伪军的连续"扫荡"。机要科的全体同志也经受了严峻的考验，年仅18岁的机要员宋琳同志为革命英勇牺牲。

七、在革命熔炉中锻炼成长

1943年3月，蒋介石发动了第三次反共高潮。月底，蒋嫡系三十九军暂编第五十一师主力，深入我抗日根据地陂安南中心区。我五师部分主力，由任质斌政委率领迎击顽军。师部派我携带电台赶赴陂安南，随任政委工作，并派了一个警卫班护送。我们日夜兼程，一天中午，途经一个小镇，恰遇一股日、伪军骚扰，形势危急，我当即带着电台和警卫班，离开大路，沿山沟转移，在山包的灌木丛中隐蔽起来，并做好战斗准备。敌军没有发现我们。黄昏时，他们龟缩回碉堡。暮色降临，我们离山，紧急行军。黎明，安全抵达陂安南并向任政委报到。他微笑着亲切地说："辛苦了，路上好险呀！小肖，指挥隐蔽得不错嘛！"我们安顿好后，电台架线，马上投入了紧张的工作。

八、不要"连箩筐一起卖了"

1943年冬，中共中央华中局派郑位三同志以华中局代表的身份，来豫鄂边区领导党政军民的工作。11月18日，边区党委看准相对稳定的局面，全面开展整风。在整风中间，郑位三同志特别教育我们机要科要注意保密。他说："我们边区孤悬敌后，机要工作非常重要，上呈下达都要靠无线电密码通信。我们只有及时得到中央和华中局的指示，才能立于不败之地。你们肩负着党的重任，必须兢兢业业，忠于职守，甘当无名英雄。"他着重强调："保守党的机密，慎之又慎，要做到万无一失。"他风趣地比喻说："别人卖米，是一碗一碗地卖。你们卖米，不要连箩筐一起卖了！"言简意赅，比喻生动，寓意深刻。

经过整风运动，我们机要人员的思想和工作面貌为之一新。在一次司令部全体人员会议上，师首长表扬机要科在工作上、学习上、生活上为司令部的同志们树立了榜样。

年底，我们边区有三大喜事：欢迎党代表郑位三同志，向民主人士杨经曲和涂云庵两位政府副主席祝寿，祝贺任质斌政委新婚。师机关开了大会，干部会餐，晚会演戏。我们机要科全体同志合唱《到敌人后方去》。我个人表演的节目似京剧非京剧，动作四不像，惹得大家捧腹大笑。最后，由地方京剧团演出了《打渔杀家》。首长和师部全体工作人员都很高兴，我们机要科这帮年轻人开心极了！在欢歌笑语中，辞别了1943年，迎来了1944年。

九、跟随"虎将军"挺进豫南敌后

1944年6月23日，刘少奇、陈毅对五师发出关于发展河南的电示。7月，边区党委扩大会议决议，组成豫南游击兵团。任命黄霖为指挥部司令员，向河南敌后进军。师部派我负责，组成机要股，随指挥部出征，沟通无线电密码通信联络。

8月，豫南游击兵团主力北渡淮河，越过平汉线西进。兵团北上以来，连战皆捷，纪律严明，深受河南人民的爱戴，所到之处，男女老少箪食壶浆，夹道欢迎。我们以竹沟东南的郭山冲为中心，建立了路西的豫南抗日根据地。

当时，兵团需要及时向师部请示报告，机要股的工作极其繁忙，收发报又多又急。同时，战斗频繁，经常行军打仗。黄司令员很关心我们，总叫我们与他同宿同食，在战斗中关照我们紧紧跟随在他的身边。

10月中旬，我兵团主力开始向豫中挺进，从嵖岈山经舞阳庙街，挺进到叶县三皇店、罗冲一带。沿途，我们与日寇、顽军、伪军以及土匪作战，多达数十次。一次，我们从遂平境内向叶县转移，途中10余里被顽军和日寇、伪军严密封锁，很难通过。恰于此时，我们得知情报，顽军独立第八团近日由此经过。黄司令员当机立断，决定伪装为顽军独立第八团，白天从顽军的封锁线通过。

当晚，黄司令员把我找去，交代说："分散保管好密码，如遇万一，当即销毁。"

次日，黄司令员骑着高头大马，神气十足，泰然自若。我们机要人员和警卫人员紧跟在首长左右，大摇大摆地走在公路上。部队有开路的，有断后的，有左右警戒的，威武挺进。实际上，我们都已做好应战准备，个个武器在身，枪弹上膛，随时可以投入战斗。

沿途，保安团设有茶水摊子伺候，不少保安团的官兵站在路旁观看。凡遇有茶水准备不足或无礼貌的保安团官兵，警卫班长便将其叫至马前，黄司令员大加斥责。就这样，我们没有费一枪一弹，顺利地通过了敌人封锁线。

10月底，部队转移至叶县西南的罗冲一带，被日寇和伪军包围了。当晚，黄司令员把我找去，严肃地说："我们被敌人包围了，决定突围。小肖，我们研究一下，是否烧毁密码，暂用'脑记密'与师部联络？"经过分析敌情，反复认真考虑，现在日寇战局不利，又一贯欺压伪军，日、伪之间有矛盾；再加上我地下党对伪军施加的影响，伪军一怕日寇长不了，想留条后路，二又对我军不摸底，我们号称挺进兵团先遣支队，不知我军兵力有多少，为保存其实力，不敢对我军轻举妄动。因此，突围还是有把握的。最后，黄司令员决定不烧毁密码，备用密码交由司令员亲自妥善保管携带，现用密码由我负责贴身保管好。如遇危急情况，即可分别处理销毁。

半夜，黄司令员率部在靠近伪军防线的空隙间突围。果然，只闻伪军鸣枪，不见伪军行动；日寇则忙乱成一团。我们机要股突出重围过桥时，驮着行装的马前蹄踏空，掉下了河。我把密码交给王元凯同志妥善保管，立即冲下河拽马，衣服都湿了，也没有把马拉上岸。此时，四周的枪声越来越紧。正在危急中，黄司令员发现我们掉队，马上派了一个警卫班来接应，很快把马拉上岸，赶上了队伍，安全转移。

在进军豫南的日日夜夜，我们机要股在黄司令员和其他首长的关怀下，经受了战争的洗礼，克服了种种困难，胜利地完成了机要通信任务。

十、"寒风吹不凉我们的心"

1945年8月，日寇投降，边区军民载歌载舞，一片欢腾。蒋介石则忙于调兵遣将，要从人民手中夺取胜利果实。

那时，我已调回五师机要科。全科同志为纪念抗战以来在机要战线共同战斗中建立起来的情谊，在白果树湾合影留念，并题词"寒风吹不凉我们的心"，以表达继续战斗，夺取最后胜利的决心。

根据党中央和毛主席的指示，在鄂豫皖湘赣边区成立中原局[①]，中原军区、五师野战军编为第二纵队。我分配在二纵司令部机要科，任股长。

10月初，党中央和毛主席电示中原军区："集中主力，充分准备，打几个胜仗，歼灭国民党一部分主力，才能稳住中原局势。大量牵制蒋军，也就是支援了华北、华东的斗争。"10月20日，我军发起了桐柏山自卫反击战，严正地还击了国民党军队的无理进犯。

在整个战役期间，电报频繁。在新形势下，我们机要工作的最大特点是：工作范围广，联络的电台成倍增加。我二纵队除了与中原局、十三旅、十四旅、十五旅、三五九旅等各台联络外，尚需与江汉、河南军区等部队联络。我们机要科人少，每个人都要同时负责几个台，使用几套密码，电报又多又急。电台电波干扰大，增加了收译电报的难度。同时，战斗频繁，经常行军打仗，我们工作异常紧张劳累。为了完成任务，我们坚持连续几个昼夜工作，电报随来随译随送，并在技术上刻苦攻关，保证机密、准确、及时地翻译电报。我是股长，除了担负几个台的译电任务外，还努力帮助股里工作忙的同志译电和解译疑难电文。我们全科同志严于律己，

---

①1945年8月12日，中共中央决定成立鄂豫皖中央局，统一指挥新四军第五师及河南军区的工作。1945年10月30日改为中共中央中原局，同时组成中原军区。

同心协力，积极主动，克服困难，终于圆满地完成了任务。

野司首长对机要人员极为关心爱护，部队打下枣阳县城休整时，任政委特派警卫员送来几斤猪肉和羊肉，以改善机要科的伙食。机要科的詹万全和尹志良同志带病坚持工作，任政委在百忙中亲自送药慰问，他们激动得热泪盈眶。那时，我也因工作过于劳累，神经衰弱失眠，以至于擦枪时走火。首长闻知后，让我留在枣阳县城休息，我执意不肯，周志坚副司令员亲自下命令，并留下一个警卫员照顾我。我只好在县城多休息了一两天，便赶忙赶上部队，投入了紧张的工作。

抗日战争时期，从 1939 年 8 月调做机要工作起，我始终坚持战斗在新四军五师机要第一线。在血沃中原的峥嵘岁月里，党把我培养成为一名共产主义的革命战士。我把中原人民当成我的亲人，把新四军五师机要科当成我的家。从这里，开拓了我真正的人生。

十一、中原突围

抗战胜利后，蒋介石以 30 万大军围困我中原军区。突围势在必行。

1946 年 1 月 16 日，我奉命调到北平军调处执行部中共代表团机要科工作，任三股股长，主要负责与我中原军区的密码电报联络。当时，形势严峻，电报都是"十万火急"的，我怀着十分关切和焦虑的心情，夜以继日地工作着，确保了电报的畅通。

在此期间，北平军调部中共代表团与延安党中央、南京中共代表团以及我中原军区等的来往电报更加频繁和紧急。我们机要科的全体成员都投入了紧急战斗，分秒必争，一丝不苟，为我中原解放军胜利突围的生死决战而不分昼夜地紧张工作着。

1946 年 6 月 26 日，我中原解放军分路进行战略转移，胜利地实现了中原突围。

当我译出我中原解放军胜利突围的电报后，我们全体机要科的同志不约而同轻声地欢呼起来。我因工作而熬红的双眼流下了激动的泪水，朦胧中似乎看到了我新四军第五师机要科的亲密战友们，擦干了身上的血迹，带着胜利的微笑，踏着坚定的步伐，奔向新的征程！

"中原突围"在我党我军的历史上，留下了光辉的一页。

原载马焰等：《驰骋江淮河汉》，解放军文艺出版社，2001 年，第 202～216 页。

新四军金寨白水河兵站的组建

◎ 周　昆

1938 年 2 月，新四军四支队在高敬亭、林维先领导下，东征抗日，从湖北黄安县七里坪出发，通过河南省商城，到达安徽霍山县境内流波礓。[①]

同年 4 月间，中央派彭康来找高敬亭要人组建兵站，当时中央委派彭负责省工委书记工作。经过几天协商，决定在响洪甸成立兵站。兵站站长郑维孝，罗治达任总务科长，我任兵站副官。

高敬亭带领部队东进到舒城东、西蒋冲驻扎，我兵站又回到立煌县桃树岭扎脚。这时我们兵站正式命名为新四军兵站。驻到 10 月秋收，兵站迁到白水河汪家老屋，扩大了机构，领导成员也增加了，主要领导有刘顺元、何伟、郑位三。

兵站下设组织部、宣传部、统战部和动员委员会。周维任组织部长，有个姓蒋的青年干部任宣传部长，何伟负责统战部工作，还分管动委会。机关有百十号人，开办了一个党训班，主要任务是培训各地党支部成员，发展和扩大游击队，有一部电台直接与中央保持联系，有一个警卫连担任兵站警卫工作，还有一个招待所。没有房子，我们就自己动手搭起草棚，接待过往人员。

由于组织部和宣传部不公开，只有统战部对外开展活动，国民党一些政府官员来参观时，均由站长、总务科长和副官接待。

---

① 流波礓，位于安徽金寨县境，1938 年金寨县名立煌县，1947 年改为金寨县。

兵站当时的任务是：与中央保持联系，及时传达中央指示。延安抗大分配来的学员都要经过这里，由彭康负责安排到新四军一、二、三、四支队和一些地区去做地方工作，做统战工作。我们通过偏僻山区打掩护，把抗大分来的同志，一批又一批地护送到目的地。

我在站长领导下进行工作，分管给养，负责胸章和衣服发放，到国民党安徽省政府财务部门要粮、要饷、要武器。

1939年冬，李品仙成天与我新四军搞摩擦，妄图吃掉我们。为了保存实力，东征抗日，同时吸取河南确山惨案的教训，1940年1月，中央决定撤销兵站。当时采取分批突围，彭康、郑位三、何伟经过化装，一个一个地分批坐轿子通过敌人封锁线，突围出去。为了防止敌人围追堵截，我们派人在沿途秘密护送，使领导成员顺利地通过敌封锁线向舒城、无为方向去了。我们送走领导后就上山绕道向支队部突围，翻山越岭走了一二天，通过霍山、燕子河、大花坪，插到舒城西蒋冲，找到了支队部所在地。我们突围时，为了迷惑和麻痹敌人，电台撤走后，有线电线杆仍竖在那里，直到我们突出敌人重围一天一夜之后，敌人才发现我们白水河兵站转移了。兵站从成立到撤销3年多时间，驻在汪家老屋和周家新屋时间最长，还驻过霍山的前后畈。

原载安徽省新四军历史研究会编：《抗日战争回忆录》，安徽人民出版社，1992年，第346～347页。

光荣的使命

——忆新四军四支队立煌兵站

◎ 徐其昌

离开家乡金家寨（现金寨县），弹指间 40 多个春秋过去了。1984 年 6 月，我又回到生我养我以及战斗过的大别山区。那一座座山峰，郁郁葱葱，在晚霞的衬托下，显得格外绚丽奇异，庄严威武；山下潺潺细流汇入人工湖——梅山水库，湖水荡漾，闪闪耀眼，好像上面洒满了无数颗珍珠。故地重游，已难寻着当年战斗的痕迹了，但是战斗的经历尤其是新四军四支队立煌兵站的战斗生活还历历在目。

建　站

1937 年 12 月，国民革命军陆军新编第四军成立以后，鄂豫皖边区的红二十八军和游击队、便衣队改编为下属第四支队，不久遵照中共中央指示，东进皖中、皖东抗日。1938 年 3 月上旬，四支队司令员高敬亭率七团、九团和手枪团从鄂东黄安县七里坪出发，先期到达立煌县流波䃥地区，进行短期休整。

一天，高敬亭司令员召开筹建立煌兵站会议，我随中共商南县委书记张泽礼参加了会议。高敬亭在会上说，八团很快从信阳邢集赶到这里，然后全支队就要到达抗日前线。根据国共谈判双方达成协议，我们要建立新四军四支队立煌兵站，一方面保障前后方通信联络和前方部队的物资供给，一方面配合地方党组织开展抗日救亡运动。会上宣布郑维孝为站长，并决定将商南县委机关设在兵站内，负责领导立煌及商城部分地区党组织恢复和发展工作。会后，四支队调支队参谋处罗志达任秘书，詹以锦负责兵站总务工作，手枪团便衣队长周昆任副官，还抽调20多名干部战士到兵站工作。

4月中旬，新四军四支队立煌兵站在桃树岭张家湾正式成立，中共商南县委改为立煌县委，为了工作方便，县委成员也参加了兵站工作，我还兼任了兵站的副官。

这时，战事日益紧张。6月，国民党安徽省政府从六安迁到立煌金家寨，省动委会随之西迁立煌，中共安徽省工委机关也从六安迁到立煌兵站内。

桃树岭没有那么多房子，我们就利用国民党政府过去"围剿"红军时在山梁上修筑的两座碉堡，解决了省工委机关和警卫人员的住房问题。我们还借用山凹村上一个张姓的民房，安排其他工作人员住了进去。当时过往的党的干部和进步青年络绎不绝，我们又自己动手搭起了几座草棚，办起了招待所，解决了这些同志的住宿问题。

8月，日军取道六霍，进攻鄂豫，包围武汉。兵站及设在兵站内的中共安徽省工委机关便由桃树岭转移到立煌县白水河上游荞麦河，同年冬，迁移到白水河的汪家老屋。

使　命

新四军四支队立煌兵站建立初期，那时蒋介石被迫履行国共合作、一致抗日的协定，负责供给八路军、新四军的军需。我新四军四支队的军需是由国民党安徽省政府负责调拨供应的。因此，兵站就向驻立煌的国民党省政府要粮、要饷、要服装、要武器。国民党省政府虽百般拖欠和刁难，但也不能不拨发部分物资以敷衍搪塞。

当时运输条件极差，所有物资全靠人力肩挑背扛，沿途要翻越丛山峻岭，还要同国民党军的溃兵及土匪做斗争。为了保证把这有限的物资及时安全地送到皖中前线，我们依靠基层党组织，在运输沿线建立情报网、交通站，同时对押运部队进行教育和训练，要求严格保密，提高警惕，做好应付可能出现各种情况的准备。

在运送物资的过程中，我们除动员群众参加外，兵站的同志也带头挑重担，大家在崎岖的山路上一步一喘气地前进。爬上山顶，看那云雾缭绕的群山，山峰犹如大海中的小岛；走下山谷，又好像陷入无底的深渊。就是这样，我们一次又一次把物资送到同日军浴血奋战的新四军四支队将士手中，没有发生过事故。

兵站的更重要任务，就是要掩护和保卫党的领导机关开展抗日救亡工作。党从延安抗大和陕北公学陆续分来一些同志到大别山后，均由省工委书记彭康接谈并安排到新四军所属部队或地方参加抗日工作。国民党省政府一些官员来兵站联系事情，则由兵站站长、总务负责人或副官出面接洽。兵站工作人员平时都着新四军军装，郑维孝经常以中校站长的身份到国民党安徽省政府联系交涉有关事宜。

我是1937年冬认识彭康的。当时红二十八军和各地便衣队在湖北七里坪集中整训，我和商南县委所属的便衣队在秦家祠堂教导队学习，常见一位头戴礼帽、佩戴一副深度近视眼镜、手拄拐杖的先生给我们附近的学生队上课。门岗的哨兵向他敬礼时，他总是将礼帽微微扶动一下，微笑着点点头。我这个从山沟里出来的人，感到很好奇就背地打听他是哪里来的洋先生，才知道他是位革命经历丰富的地方党的领导同志。

彭康同志来到兵站以后，我常向他汇报请示工作，接触的机会就多了。他知识渊博，平易近人，艰苦朴素，关心同志，给我留下深刻的印象。当时兵站的生活相当艰苦，说不一定几个月才能发块把几角钱零用，平时基本吃素，彭康同志总是和大家吃一样的饭菜，从未特殊过。他嗜好吸烟，常常因为无钱而"断炊"。我送他几包手工造的土纸烟，他很高兴。记得在荞麦河时，彭康同志和王连同志结婚，一对大知识分子的婚礼十分简单。尽管没有红灶新房，但是小小的土屋里却呈现出一派喜气洋洋的气氛，荡漾着一片庆贺的欢笑声。同志们祝贺新郎和新娘并肩携手，为民族的解放、人民的自由幸福贡献出自己的一切。

为了加强鄂豫皖边区工作，中共中央于1938年冬又派郑位三到立煌组建边区党委。同来的还有郭述申、谭希林等党的领导人。彭康同志派我到苏仙石接他们。当晚，在苏仙石我向位老（同志们对郑位三的尊称）汇报了立煌县委工作，并汇报了我党通过合法关系派到商城当县长的杨必声同志，遭到顽固派顾敬之的排斥，经组织决定已转移出来，但还有一批枪支弹药隐藏在韭菜岩，未能带走的情况。郑位三当即决定，从护送部队中派出 6 名战士由我率领，星夜赶到韭菜岩，秘密取出枪支弹药。在他的精心安排下，我们顺利地完成了任务，回到了白水河兵站。

位老来到白水河兵站不久，便召开了党的代表大会。皖西、豫南、鄂东等地区的中心县委的负责人出席了会议。我当时作为所在地立煌县委负责人，也参加了大会。郭述申同志在会上传达了党的六届六中全会精神，讲了当前的形势和任务。会议同时宣布了党中央为统一领导鄂豫皖边广大地区抗日工作，决定撤销安徽省工委，成立鄂豫皖区党委。从此，立煌兵站又成为鄂豫皖区党委机关所在地。

区党委为了贯彻党的六届六中全会精神，加强各地党的领导力量，在兵站内办起了党训班。各县、区委和一些基层党组织的负责人，跋山涉水，来到白水河党训班学习。学员们组成"民工队"作为掩护，白天上山打柴烧炭，晚上刻苦学习。位老和彭康、何伟等领导同志亲自辅导学员们学习毛泽东同志的《论持久战》，给大家讲授党的抗日民族统一战线政策和党的建设等，指导同志们结合各地具体情况研究工作任务和工作方法，圆满完成了学习计划，为党培养了一批骨干力量。

为了加强党的思想政策指导和抗日舆论工作，区党委还在兵站内创办了《三日新闻》，登载由电台接收新华社播发的新闻及有关重要文章。那时办这样的小报，也不是一件容易的事，专职编辑只有一人，还兼刻蜡纸、油印，实在忙不过来时，就临时从兵站里抽人突击一下。晚上九十点钟，在电台发出嘀嘀嘀的接收信号声中，工作人员就着暗淡的煤油灯光，迅速记录；编辑连夜编排、刻印。报纸虽然版面不大，但内容较为丰富，消息及时可靠，在抗日群众团体和民主人士中广为流传，对宣传我党抗日救国主张，报道八路军、新四军战绩，揭露国民党投降派反共反人民的阴谋，动员人民坚持抗战，起到了很好的作用。

斗　争

立煌兵站在抗战初期对保障新四军四支队的供给，护送干部，掩护党的领导机关开展工作起着越来越大的作用，因而日益受到国民党顽固派的注意，视为眼中钉，多次想动手搞掉兵站。

1939 年元旦前夕，新四军参谋长张云逸和四支队政治部主任戴季英到立煌，同时押送来 3 名日军俘虏，以驳斥国民党诬蔑四支队对日寇"游而不击"的谰言。会谈中国民党安徽省政府主席廖磊代表蒋介石向我新四军提出五条，进行要挟，其一就是要撤销立煌兵站。此后，随着统治安徽的桂系反共逐渐猖獗，国民党特务机关竟在我们兵站对面开了个小杂货店，来往于白水河及周围的"小商""小贩"也日渐增多，兵站的活动和设在兵站的鄂豫皖区党委机关受到严密的监视。新四军军长叶挺和参谋长兼江北指挥部指挥张云逸于 7 月上旬亲赴立煌，同廖磊等桂系头目进行了面对面的斗争。新四军又在石峡口余家湾设立新四军驻立煌办事处，由何伟任参议，并准备代替新四军四支队立煌兵站的工作。

这年 6 月，区党委派我去延安学习，因交通受阻，我在河南竹沟党训班学习两个多月后又回到立煌工作。这时，鄂豫皖区党委机关已离开立煌兵站，转移到庐江东汤池。区党委组织部长兼统战部长何伟同志以新四军立煌办事处参议的公开身份继续留在立煌，领导大别山地区工作。我回到立煌兵站后，何伟同志告诉我，目前国民党顽固派在安徽加紧反共反人民，不断制造事端，立煌县委直属党支部书记卢士勤、汤汇区委书记雷维先等遭到杀害，要我参加立煌中心县委工作。

为了使鄂豫皖区党委设在立煌兵站内的电台能够安全地转移出来，兵站人员化装成国民党军人，通过在国民党桂系第一七二师的地下党员刘𫐐安、麦世法搞到安徽省政府的通行证和盖有省府大印的封条，将电台拆卸装箱，贴上封条。为了麻痹国民党部队和特务，兵站的同志在电台转移后，一直把电线杆竖在那里，并用细麻绳代替电线挂在上面。这样，就在国民党特务的眼皮下面，我们大摇大摆地把电台转移出来，运到庐江东汤池。

1939 年 10 月，廖磊病死，第十一集团军总司令李品仙上台后，即下令停止对立煌兵站的后勤供应，并禁止附近群众卖粮卖草给兵站，国民党特务整天在兵站附近窜来窜去，兵站处境十分困难。但兵站人员毫不动摇，坚守岗位。没粮吃，同事们就设法到麻埠一带采购，没柴烧，便自己上山砍柴，使国民党反动当局的阴谋无法得逞。

撤 离

1939 年 11 月中旬，国民党顽固派在鄂东围攻我新四军四支队的后方机关以后，突然袭击河南竹沟新四军四支队八团留守处，屠杀我新四军伤病员及家属 200 多人，制造了骇人听闻的"竹沟惨案"。鉴于立煌兵站已失去存在的必要，同时防止第二个"竹沟惨案"的出现，上级命令四支队兵站立即撤离立煌，转移到皖东抗日根据地。

上级命令下达以后，兵站撤离的准备工作在紧张地进行着。同志们把比较笨重的物资秘密疏散到地方党组织和基本群众中隐藏起来，把油印机留给了双河区委，还给双河区委留下几支步枪，让他们在危急的情况下进行自卫。同志们还对撤退路线和沿途可能发生的情况进行了周密的研究，制定了对策。撤退那天，还请了几名基本群众住在兵站内，向他们交代第二天天亮以后，装扮成兵站的勤杂人员在房前屋后打扫卫生，然后各自散去。

1940 年元旦后的一天，在朦胧的夜色中，兵站的全体人员抬着几副担架，伪装成护送伤病员，人不知鬼不觉地离开白水河，向东疾进。一路上，同志们跋山涉水，避开桂系主力部队，只是在预先确定的几个地点作短暂休息，吃点随身携带的干粮。经过连天带夜急行军，顺利到达舒城西港冲——新四军四支队留守部队驻地。在这之前，我按照何伟同志的指示和立煌中心县委的决定，到双河、汤家汇、吴家店等区委，传达当时的斗争形势，部署干部"长期埋伏，隐蔽斗争"，接着遵照组织决定，撤离立煌，到新四军江北游击纵队工作。

以后，兵站的同志又转到皖东。上级首长高度评价了兵站出色完成了党交给的任务和取得突围的胜利。经过短时间的休整后，同志们又精神饱满地走上了新的战斗岗位。

原载中共六安地委党史工作委员会编：《皖西革命回忆录：抗日战争时期》，安徽人民出版社，1989 年，第 140～147 页。

"走交通"

◎ 钟子恕

　　"走交通"是我亲身经历的非常危险而又十分重要的一次地下联络活动。在当时，虽多次经历了奇难异险，但由于我年轻力壮，也不觉得怎样。事情已经过去整整 47 年了，可现在一幕幕地回忆起来，仍然有些紧张。

　　事情发生在 1940 年 10 月间鄂东地区。当时，鄂东的形势是极其复杂的。在抗日战争开始时形成的国共两党合作的抗日局面，被国民党鄂东地区顽固派头子程汝怀、汪啸风之流彻底破坏了。他们秉承其主子蒋介石阴谋反共灭共的旨意，发动了妄图把张体学同志领导的五大队一举而围歼之的反革命事件，因而使国共两党又重新处于敌对局面。这时，在人民群众中，流传着"一县、两国（中国、日本）、三政府（国民党、共产党、汪伪）"的说法，就是对当时复杂形势的一个很好的写照。鄂东沿江一线的城镇，如阳逻、团风、黄州、下巴河、兰溪、蕲州、田家镇、武穴、龙坪、小池口等地，都由日伪霸占。在这中间地带，还有土匪武装，他们多在湖区；离开日伪侵驻的沿江一线十几里、几十里不等的鄂东大片地方，被国民党地方武装所控制。还有国民党正规军二十一集团军，以罗田为中心，作为他们的后盾。我党就是在这样复杂、困难的环境下，利用日、伪、蒋相互之间的统治边缘地区，依靠人民群众，积极发展抗日武装力量，建立各级党组织，开展形式多样的斗争，使进步力量迅速成长壮大起来。这些犬牙交错的许多小块的地下组织和地下武装，就是靠"走交通"取得上级指示而统一行动的，因而在这样特定的历史条件下，"走交通"就有它的特殊重要的意义。

当时，鄂东地委书记程坦同志，领导地委一班人驻在黄冈以西一线，活动于黄冈、罗田、麻城、黄陂、孝感、黄安（今红安）、大悟等县；地委副书记刘西尧同志，领导地委另一班人驻在浠蕲边的蕲春管家窑，活动于浠水、蕲春、广济、黄梅、英山、宿松、太湖等县。他们有各自的地委领导机构，还有各自开展活动的区域。

我是在这年9月份随中共鄂东地委东进到浠蕲边县委担任民运部长的。县委的所在地，在蕲春、浠水之间策湖西北。我到浠蕲边县委刚刚十天时，这儿的环境突然发生了异乎寻常的变化，浠蕲边县委武装部长余乃丹率部（两个中队）叛变，把县委领导的这支武装带去投靠了国民党县党部，我组织也因此大都被破坏了。特别是这支武装力量的叛变，严重地威胁着在浠蕲边管家窑刘西尧等地委同志的安全。刘西尧同志被围，身边只有几个带手枪的同志，隐蔽在芦苇丛生的湖湾港汊里，和程坦同志那边完全失掉了联系。我当时有任务来到刘西尧同志身边，要在这里住几天。地委急于想和黄冈那边的程坦同志取得联系，以改变当时被动而又困难的局面。地委组织部负责同志陈锦文提出，谁去完成这个"走交通"的任务？在场的人都在考虑，我略为想了一想，就首先报名："保证完成任务！"其他同志也接着报名。陈锦文同志高兴地走过来，紧握我的双手："好样的！我代表地委批准了。"刘西尧同志也立即走过来，伸出右手用力地握住我的手，左手拍着我的肩膀亲切地说："我相信你一定能够出色完成任务！我们目前的处境，你是知道的。这次'走交通'，意义很大，责任也就更大，我们盼望你早日胜利归来！"在场所有的人都来鼓励我。我的心情十分激动。我暗暗地宣誓："为了赶走日本侵略者，为了粉碎国民党顽固派的进攻，为了穷苦人民的翻身解放，就是上刀山，下火海，我也无所畏惧！"我在地委同志们面前，除"保证完成任务"一句话，其他的什么话也说不出。我只是用感激的目光凝视着同志们，感激他们对我的信任。

刘西尧同志亲自为我这次"走交通"作了周全的部署。我化装成石灰窑庆丰商店的小倌，诈言因抗战前在汉口总店做过生意，老板派我到那里去取钱。我身穿长衫，一手拿把洋伞，一手提个精致小竹篮，篮子里装着两盒小刀牌的香烟，一盒火柴，两筒港饼，用一块干净的两尺见方的蓝花布，折叠着盖在上面。我学习了一些生意场中的行话，举止动作彬彬有礼，很像一个小倌。刘西尧同志拿了一叠包香烟的锡纸，用背面那层白纸，写了八张，叠成一小块，缝在我的一件长夹袄的腋窝下。刘西尧同志一再叮嘱我："要大胆、沉着、小心、谨慎！千万不能把信丢失了！"

第二天清晨，朝霞映得满天通红，路旁长排的绿杨，都被罩上一层浅浅的红光，显得分外妖媚。天气虽然略有几分寒意，可我的心窝里却暖融融的。我感到人生最大的幸福，莫过于得到组织和人民的信任。我迎着拂面的微风，踏着满带露珠的草地，满怀信心地加快了前进的步伐。

这天，一路上总算是平安无事，我一鼓作气从管家窑走了100里开外，黄昏时到达了浠水兰溪。这里只有江边有日本人的据点，没有特殊情况，敌人晚上是不出来的。我找了一个小店，在兰溪住了一晚。

次日上午，我走了五十来里，赶到下巴河吃午饭。过河又经过一段水路，太阳还有丈把高的时候，我就赶到了黄州城。

这座古老的名城，我很久就向往它。这儿的县衙门，从我父亲告状的那年起，我就恨透了它。如今这座名城，不幸又在日寇的铁蹄蹂躏之下，高大的城墙，竟然成了敌人的护身屏障……在我回想联翩的时候，不觉已经到了城门边。我正要跨步进去，恰好碰上关城门。这时，突然从门缝里推出一个人来，踉跄几步，和我撞个满怀，我定神一看，但见那人40多岁，歪戴着一顶旧毡帽，帽檐底下，显出一张瘦黄的小脸，没精打采的两只小眼睛，似动不动地盯着我，我也认真地打量他，见他虾弓背，中等身材，穿着一件半新不旧的沾满油污的长衫，看去还略显宽大了些，他似乎感到我是用嘲笑的眼光在看他。他恼羞成怒，恶声地问我：

"你想要做什么？"

"要进城——住旅馆。"我慢条斯理地回答。

他很惊诧："你知道这是什么地方？"

我说："黄州城。"

"这是皇军住的地方，你是什么人呀！我都被推出来了，你好大的胆子。"说到这里，他把小眼睛连眨了几下，似乎在抬高了自己以后还为我着想：

"好，你没有地方住，我来给你找个地方。"

当时我虽然年轻，还不满十九岁，但长得结实有力，虽不算是彪形大汉，但也还显得魁梧，我仗着年富力强，觉得对付得了他；特别是我几年来受到了党的培养和革命熔炉的锻炼，知道如何对付这样的人，我毫不犹豫就答应了。那人似乎觉得我老实，容易摆布，就装得热情些，领着我七穿八转，来到了僻街一家，这是一个破旧而矮小的房子，由于年久失修，墙壁稍微向左边倾斜，为了怕它倒塌了，就在左边的墙壁上打了两根木桩，那人走进屋里，对着正在坐着纺线的婆婆说：

"我给你带个客人来了，住一夜，给钱。"

婆婆停了纺车，一边点头，一边鼻子里哼了两声："啊，啊。"表示同意。

她起身到橱里拿出一个瓦罐，倒出了红得像血一样的两碗茶，一碗放在那人面前，喊了一声：

"张先生！"

另一碗放在我面前，喊了一声：

"小哥！"

我双手恭恭敬敬地接过茶碗，朝她望了一眼，但见那婆婆六十来岁，脸上布满了皱纹，在那憔悴而又慈祥的面容上，看得出这位老人经历了人间的沧桑。这时，那人问我：

"贵姓？"

我说："姓钱。"我刚从婆婆口里知道他的姓，但还是装出有礼貌地问他。

他说："姓张。"

"钱先生肚子饿了，弄饭吃，我去买东西。"姓张的望着婆婆说，接着又转过身来望着我。

我懂得了他的意思，就在衣服荷包里，随意抓了一些纸币，显出很大方的样子递给他说：

"买点肉来下面吃好了。"

姓张的笑嘻嘻地双手捧着钱，点头称是，高兴地走了。

婆婆怕我饿，关心地对我说：

"小哥，你坐，他去买去了。"她打量了我一下接着说：

"我这里不干净。"

似乎我这一身装束，就把我和婆婆的感情隔开了。但我想到，我的家里很穷，没有田产，靠父亲租种地主的几亩地，母亲纺线织布，过着半饥半饱的苦生活。我小时连粗蓝大布的衣服，都很少有新的。今天，我身上穿的是华达面子洋布里子的夹袄，人丹士林的长衫，脚上穿的是一双新力士鞋，一双黄色的丝光袜子。我从来没有穿过这样一身衣服，婆婆不看我的时候，我都感到很不自在。现在穿着它，不过是为了完成任务。

过了一两个钟头，张先生还没有回来，我有些奇怪，就问婆婆：

"他怎么还不回？"

婆婆没有正面回答，反问我说："小哥！你知道他是个什么人？"

我懂得婆婆暗示我对他不好的看法。我回答说："我不认识他，像是个抽鸦片烟的。"

婆婆跷起大拇指称赞我说："小哥，你猜对了，你有眼力啊！"

说着说着，张先生大踏步地回来了，一手提块斤把重的肉，一手托着一斤面，大概是过足了大烟瘾才那样有精神的。

吃过饭，我和张先生共一盆水，面对面洗脚。张先生问我："你到哪儿去？"

我把原先编就的那番话重述了一遍，特别强调在汉口的合股生意，现在是专门去取钱的。

姓张的一听到"钱"，就格外感兴趣地问："那不是蛮多钱？"

我故意逗趣地高声回答："钱不少，大生意。"

他装着很关心的样子说："你一个人去不怕？"

我说："这怕什么，不怕。"

他的小眼珠转了几转，又说："这里，你人生地不熟，皇军盘查很严，有危险，我给你想个办法走。"

我顺势地说："你想个什么办法呢？"

他说："单另叫一只小木船，我跟你一路去，这里的情况，我很熟悉，有什么事，我来对付。"

我琢磨着：他到底安的什么心？耍的什么鬼把戏？不怕，到时候随机应变，我有信心了，也就"慨然许诺"。

他答应明天清早去叫船，又问："路上是不是靠岸？有事你就打个招呼。"

我说："西河铺有 500 元光洋的生意，老板叫先打个招呼，回头再来取钱。"

他伸着大拇指和食指打个手势说："西河铺有这个。"

我听了以后，心中暗喜。这正是我要接头的地方，我抑制住内心的兴奋，佯装不懂："这个是什么？"

"八路军，八路的税所。"

"那怕什么？我走我的路，办我的事。"

他连忙摇头说："到时我不上去，你一个人去办好了。"略停了停，他又建议说："有钱，先拿上更好；没有，先打个招呼，回头拿靠得住些。"

他为什么不敢去呢？显然是怕八路军捉他。过了一会儿，他又问：

"你知道对面是什么地方？"

我说："不知道。"

他加重语气说："是鄂城，那里热闹得很，我们去玩一下。"

我说："不去。我是个小倌，正经事不办，到处玩，钱花了没有把事情办好，老板是要夺我的饭碗的。"说到这里，我打了一个呵欠，实在想睡了。他也没有再说什么。

煤油灯一吹，我和姓张的上床睡觉，我们盖的是一床打补丁的破被子，然而很干净。我俩一个睡一头，真是同床异梦。我已断定他不是一个好人，必须提高警惕，时刻牢记重任在身，怎么也睡不着。为了试探姓张的，我假装打鼾。一会儿他也打起鼾来了，我一听就知道是假的，看他准备搞个什么名堂，没过多久，他以为我真的睡着了，就轻轻缩脚，身子慢慢上升坐起来了，又把双脚轻轻翘出被外，翻身下床，随即用手来摸我的口袋。我知道这个鸦片烟鬼想摸钱，我讨厌这样一个卑鄙无耻的家伙，本想起来揍他一顿，但那就会惊动附近的街坊，惹出麻烦来，耽误大事，我竭力抑制自己，等到他快要摸到我的口袋的时候，我假装要醒的样子，翻了个身，他就赶快溜到床上睡着，又假装打起鼾来了。等我再假装睡着打鼾时，他又轻轻起床来摸，如此折腾了四五次，直到天亮才罢休，弄得我一夜没睡着，真叫人哭笑不得。

天一亮，我们就起床了，他还假惺惺地问我："你睡得怎么样？"

我虽然恨透了他，但我不能露出丝毫破绽，使他怀疑我，置我于危险的境地。我仍然若无其事地说："可以。"我也用同样的话问他，他也是用同样的话回答。这好像是在演戏一样。

　　按照昨晚商量的计划，他去叫船了。婆婆煮了升把米（相当于现在一斤五六两米），炒了几个鸡蛋，一碗青菜，一碗咸菜。这些菜钱、米钱、过夜钱、柴火钱，我都付了，而且比一般的要多点，婆婆很高兴。我没有问婆婆为什么只有一个人，因为我有重任在身，不当说的话要尽量少说，免得一时不小心，话中流露出什么破绽来，反而误了大事。这是我们"走交通"的人需要特别留神的地方。

　　约莫过了个把小时，姓张的回来了，他说："船叫好了。"我们吃了早饭，来到船码头。他把我引到停在江边的一只小木船前说："就是这只。"船上只有一个掌舵的，约莫五十来岁。他见我上船，点了点头，就算是打个招呼。他说了一声："你们坐好。"就向堤岸点了一篙，船就离岸了，很快驶到了江心。我发现不对头，不是走上水，而是向鄂城方向划去，我料定这里面一定有鬼，就问姓张的：

　　"你这是往哪里走？"

　　他嬉皮笑脸地回答："鄂城热闹，顺便去玩一趟。"

　　我气极了，严正地质问他："昨晚我已经说明原因，不去鄂城，为什么你今天还要瞒着我把船往鄂城开？"

　　他还是那一副丑态，坚持要到鄂城去玩，双方争执不下。我感到情况紧急，不能再犹豫了，就突然站起身来，叉开双脚，脚尖微微向里呈八字形，摆出一副教师爷的架势，对着船主说：

　　"船是我叫的，船钱是归我把的，不能听张先生的话，应该走上水往西河铺驶！"

　　船主虽然没有作声，但船已停止前进，两眼注视着姓张的。看来他是采取了中立的态度，姓张的这时自量不是我的对手，就连忙转弯说：

　　"既然钱先生坚持不愿意去鄂城，那就去西河铺好了。"说完就像个泄气的皮球似的斜倚在船上。

　　一场风波过去了，江水显得格外平静。我轻轻地嘘了一口气，如释重负地坐了下来，我回味当时作了这样的打算：如果姓张的敢再坚持，或者他准备有所动作，我就抢先动手，顺势把他推入江心。

那天正好是东南风。小船一帆风顺，很快就到了西河铺。我要姓张的一起上岸走一趟，他执意不肯去，我上坡后，问明到税务所的路径，就径直走去。等我在税务所说明情况，并带了两个同志一道来捉姓张的时，但见那只小船已划离江边老远了，我大声喊：

　　"张先生，不要走了，快回来，我还要到汉口去。"

　　他带着很老练的口气说："我不上当了，你是这个。"他又把手举起来，比一个"八"字的手势。

　　小船一溜烟地驶去，不久，就消失在微波荡漾的江水之中了。

　　税务所的同志们，像久别的亲人一样，非常热情地招待我休息、吃饭。他们把我围住，向我问长问短，打听这个，探询那个，我们好像有说不完的话，但又不知从何说起。他们知道我有重任在身，不能在此久留，就派了两位同志，立即把我送往罗霍洲黄冈县委书记文祥同志那里。

　　罗霍洲和扁担洲、鸭蛋洲一样，都是在团风对面江心中的一些沙洲，它是由泥沙冲积而成的，土质非常肥沃，这里平常年景一年两熟，不管种什么庄稼，都是高产丰收，家家户户大都有渔船渔网，每逢旺季举网，鲜鱼满筐，他们往往吃鱼吃腻了，可是那些肩挑鱼贩倒是求之不得哩。如果碰上哪年涨大水，这些沙洲就会被洪水吞没，庄稼、房舍，大都荡然无存。因此，住在这里的人，多少还要冒几分风险。当时这些四面环水的沙洲上，没有日本人，国民党不敢去，俨然像个世外桃源，比较安全。

　　一叶扁舟，把我们送上了罗霍洲。只见洲上一片片绿油油的地里，长着许多格外显眼的大萝卜，每个萝卜都有两三寸不等的饭碗样粗细的一节伸出地面，青翠可爱。他们告诉我："大的萝卜一个有10多斤重,竖起来比两三岁的小孩还要高哩!"有名的黄州萝卜，就是这一带出产的。我们穿过萝卜地，在一间普通的民房里，见到一个20多岁的精明强干的中等身材的青年人,他就是文祥同志。文祥同志见到我，非常高兴，紧紧地握着我的手说：

　　"同志，你辛苦了!"

　　我兴奋地对文祥同志说：

　　"终于找到你们，完成了党交给的'走交通'的重任。"

说着，我脱下夹衣，从夹衣腋窝下，拆开针线，取出刘西尧同志的亲笔信，请文祥同志转交给程坦同志。文祥同志看了以后，立即派人去和程坦同志联系，转身问我在路上的情况，我把在黄州碰到姓张的这一番经过，一五一十地说了，他非常高兴地称赞我说：

　　"你年纪很轻，可真算得上一个机智勇敢的老练的交通员。你知道他为什么要把你送到鄂城去？当时鄂城日伪军正在买壮丁，出 100 元到 150 元大洋一个，你这个棒小伙子，肯定可以卖 150 元大洋。姓张的想把你骗去当壮丁卖，他好得钱去过鸦片烟瘾哩！谁知魔高一尺，道高一丈，他偷鸡不成蚀把米，还要为你倒贴 30 里水路的船钱呢！"说罢，在场的人都哈哈大笑起来。

　　我和姓张的这场戏剧性的风波，很快就传遍了黄冈县委，一时成为同志们茶余饭后的谈资。

　　我在文祥同志那里就像在家里一样，得到了很好的照顾，只要有点好吃的，总少不了我。同志们对我非常热情，我心里感到热乎乎的。就这样，我住了十三四天。去程坦同志那里联络的人回来了，文祥同志用同样的包香烟的薄纸，写了十页，照样叠成小块，缝在夹衣的腋窝下，让我带回去。

　　第二天一大清早，文祥同志为我买了好几斤肉，和萝卜一起，烧了一大锅；一条三四斤重的鲤鱼和豆腐炖在一起，又是一大锅。这顿饭菜，特别美味可口，同志们都把肉、鱼往我碗里夹。我吃得饱饱的，依依不舍地离开了他们。船行远了，文祥同志还在向我挥手。

　　我离开罗霍洲，弃船登岸，步行向黄州进发。四五十里远的路程，我在中午就走完了。我正沿着一条大堤向东走，突然，迎面来了日本兵，排成四路纵队，100 多人，身穿黄呢子军服，头戴上窄下宽的呢军帽，脚穿半深筒的黄皮靴，扛着"三八式"的步枪，还有机关枪，步枪上都插着明晃晃的刺刀，个个像凶神一样，咔嚓咔嚓地走着。看看离我只有几十米远了，面对这个突如其来的严重情况，怎么办？根据以往的经验，碰到日本人是万万跑不得的。唯一的办法，就是硬挺，这就要有足够的勇气，胆小是不行的。面对这些双手沾满中国人民鲜血的日本强盗，死，我倒不怕，但重任在身，我一死，将会给组织上给同志们带来多么严重的后果。我横了心，笔直朝前走。走在前头的日本兵，取下枪，用刺刀对着我左右摆动，口里发出"哇啦哇啦"的声音，意思是要我往旁边走，后头来的日本兵，就不再问我了。我下了堤，才松了一口气。

"钱先生，等一等！"

突然听到后面有人在喊我，我回头一看，天哪！真是冤家路窄，我刚刚脱离了危险，怎么接着又碰上了他呢？他，就是想把我送到鄂城去当壮丁卖的那个姓张的。这条堤上有两条路：我在下面的一条路，他在上面的一条路，相距大约二三十步。我在前面大步走，他在后面紧紧追，口里还不断地喊：

"钱先生，等一等！我有话跟你说。"

我也边走边说："你赶快来呀！有话前面去说。"

我知道，他上回没有占到便宜，这回是要对我下毒手的。他看到我不肯停下来，自己又赶不上，就心生一计，使出了毒辣的一招，想利用沿途不明真相的居民来捉我，以便到日军那里去领赏。他喊着居民张三、李四的名字：

"你们把我的这位亲戚拉住，莫让他走！"

果然，居民纷纷跑出来，拦住我的去路。在这样一个紧张危急的时刻，我急中生智，理直气壮地对他们说：

"姓张的是坏人，他要害我。"

他们听了，一个个都收了手，回到自己的屋里去了。有的人为了应付他，口里说叫我"莫走"，却不肯认真动手。这样纠缠了一段路程以后，他走快，我也走快；他走慢，我也走慢；他停一会儿，我也停一会儿；他叫我"等一等"，我叫他"赶快来，有话到前面李家大塆去谈。"他听了以后，突然停住了，说：

"我不去啊！那里有八路。"他举起手比了一个"八"字的手势，"你们都是八路啊！"

其实，我也不知道前面是否有李家大塆，更不知道所谓的李家大塆到底有没有我们的人。

从黄州走到下巴河，这中间40里路程，没有日本人。天近黄昏了，经过这两场虚惊，也有些累了，就在下巴河住了一晚。第二天一清早，我离开下巴河，到了兰溪，渡过浠水上岸，走不几步，突然看到从一间茅草盖的小房子里，钻出一个人来，全身都是日本兵的装束，双手举起日本大刀，"吼"的一声，拦住我的去路，这个突如其来的新情况，使我一怔！我懂得日本人"吼"的一声是什么意思，就说：

"我有事。"

他开口了："你的'良民证'？"

我一听是中国人，紧张的气氛就消失了一大半，我说：

"你是中国人嘛！我一早出门上街，买点东西就回去，要个什么'良民证'，又不是出远门。从散花洲到兰溪，这是我常来常往的地方，哪个大清早记得带个良民证。"

当时，我边说边走，心里已做好了以防万一的准备！我左手紧握篮口边，把篮子举到额头的前面，迎着刀走，如果这个假日本人真的用大刀劈下来，我就迅速把篮子迎上去挡住，右手立即抓住他的刀，飞起一脚，把他踢倒在地，干掉他。可是，等我走过他的身边时，他的大刀却慢慢地放下来了。

就这样，我终于回到了蕲春管家窑，胜利地完成了这次"走交通"的任务。从此，鄂东抗日反蒋斗争的形势发生了有利于我们的新变化。

原载中国人民政治协商会议湖北省蕲春县委员会文史委员会编：《蕲春文史资料》（第一辑），内部资料，蕲春县印刷厂，1987 年，第 49 ～ 63 页。

难忘的一事

◎ 胡志光

　　1941 年，我在蕲春县立彭思桥中心小学任教，学校设在彭思桥区翁家塇周氏宗祠。当时，彭思桥一带，属中共浠蕲边县委管辖，尽管国民党在这里设立了区公所，但中共领导的边区政府与学校关系比较密切，进步师生与革命同志的接触也比较多，中共浠蕲边县党组织，就是在这样的环境下开展工作的。

　　那时，我虽未直接参加革命，但对革命事业深表同情与敬慕。最使我难忘的，是我给新四军完成一次秘密送信任务。

　　这年 11 月中旬一天清早，浠蕲边独立团团长李壁东，派通信员小张送给我一封亲笔信，约我准时于 3 小时内赶到李达冲独立第三团团部同他会面，说有要事相商。我虽不知道什么事，心绪极不平静，但也顾不上思考，迅即离校，三步并作两步走，约计在吃早饭时，就到了独立第三团驻扎地——李达冲李谟祖祠。会面后，李壁东同志交给我一封用"情人牌"香烟盒纸背面写的信，要我马上把信送到刘公河，面交胡静一、胡迈千两位先生的手里，信中内容大概如下：

胡静一、胡迈千二位先生：

　　　　你们是我党同情人士的先导，为我党做了不少有益的工作，谨向你们致敬！现因新四军五师李先念师长莅临铺尔嘴，召开鄂东地区县团级以上的干部会议，有些问题需要与你们面谈，希于本晚驾临铺尔嘴策山与李师长会见。幸勿延误！

　　　　　　　　　　　　　　　　　　　　　　　张体学、李壁东

李壁东在交信时，严肃地对我说："这个任务很重要，又十分紧迫，你要机警、谨慎从事，避免出问题。"信笺上写的胡静一、胡迈千二人正是我县颇有声望的社会上层知名人士。胡静一即我的亲伯父，任国民党县参议员、县财委会主任；胡迈千原来当过鄂东挺进军独立支队支队长兼黄陂县县长，这时已离职回刘公河故乡隐居。由于第二次国共合作和共产党统战工作的开展，他们的思想倾向革命，在提供情报、支援武器、掩护革命同志等方面，做了很多工作，是爱国民主人士。

我接信在手，深感责任重大，有些忐忑不安，因为此次要去的地方刘公河是当时国民党蕲春县政府的驻地，那里有广西军、鄂东挺进军、县自卫队等国民党军队驻守，戒备森严，哨所林立，书信若被查出，不仅个人性命危险，也会累及家伯和胡迈千叔叔的安危，更重要的是党交给的任务不能完成。但我也想到，这是党组织对我的信任，便向李壁东保证："一定完成任务！"接着我和李壁东商妥了一个隐藏信件的办法，把那张宽不到三寸、长不到五寸的纸片折成小块，塞进棉鞋搪底布内，再用针线缝好穿好。当天下午，我动身去刘公河，路遇哨兵盘问，我镇定地回答："家有急事，到县政府找我伯父胡静一。"一般都是问问就放行了，这大概是因为我伯父有点儿"名气"的原因吧。沿途虽经十余次岗哨盘问，但都没有查出"问题"。傍晚在设于刘公河龚背搭塆县政府内，找到了家伯和胡迈千叔叔。我急忙把信从鞋底取出来交给他们。他俩交替看完后，将信烧掉，很快收拾一下东西，点燃一盏小马灯就起程了。深夜，我们三人在刘公河至铺尔嘴的崎岖山路快速行走。那晚正是农历十月二十四日，没有月亮，伸手不见五指，高一脚低一脚地往前闯，终于闯过了20余公里的山路，在五更时分到达铺尔嘴街，找到了李壁东住处。见面后，李壁东对我说："任务完成得很好，谢谢你！"我便离开回到学校。家伯和胡迈千则由张体学旅长和李壁东团长陪同前往策山塆，会见李先念师长。3天后，我从学校回家，伯父向我粗略介绍了他们与李先念师长会见及参加民主人士座谈会的情况。这次会上，李先念师长讲了话。伯父讲，邀请他们会见并参加这次座谈会的目的，主要是对爱国民主人士提出要求和希望，进一步做好外围与内线的联络工作，如实传送情报，掩护革命同志，支援物资，分化瓦解敌人，多为革命工作提供方便。伯父和胡迈千先生以后都是这样做的。如后来新四军攻克浠水县城和刘公河战斗的胜利，以及蕲州与茅山伪维持会的瓦解，都是与我党同爱国民主人士真诚合作分不开的。

原载中国人民政治协商会议湖北省蕲春县委员会文史委员会编:《蕲春文史资料》（第一辑），内部资料，蕲春县印刷厂，1987 年，第 68 ～ 70 页。

赤手空拳打死日本兵

◎ 舜　守

　　1945 年 7 月的一天，中共贵桐县委机关干部汪治奉命从林杨河偷渡到江北铁板洲（今属枞阳县），找中共桐南区委，催区委派人到县委报账，并催上调干部速来县委报到。汪治到达桐南区委的第二天，区委书记叶树生告知汪治，区委已经决定，由区中队司务长张福祥、会计齐兴年去县委报账；区中队指导员胡宪章、班长陆根来上调县委分配工作，沿江交通总站的交通员杨宏龙和阮宜旺随汪返回江南，区委并给他们安排好了渡江船只。

　　这 6 个人都由汪治同志返县委时带走。汪治等 7 人，在铁板洲头上船后（上船时还有一个农民群众跟船过江），两位划船的划着船沿夹江岸划行。当这艘船划出不远时，突然从芦苇丛里窜出 3 个持枪的日本兵，迫船靠岸。

　　小船将要靠岸时，惊慌失措的陆根来，私自把一支驳壳枪丢到江里（反"扫荡"后捞起来了），当时大家对陆的这种错误行为非常愤慨。

　　汪治等 10 人（包括两名划船的和一个跟船过江的农民群众），都被日本兵赶下了船，围在铁板洲头的江滩上，遭到敌人的搜查、盘问和毒打。

　　汪治同志利用 3 个日本兵听不懂中国话的有利条件，低声鼓励被围同志："要沉着、坚定、别怕，打死不要招认。"

　　日本兵打过两三个同志之后，一个鬼子打了汪治几个耳光，继而检查他的头部和手，搜查他的衣服口袋，发现汪身上（事先从伪政权机关弄来的）有一张"良民证",看了又看,没有发现任何疑点,咕噜一阵,就又去盘问其他同志了。当时陆根来、杨宏龙二人,被打得较重。但都没有一个人暴露自己的战士身份。

在遭到日本兵盘查、毒打的过程中,大家利用日本兵不懂中国话的弱点,低声传语,争取脱险。有的同志主张跑,有的做手势主张和日本兵拼,那时大多数人都主张和日本兵拼。正在大家商量如何同日本兵作生死搏斗的关键时刻,主张跑的陆根来,突然从敌人包围圈中逃跑,一个日本兵立即朝他放了几枪,陆虽未被击中,但斗争形势却突然起了变化。因为当时铁板洲是我们新四军桐南抗日游击根据地,日本兵鸣枪击陆,暴露了这里有敌情,他们害怕我游击队赶来堵击。因此,3个日本兵慌慌张张地做手势,要大家统统上船,要两个搞船的民夫把船赶快摇过江去,返回广济圩新河口敌据点。

汪治等9人(包括两个船夫和一个跟船的农民群众在内)上船以后,在船上分坐3处,两个人挟一个日本兵,乘敌不备之机,都准备好挽篙、船板或木棍等,作为战斗的武器。小船将划到夹江中,一个同志故意连续"咳嗽",这是大家事前约定的准备战斗的信号,接着又大喊一声"战斗!"大家高呼着"打鬼子!打鬼子!"汪治和张福祥二人迅速地向坐在船艄的一个日本兵头上猛击,将他推入江中。同时,另外两个同志,也把坐在船头的另一个日本兵击伤,也丢进江里。还有坐在船舱中间的一个也被打到江里去了,但他又从江水里挣扎着要爬上船,和我们硬拼,妄图顽抗,这时候被一个同志发现,又上去照头痛击。人多力量大,经过一场肉搏,把日本兵的刀枪都夺了过来。戳死这个日本兵后,将其投入江中。

在这场战斗中,赤手空拳的6个抗日军政人员,消灭了3个全副武装的日本兵,缴获步枪3支(内有2支是战斗时和敌一起被打沉到江中,后来捞起来的)、刺刀1把。

这场战斗胜利结束后,由于大家来不及回到江南去,所以在傍晚又跑回长河口,找到叶树生同志的桐南区中队,跟着他们打了几天游击。

参加铁板洲头战斗的汪治、张福祥、杨宏龙等几个抗日战士,在这次与敌遭遇战中,始终英勇顽强,不怕牺牲,当即受到中共桐南区委、贵桐县委、沿江地委的表扬,中共皖区党委机关报《大江报》还为此表彰了他们的英雄事迹。

原载政协安庆市文史资料研究委员会《安庆文史资料》编辑部编:《安庆文史资料》(第十二辑),内部资料,安庆市彩色印刷厂,1985年,第223～225页。

抗大十分校

——鄂东教导团生活琐事

◎ 李国超

　　1942 年 1 月，我从广西到达新四军五师。2 月，五师政治部派我到抗大十分校工作，历时 3 年，先后担任宣传干事、政治教育干事、文化教育主任。我到抗大十分校时，正好分校第一期在白兆山随县洛阳店开学。抗大十分校是在原来五师随营军校的基础上成立的，是五师培养军队干部的最高学府。由师长李先念兼任校长和政治委员，副校长先为肖远久，后为杨焕民。副政治委员郑绍文，教育长邝林（黄宇齐），郑绍文调离后由邝林任副政治委员。学员主要是从各部队干部中择优选送的连、排干部，每期学员 1000 多人。第 1 期至第 3 期军事政治干部混合编队学习，第 4 期起军事政治干部分开编队学习，第 1 期有知识青年队，主要是河南地下党组织介绍来的青年学生。学习时间一般半年。课程设有军事课、政治课和文化课。军事课包括军事理论、基本战术、游击战术、射击兵器、工事伪装、夜间训练、简易测量等。政治课包括社会发展史、帝国主义与中国、抗战理论等。文化课包括语文、算术等。

　　政治课的许多课程，都参考延安抗大的有关教材，自己编写教学提纲进行讲课。约在 1943 年春，在教育长邝林亲自领导下，分工编写社会发展史教学提纲，从人类起源一直到社会主义社会和共产主义社会。我分工负责编写资本主义社会部分。重点是马克思的剩余价值理论，阐释资本主义社会的五种基本矛盾和资本主义社会必然被共产主义社会取代的发展规律，而规律是不以人的意志为转移的。

1943年秋,邝林教育长要我讲一次豫鄂边区地理常识课,并尽量结合实际来讲。我根据领导指示精神,搜集了有关材料,绘制了简要地图,介绍了豫鄂边区的地域范围,山川湖泊,物产气候,交通运输,工农业生产,阶级矛盾,革命传统,特别是豫鄂边区的战略地位。豫鄂边区历来是兵家必争之地,谁占据了大别山、大洪山,谁占据了江、河、湖、汉,谁就能经略中国。

1942年,河南、湖北大旱,路有饿殍。上级领导动员干部战士,上山采野菜,掺在稀饭里吃。在采集的野菜中,黄金叶最难吃,即使用开水煮,在凉水里漂,苦味还很大。但这种东西山上多,能充饥。我们还上山挖桔梗等中药材,晒干后上交售卖。1943年,领导又动员大家开荒种菜,减轻人民负担。每个干部战士一年要交450斤蔬菜,没有肥料就自己动手挖粪坑积肥。我种的是莴苣,1943年交了500斤,超额完成任务。单位还集体养猪,改善部队生活。

抗大十分校是个教学单位,师首长尽量照顾我们,把我们放在比较安定的地方。但是,敌伪军的"扫荡"和国民党反动派的反共摩擦频繁,学校的驻地经常流动。从1942年初到1945年初,学校驻地就从白兆山到赵家棚、到大小悟山、到陂安南,还到过襄河边的刁叉湖地区和北面的信(阳)南地区活动过。碰上敌人,还要作战自卫。在特别困难的情况下,还分散活动。1942年是豫鄂边区最困难的一年。从4月开始,国民党反动派从西面、北面和东面发动了大规模的反共摩擦,日本鬼子又频繁"扫荡",在敌伪顽军的夹击下,边区的西面、北面和东面形势严重。抗大十分校奉命南下襄河边的刁叉湖地区活动和教学。我们南下湖区两个多礼拜,又碰上日本鬼子"扫荡"湖区,白天黑夜和敌人兜圈子打游击,处境也相当困难。就在这时,我患了疟疾,天天发烧39℃多,跟随部队行动十分不便。领导把我和通信员小李委托乡政府,安排在芦苇深处的一家老百姓家里隐蔽治疗。这家老大爷姓胡,50多岁了,家里3口人,除了种地主的两亩多田外,主要靠打鱼为生。胡大爷一家对我们十分关怀,鬼子"扫荡"了,他们也不敢出去打鱼,白天把我们带到芦苇深处藏起来,他和儿子在附近轮流放哨,顺便找些野菜吃,天黑后再把我们带回他们家里睡觉。就这样,我们躲过了日本鬼子和伪军的搜查。我深深地感到边区军民的鱼水情。

1942年12月下半月,日寇武汉派遣军指挥官西尾动员了15000多日军和

12000 多伪军，分 12 路从东西南北 4 个方面，对驻在大、小悟山的新四军五师指挥机关和主力部队进行铁壁合围。当时抗大十分校驻在小悟山的陈家畈一带，按照师部的反"扫荡"部署，我们按时向陂安南方向突围。12 月 16 日天黑后，分校的队伍在陈家畈东面集合，从小路向东面的蔡店方向出发，天很黑，下着毛毛雨，路不好走。到达蔡店时已是午夜 1 时左右。在路上还和三十八团发生了误会。幸好没有伤亡。当地老乡说，一个多钟头前，有四五百个日本鬼子和伪军进到蔡店烤火休息，听到西边枪声，就急忙离开蔡店，走大路向小悟山方向去了。我们就加快速度通过了河口到黄陂的公路，天亮前到达了陂安南目的地。3 天后，从师部传来了喜讯，五师军民经过艰苦战斗，胜利地粉碎了敌人的"扫荡"。

1944 年快过阳历年的时候，传来了党中央、毛主席派八路军南下豫鄂边区的好消息。1945 年 1 月 27 日，王震和王首道率领的三五九旅南下支队 4000 多人到达大悟山和五师会师。29 日上午，在大悟山陈家湾举行会师大会，南下支队和五师的队伍首先进入会场，在前面并排摆好方阵。抗大十分校的部分队伍也参加了大会。举着一面面红旗的群众队伍，从附近的山沟里、大路上向陈家湾前进。青年男女驾着彩船，抬着猪羊，熙熙攘攘地涌向会场。妇救会员每人提着一个竹篮，满满地装着红枣、花生，一进会场，就把红枣、花生撒向南下支队的队伍。军乐声、鞭炮声响彻会场，人们都沉浸在一片欢乐的海洋里。新四军五师李先念师长首先致欢迎词，他说："战友们，同志们，我今天高兴得连话都不会讲了，不晓得用什么话来表达我们对八路军老大哥的热烈欢迎。同志们知道，我们在党中央、毛主席的领导下，在豫鄂边区已经有 6 年历史，可是在这 6 年中，一直没有见过八路军老大哥，我们天天想，日日盼，今天，我们终于见到了老大哥，你说，我们多么高兴啊！"李师长最后说："党中央、毛主席派八路军南下，具有重大的战略意义。豫鄂边区是个突出地带，我们在日伪军和反动顽固势力的包围夹击之下，战斗非常频繁，很希望老大哥来助一臂之力。今天你们来了，我们就不是一支孤军了。你们的到来，把华北、华中打成一片，将来你们南下，又把华中、华南打成一片。"李先念师长的讲话，表达了我们五师广大干部和群众的心声。南下支队的王震司令员也发表了热情洋溢的讲话。晚上，在陈家湾又召开了盛大的联欢晚会。南下支队的领导带来了党中央、毛主席的许多重要指示，其中，特别是毛主席指示说："一个共产党员，要像柳树那样，插到哪里就在哪里活起来。但是，柳树也有缺点，就是随风倒，软得很，所以还要学松树。松树的劲大得很，到冬天也不落叶，松树有原则性，柳树有灵活性，共产党员就是要把松树和柳树结合起来，像柳树那样可亲，人人喜欢，像松树那样坚定，稳当可靠，这样，人民群众就会成群结队地围绕在我们身边。"毛主席那松树和柳树的生动比喻，给我留下了深刻的印象。

1945年春，五师首长根据部队和根据地扩大的需要，决定抗大十分校除直接办学外，派出干部和教员，到离师部较远的地区创办教导团。增加教学单位，扩大干部教育面。在十三旅二、四军分区，三军分区和鄂东军分区各办一个教导团。我被分派到鄂东军分区教导团。抗大十分校分派到鄂东军分区教导团的干部，除了我，还有白相国、布风友、吴律西等人。教导团下属3个学员队，一队是连级干部队，二队是排级干部队，三队是班级干部队，每队学员100多人。另还有一个警卫连。每学期5个月左右。教学课程都采用抗大十分校的。我开始在三队，后调二队任政治指导员兼政治教员。到新四军五师的几年，最深刻的印象是，五师对军队干部的教育和培养是十分重视的。在职学习、学校教育都抓得很紧。在五师的干部中，抗战以前参加革命的老干部数量少，大部分是抗战时期参加革命的。五师却能迅速发展壮大，并在困难的条件下不断取得胜利，重视干部教育是一个重要因素。

教导团在第1期的政治教学中，我仍然讲的是马克思主义的基本原理，在讲到共产主义社会没有阶级剥削和压迫，物质极大丰富，人们都有高度的文化科学水平和高尚的思想道德品质，人人都过着美好的生活时，有一个学员的发言给我留下了深刻的印象，他说："……到了共产主义，我就每天吃豆腐熬猪肉，我就穿绸子长袍，丝袜子，毛料布鞋，住三堂二横的堂屋。四周把墙围起来，四角盖上炮楼。"当时，有学员问他："四角盖上炮楼干什么用呢？"他说："防土匪啊！"有的学员又问道："到了共产主义，还有土匪吗？"这一问，他答不出来了。大家一阵大笑。我听了这个学员发言后，深深感到，我们的许多干部，农民出身，长期生活在农村，而农村生活得最好的就是地主。他们没有到过大城市，没有见过大工厂，在他们的脑子里，总是离不了农村的具体环境。因此，许多农民出身的干部，要从科学的理论上认识和树立共产主义崇高理想，还要用无产阶级世界观进行深入科学社主义的教育。

转眼到了 1945 年的 8 月，日寇无条件投降，但只给中央军缴枪。8 月 10 日朱德总司令向各解放区军队发布命令，限令日伪军投降，我军要立即进占所有城镇交通要道，如遇敌伪军拒绝投降，应予以坚决消灭。8 月 15 日日本帝国主义宣布无条件投降。

刚饮了抗战胜利的喜酒，我们鄂东军区就进行攻打日寇在鄂东的重要据点河口。教导团接到命令：全团迅速开赴冯树坳，把那里的小据点拔除后，就驻守在该地，阻击黄安县城的日军增援河口。冯树坳在河口东南，距河口 40 多里，东南距黄安县城约 20 里，是黄安县城到河口的必经之路。日本鬼子在这里修了一个炮楼，驻有 20 多个鬼子兵。教导团到后就把炮楼围起来，教导团警卫连的两个排部署在冯树坳东面的山上，阻击黄安县城的敌人增援。天黑后由我们二队和警卫连 1 个排主攻炮楼，三队为预备队。打了半夜没有攻下来。敌人虽然被打死两个，打伤数人，但仍不投降。我们二队也牺牲两名学员（排级干部）。天亮前，炮楼里的敌人逃奔黄安县城，我们立即出击，又打死 3 个鬼子，打伤数人，占领了炮楼。第 3 天三队接替二队驻守炮楼。上午约 10 点多钟，黄安县城的日本鬼子 100 多人倾巢出动，反击冯树坳，企图增援河口。敌人来势凶猛，打得很激烈，守在东山的警卫连撤退下来，占领炮楼北端阵地抵抗，敌人就猛攻三队据守的炮楼和炮楼山上的阵地。三队的王指导员牺牲了，警卫连也有几个战士负了伤。下午，鄂东军区派了 1 个连来增援，从北头的侧面攻击敌人。敌人支持不住，又逃回了黄安县城。河口的仗也打得激烈，几天后，河口镇收复了，所有的炮楼都打下来了，伪军 300 余人全部投降，剩下的日军 20 余人携械逃窜。收复河口后不久，鄂东军区就接到师部命令，立即投入反对国民党反动派大举进攻的斗争。

日本投降后，国民党军队 20 多个师和游击纵队，从四面八方向鄂豫边区扑来。国民党蒋介石早已下定决心，要在抗战胜利后，就立即开始进行大规模内战，消灭八路军、新四军，实行独裁统治。党中央、毛主席早就料到国民党蒋介石企图进行内战的阴谋，深知中原地位的重要，就在日本投降的当天，电示新四军第五师领导："你们必须在这段时间内，准备一切必将到来的内战局面。" 1945 年 10 月成立中共中央中原局和中原军区，并立即集中中原军区主力在桐柏地区展开作战以配合重庆谈判。鄂东地区只有鄂东军区的地方部队坚持斗争。我们鄂东军区教导团，奉命在鄂东地区活动，坚持游击战争，对外番号改为鄂东独立团。教导团政委白相国是个政治坚定、精明强干的同志。副团长石天华是红四方面军的老干部，作战经验丰富，鄂东礼山县人，抗战开始后调回边区担任过经扶、罗（山）礼（山）等县委书记及陂安南中心县委指挥长多年，熟悉本地情况。我们二队也增调来冯老一同志任副队长。他也是鄂东人，在鄂东陂安南等县担任过多年的县大队长，既有丰富的作战经验又熟悉地方情况。我们学员队当时最主要的任务是开展游击战，有条件时再进行军政教育。自 1945 年 9 月起，我们就一直在鄂东和豫南的礼山、黄陂、黄安、罗山等县的大山里和国民党的部队兜圈子。每天晚上行军转移，白天隐蔽休息。没有情况就进行学习和做群众工作。从 1945 年 9 月下旬开始到 1946 年 1 月中旬停战协定生效为止，4 个月的游击战争进行得比较顺利，也没有大的战争，有我们在，当地群众，特别是地方党、地方政权和地方武装，都感到安心和受到鼓舞。1945 年末，中原军区主力从桐柏地区转移到鄂东地区作战，我们教导团配合主力加强活动，1946 年 1 月中旬，国共双方停战协定生效，教导团胜利完成了坚持游击战任务，奉命开赴宣化店 3 个队的学员全部分配去部队工作。

鄂东教导团学员的分配工作结束，教导团建制撤销，教导团政委白相国调中原局组织部工作，协助处理干部问题。过了几天，他找我谈话，说："现在虽然停战了，但是形势紧张，国民党 30 万大军包围我们。我们随时准备打大仗。现在边区的干部太多，需要部队掩护，对作战很不利。组织上决定：调大批干部到别的解放区去工作，干部自愿和组织决定相结合。现在征求你的意见，是留在边区分配到部队工作呢？还是转移到别的解放区去工作呢？"我考虑后说："我愿意转移到别的解放区去工作。"就这样，我调到华东解放区去。组织上发给我 5 万元法币。经武汉去华东。又由教导团副团长石天华的爱人魏素娟同志给汉口家里的哥哥魏学楷写了一封信，帮助我转移。3 月的早春，虽然天气晴朗，但仍有一些寒意。我穿一件长衫，沿着宣化店南流的河水，顺路徒步南下，当时，心潮起伏。是啊！我参加豫鄂边区和五师的艰苦斗争已有 4 年多了，而今要离别了，留恋之情，有许多说不出来的滋味。我一边走，一边回头北望宣化店，那里有我的许多亲密的战友。我通过地方的秘密关系，在平汉铁路广水车站上了火车，直奔汉口，找到了住在汉口汉正街中和善堂的魏学楷。魏学楷和他的母亲一家人都十分热情，招待我吃住，给我办了由汉口到苏北高邮的通行证，帮我打听到南京的轮船。魏学楷对我说："由汉口到南京的轮船船票8万元法币。"这就难住我了，组织上只发给我5万元法币，哪里拿得出8万元法币的船费呢？而且到南京后还要转苏北。后来我亲自到码头打听到坐木船到南京的船费只要3万元法币（包括吃饭）。于是我就坐木船到南京。在木船上结识了一位从重庆经汉口到苏北扬州的单身电器工人，他带的东西多，我为了便于掩护自己，就和他顺路结伴同行，帮他照顾行旅。到南京后转乘火车到镇江，渡长江到扬州。电器工人的老家在扬州往北20多里的农村。到他家后，了解到他家乡是我们的游击区，有乡村民主政权组织。我在他家住了一晚，第二天我们的乡政府送我到区政府。我是由中原军区到达华中军区最早的一人。华中军区司令员张鼎丞十分关心中原军区的情况，听到我是从中原军区化装出来的，就把我找去询问。我汇报说："全面情况，我不甚了解。据我所知，我中原军区主力一纵、二纵，包括三五九旅南下支队，刚从平汉铁路以西的桐柏地区转移到路东的宣化店地区，局面还没有打开就停战了。部队多，驻地狭小。河南军区和江汉军区部队仍在平汉路西地区。现在国民党约30万部队围困中原军区，构筑碉堡，妄图困死我军。当前粮食缺乏，经费困难，部队都吃掺了野菜的稀饭，但斗志昂扬，情绪很高。"张鼎丞司令员听后说："华中军民十分关心中原地区的艰苦斗争，我们正在设法秘密用木船运黄金支援中原的斗争。"我听后深感共产党及其领导的部队是一个整体。一方有难，各方支援，积极配合，相互支持。

两个月后，我中原部队英勇突围，拉开了中国命运大决战的序幕。

原载马焰等：《驰骋江淮河汉》，解放军文艺出版社，2001年，第256～264页。

在新四军五师战斗的岁月

◎ 王之铎

豫鄂边区的大悟山，是抗日战争时期著名的敌后抗日根据地。我曾经在那里工作了好几年，直到抗战胜利。那里的山山水水，留下了我的足迹；那里的土地和人民，哺育着我成长，支持着我战斗，50多年过去了，我经常怀念着难忘的往事。

一、初到豫鄂边区

我1938年参加皖南义勇队。皖南事变后（1941年4月）我在山东被国民党苏鲁战区扣留，被释放脱险以后，党组织派我回到鄂西北的襄樊。那里是我的家乡，便于隐蔽，约定由地方党组织来找我，接组织关系，规定了化名、联络暗号。1941年7月下旬，我便回到了襄樊。在家等了3个月，天天盼着地方党组织有人来找我，可是一直没有消息。环境已经起了很大的变化，这里看不到抗战初期到处高涨的抗日救亡运动的热烈场面，襄阳中学已经迁到了郧阳，曾经和我一道参加抗日救亡运动的同学，一个也找不到了。党的组织一点线索也找不到。按照党的布置，我接不上头时，要主动去找党的关系。当时有3个方向：到重庆去找八路军办事处；到延安去找中央组织部；到就近的八路军、新四军去。三条路，只有到就近的八路军、新四军部队去最方便。我从新华日报和民间广泛的传言中得知鄂中、鄂东、京广线两侧的敌后沦陷区，有新四军五师李先念和陈少敏领导的抗日游击队，最近的地方就在随枣一带的大洪山地区，以及东边的大悟山地区。当时国民党五战区军装被服所用的棉花、棉布，都是在樊城市面收购，由鄂中、鄂东、黄陂、孝感的许多小商贩运来的。从敌占区的鄂东沦陷区，有一条肩挑贩运的通道，从这条路自襄樊可以进入大悟山的敌后抗日根据地。

我做好了周密的调查和准备，找到了小商贩交朋友，他们答应带我"做生意"。

1941 年 11 月 5 日清晨，我也装扮成运销棉花棉布的小商贩，和这群同伴离开了襄樊，一同上路了。

经过张家湾、梁家嘴，进了大洪山，途中过了国民党五战区十三集团军汤恩伯部队的最后一道哨卡，再向前就没有国民党的军队了。第 3 天便到了随南的均川、环潭，街头上贴着新四军五师的布告和标语。已经进入新四军五师根据地了，我心中暗自高兴。

我已经不需要同行的小商贩的掩护了，便借故肚子疼要休息一下，向他们告别，感谢他们一路的照顾，请他们先走。

这天正逢集，等到中午集散了，我才独自上路前进。谁知走了不远便被几个背着驳壳枪的便衣队员拦阻了。原来，他们早已发现了我，并从与我同行的小商贩中了解到我的来历。为了不惊动赶集的人，等到下午我出了街，才把我拦住，仔细盘查。

我估计他们都是新四军五师的便衣，正是我要找的人，所以我坦然自若。他们把我带进一个村庄，一位身穿军服，臂上带有"N4A"符号的正规军人，详细向我问话。后来，我才知道，他叫文训，是随南游击队的教导员。我对他详细讲了我的来历和一切真相。他对我很亲切。吃饭时，特为我加了两个菜：炒肉片和炒鸡蛋。并给我指路，让我到洛阳店去找师部。

到洛阳店我找到了统战部的宋彬同志，他派侦察员送我到九口堰师部。我见到政治部秘书毛昌熙同志，他忙于苏联十月革命节的庆祝大会，部队又有紧急任务，立刻要出发，于是送我到警卫连。后来我才知道，部队忙于向大悟山转移。

夜间行军白天休息，走了 3 天穿过了京汉铁路，进了大悟山。我仍在警卫连。路上碰到了毛昌熙，他问："为什么把你送到警卫连看押？"我理直气壮地说："我是共产党员，是来找党的。国民党扣押我，我感到光荣。到了新四军，你们也关押我，你们是共产党的队伍吗？"

一位骑马的人走过来，看见我盛气凌人，毛昌熙却支支吾吾，便对毛昌熙说："派人把他身上搜一搜，问清情况，是国民党派来的，还是日本人、汉奸派来的。"我怕他们真的这么干，被吓毛了。满腔的怒气变成了恐惧。

中午，部队在山坡上休息，毛昌熙叫我去见政治部主任。我镇静下来，自信只要这是共产党的队伍，我总能说清楚。

原来政治部主任就是刚才那位骑马的人。他以敏锐的眼光，把我上下打量了一番，便连珠炮似的一句紧跟一句，不让我有思考余地地问："你叫什么名字？""多大年纪？""家住在哪里？""家里有什么人？""父亲叫什么名字？干什么的？""大哥叫什么名字？多大年纪？""他现在哪里？"我一字不错地回答了他的问题。"你让我慢点说不行吗？"我抽空顶了他一句。他停下来望着我思索着，我请他听我说明我的来历。他说："好吧，你慢慢说，不许说假话。"我把对文训、宋彬、毛昌熙等人说过的话，又重复了一遍。"你见过朱瑞吗？那你就详细说说朱瑞的情况。"

"朱瑞是中共中央政治局山东分局的书记，江苏盐城人，是从苏联留学回国的。在山东我们见过多次，听他传达中共六中全会的报告。我们派到国民党苏鲁战区工作时，我们的党员名单，就由他保存在山东分局。"

我如实地回答了这些问题，他的疑惑逐渐消失了，又问："你大哥王之铮跟家中通信吗？他现在在什么地方？他的情况怎样？"我如实回答了。他不再发问了，说："你这个小伙子太性急了。不要火气大嘛，我们的侦察员报告你从老河口来，和一伙小商贩同路，他们说你不是他们的人，你又没有任何人介绍，也没有任何证件，我们要把你的来历搞清楚，难道不应该吗？你现在说的情况，你的党组织关系，我们还要通过延安向山东分局查清楚。不过，我们还是相信你说的。从现在开始，你可以到组织部招待所去住。"这样就解除了警卫连对我的看管。他又说你们襄阳五中的许多同学在这里，等一会儿叫他们来看你。

毛昌熙从警卫连送我到组织部招待所。小勤务员用门板给我搭了个铺。我从阶下囚变成了座上客。我正躺着休息，突然听到很熟悉的声音："王之铎，王之铎！"我出门一看，原来是廖佑昆、李宗仙两位同乡同学，我们自小一起长大的。过了一会儿，文工团的徐垠、李野、汪洋、方堃等都来了，挤了一屋子。我身上还有一二十块银圆，掏出一元叫小勤务员去买了一篮子花生，大家围成一圈，边吃边说。抗战时期，意气相投的救亡青年热烈聚会的情景，呈现在这小小山村的农家里。大家七嘴八舌，吵吵嚷嚷。他们问我带来了什么材料，政治的、时事的、文化的都好。我化装成小商贩哪能带什么材料。他们又问华北八路军、苏皖新四军、五战区老河口等情况以及文化、戏剧、歌咏情况。可惜我回答不出多少，最后唱了一支歌《永远跟着共产党走》。这下，文工团搞音乐的李野、翟民就抓住不放，要我反复唱，他们记谱的记谱，记词的记词。以后，这支歌按他们所记下来的谱词在新四军五师广为流传。

组织部长顾循同志和我谈了一次话，谈到向山东分局查询我的组织关系，分配我到抗大十分校工作。

二、在抗大十分校

我从路东又回到路西的白兆山抗大十分校。校长、政委都是李先念师长兼任，副校长徐休祥、副政委黄春庭主持日常工作。训练部长张水泉、政治部主任冷新华。我在政治部宣传科当干事，化名叫金铎，大家叫我金干事。刚开始，宣传科只我一人，没有科长。后来来了一位女同志名叫任重。我们负责学员的政治文化学习、对内对外时事宣传和文化娱乐活动。不久，又调来两位同志：李国超，广东梅县人；王坪，河南信阳人。组织科长曾昌华、杨子谦都负责过我们的工作。以后训练部由余潜任副部长，领导政治文化教育和宣传科的工作。

那时，五师刚开过政治工作会议，黄春庭同志在全校讲了一次："巩固部队的政治工作。"他是老红军政工干部，不仅从理论上讲了如何加强党的政治思想工作，还特别强调爱护战士、关心战士，改善部队的物质生活，搞好伙食。他确实有丰富的政治工作经验。可惜，在国民党顽固派一次进攻中，黄春庭政委中弹牺牲。这对抗大十分校的工作是很大的损失。

1942年夏季路西的环境由于顽固派的进攻动荡恶化，抗大十分校转移到环境比较安定的路东大悟山地区，驻在姚家山一带。

我军三打伪军汪步青，俘获了敌人的一个军乐队。为争取他们参加我军，全班人马调给了抗大十分校，由政治部宣传科负责。这是一个由40多人组成的铜管乐队。大喇叭、小喇叭金光闪闪,吹打起来非常热闹。他们每天除了吹打练习,由宣传科给他们上政治课,讲共产党的方针政策、统一战线、民众运动等。

春耕大忙季节,部队的干部学员,都要帮助群众割麦插秧。我们动员军乐团的同志参加,主要从政治方面使他们了解我军的军民关系,并不要求他们都下地干多少活儿。

当地群众在插秧的时候,村子里轮流帮工,家家插秧时也请吃秧酒。

我们住的房东家,插秧那天,一定要请我和军乐队队长吃酒。我们推脱不了,只有从命。在民间这是很隆重的农家宴会,菜肴很丰富,鸡、鸭、鱼、肉、豆腐、蔬菜,把家里所有好吃的东西都搬出来,慰劳辛苦了一天的人。我虽然也下了田,但活儿干得很差。按照三大纪律、八项注意的要求不能吃人家的酒席,我灵机一动,掏出一枚银圆,给房东的孩子,说是给他买糖果吃,实际是作为我和军乐队队长的饭费。事后军乐队队长说,你这一招干得很漂亮,你们和老百姓的关系,就是和别的军队不一样。不过,你一个月才五角钱津贴,一顿饭吃了你两个月的钱,以后,一点零用钱也没了。

经过几个月的教育改造,军乐队的人提高了觉悟,政治上拥护共产党,拥护八路军、新四军抗日救亡。但是,他们的家都在武汉,习惯大城市的生活,不适应我军的艰苦生活。于是,我们调了一批年少的战士来学习军乐。每天一起床,便到山头上使劲吹号,一直吹到把尿憋没了。由于他们文化水平低,学不会五线谱,各种复杂的铜管乐技巧,短时掌握不了,而原来那些军乐队队员,要求请假探亲,或者接家属来队,或者回武汉抚养老人。我军的政策是:"留队欢迎,要求走则不勉强留,并发给他们足够的路费,准其回家。"最后只几个人和军乐队队长留下参军了。他们大都改做了其他工作。调来的青年战士也回原单位了。军乐队就这样结束了。

在抗大十分校,组织上调给我的勤务员,是个年龄只有12岁的小孩子,名字叫模范,京山人,父亲被日伪军拉夫,死在外面了,母亲改嫁了。他要为父亲报仇,就参了军。我们叫他"小鬼"。他的工作是每天为我打饭、打菜,晚上领一碗豆油,点燃一盏豆油灯。行军时,每到驻地还要为我向房东借一块门板,支一个铺。有时间还要给房东挑水,保持水满缸。烧水、烧柴也要由他到山上去拾树枝、割柴草。

我每天晚上教他认字、唱歌。他不肯学,说:"我当勤务员,不会认字、唱歌,也能做好工作。"

有一次,部队发布鞋给干部,战士和勤务员没有,模范有意见,就用唱歌来表示不满。有支歌《新四军里真快乐》,歌词是:"新四军里真快乐,官兵平等津贴一样多,不打也不骂,好话对你说。"模范却唱成:"新四军里不快乐,干部穿鞋勤务员打赤脚,还要上山拣柴火。"

五一劳动节那天早上,他没给我打洗脸水,一天也没照面。晚上他回来,我问他今天怎么不工作了。他说:"今天是五一劳动节,指导员讲了勤务员都放一天假。"我才恍然大悟模范今天不工作,是过劳动节,应该的。

这孩子,实在可爱,他虽年龄小,却干跟大人一样的重活。为了培养他,我送他到抗大的青训队去。我原以为他会很高兴,谁知他不去,还说他一不当学员,二不当干部。如果我不要他了,他愿意到连队去当兵,背杆枪去打仗,打死一个汉奸、日本人,也算给他父亲报仇了。我耐心地劝说他去学习,谈了两三天,他才勉强答应了。他的要求是学完了还要回来做勤务员。我送给他一个笔记本和一支钢笔。他学习去了,以后他的情形我就不清楚了。我感激他小小年纪,在生活上给了我那么多的帮助。他那幼小而顽强的形象,深刻地留在我的记忆中,已经过去了半个世纪,却好像还在昨天。

三、在师文工团

我到抗大十分校不久,政治部副主任余潜同志便找我谈话。说山东分局已经回电报给五师,证明我在1938年鲁南人民抗日义勇队入党,经山东分局派到国民党所属苏鲁战区,抗敌演剧第六队工作。皖南事变后,该队全部被国民党拘留。以后的情况,分局就不清楚了。五师政治部认为,虽然我入党的情形有了证明,但被扣留后的情况以及被释放后的经历,都无人证明,由于我千里跋涉投奔新四军,积极找党的组织关系,可以先重新入党,过党的组织生活,保留原来的党籍,待得到证明,再恢复党籍。余潜副主任愿做我重新入党的介绍人。经过多次交谈,我坚持要恢复党籍,不愿重新入党,认为我没有问题,没犯错误,已经有了入党的证明,为什么不恢复党籍,要再重新入一次党呢?五师政治部如果不给我恢复党籍,我可以回山东去，找山东分局，解决党籍问题。

这样，抗大十分校说服不了我，把我送到师政治部。组织部长顾循同志和余潜一样，要我重新入党，我又重复讲了自己的理由。顾部长说："你的意见可以考虑，但现在只能重新入党。"我要求到山东去。他说："到山东去或是到军部去，目前都不可能，交通过不去。从鄂东到皖中，被敌伪顽部队隔断。等到将来根据地打成一片，才能过去。现在只能等着。"我也无可奈何。顾循同志又说："你的工作，可以不回抗大。现在师政治部正在扩大文工团，你可以暂时到文工团去。等有机会，往东边的路通了，我立刻送你到山东去。"1942年秋天，我到了文工团。团长唐庆、助理员周辛对我说，知道我是失掉关系的党员同志，政治上不会歧视我，让我参加创作组，按营级干部待遇。和从事文艺工作的青年在一起，很谈得来，与唐庆、方西、胡旋、周辛、汪洋、方堃等人一见如故，志趣相投。我虽然是从全国闻名的演剧队来的，但无一技之长，不会演戏。在文工团多年，未做出成绩。只在《太平天国》一剧中扮演了林福祥，在《雾重庆》中扮演了诗人老艾。

1943年文工团在大悟山演出大型话剧《雾重庆》是件有很大影响的事。在没有剧场，只有山坡的土台子的偏僻山区，上演大城市的戏。重庆是战时中国的首都，要把它搬上舞台，光是布景、道具方面的难度就很大，何况演员的水平不高，甚至数量都不够。

文工团长唐庆同志是位相当有造诣的艺术家，很有组织指挥能力。我们的实力是他的聪明才智和干劲，加上当时文工团已有一批诸如方西、胡旋、周辛、王萍、方堃、汪洋等音乐戏剧的骨干人才。唐庆担任导演并扮演《雾重庆》中的男主角，女演员还请了当时师长的爱人尚小平来客串。为了制作布景，专门找来木工做道具沙发。由于工人没见过也没听说过，我们就用麻袋装上稻草，外面罩上布单，做成舞台上的沙发。

演这个戏是否适宜，颇有争论，"对抗战无益啊""不适于敌后农村环境啊""不符合普及与提高的方针啊"等众说纷纭。唐庆和文工团部分领导同志力排众议，认为演这个戏，很有好处。它揭露了国民党的消极抗战、腐败黑暗，宣扬坚持抗战，是有积极的宣传教育意义的。演这个大型的多幕剧有一定难度，但它可以培养锻炼人。事实上，经过排演《雾重庆》，文工团的业务水平普遍有了提高。

戏排好了，究竟演不演，其说不一。唐庆告诉大家，各军分区、旅的首长正在师部开会，听说文工团排了大戏，一定要看。如不演这个戏，他们就要砸文工团的舞台。这说明当时的观众已经不满足于独幕剧、小歌舞，如《放下你的鞭子》之类的小剧目了，有了更高的艺术享受要求。当时的大悟山根据地已经是纵横千里的大块根据地的中心，是千万人向往的地方，艺术上也不能没有较高水平的东西。《雾重庆》的演出获得了成功，受到了观众的热烈欢迎。许多干部群众从很远的地方到师部驻地来看演出。大悟山根据地的各村庄，以至整个边区都轰动了。在敌后边区，在那艰苦的岁月里，人们能够欣赏到这种艺术水平高的优秀剧目，真是大开眼界、大饱眼福，的确是很难得的。

我在文工团除了参加文艺演出等工作外，也常常承担一些特殊任务。1943年下半年，日本发动了太平洋战争，占领了缅甸、泰国、新加坡等地，在大陆打通了粤汉线，国民党军队放弃了长沙。五师部队左面从湖南的湘鄂赣边区开辟了阳新、大冶、通山、岳阳、鄂城根据地，右边从洞庭湖以北的常德、桃花山地区建立了根据地，从而对武汉的敌军、日军的华中派遣军形成了战略包围的态势。这时文工团在襄南活动。我被指派随军到江南挺进支队做青年工作与政权工作，组织青救会和地方政权。我到过桃花山，后到江北。文工团回师部，我也回大悟山。我又提出到军部或山东去接党组织关系，没获准许。我从文工团调出，到挺进报社任编辑，不久又任随军记者。

调出文工团时，团长唐庆同志按组织部的交代，劝我留在五师工作，先重新入党，以后得到证明再恢复党籍。唐庆愿做我重新入党的介绍人，没有候补期。我接受了唐庆的意见，第二次加入了共产党。我在挺进报社是正式党员。

挺进报是五师政治部的机关报，已有三四年历史，从最初的油印报，到石印报，再到现在的铅印报。师部在大悟山的陈家大湾，挺进报社在隔一二里路的秦家湾，社长马仲凡，编辑有马焰和我，我们住在老乡家的一间堂屋，每人编一二个版面。马焰在报社时间长，很有经验。马仲凡为人严肃认真，对我细心地教导。我现有的一点儿文字功夫，不少得益于他。

我们从选稿到改编、标题、画版面的大样，弄好经马仲凡过目，审定以后才发稿。

我们还要做通讯员的工作，退稿要写信详细对来稿作评讲，指出其优点及不足之处。报社的印刷厂在大悟山脚下的杨家湾，离师部只有十几里路，有十几名工人，一部四开平台印刷机和一台圆盘机。

三五九旅南下到大悟山时，我先在十三旅连队采访，以后到三五九旅的连队采访，写了一篇字数较长的专题新闻，马仲凡看了很高兴，对我大加表扬，全文刊登在第一版，并加上了通栏标题：《在欢乐的日子里——记三五九旅到达鄂豫边区与五师会合》。我的工作又改派到河南军区，到四望山做六分区的随军记者。

随军记者一般不回报社，只有开会或大的军事行动，大家才能碰到一起，交换工作经验，交流情况，互相学习。

过去，我很少参加战斗，担任随军记者参加战斗的机会就多了。有一次，我随三十七团行动。在团指挥阵地上，除了警卫班占据着指挥所，参谋、干事都下到连队去了。团长夏世厚从望远镜里看到敌人正准备逃跑，便对我说："金记者，你快跑下去告诉一营营长，快抄近道抢到敌人前面去堵住敌人，不要让敌人逃跑了。"就这样我这随军记者当了团长的传令兵。

战斗中我常跟着主攻部队行动，有时跟着尖兵班走。战士们端着枪，子弹推上了膛，准备射击，而我连一颗手榴弹都没有，我的武器是采访用的笔记本和笔。

战斗结束了，战士们有的休息，有的搜集战场上的战利品和物资资财。随军记者要加班加点工作，写新闻通讯、统计数字以及做力所能及的战场上的其他工作。工作紧张、有序，我的心情十分愉快。

1945 年 8 月日本宣布投降时，我正在六军分区，准备进城接受日军投降。国民党蒋介石却下令不许八路军、新四军进攻日寇，并命令日伪军不得向我军投降，坚守阵地，等待国民党军队从峨眉山上下来，到豫鄂边区接管防务，并准备进攻八路军、新四军。民族战争没有结束，国共双方签订的停战协定的墨迹未干，国民党就开始发动国内战争了。

我们不得不转移了！再见，大悟山！

为准备应付内战，中原野战军成立，我们这些记者都到部队任职。我分到十三旅三十七团任宣传股长。三十七团驻在宣化店南边的吕王城。

6 月 26 日黎明前，全团在宣化店南边的河滩集合，部队排成"凹"字队形。

平常这时都是我指挥部队唱歌，或读报、宣讲新闻，或担任司仪请首长讲话。今天夏世厚团长亲自喊口令，指挥部队。他要求部队严守纪律，注意听讲。过了一会儿，中原军区司令员李先念同志到了。夏团长向师长报告了人数之后，请李师长讲话。李师长站到队伍的中心，用他那浓重的黄安口音讲话。他首先问："同志们好！"鼓励三十七团，称赞三十七团，他说："现在你们是中原野战军，作战勇敢，获得了许多胜利。你们是中原军区和中原人民的保卫者。"接着他讲了全国形势和中原军区面临的问题："国民党已经用 30 万大军包围了我们，各路进攻的部队都已开始行动，要在 7 月 1 日会师宣化店，合围歼灭我中原军区。"他说："敌人要把你们全部都俘虏了去；把我们的根据地全部占领，把我也俘虏了去。你们说行不行？你们答应不答应？"部队爆发出强烈的反应，高喊："不行！""我们坚决不答应！"

当李师长把部队的情绪调动起来后，他又诙谐地向大家讲道理。他说："敌人虽然包围了我们，但是我们一定可以突围出去。"他打了一个很生动的比喻："你们上了楼，人家把楼梯一抽，你没有楼梯了，就下不来楼。敌人包围了我们，但不能像抽楼梯那样，把我们脚底下的路，全都竖起来，这条路堵住了，我们还可以走那条路，我们有两只脚，就是没有路，我们也能踩出一条路来。"

最后师长向大家明确交代任务，就是要打出一条路来，保卫中原局、中原军区机关，胜利突围。

师长讲完了，团领导干部讲话："部队出发，刀出鞘，弓上弦。"部队的将士们憋了一肚子的气要求作战，像出膛的子弹飞射向前，从宣化店向京广铁路飞奔前去。中原大军突围的行动开始了。

再见，宣化店！再见，大悟山！再见，滚子河、陈家大湾……再见，大悟山秋天的红叶，春天开遍满山的杜鹃花！再见，大悟山的父老兄弟、红军的家属、抗日烈士的妻子儿女！抗战时期，我们烧了你们多少柴草，喝了你们多少清水，吃了你们多少粮米青菜！我们像婴儿一样吸吮了大悟山母亲的多少奶汁！大悟山人民给予我们多少恩德慈爱！这些都铭刻在我们心里。再见，大悟山！但，我们还要回来的，我们一定要回来报答你们的养育之恩和无限的关怀与爱戴。

原载马焰等：《驰骋江淮河汉》，解放军文艺出版社，2001 年，第 243 ～ 255 页。

无尽的思念 难报的恩情

◎ 仲 平

  我是个独生女，家庭环境还可以，但我当年的生活和今天的独生子女比起来，有如天壤之别。因为日本鬼子侵入我国，为了赶走他们，1940 年，我才 12 岁就告别了父母和家园，投身抗日队伍。先是当宣传队员、文工队员，后来到实验中学学习。那时我们的生活是很艰苦的，吃的是苞米糊糊煮萝卜，长年累月几乎不知鱼肉之味。虽然如此，但我们的精神生活却是非常丰富的。

  我们的学校没有固定的校舍，没有固定的课堂。哪里离敌人远，比较安全，学校就搬到哪里。没有课桌、没有凳子，我们随处坐在背包上就可以上课。哪天敌人不骚扰，我们就可以快快乐乐地完成当天的课程。

  1943 年敌人"扫荡"我豫鄂边区，学校迁往黄冈滨湖咀、张道湖沿湖的村落，分散隐蔽到群众中去，分班或分组上课学习。初夏的一天，我们部分人正在禾场上听老师讲课，忽然校领导匆匆赶来说："接到情报，敌人出动了，正向我们这个方向赶来。"校领导要我们立即分散，和群众一起离开。

  我和同学周芬抓起背包就随人群一起来到一个小村，实际上这里算不上什么村子，它只有一个祠堂。祠堂里只有一户人家，住两间小屋，3 口人：一个五十来岁的大婆、一个年轻小伙子和一个小姑娘。在小村的前面有个名叫桃园的大村。大村是我们的游击根据地。此时已过晌午，大婆见我们是新四军，还没吃饭，就连忙烧水下面疙瘩。边做饭边说："这里是个破祠堂，目标小，日本人不会来，你们

————— ★ 412 ★ —————

不用再跑了，要是不行，我家还有条小船，可以送你们走。"见大婆这样好，她的话又很有道理，我们不安的心渐渐平静下来。

吃罢饭，我们来到门外禾场坐下，拿出课本复习功课。此时太阳渐向西斜，已近黄昏了。忽然背后传来小姑娘的声音："你们看啰，那边来了好多船！"我们回头一看，果然有10多条船正向桃园村驶去。距离太远，又近黄昏，我们辨别不出是什么队伍，只能看见穿的是黄军装。周芬认为我们的部队都穿灰军装，这些人是不是伪军？而我却自以为是地认为自己比周芬多参军两年，经历比她多，就不以为然地说："那可不一定，我们的部队也有穿黄军装的。"

船在桃园靠岸了，那群人向岸上狂奔而去，这时我们才看清一面太阳旗低垂在斜阳中。这是日本鬼子和伪军！而且还有三四条小船的伪军未上岸，向我们这里一直开来。现在我们是插翅也难飞出去了。但我们不能等死，要想想办法。我们提起背包和挎包，奔向草堆，但草堆太小，藏不下我们两人，我们只把背包、挎包藏了进去，然后飞奔进屋里，但两个小房间里，没有任何东西可供我们躲藏，只有一张大床紧靠后墙，我们立即相互帮助着钻进床底下。仅隔两三分钟，我就听见一声子弹上膛的咔嚓声，接着传来一声大喝："你是新四军吧？快投降！"

"我不是新四军，你看，我有'良民证'。"年轻人回答道。

"你这里有隐藏的新四军吧?!"

"我这里没有，没有新四军。"

"你不说老实话，老子打死你。"接着就听见伪军殴打人和年轻人痛叫的声音。我的心扑通扑通地跳个不停，差不多快从喉咙眼里跳出来了。

"老总呀，我们这里实在没有新四军呀！"年轻人毫不动摇地回答道。

"你说，有没有？到底有没有？"一阵拳打脚踢的声音。年轻人痛苦地呻吟着，但却坚持着说："没有呀，实在没有呀！"

"你还不说，我要你的命！"

此时一阵嘀嘀嗒嗒的号声传来，日本鬼子的集合号声吹响了，这些家伙这才放开年轻人集合去了。

我出了一口长气，紧张的心逐渐松弛下来，以为危险终于过去了，正想从床下钻出来，突然一阵重重的脚步声传来，一个幸灾乐祸的声音大叫道："有两个女匪到哪里去了？"

"这里哪有两个女匪呀！"还是年轻人的声音。

"妈的，你还不说实话，这不是她们的东西吗！快说，你再不说，可别怪我们心狠手辣。"

我大吃一惊，看来这些家伙搜出了我们藏在草堆里的东西了。我的心紧张得快停止跳动了，看来这场祸很难躲过了。我紧紧贴着地面一动不动。

"老总啦，我们确实不知道这里有新四军的东西。"

"你看看，这包袱里不全是女匪的东西吗？你还敢不承认，老子崩了你！"匪军大声吼叫。

"我们实在没看到，说不定是她们路过这里，看到你们要来，丢在这里的吧。"年轻人死不承认。这些伪军一边用皮带、枪托拍打年轻人，一边审问。但任这些匪军如何凶残，大婆和青年就是不说。这些家伙急了，就派出几个人到屋里来搜。现在天已经暗下来了，屋里很黑，什么也看不见，而我们俩又屏住呼吸，一点声音也没有。伪军便着急地大叫："快点灯！"

"我想这下完了，做定俘虏了！此时我心里猛然升起一股豪气，作为一个共产党员，我死又何惧！无论在任何情况下，我决不会丧失党员气节。如此一想，我的心反而平静下来，静待其变。

"老总啦，这里实在是没有新四军，你们要是搜出来，把我的头砍下来……"

"嗒嗒嘀嗒……"这时响起了日寇的第二次集合号声。年轻人的话还没说完，这些家伙就急急地赶回小船撤走了。

待船去远，大婆叫道："同志快出来吧，鬼子走了，没事了。"我们从床下爬出来，看见大婆紧张后松弛下来的面容，看见年轻人遭毒打后留下的伤痕，一阵感激的热浪涌上心头，这次我们能够死里逃生，多亏了他们拼死相救。我深深地感受到，人民群众不仅是我们的衣食父母，也是我的再生父母。

虽然我们逃过了劫难，但却和学校失去了联系，这家人又用小船送我们去找，最后终于把我们送到了校部。

当时我们毕竟是年轻单纯，竟然没有问清大婆一家的姓名和这个小村的名称，以致后来无法联系。

之后，动荡的环境，紧张的学习、工作，中原突围，我无暇去寻找、探望救我性命的一家。全国解放后，我进了城，甚至调往南方大城市——广州工作，远离这一地区。尽管我常常思念他们，但工作繁忙，经济上也不允许，无法前往看望。想要写信问候，又苦于没有地址姓名，至今我仍深感愧疚。离休之后，终于有时间和条件了，1992年，我和老伴及几位战友重返这一地区。当我们踏上这阔别半个世纪，亲切而又熟悉的土地时，我心潮起伏、思绪万千。举目四望，故地已是旧貌换新颜了，往日湖水淹没的地方已成万顷良田，绿油油的秧苗正茁壮成长，祠堂也已消失，这户人家已不知去向。屈指计算，大婆该已年过百岁，很可能已不在人世了。我遗憾地仰望长天，默祝已逝者好好安息，在世者健康幸福！这英勇顽强的一家，他们在敌人面前不屈不挠的精神，曾激励我克服困难，努力工作。他们的形象将永远铭刻在我心中，永志不忘。

原载马焰等：《驰骋江淮河汉》，解放军文艺出版社，2001年，第279～283页。

实验小学给了我革命启蒙教育

◎ 朱忠荦

我出生在湖南长沙,生活在一个进步的家庭。我的伯父、姑姑、叔叔、姐姐(朱伯深、朱仲丽、朱仲芷、朱竞之、朱忠勋、朱忠芳等人)早年就参加革命,奔赴延安。

1944年初春,我还不满10周岁,父亲朱仲硕就带着我和德姐从湖南老家途经武汉,投奔新四军五师。当时五师驻在大悟山一带。在路上有时我走不动了,就由挑夫挑着走,终于到达了师部驻地。父亲参加了革命工作,我和姐姐后来进入了边区实验小学学习。

1945年初,王震伯伯率三五九旅南下到中原时,我认识了他。他真威武,神采奕奕,性格爽朗而又平易近人。他见我年幼,天真活泼,而且他又熟识我的姑姑朱仲丽和姑父王稼祥,所以收我为干女儿,并为我改名为朱思造,为姐姐改名为朱思进。他曾几次到学校看我和姐姐,鼓励我们认真学习,学好了本事将来才能更好地为革命工作。他的关怀教导我时刻牢记在心里,终生难忘,后来一直成为我在小学、中学、大学努力学习上进的动力。

在实验学校,经过测验,我分在小学三年级。但在生活上,我却和年长的同学一样,穿军装,打绑腿。我学会了打背包。我们学政治、学军事、学文化。在有敌情学校需要转移时,我和大伙儿一起行军。夜行军时我也和大家一样认真地向后传口令。过封锁线时,遇上敌人的部队路过,我们就趴伏在路旁沟里,一声不响地让敌人过去,我们再继续前进。我最喜欢唱歌了,学校在饭前、开会前都要集合唱歌。每逢这时，我就特别主动，有好几次我还主动上前指挥。有些歌曲的歌词，我至今还记得清清楚楚。

当时学校的环境非常艰苦，我们睡的是地铺，除学习外还要轮流上山打柴、帮厨。有一次帮厨，切菜时我不小心把左手食指尖切下了一小块肉，指导员立即送我到卫生员那里止血、上药、包扎。至今我的左手食指上还留有疤痕。尽管如此，我却过得非常快乐。

1945年3月，王震干爹南下，父亲也随他南下了，此后再没有人来看望我和姐姐了。但牛健校长对我们全体同学却是非常关心爱护的，使我这个远离亲人的孩子，感到革命阵营的亲切与温馨。夏季来临，天气逐渐炎热时，我长了两手疥疮，痒得受不了，十个指头只能张开，试了各种治法总也好不了。后来牛校长用土办法给我治疗，把我的两手放在淘米水中浸泡、搓洗，可以闻到硫黄气味。这样慢慢地就痊愈了。更为糟糕的是，我长了满头虱子，抓不尽，灭不了，实在无法可想。牛校长说："干脆，把头发剃了吧！"于是他帮我把头发剃光，然后敷上油包扎起来，同学们都说我像个男孩子。

短短一段时间的学习生活使我的童年过得充实而有意义，使我的人生历程更为丰富多彩。它给了我革命的启蒙教育，为我永远跟着共产党走，奠定了初步的政治基础，并为我打下了后来努力学习上进的思想基础及艰苦奋斗的生活基础。

1948年8月，我在湖南长沙周南女中附小学习时，二姐朱忠芳将我带到沈阳，姑母朱仲丽和姑父王稼祥将我送进了八路军的干部子弟学校——东北实验学校。

1949年10月1日，开国大典，我聆听现场广播，当毛主席在天安门宣布中华人民共和国成立，从此中国人民站立起来了时，我热血沸腾，沉浸在欢乐幸福之中，我好像一下子长大了许多。1955年我加入了共青团。1955年我考入了北京医学院，1956年在北医加入了中国共产党。毕业后，分配在北京同仁医院工作，后来任副主任医师。

回顾我走过的道路，我是从小就在党的教育关怀下成长起来的。不到10岁我就走进了革命阵营，是党教育我懂得了革命道理，教育我如何做个有用的人。是领导、同志们在生活上、学习上关心我，帮助我克服种种困难，使我受到锻炼，健康地成长起来。还有我家中的伯、叔、姑、哥、姐等多人和姑父萧劲光、王稼祥，他们早年就参加了革命，有的参加了二万五千里长征，有的是老八路，在我和他们的交往中，他们言传身教，使我受到革命的熏陶。我由衷地感谢所有这些亲人、领导、战友和同志。1956 年我入党后，曾到干爹王震家看望他老人家。他亲切地接待了我，风趣地回忆起当年我身材瘦小的情形，他有说有笑，吃饭时还往我碗里夹菜。

对实验学校的牛校长，我也很怀念，可是从中原突围后，我一直不知道他的下落，多方打听都没有结果。直到 1995 年我绕了几道弯才找到他，和他取得了联系。

原载马焰等:《驰骋江淮河汉》，解放军文艺出版社，2001 年，第 346 ～ 348 页。

回忆新四军第四支队医疗卫生工作

◎ 汪　浩

1938 年 2 月中旬，红二十八军和豫南游击队在黄安县七里坪正式改编为新四军四支队，下辖七、八、九团和手枪团，共计 3300 余人。七团 2 个营，每营 3 个连；八团 3 个营，每营 3 个连；九团 2 个营，每营 3 个连；手枪团 3 个分队，分队相当于连。各团机关编有参谋处、政治处、军需科、卫生队、通信警卫排。支队机关编设司令部、政治部、警卫交通队、军需处、军医处、被服厂、军械修理所和后方医院。我在军医处任医务主任。现回顾一下四支队的医疗卫生工作，供史学工作者参考。

四支队的卫生机关

1. 四支队设有军医处，处长阮汉清、副处长林之翰、政委王 ××（后为詹化雨，时间很短）、医务主任汪浩。军医处有秘书 1 人、医生 5 人、司药 3 人、看护长 2 人、看护（班）10 余人，挑夫（班）8 人，担架员（班）10 人、炊事员（班）5 人、通信员 2 人、勤务员 2 人，共计近 50 人。

2. 四支队后方医院是以红二十八军总医院为基础改编而成的，编有院长 1 名、政委 1 名、医务主任 1 名、军医（班）5 名、看护长 3 名、看护（班）10 余人，司药 3 名、担架员（班）10 名、挑夫（班）10 名，炊事员 5 名、洗衣员（班）5 名，共计 50 余人。

医务人员大部分是红军时期的女医务人员。1938年4月,部队东进到舒城、桐城后,由于部队发展,又不断打仗,因此在一个医院的基础上扩编为两个医院:第一后方医院,院长汪浩;第二后方医院,院长由林之翰副处长兼任。两个医院各有五六十名工作人员,能收治近200名伤员。

3. 各团设卫生队。卫生队长1名、政治指导员1名、医官2—3名、司药2名、看护(班)10余名、挑夫(班)5名、担架员(排)20名(两个班)、炊事员(班)5名、文书1名、通信员1名、马夫1名,全队共50余人。七团卫生队长王月俭,八团卫生队长朱直光,九团卫生队长阙声。九团于1938年撤编,次年1月又重新组建,称"新九团",卫生队长汪浩。

4. 营设医务所,所长1名、医官1—2名、看护2名(1名兼司药)。到1939年,江北指挥部成立后医官改名为医务员,卫生员改称为保健员。

5. 连队编设看护员(卫生员)1名。手枪团的人数少于七、八、九团,是团级单位,团、分队的干部是按照团营干部配备的。团、分队卫生人员的配备少于七、八、九团。四支队的医务卫生人员,阮汉清、朱直光、阙声3人原是湘鄂赣边区红军卫生干部,国共合作时从八路军驻武汉办事处介绍来的,其他全是红二十八军卫生医务人员,现在还健在的有30余人,女同志占五分之二,分布在全国各地。

四支队从七里坪到舒城、桐城地区时医务人员90%都是红军时期的医务人员,他们有坚强的革命斗志,顽强的吃苦精神,全心全意为部队健康、为伤病员服务的优良作风和战场救治伤员的丰富经验,不少同志有用中西医结合治疗的本领。

四支队的药品、器材供应

药品、器材的供应比起红军时期好了很多,只要医务人员会使用的基本上都有。我们在坚持鄂豫皖边区三年游击战争时期基本上无麻醉药,治疗疟疾的奎宁也很少,医疗器械也非常简单。我记得高敬亭政委有一颗牙坏得很厉害,疼痛难忍,他让我把它拔了,我说:"高政委,没有麻药,也没有拔牙的钳子。"他说:"我痛的受不了,你大胆拔吧,无论如何也把它拔掉,我忍着点就行了。"我这才下决心给他拔,拔前注射了一支吗啡,让他用硼酸水漱了漱口,在坏牙的根部擦了擦红药水，然后用血管镊子夹紧，把那颗坏牙（龋齿）使劲拔了下来。现在看来是个很简单的牙病治疗，可是在当时条件下也是不容易的啊！

四支队药品器材的来源：

1. 国共合作后，十八集团军驻武汉办事处发给各支队一部分药品器材，从1937年11月到1938年年底两次发给四支队药品和医疗器械。第一次是我亲自去武汉八路军办事处领取的。第二次是阮汉清处长去领取的。

2. 支队领导，特别是高敬亭司令员兼政委和林维先参谋长是非常关心部队药品供应的，他们在红军时期亲自体会到生病负伤后无药治疗的痛苦，因此批了2000银圆，指示我和阮汉清处长分别到武汉去购药品、器材，我是1937年11月随何跃榜（当时是红二十八军谈判代表）一起去武汉八路军办事处领买药品。我们从七里坪出发步行到黄陂县祁家湾火车站，然后乘火车到汉口，我们住在八路军驻武汉办事处，日本租界89号，大约在汉口住了10天，先领取办事处发给我们的药品，然后到新亚药房去购买药品、器械和医务书籍，贵重药由自己带回，一般的寄到七里坪。记得我们到武汉八路军办事处时，何跃榜向董老（董必武）介绍说：他（指我）是四支队军医处医务主任汪运富（我原来的名字），是红二十八军的老医务人员，他是来买药品的。董老问我："你是什么地方的人？"我答是黄安县人。董老笑着说："我们还是老乡呢！"董老接着问我四支队卫生工作情况，我简单地向他做了汇报。董老指示说：红二十八军坚持鄂豫皖三年游击战争，很艰苦，有功劳，卫生工作困难也很大，你们救治了不少伤病员，保证了红军部队完成战斗任务。部队医务工作很重要，你们要发扬红军的光荣传统，努力学习医疗技术，做好部队卫生工作。"我答："一定遵照首长指示，努力学习，做好四支队部队卫生工作。"董老还问到领药和买药的情况，我说办事处发给四支队的药品已领到了，还要到药房买一部分。董老说："好，抓紧时间买，办好就回去。"董老的接见和指示，给了我很大的鼓励，他那和蔼可亲、平易近人的慈祥面容真叫人永生难忘。第二次到武汉领买药品是1938年7月份，是军医处处长阮汉清亲自去的，买了1000块左右银圆的药品、器械。

3. 1938年4—5月份，部队东进到舒城、桐城、庐江、无为、巢县时，打胜仗缴获了一些药品。攻克庐江、无为县时，既缴获了一些，又在县城药房买了一些药品。

4. 四支队到皖江地区后，一些中医师参加了四支队，如沈墨、绍健民等。于是我们医院很快就开展了中西医结合治疗。中药是从当地城镇中药铺买的，有时医务人员也上山采一些，那时，四支队后方第二分院和四支队机关领导干部用中药治疗疾病比较普遍。因红军在三年游击战争时期，许多伤病员是放在老百姓家里休养治疗，老百姓主要是用中医中药的办法治疗红军伤员的，所以四支队容易接受中医中药治疗，南方城镇几乎都有中药房，中医也比较好请，一般中药也能买到。

5. 各团、营的药品除军医处定期和不定期供应外，单独活动打胜仗缴获敌人的药品一般是自用，团营每到一地，只要本团本营需要的药品器械，当地又能买到的就自己购买。到1939年，我们托城镇药商到合肥、芜湖、南京去给我们买一些药。1939年以后，江北新四军各部队陆续接收了一些由上海参军的医务技术人员，因为他们与上海有关系，就通过他们去上海采购药品。抗日战争时期，新四军各部队基本上是不缺药品的，但是全体医务技术人员仍然是非常爱惜药品和医疗器械，特别是贵重药品器械，没有浪费的现象，医务技术人员知道药品器械来之不易，又是治疗伤病员的唯一的武器，没有药品器械，讲治好伤病员是一句空话。

各级卫生机关药品器械运输主要靠挑夫挑。医官、看护长、司药、看护员等每个医务人员都有一个药包。后方医院由舒城、桐城向皖东津浦路西定远地区转移时，每个医院配备1匹骡子专门驮药品器械，但挑夫仍然保留。每个医务人员的药包都是装得满满的，无论是战场上消耗或平时消耗，都给予及时补充，一是军医处补发，二是各部队卫生机关自己设法采购，三是在战场上缴获的，基本上是哪一个部队缴获的就属哪个部队自己调配补充，用不完的上缴军医处或送后方医院、兄弟部队。

抗日战争期间，我在7年间是有马的，但我的马有一半以上的时间是给伤病员骑的，有时也将马给其他人员驮枪和包袱。

四支队的卫生防病工作

1. 皖江、皖东地区主要的地方病、常见病、多发病，冬春季是伤风感冒、肺炎、肺结核，夏秋季是胃肠炎、痢疾、皮肤病、疖肿，秋季是疟疾（打摆子）等。抗日战争初期，四支队部队卫生工作所处的条件和环境，比起红二十八军坚持鄂豫皖游击战争时期不知好多少倍：有党的直接领导，有后方人民群众支援，军部亲自指挥。部队各级设有卫生机构，配备有医务技术人员，连队不但有卫生员，而且还有战士平时协助卫生员做好连队卫生工作，战时积极参加自救互救。

2. 连队伙食单位每周有一次卫生课或战场自救互救课，由营医务所长或医官去上课，有时团卫生队长亲自到营连去上卫生课。我当卫生队长时期，经常到营连去上卫生课。团部侦察连、机炮连的卫生课几乎是我包下来了，特别是战场自救互救课，都是我去上的。那时指战员很喜欢听卫生课，特别是战场救治课，因为战士很关心打仗负了伤怎样自救互救，因此，上卫生课到课率是很高的，除执勤的外几乎是百分之百。我很爱上卫生课，指战员们也非常欢迎我去讲课，他们知道我在红军时期就做医务工作，参加过很多战斗，抢救治疗过很多伤员。那时指战员阶级感情很深，团结友爱，同甘共苦，真是亲如兄弟。

3. 养成讲卫生习惯。部队每次行军到宿营地后，连队以班为单位，打扫室内外卫生，挖厕所，要求指战员用自己挖的厕所，夏天厕所盖上自己做的简易防蝇盖，出发前用土埋好。另外，上门板，捆铺草，室内打扫得干干净净，已成了每个人的习惯，基本上不需要督促检查。

4. 经常洗澡、理发。洗澡，冬天每周一次，夏天几乎天天洗。洗澡洗脚习惯的养成，既讲了卫生，又缓解了疲劳。理发一般是半个月一次。部队指战员都剃光头。为什么剃光头呢？一是讲卫生，二是头部负伤后好处理。由大城市参军的知识分子一到部队，看到同志们都剃光头，也自觉地要求剃光头，感到剃光头光荣。剃了光头，自己也是部队里的正式成员了。

5. 不准喝生水和吃不卫生的食物。各连队伙食单位编设有司务长，对炊事班长、炊事员要求年龄要大一些，流动性要小一些，身体要好一些，目的就是搞好伙食。炊事用具一部分是部队自备，炊事员随身携带，一部分是借用老百姓的。指战员的碗筷都是自带、自用、自洗、自己保管。南方多是水塘及小河，水质一般不好，夏天雨水多，多数地方水是混浊的。各伙食单位经常买一些明矾带着，用于净水，夏秋季有一些桃、李、杏和西瓜、黄瓜，我们要求指战员洗干净再吃，以预防为主。

四支队的医疗救护

1938 年 4—5 月，整个四支队部队陆续挺进舒城、桐城、庐江、无为地区后，部队开始有战斗，主要是与当地土匪、地方恶霸武装、反动县政府武装打仗。一般伤病员基本上是留在连营团卫生所、卫生队治疗，极少数重伤员才送到支队后方医院。部队发扬红军时期英勇善战作风，医务人员紧跟在作战部队后面进行救治、包扎、止血、固定，防止休克，及时抢救抬运伤员。

1938 年 9—10 月间，日军为了打通安（庆）合（肥）公路，南北对进，在飞机掩护下，日夜进攻。我四支队奉命在舒城、桐城的大小关、范家岭、椿树岭、棋盘岭、铁铺岭、七贤岭地带同日军展开战斗 10 余天，击毙日军 150 多人，俘敌联队长、中队长、小队长以下 20 余人，摧毁汽车 50 余辆，缴获一批枪支弹药和军用物资。我四支队死伤 100 多人，由于战救药品、器械准备充足，医务人员经过训练，提高了战救技术、医疗水平，无论在前线还是后方医院，都及时完成了医疗救护任务，受到了上级的表扬。

医务卫生人员的培养训练

四支队培养训练医务卫生人员，采取了 3 种方法：

一是抓好自学。支队军医处提出学习任务和要求，各级医务人员根据自己的职责、工作任务，需要什么学习什么，缺什么学习什么，解决实践中的问题。当时最突出的是医学理论知识缺乏，主要任务是学习基础理论。由卫生队、医院组织学习。学习重点内容是生理解剖学、药理学、外科学、内科学。由于广大医务人员深感自己肩上的重担，因此求知欲很强，学习上很刻苦。经过学习，大家的基础理论知识提高很快。

二是带好徒弟。各级医务领导都有带徒弟的任务。学员是从部队挑选的具有一定文化、身体好、机灵活泼的小战士。到团卫生队或者到营卫生所跟老师学习，学习的内容是医学基础、生理解剖学、药理学、急救、卫生防病及护理等，理论联系实际，一边学理论，一边由老师领着在临床实践中学，如临床诊断、治疗、外伤处理、小手术等。

三是办看护（卫生员）学习班。学员全是新参军的十四五岁的小青年，男女都有，男的占大多数。我们四支队东进皖江、皖东地区后，几乎天天都有知识青年参加新四军，这就从文化上逐渐改变了四支队医务人员的素质。红军时期，红二十八军医务人员参加红军前，大部分在家一天书没念，是参军后才学的文化，学的医。教员都是能者为师，卫生队长、医官、看护长、司药均担任教员。教材由团政治处打印一些，边上课，边实习，部队打起仗来就停课，分到连营参加战场救护。卫生员学习班一般是3个月的学习时间，有的是半年，通过办学习班解决了部队在不断扩编中医务人员相对不足和自然减员问题，保证了部队按编制配齐医务人员。

1939年5月，在安徽省庐江县东汤池成立新四军江北指挥部，张云逸任指挥。徐海东、罗炳辉任副指挥，分别兼四、五支队司令员。军部为了加强江北新四军医疗卫生工作，派军部军医处医务主任宫乃泉随同张云逸到达新四军江北指挥部任军医处主任。军医处后改为卫生部，宫即任部长，宫部长来到江北后，就积极筹办医务卫生干部训练班。这期学习班，学期8个月，学员中有支队军医处长、团卫生队队长、所长、医官，亦有新参军的男女学生，共计50余人，编为6个班，地点在安徽定远县大何家，张云逸总指挥亲自参加开学典礼并讲了话，宫乃泉主任讲了学习任务和要求，曹维礼教育主任宣布了学习计划，阮汉清队长代表学员表了态。

学习班组织领导：阮汉清任队长兼支部书记及学员班班长，曹维礼主任兼任内科教员，刘球是药物学教员，江守跃教卫生课，余中石教英文，张斌教政治文化，其他主要课程如生理解剖学、外科学、手术学全由宫乃泉主任讲。宫乃泉同志是30年代医科大学毕业的，理论基础好，实践经验丰富，医术高明，当时在我们新四军是独一无二的外科大夫，他教课由浅入深，通俗易懂，好做笔记。我参加了他亲自领导主持下办的两期卫生干部训练学习，一次是上面讲的江北指挥部第一期卫生干部训练班，第二次是华东总部卫生部医务干部训练班。后又与他在一起工作多年，回忆起来真是我的良师益友，永生难忘。

1940年秋，国民党顽固派掀起反共高潮，桂系部队大举向我淮南津浦路西进攻，训练班随江北指挥部军医处转移到津浦路东的盱眙县古城集、旧铺，于1940

年7月在旧铺顺利结业。令人兴奋的是华中局书记、新四军政委刘少奇参加了我们的毕业典礼，并做了重要讲话。少奇同志一进入会场，我们就全体起立热烈鼓掌欢迎，他招手让我们坐下。他首先祝贺我们胜利毕业，接着讲了华中新四军在敌后抗日战争的形势和党中央、中央军委对新四军的要求，大意是：在这伟大的抗日战争期间，环境艰苦，战斗紧张，任务繁重，江北指挥部筹建卫生学校，把你们从各个部队、医院抽调来学习，说明学习的重要性、训练培养医务技术人员的重要性。你们在军医处宫主任亲自组织领导下，共同努力，已经胜利完成了学习任务，学到了不少医学技术理论和临床实际经验。你们将奔赴抗日前线，希望你们把学到的东西运用到实践中去，做好救治伤病员和部队卫生防病工作。少奇同志一口湖南话，他的讲话使我们深受鼓励和教育，增强了我们抗战必胜的信心和做好卫生医疗工作的决心。

毕业后，我们50余名同学很快就分别奔赴前线各自的工作岗位。

四支队全体医务人员，为保证支队广大指战员的身体健康，提高部队的战斗力，为全民族的抗战事业，做出了自己的贡献。

原载安徽省新四军历史研究会编:《抗日战争回忆录》，安徽人民出版社，1992年，第351～360页。

回忆豫鄂边区抗日民主根据地
妇女斗争的片段

◎ 陈少敏

伟大的中国人民抗日战争胜利整整 20 年了。

20 年前，我国人民在中国共产党和毛主席的领导下，经过艰苦卓绝英勇无比的斗争，击败了日本帝国主义的野蛮侵略，取得了抗日战争的伟大胜利。这场反侵略正义战争的胜利，不但挽救了我国当时极其深重的民族危机，而且对于亚洲以及全世界被压迫民族反对帝国主义侵略争取解放的革命事业，具有深远的意义。

回忆抗日战争开始，日本帝国主义大举进攻，全国人民坚决响应共产党和毛主席的号召，奋起抗战。毛主席亲自教导的八路军、新四军和广大干部，深入敌后，放手发动群众，广泛地开展抗日游击战争。敌后广大人民积极参加八路军、新四军，积极支援人民子弟兵。广泛组织民兵，配合主力部队作战，人民抗日武装力量日益壮大。在毛主席的战略思想指导下，布下了天罗地网，使日寇陷进了人民战争的汪洋大海。全国人民经过艰苦的抗战，终于打败貌似强大的日本帝国主义，取得了抗日战争的伟大胜利。

回想起 1938 年 10 月，日本帝国主义占领了武汉及其周围地区，国民党部队扔下了大片土地，丢盔弃甲，逃之夭夭，置人民于水深火热之中。当时，我在河南省委工作，1939 年初，党中央先后派李先念同志和我带一个小部队和一部分干部，从河南竹沟出发，沿平汉线，向武汉周围挺进，去和当地党的力量统一起来，广泛发动群众，开展抗日游击战争，创建豫鄂边区抗日民主根据地。那里是日寇和国民党军队的前线，我们一到敌后，就在严重的敌顽军夹击情况下进行斗争。国民党、中央军刮民、反共、不抗日，见敌人就跑。国民党还在敌后组织了许多地主阶级的土匪特务武装，打着国民党的招牌，喝着人民的血汗，给敌人干事。他们和敌人勾结起来，专门反共反人民，奸淫烧杀，无恶不作，群众称他们是"黑色伪匪"。我们有许多优秀男女干部壮烈牺牲在他们的屠刀之下。当时既有民族矛盾，又有阶级矛盾，斗争十分复杂，十分尖锐。敌人的据点多，我们的根据地分散；敌人装备好，我们的装备差。敌强我弱，力量悬殊，斗争十分艰苦。当时，我们的干部大部分是青年，老干部很少。即使是老干部，到敌后开展抗日工作也没有经验。我们唯一的办法是按照中央指示办事。组织干部反复学习毛主席的著作《论持久战》《新民主主义论》等文章，广泛地发动群众，扩大人民抗日武装。

豫鄂边区的军民，在共产党的领导下，遵照毛主席的指示，在长期艰苦斗争中武装自己，壮大自己，配合全国八路军和新四军战胜了敌人。

豫鄂边区的妇女在长期艰苦的武装斗争中锻炼出大批优秀干部。她们分布在党、政府、军队和群众组织等各个不同岗位上，和男同志并肩战斗。在严重的敌顽军夹击的情况下，不是日寇"扫荡"，就是国民党进攻，战斗异常频繁。我们的部队和机关经常转移，地方机关天天转移，有时一天转移三四次。医院的干部多半是女同志。在转移时，女院长和女指导员要组织医院工作人员迅速地把伤病员转移到安全地区，有时她们自己还要抬担架。必要时带领工作人员、伤病员，化装隐蔽到敌人据点旁边去。敌人"扫荡"时，我们的女卫生队长带了伤员隐蔽到山头上，几天几夜没有吃的，没有喝的。她们教育伤病员忍着饥寒，坚持到击退敌人才安全下山。作战时，有的女卫生队长勇敢地跑上火线，抢救伤员。为了保卫人民群众，搞好生产，在兴修水利、收割播种、埋藏东西的时候，男女干部一样，带了民兵，分头日夜坚守在山上，包围敌人据点。有的女干部趁敌人据点空虚，带领民兵突然袭击。在襄西，有位女区委书记带了民兵基干队，曾两次打开敌据点团林埠。豫鄂边区的女干部，不管搞什么工作，都离不开武装。群众对她们又爱护又羡慕，女孩子们说："我长大了也带盒子炮。"有孩子的女干部们，为了抗日，把孩子寄养在群众家里。她们一有时间就帮助群众搞家务劳动或下地生产，和群众打成一片，真正是同吃、同住、同劳动。她们密切联系群众，教育群众，组织群众，支援人民子弟兵，发动妇女积极生产，送军粮，织军布，缝军衣，做军鞋，站岗放哨，传送情报，掩护伤员，收养干部子女，等等。依靠了广大人民的支援，我们的部队，神出鬼没，打击敌人，敌人称他们是"天兵天将"。

豫鄂边区的党对妇女工作抓得较紧，对女同志要求高，同时对女同志也有必要的照顾。如有些边沿地区，没有我们公开政权的地方，黑匪经常活动的地方，不派女同志去。在边区，凡是有党组织的地方，就有妇女组织，就有妇女工作。妇女组织相当普遍，党领导妇女搞生产，领导妇女和敌人斗争。记得在边区党的会议上曾提出，支部书记不把自己家属工作做好，就不是一个好支部书记。那时候，人人做妇女工作，全党做妇女工作。广大的妇女干部在党的领导下，更加积极地、勇敢地战斗在各个岗位上。

在敌顽军夹击、战斗频繁的情况下，广大妇女干部和群众战斗性都很强。工作作风雷厉风行，说干就干，得到情报，马上行动。女同志在这样的环境中锻炼成长，进步比较快。豫鄂边区参加抗战的女干部，在今天社会主义革命和社会主义建设事业中，分别在党、政、群各个战线上担负着一定的领导工作。

豫鄂边区的抗日斗争，仅仅是全国人民抗日战争的一部分。各抗日根据地的女同志和男同志一样，在敌后坚持抗日武装斗争，广大的劳动妇女在抗日战争中发挥了巨大作用，做出了光辉的贡献。中国广大爱国妇女，和全国人民一起，用自己的血和汗，写下了战胜日本法西斯的伟大史诗。

当全国人民纪念伟大的抗日战争胜利 20 周年的时候，我们为祖国的强盛感到自豪。过去长期被压迫被奴役的日子结束了；一个蓬勃发展社会主义的新中国，屹立在世界的东方。我们必须牢记：这一胜利来之不易，是党领导全国人民经过几十年的艰苦奋斗的革命斗争用鲜血换来的。我们要永远保持并发扬艰苦奋斗的革命传统。中国的劳动妇女，在旧社会受压迫最深，在长期的革命斗争中，她们站在斗争的最前线。在社会主义革命和社会主义建设中，他们仍然站在斗争中的最前线。

原载中共河南省委党史资料征集编纂委员会编：《豫鄂边抗日根据地》，河南人民出版社，1986 年，第 286～290 页。

妇女战地服务团在皖西

◎蒋　燕　姚毓慧　都　志　田浩德

我们这些年逾花甲的人，每当聚首时，总免不了回忆起那逝去的战斗岁月。40多年前在抗日战争烽火中诞生的妇女战地服务团的生活，时时牵动着我们的情思。

1938年春、夏季，皖北、皖中大部分地区相继沦陷，一些不堪日寇侵凌的女学生，从沦陷区先后流亡到战时省会六安。当时，处于秘密状态的中共安徽省工委决定通过省动委会公开招收女青年，成立妇女战地服务团，培养妇女干部，组织广大妇女参加抗日救亡运动。

组织妇战团的消息一传开，这些沦陷区流亡来的女学生纷纷报名参加，年龄小的14岁，最大的也不过20岁。王宝霞姑侄4人出身官僚地主家庭，她们毅然和家庭决裂，参加了妇战团。中共为了加强对妇女工作的领导，派平津流亡学生、当时在桂系第二十一集团军任政治处干事的共产党员蒋岱燕（现名蒋燕）任团长，胡晓风任中共支部书记，并派在省动委会后勤部任职的共产党员孙以瑾前来协助工作。

妇战团成立起来了，团员个个充满抗战热情，但对如何开展抗日救亡工作还感到茫然。妇战团就组织大家学习中共中央《抗日救国十大纲领》等文件，还通过省动委会请来几位进步人士当教员，进行形势教育，教唱抗战歌曲，培养独立工作能力。

妇战团首先带领全体团员到医院慰问与救护伤病员。伤员多数是被敌人炮弹炸伤的，伤口已经溃烂，其中有些被毒气弹熏瞎了眼睛。妇战团姑娘们怀着对日本强盗刻骨的仇恨，忍受着扑鼻的腥臭味，为伤员们洗衣、喂饭、倒尿、倒屎，包扎伤口，还替伤员写信、寄信。当大家忙乎了一天，拖着沉重的步子回到驻地时，有的团员禁不住呕吐起来，咽不下饭菜，即使这样，第二天仍和大家一起到医院护理伤员们。

妇战团和其他工作团一样，每月发给生活费用，团长20元，团员12元，为了把这有限的费用用在必要处，经过民主讨论，大家一致赞成，每人每月扣除3元作为伙食费，发2元零用钱，其余钱由会计掌管，储存在团部，作为书报、衣服和其他开支费用。端午节到了，我们从平时节省下来的钱中取出一些，买了一些粽子，送到伤病员面前。伤病员们接过粽子，激动得流下了热泪。

不久，日寇攻陷合肥，威逼六安，国民党军政机关和省动委会迁往立煌，逃难的人群也像潮水一样向立煌方向涌去。妇战团的同志们运走了全部伤病员，又回到城关组织群众撤退，直到传来隆隆的炮声，大家才背着背包，脚着草鞋，撤出了六安，向独山方向转移。

当晚，大家挤住在农民的破茅屋里，席地而睡。第二天清晨，同志们冒着细雨，继续西行。泥泞的小路上好像抹了一层油，一不小心，就会摔一个跟头，跌倒了再爬起来。虽然弄得满身泥水，可没有一个人叹息。为了抗日救亡，大家咬紧牙关，一步一跌，走了八九十里路，终于到了独山。在那里的省动委会负责人看到我们浑身上下泥水淋漓时，十分心疼，端来一大碗烧酒，硬要我们每人喝一口驱驱寒气。团内几位党员同志不顾劳累，为大家又是煮姜汤、烧开水，又是安排住宿，忙个不停。我们那颗被雨水淋得冰冷的心立刻变得热乎起来。

在独山，妇战团中共支部利用全体团员休整机会，组织学习《论持久战》，阅读《二万五千里长征》等书，引导大家理解中国共产党的抗日主张。通过学习，团员进一步了解到中共中央在延安领导着抗日战争，在那里办了抗大、陕公、鲁艺、女大等学校，训练培养大批抗日青年干部的情况，大家叽叽喳喳，心一下飞向抗日民主圣地延安。每天，团员们还抽出时间学唱救亡歌曲，山坡上、淠河边，到处可以听到团员们在引吭高歌《义勇军进行曲》《新的女性》。

独山是老苏区，1929 年 11 月党曾在这里领导过著名的独山农民起义。这里的群众基础好，给我们工作带来了很多有利条件。妇战团和当时驻在独山的第二十九抗日工作团一起，分成儿童、妇女、农民、工人 4 个小组，运用组织儿童识字班、召开妇女座谈会、进行家庭访问、教唱革命歌曲、演出戏剧等形式，向群众进行抗日宣传。

为了能让更多的群众看到我们的演出，从中受到教育，我们有时顶着炎炎的烈日，有时冒雨爬山涉水，到一些村上去演出。有的同志病了，还坚持演出。群众只要听说我们将要演戏，高兴得像办喜事似的，提前吃饭，扛着凳子，扶老携幼从四面八方涌来。往往我们还在化装，演出地点的村头已经黑压压坐满了人。

演出《打鬼子》等戏剧，团里没有男同志，我们就女扮男装，有的扮演成贫穷老汉，有的扮演成日本鬼子。每当我们演到日本鬼子杀我同胞，一批批难民携儿带女四处乞讨的悲惨情景时，群众中就会传来一片叹息声和啜泣声；当我们演唱"大刀向鬼子们的头上砍去，全国武装弟兄们，抗战的一天来到了……"时，群众便和着歌声的拍节，跟着唱了起来，歌声震动了山谷，和松涛相呼应，沉静的山村顿时沸腾起来。

9 月，妇战团转驻立煌戴家湾。这时，国民党东北军于学忠部在霍邱县叶家集阻击日军的战斗打响了。为了慰问前线将士，省动委会立即组织我们妇战团和抗演六队、少年宣传团同赴叶家集前线慰问。我们在防地的一座山上演出，对面就能见到日本鬼子的哨兵，但大家毫不惧怕，照常演出《放下你的鞭子》，和官兵同唱《打回老家去》。同志们还把带来的慰问食品，一口一口喂到伤员的嘴里，并给伤员们洗衣服。

妇战团的领导因情况变化曾几次易人。妇战团在独山活动时，中共地下党组织决定胡晓风调离立煌，由孙以瑾担任支部书记，不久又派王毓贞担任支部副书记。桂系见妇战团很活跃，想控制这个团的领导，派了他们所信任的广西学生军成员黎奇新担任副团长。他们哪里料到奇新同志竟是中共地下党员。她的到来等于给妇战团加了一顶保炉伞，工作反而开展得更顺利了。

几任团的领导都是共产党员，都能严格要求自己。他们和团员们同吃同住同活动，对待全体团员亲如姐妹，有事和同志们商量，用自己的模范行动来影响大家，妇战团成为一个上下一致、亲密无间的战斗集体。为了提高团员的政治觉悟，这年冬天，党支部将全体团员集中到团部，组织大家进行人生观、恋爱观的讨论。在学习毛泽东的《反对自由主义》时，有文化的同志主动帮助其他同志学习。我们还开展批评与自我批评，受批评的同志能诚恳接受意见。

1939年春天，妇战团迁至高庙。省动委会为了在妇女中扩大抗日宣传工作，决定召开妇女大会，庆祝三八妇女节。我们妇战团的同志爬山越岭，走村串巷，广泛发动妇女前来参加。三八妇女节这天，一批批妇女穿着整洁的衣服，像赶庙会一样向省动委会的礼堂涌来。她们中间有白发苍苍的老奶奶，有梳着辫子、衣衫褴褛的农家姑娘，也有穿红着绿、头插首饰的富家闺秀。礼堂内外，聚集着成千名妇女，歌声口号此起彼伏。这次会议，是对大别山抗日妇女工作的大检阅，在大别山区引起了巨大的反响。

我们的行动得到了广大农村妇女支持，她们有的送来棉衣，有的送来布鞋，要我们转送给前方抗日将士；还有几个红军时期的妇女小队长，把她们珍藏多年的"红军小调"等油印歌本拿出来教我们唱，还把苏维埃的银圆送给我们留作纪念。听到革命的歌声，看到红军的银圆，我们心里热乎乎的，感到无比的亲切。所有这些，都给我们以很大的鼓舞和教育。

妇战团中的党组织除参加公开的抗日救亡活动外，还负担着与上级党秘密联系的工作。当时常要把情报送到在白水河的鄂豫皖区党委或在余家湾的新四军驻立煌办事处，我们多次躲过桂系特务的盯梢跟踪，完成了递送情报的任务。

妇战团成员在共产党的哺育下，在发展进步力量，反对控制的斗争中逐渐成长起来，党员已占半数。由于工作需要，党先后派王毓贞、黎奇新、孙以瑾、蒋岱燕、周兆瑜等到其他地区和部门工作，还从妇战团中抽调田浩德负责筹办妇女洗衣社，吸取农村妇女及难民妇女参加，为各机关职员洗补衣服，同时负责接待来往立煌的女党员。

这年秋末，随着国民党顽固派在大别山区反共逆流不断加剧，妇战团根据上级决定，在团长解少江、党支部书记杜志（又名都志）带领下，离开立煌，经阜阳到达涡阳境内活动。当时新四军六支队驻涡阳办事处领导我们支部，由于办事处周围常有特务出没，而团里部分是党外同志，党的活动在团里还不能公开，我们不得不在半夜寻机前往办事处驻地。团里的安全保卫工作主要靠王宝霞同志，她常常深夜一个人警惕地睁大眼睛，守候在驻地附近，为大家放哨、守门。

后来形势越来越紧张，国民党省政府三令五申催我们和其他工作团回立煌集训，企图一网打尽。为了粉碎国民党顽固派的阴谋，我们妇战团和在皖北活动的第三十七工作团、二十八工作团负责人集中到涡阳，共同研究对策。接着派人秘密前往中共豫皖苏边区党委驻地，吴芝圃等领导同志指示妇战团、工作团全部转移到豫皖苏根据地。

为了顺利完成转移任务，妇战团进行了何去何从的大讨论，让全体团员摆事实、谈看法，分清谁是真抗日，谁是假抗日，谁在破坏抗日民族统一战线。通过几天热烈的讨论，大家一致表示，团结一致，到共产党领导的抗日根据地去继续抗战救国。

这时，国民党涡阳县政府秉承省政府的指令，派员来到我们驻地，要我们尽快离开涡阳回立煌。于是我们就来个将计就计，当面表示即可返回立煌，并借故为了途中安全，要求县政府发给枪支、子弹。县政府生怕我们在涡阳惹出事来，向上不好交代，就很干脆地答应我们的要求。不仅发给我们枪支、子弹，还给了一些路费，最后招待我们全体同志吃了一顿美餐，算为我们送行。

1940 年 3 月的一天清晨，妇战团和第三十七、二十八工作团同时从涡阳出发，向南前进。当走了几里路时，突然调头向北疾驰。在我们走后几小时，涡阳县动委会按照我们临行前的安排，在街上贴上我们准备好的揭露国民党顽固派搞摩擦的标语、传单和声明。当涡阳县政府官员们发现后，气得发疯时，我们几个团的全体同志已顺利到达河南省永城县，进入豫皖苏抗日根据地。

原载中共六安地委党史工作委员会编：《皖西革命回忆录：抗日战争时期》，安徽人民出版社，1989 年，第 58 ～ 64 页。

为了民族的解放

——忆安徽省军政人员训练班妇女组

◎ 刘　芳

　　1938 年秋，国民党二十一集团军总司令廖磊接任安徽省政府主席时，认为干部特别是基层行政干部空虚，遂决定开办省军政人员训练班。他亲自兼任班主任，民政厅厅长陈良佐兼任教育长。训练班一方面招收初中以上文化程度的社会失学失业青年，一方面调训现职人员，先后设立行政、教育、合作、财会、军事等组进行训练。学员结业后分别派到各地任职，以加紧巩固与扩大桂系统治安徽的地盘。在训练班中设立妇女组，这并不是桂系省政府的本意，而是我们党根据客观形势的需要争取来的。

　　1939 年春，中共鄂豫皖区党委成立以后，为了加强妇女工作的领导，成立了鄂豫皖区党委妇女委员会。开始时书记是李丰平同志，不久由孙以瑾同志担任，我和李静一同志为常委。我们的公开身份是安徽省动员委员会妇女工作委员会的委员。当时我们区党委妇委会觉得，妇女工作如果只停留在写文章、出刊物、发宣传品、搞上层妇女或知识妇女的活动是不够的。为了进一步开展各县的妇女抗日救亡工作，使妇女运动真正结合到抗日斗争中去，成为抗战的一支重要力量，就必须有相当数量的称职的妇女干部。基于这样的要求，我们想在省军政人员训练班中设立妇女组，利用这一合法形式为我党培养妇女干部。我们这种想法得到区党委的支持。由于省动委会妇委会的主任委员朱澄霞和易凤英都是广西学生军的骨干，又为廖磊、陈良佐所信任，孙以瑾同志的父亲与安徽国民党上层人物有些交情，她本人又是省参议会的参议员，因此由她们 3 人同负责训练班实际领导工作的陈良佐交涉。陈良佐一向是标榜积极抗日的，她们便投其所好，一再强调妇女工作的重要，并给陈戴上一顶关心全民动员、重视妇女工作的高帽子。在训练班里增设妇女组的请求，便很快得到省政府的批准，并同意妇女组领导成员基本上由省动委会妇女工作委员会的骨干组成。这样，共产党员朱澄霞、易凤英、孙以瑾、蒋岱燕、董启翔、刘芳分别担任组长、总务、教务主任、教官兼指导员，又调广西学生军的女共产党员蒋奎、赖月婵担任中队副，妇女训练组基本上被我党掌握了。桂系当局为了掌握和监督妇女组的活动，派黄忆梅担任军事队长。但她十分柔弱和孤立，起不到什么作用，何况她当时身边还有一个吃奶的孩子，更是自顾不暇了。

区党委通知有关县委，要他们通过各地动委会推荐进步女青年到立煌参加妇女组学习。我们妇女组还公开登报招收学员。由于当时安徽大部分县城已经沦陷，故仅从临泉、亳县、涡阳、寿县、桐城、怀宁、庐江、舒城、六安、霍邱、立煌等县招收和保送 100 多名女青年，其中年龄最大的不过二十四五岁，最小的才十三四岁，文化程度多为初中，极少数上过高中，也有人仅读过几年私塾。少数参加过工作，多数是青年学生，其中有的是瞒着父母离开家的。由于这项工作是在各县中共组织的支持下进行的，因此学员政治素质较好，绝大多数是抱着极大的救国热情来学习的。为了加强学员中党的力量，区党委根据我们的要求，从舒城县调来潘永祺（彭德）、王进、芮世华、任福民、靳明 5 名女党员到各中队作为骨干。

1939 年 4 月初，妇女组正式开学。地点设在离立煌县城 10 里左右的西高庙。庙址地势较高，依傍史河，河水清澈见底，游鱼可数。周围居民不多，空地不少，是个很好的训练场所。为了把这批学员真正培养成我党的抗日干部，我们根据当时形势的需要和学员的实际情况，训练时间按三分军事、七分政治安排。教室里写了醒目的"批评和自我批评是人类进步的武器""妇女解放必须服从民族解放""巩固和扩大民族统一战线""抗战的利益高于一切"等标语。上课前后均唱救亡歌曲，有《大刀进行曲》《游击队之歌》《太行山上》《延水谣》《黄河颂》等。学员整日沉浸在奋发进取的政治氛围中，感到无比新奇和兴奋。军事训练主要学习步兵操练、射击以及战地救护等。为了提高学员们对抗战的认识，我们开设了政治常识课，主要向她们讲授共产党的抗日方针、政策以及马列主义基本常识，组织学习《论持久战》《论新阶段》，以及群众运动史、妇女运动史等。我们规定学员们写日记，由指导员批改。这样不仅可以提高她们的文化水平，而且便于了解她们的思想活动。指导员还针对学员思想活动进行谈心，加以辅导和启发。我们还组织学员出墙报，开展演讲竞赛，每周末召开民主生活会开展批评和自我批评，以培养她们民主集中制的观念和过组织生活的能力，提高他们追求进步的觉悟。讲课中，我们常结合自己在社会调查中遇到的问题向学员们进行分析，引导她们注意妇女自身问题。有时，还带学员们走出课堂，参加社会活动，如在立煌县城旁召开妇女大会，宣传抗日，号召妇女为抗战出力。这对学员们如何进行妇女群众工作是一个很好的锻炼。

当时，妇女组条件十分艰苦。上课时 100 多名学员只能挤在一个大殿里，但大家听课都非常认真。军事训练则在附近沙滩、山坡上进行，她们能像男学员一样摸爬滚打。没有洗澡条件，大家就冲破封建思想的束缚，下河游泳。指导员们常常谈到新女性应在求民族解放中求妇女解放；女同志应有自强自爱的精神，不要过早谈恋爱，谈恋爱应有正确观点，结婚后应继续工作，不能有依赖丈夫的思想。这些话对他们印象很深。在民主生活会上，学员们敢于暴露思想，敢于表扬好的批评坏的。她们在妇女组听到过去从来没有听到的革命道理，认识到中国共产党抗日救国方针符合中华民族的利益；不少人暗暗下决心，要做革命的新女性，为民族解放而奋斗。有的还积极要求加入中国共产党，经党组织认真考察，当时发展了张德麟（孙毅）、叶桂珍（舒白）、俞月娟等同志入党。

三个半月的训练眼见就要结束了，学员们斗志昂扬，准备奔赴民族解放的战场。可是这时国民党桂系不断制造反共摩擦，有的县实行戒严，不少学员不能回本地工作。怎么办？她们能不能服从分配？我们妇委会的同志研究，决定把桂系制造反共摩擦的形势向学员们作充分介绍，让大家讨论，结果学员们一致表示服从安排。我们决定，凡能回去工作的，坚决送她们回去；不能回的，分成小组，分配到政治条件比较好的县去工作。还组成工作队，奔赴皖东全椒一带参加抗日游击战争。

就在这时，国民党省政府打算在省军政人员训练班结业典礼上宣布所有受训的学员集体参加国民党。面对这一严峻形势，我们妇女组几位领导同志苦苦思索，将几种斗争方案进行反复比较，最后决定先不动声色，参加结业典礼，相机行动。

结业典礼是在立煌城外大草棚礼堂召开的，除军政训练班学员外，一些国民党军政人员也参加了会议，他们一个个趾高气扬，好像马上要给大家带来一个惊人的喜讯似的。妇女组的领导一个个紧锁双眉，偌大的礼堂闷得人透不过气来。真是无巧不成书，突然，天空传来日寇飞机沉闷的发动机声。顿时，礼堂里一下子乱了起来，那些国民党军政要员也慌慌张张，不知所措。这时，易凤英同志机智地大声喊道："妇女组的学员们赶快散开，在门口警戒！"听到这一命令，妇女组学员们一个个奋不顾身，荷枪站在礼堂各个出口处维持秩序，会场很快又静了下来。大家屏息静听敌机动向，忽然外面传来几颗炸弹的爆炸声，接着敌机从礼堂的上空呼啸而过。会场顿时乱起来，会议再也无法进行下去，"集体入党"的闹剧自然就告流产了。妇女组同志雄赳赳、气昂昂，肩扛长枪，唱着歌回到驻处。立煌各界纷纷传出："如果没有妇女组维持秩序，飞机定会向礼堂投下炸弹。"都说妇女组学员平时训练有方，不愧为"巾帼英雄"。可他们哪里知道，我们正为集体入党这件事捏着一把汗呢。

妇女训练班结束后，多数学员组成省动委会第三十五工作团，开赴皖东全椒。不久第一次反共高潮到来，她们有的就近投奔了新四军的新七团，有的到中共和含县委报到，成为开展敌后游击根据地的一支有生力量。

原载中共六安地委党史工作委员会编：《皖西革命回忆录：抗日战争时期》，安徽人民出版社，1989 年，第 127 ～ 131 页。

同危拱之同志在一起的时候

◎ 朱 军

　　危拱之同志的名字，早在1927年于开封时就听说过，那还是在我入党后不久的事。当时，我从事地下工作所在的单位——"河南省剿匪司令部"里组建了一个俱乐部，俱乐部领导人是我党党员刘子华同志，党的秘密支部书记。工作人员有自开封女师来的4位女同志，她们是周志玑、陈慕真、李性涵、门止一。周、陈、李都是信阳县人，周志玑似乎同危拱之还是亲戚，她们经常提到危拱之同志的名字。至1930年，我又到开封参加河南省委召开的兵运工作会议，认识了高镜轩同志的爱人刘佩侠同志，刘也是信阳人，并且是张景增（绰号张和尚）的学生，她也提到危拱之和张一道工作并一同去苏联学习等等。可以说，危拱之同志作为大革命时期参加革命活动的女青年，在家乡信阳影响很大。她的革命事迹也流传于开封的一些同志之中。

　　我认识危拱之同志的年代晚多了。抗日战争爆发后的1938年11月间，我任七十七军何基沣副军长组织的"七七工作团"团长，这支部队对外用七十七军的名义，实际上是中国共产党掌握的武装。它由驻竹沟的中共豫南特委领导，当时活动在桐柏县境的固县镇、罗冲、毛集一带。我们之所以选驻在毛集，因为我们原打算从桐柏县进入桐柏山区开展抗日游击战争，由于兵力单薄（共70人），山区匪多，担心站不稳脚，所以驻在靠近竹沟的毛集附近，便于接受党的领导，且与东面党所领导的信阳尖山群众抗日武装取得了联系，这样就形成竹沟、尖山、毛集三角鼎立之势,可以获得遥相呼应之便利。本月间,我去湖北老河口附近七十七军军部汇报情况,返回到毛集时,同志们向我报告说,竹沟派危拱之同志来了,现正在察看毛集周围的地形。为了早些看到这位慕名已久的老同志,我便立刻跑到寨子外面去找她。愉快地相见,自不必言。

她到毛集来的任务是从"七七工作团"调兵。危拱之同志说:我们同信阳县李德纯县长建立了统战关系,商定共同组织信阳县挺进队,进军四望山。特委决定由"七七工作团"抽调一个武装排去参加。听到这个消息,我心中十分高兴。进入桐柏山区开展抗日游击战争是本来的愿望,当然不应失此良机;再者,我住信阳县城时,曾因公同李德纯县长作过一次畅叙,作为老相识,我若参加抗日挺进队,可能有利工作;还有,"七七工作团"的武装战士,都是经过严格正规训练,参加过北平南苑抗战的学员,实为干部队伍,不是普通列兵,对这支部队使用应适应其善于进行公开武装斗争的特点。鉴于上述三点原因,我要求亲自率队前往,将工作团的工作和另一武装排,交方德鑫同志负责。方德鑫同志是唐河县人,地下党老党员,长期做群众工作,不久前由豫南特委派到工作团负责党政工作的。危拱之同志慨然应允了我的要求。

工作安排完毕,我率领一个武装排随危拱之同志到了信阳县的北王岗,开始着手组建信阳挺进队。李德纯兼司令,我为副司令,王海山为参谋长,危拱之为政治部主任,她实际负责党务和政治工作的全面领导。还有刘子厚同志担任县政府一科科长,协助李县长处理政权事务,并负责与李进行具体联系。挺进队由三部分基干部队组成:一是信阳县常备队,人枪六七十;二是竹沟来的孙石部队——原系泌阳地主武装,因与泌阳县当政者,其表兄张某作对,拉杆流窜,孙为知识分子,旋接受王国华同志的改编;三是"七七工作团"的武装,有坚强的支部领导,事实上的主力。挺进队组成后,立即由邢集向信阳南的四望山进军。在国民党信阳县政府的名义下,开展了各项抗日工作,为建立豫鄂边区抗日根据地奠定基础,为我党领导的抗日武装力量挺进武汉外围开辟通路。

四望山位于信阳西南境,距城30多公里,位于鄂、豫两省之间,其南连平靖关一带,西至湖北随县北部及应山县北部,面积达2000多平方公里,山高沟深,纵横交错,水源充足,农产丰富,居民繁多。随着信阳县城的沦陷,这个地区,四周外的东、南、北三面为日寇占领，西南则为国民党控制区；区内则有地主豪绅的武装割据，还有少数股匪流窜，骚扰居民。我军进驻斯乡，号召抗日保家，诚为广大群众翘企所望。但既是开辟新区工作，困难自然不少。

我们到四望山区后，第一件事是加强部队的政治思想工作，以巩固新组成的信阳挺进队。这支部队此刻是以统一战线的形式出现的，内部成分比较复杂。如何用革命思想武装部队，牢牢地掌握党对部队的领导权，这关系到工作成败的关键。第二件事是继续巩固同李县长的统战合作，并扩大统一战线的对象，召集信南地区的士绅会议，尽可能多地争取地方势力共同抗日，第三件事是派出人员深入敌后，联系分散在各地我党领导的抗日武装。不久便找到张裕生同志领导的信阳西双河地区的抗日武装，开到四望山编为挺进队第二大队。另外还与活动在湖北大洪山的杨焕民同志取得了联系。第四件事是组织人员，深入农村，广泛发动群众。我们便将范文澜、刘子厚两同志领导的"河南省战时教育工作促进团"的男女知识青年同志组成若干群众工作组，派赴四寨八乡，执行此项任务。上述各项工作的安排，自然依靠党组织集体领导——危拱之、刘子厚、王海山等同志，其中危拱之同志明显发挥着两个优势：一、她是信阳人，大革命时期和土地革命初期曾在家乡一带开展过革命活动，既有影响且与群众兼有千丝万缕的联系。如挺进队第二大队的负责人张裕生和中队长周映渠便是危拱之同志的亲戚。二、她早年留学苏联，归国后又到了中央苏区，参加过二万五千里长征，对政权建设、武装斗争、统一战线和群众工作，较之我们其他人，特别是比我这个长期专搞地下工作的人来说，具有更多更丰富的经验。在开辟信南抗日游击区工作实践中，我们很快看到危拱之同志在执行党的政策和进行具体工作方面，都显示出她极强的原则性和工作能力。

危拱之同志很注意培养青年干部并关心他们的成长。我亲眼看到危拱之同志在给群众工作组的青年同志布置工作任务时的情景，她总是认真细致、不厌其烦地向同志们解释政策和工作方法。不仅注重言传，而且注意身教，她经常亲自带领青年同志深入到山寨、乡湾，跋山涉水，不顾疲劳，接近群众，了解情况，对各项工作进行具体指导。我曾数次跟她一起下乡巡视。

拱之同志的革命资历是较深的，但她在同志们中间从不摆老资格，不以功臣自居，总是谦虚谨慎，平易近人。和青年同志谈话总是循循善诱，以理服人。当年在挺进队里，无论是少数从延安来的老同志，还是广大的青年同志，都很爱戴她，尊敬她，敢于接近她，乐意同她讲心里话。她还曾亲自跋涉数十里专门去看望"七七工作团"的同志们。

拱之同志同战士一样，吃苦耐劳。部队进入新区，为着宣传群众，显示力量，为着免遭突然袭击，经常在夜间转移。在月黑风高的夜晚，徒步紧急行军，过独木桥，跨越流水，翻山越岭，稍有不慎便会滑倒碰伤或溅水。使我永不能忘的还有同拱之一起的范文澜同志，他是学者，大学教授，年逾五旬，戴着深度的近视眼镜，他同身体瘦弱的危拱之同志一样，随在队尾徒步而行。若没有坚强的革命意志和毅力，是无法战胜这种种困难的。

拱之同志处理问题很注意方式方法。那是1939年的初春，李先念同志带人从延安经竹沟准备挺进鄂中，途经四望山在挺进队中暂住一段时间。他向我们传达了党的六届六中全会精神。有一天，拱之同志把我找到她的房间谈话。开头讲述革命的大道理，我发现了她有"口将言而嗫嚅"的神态，使我有点丈二和尚——摸不着头脑。我有点着急地说："拱之同志你想说什么，你就直说吧。"她于是转入了正题，说："先念同志即将进军鄂中，他从竹沟带来的那个中队，枪支破旧，子弹不足，要开辟新区，困难将多。我们打算从你那个部队调出10支步枪、1挺轻机枪，支援先念同志南下。"明白了她的用意，我不由得笑了，说："原来为着这么个事！我在白区地下党搞兵运工作，为的就是给党搞武装力量，何曾是为了自己？我带来的部队是党的，不是我自己的，枪支弹药更属于党支配，甭说10支步枪，就是都调走，我也心甘情愿。"我随即调出10支步枪，每支配足200发子弹，轻机枪1挺，配足子弹500发。这样的事，对我来说是应该做的，本来不值得夸耀，只是要说明拱之同志处理问题很注意方式方法。这也反映了她对于我这样一个长期在旧军队中做秘密工作的共产党员没真正了解。在后来我们相处的日子里，拱之同志经常说我能顾大局，识大体。

拱之同志的民主作风也是好的，考虑问题也很精细周密。这从处理1939年春天李德纯县长被撤职问题中可以看出。李德纯原是程潜当河南省主席时被任命为信阳县长的，他在信阳沦陷后，顶住国民党CC派的破坏，毅然同我党合作抗日，这就引起了顽固势力的仇视。他们这时用河南省政府的名义，下文明令撤销李德纯的县长职务，要他将信阳县长印转交给反共老手马显扬。这件事来得突然，对我们的工作是一种打击，需要慎重处理。摆在我们面前的有一系列的问题：县印交还是不交？有条件的交还是无条件的交？该提出什么条件才适合？李德纯留在我军还是回去？如留下，在信阳还是转移地方？何时走？怎样走？等等。

危拱之同志同刘子厚、王海山和我开会进行了详细的讨论。我们认真分析了形势和后果，首先，从整个形势来看，随着抗日战争进入相持阶段，国民党内部一部分人的反共情绪明显增长。信南的局势同全国形势是相连的。我们如果"抗命"不交信阳县印，国民党顽固派将以我党扣押其县长为借口，或者以李县长叛党投共为罪名来污蔑和中伤我们，既不利于我们的具体工作，也有损于整个抗日民族统一战线政策。所以县印还是应该交。其次，鉴于新任县长马显扬的情况，我们可以提出适当的条件，达到目的才交。于是，我们提出信阳县政府仍留在北王岗，在四望山我们以"信南办事处"的名义继续抗日。再次，决定由刘子厚同志以信阳县政府一科科长的身份办理交接；交接的时机要在李县长离开本地区之后；地点，既不去马显扬现住的黄龙寺，也不让他们来四望山。决定在四望山去黄龙寺途中一条横岭上的小山村里办交接。最后，对于李德纯县长的去留，我们认为转移地区为好，免得顽固派们造谣挑衅。走的时机当在交印之前一天，新县长正式准备接任，避免他们拦截。到这一天，由我负责率领一个班掩护，佯称护送的是第五战区来前方视察的特派员。经"七七工作团"驻地双楼子湾，走小道，住僻乡，四宿而至竹沟。当然所有这些都是与李德纯说明情况并征得他的同意后而施行。后来我们按此计划顺利地办好了这件大事。

李德纯县长到竹沟后，不久就加入了我党组织，随后又到了皖南我新四军军部，更名朱毅，成为我党的财经干部。建国初，任国务院参事室副主任。

且说也不要看轻这信阳县的"信南办事处"的名义，它具有用来开展政权工作的便利。为了不至于抗日统一战线的破裂，我们可以让步。但我们的让步不是屈服，虽然交出了信阳县印，但是却争取到了县政府"信南办事处"的名义，你顽固派还无法根本铲除我们的抗日活动。这个经斗争得来的条件，在当时的情况下，对于巩固四望山这个抗日据点起关键性的作用，这个据点又是与鄂中、信东抗日根据地互相策应，并且是竹沟到鄂中的交通要道。坚持这个据点的意义不用多说，回顾当年创业维艰的斗争生活，拱之同志坚定热情的开拓精神，多谋善断的斗争艺术，都给我留下了极其深刻的印象。所有这块地区的各项建设，拱之同志发挥了极大作用。

在战争年代，军队建设是党的各项工作的首要工作，没有革命的军队便没有人民的一切。危拱之同志在四望山时期就十分注重和关怀部队的建设。后来，1946年在赤峰，我们不期相遇在同一城市。拱之同志任赤峰市委副书记，我任冀热辽军区参谋长，在工作接触中，再次感到她对军队建设的关怀。那时赤峰市解放不久，热河省人民长期生活在日本侵略者的淫威统治之下，受着重重剥削，过着非人的生活，人民亟待休养生息。就是在这种条件下，市委、市政府尽力满足军队的需求；市委的同志包括拱之同志本人还经常到部队征求意见，嘘寒问暖，问有何需。多么值得怀念的党政军的良好关系呀！

革命的岁月是漫长的，我同危拱之同志相处的时间是短暂的，她留给我的印象是良好的。她忠实于党，坚持原则，作风雷厉风行，办事严肃认真，关心军队建设，注重培养青年干部，团结同志，平易近人，生活朴素。她有许多优良的品质，确实值得我们生者学习。

1985 年 8 月 24 日于南京

原载中共河南省委党史工作委员会编：《怀念危拱之》，河南人民出版社，1986 年，第 117 ~ 124 页。

四望山的怀念

——忆豫鄂边区抗日游击战争初期的危拱之同志

◎ 郭　纶

我第一次见到危拱之同志是 1939 年的 1 月间，那是我们一批由河南省委（时在竹沟）调集来的干部组成新四军豫鄂独立游击大队，随李先念同志到达四望山之初。

对于危拱之同志，我是早已仰慕其名了。还是在西安事变发生后不久，我从一则新闻报道中，了解到以周恩来同志为首的中共代表团在西安活动的消息，其中就看到了危拱之的名字。一位邓颖超，一位危拱之，是我当初最先闻知的两位红军女英雄。我这个青年人出于对红军的敬佩，对这两位经历了两万五千里长征的女战士，更是尊崇有加。

1938 年 2 月，我在武汉八路军办事处的一次联欢会上，有幸见到了邓大姐。那时邓大姐身着一件鲜红色的毛衣，受我们一伙年轻人的齐声呼请，和悦地站出来唱了一曲《红军小调》。此后不久，我被"八办"派到河南确山县竹沟镇，参加彭雪枫同志在这里开办的新四军教导队的工作，就任教导队第三中队队长（时名郭思源）。5 月至 8 月间，我又奉命奔赴郑州、信阳等地组织群众救亡活动。这期间，听到了危拱之同志已在河南活动的准确消息。特别是在我担任了"第一战区豫南民运指导专员办事处"下属的信阳县的民运指导员后，在同各方面的接触中，得知信阳就是危拱之同志的家乡，欣喜之情涌上心头。不久，传来了危拱之同志带领开封孩子剧团要来信阳城里演出的消息，我是多么渴望早日一睹危大姐的风采，以偿久慕之情呢？可是，我的工作临时又有新的安排，竟错过了这一良机。事后想起每每引以为憾。

这次，我们一行人马南下四望山。省委的领导同志讲，危拱之同志已带领一支部队先期开辟四望山地区的工作，并有一两个月了。想到将要在抗日斗争的最前线看到思慕良久的危大姐，我的心情激动万分。

我们和信阳挺进队在信阳西南部的黄龙寺会师了。一位年约 40 岁的女干部乍然出现在我们面前，老远的，就扬起双手，旋又鼓掌，脸上露出十分兴奋欢快的笑容，热烈地欢迎我们。不用问，这准是危拱之大姐。我们高兴地鼓掌相答，同时我却紧紧地凝视着大姐的一身装束，一举一动。危大姐同先念同志等一一用力握手，身着一件单薄宽大的黑色公务式棉衣，打着绑腿，白皙的面孔，显得很瘦弱，但双眼炯炯有神。看来，她是以前方基地"主人"的身份来迎接我们的。

在一阵繁忙的安顿和组织派遣活动过去后，同行而来的一些同志就与我匆匆告别，纷纷走上新的工作岗位了。我注意到这一活动的中心就在危大姐那里。再看看留下的同志不多了，便有点沉不住气，径直去大姐那里探询。我刚刚自报了姓名，还没等要求工作，危大姐先笑了："呵，你就是小郭，你的'打摆子'病好利索了吗？"大姐的发问使我惊愕了，怎么这么快她就知道我是个病号呢？（1938 年夏秋，豫南一带普遍流行疟疾，我也染上了，直到此时仍然不断发作）我如实回答了大姐的垂问，并申明说自己已可以工作。危大姐听后，缓缓地对我说："先念同志来了，我们准备很快就开个会，请先念同志给大家传达党中央和省委方面的指示精神。你也要参加，先好好听听。会后再讲工作的事，不要急！"

果然，那一两天就举行了四望山地区的干部会议（那时常称"党的活动分子会"）。会议由危大姐安排、主持。会址，记得是在四望山主峰祖师顶西侧下面一个名叫白鹅子湾的农家过厅里。参加会议的有二三十位同志：领导同志有李先念、危大姐、刘子厚、王海山等；还有信阳挺进队里的张裕生、周映渠、龚德全等同志；再就是我们一些随先念同志刚到前方来的同志。小小过厅显得济济一堂。拱之大姐主持会议。她宣布会议的第一项议程："全体起立，唱《国际歌》！"然后庄严地发出了第一声领唱。顷刻间，小小山村和密林峡谷间，激荡起雄壮的《国际歌》声，使我们每个与会的同志都热血沸腾，激动不已。

会上，先念同志首先传达了党的六届六中全会精神和河南省委关于前方工作的指示。"猛烈扩大新四军，开创华中敌后抗日根据地"这个主题话语，使我至今记忆犹新。拱之大姐聚精会神地听着先念同志的讲话，脸上泛出兴奋的光彩。接下去，她和刘子厚同志作了关于四望山地区工作开辟情况以及对今后工作任务和要求的发言。

干部会议一结束，危大姐就把我找去了。她给我讲起这里新开办的干训队的情况。大姐说："咱们的武装要大发展，急需要大批的干部。咱不能光等上级派，上级也有困难，必须自己培养。咱们这里刚开办了一个干训队，从各方面挑选出来了百把学员，经过短期训练学习，将成为我们部队中的连排级干部。……你身体不好，随部队上前线活动有困难。你不是在竹沟搞过教导队工作吗？就去干训队做指导员吧！"当下，大姐又给我介绍起干训队队长——从"七七工作团"调来的军事干部蔡祥彬同志和副指导员——从"河南省战时教育工作促进团"调来的孔化同志。危拱之大姐一一称赞了他们，态度十分和蔼亲切。她要我们这3个来自不同方面的同志密切协作，共同搞好干训队的工作。末了，她又说，因工作需要，她要暂时离开四望山一段时间，这后方的一摊工作，包括医院、修械所、缝纫所等，统统交给我们3人照应，并表示了对我们3个青年同志的充分信任。我将大姐的指示随即给蔡、孔两位作了传达，就正式开始了工作。

四望山区办干训队，条件还比不上在竹沟办教导队，一切都是在露天里进行。由于斗争的需要，学员们一面学习，往往还要参加战斗，参加组织群众的工作。不时要随部队流动，基本上没有固定的地点。豫南山区的冬天十分寒冷，可战士干部的抗日热情却十分饱满。

一日下午，大姐派通信员给我们送来了急信，信中说：信阳、冯家庄等地的日伪驻军已集结出动，一股已进抵黄龙寺，又烧又抢，可能要围攻四望山，你们要火速撤离。于是，我们干训队全体出动，并动员当地青壮乡亲，一齐绑起担架，抬起伤病员和重要的机械，连夜退到应山县境内。这段时间里，危大姐每天派人来联系，通报敌情。不久，敌伪遭到在外围活动的我部队不断袭击，只得又缩回去了。得到大姐的通知，我们踏着积雪返回到四望山区。

春节过后不久，本期干训队就将结业了。我们做了一系列的政治思想和组织发展工作，新党员发展有三十几人。这时，我和蔡祥彬等同志商量了一下，决定请危大姐亲自来给学员们讲一次党课，作为毕业典礼。我赶到她的住地，问题一提出口，大姐立即爽快地答应了。隔了一天，我去叫她，看到她正伏在一块大石头上用小本子在写教案。危大姐来到了干训队，她这次讲的是《共产党宣言》，重点讲共产主义的远大理想，彻底打碎旧世界，消灭私有制，创造没有剥削、没有压迫的新社会的道理。大姐精神振奋，学员们全神贯注。学员们都是带着惜别的心情来听干训队这最后的一课，也是内容最新颖的一课。大姐用了不少生动的例子来阐述革命理论，讲到党的奋斗目标和共产主义信仰的问题时，她引用了马克思和恩格斯的故事。说到"马克思""恩格斯"的名字时，她还很习惯地用留苏学习的俄语发音"马尔克思"和"昂格尔斯"。最后，大姐还讲了边区抗日斗争的形势，着重强调学员们要有铁的组织纪律观念，坚决服从分配。这堂课共有一个多小时，大姐始终语调高昂，声气不衰。我和学员们都听得津津有味，受益很深。

干训队工作告一段落，男学员绝大多数上了前方，蔡祥彬、孔化同志也回原部队去了，不少女学员则从事地方政治工作。危大姐再一次将我找去，她语调缓和得就像叙家常一样："组织上决定要你去完成一项新的任务。我有个哥哥，叫危惠民，早年在军阀的部队里当兵，后来回到家乡做小本生意，沾染了不少黑社会的习气。信阳沦陷后，他也拉起了一支游击队，现在归顺了我们，编为一个独立大队，共有百把人，现住在沈家冲。组织上决定派你去危惠民大队做教导员。他们的大队副席启秀是地方上的青年知识分子，思想要求进步。"

席启秀原是信阳西双河小学的校长，具有正直的爱国思想。原来我在信阳办民运训练班时和他认识。危大姐一听我和席是熟人，高兴极了，连连说："这更好了！"她继续说道："我们的抗日武装发展到现在，要公开亮出新四军的牌子，而像危惠民这一类人，思想上没有得到深刻的改造，再做一支部队的领导人是不合适的。"大姐略微停顿了一下，接着又说："改造旧式武装要讲究策略。你去那里，主要任务是团结教育独立大队的基本群众。对我哥哥不必太客气，他只想捞个官当，实际上管不了部队。对席启秀这个人，却要好好帮助培养，早些吸收他入党。"最后，大姐特别对我说："你不要因为危惠民是我的哥哥而缩手缩脚，就放心大胆地开展工作吧。"

我带了危大姐的亲笔信，有半天工夫，翻过一座山来到了沈家冲。找到独立大队队部，一通声息，被带到危惠民的住处。走进房里一瞥，床上正亮着大烟灯。听说我是危拱之委任的教导员，危惠民倒挺客气。他像邀请故旧朋友那样，非要我先抽两口大烟，消消疲劳。我好言好语地谢却了，我们当即交谈起来。我歉意表示，自己一个年轻人初来乍到，一切要多请各位帮助。危惠民倒爽快，一拍胸口，满口江湖义气："你放心干事，凭拱之的命令，我这里没人敢给你为难。拱之先头已给我打过招呼了，你咋说咱咋办吧！"略谈了几句，我说要先熟悉情况，很快找到了大队副席启秀。

通过席启秀等人，我了解了这支游击大队的情况。1938 年 10 月，日本人占领信阳后，这一带拉起不少"抗日游击队"。有的是群众自发搞起来的保家组织，有的是个别地主豪绅组织的，也有的是绿林帮会人物拉起来的。危惠民大队属于最后一种。信阳挺进队成立后，一些名曰"抗日"、实则害民的反动地主武装被打垮了，其余的武装力量大多归顺了信阳挺进队。危惠民闻讯妹妹危拱之是挺进队的领导人，于是也接受了改编。但危惠民旧意识严重，独立大队眼下还没有建立党的组织，战士中违反群众纪律的事时有发生。席启秀对此也看不惯，深感苦恼。我看他感情真挚，便趁机向他讲了上级的指示和要求，希望他能协助我一道完成改造这支部队的任务，他听了很振奋。

由于有席启秀做帮手，我很快就在危大队站住了脚。我们经过危惠民的同意，将大队分编了班排，指名让一批年青且具有正义感的人当班排长。制定了明确的组织纪律，规定了开会学习的时间。我还从教唱《三大纪律八项注意》歌入手，大讲八路军、新四军和旧军队的根本区别，开头还不点名地批评一些违反群众纪律的坏现象。我这时戴着一副近视眼镜，腰间佩有一支手枪，尽管年纪和一般战士差不多，但由于以理服人，他们多数还算听话。打开局面以后，我又深入地开展了部队的教育工作，有时讲一些抗战的时事，还宣讲毛主席的《论持久战》等思想。一个多星期后，我将席启秀同志吸收入党了。

我返回四望山，到政治部向危拱之大姐详细汇报在危惠民大队开展工作的情况，以及吸收席启秀入党的事情。大姐和组织干事郭欠恒同志一起听了我的汇报。谈完工作，大姐让我暂留四望山休息。这时，危大姐管的政治部机关，只有郭欠恒、朱钫和我 3 个人驻守。每到晚上，我们 3 个青年人就和大姐围着火塘，既谈工作，又谈天说地。夜深了，煮一锅白薯用来充饥，大姐带头说又香又甜。我们一口一个大姐长、大姐短的，有说有笑，毫无拘束。

几天过后，我想该返回独立大队了。危大姐却果断地对我说："你不用再回去了！"她和我说起要在四望山建立党的区委机关的事，讲了许多建立党组织的重要意义。话锋一转，她说组织上决定要我任区委书记，随手又拿出一份事先拟好的区委成员名单让我看。我印象极深的是，这份名单，除我一人外，其余6位全是女同志。我当即的心理反应是，只因自己是个病号，大姐才这样安排的。6位女同志，记得住名字的有马光庭、刘东、陈彤深、王汝辉、刘西，另外一位记不清了。

那时，我们将30多位工作人员分布在四望山周围杨家寨、婆婆寨、白马山、黄龙寺、八里坡、仙石畈、余家河等地，加上四望山本身，共有八九个工作点。区委聚会地经常是在东岳庙前不远的庙前湾。由于有了以前的工作基础，区委工作开展得还算顺利。各村的农民救国团、妇女救国会、青年救国会、少年先锋队得到了巩固，并吸收了一批先进分子加入党组织，在各工作点建立起了基层党支部。随后，危大姐又派王纶耕同志来任区委副书记，同我一道开展工作。

一天黄昏，我们尊敬的范文澜先生来了。原"战教团"的同志马光庭、刘东等人，闻讯纷纷来庙前湾看望范先生。我不是"战教团"的人员，但在上年秋天，与范先生同在遂平县工作过，当时我在遂平县任民运指导员，被国民党第一战区政训处免了职，并要我去洛阳"待命"；范先生原受刘子厚同志邀请在遂平开办干训班，也受到国民党县党部的阻挠，并讥讽范先生为"抗战迷"。后来，经中共遂平县委的安排，我和范先生一同到嵖岈山职业学校隐蔽，继续开展群众救亡工作。那时我与先生同居一室，我以一个晚生的身份向这位著名的大学教授求教，晚间，一盏油灯，隔桌相谈，往往至深夜。我一直崇敬范先生正直的为人和高度的爱国革命精神（尽管那时他还不是共产党员）。

前来庙前湾聚会的有二十几人，一阵热闹的相互问候之后，大家就要请范先生讲话了。忽然，范先生想起了一件事，他急忙从怀中掏出一个纸包递将与我，郑重地说："这是咱们危主任专门托我带给你的3元钱。她说你身体不好，要你好好补养补养！"

闻听之下，泪水顿时模糊了我的双眼。我心里十分清楚，我们的干部和战士，每人每天一律只有五分钱的油盐菜金，就这还常常难以为继，有时仅发三分；我也明知危大姐的身体极其瘦弱，而平日又和大家一样同甘共苦，不搞任何特殊补助，我怎么能去接这 3 元钱呢？可是这是大姐对一个病员同志的关切之情。范先生将钱包放在我的衣袖上，他开始讲话了。我一时思绪万千。

天气日渐转暖，河边的垂柳已呈现出一片嫩绿，岗峦上的丛树也萌发了新芽，我的健康状况也有显著好转。忽然，一段时间未见的危大姐含笑走来了。她的身体更弱了，手中拉着一根树枝做拐杖。大姐对我说："小郭，你把区委的工作统统移交给王纶耕，3 天以内交代完毕，然后跟我走！"我顺口问："去哪？"大姐火辣辣地说："先不许问，到时候你自然会知道的。"我当然遵命行事。

我随大姐从四望山出发了。大姐身边只有警卫员、通信员，没有骑马，一路下山，就凭一根手杖步行。我看看方向，是去竹沟的路。次日行至随县境内的北草店，来到"七七工作团"驻地的双楼子湾。工作团的负责人朱大鹏（朱军，信阳挺进队的副司令）等同志热情接待我们。危大姐这才当众交代是让我来此负责地方党组织工作的。这时，"七七工作团"已在周围的一些村寨设置了工作组。大姐指示要我以此为基础发展地方党组织，建立随北区委，由我担任书记（以后陆续确定了组织委员、宣传委员和其他成员，并相继改称中心区委、信随工委）。事后来看，这是危拱之大姐在离开四望山，赴竹沟接替陈少敏大姐任河南省委组织部长之前，对前方工作所做的最后一项安排。

大姐在"七七工作团"稍事歇息后，就回竹沟去了。

大姐走后，也牵动了我对竹沟的思念之情。自从 1938 年 5 月初，我受组织派遣离开竹沟，眼前，"桃红又是一年春"，我也很想在新工作上任之前回竹沟看望一下。我和朱大鹏副司令直言了自己的想法，他完全体谅我的心情，同意我回竹沟看看。于是，在危大姐走后的第二天清早，我也踏上了回竹沟的小道。

从草店镇到竹沟，慢走 3 天，快行两天也就赶到了。我于次日傍晚时分到了竹沟镇，一打听，知道危大姐是上午才到的。我意识到这是大姐身体不好而行路困难。晚间我去见大姐，她一见到我，便瞋目相问："你这家伙，怎么我刚前脚走你就后脚跟来了！"我咕哝说自己太想念竹沟了，她也就不责怪了。

这时，危大姐明白告诉我说，根据工作需要，她不能再回四望山去了。但是，陈少敏大姐这次要去。危大姐问我认不认识陈大姐，我回答说以前听过陈大姐讲党课，但不直接认识。稍叙之后，危大姐就带我去见陈大姐。初见陈大姐，看到她的体格魁梧，身体比危大姐结实多了。我心想：这一次两位大姐要换班了！陈大姐询问了我的情况，告诉我停两天要随她一起回前方。我自然应承了。谈话间，陈大姐看到我上身穿的是由棉衣抽掉棉絮而变成的夹衣，便立即让通信员去帮我领一套夏季的新军服。不巧，新军服发完了。陈大姐便开了一张条叫人取来 4 元钱，让我抓紧买布赶做一套夏服。于是，我到街上，请镇内的群众给我赶做了一件土布衬衣，两条省去裤兜的制服裤，如此总算是"焕然一新"了。

五一节将至，我所熟悉的竹沟东门外的大操场上已搭起了彩台，准备庆祝节日。但不到五一，陈大姐就决定率队出发，领队人是栗在山同志。临行前，我特地去向危大姐告辞，她瘦削的脸上溢着笑意，亲切地叮嘱我说："回到前方，要好好安心工作！"自此一别，谁知竟成了永别。

全国解放后，我曾多次打听危大姐的消息，悬念她的健康状况。不幸听说她已精神失常，离开北京了。我深为惋惜，只有默默地祝她恢复健康。

按说我与危大姐一起相处的日子并不长。可是短短几个月，何以如此令人眷眷忆念呢？我想这全是由于她有一种高尚的革命品质、坚毅的革命性格和以诚待人的感人作风，令人深深感到可亲可敬！

危大姐、陈大姐都离我们而去了！我们当时年仅 20 岁上下的年轻人，现今幸存者也都是 70 岁上下的老龄人了，但她们在我们的心目中永远是我们的大姐！永远是我们崇敬和怀念的革命先辈！我想，这种崇敬和怀念的实质，正是崇敬和怀念体现在两位大姐身上的那种高贵的革命品质、性格和作风。而这也就是一直令我们向往、怀念的那种优良的党风！在我们充满激情缅怀革命先辈的今天，让我们所有的后辈永远继承和发扬先辈们的这种优良党风吧！

危大姐永远活在我们的心中！我们的大姐精神不死！

1985 年 10 月于北京

原载中共河南省委党史工作委员会编：《怀念危拱之》，河南人民出版社，1986 年，第 125 ～ 135 页。

危大姐关怀伤病员

◎ 翟怀诗

1939 年初春，我来到豫鄂边界的四望山区，在中共豫南特委领导的抗日武装——信阳挺进队里搞民运工作。

这天中午，我正准备吃饭时，老远听到有人喊了一声："小翟，大姐叫你过去一下！"

大姐指的是政治部主任危拱之同志。她从竹沟来到豫鄂边区开辟抗日斗争的基地，是率先进入四望山区的主要领导人。她平时对战士无微不至，是个"官"，却没有一点儿官架子，大家都不喊她主任，亲切地称呼她"大姐"。

我来到大姐住的地方，进屋一看没有人，东张西望了一阵，只见墙角处燃着一堆柴火，上面正煮着一罐东西，翻滚着大冒热气，四周"噗噗"地溢着白沫。我向前一凑，一股子萝卜气味扑鼻而来。眼看水越漫越多，我赶紧取下罐子，才要将水倒出一些时，背后响起了大叫声：

"哎，哎，手下留情！"

回头一看，大姐从外面进来了。

"我还以为是小灶菜，炖的肥猪肉哩！"我故意和大姐开玩笑，说着又将罐子放到火上。

"怎么，你瞧不起这东西呀？萝卜可是好东西，汤渴下去治伤风感冒，当菜吃了还可以帮助消化。"

原来，大姐这两天又生病了，但她还在坚持工作。这时，她一边咳嗽着，一边开始和我谈起了工作。……

听从大姐的安排，我由民运队调到部队医院工作，当了管理员。四望山上的医院是伴随我们这支抗日武装而设立的，院长是年过七旬的姜鲁溪老先生。姜老先生原在信阳城里开药铺谋生，日寇侵占信阳时，他不甘心给敌人做顺民，毅然带上老伴和仅有的几箱中药材投军到我党创建的抗日挺进队来了。这所医院规模不大，设在依山傍水的庙后湾，担负着救养部队伤病员的任务。

部队深入四望山区，医院最大的困难就是缺药。我到医院时，姜院长贡献的中草药已经用光了。战士们四处作战，可我们连救护伤员起码的红汞、碘酒都没有，没办法，只好用盐水煮过的棉花为彩号清洗创伤面，拿纱布填塞伤口。大姐到医院来了，她亲自写了介绍信，要我和护士长陈希平去竹沟后方医院领取药品。第一次我们领回来满满两挎包红汞、碘酒、雷夫奴尔、乙醚之类的西药，连纱布、药棉都有了。可是，隔了一段时间，我们第二次去竹沟领药时，为数就不多了。大姐对我们说："国民党顽固派自己不抗日，还极力限制我党抗日。上级党组织在竹沟也有很多困难呀！"伤员得不到及时有效的治疗，病情恶化，大姐十分着急。她几次派我翻山到湖北境内的朱家店、浆溪店等集镇，用高价收购些牌子药，总算解了燃眉之急。除了医药，大姐还非常关心伤病员的生活情况。

一天早上，她派人将我和黄事务长叫去汇报医院的情况。谈到伙食问题时，她询问重病号能否吃到流质食物，我回答说不行，藕粉和挂面很贵，都买不起，只能喂病号喝稀饭。另外，我们安排轻伤员平时和医护人员一道上山打柴，挖野菜。大姐听着摇摇头，态度空前严肃起来。我偷偷瞅了旁边老黄一眼，他也低着头，表情紧张。这时屋里静得像没有人，面对着大姐，我像受了委屈的孩子，泪珠在眼眶里直打转。

"回去给姜院长汇报一下，医护人员和轻伤员的伙食合并，每人每天菜金费一角；重病号每人每天保证一角五分。提高伙食费所用的钱我来解决。"大姐果断地发话了。

"轻伤员可以上山打柴吗？"我低声问道。

"轻伤员就不要再上山了。要保证他们吃好饭，休息好，早日恢复健康，好回前线打鬼子嘛！工作人员可以再辛苦一点。你们说呢？"

末了，大姐又郑重地交代说：

"菜金提高了，但医院还是要想方设法，把伙食调剂得更好一些。"

大姐为医院增加了菜金，我们为伤病员改善伙食有了条件。重病号很快就吃到了藕粉、挂面，喝上了白糖水。工作人员轮流爬到山上拣地菜皮，挖百合，摘香菇，采木耳，打猎物，每天中午都要搞几个花样。轻伤员不用再上山打柴了，每周还可以打一次"牙祭"（工作人员一样），月底还能分到几角钱的"伙食尾子"，大家都很满意。

原载中共河南省委党史工作委员会编：《怀念危拱之》，河南人民出版社，1986年，第 136 ～ 138 页。

言传身教　风范长存

◎ 郭欠恒

　　敬爱的危拱之同志是我党老一辈的女革命活动家之一。抗日战争爆发后，她从延安重返中原，参加河南省委的领导工作，为革命做出了突出的贡献。当年，我有幸在她的直接领导下工作了一年时间，她无论从思想品质上，还是从工作作风上，言传身教，堪称典范，使我们这些在她身边工作过、战斗过的同志，均受到了深刻的教育和启迪。怀念她，我要重忆那段峥嵘的岁月。

　　1938年冬初，我们"河南省战时教育工作促进团"的40多位青年，在豫西南地区的南阳接到了河南省委来自竹沟的通知，党指示我们全体奔赴信阳邢集，同豫南特委组织的抗日武装会合，到豫鄂边区开展敌后抗日游击斗争。我们闻讯，群情振奋，顾不得长时间跋山涉水的疲劳，迅速打起行装按时出发了。

　　我们赶到邢集时，这里已经集中起了几支部队，正在搞统一整编。即将诞生的新部队命名为"信阳挺进队"，是我党通过和进步爱国的信阳县长李德纯建立的统战关系，利用国民党信阳县政府名义组建的抗日部队。这个时候，除李德纯县长因事不在外，实际负责领导部队的危拱之、刘子厚、王海山、朱大鹏同志都在这里。我们接上了关系，危拱之同志首先找我进行谈话。她穿着灰色的粗布军装，腰间还佩带一支左轮手枪，一眼看上去，很瘦，但非常利索有精神。我把"战教团"自1937年底由开封出发，一年以来在河南各地农村、城镇深入宣传抗日救亡的工作情况，概括地向她做了汇报。危拱之同志听得很耐心，表情十分亲切。当我谈起"战教团"在很多地方如何遭到国民党顽固派的刁难和破坏，我们怎样针锋相对地和他们做斗争的情景时，危拱之同志频频点头，脸上洋溢出微笑。在我介绍说这次前来的40多名同志绝大多数已是共产党员时，她高兴地笑出声来，连声说"太好了"。她热情地赞扬我们爱国觉悟高，思想进步快。她说："你们这些知识青年由学校走向社会，能在抗日救亡的大风大浪中艰苦锻炼一年时间，这的确很不容易。应该继续发扬这种精神，更好地为党、为民族解放做工作。你们这次来得正是时候。"接着，她向我介绍了形势。随着豫南重镇信阳的沦陷，省委已正式决定在信南山区开展抗日游击战争，这一带是进取武汉和发展河南的重要战略基地，信阳挺进队肩负的任务艰巨而光荣。危拱之同志最后说，开展游击战争必须广泛地发动人民群众，因此，组织上决定"战教团"的青年组成"信阳挺进队服务团"，随部队担负发动群众的工作。"至于你本人，今后用政治部宣传科长的名义开展工作。"我们的谈话结束后，危拱之同志又和部队的其他领导一起接见了我们全体人员。

第二天，信阳挺进队正式召开成立誓师大会。危拱之同志是大会主持人，朱大鹏同志一一公布了部队建制和干部任命。这时全部人马约3个连，番号定为一、四、七中队；部队设司令、副司令、参谋长外，危拱之同志担任政治部主任。领导名单一宣布，我为自己能和危主任一道工作而高兴。

很快，全部人马向四望山区进发。大约行军三四天，我们来到了黄龙寺。我们一路前进，一路大张旗鼓开展抗日宣传活动。政治部的主要任务，是掌握干部战士的思想情况，重点是要求部队按"三大纪律八项注意"办事。在行军经过第一个宿营地，第二天早晨部队即将出发之前，危拱之同志叫我同她一起去检查群众纪律，凡是部队住过的民房，我们挨门挨户地询问东家，有没有借去未还的东西，稻草和门板是否已经上好和捆起还原，临时挖的便池掩埋好了没有。直到全部检查完毕，部队已经出发老远了，我们才快步追上。危拱之同志如此认真的工作作风，使我受到了深刻的教育。从第二天起，每经一个宿营地，我第一件事情就要检查上述几项工作。

挺进队下辖的三个中队，一支是危拱之、王海山同志从竹沟带来的，该中队抽自河南省委的警卫连，有优良的革命传统，其余两个中队，一支是我们老地下党员从国民党部队中带出来的，另外一支是由爱国青年在地方上拉起来的。挺进队领导明确指出要用八路军、新四军的建军原则来建设部队，每个中队都配备了政治指导员。危拱之同志反复强调要加强思想政治教育，并要求我们特别注意后两个中队的工作：一是新型的官兵关系，二是严明的群众纪律。她要求干部战士一律要会唱《三大纪律八项注意》歌，部队要经常组织晚会。除此之外，危拱之同志还要我时刻注意干部战士的思想情绪，部队情绪活跃不活跃，伙食是不是尽力办好了，一有问题要随时向她报告。

部队在黄龙寺住的时间不长，又继续出发了。进入四望山地区后，我们"挺进队服务团"的同志在广泛接触群众的过程中，了解到这里的人民具有光荣的革命传统，大革命时期农民运动开展得轰轰烈烈，土地革命战争初期闹过农民革命暴动，共产党员王伯鲁等人成立"光蛋会"，打土豪，分田地，影响很大，农民群众一直是很怀念共产党的。这时，我们挺进队虽然用国民党县政府的名义开展抗日工作，但群众看到我军纪律严明、阵容整齐，和国民党从前线溃败下来的散兵游勇截然不同，纷纷传颂："多少年没见过这样的好军队，是共产党领导的红军又回来了！"因此，农民群众主动热情地接近我们，敢于和我们讲心里话，我们的抗日主张经过宣传，日益深入人心。当我们把这些情况一一向危拱之同志做了汇报，好像激起了她对当年革命斗争的无限怀念之情。她十分兴奋地说："是啊，信阳是个富有革命传统的好地方。我们选这里作为第一个立足点，逐步扩大抗日武装，是非常正确的。"

危拱之同志十分注意深入开展统一战线工作。我们在四望山区开展工作，了解到一个叫黄绍九的人，出身小地主家庭，毕业于信阳师范学校。日寇占领信阳城后，出于民族大义，他自己拉起了一支30多人的抗日自卫队，自任队长，在四望山一带活动，当地群众对他没有坏的反映。我们于是决定对黄绍九开展工作。我就此事专门请示危拱之同志，她当机立断说："你们这个意见很好，也很重要。要把黄绍九这样的人工作做好了，我们在这里立足的把握就更大了。小郭，你要亲自去做他的工作。"危拱之同志还将对地方势力派做工作的注意事项向我做了细致的交代。黄绍九当时住在四望山主峰祖师顶上，我白天在山下部队中开展政治工作，和党组织一道研究地方工作，晚上爬到祖师顶山上，到黄绍九家里用聊天等方式做工作，经过近半个月的连续接触，我深入掌握了黄的个人历史和思想情况。每有新的进展就及时向拱之同志做汇报，由她做出指示，直到黄绍九决定将他的部队编入我们挺进队，自己也写了入党申请书。我把黄的申请书交给部队几位首长时，危拱之等同志都高兴地说："这下又解决了个大问题。"

危拱之同志平时强调要保证党对部队的绝对领导，注意深入细致地开展思想政治工作。1939年初，李先念同志带一支部队和一部分干部经四望山到鄂中去。先念同志在四望山向我们传达了党中央六届六中全会精神，明确彻底地批判了王明鼓吹的"一切服从统一战线，一切经过统一战线"的错误论调，要求我们要进一步独立自主地放手开展敌后抗日游击战争。此时我们部队已形成了一个大团的规模，先念同志留下一些干部充实到我们部队中，在政治上、组织上都有很大帮助。在先念同志临走前，危拱之同志在干部会议上讲："先念同志用新四军的名义到鄂中开展工作，咱们部队要调出一批精壮人员和一些好枪随他南下。"当时我们部队中的武器各式各样，最多的是汉阳造、老套筒，最好的是日本造的三八大盖，其次是捷克式，战士们对自己的武器都极爱护。好武器集中在朱大鹏同志从国民党七十七军中带出来的四中队中，他们几乎是清一色的三八大盖枪。因此，调枪的重点是四中队。危拱之同志对我说："你到四中队和连里同志一起做工作，向战士们讲清大局，一定要完成任务。"我在四中队一连待了好几天，经过和中队首长一起动员，干部战士都异口同声地说："枪是党的枪，人是党的人，只要组织下命令，我们本人也要跟李司令一起走。"我们顺利地完成了调枪任务。

我们在信南的抗日声势越来越大，引起了国民党顽固派的深深忌恨。1939年春天，国民党河南省当局要调李德纯县长离开信阳。李县长识破了顽固派的阴险伎俩，便带起信阳县常备队3个中队前来四望山，干脆同国民党决裂了。这一事件反映了国民党顽固派积极反共罪行的升级，也给我们的部队带来了影响。这时部队里已建立了党的总支，具体负责连队中的党务工作，我任党总支专职副书记。李县长被免职的事件发生后，危拱之同志及时召集我们开会，要我们向部队进行形势教育，揭露国民党顽固派积极反共、破坏抗战的罪行。要求特别加强部队中的党的工作，发挥每一个共产党员的作用，保证部队在我党的绝对领导下，不因形势的变化而出现任何问题。

李德纯县长来四望山后住在祖师顶山上的一个碉堡里。危拱之同志这时重点要我们注意李县长的思想变化，彻底争取他到革命队伍中来。拱之同志的具体布置是，她命令我兼任李县长警卫队的指导员，负责保卫他的安全，做他的思想工作。

我每天晚上爬到山上和李县长深入谈心，送一些革命书刊让他看。李德纯具有强烈的爱国思想和正义感，他很鄙视国民党内部那一套腐朽的作风，谈话中对国民党军队在正面战场上丧师失地表示极大的愤慨，对我党领导的八路军、新四军英勇抗战、深入发动民众的献身精神表示深深的敬佩，称赞我党领导下的部队"是我们民族的骄傲，民族的希望"。李县长明确表示决不回到旧阵营里去了。我将李的思想情况向危拱之同志做了汇报。不久，拱之同志告诉我，组织上已决定把李德纯县长送往竹沟，由我党中原局直接安排。以后听说李德纯光荣地加入了中国共产党，到了苏北根据地。日本投降后又到大连搞军工生产，工作很有成绩。

信阳挺进队在危拱之等同志的领导下，很快开辟了以四望山为中心的信南抗日根据地。我们的人马不久正式编为豫鄂挺进纵队二团，以后成为新四军第五师主力团之一的三十八团。这支部队的发展和建设，信南抗日根据地的开辟和巩固，危拱之同志对此付出了极大的心血，也做出了突出的贡献。尤其是她牢牢抓住部队中党的建设这一招，应该说是把握了问题的关键，不愧是一个老红军、老党员。

1939年春末，陈少敏同志从竹沟南下鄂中，危拱之同志调回竹沟接替少敏同志任河南省委组织部长。本来，陈少敏同志经过四望山时要我到延安中央党校学习，我为此回到竹沟，朱理治同志考虑了一下，却要我留省委工作。于是，我被分配到组织部当干事，继续在危拱之同志领导下工作。

竹沟当时已发展成为我党在中原地区的战略支撑点，是党中央和华中广大地区联系的重要中转站，当时南来北往的负责同志和干部青年很多。我们组织部的主要工作就是分配安排从延安出来的干部，以及河南各级党组织秘密送来调转工作和到竹沟"党训班"（时名"新兵队"）学习的党员。每天接触的同志比较多，工作是十分繁忙的。危拱之同志经常教育我们几个同志，她说："组织部就是党员干部的家，我们的党员和干部从各个地方到此接关系、谈问题，尤其是那些从事秘密活动的同志，他们来到这里很不容易。我们的工作一定要热心细心，关心每一个到组织部来的同志。党员靠组织，我们一定要使每一位到组织部来的党员就像到了家里一样温暖。同时，危拱之同志还反复给我们讲解组织工作的重要性和严肃性，要求我们在工作上一丝不苟，万无一失。当时战争情况下，组织部的大部分工作比较容易做，但也确遇到一些既要解决好而又很不容易解决的问题。记得有一次，组织部里接待了一位年过 50 的女同志。这位同志参加革命的时间早，党龄也长，抗战以前在大城市里以保姆身份掩护党的秘密机关。抗战开始后，我党在大城市的机关以公开或半公开的名义存在，因为上层统战工作的需要，这位同志没有文化就难以安置了。而这位同志对革命确有贡献，应该妥善安置。城市里的合法机关她不适宜，上前方又有一定困难，到底怎么安排才恰当呢？危拱之同志以高度负责的态度，对此事颇费心机。她与省委下辖的几个地方党组织负责同志反复商量，终于把这位女同志很好地予以安排。危拱之同志不仅对同志高度负责，而且热情关心同志。有一次，我的哥哥给我寄了点零用钱，我拿出一些给组织部的同志们改善了一次生活。拱之同志知道后，叫我交给她 5 元钱，然后送给了一位有病的同志。我对此很受感动。

在危拱之同志的领导下，我们组织部当时很注意工作效率。她强调不要因我们的工作疏忽和扯皮，而使前来解决问题的同志等太久的时间。我们按照她的要求，还经常到招待所主动找联系工作的同志，帮他们尽早解决问题。拱之同志知道我们的做法后很高兴地说："这样好!"

我们组织部本来在竹沟镇路北"新四军八团留守处"院内办公。10 月份的一天，拱之同志对我们几个同志说："少奇同志和徐海东同志很快就要来了，组织上决定让少奇同志住路南那所房子的后院，你们住到靠街的房子里。大家赶快收拾一下就搬过去。"她又解释说，机关住房之所以这样调整，主要是考虑到少奇同志的安全，要我们注意这个问题。我们用一天时间，收拾好了新地方，少奇同志果然来到了。

少奇同志作为中原局的书记，这次到竹沟来主要是传达和贯彻党中央关于加强敌后工作，要求国民党地区的我党组织采取"隐蔽精干，长期埋伏"的工作方针。少奇同志在竹沟的工作十分繁忙，主要是调整党的组织，把敌后的党组织和活动于国民党统治区的党组织划开，具体是成立新的河南省委和豫鄂边区党委。危拱之同志继任河南省委组织部长，我和杨震同志留在组织部分管干部工作和地方党的工作。随着组织机构的调整，竹沟地区的机关和干部大大减少了，"党训班"停办了，"教导队"自成建制调赴豫鄂边区续办。

这段时间里，我们组织部的工作最忙。"党训班"停办后，大批学员急需分配，一部分人要派赴前方，相当部分要派回原地工作。我们都需要就此办理分配手续。对于其中有些负责干部，组织部不仅要办理分配手续，并且还要一一做出鉴定。

危拱之同志对这些同志的鉴定工作，是极端负责任的。除了指定熟悉这些同志的人写出草稿外，她自己则亲自主持组织部办公会议逐字逐句予以讨论修订。拱之同志一再讲鉴定对一个同志的关系很大，一定要认真负责，实事求是地做好。记得我们分别为两位同志做完鉴定后，拱之同志仔细推敲了一阵，最后还要我们呈送少奇同志审查一下。她讲，少奇同志熟悉这两个同志。当我分别送给少奇同志后，少奇同志都认真地做了审阅，有的地方还动笔做了修改，包括一些使用不当的标点符号。他还将改过的一个符号指给我看："你看，这个标点这样使用，意思和原来就有点不同了。"少奇同志、拱之同志这种政治上对同志极端负责的精神，在漫长的工作岁月里，总是时时刻刻铭记在我的心头。

少奇同志在竹沟已预见到我们有遭受国民党顽固派突然袭击的可能。果然，在他和朱理治同志把竹沟的大批干部和部队分别带到苏北和豫鄂边区后，才过了10多天时间，国民党顽固派就发动了对竹沟的进攻，这就是"竹沟事变"。

战斗打响以后，我和杨震同志奉命开始焚烧组织部的文件和材料。上午10时左右，传来了危拱之同志的命令，她要我迅速赶到寨北门的碉堡上，同我军唯一一挺转盘机枪的射手在一起，鼓励他勇敢反击，掌握他的情绪。我在碉堡里同射击手和弹药手一直待到天黑，前后共打退了敌人三四次进攻。黄昏以后，我奉命到省委负责人所在的西寨门楼上集合。危拱之同志递过来馒头要我充饥，我才想起自己一整天没吃饭了。

第二天，我们夜间从竹沟西门突围，部队朝四望山方向转移。行军途中，危拱之同志和省委书记刘子久又先后离开了部队，继续到河南境内坚持河南省委的领导工作。我至此再没有见过危拱之同志了。

时间已过去40多年了，但我对危拱之同志的崇敬之情丝毫没有减少。每当工作中遇到困难，思想上产生偏向时，我总想到危拱之同志对我的教育，她那些优良的思想品质，模范的工作作风，和无数革命先烈的事迹一道，总是鼓舞着我努力前进。

1985 年 7 月于大连

原载中共河南省委党史工作委员会编：《怀念危拱之》，河南人民出版社，1986 年，第 139 ～ 148 页。

回忆高敬亭同志片段

◎ 李记文

我的老家住固始县黎集，1931 年参加红军，从 1933 年冬到 1939 年 6 月，一直在高敬亭身边当警卫。这期间，我看到和听到的一些事，虽然四五十年了，现在回忆起来，好像刚刚发生一样，当时的情景一幕一幕地浮在眼前。

一

1934 年 11 月，中共鄂豫皖省委在光山县花山寨举行会议，中心议题有两个：一是决定红二十五军由军长程子华率领北上；二是留下高敬亭同志坚持鄂豫皖根据地。当时，鄂豫皖省委常委高敬亭在皖西北任道委书记，没有参加会议。到了 1935 年 1 月下旬，"少共"鄂东北道委书记方永乐随鄂东北独立团转战到皖西，在抱儿山（今金寨县境内）会见高敬亭，并带来了鄂豫皖省委和红二十五军临走时给高敬亭的指示信。信中传达了花山寨最后一次省委会议的精神，责成高敬亭统一苏区红军武装，坚持鄂豫皖边区的斗争。

高敬亭接到指示后，于 1935 年 2 月 3 日，在皖西太湖县凉亭坳金家大屋主持召开了干部会议，第三次重组红二十八军。

我们当时的处境十分险恶：主力部队红二十五军撤离苏区；鄂豫皖三省的各级地方政权遭到严重破坏；敌人动用十一路军、二十五路军等 10 多万兵力，向苏区大举进攻，蚕食分割根据地，实行"三光"政策，制造了多处惨绝人寰的无人区，景象凄凉，不堪入目，整个苏区笼罩着一片白色恐怖。面对严酷的形势，高敬亭首先把分散在各地的独立师、独立团集中起来，建立了八十二师，下辖一营、特务营、新兵营、手枪团等单位，这些是对敌斗争的主要力量。此外，根据当时斗争形势的需要，还建立了一些地方武装，在本地区打击敌人。其次，高敬亭狠抓了地方政权的组织恢复和组建工作，建立了鄂东北道委，下辖光（山）麻（城）特委，罗（山）黄（陂）孝（感）特委等。在敌强我弱、军事力量和武器装备悬殊的情况下，高敬亭提出三打三不打的原则：敌情明打，敌情不明不打；地形对我有利打，对我不利不打；离后方近则打，离后方远则不打。由于高敬亭采取了灵活机动的战略战术，致使剿共总指挥卫立煌所率几十万正规部队，不但没有消灭"小米加步枪"的红二十八军，而且为我们"送来"了一大批武器、弹药、物资。在三年游击战争中，由于蒋介石这个运输大队长的"支援"，高敬亭领导的红二十八军坚持鄂豫皖根据地斗争，不仅打击了敌人，而且为红军长征部队牵制了十几万敌人的军事压力。到 1937 年，红二十八军仍然保留了二三千名骨干力量，这就为建立新四军支队奠定了基础。

二

高敬亭平常很重视政治思想工作，部队内设有政治委员制度，基层设营政委、连设指导员和党支部书记。他还教育每个战士懂得为谁打仗的道理。因为红军绝大多数都是穷人出身，苦大仇深，所以当时提出"打倒国民党反动派！""打土豪分田地！""翻身求解放，在我们祖国的土地上建设社会主义"等口号，既喊出广大穷人的心声，也是红军战士的希望。

高敬亭在军事上发扬民主，有时下连队碰上红色战士委员会，都要去听听同志们的意见和呼声，凡是合理建议，一定采用。他经常教育战士不拿群众一针一线，谁要违犯"三大纪律、八项注意"，他是不客气的。

高敬亭对部队纪律要求很严，对战士的生活却关怀备至。记得有次夏天行军时，大家又累又渴。走不多时，恰好碰上一眼泉水，许多战士都跑去争着喝凉水。高敬亭看到后劝说大家："喝凉水要生病，缺医少药没办法。大家渴了坚持一会儿，等到了村庄烧开水喝。"部队没走多远，遇到一个村庄就到一户人家烧水，让大家喝个足。烧水所用柴火钱按价付给老乡。高敬亭不但关心战士们喝水，就连战士洗脚他也过问。每行军后，他都强调大家用热水洗脚。在饮食上他从不让战士们吃剩饭。由于他从政治上到生活上都关心大家，所以在战士们心目中享有崇高的威望。

为了扩大地方武装，打击敌人，高敬亭把地方苏维埃政府比较年轻的同志编进便衣队，年纪大一点的同志编入道委会工作。在三年游击战争期间，这部分人起到不小的作用，他们当中绝大多数人都是本地生本地长，人熟道熟地形熟，为我们部队行军、打仗、隐蔽创造了许多有利条件。尽管蒋介石出动十几万大军"围剿"我们，武器再好，人数再多，最后也只能以彻底失败而告终。

三

1937 年，我随高敬亭住在安徽省岳西县沙岭岗（即蛇形岗）。那个时候，我们没有电台，也没有其他较为先进的通信联络设备，消息十分闭塞。《中共中央为西安事变告全党同志书》和《关于抗日救亡运动的新形势与民主共和国的决议》两个文件我们一点儿也不知道。一次，我们从鄂东北向安徽方向转移，路过光山露思冲，处决了号称"易大元帅"的大土匪易本英。在行军途中，后围警卫班班长殷少礼（绰号驴子），发现部队后面老是跟着一个人，我们走快他走快，我们走慢他走慢。殷少礼立即将此情况报告给高敬亭。高指示殷少礼派人埋伏在路边，等此人过来时抓起来问一问。一切部署停当，不多时，此人就走入埋伏圈被抓起来了。问他是什么人，干什么的，这个人回答说：你们是红军我就说，不是红军随你们的便！审问的人听说后，就把他送到高敬亭那里。高问他：你是干什么的？为什么老是跟着我们？这个人还是同样的回答：你们是红军我就讲，不是红军我不说，是杀是砍随你的便！高敬亭说：我是这里的红军负责人，有什么话你就讲吧！这个人向高敬亭说：我是开封保安团地下党派我来送中央告全党同志书的，叫姜树堂。告全党同志书现在不在我身边，在离这不远的地方埋着，你派人跟我一块儿去取，如果取不到就当场枪毙我。高敬亭听后，随即派了一个班跟姜树堂去取中央文件，第二天晚上才返回来。当时我们住在沙岭岗的一农户家里,取到告全党同志书后,高敬亭点了一支蜡烛看了许久。他看过之后老是坐在那里抽烟,就是不吭声,直到下半夜,他喊秘书胡继亭给卫立煌写信。信中大意是:奉我党中央停止内战、枪口对外、国共合作、团结抗日的指示,向你提出:一、接信后,立即停止向我军进攻,撤退驻我军附近的国民党军队;二、双方派出代表进行谈判,信最后强调了国共合作、联合抗日等。同时又写了给岳西县第三区李区长的信(此人是叛徒),让他立即派人把信送给卫立煌,因为卫当时住在安徽省的立煌县(今金寨县)。这两封信写好之后,在我们所住的这个村庄找了两个人送走的,由我经手给了送信的每人两块银圆。之后,卫立煌派少将高级参谋刘刚甫为代表,这时高敬亭身边没合适的人,正好何耀榜从潜山县鹞落坪来了,就让他作为我方代表,到岳西县的青天畈、牛食畈等5处同国民党进行谈判。(有人说姜树堂先把中央告全党同志书送给何耀榜的,何又派姜到延安,姜从延安回来才把文件交给高敬亭。这种说法不确切。)何耀榜在高敬亭的指示下,向国民党方面提出三条:一是停止内战,国民党军队立即停止向我军进攻,撤离苏区;二是国民党按12000人的标准供应我们武器、弹药和军费开支(实际上包括地方在内只有二三千人);三是要红安七里坪、礼山、宣化店、黄陂站、九里关、三里城等地为我军驻地。这些条件国民党方面都答复了,同时也向我方提出一个条件:就是限我军所有地方政权和便衣队在一个月内集中起来,停止打土豪,打地方民团。按我们当时的条件,一个多月时间完全可以把所有的地方干部、便衣队员集中起来。我们故意同国民党磨时间,就告诉对方:我军分布在鄂、豫、皖三省,没有通信设备,一个月集中不起来,需要半年时间才行。主要目的是借此机会到劣绅土豪那里弄点钱,在民团和国民党部队里搞点武器、弹药,再杀些作恶多端的大坏蛋。此后,地方干部、便衣队员陆续到了七里坪集中,中央还派何伟到七里坪秦家寺塘训练党团员各级干部,在宣传教育的基础上整编了部队,结束了艰苦卓绝的三年游击战争。

四

1938年秋,长江局书记王明,在汉口日本租界地89号(八路军驻汉办事处)

召开会议，参加会议的有陈毅、傅秋涛、陶勇、高敬亭等同志。我和谢家友（现在上海）都跟着高敬亭去了。会议由王明主持，地点在一栋五六间的通连房内，中间拉了一面布档。他们在开会，我在为他们服务。开会说话的声音听得十分清楚。开始王明说："……统一战线高于一切，一切服从统一战线，蒋委员长指示，新四军四支队撤出大别山，开到安徽敌后去（即涡阳、蒙城一带），大别山不留一兵一卒。"因为那时听得清楚，所以记得也很准。第二天上午继续开会，高敬亭发言："党中央怎样指示的，我们就怎样执行，要我的部队开到敌后去，撤出大别山，在大别山不留一兵一卒可不行。大别山是我们的命根子，丢掉大别山我们等于是流寇！"（请参阅《新四军第四支队简史》）会议进行到11点就休会了，散会时，高敬亭说："这个会我不参加了，下午我回去！"当天下午我们乘坐一辆小车到大智门车站，王明出来为高敬亭送行。王明举起了握紧拳头的右手向高行礼。他这种举动是对高敬亭不执行他的指示的反应。回去后，高敬亭向团、营和地方干部传达了王明的意见。会后不久，张云逸过江建立新四军江北指挥部。这时有人向江北指挥部告状，给高敬亭戴上"叛党投敌"的帽子，之后叶挺、张云逸、戴季英、周骏鸣等开过几天会，才通知高敬亭参加。当时我随高敬亭住在舒城县西江冲，叶挺住在肥东县青龙场褚家圩。高敬亭接通知后就动身到叶挺住处，当走到离褚家圩还有三四十里时，叶挺已派老八团团长周骏鸣来接高敬亭了。我们有些惊讶，认为周、高两人有意见，关系又不好，为什么叶挺派他来接高呢？第二天，我随高敬亭到了军部，周骏鸣就把高敬亭领到叶挺住处。高敬亭一到就被关了起来。随后就开大会斗争高敬亭，一连几天，高敬亭没交代什么。接着，叶挺就给国民党军事当局白崇禧发了电报，内容大意是：新四军第四支队司令员高敬亭不抗日，违犯陆军军法××条，应处以死刑。这天下午又给中共中央发了上述内容的电报。发电的当天晚上就收到白崇禧的复电："奉委座电令所请将高敬亭处以枪刑照准。"第二天早上才收到中共中央的复电，对处理高敬亭的错误做了明确指示："对高采取一些过渡办法，利用目前机会，由军部派遣一些得力干部到四支队工作。"收到电报的当时，高敬亭已被拉出去了，等译电员译好电文去找叶挺，刚跑出门枪声就响了。

处死高敬亭的"罪名"有三条：不服从指挥；不抗日；叛变投敌。对前二条一般都很清楚，我单说一下第三条"罪名"的产生和由来：那时从内战转入抗日，原红二十八军的主力之一的一营改为新四军第四支队七团，七团正式成立团部和二、三营。原七团一营营长杨克志调任七团团长，原七团一营政委曹玉福调任七团政委。七团主要在安徽省的肥东、肥西、定远一带活动，当时我们很困难，国民党不供应我们给养，现有的七、八、九、十四团和后勤人员吃饭、穿衣就有问题。高敬亭说：我们前身是红军，是人民的军队，不能因为没吃穿去抢人。由于部队供给跟不上，下边有意见，说高敬亭对待老八团不能和七、九、十四团一视同仁。这时四支队政治部主任戴季英支持老八团，把四支队唯一的一部电台也拿到老八团。江北指挥部就以老八团反映的情况为据，认为高敬亭问题不小。恰好，七团团长杨克志、政委曹玉福打了一个汉奸圩子，搞到了部分钱没有上交（杨、曹搞多少高敬亭不知道），四支队后勤部主任吴先元（住西江冲华家湾）找高敬亭（住西江冲的庙宇里）问：七团打个汉奸圩子，搞到不少钱，你为什么不叫他们上交呀！高敬亭说：你怎么知道我不叫上交呢？这时高敬亭的第二个秘书廖华（原在福建参加红军，长江局派来的，实际上是监督高敬亭的）说：你不要错怪，高敬亭已让我写信通知七团，让他们把打汉奸圩子搞到的钱送来。吴先元听后说：如果钱送来了，是让他们把钱交给我，还是交给你呢？（指高敬亭）高说：应该交给你，由后勤统一安排，写个收条就行了。时隔不久，杨克志、曹玉福带着钱到卫立煌那里投敌叛变了。吴先元又找到高敬亭问：你说让他们送钱，为什么他们没送，把钱也带走了？高敬亭说：我怎么能知道他们要跑呢？于是有人抓住杨、曹叛变在高敬亭身上做文章，到处散布"杨、曹叛变是高敬亭安排的有准备的"等。江北指挥部就是根据这些反映给高敬亭加上"叛变投敌"的罪名。我们一位久经考验和国民党作战多年的、没有死于战场上的无产阶级革命战士，却让国民党借我们之手杀害了。

关于高敬亭同志被错杀的事，敬亭同志的爱人史玉清记述了这样一段回忆：1939 年 6 月 24 日上午 8 时，他被处死刑。我是在 23 日下午接到敬亭同志一封亲笔信，信的内容大概是这样的，一共只有两小段，第一小段："玉清同志，已决定我明日上午 8 时（即 24 日上午 8 时）处以死刑。"第二小段，就讲到孩子了："孩子你要呢，就留着，你不要呢，就送给老百姓。"下面落款，"敬亭亲笔"。他喜欢用毛笔写字，喜欢竖着写，不喜欢横着写，其中还有两个字注解一下，怕我认不得。临死前，就写了这么一封信。接到这封信以后，我当时觉得天昏地暗，信从手上掉在地上，自己不相信自己的眼睛，好像是看错了，这时泪水就不由自己，控制不住，但又不敢放声哭。因当高敬亭同志前脚被关，我随后也被关了。但泪水真是控制不住了，我自己也好像觉得哭得不厉害，但后来发现自己穿的一件大襟黑褂子全擦湿了。一边哭，我又一边振作精神把信从地上拾起来，再看一遍，确确实实，我的眼睛没有看错，他是这样写的。但当时我觉得这封信好比一把飞箭向我射来。我哭着，想着，因敬亭同志临走时是欢欢喜喜地从舒城出发去开会的，谁知道，他们用开会的方法，把他骗了去。到那里把他警卫班的枪缴了，把他扣起来了，我也被关了。当时我不知道怎么回事，那时也没有人给我透露一下情况，交通也不方便。当时我就想，怎么办呢？一直到23日下午我才接到信，说24日上午要处死他，时间短，那时也没有车，而且我身边还带着一个十个月的孩子（大女儿），我紧紧搂着孩子，何尝不想马上把孩子送给他看看（高敬亭同志最喜欢这个孩子，是他30岁生的），但时间不允许，而且我又怀了一个六个月的孩子在身。从这时开始，我一个人怎么也不能入睡，整天想着，哭着。现在我也无法形容当时的心情。这是关于高敬亭同志被处决的一点情况。

高敬亭在"肃反"问题上，错杀了一些人。但是，这不是高敬亭发明的，而是红四方面军、红二十五军，鄂豫皖省委书记沈泽民他们遗留下来的。所以说，高敬亭是执行者，又是受害者。

1977年4月27日，中国人民解放军总政治部根据毛主席的批示，给高敬亭平反昭雪，恢复名誉，证明我们党对待革命同志的功过总是要给予实事求是的评价，对于过去的错案，无论时间长短，一经发现就给予实事求是的纠正，我们党无愧为伟大、光荣、正确的党。

高敬亭同志永垂不朽！

（孙克新　整理）

原载中共固始县委党史资料征编委员会编：《蓼城风云——固始党史资料汇编》（3），内部资料，河南省固始县印刷厂，1987年，第39～48页。

矢志革命 忠贞不渝

——忆我和高敬亭同志的一段交往

◎ 方 毅

　　七里坪是鄂东北与豫东南交界的一座历史名镇，大别山西段的门户。1927 年黄麻起义后，这里成了鄂豫皖根据地的中心，党的武装力量在这里得到迅速的发展。然而，由于张国焘机会主义的错误领导，1932 年夏季第四次反"围剿"失败了，红四方面军主力和红二十五军先后撤离鄂豫皖根据地，七里坪被国民党占领 5 年之久。1937 年秋，留在鄂豫皖根据地坚持三年游击战争的高敬亭同志，响应党中央"停止内战，一致抗日"的号召，主动和国民党"鄂豫皖督办"卫立煌谈判，达成罢战言和的协议，率领红二十八军回到了七里坪。在这里，高敬亭将红二十八军改编成新四军四支队，又从这里率领四支队奔赴皖中抗日前线，在七里坪的历史上又谱写下新的篇章。我在那时和彭康、聂鹤亭及后来的吴克华、余立金共同在七里坪开办培训班，和高敬亭同志有一段交往，在我脑海里留下了难忘的记忆。

　　那是 1937 年冬，我在湖北省工委工作（后来改为湖北省委），是省委委员。当时正是日本军国主义者为实现其武力吞并中国的侵略计划，大举进攻中国的时候。人民群众流离失所，国土一片片地沦陷。由于蒋介石的消极抗战，武汉失守已迫在眉睫。然而，以王明为首的长江局不去发动广大人民群众积极抗日，却蹲在武汉高喊保卫大武汉，实际上武汉是保不住的。当时中共湖北省委面对恶劣的形势，研究决定要在武汉失守前，在各大学里设法组织一批大学生，把他们培养成抗日的骨干力量，并决定让我负责组织培训任务。组织上考虑，办培训班目标太大，还得有一支部队掩护才能进行正常的培训工作。最后省委决定把培训班放在七里坪，那里地方偏僻，又有高敬亭的红二十八军的掩护，条件很好。

董必武是湖北的元老，和高敬亭很熟悉。他德高望重，很受人尊敬。他给我写了一封介绍信。我带着信来到七里坪。我把董老的信交给高敬亭，他看后非常高兴，欢迎我们到七里坪办培训班，并向我们提出一条要求，要我将培训出的大学生给他们的部队输送一批。他说他们队伍里大多数是苦大仇深的农民，"爬山大学毕业"，革命理论懂得太少，得武装武装才行。

我说："那是当然啦，我在这里办培训班就是为你们服务，为整个湖北服务嘛。省委叫我来这里，主要是培训抗日人才的，有了一大批抗日的中坚力量，我们才能夺取抗战胜利。"

接着，高敬亭同志热情地招待我们，并帮助我们解决了不少筹备工作中的困难。培训班驻地设在七里坪的一个祠堂里，这是高敬亭同志亲自为我们选的。他把一部分部队驻扎在祠堂附近，以便随时应付突变的情况。他对敌人的警惕性是很高的。我抓紧做了一些筹备工作，就赶回武汉向董老及省委的同志汇报。

1937年10月，干部培训班开训了，高敬亭同志经常到培训班驻地嘘寒问暖，还给培训班讲游击战的战术课。当时培训班的给养属湖北省委拨给，有时钱粮接不上，高敬亭同志就送来米面、油盐、蔬菜、肉食、医药给我们。每当我表示感谢时，高敬亭同志总是说："一家人不必客气，我的给养来源还是三年游击战时积累储备的，只要我们有吃的，决不让你们饿着。"有时高敬亭同志弄到什么好吃的东西，总是把我们叫去一块儿分享。大家聚到一起谈论党中央的决策，国共合作抗日的意义。这段时间高敬亭同志已在积极加紧准备东进抗日，他紧张地进行调整组织，配备人员，整训部队的工作，并从培训班要了一些大学生，后来都成为这支部队的骨干。

1938年3月，高敬亭同志奉命东进，率领四支队奔赴抗日前线，进到安徽舒城县的东、西港冲。临行前高敬亭同志还把他的一名战将、游击队长罗厚福和一些战斗骨干留下来，担负保卫培训班和家属的工作。

6月，鄂东特委成立。7月，根据省委指示，我到黄冈发展武装力量。不久部队就发展到1000多人枪。蒋介石闻讯后立即向王明抗议，说有个姓方的，未经允许擅自招兵买马拉队伍，扰乱地方治安。王明为了讨好蒋介石，撤了我的职，把我调到皖东去。我就把这支部队交给了张体学同志，后来这支部队发展成为新四军五师的一个重要组成部分。

四支队东进后一直在皖中活动。1939年5月间，由我率领朱绍清为营长的1个营（辖4个连），越过津浦路东，到达来安、天长、六合、盱眙一带活动和侦察，为支队主力开辟道路。当时我们是孤军深入独立作战，没有根据地依靠，受敌伪顽军夹击，形势对我军极为不利，军务很繁忙，况且当时跟指挥部只有电台联系，所以，这个时期路西发生的情况我们很少知道。直到7月份，才传来高敬亭同志被杀的消息，当时我感到非常惊讶。后来听说，高敬亭同志是因为反党反中央，反对东进抗日，要上山为王被杀的。当时我就感到他的死是非常冤枉的，他的思想情况和为人我是了解的。很显然这些罪名是莫须有的，是妄加给他的。

说他反党、反中央，这怎么可能呢？

他是1928年参加革命的，曾任中共中央鄂豫皖分局常委、鄂豫皖省苏维埃主席。国民党"围剿"时，他是红二十五军七十五师政治委员，率部与敌人展开了反"围剿"的殊死斗争。1934年省委率红二十五军长征后，留下他带着千余名伤、病、残、弱、妇，坚持根据地，与国民党"进剿"部队展开斗争。他根据当时严峻的形势，整编留在根据地的武装，重建了红二十八军，统一了边区党、政、军的领导。给人印象很深的是：他平时不喜欢人叫他军长司令什么的，愿意人们称他"军政委"。因为政委是代表党的。在坚持3年艰苦卓绝的游击战争中，他与党中央失去了联系，几次派人联系都没有结果，但他始终以党的精神来建设红军，建设根据地，按党的方针路线办事，使党的形象始终没有在边区军民心中泯灭。三年游击战中，他几度身陷险境，国民党又多次以重金利诱，高敬亭同志正气凛然，坚贞不屈，从不动摇，坚持与数十倍于己的强敌做斗争，使大别山党的旗帜不倒。这样一位经过长期艰苦考验的红军将领，怎会反党呢！

说他反对中央就更不能成立了。红二十八军下山整编为新四军四支队时，他向中央要负责干部，中央派了不少人，如郑位三、萧望东、戴季英、张体学、程启文等，而且他还从长江局要来廖华同志给他当秘书。廖华这个人很有学问，高敬亭同志非常信任他，当时四支队的许多文件都是他起草的。因此说高敬亭反对中央是很难成立的，说不过去的。说他排挤中央派来的干部就更不符合事实了。我到那里发现他对董老非常尊重，高敬亭看了董老的信非常高兴，说董老是革命的元老。从他的思想言行、做法，没有任何迹象说明他排挤中央派来的干部。

说高敬亭同志不抗日，是"山大王"，想当"土皇帝"，完全是诬蔑。七七事变后，中华民族的存亡处于危急关头，他仅根据两个公开的中央关于建立抗日统一战线的文件精神，毅然不记旧怨，主动写信给国民党鄂豫皖边区督办卫立煌，建议罢战言和，一致抗日，签订了停战协议。在坚持南方三年游击战的许多地区中，是最早与国民党达成停止内战协议的。这样的一个人能不抗日吗？停战后，他立即下山，率红二十八军结集在七里坪，1938 年 2 月接受新四军整编，成立了四支队。他要当"山大王"，为什么要下山，为什么服从整编？说他不抗日，四支队东进后，在皖中地区不断向日军出击，积极开展游击战争，打了不少影响很大的胜仗，怎么能说高敬亭同志不抗日？

至于说他不愿东进，更是无稽之谈、不合逻辑了。我到七里坪时，高敬亭正把队伍拉下山，整编、训练部队，积极做各项东进的准备工作。为了提高部队素质，开创东进后的新局面，他向我们培训班要了不少学员做骨干。当时他的思想，他的行动，都是积极东进的。党中央批评新四军不贯彻东进指示，是指项英把江南部队放在云岭军部旁边，不愿东进苏南和吴淞地区，这是人所共知的，怎么后来把新四军不愿东进的罪名加到高敬亭的身上？说高敬亭不东进是冤枉的。

所以，我总感到高敬亭同志根本不存在反党、反中央的问题，根本不存在不抗日、不东进的问题。他的被杀是冤枉的，加给他的一切罪名是莫须有的。在我和他相处的一段时间里，我深深感到这个同志对党是忠贞不渝的，革命立场是坚定的，思想基础是好的。他为人也是坦诚的，而且是一位优秀的红军将领。至于领导方法上有点问题，那是可以教育引导的，不应该用处死的办法解决，以致造成我党历史上的一桩大冤案。

1977 年 4 月 27 日，相关部门给高敬亭同志平反。这说明我们党是实事求是的，是勇于纠正错误，尊重史实的。高敬亭同志在九泉之下得知也会感激的。

值此高敬亭同志牺牲 50 周年之际，回忆我和他交往的一段岁月，仍然历历在目。写出这篇回忆以示对我尊敬的同志、战友高敬亭同志的纪念。

高敬亭同志的英名将和大别山一样永存千古!

1989 年

原载上海市新四军历史研究会二师淮南研究分会编:《战斗在淮南——新四军第二师暨淮南抗日民主根据地回忆录》,上海文艺出版社,2005 年,第 83 ～ 86 页。

抗日先锋高敬亭

◎ 万海峰

　　红军将领、抗日先锋高敬亭是我的老首长，我从参加红军不久，就在他直接领导下工作，他的一言一行，都在我们战士心中留下了深刻印象。在那血与火的艰难岁月，高敬亭和蔼可亲、关心部属、爱护战士的情景，仿佛就在眼前。

　　那是在鄂豫皖边区三年游击战争最艰苦的时期，高敬亭政委积劳成疾，身患疾病，仍坐在担架上指挥我们行军、打仗。一天，高敬亭在担架上拉着我的手问："行军、打仗这么苦，你害怕不害怕？""不怕！"我不假思索地回答，"跟着首长经常打胜仗，还怕啥哩。"我还说："跟着老乡首长干革命，俺战士心里更踏实。"

　　高敬亭政委是河南光山县新集人，我是光山县泼陂河人，老家离得很近。所以，高政委闲暇时，总爱找我这个小老乡谈家常。"那我再问你，"高政委接着说，"现在敌人四处收买土匪、特务、地痞、流氓，要悬赏捉拿我，还要买我的人头哩，你当真不害怕？""不怕！"我说，"首长，您放心，我们是党领导的红军战士，穷人在家无出路，什么都不怕！请首长放心，有我们警卫战士跟随在您的身边，敌人休想动您的一根汗毛！""哈哈哈……"高政委开怀大笑，他说，"这，我就放心了。形势越严峻，环境越艰苦，越要坚定革命意志，革命一定会成功！"高政委的一席话，说得我心里热乎乎的，鼓舞我在战斗中不断成长、进步。

　　1939年4月，正当高敬亭司令员带领我们四支队，高举抗日救亡的旗帜，深入江淮大地，英勇打击日伪军，不断取得节节胜利的时候，一件不幸的事发生了，我亲眼看见了敬爱的老首长高敬亭司令员含冤被害的经过。

6月的一天，新四军军部发来电报，要高敬亭到合肥青龙厂开会。高司令员立即带着我们20多名警卫战士，前往指定地点。我们一到青龙厂，军部的黄副官和唐参谋告诉我们：叶挺军长在储家圩等着呢？当高司令员带了3名警卫战士马不停蹄赶到储家圩时，等待他的却是一队荷枪实弹的战士，他立即被缴械关押。与此同时，我们留在青龙厂的战士，也被缴械扣押起来。高敬亭被连续批判斗争了3天。诸如"山大王""想当土皇帝""招兵买马""任意扩大部队""反对党中央在武汉的领袖（指王明）""破坏党的统一战线"，一顶顶大帽子和莫须有的罪名都压了上来。

事出有因。我过去听高司令员说过，在中共中央长江局的一次会议上，他同王明发生过尖锐激烈的争执。王明指出："一切服从统一战线""国共合作，在大别山不留一兵一卒"。"难道就这样将我们党艰苦创建和红二十八军浴血奋战3年的老根据地，拱手让给国民党？"高敬亭想不通，在会上提出了不同的意见，但在行动上，他还是不折不扣地执行上级命令，毅然率部东进。

在批斗会上，不管高敬亭怎样据理申辩，不听取参加批斗会的广大干部战士一致提出给予教育改造的建议，也不等中共中央的批示，新四军个别领导人仅凭蒋介石的一纸批文，就独断专行，断然决定处死高敬亭。就是这样，高敬亭于6月24日含恨饮弹在自己队伍的枪口下，时年32岁。高敬亭被害后，我们警卫战士也受到株连，经审查后，我才入新四军皖南教导队学习。

党中央、毛主席十分关注高敬亭问题。当年党中央曾电示将高敬亭送延安学习。1943年秋，还电询：为什么要杀害高敬亭？要查明原因，报告中央。毛主席还多次对有关负责同志说：要给高敬亭平反。1977年4月27日，总政治部发出《关于给高敬亭同志平反的通知》，终于对他革命的一生作出了历史的公正评价。

高敬亭同志是我党的优秀党员、无产阶级的忠诚战士、鄂豫皖边区三年游击战争主要的组织者和领导者。他在鄂豫皖边区革命的危急关头，重建红二十八军，在远离党中央领导的情况下，勇敢地挑起全面领导边区党政军民坚持武装斗争的重担，并及时总结经验教训，创造性地提出了切合斗争实际的战略方针和政策，粉碎了敌人的反复"清剿"，取得了游击战争的胜利。他关心群众，热爱人民，对共产主义事业的胜利充满信心。在同国民党军谈判过程中，他坚决执行党中央的方针，把无产阶级的原则性同必要的灵活性结合起来，捍卫了人民的利益。他在鄂豫皖边区党政军民中享有崇高威望。他在领导红二十八军、新四军四支队，坚持鄂豫皖边区游击斗争和东进皖中、皖东，坚持敌后抗战中，为党、为人民、为革命做出了不可磨灭的贡献。

1997 年

原载上海市新四军历史研究会二师淮南研究分会编：《战斗在淮南——新四军第二师暨淮南抗日民主根据地回忆录》，上海文艺出版社，2005 年，第 87～88 页。

高敬亭同志被错杀前后

◎ 王朝中

　　1937 年秋，为了抗日，坚持鄂豫皖边区的红二十八军和游击队，在黄安七里坪被改编为新四军第四支队，高敬亭同志任四支队司令员。1938 年 1 月，部队奉命东进抗日，驻舒城东边，支队司令部驻在登福庵。当时我在司令部警卫班任副班长。

　　1939 年 4—5 月间，叶挺军长来到舒城，住在离司令部约 500 米远的一个祠堂里，我们班担任警卫。约一个星期叶军长就走了。在这期间，高敬亭同志每天都按时到叶军长那里去，一谈就是几个小时，有时谈到深夜十一二点钟。叶军长走后没几天，发来了一份电报，要高敬亭同志去开会，高敬亭同志接到电报后做了准备，要我们警卫轻装，把多余的东西都集中留下。出发时，除我们警卫一、二两个班外，还有手枪团团长詹化雨、副团长汪少川带手枪团两个分队和司号连，共 300 余人。高敬亭同志带领我们来到距青龙厂约 5 公里路时，叫我们停下来，他自己带着副官窦立宝和 4 名警卫员向余家圩走去。他们走后不多时，来了个参谋接我们也到余家圩子去。

　　余家圩是一家大地主的庄子，四周围墙很高，外围还有两道深水沟。从江南军部来的叶挺、张云逸、邓子恢等首长都住那里。余家圩大门口架了机枪，圩子周围布置了许多哨兵，戒备森严。当我们进入圩子里面刚整好队时，突然来了很多部队，3 个人围住我们 1 个人，立即缴了我们的武器，这一下把我们都搞愣住了，不知出了啥问题。接我们的那位参谋说："高敬亭被叶军长扣起来了，他有严重错误，等他承认了错误，就把枪还给你们。"我们听后都大吃一惊，高敬亭同志犯了什么样的大错误啊！枪缴掉后，就把我们分散到各处，我们警卫班几个人分在圩子里住，限制了行动自由。第二天，一位干部来审问我们：高敬亭与国民党有什么来往？对部队有什么反常态度？他打土豪没收的金银藏在什么地方？（据我所知高是没有金银的）等等。因为这些情况我们确实不太清楚，一连审问几天，也没有问出个什么名堂来，就没有再审问下去了，接着解除了对我们的禁闭。我和同班战士彭作礼被分配到通信连当战士，其余同志是怎样分配和处理的，我就不知道了。

高敬亭关押后的情况，我不太了解。据说，他始终不承认自己的错误。这年的端午节前几天，高敬亭同志被杀害了，死时还不到 40 岁。

据说，高敬亭同志死后几个小时，中央发来电报，叫不要杀高敬亭，速将高送延安学习。叶军长看过电报，流下了眼泪。

原载安徽省新四军历史研究会编：《抗日战争回忆录》，安徽人民出版社，1992 年，第 483 ～ 484 页。

戴季英在四支队

◎陈雁彬　陈　祥　王善甫　汪佑志　朱　明

　　1937 年 7 月中旬，坚持在鄂豫皖革命根据地的红二十八军政委高敬亭同志，在与党中央长期失去联系之后，见到了由地方党组织派人送来的中共中央关于"国共两党停止内战，一致抗日"的公开文件，当即果断机智地指派皖鄂特委书记何耀榜为代表，和国民党安徽省负责人的代表进行谈判，并于 1937 年 7 月 27 日达成停止内战、共同抗日的协议。高敬亭同志化名政治部主任李守义亲自参加了协议签字仪式。8 月上旬，红二十八军和各地方红色武装便衣队、游击队陆续赶赴湖北红安县七里坪集中。同年 9 月，党中央、毛主席指派郑位三、肖望东等十几名同志由延安陆续来到七里坪，传达党中央有关抗日的主张和毛泽东同志的指示，并参加红二十八军的整编和东进抗日工作。

　　高敬亭同志为配备四支队领导班子，亲自向党中央要求戴季英同志来四支队参加领导工作。早在红二十五军工作时期，高敬亭和戴季英就熟悉，彼此关系也好。1938 年 2 月 24 日，党中央派戴季英同志到四支队工作。不久，郑位三、肖望东同志调离四支队另有重任。

　　戴季英到四支队工作后，根据党中央指示精神，认真分析了高敬亭同志在与党中央失去联系的 3 年间，毅然重建红二十八军，率领红二十八军和游击队同敌人作了艰苦斗争，为革命作出了重大贡献，同时和高敬亭同志研究了如何执行党中央要求四支队东进抗日的指示。经过一个多星期的商谈，确定了四支队东进出发日期，两人共同签发了东进抗日的布告，也妥善地安排了从延安派来的干部。

1938年3月4日，戴季英赴汉口向中共中央长江局和周恩来副主席汇报工作。3月8日，高敬亭即率领部队从红安县七里坪地区出发，经过新县、商城县到达立煌县双河地区。

周恩来副主席在听取了戴季英同志汇报四支队的情况后，甚为满意。确定在七里坪设立留守处，组织鄂豫区委。戴季英带着周副主席的指示返回七里坪，将张体学、罗厚福同志等留下来组建抗日武装，然后又急速奔赴双河区与高敬亭会合。在双河区召开的干部会议上，他详尽地传达了中共中央长江局及周副主席的指示。遵照长江局的决定，成立了四支队军政委员会，高敬亭为军政委员会主席，戴季英为副主席，林维先、吴先元等同志为委员。会议结束后，部队按原定计划继续挥师东进。

当部队日夜兼程行至麻埠时，国民党桂军当局突然派来代表，要求四支队按照他们的旨意，经六安到合肥，摆在正面战场与日军作战。国民党企图借日军之手消灭我集中不久的游击部队，当即被高敬亭和戴季英识破。在麻埠文昌宫和国民党代表整整谈了一夜，我方据理力争，终于达成协议，四支队先到皖西霍山县的流波礄，与由桐柏山红军游击队编成的第八团正式会合。至此，四支队的全部兵力集中到了一起，然后向皖中开进。

经过认真准备，四支队政治部在流波礄的东王庙召开了万人军民大会。会上，汪登科同志代表四支队作了宣传抗战的动员报告。大会开得隆重热烈，为发动当地工、农、商、学投入抗战工作作了一次很有力的动员。

四支队全部集中完毕以后，高敬亭因身体有病，经中共中央长江局批准，返回立煌县双河区养病，部队由戴季英和林维先参谋长率领于3月底离开流波礄向皖中抗日前线挺进。

当四支队进到舒城县干汊河时，一位身材魁梧、操东北口音、肩上斜披着一条黄军毯的军人来到支队政治部找戴季英主任。戴主任立即热情地接待了他。经交谈得知，来访者叫刘冲，中共党员，奉周副主席命令率领号称"东北挺进队"的原东北军六十七军流亡官兵80余人，由武汉来归四支队指挥。遵照周副主席的指示，戴主任很快妥善安排他们越过淮南铁路，进入皖东含山县、全椒县一带活动。刘冲率部到达皖东地区以后，在地方党组织的支持配合下，积极发动群众，扩大部队，很快便发展到 1500 余人，武器装备也得到很大的改善，仅轻重机枪就有 30 多挺。这个部队后编入新四军第四支队第八团。

四支队经舒城到达皖中抗日前线后，各团迅速在无为、庐江、巢县地区展开，待机歼灭日伪军。

5 月中旬，高敬亭率手枪团离开双河，抵达舒城县乌沙镇。不久，董必武同志奉中央之命来到乌沙镇。戴季英接到通知赶返乌沙镇参加会议。董必武传达了党中央要求新四军东进敌后创建抗日根据地的指示，以及中共中央关于开除张国焘党籍的决定。会后，戴季英返回前线。

侵犯华东的日军在占领安徽省芜湖市后，其第六师团于 1938 年 4 月 23 日渡江北犯，侵占和县、含山县、巢县等地，皖东、皖中局势一片混乱。在此危急之际，新四军四支队九团一部于 5 月 12 日 8 时许在巢县蒋家河口胜利伏击日军，歼敌 20 余人，缴获步枪 10 余支、机枪 1 挺和日本军旗等，我军无一伤亡。蒋家河口首战告捷，打响了新四军抗日作战的第一枪。此次胜利打击了日军的嚣张气焰，增强了抗日军民的胜利信心，同时也震惊了患有 "恐日病" 的国民党军队。军首长来电嘉奖作战部队。5 月 16 日，蒋介石特意致电新四军叶挺军长："蒋家河口出奇挫敌，殊堪嘉慰。" 蒋家河口首战胜利，四支队司令部、政治部立即发了战报，支队政治部迅速编印了宣传材料，下发各部队，号召全支队指战员向参战部队学习。

1938 年下半年，四支队在合肥至安庆、合肥至六安等公路沿线积极对日伪军作战。有几次大的战斗支队林维先参谋长亲临指挥。在战斗中，共毙伤日伪军 2000 余人，俘敌 10 名，击毁汽车 150 余辆，歼灭与日军勾结的反动武装 3000 余人，有力地配合了正面战场作战。

1938 年 7 月，四支队政治部驻在舒城县东蒋冲韦家大湾时，戴季英主任由前方部队回到东蒋冲。此后，戴主任又把主要精力投入到组织发展抗日武装的工作中。在中共安徽省工委的领导和协助下，动员了皖中、皖西地方党组织的力量，展开宣传活动，发动广大群众积极投入抗日斗争。在很短的时间内，皖中、皖西各县相继组织了几支抗日游击支队。为迅速发展抗日武装，戴季英主任还把政治部领导的战地服务团和警卫队的老战士派出去扩大部队。服务团在程启文团长和汪道涵副团长的领导下，先后在无为县及皖西进行扩军工作。个把月的时间便组建成一支近400余人的抗日武装力量，被命名为"四支队抗日先遣队"，程启文、汪道涵为正、副司令。在此期间，戴季英同志亲自把庐江、无为、舒城等地游击队集中，发展为近2000余人的"江北游击纵队"，并由戴季英任司令。他又组织林英坚、漆德庆在六安、舒城等地区组建了一支近千人的抗日游击纵队，加上高敬亭司令派梁从学、汪少川同志在寿县定远地区组建的淮南抗日游击纵队和张学文领导的无为抗日游击支队等部，四支队已发展到9000余人。

抗日游击队扩大以后，部队的装备和粮饷国民党政府均不供给，靠游击队自己解决。在物质条件极端困难的情况下，戴季英同志亲自请地方党组织协助，并派专人外出筹措活动经费。经过多方努力，仅在舒城地区，群众和地方党组织就支援了部队100多万斤粮食和3000多套棉军衣及800余支枪，帮助游击队解决了部分的给养和装备问题。

1938年8月，中共中央长江局、新四军军部要求四支队迅速向皖东敌后挺进。但因四支队一时难以全部东进皖东，周恩来副主席征询了戴季英同志的意见，要求四支队八团首先挺进皖东地区。戴季英同志认真执行周副主席和军部首长的指示，找该团政委林恺作了一次长时间的谈话，并从发展游击纵队的经费中专门拨出200块大洋给八团做活动经费。同年8月，八团奉命从皖中西汤池出发，9月便挺进到淮南路东肥东、全椒、滁县等地开展抗日活动。

1938年夏秋，皖中、皖东各县城被日寇占领，国民党军队和政府官员纷纷出逃。日寇到处杀人放火，奸淫抢掠；土匪汉奸武装蜂起，为非作歹，残害群众，社会秩序一片混乱。由于我四支队积极的战斗行动、广泛的宣传工作、模范的群众纪律，扩大了我党我军的政治影响，人民群众参军参战的热情很高。这是我四支队大发展的极有利时期。但由于主客观的原因，特别是主观方面的多种原因，四支队的发展远未达到客观可以达到的程度。

鉴于这种形势，党中央及军首长指示新四军参谋长张云逸同志率军部特务营两个连于1938年11月过江来到舒城，加强江北部队的领导，并组织四支队主力部队继续东进。戴季英同志协助张云逸参谋长做了大量工作。同年12月下旬，戴季英还陪同张云逸去立煌县与国民党安徽省政府主席、二十一集团军总司令廖磊谈判。经谈判，对方承认了新组建的以戴季英为司令的江北游击纵队，达成了我四支队和江北游击纵队活动地区的协议：四支队挺进淮南路以东，以津浦铁路蚌埠至浦口段两侧为活动地区,江北游击纵队以无为县为活动地区。这个协议的形成，有利于四支队和整个华中地区我军的发展，也符合党中央、毛主席及新四军军部历次指示精神。

1939 年 3 月，四支队司令员高敬亭、参谋长林维先、政治部主任戴季英率四支队机关和直属部队东进皖东。部队行至合肥以西张家圩子附近，遭到驻合肥日军袭击，在打退日军袭击后，支队前方机关及特务营则由林维先、戴季英率领，经长丰县吴山庙、下塘集过淮南铁路，到达定远县吴家圩一带。同时，七团已越过淮南路进至合肥青龙厂等地。淮南抗日游击纵队仍在寿县、定远地区活动。5 月底 6 月初，九团也进到青龙厂等地。为创建皖东抗日根据地，戴季英同志又抽调一批干部加强地方工作。支队政治部领导的人民剧团也组成数个群众工作组，该团领导同志也被派到工作组，肩负起宣传抗日、发动群众、筹粮筹款等多项任务，对皖东根据地的建立做了许多工作。

1939 年 6 月底，江北指挥部根据中央及新四军军部的决定，将四支队扩编为四、五两个支队。四支队司令员由江北指挥部副指挥徐海东兼任，戴季英任政委兼政治部主任，林维先任副司令，谭希林任参谋长，赵俊任副参谋长，张树才任政治部副主任。

1939 年 11 月，刘少奇同志来到皖东，直接领导创建淮南抗日根据地的斗争，他强调共产党领导下的抗日武装，在统一战线中要坚持独立自主的原则，放手发动群众，积极发展部队，建立民主政权，统一了党内、军内的思想。四支队在中原局和江北指挥部的领导下，同中共津浦路西省委一起放手发动和组织群众，经过对日军和顽军反"扫荡"反摩擦的艰苦斗争，于 1940 年 4 月成功地建立了以定远县藕塘镇为中心的淮南（前称皖东）津浦路西抗日根据地。

在创建淮南津浦路西抗日根据地前后曾引起了日寇侵略军的惶恐不安，1939 年 12 月下旬，驻滁县和全椒县之日伪军 2000 余人分三路向我抗日根据地施家集、周家岗、大马厂、复兴集等地发动"扫荡"。我四支队主力七、九两个团在徐海东的指挥下，与敌激战 3 日，毙伤敌伪 160 余人，俘敌伪数十人，缴获大量武器和军用物资。

1939年冬至1940年春，蒋介石在全国发动了第一次反共高潮。国民党桂顽军6000余人分南北两路向我路西中心区大举进攻。此时，徐海东同志因劳累过度肺病复发，难以参加指挥。戴季英政委、谭希林参谋长、何伟主任在刘少奇同志和江北指挥部首长的部署指挥下，率领四支队于3月4日起展开了激烈的反顽战斗。七团首先将占领我界牌集的国民党李本一部刘子清支队击溃，歼敌700余人。两天后，十四团从顽军颜仁毅纵队后方发起反击，一举攻克定远县城，接着又挥师南下，和九团在高塘铺地区将颜仁毅部第十二游击纵队大部歼灭。9日，七团在五支队罗炳辉司令指挥下，同五支队主力和苏皖支队，在王子城、八斗岭地区与敌激战两昼夜，将桂顽一三八师的部队击溃。与此同时，我新四军江北游击纵队的新七团、新八团分别对含山、和县、青龙厂之敌发动反击。路西第一次反顽战役经过10多天的激烈战斗，终以我军歼敌2500余人，俘敌1000余人，缴获轻重机枪30余挺、长短枪1000多支、子弹19万余发的重大胜利而宣告结束。在取得反顽战役胜利之后，戴季英同志又不失时机地指示支队所属部队派出干部，积极配合地方党组织，放手发动群众，建立定远、滁县、凤阳、全椒等县抗日民主政权，建立工、农、青、妇等群众团体，成立了路西联防办事处、路西联防司令部。路西战役胜利后，四支队七团又增援路东，配合五支队粉碎了韩德勤部10个团对我以半塔集为中心的津浦路东地区的围攻，随即在路东建立了8个县的抗日民主政权。从此以后，淮南抗日根据地才得以巩固地建立起来。

1940年5月中旬，津浦路南段日伪军3000余人分两路出击，占领定远县城后，奔袭藕塘镇四支队指挥机关。危急关头，七团及时赶到，与日伪军展开激战，掩护支队机关突围，粉碎了日军的"扫荡"。

6月上旬，驻滁县的伪军又纠集1000余人侵犯我周家岗根据地，遭到四支队沉重打击。

不久，国民党桂顽一三八师乘我四支队对日作战之际，又突然占领界牌集、古城集，企图将我四支队消灭。戴季英、谭希林、何伟等同志率七、九两个团向桂顽展开了猛烈的反击。此次反顽作战，共歼敌700余人。战斗结束后，七团又奉命赶赴路东，在五支队首长的指挥下，参加了开辟淮宝地区的作战。

1940 年 8 月初，戴季英同志奉命离开四支队前往延安学习和参加中共七大。他在四支队工作两年半的时间内，坚决执行了党中央、毛主席、周副主席、刘少奇同志和新四军军部、江北指挥部首长的指示命令，他和支队领导同志率领支队东进皖中、皖东作战，贯彻了党的抗日民主统一战线政策；在地方党组织的支持和帮助下，积极发展抗日游击武装，扩大了四支队；他耐心细致地教育和团结干部战士，为建设部队做了大量的思想政治工作，为创建淮南抗日根据地尽了他的一份力量。戴季英同志在新四军四支队工作这一段历史，转眼间已过去了半个多世纪。每当我们回忆起那些艰苦岁月中的火热斗争，当年的情景仍然历历在目，就会想起戴季英同志坚定地带领部队开创胜利局面的工作精神。他在历史转折关头和错综复杂的形势下，为革命做出了可贵的贡献。

1987 年

原载上海市新四军历史研究会二师淮南研究分会编：《战斗在淮南——新四军第二师暨淮南抗日民主根据地回忆录》，上海文艺出版社，2005 年，第 135 ～ 140 页。

董老来到四支队

◎ 蔡家帜

　　我们红二十八军，在鄂豫皖坚持了三年游击战争，为了团结抗日，遵照党中央指示，于1938年2月中旬改编为新四军第四支队。3月上旬，部队分别从七里坪、宣化店、黄陂站和竹沟出发，东进抗日。四支队司令部、政治部及手枪团，分别驻在舒城县东、西港冲。那时，我在手枪团三分队任二排长。

　　当时，我军指战员通过整训，虽然懂得了国共两党合作抗日的一般道理，但是，因我军长期在大别山坚持游击战争，日夜行军作战，又加远离中央，所以对国内外形势不够了解，对合作抗日存有一些糊涂认识，认为同蒋介石打了10年内战，许多同志血流疆场，牺牲在反动派的枪口下，今天我们怎能与他合作呢？对抗战前途的认识也还不是那么清楚。正在这时，当时担任长江局领导工作的董必武同志到我们四支队视察来了。

董老高度评价我们坚持三年游击战争

　　连日阴雨把人憋得够呛。这一天早晨，我起来开门一看，云消失了，太阳也出来了，空气格外清新。部队早操后，队长用严肃的口吻说："你们今天站岗放哨要注意，不准随便进司令部，室内外要打扫干净，室内要收拾整齐，外出要注意军容军纪，看见首长要敬礼。"我们队长以前不爱讲话，今天话讲得特别多，同志们感到好生奇怪。

当我正叫各班打扫卫生和整理内务时，突然队部通信员前来通知各排长到司令部开会。一到会堂，司、政、后与各团的负责同志都来了。整个房子都坐满了，恐怕有100多人。会场里十分安静，连咳嗽声都没有，大家都很严肃，我心想，今天开什么会哩？

高司令陪着一位50多岁、面容坚毅可亲、留着一绺胡须的老人走进会堂。会场顿时响起经久不息的掌声。高司令把军政负责人向来人一一作了介绍以后，便宣布开会。高司令说，今天召开司、政、后、手枪团和各团军政负责人参加的会议，欢迎中央领导人董必武同志前来指导和检查工作。

高敬亭同志的话还没说完，会场上又一次响起暴风雨般的掌声。啊，原来是董老来了。我看见董老身体很健康，心里十分高兴，便和同志们一起拼命地鼓掌。

高司令请董老作指示。董老说：同志们，你们辛苦了，我代表党中央、毛主席向你们问好。高敬亭同志在远离中央领导的情况下，独立自主，与敌人作艰苦卓绝的斗争。敌人用几十万兵力"围剿"你们，你们没有被消灭，坚持了鄂豫皖苏区的斗争，使大别山的红旗不倒，这就是很大的胜利。你们与敌人进行了数千次战斗。今天保存的这两三千武装力量，既是抗日的骨干力量，也是将来的领导力量。我这次来到这里，听高敬亭同志介绍了三年游击战争情况和现在部队情况，我感到很高兴。高敬亭同志是我党的好干部，他坚持大别山是有功的。但在斗争中难免有缺点错误，这是次要的。我希望你们总结3年斗争的经验教训，今后更好地消灭敌人……

高司令接着讲了几句，说董老给我们作了宝贵指示，总结了我们的优缺点，我们要认真地讨论一下。说完就宣布散会了。

董老给我们作形势报告

第二天上午，队部通知排以上干部到司令部听董老作形势报告。我们一听都很高兴，赶到司令部，房子里早就坐满了人。我们刚坐下，董老就站在课桌后面，声音洪亮地讲起来。他说：同志们，日本帝国主义侵略中国，中华民族到了生死存亡的关头，当前民族矛盾超过阶级矛盾，我们要争取蒋介石抗日。张学良、杨虎城两将军，发动西安事变，逼蒋签字抗日。我党发表了八一抗日宣言，号召全国人民团结起来抗日，不分党派、宗教、信仰，工、农、商、学、兵一起来救亡，有力的出力，有钱的出钱，有枪的出枪。总之，集中人力物力，停止内战，枪口对外。

说到西安事变，扣留蒋介石的问题，大家都很关心。为什么捉住蒋介石，又不杀他，还要把他放了呢？董老像是看透了我们的心思，针对我们的糊涂想法，就耐心地分析给我们听：如果杀了蒋介石，中国亲日派汪精卫、何应钦和国民党几百万军队就会投降日本，到那时，中国人民不但要当亡国奴，而且国共两党都要被敌人消灭。我们知道蒋介石不抗战，但如能争取他中立也是好的。所以西安事变，逼蒋介石停止内战，实行两党合作，成立联合政府，团结抗日，更加说明了毛主席的英明伟大。同志们，中国抗战前途是光明的，中国人民是一定会胜利的。敌人发动侵略战争是不得人心的，遭到了世界上爱好和平人民的反对。我们自卫反侵略战争，得到了国内外广大人民的支援和拥护，目前以苏联为主的英、法、美等国家正在组织反法西斯统一战线，加之中国地大物博，人口四万万五千万，日本侵略者一定会淹死在人民战争的汪洋大海之中。在中国共产党和毛主席的英明领导下，全国人民团结起来，一定能打败日本帝国主义，现在敌人困难很多，政治上孤立，人力物力不足，加上外线作战，交通运输不便，兵力补充、物资供应都有很大困难，敌人情绪低落，大部分人不愿出国作战；日本人民反对日本帝国主义的运动一天比一天高涨，因为它在本国内抽丁、征税，增加人民负担，搞得民不聊生。这就决定了日本侵略战争必然最后失败的命运。

现在抗战的担子落在共产党身上，只有共产党才能救中国。因此我们党决不辜负全国人民的希望，要坚决抗战到底，不取得胜利，决不收兵，坚决把日本鬼子赶出中国去。

听了董老的报告，澄清了我们过去的许多模糊认识，使我们进一步认清了斗争的长期性和形势的复杂性，懂得了我党责任重大，增强了我们抗战的信心和决心。

董老给我们上党课

第三天中午，团部通知我们到司令部旁边的树林里上党课。司、政、后的党员都到齐了，200多人整齐地坐在地上。在我们前面摆着一张桌子，四把椅子，桌上放着一把茶壶，四个茶杯。不一会儿，组织科长陪着董老来了。值班喊了声"起立!"全体同志齐刷刷地站了起来，向董老敬了礼。董老还了礼，示意大家坐下来，开始讲课。

这次党课，董老谈到共产党的性质，党员义务、权利，党的民主集中制，加强组织纪律性以及党员的先锋模范作用等问题。他强调指出，共产党员是无产阶级的先进分子，是全心全意为人民服务的。共产党员要有大公无私、吃苦在前、享受在后的崇高情操。共产党员有权利向领导机关和个人提出意见，但必须按组织原则提出来，反对极端民主化。共产党员要以自己的模范行动，把广大群众团结在党的周围。

这堂党课对我们教育很大。自1932年10月红四方面军西撤以后，我们部队一直处在游击战争环境里，一天到晚，跑路、打仗，哪有工夫上党课呢? 只知道不怕苦，不怕死，多消灭几个敌人，解放全中国，对党的方针、政策不清楚。听了董老的报告，头脑清醒多了，懂得了怎样做一个合格的共产党员，明确了斗争前途虽是无限光明的，但前进的道路上还有许多困难，我们必须加倍努力，争取早日将日本帝国主义赶出中国去，使中国人民得到解放与自由。

原载中共舒城县委党史办公室编：《舒城县革命史资料（抗日战争时期）》，内部资料，舒城印刷厂，1985年，第81～85页。

永恒的怀念

——忆抗战时期何伟在安徽工作的片段

◎ 孙以瑾

我和何伟同志生活了几十年，他离我而去，已经整整 15 个春秋。追忆往事，仿佛又回到和他并肩战斗的峥嵘岁月，我的心潮起伏，思绪万千。

1938 年 10 月，日寇水陆并进包围了华中重镇武汉。周恩来同志根据当时的严峻形势，指派在中共湖北省工委任宣传部长的何伟同志到安徽传达中共中央长江局对大别山区工作的部署。为了旅途方便，何伟离开武汉后，随同郭沫若任厅长的国民党军委会政治部第三厅所属的第六抗敌演剧队，翻山越岭，来到立煌县白水河汪家老屋新四军四支队兵站，即中共安徽省工委所在地。何伟迅速向省工委彭康、张劲夫等同志传达了周恩来同志的指示：大别山区党的工作任务是加强同国民党桂系在安徽的抗日民族统一战线，以避免摩擦，在敌后有条件的地方，放手发动群众，大量建立党的武装，开展敌后抗日游击战争。

10 月的大别山，秋高气爽，山清水秀。这时何伟无心欣赏大自然的美景，以《新华日报》记者身份，利用暂留大别山的时间奔波于立煌与舒城之间，一面协助省工委负责同志处理事务，一面在安徽省动委会及其所属的几个工作团中开展工作。他宣讲毛泽东的《论持久战》和《抗日游击战争战略问题》，使大家明了中日战争所处的时代以及敌我双方的基本特点；他驳斥"亡国论"和"速胜论"以及轻视游击战争的错误思想。大家提高了对持久战的总方针和抗日游击战争的战略地位以及人民战争的战略战术的认识。当时，何伟打算传达周恩来同志的指示后稍事停留就返回武汉，但这时武汉已被日寇占领，大别山区成了敌人的后方，这里迫切需要干部，何伟便向组织请求并经上报批准，留在立煌工作。

1939年春，根据中共中央指示，成立中共鄂豫皖区党委并派何伟同志担任组织部长。这期间，我党继续利用安徽省动委会这个公开合法的组织，教育、组织广大爱国青年，发动群众，扩大抗日干部队伍，进行抗日救亡工作。张劲夫同志仍以省动委会组织部主任干事的公开身份负责省动委会地下党的工作。何伟和张劲夫同志密切配合，在桂系统治区从事公开和秘密相结合的革命活动。

何伟同志善于联系开明士绅和社会名流，阐述安徽的抗战形势。他经常和左派人士朱蕴山、章乃器等谈心，研究抗战工作，通过他们促使桂系当局坚持抗战，增加安徽抗日自卫军余亚农第二路军的经费。为了广泛发动群众，深入开展党的工作，我党利用当时的有利形势向省政府举办的军政干部训练班、财会干部训练班以及安徽省学生军等组织派进了大批党的干部，并且在保甲长训练班里发展党组织，扩大抗日民主阵地。何伟同志在这些工作中都做出了应有的贡献。

国民党政府迫于当时的形势，表面上承认新四军建制，实际上却极力限制其活动，伎俩之一就是拒发粮饷。1939年初，新四军参谋长张云逸为军饷问题赴立煌同廖磊谈判。同年夏季，叶挺军长、张云逸同到立煌，再度同廖磊谈判。廖磊对我地方武装发展过快、派粮筹款提出异议。叶挺则针锋相对指出桂系政府不按期发给新四军江北部队经费的错误。经过协商，双方同意在立煌设立新四军驻立煌办事处，并决定何伟以新四军参议身份主持立煌办事处工作。这样，对他活动的开展创造了有利条件。不久，中共中央来电指示，为了提防桂系反共破坏活动，令设在立煌的鄂豫皖区党委立即转移到庐江县东汤池新四军江北指挥部所在地。

区党委转移后，何伟仍留在立煌办事处，在严峻的环境里坚持工作。他除代表新四军与桂系第二十一集团军参谋长徐启明互通双方对日作战情报，还督促桂系政府按期拨给新四军江北部队军费。桂系省政府先是采取拖欠办法，在何伟多次催讨下，他们见硬拖不是办法，就一个劲地"叫穷"。何伟慷慨陈词，据理力争："按照国民政府规定，新四军江北部队的经费、粮草应由安徽省政府拨给，但有人却经常借故拖欠。若是财政空虚，你们整日花天酒地，钱由何来？唯独我军前方将士吃不饱、穿不暖，天理何在？你们良心何在？这是破坏国共合作、破坏抗日的行为!"省府大员们被何伟驳得面红耳赤,哑口无言。后来在财政厅会计主任李人俊和储庆儒等人的帮助下,摸清了财政库存情况,使桂系省政府履行前约,按月拨给新四军军费3万元。

由于大别山地区统战局势不断恶化,何伟的工作更加紧张繁忙,夜晚还常在余家湾新四军驻立煌办事处,邀请安徽省政府以及桂系军队中进步人士交换意见,分析安徽的形势,争取他们与我党更好合作,从而限制廖磊反共。这项工作深得各界朋友的支持,自然也引起桂系当局的注意。当时大别山日报社社长马起云作为不速之客就常到新四军办事处来。此人诡计多端,善于阿谀奉承,深得廖磊的欢心和信任,因此他的到来不能不引起我们的警惕。为了提防桂系顽固派的破坏,我就以省动委会妇女组主任干事的公开身份掩护和协助何伟开展工作。我在彭家湾山坡下所住的一间茅屋便成了他领导秘密工作的联络点。他经常夜晚从余家湾到这里召集会议或会客,我就在门外山坡上放哨。见有生人来往,我便唱起抗战歌曲作为信号,提醒他们警惕。每当回忆起这段战斗岁月,何伟那深思时踱步的身影、默默吸烟的神情,与同志和朋友娓娓而谈时的情景,就历历在目。

1939年10月,廖磊去世,张云逸电令何伟前往立煌参加葬礼。这时,我以省参议员名义到皖东视察,乘轿车东行,何伟骑马西去。途中我们两人相遇,却不能一诉衷肠,只能默默无言,面面相觑。和我同行的一位代表还神秘地介绍说,刚才与我们相遇的就是新四军参议员。这真叫我啼笑皆非。他们做梦也没想到我俩在共同的战斗中,相互了解,发展了感情,已报请组织同意结为夫妇了。

我在到皖东视察回来的途中,接到区党委的通知,要我立即到东汤池新四军江北指挥部。我便以到桐城视察妇女工作为由,摆脱了同行的两位代表。在东汤池,我见到了许多从大别山区各地调回来在党训班学习的战友。他们一见到我就一下子把我围拢起来,你一言我一语为我和何伟同志结为伴侣道喜祝贺。我取出节约的5元钱买了猪肉,并亲自红烧,请区党委几位负责同志和党训班的同志共20多人吃了一顿饭,就算作我和何伟同志结婚的喜宴。后来,区党委怕暴露我与何伟的关系,就决定要我返回立煌,把妇委工作交给妇委常委易凤英同志。

生活中的何伟性格爽朗、平易近人,工作朴实严谨,对自己要求十分严格。和他结婚后,我们长期过着简朴的生活。由于工作繁忙紧张,我们战斗在各自的岗位上，很少生活在一起，但我们互尊互爱、互相理解与信任，感情十分融洽。我们也忙中偷闲，在一起散步、谈工作，立煌县彭家湾前面的小溪旁、绿荫下，常留下我们的身影。但在原则问题上他又是非常严格。记得有一次，我和一些同志前去参加一对情人的订婚仪式，热闹了一番。何伟同志知道了便严肃批评了我，语重心长地对我说："在这样秘密工作的复杂环境里，许多同志一下子聚集在一起，那是不妥当而且很危险的。"我听了心服口服，深深地体会到他的一席话包含着多么深沉的夫妻爱和多么深厚的战友情啊！

1943年，我们离开皖中去延安路过津浦路西时，特去探望寄养在那里的4岁的小儿子。当时我真想把他也带走啊！何伟考虑到延安路途遥远，带孩子走会给组织增加麻烦，于是坚决不同意带儿子走。他从大局着想，是有道理的，我尊重了他的意见。临分手时，原来和我们很陌生的小儿子却突然哭了，大声喊道："我要妈妈！我要爸爸！……"我和何伟心像针扎一样疼痛难过。后来直到解放大军打过长江后，我才有机会回到安徽去接已经10岁的儿子。可是万万没有想到，在我军撤退苏皖后，为了躲避国民党反动军队的搜查，我的儿子由养母带着藏在黄浦山上和庄稼田里，连饿带病已经身亡了。不久，我接回在巢南山区党组织和群众掩护下的唯一的现在我身边的女儿。

李品仙主皖后，加紧在大别山区制造事端，桂系军队在我抗日民主根据地边界地带也剑拔弩张，随时都有一触即发之势。何伟就和中共立煌市委书记李丰平同志研究布置反对桂系倒退的斗争。他们发动各地动委会和群众团体召开群众大会，抗议改组动委会，反对集中各工作团到立煌"集训"，提出拥护国共合作，坚持团结抗战等政治口号，迫使李品仙在政治上陷于被动。继之，在各工作团，广西学生军，桂系第一三八师、一七六师，省政府秘书厅、民政厅、财政厅，以及其他单位、团体中的共产党和进步人士共3000多人，分别以视察、调动工作、巡回宣传的名义，分路分批安全转移到新四军皖东、淮北、皖中根据地，粉碎了国民党顽固派妄图扼杀大别山区抗日进步力量的阴谋。

这时，中原局已决定何伟任中共皖中地区军政委员会书记。他一面领导皖中地区工作，一面协助立煌地下党组织开展反桂系政治倒退的斗争。当时皖中地区东边是日伪，西边面对桂顽，南面濒临长江，北面山区大刀会的势力也很盛。大刀会 2000 多人的武装，被国民党反动分子利用，对新四军采取敌视态度，日伪也企图利用它破坏抗战，对我军坚持皖中造成威胁。有一次，江北游击纵队政治委员黄岩同志向张云逸同志汇报巢县南部大刀会情况时，张老对他说：周恩来同志最近视察新四军军部时曾指出，皖中地区很重要，是我军北上和东进的一条重要通道。我们一定要在这里站稳脚跟，建立根据地。何伟当时是鄂豫皖区党委负责人，便立即与黄岩同志开会研究，分析了大刀会的情况，认为他们主要是受蒙蔽，只要坦诚相谈，讲清道理，还是可以争取过来的。于是，决定派蒋天然以江北游击纵队统战科长的身份到巢县南部和无为县北部山区去开展工作。临行前何伟向蒋天然介绍当地情况和讲明争取大刀会的重要性，对工作中一些很细小的问题也考虑得十分周到。当时蒋天然比较年轻，何伟要他留起胡子，衣着讲究些，显得老成一点，让人看得起，便于开展工作。蒋天然去后，对大刀会领袖晓以大义，工作有了一定进展。接着又派一些同志去协助工作。后来何伟和黄岩也到大刀会活动的地区，受到大刀会广大会众的欢迎。之后在无为照明山的一次战斗中，由于敌强我弱，我军就撤到大刀会活动的巢南无北山区。大刀会在散宾一处河汊上架设浮桥，使我军顺利到达和（县）含（山）地区新四军主力部队驻地。

　　后来，何伟同志调任新四军第四支队政治部主任。部队奉命到淮南津浦路西前线，同日伪展开了异常复杂的斗争，由于我军接连胜利，迫使国民党顽固派坐到谈判桌旁。1941 年 6 月，何伟作为我军代表前往驻寿县孟家楼的第五战区第十二游击纵队司令部与桂系代表张节谈判。何伟带着两个警卫员和一个加强排，简装轻骑，秘密深入顽区。这一年定远、寿县地区正值大旱，烈日当空，一路上他们汗流浃背，实在渴了就饮点污泥水。当他们到达孟家楼时，只见第十二游击纵队司令部门前部署着几层荷枪实弹的士兵。何伟带的加强排一到门前就被他们名为"接待"实则隔离起来，何伟只带着两个警卫员神态自若，大步进入戒备森严的谈判会场。

　　对于这次谈判，何伟是有充分思想准备的。他估计有三种可能：一、圆满成功；二、谈判破裂，被扣或被杀；三、张节中立。为了完成党交给的任务，为了争取友军团结抗日，争取最好的前途，即使牺牲个人，也在所不辞。谈判中，何伟正气凛然，历数顽军破坏国共合作，残害我军工作人员，制造武装摩擦的种种罪恶行为，并重申我党我军一贯坚持的"团结抗战"的政治主张和"人不犯我，我不犯人；人若犯我，我必犯人"的严正立场。何伟还针对张节态度的微妙变化，进一步阐明大敌当前，双方只有以抗日为重，避免兄弟阋墙，互相残杀，才能收复失地，保家卫国的道理，争取张节至少能采取中立态度。整个谈判，何伟义正词严，有理有据，终于挫败了顽军阴谋杀害我方代表，破坏谈判的阴谋，迫使顽军释放张云逸同志的妻儿，胜利地完成了任务。

皖南事变后，何伟调任新四军第七师政治部主任，并担任皖中区党委书记。由于工作十分繁忙，他的肺病又发作了。就是在口吐鲜血的情况下，他还一个劲地带病工作。直到 1943 年，我们接到华中局调动工作的指示，这才恋恋不舍告别战斗多年的江淮大地，到延安去了。

何伟同志在战争年代经受严峻考验，一生光明磊落，对党忠心耿耿，工作深入实际，密切联系群众，受到大家的尊敬。可是，谁能料到这样一个好党员竟在"文化大革命"中被迫害致死。

打倒"四人帮"后，何伟恢复了名誉。每逢清明节，总有些同志结伴前往八宝山公墓凭吊何伟同志。有的同志还给我送来追念他的诗词，其中一首是："牛棚寒夜忆当年，妖雾弥漫逆风旋。毁弃黄钟金为土，雷鸣瓦缶鬼成仙。城狐有术盗红旗，老牛无计逃皮鞭。斗室细心论国事，共信腊尽是春天。"这是对何伟及所有受迫害同志的怀念，也是对林彪、江青一伙"城狐"们的愤怒声讨。

时值何伟祭辰，谒灵归来，成此短文，以慰英灵。

1987 年 3 月 9 日

原载中共六安地委党史工作委员会编：《皖西革命回忆录：抗日战争时期》，安徽人民出版社，1989 年，第 215 ～ 222 页。

风范长存

——忆彭康同志

◎ 王北苑

　　抗日战争时期曾任中共安徽省工委书记的彭康同志，在"文化大革命"时期不幸逝世，算来整整 20 年了。每当回忆起和他一起工作的往事，他的音容笑貌就浮上脑际，我不禁潸然泪下。

　　1938 年春，根据党的决定，我由延安赴武汉，随章乃器先生到了六安。不久被分配到立煌县动委会，接替孟超同志担任动委会指导员。就在我上任的当天下午，省动委会中共地下党负责人张劲夫同志陪同一位身材高大、30 岁左右、颇有学者风度的人来到资平街县动委会办公地点。经过劲夫同志介绍，我才知道，和他同来的就是我仰慕已久的彭康同志。

　　劲夫对我说："县动委会目前人员不多，比较安全，彭康同志可能要和你同住一段时间。"我当即诚恳地表示欢迎，为自己能和彭康同志在一起工作而由衷地感到高兴。

　　彭康是位有名的学者，早在大革命时期他的名字就印在我的脑海里。那时我已经开始阅读创造社出版的刊物，经常看到彭康撰写的文章。我们住在一起以后，我才真正地感到，他不仅是位学者，而且是位可敬的师长。我后来读书的习惯就是在彭康同志的言传身教下养成的。

　　当时彭康在立煌资平街，一面忙着与来访的同志谈话，一面手不释卷地读书，每天要到深夜十一二点后才休息。有天晚上，我们在灯下谈起学习问题，我向他请教，要学习哪些著作。他对我说："要读《政治经济学》《列宁选集》和《资本论》。当前你最好先抓紧时间认真把《列宁选集》读完。"他停了一停，又说："读《政治经济学》，读《资本论》，要懂一些英、法的经济史、哲学史，但不要怕，想法儿抓紧时间补课。"

过去我听说，彭康曾做过《资本论》的翻译工作。我问他"是否有再翻译的打算"，他微笑着说："有过这种计划，并且工作已经开始，后来由于别的工作打断就停了下来。"

虽然劲夫同志当时没有对我指明彭康负责什么工作，为什么要和我同住一起，但我心里明白，彭康一定是我党在大别山地区的主要领导人之一。因此，有什么人来找彭康，我就立刻避开，而且有意识地布置一个利于他接待谈话的环境。

不久一天，我向彭康汇报工作时，流露出急躁情绪，他和蔼地说："凡事不能操之过急，遇事要进行各方面的考虑，既要从有利的方面考虑，也要从不利的方面考虑，最重要的是把握党的路线和政策。"这一席话，如金似玉，铮铮有声，使我获益匪浅。

县动委会办公室和宿舍，加厨房一共不到 10 间房屋，本来就够拥挤的了，不料省教育厅直属工作团约 30 人，又要挤到县动委会里来住。教育厅厅长方治既掌握省教育大权，又掌握了安徽省的党务大权，是 CC 系的干将。他要工作团霸占县动委会的地点，其目的岂不是"司马昭之心，路人皆知"吗？我把自己的这一看法向张劲夫和彭康做了汇报，并说为了彭康同志的工作安全，应当设法替他另找办公地点。劲夫同志同意我的看法。后来在大街中心地区找到了一幢房屋，较之资平街安全多了。

转眼到了 1938 年的深秋。一天，彭康向我们分析形势："武汉外围的中日战争很紧张，国民党军队有继续后撤的可能，有很多抗战团体已开始从武汉住四川方向转移。但大别山地区必须要坚持住。"就在这个时候，我了解到安徽省财政厅有一批枪支弹药储藏在一座碉堡里。我想何不趁此机会，用这部分枪支、弹药装备一支部队呢？我向彭康、劲夫同志说出了自己的这一想法。他俩听了又惊奇又高兴地问这消息是从哪里得知的，我说："是从财政厅一位科长那里听来的。"

彭康考虑了一下，对我说："在目前的情况下，这支队伍只能在财政厅的名义下建立，你一定要和章乃器先生说清楚。至于为何组建，什么人去领导，等枪支问题落实后再商量。"

我立即到了省财政厅，见到了章乃器先生。章先生听了我的建议，立刻通知财政厅一科科长到他办公地点，了解枪支和弹药情况。他当着我的面表示，要这位科长配合我工作，枪支和弹药由我支配处理。

我把章乃器先生的意见向彭康、劲夫做了汇报。彭康决定由县动委会张维城负责领导这支队伍，成员来自县城附近的农民。这里过去是老革命根据地，这些农民都参加过游击战争，张维城很快就组织起3个排的兵力。

张维城带着这支队伍到财政厅领取枪支和弹药。彭康也参加了，和我们一样扛着枪，挎着子弹带站在队伍里。当天晚上，他又和我们一起在立煌县城的山上山下、大街小巷巡逻。

彭康在我们县动委会宿舍住了4个月之后，因为工作需要，迁到立煌县城北边的山里去了。

彭康走后，我心里有说不出的眷念之情。一天，劲夫同志通知我和张维城去彭康那里出席一个会议，这时我想，又可以见到彭康了。

劲夫、维城和我准时去了。彭康和爱人王连住在一座山脚下的村庄里，宿舍十分简朴。彭康热情地招呼我们快坐下。多时不见，心里热乎乎的，好像有许多话要讲。我们四人相对而坐，会议就开始了。谈话中，彭康针对武汉失守后大别山的形势指出："不管过去的张义纯，还是现在的廖磊，他们桂系虽然和国民党省党部方治等有种种矛盾，但反对共产党是一致的，对章乃器等进步力量是不可能让步的。他们在安徽压服不了章乃器，最后可能由蒋介石出面将章乃器调出安徽。"他告诫我们要保持清醒的头脑，做好应变的准备。从他凝重的语言里，我感到他的话的分量，心情顿时沉重起来。

形势的发展，正像彭康预料的那样。1939年夏，桂系逼走了章乃器等著名抗日进步人士，制造反共摩擦，并加紧限制和破坏地方抗日民主运动。大别山区抗日民主统一战线形势逆转，大批抗日进步团体被迫采取各种方式转移出大别山。我根据组织决定，转移到皖东定远县。后来，彭康同志也转移到了定远县藕塘，我又在他的领导下，从事抗日根据地建设工作。

1988 年 3 月 4 日

原载中共六安地委党史工作委员会编：《皖西革命回忆录：抗日战争时期》，安徽人民出版社，1989 年，第 16～19 页。

"正是春风二月初"

——读蕴老《寄怀大别山青年战友》所想起的

◎ 孙以瑾

"杨柳青青满眼舒,江南江北感何如。黄金时代君须记,正是春风二月初。"1986年春回皖,朱蕴山同志长子朱明同志送《朱蕴山记事诗歌选》一书,当我读到蕴老那首《寄怀大别山青年战友》的时候,思绪把我带到40多年前和蕴老一起共同战斗的岁月。

1938年2月间,我找党组织来到六安,在我参加省动委会筹备后勤工作中,认识了朱蕴山老先生。老人早年投身反清运动,加入同盟会,以后拥护孙中山先生的联俄、联共、扶助农工三大政策,支持北伐战争,组织国民党左派安徽省党部执行委员会,又参加了著名的南昌起义。他为民族、民主革命奔波流亡,与国民党反动派的反共反人民行径进行坚决的斗争,在人民群众中享有很高的威信。这时蕴老和中共地下党的负责人张劲夫、共产党员周新民及民主人士常藩侯、光明甫、沈子修等几位老先生整天忙着筹备省动委会工作。

我刚走出校门不久,对当时安徽的政治情况茫无所知。为了做好发动广大妇女参加抗日救亡工作,我和蒋岱燕经常出入镇安街12号蕴老的住处,向他请示和汇报工作。我们每次来到蕴老的住处,他总是和蔼地问长问短,询问我们工作有什么困难,鼓励我们要大胆开展工作。我们面对这位慈祥的长者,心里有什么话也愿意和他谈。一次,我们又来到蕴老的住处,岱燕悄悄地告诉蕴老说,桂系第十一集团军政训处长韦贽唐是特务分子。蕴老听过,会意地点了点头。接着,老人闪动着炯炯有神的眼睛说："岱燕、以瑾，省动委会中的几老和童汉章、翟宗文、朱子帆都比较进步，他们会支持你们的活动。在省动委会内的原十九路军丘国珍、六安专员覃寿乔，只是挂个名，没有什么能量。"蕴老还告诉我们，国民党省党部的方治和邵华都是CC分子，他们破坏团结，破坏抗战，阻碍动委会成立，李宗仁正设法把他们赶走。听了蕴老的介绍，我心里开朗多了，了解了当时的政治局势，知道了桂系和CC系为了争夺权力时有争斗，我们可以掌握时机，开展工作。以后我们又通过省动委会组织起妇女战地服务团，蕴老又向我们介绍了妇战团几个教员的政治面貌，告诉我们要注意团结进步力量，不能让CC势力趁机钻进去。

廖磊主皖以后，对地方进步势力加以防范，接着国民党CC骨干方治、刘真如等从皖南溜回了大别山，他们公开指责省动委会为共产党办事，并着手对其进行改组。蕴老对廖磊秉承白崇禧的意旨执行反共计划十分愤慨，避居立煌天堂湾，称病不出，以示抗议。限于当时的政治环境，我和岱燕只能寻找机会和理由去他处看望，以表达我们对他老人家的敬意。1939年初夏的一天，朱明告诉我，蕴老被排挤，不日要离开皖西，前往重庆。我把这一消息告诉了岱燕，经商量，我们又前往蕴老的住处，同蕴老话别。此别真是东西万里，天各一方。

1949年春北平和平解放后，在北京饭店的楼梯上，我与蕴老再次相逢，真是喜出望外。他约我到他房间里去坐，各自说了不平凡的十载战斗生活和经历。老人高兴地说："十年来，你是东征北战经受锻炼的战士了。"我满怀激情地说："您老战斗在国统区也很艰苦。"接着，他告诉我："在重庆见到你的老人家（指我父亲），他说：'我的小女儿以瑾参加共产党了，你知道吗？'我说：'可惜你只有一个女儿参加，若有几个儿女参加共产党岂不更好吗？'他只是苦笑了一下。"蕴老慈爱的目光，讲话时兴奋的神情，至今仍萦绕脑际。

嗣后，我时去看望蕴老。何伟同志去世时，蕴老写信安慰我。在"四人帮"肆虐的非常时期，写这样的信，要承担多大的风险！这信给了我多么深切的慰藉和鼓舞！

当年，蕴老在离开大别山前往重庆的途中，念念不忘战斗在大别山的青年，写下了这首《寄怀大别山青年战友》，寄语大家不要忘记团结抗日的局面，提防反共阴谋，对抗日前景充满信心。我们没有辜负他老人家的期望，在党的领导下，经历了血溅沙场的戎马生涯，为民族的解放、人民的解放做出了自己应有的贡献。

写于 1986 年底

原载中共六安地委党史工作委员会编：《皖西革命回忆录：抗日战争时期》，安徽人民出版社，1989 年，第 32 ～ 34 页。

周新民同志在省动委会

◎ 汪胜文

　　周新民同志是安徽省庐江县人，青年时代就参加了五四运动。第一次国共合作时期，他于 1926 年加入中国共产党，担任国民党安徽省党部常委、书记长，积极执行联俄、联共、扶助农工三大政策，坚决支持北伐战争。为反击国民党右派，他在安庆同蒋介石进行过面对面的斗争。

　　抗战爆发后，安徽省民众总动员委员会于 1938 年春在六安成立。周新民遵照董必武的指示，来到六安，在动委会组织部担任总干事。后来省动委会迁至立煌，他担任了组织部副部长，承担组织部部长沈子修的日常工作。当时，我在组织部担任干事。

　　在省动委会内部，存在着三种势力：第一种是以我党为主体，团结一批聚集在皖西地区的抗日民主进步人士；第二种势力是桂系军队中的代表人物；第三种势力是以方治为代表的国民党顽固分子。这三种势力在省动委会内部进行着尖锐复杂的斗争。在这些斗争中，周新民同志以安徽元老派的声望，积极配合党的组织，做了大量工作。

　　当时，张劲夫同志以省动委会组织部主任干事的名义作掩护，领导动委会地下党工作，周新民则积极配合。为了使党的主张和重要人物任免能在动委会中得到通过，周新民同志总是宵衣旰食，在省动委会元老派中间串联、通气。经过周新民同志的努力，党的主张和重要人物任免以主任委员李宗仁及其继任者廖磊的名义公开发布，从而取得合法地位。

中共安徽省工委和后来的鄂豫皖区党委在各县建立和发展党的组织，需要派出大批党员干部。周新民根据张劲夫开列的名单，以动委会组织部的名义提名，交省动委会通过。以省动委会派往各县担任动委会指导员或工作团长的形式，把一批党的干部和进步人士派往各地，各县动委会指导员及工作团团长的汇报、请示工作，是通过组织部处理的。这样，我党又能及时了解各地动委会活动情况。当周新民得知，各县动委会和工作团在发动工、农、青、妇等各阶层群众进行抗日救国活动中，因为没有一个合法的组织章程，不便于进行大规模活动，就和张劲夫研究决定，由组织部出面起草"农民抗敌协会""青年抗敌协会""妇女抗敌协会""工人抗敌协会"和"商人抗敌协会"等群众组织章程。这些章程交省动委会公布施行。

为了扩大抗日民族统一战线，周新民特别重视教育培养广大爱国青年，他在担任组织部总干事期间，有许多外地抗日救亡团体来到六安进行抗日宣传活动。这些团体中有我党的地下党员、"民先"队员和一些爱国的青年知识分子。在我党组织的直接领导下，周新民同志积极进行联络组织和引导，把他们吸收到省动委会系统工作，将其中的骨干分子派往各县担任动委会指导员或工作团团员。

为了培训各县工作团的青年骨干，我党推动省动委会先后在六安、立煌开办各种训练班。周新民抽调教学人员，参与制定教学计划，并亲自给学员们讲课、做报告。

在省动委会工作的人员，有许多是青年学生，他们有高昂的抗日救国热情，但是有一部分人缺乏实际工作经验。周新民对这批新参加工作的青年学生既严格要求，又耐心帮助。对他们起草的各种格式文件亲自修改。他还教育青年怎样做人，曾告诫后文瀚、刘芳同志"脚跟要稳，肩膀要硬，心胸要宽，眼光要远"。在组织部处理一些重大问题时，他总是对我们说劲夫的意见如何如何重要，要我们照办，实际上是要我们按照党的指示办，我们当然心领神会照办不误。

1938年10月，廖磊主皖后，在短时期内，动委会的工作仍然很活跃。但是他毕竟是顽固派白崇禧的信徒，对共产党活动防范甚严，对动委会的干部凡是怀疑对象，即予以排挤、打击。1939年初夏，他采取手段，以委任安徽省政府驻渝办事处主任的名义，将周新民排挤走了。新民同志到达重庆后，继续同安徽省动委会中的中共地下党员和进步人士保持联系，后来为动员坚持斗争的进步力量继续撤退又一次来到大别山，完成了党交给的任务。

原载中共六安地委党史工作委员会编：《皖西革命回忆录：抗日战争时期》，安徽人民出版社，1989年，第49～51页。

忆史迁同志

◎ 邵宝箴

1943 年 12 月的一天，刺骨的寒风带着尖厉的声音席卷着大别山。国民党顽固派终于下毒手了，我的丈夫史迁和他的战友詹运生、麦世法、刘敦安等 10 多位党的忠诚战士一起被活埋在立煌县古碑冲张家湾的山脚下。

史迁同志于 1926 年在日本东京加入中国共产党，1929 年回国，从事党的地下工作。

我和史迁同志是 1935 年认识的。当时，他在汉口平汉铁路局当会计，邻居托他给我找工作，我们渐渐熟了起来，最终结成终身伴侣。婚后，他对我要求很严，我不知道他是共产党员，只觉得这是他对我的一种爱。在汉口那段日子里，白天他上班，我忙家务；晚上差不多天天要我陪他外出散步，而地点总是在德租界江边马路到日租界靠近徐家棚一带，我们肩并肩地在马路上踱着，行人常常投以羡慕的眼光。我总觉得好像有人在等他，有时到十一二点他才同意回家。那时他的膝关节炎很严重，要炒盐热敷止痛，否则就不能入睡。做地下工作一般是不能做笔记的，主要靠硬记，得到的情报，临睡前还要在脑子里"过电影"加深记忆。因此，他的睡眠时间极少，经常头痛，全靠涂万金油来止痛，家里只要闻到万金油味，就可以肯定他在家。

经过史迁长期教育和帮助，我的政治觉悟提高很快，虽然我当时还不是共产党员，但有些事情他也渐渐让我去做。史迁的来信比较多，有的信收件人不是他的名字，他也叫我去拿，后来才知道，那是他的化名。

1938年上半年，有大批革命青年经武汉去延安。史迁为了护送他们，日日夜夜忙个不停，经常顾不上吃饭和睡觉。这时，王若飞同志在武汉，常来我家。一次，王若飞跟我说，他很喜欢史迁，因为史迁身上有两个突出的特点，即对革命无比忠诚，对同志有火一般的热情。王若飞同志看史迁工作不方便，就送给他一块银挂表。此后，无论什么时候，这只银挂表都珍藏在我们的身边。经常来我们家的还有一位比史迁大十几岁的先生。那位先生头戴礼帽，身着华达呢长袍，总是赶在中午12点史迁刚下班时来，每次时间不长，十几分钟就走了。第一次来，史迁对我说他是张先生，这位"张先生"给我留下了深刻的印象。后来才知道，他就是董必武同志。

这年夏天，八路军驻武汉办事处雇了一只大轮船，运一批东西到重庆，要一批家属随行，作为掩护。王若飞同志建议我也去。我们正在谈论时，忽然来了一位名叫刘友兰的同志。他又黑又瘦，穿一套深灰色中山装，提一个大藤箱子，下午同我们一起走。当时，我已是一个孩子的母亲，并且身怀有孕，马上就要跋涉千里，远离亲人，况且史迁身体不好，需要照顾，心头真有说不出的眷念。史迁看出我的心思，在送我们上船的路上，把王若飞同志托带的一包东西交给我说："这是锻炼的一次好机会，女同志要解放自己嘛。"接着，他把刘友兰同志妻子死后，丢下几个幼小的孩子，这次回老家安排孩子等情况跟我谈了。当时，我虽然对"解放自己"不怎么理解，但隐隐约约感到革命道路艰辛，决心好好锻炼自己，替史迁和同志们分忧。

到重庆后，我将王若飞同志托带的东西交给"收件人"，就带着孩子去成都史迁留日时同学刘洪康同志家住了十几个月，第二个孩子就是在那里出生的。那时，我和史迁分居两地，天各一方，彼此音讯全无。

1939年冬，我突然接到史迁寄来的信件和汇款，要我立即动身去皖西。这次也是一群家属同行，拖儿带女的30多人。从重庆乘船先到沙市，再换坐牛车，走了45天才到大别山立煌县。

这时，大别山地区形势已经恶化。国民党顽固派正在策划迫害共产党人和革命群众。遵照上级指示，大批党的干部和革命青年转移到皖东、皖中抗日根据地。

史迁则根据党的决定，继续以省动委会总务部主任干事的身份，和詹运生、麦世法、刘敦安等同志留在大别山，坚持地下斗争。为了配合李丰平等同志组织撤退工作，保证数千名同志能在短期内秘密转移出去，史迁和几位在国民党省政府工作的地下党员搞了一些盖有省府公章的空白通行证和封条，并利用主管财务工作之便，为撤退同志提供了一些经费。对女同志杜则吾的撤退决定做得比较迟，让她到皖北抗大第二分校。途中要翻山越岭，还要涉水过河。为使杜则吾安全到达目的地，史迁让自己的堂哥护送，并安排他和杜则吾同志化装成农民父女俩，直到他将杜则吾送到目的地返回才放下心来。

本来史迁是说让我和杜则吾一起走的，可是后来情况变了，又不让我去，我心里气呼呼的。自从我来到大别山以后，由于史迁一直很忙，很少和我谈心，这次他却和我谈了很久。他以自己东奔西忙的经历开导我：做一个革命战士就要自觉服从革命的安排，上前线是革命，以一个家庭妇女的身份掩护党的工作也是革命……他越说越激动，我越听心里越明白。

后来形势更加严重，史迁他们工作就越加紧张。李丰平同志由于过度劳累，加之大别山的蚊虫很多，经常生疟疾。史迁就想方设法购买德国拜尔药房生产的双桃奎宁丸，只要他看到这种奎宁丸，就像看见了宝贝一样高兴，总要买几瓶备在家中，等丰平同志来时让他带走。可他自己的生活却十分艰苦，大别山的夏天是很热的，那时他里外穿的都是土布衣服。我看他整天汗涔涔的，想给他做两件洋布衫，并请来防疫队的女医生、中共地下党员师哲帮我做工作。好说歹说，谁知他不但不同意，反而把我们批评一顿。

大批地下党员和进步人士转移后，白色的恐怖笼罩着大别山。史迁等同志处境非常危险，董必武同志曾通过周新民同志传达要史迁离开立煌的指示，我们也都希望他尽快撤出去。可是他说，上级还没有派人来接替我的工作，目前还走不开。1941年，皖南事变的消息传来以后，史迁为了掩护新四军干部秘密活动，委托史恕卿老爹在桐城县大关镇开设复兴商店，另在立煌石榴场开设复盛商店，作为我党干部进出大别山的秘密联络点。同时，通过师哲为国民党要人李品仙的夫人等治病的机会，积极了解桂系军政动态，然后同麦世法、詹运生、刘敦安一起研究，把情况汇总上报。

1943年初的一天,6岁的二女儿突然发高烧,昏迷不醒。我正好临产,不能行走,而史迁又特别忙,总是很晚才回家。平时,为了不影响他的工作,带孩子等家务事由我一人承担,那天夜里,我望着身边呼吸急促的孩子,不得不忍着眼泪说:"史迁,明天早晨,我叫人把孩子送到县城医院门口,等你去带孩子看病。"第二天天还没亮,我就找人来把孩子往城里送。到了医院门口,一直等到中午11点钟他办完急事才匆匆赶来,可是孩子已经死了。史迁是很爱孩子的,他望着孩子直挺挺的躯体,流下了内疚的眼泪。他向老乡借了镢头,亲自将孩子尸体埋了,下午又继续工作了。

这年秋天,第五战区在立煌召集李品仙等人开会,麦世法以安徽省民政厅第二科科长的身份参加了会议。会上研究的事十分重要,麦世法就派一位交通员把情报送给新四军,不幸途中被国民党查获,接着麦世法被捕。史迁感到情况危急,立即将负责与银行联系的詹运生同志转移。史迁考虑到詹运生家里暂时无人照顾,就为他家买了两石米,把生活安排了一下。

詹运生走后,史迁心情稍微平静了些,同时感到身上的担子更重了。一天晚上,中共地下党员房斌同志来到我家告诉史迁说,国民党省政府任命他为和县县长,很快就要离开立煌。可是第二天早晨,房斌同志就被国民党特务暗杀了。噩耗传来,史迁强忍着泪水,委托别人为房斌同志办了后事。这时,他心里已经很明白,国民党顽固派可能要对他下毒手了。

9月9日这天,天还未亮的时候,我们家突然闯进桂系二十一集团军总司令部的一些宪兵,他们说有急事相告,硬把史迁带走了。紧接着,詹运生、刘敦安同志也分别在岳西和庐江被捕。

史迁被捕后,开始是关在国民党省党部调查室,一个星期后,又转移到二十一集团军总部。许多人明白,史迁这样一调,案子肯定加重,李品仙是决不会轻易放过他们的。李品仙规定,不许外人去探监。我跑了几次去看史迁,都被挡了回来,后来朱子帆和夫人王凤池找王的侄子(当时看守史迁),才和史迁联系上,从里边带出两次信和一个纸团。信中表示"决不出卖朋友",这是他在向党表白自己决不会苟且偷生,做出卖组织和同志的事。后来换了看守,就再也没有接到史迁的信了。

在狱中,史迁受了酷刑,老虎凳坐了好几次,但他坚贞不屈,拒不"招供",

并以高昂的斗志和坚强的信念，写下了不少诗句，表达了他对革命无限忠诚的情怀。

史迁他们在关押期间，党组织多方营救，都未成功。后来，我找到了魏叔东老先生，他和史迁是同乡，又是李品仙的老师，希望通过魏老先生的关系或许能保住史迁的性命。谁知，李品仙听了魏老先生的说情，竟气急败坏地吼道：史迁、麦世法他们在我的手下都是上校以上的官员，可是他们根深蒂固地信仰共产主义，实为不可救药。桂系反动军人方针已经决定，任何挽救均已无效，史迁和他的战友们终被杀害。

············

史迁离我而去了，但他却给我留下极其宝贵的精神财富，使我的革命信念更加坚定。他是为人民的解放事业而献身，作为烈士的遗属，我感到无上光荣。此后，我历尽艰辛，决心把3个孩子拉扯成人。1945年，王若飞同志委托朱子帆先生带来4万元作为生活费，并转告我要带好孩子。在党的关怀下，我的3个孩子健康成长。十年浩劫中，我的儿子被"四人帮"迫害致死，但是永远毁不掉我对史迁同志的怀念。现在，我已逾古稀之年，我把对史迁烈士的怀念写出来，作为鼓励后代实现"四化"的精神力量。

原载中共六安地委党史工作委员会编：《皖西革命回忆录：抗日战争时期》，安徽人民出版社，1989年，第259～264页。

张大将军催饷

◎ 伍大贵

　　1938 年快要过去了，本应由国民党安徽省政府按期拨发我新四军的部分军饷一拖再拖，致使我前方将士经常吃不饱穿不暖。新四军参谋长张云逸气得大发脾气，当即打电报给安徽省政府主席廖磊，质问为什么不按时拨军饷，并说要亲自登门讨索。

　　张云逸说到做到，12 月下旬的一天，他带一个警卫班来到了金家寨。我当时任副官处主任，就随侍在张参谋长身边。时近中午，风和日暖，张参谋长一行在离安徽省政府百十步远的一个小茶棚里喝茶休息。张参谋长一边喝茶，一边和卖茶老头叙话，问老人家几口人，并和他开玩笑说："你开茶馆，相意的朋友多，你也算江湖好汉，好汉要抗日啊！"

　　老头看张参谋长一行脚穿布鞋，说话和气，也不太拘束，一边泡茶，一边搭讪着说："抗日还没抗着，出的抗日捐可不少，就我这个穷茶棚，每月还要交两块袁大头！"（一种铸有袁世凯头像的银币）接着，便滔滔不绝地诉说生活如何艰难起来。

　　喝了一会儿茶，张参谋长写了一个便签，叫我拿到省政府去交涉一下。

　　国民党政府对新四军一向采取排挤敷衍的态度，因而对新四军军费的拨付自然也不太积极。只是听说张云逸参谋长要亲自来催讨军饷，安徽省政府主席廖磊坐立不安。为了推卸拖欠军饷破坏抗战的责任，慌忙叫财政厅将下半年拖欠的军饷拨出去。这会儿，看见张参谋长要和他面谈的亲笔信，赶紧传令准备宴席，并亲自带着 10 多个幕僚和 20 名卫士，前去迎接。

廖磊来到茶棚，故作姿态地叫道："张参谋长远道来省府视察工作，未曾远迎，失敬失礼！"

张参谋长说："我是无事不登三宝殿，这次是来要饭啊！"

廖磊明知张参谋长话中带刺，只得满脸堆笑道："张参谋长说外了，都是一家人，我俩还是两广老乡呢，他乡遇故知，哪能分彼此呢，请到省府叙谈吧！"

"好，那就打扰了！"

廖磊先是设宴招待，省政府客厅里四张大圆桌，堆满了山珍海味。作陪的有的穿军服，有的穿西服，也有穿长袍大褂的，都是些达官富人、社会名流。

廖磊站在大厅中央，向大家介绍道："这位是新四军张参谋长！"说着，带头鼓起掌来。接着是一片热烈的掌声。

廖磊清了清嗓子道："张参谋长，不辞劳苦，亲临各地，视察抗战，真乃吾人楷模！"

"哗——哗！"又是一阵热烈的掌声。

这时，有不少人主动来和张参谋长握手，说些"辛苦""久仰"之类的客套话。廖磊便一个一个介绍：这位是某参议、那位是某厅长、那位是某司令……

席间廖磊频频举杯，口中不住地说为参谋长接风、洗尘，殷勤备至。其他人也都紧跟，向张参谋长敬酒。张参谋长每次都端杯表示一下。一个不识进退、穿着长袍大褂、被廖磊介绍为某厅长的，斟满了一杯酒，举到张参谋长面前，谄笑着说："这是地道的十年陈茅台！"又夹了海参放到张参谋长的碗里，说："这是最鲜的海参，都是刚刚空运到的，是你们前方难以得到的佳品。李白说得好，'人生得意须尽欢，莫使金樽空对月'，来，张参谋长干这一杯！"他见张参谋长没有动杯，又自作聪明地说："哦，常言道，主不餐，客不饮。好，我带头！"说罢，一仰脸，咕嘟一声，一杯茅台酒倒下了肚。他把酒杯底朝上对张参谋长说："我可点滴不漏啊！"

张参谋长用鄙夷的目光看着这个厅长的无聊表演，说道："请问厅长阁下，这顿佳肴，花多少钱？"

这位厅长见张参谋长主动找他答话，更加哗众取宠地卖弄起来。他哈哈干笑两声，大言不惭地说："偌大个安徽，虽不如天府、江浙富庶，也是江淮宝地，此乃临时便宴，实在微不足道，为张参谋长视察的到来，甭说一餐酒席，就是倾筐倒庋，我们省府也在所不辞！"

张参谋长冷笑了两声，说："是啊，偌大的安徽，只要竭力征办，不用你们倾筐倒庋，每天几餐这样的十年茅台、新鲜海参的盛宴，还是能办得到的。不过，厅长先生，你可知道，14 万平方公里的安徽，现在为我所据之地还有多少？每天有多少生灵涂炭？我们前方将士天天与日寇浴血奋战，非但见不到十年陈茅台酒和新鲜海参，就连糙米稀饭也难以饱腹。真是'前方吃紧，后方尽吃'啊！唐诗中，那杜牧'商女不知亡国恨'的诗句，你能给我们解释一下吗？"

那个厅长被张参谋长问得张口结舌，自我解嘲地说："参谋长忧国忧民，敬佩，敬佩！"不住地用手帕擦抹额头上的汗珠，愣愣地退到座位上去了。廖磊狠狠地白了他一眼，他只得用手托着低下的脑袋。

张参谋长接着话锋一转，质问廖磊：省府为什么不按时拨付新四军军饷？并严肃地指出，这是破坏国共两党团结，破坏抗战的行为，要求追究责任。

廖磊实在没想到张参谋长在酒席筵上就提出没拨军饷的问题，便矢口否认，说什么绝对没有扣发新四军军饷的事，并一再解释说是误会。但他嘴皮虽硬，还是心虚地给自己留了一条退路，说："参谋长放心，我廖某自七七事变以来，一向是以团结为己任，以抗战为天职，视将士如手足，如谁胆敢作弊，扣发新四军军饷，我一定严加惩处！"他准备把责任推给这个"谁"的身上，自己只打算戴个失察的帽子。

张参谋长紧追不放："那好，今天趁你们省府要员都在这里，就请廖主席当大家面，把拨款凭证拿出来，对证一下，如果是有意诬栽，我们负责！"

廖磊生怕在这大庭广众丢脸，便竭力推托说："这事好说，回头我一定认真查办，如真有此事，我一定严办！"

张参谋长笑笑说："是要严办啊！你们在这里是喝茅台、吃海味，我们前方将士勒紧裤带打仗，怎么抗日啊？你不要回头再烦神了吧，你们财政厅有人在这儿，现在就查查吧！"

廖磊见实在推托不掉，便对财政厅一位处长说："好吧，你把经办人找来，看看是怎么回事!"并假惺惺地说:"这样可不行啊,当心我砸你们的脑袋!"

那个处长对一个勤务咕哝了几句,不一会儿,一个职员拿着一叠凭证,战战兢兢地走到那个处长面前,将其中一张抽给处长看。那个处长拿着那张凭证扬了扬说:"拨了,拨了,一点儿不错!"

张参谋长便戴上眼镜,要过凭证,仔细看了一下,哈哈大笑起来。在场的,都被他笑蒙了。

张参谋长说:"是拨了,可是拨款日期是前天,是我说要登门讨要,你们才拨的。"说罢,将拨款凭证递给廖磊看。

廖磊两眼盯着凭证,脸色由红变紫,青筋暴起。一个戴少将军衔的人,看到廖磊难堪的样子,便自作聪明地站起来转台说:"拨了就好,早拨迟拨是小事,廖主席不必生气,今后叫他们注意就是了。今天,张参谋长远道光临,大家是三生有幸。来,为了国共两党的精诚团结、抗战胜利,我们共同干杯!"

"团结!""干杯!"

场上一片附和声,个个举杯待饮。

张参谋长霍地站起来,对着那个少将司令道:"少将先生,你身为司令官,总知道'兵马未动,粮草先行'的起码军事常识吧,我们国土正在一日千里地沦亡于日寇之手,你们非但不大力支前,反而在后方卡喉咙,几个月不发粮饷,居然还以此为小事,你究竟站在什么立场说话?"

"下去!"廖磊冲着那个帮倒忙的少将司令大声呵斥,"张参谋长百忙中来省府指导抗战,批评弊端,吾人应视为金玉良言。谁要你多嘴多舌!"转脸对张参谋长赔笑道:"部下愚蠢,参谋长海涵!"

"咚——当啷!"少将司令的酒杯滚到地上,跌得粉碎。

廖磊连急带气,无地自容,把那张拨款凭证揉成一团,向那个职员脸上砸去,又顺手拿起一只酒杯要向那个处长脸上甩去。一边破口大骂:"老子的事全叫你们给办坏了,老子非枪毙你们不可!"转身对他的卫士命令道:"把他两个押起来,交军法处!"那两个家伙被卫士带了下去。

张参谋长看完这出戏,才一箭双雕地说:"好啦!下不为例,但愿你们今后都能深晓民族大义,志诚抗战!"

没几天，张大将军催饷这件事，就变成了口头文学，流传到省内外。

（石板　整理）

原载中共六安地委党史工作委员会编：《皖西革命回忆录：抗日战争时期》，安徽人民出版社，1989 年，第 223 ～ 228 页。

回忆中共特别党员谢骙同志

◎ 张维城　周瑞锦

我们和谢骙同志相处于1939—1940年间，虽然时间不长，但他却给我们留下了很深的印象。谢骙同志性格开朗，谈吐直率，为人诚恳，具有强烈的正义感和爱国心。特别是他为报效祖国，不惜抛弃在国民党军队中的高官厚禄，毅然投入共产党怀抱的高贵品质，对党、对人民尽忠尽职，不畏牺牲的革命精神，永远受到人们的赞许。

一

谢骙原是国民党桂系部队第一三八师第四一四团副团长兼第二营营长，1938年驻防霍邱县叶家集。谢骙的父亲谢廷辉，是清末的拔贡，为人耿直寡欢，不与世俗同流，以教书为生。母亲是个忠厚老实、勤劳俭朴的家庭妇女。谢骙自幼随父读书，深受染濡。父辞世后，谢和弟弟全靠母亲辛勤劳动度日，少小即知物力维艰。为谋生计，谢骙17岁就到广西部队做抄写工作，以微薄的薪饷添补母亲和弟弟的生活。抗日战争爆发，谢骙在报国之心驱使下，投笔从戎参与战斗，英勇顽强，被逐级擢拔为副团长。

由于谢骙出身贫寒，具有劳动人民的性格特征和进步因素，对国民党政府在武汉失守以后采取积极反共、消极抗日的反动政策十分不满，因此，他同在叶家集宣传抗日救国的霍邱县动委会直属第二工作团团长、共产党员吴健情趣相投，来往密切。谢常到工作团驻地与吴聊天，向吴借阅一些进步书籍。此时，谢的弟弟因已加入共产党，在桂林《救亡日报》当记者，常给谢来信并寄一些进步书刊，勉励其兄要"出淤泥而不染"，为抗日多做贡献。在他的影响下，谢骙思想进步较快，赞同共产党的抗日主张，拥护抗日民族统一战线。

吴健同志觉察到谢骙虽是国民党军官，却是个进步青年，倾向革命，即向党组织做了汇报。中共霍邱县委指示吴健既要继续和谢骙接触，又要积极争取。吴健在深入了解的基础上，向谢骙详细阐述了中国共产党抗日救国的政治主张和巩固与发展抗日统一战线的重大意义，谢骙深受启迪和教育，更加靠拢共产党。

二

当时，在中共霍邱县委领导下，霍邱南部地区各界人民积极开展抗日活动。祸国殃民的国民党反动派异常恐慌，视之为敌。国民党霍邱县长陈应行公开恫吓动委会，说动委会组织的民众团体全是共产党的组织，并大肆捕杀，仅1939年3—8月就杀了百余人，其中有青抗会、农抗会会员，有无辜的百姓，还关押了一些绅士，搞得人心惶惶。陈的凶狠残忍、嗜杀成性，引起了霍邱各界人士的极力反对，我党抓住有利时机，发动群众控告陈"不问国事，非法捕人"等罪行，开展了一场大规模的反陈斗争。省政府为了缓和矛盾，撤销了陈应行的县长职务。由桂系第一三八师副师长赖刚和在省政府任职的李一冰的共同保荐，谢骙接任霍邱县长。

谢骙赴任前夕，主动向吴健了解霍邱地方情况，吴在介绍中揭露了国民党河口区长储迪之贪污敲诈的恶行。谢骙赴县城上任途经河口集，下令部下将储迪之捆绑带走处理。谢到职后，经常深入下层，了解民情。他平易近人，工作之余，常和下属及学生在一起打篮球，深受群众爱戴。但那些国民党党棍和反动士绅，别有用心地背地窃窃私语："这人哪像个县长？""这家伙倒有点儿像共产党。"河口有个联保主任何秉澄，不仅与匪首洪少轩勾结，强奸民女，逼死商人何家瑞，而且又为红枪会大队长何东野出谋划策，迫害码头工人。中共霍邱县委将这些情况告知谢骙，谢立即派许午言同志（共产党员）以巡视河口为名，组织地下联络员殷文友等深入何家，以铜币换银圆的办法，抓住了何秉澄贩卖假银圆的罪证。谢遂下令调何来城加以扣押,同时扣押了何东野,交军法处严惩。1939年冬,霍邱任家沟大匪霸陈庆元,勾结土匪奸杀焚掠,危害极大,闹得民不聊生,致使动委会也无法在那里开展工作。为除此害,谢骏即令便衣队长顾养全(共产党员),带领全队武装拘捕陈庆元,并授权顾对拒捕者可"当场击毙"。顾奉命前往,就地处死陈庆元,平息了匪患,为民除了大害。

谢骏这一系列除恶反霸的行动,在群众中引起了强烈的反响。中共霍邱县委研究决定派组织部长广东籍的李任之同志去继续做谢骏的工作,使谢骏逐渐提高了阶级觉悟,认识到无产阶级才是新兴阶级,只有共产党才能够驱日寇、救中国。此后,谢骏更加自觉地与共产党合作,为革命做了大量工作。凡霍邱军政重要人事安排,他均事先征得中共霍邱县委同意后再委任,并委任共产党员吴健为县政府政务警察队长,委任吴彻为军法处书记官,委任许午言为禁烟股股长,委任吕希贤为税务局局长,委任戴映东为民众教育馆馆长兼霍邱日报社副社长,委任张翼中为县常备队第三中队长,各区、乡政权机构也安插了一些地下党员。与此同时,在各区、乡巩固和发展了100多个抗日群众团体,扩大了抗日民族统一战线。由于中共霍邱县委在抗日统一战线中掌握了领导权,在安徽时局逆转的情况下,霍邱抗日民主运动仍蓬勃发展。曾代理过安徽省主席的桂系第四十八军军长张义纯在视察皖北各县时惊呼:"霍邱是官'匪'不分,兵'匪'不分,民'匪'不分,绅'匪'不分,完全赤化了!"

三

1939年12月,谢骏被鄂豫皖区党委接收为中共特别党员。一天上午,中共霍邱中心县委书记张维城和军事部长许午言来到谢的住处,举行庄严秘密的入党宣誓。谢骏同志经过艰苦的思想改造,终于由一个国民党的旧军官,转变为一个马克思主义者。

谢骏同志入党以后,一切服从党的决议,忘我工作。他遵照党的指示积极协助党坚持抗战,反对倒退,准备将霍邱地方武装改编为新四军皖西游击纵队,后来中共中央中原局为了顾全抗战大局,避免与国民党桂系发生摩擦,取消了这个计划。谢骏同志又是坚决服从,表现了一个共产党员坚强的组织观念。后来,谢骡同志获悉安徽省政府主席李品仙派特务队急驰中共霍邱县委活动的中心地点河口集，搜捕负责人时，迅即换上便衣黑夜奔至县动委会吴彻同志住处，要吴连夜赶至河口集报信。吴当即从县城出发急步 30 公里，天亮赶到县委常聚会的河口集殷文友家，此时皖西省委组织部长吴皓和其他领导同志李任之、王光宇等正在开会。吴将情况汇报后，旋又赶到河东周圩子，通知其他同志迅速隐蔽。

特务队没有抓到人，李品仙大为震怒，随即派一个营进驻霍邱，下令通缉谢骡、李任之、许午言、王光宇、林柯等 7 位同志。情况危急，党组织迅速决定，已经暴露的共产党员和进步分子分两路向皖东庐江、淮北涡阳、永城转移。

谢骡同志由许午言、周刚、朱占光 3 名同志护送出城。途经霍邱县乌龙庙，突然遇到该乡乡长和数名乡政府人员。谢骡同志当机立断，嘱咐："上顶膛火，准备拼杀！"当双方逼近，在剑拔弩张、一触即发之际，出乎意料，乡长跨前几步，一一握手言欢，并关切地说："县长到何处去？"谢随机应答："奉命到河南上任。"乡长等人陪送一程，才握手告别。谢骡等同志恐其引起怀疑，带领武装尾追，一个劲地急步前进，直到河南边界石庙集才停了下来。晚上，住宿在老百姓家，有几个老百姓，听说借宿的是从安徽霍邱来的，都交口称赞起霍邱县长谢骡如何扶正祛邪，为百姓办好事。可他们哪里知道和他们接谈的这个诚挚可亲的人就是谢骡本人呢？第二天，他们又赶到黎集，谢骡同志由黎集地下党组织护送到淮北根据地。

听说，后来谢骡同志进入抗大四分校学习。学习结束后，曾先后担任淮上行署二科（民政）科长，蒙城、泗阳抗日民主政府县长等职。1944 年 3 月 17 日，日寇骚扰泗阳时，谢骡同志率县七大队部分战士，埋伏于杜墩一带阻击敌人。激战中，终因敌众我寡，谢骡同志与 6 位战士壮烈牺牲，时年 34 岁。

40 多个春秋过去了，但谢骡同志的革命精神在人们心目中没有泯灭。我们缅怀英烈之情，犹胜当年。谢骡，历史的功勋簿上将永远记下您的名字！

（李玉林　整理）

原载中共六安地委党史工作委员会编：《皖西革命回忆录：抗日战争时期》，安徽人民出版社，1989 年，第 238～242 页。

一份十万火急的电报

——忆少奇同志对霍邱反顽斗争的指导

◎ 王光宇

1939 年底以前,霍邱县的抗战形势很好。霍邱是老苏区,群众政治觉悟比较高,党的组织恢复比较快。中共霍邱县委在第二次国共合作的形势下,一方面加强党组织的建设,放手发动群众,扩大抗日武装;另一方面,积极发展抗日民族统一战线,并派许午言、张翼中、吕希贤、李崇一、戴铸九等共产党员到国民党县政府分任特务队长、常备队第三中队长、税务局长、政府秘书、民众教育馆馆长等职。

1939 年 7 月,我党发动群众,联合上层进步力量,通过向省政府告状等形式,撤换极端反动、连国民党进步分子也反对的国民党县长陈应行,由国民党桂系第一三八师四一四团副团长兼第二营营长谢骙接任县长。谢骙思想进步,同情共产党,通过整顿区、乡政府和武装,撤掉顽固分子,换上共产党员或进步人士。他经过党的教育、考验,不久被发展为中共特别党员。

霍邱县动委会于 1938 年春成立,县委书记刘鸿文同志担任指导员。在省动委会第二十、二十八、二十九工作团和广西学生军第二中队、妇女战地服务团等协助下,成立了两个县属工作团,我和一位同志分别担任团长;又成立了省属委托工作团,团长刘壁城。各区乡也成立了动委会和工、农、青、妇、商抗敌协会等,全县共有 120 多个抗日群众团体,这些抗日团体的负责人多数也是共产党员。总之,由于霍邱县党组织正确执行了抗日民族统一战线政策,团结一切可以团结的抗日力量,对反共顽固派进行了"有理、有利、有节"的斗争,霍邱的抗日救亡工作呈现轰轰烈烈的局面。

　　但是到了 1940 年的春天，桂系反共摩擦的阴谋像乌云一样笼罩在皖西地区的上空。桂系顽固派根据臭名昭著的《限制异党活动办法》，要对新四军驻立煌办事处进行袭击。设在立煌办事处的中共皖西省委得悉这一情报后，省委书记李丰平、组织部长吴皓和工作人员，携带一部手摇电台由办事处驻地立煌县石碤口出发，避过顽军的盘查，先后转向霍邱县境内。

　　李丰平、吴皓同志到达洪集乡刘家仓房以后，立即召集霍邱中心县委、霍邱县委负责同志开会。会上，大家压抑不住内心的激愤，纷纷揭发顽固派反共摩擦的罪行，同志们认为国民党桂系已经动手，背信弃义，如果我们再按兵不动，那么霍邱的抗日武装和党的干部就要受到重大损失。最后根据大家的意见，决定建立抗日武装和根据地，与顽固派作坚决斗争。皖西省委并将这一决定，通过电台报告中原局，得到了同意。

　　霍邱县委打算以县常备队部分武装及手枪队为基础，成立县总队，由谢骙同志任总队长，由许午言、张翼中和我分任第一、二、三大队大队长；在乡村组建农民抗日武装，预计可以组织 1000 多人枪。

　　正当准备工作紧张进行，众兴、长集等地农民已经缴了乡公所的枪支、剪断了通往立煌县城的电话线的时候，中原局胡服同志（刘少奇同志化名）得知这一消息，发来"十万火急"的电报，大意是：皖东、淮北抗战根据地刚刚建立，尚未巩固，国民党的苏北顽固派韩德勤部正在向新四军挑衅，制造摩擦，如果在霍邱采取武装反摩擦行动，势必促使桂系和韩德勤部联合夹击，对抗日大局极为不利；再者，霍邱远离皖东、淮北根据地，接应部队也不易伸进去，能否把部队全拉出来也是问题。指示皖西省委立即停止行动。

　　省委立即向我们传达了刘少奇同志的指示。虽然一些同志思想一下转不过弯来，但在组织纪律上还是坚决地服从上级决定。恰在这时，传来情报，李品仙先后派出 1 个特务队和 1 个营的兵力进驻县城，准备抓人，并下令将谢骙调省"另有任用"，另派朱慈晖接任县长。皖西省委和中心县委当机立断，决定赶在国民党桂顽动手之前立即转移，撤离霍邱。

　　由于情况紧急，县委首先将党的文件全部销毁，同时派许午言等 3 位同志护送谢瞵转移到涡北抗日根据地，其余同志分两路进行转移。一路由我负责，以李集王庄作为临时联络点，派交通员将李丰平、吴皓、张维城、宋孟邻等同志及电台工作人员，先后由此转送往淮北根据地。这时，县委组织部长李任之同志因患病发高烧住在河口集交通站殷文友同志家。我找了一乘轿子把他抬到高塘集我妹妹家暂住，以后转移到淮北。与此同时，由另一路转移的同志也安全到达皖中和皖东抗日根据地，避免了人员上的损失，增加了开辟皖江、淮南和皖苏抗日根据地的力量。

原载中共六安地委党史工作委员会编：《皖西革命回忆录：抗日战争时期》，安徽人民出版社，1989年，第243～245页。

何德润与"政三队"

◎ 陈雨田

在那烽火连天、硝烟弥漫的抗战岁月里，我受党组织的派遣，于1939年到"政三队"随何德润同志一起工作，时间虽然短暂，但那风云变幻的历史场景，却时时在脑海里翻腾，引起我对往事的怀念。

"政三队"是隶属于第五战区司令长官部政治部的政工组织，原有8个中队。我们党为了以"合法"组织作掩护，进行抗日救亡活动，趁其前身抗敌青年干训团招收学员之机，派了一些地下党员参加这一组织，并在各中队建立了地下支部。1939年7月，长官部为限制共产党的活动，将各中队集中到立煌整训，改编为3个政治中队，政治中队是我党有相当工作基础，并借以培养抗日青年的重要阵地。为了加强政治中队中党的领导，中共鄂豫皖区党委决定派"青委"委员王希克以"政一队"区队长的公开身份，领导3个政治中队地下党的工作。集训中王希克取得桂系的信任，使地下党在政治中队内立足更稳。

为了加强对集训班的控制，廖磊从政治总部调来上校军官何德润任主任。这位主任年约30岁，高高的个子，虽说是广西人，却能说一口流利的北京话。对他我们了解不多，只听说他后台很硬，李宗仁、廖磊都和他有亲属关系。开始，我们对他还保持一定警惕，慢慢发现他热情活跃，十分健谈，喜欢和青年在一起，有时还爱引吭高歌。日常生活也不像当时国民党官员那样追求奢华，而是行装简朴，平时总穿着和队员质地一样的普通军服。通过进一步接触，我们发现他还富有强烈的民族感情，从青年时代起就渴望为国效力，思想进步，早年曾参加过田汉同志组织的进步文艺团体"南国社"，深受其影响。就在集训期间，他还主动提议要与王希克、陈兰征（中共党员）合演抗日戏剧《三江好》。何德润拥护中共的抗日民族统一战线政策，支持青年参加抗日救亡运动。

集训期间，他对我们的活动有所觉察，表面上不动声色，暗中却予以掩护和支持。有一次，因"政三队"人员少、党的力量薄弱，王希克建议将崔醒亚、程光明等10多个同志从"政一队"调到"政三队"，他便立即予以批准。当政治总部追查所谓"异党活动"情况时，何德润却向上司申报，他的属下无共产党分子，廖磊深信不疑，以致在集训结束时的训话中还十分自信地说："有人说你们里面有共产党，我就不相信，即使有共产党，经过我的训练，也会听我的。"

集训很快结束了，廖磊决定将政治中队分配到皖北前线各县工作。这时何德润被委任寿县县长，由他带领"政三队"到寿县接任。此时何德润仍同以往一样，非财不取，在县政府同公职人员一样开伙，断然不与富豪劣绅相往还，既不拜客，也不外餐，给寿县各界留下很好的印象。

到寿县以后，上级党组织就通知中共寿县县委马曙、涂中庸与"政三队"中共地下党员李德观、张正杰接上了关系。这时如何利用"政三队"推进抗日救亡运动，何德润的态度就有举足轻重的关系。党支部讨论后认为经过长期观察，何德润是同情和支持我们的，决定由支部书记李德观以县动委会成员的身份做何的工作。结果正如我们分析的那样，何德润完全同意李德观关于人事安排的建议，"政三队"里党员骨干分别安排在县和区、乡担任要职，如张正杰任众兴区区长，刘公望任县政府军法科长，我任县政府督导员，协助县长何德润工作。县常备中队也由"政三队"控制。从此，"政三队"党支部带领100多名队员和由县动委会指导员詹运生（中共党员）及其领导的3个工作团发生联系，在各级机关里以合法身份，履行其艰苦而神圣的抗日使命。

何德润对我们充分信任，放手让我们工作。当时舜耕山北面敌伪据点林立，由东到西，绵延数十里，敌人随时都可以进袭。而我们都是外地来的，人地生疏，消息闭塞，急需组织一个武装侦察组。何德润征询意见后，便把这项工作交给我办理。我们研究后，在与敌占区接壤处设立两个情报站。此后，在日寇侵犯寿县县城时，事前就能获得可靠情报，做好各种应变准备。

何德润还支持"政三队"对寿县地方武装常备总队进行整顿。当时何德润虽兼任总队长，但队副及中队的军职多是行伍出身的地方实力派人物担任，他们对其来寿主政颇为不满，何德润也感到这些人处处掣肘，必须彻底改造，才能使这支军队成为真正的抗日武装。于是他听取了由我们拟定的方案，为摆脱地方实力派的控制，决定从县各常备中队里抽调队员和精良武器，组织成由县府直接控制的特务中队，任命谢广喜（中共党员）为指导员，由"政三队"负责政治和军事训练。整顿后的这支武装战斗力大为增强，在阻击日本侵略者，掩护人民群众，警卫县府机关时发挥了重要作用。

1939年9月6日，驻田家庵的日军侵犯寿县，常备队配合驻军在东门和北门布防，特务中队作为后备队在城区警戒。次日敌军攻城，在其他守城部队已撤离的情况下，特务中队虽四面受敌，但仍坚持战斗，但终因敌人火力过猛，寡不敌众，只得化装隐蔽，分散突围，在群众掩护下寻机出城。

被打散了的特务中队，一时难以复建，经过研究，决定以县常备二中队为基础，加以整顿和充实，作为"政三队"控制的基本武装，何德润同意任命共产党员王正干为指导员。同时又另外组建了1个特务分队由二中队代管。这两支整编后的武装，在后来"政三队"东撤途中起了重要的掩护作用。

1939年秋天，新四军的魏礼成和淮南游击大队的方和平等同志到杨庙、高塘集一带为部队筹粮筹款，扩充兵员。地方上的土顽劣绅、官员党棍十分恐慌，纷纷呈文县府要求制止。何德润收到呈文后，立即找到李德观征询意见。李向他说明新四军是友军理应支持，认为对此事态度要鲜明。何德润深思熟虑后，一面发布通告，说明新四军是抗战武装力量，征粮征款扩军均系合法行为，要求区乡政府和各民众团体予以支持，一面指派专人到各地检查执行通告情况。这时何德润派我到双庙区。我在周区长陪同下找到了方和平，并在高塘集召开了由乡保长和各界代表参加的会议。在会上我代表县长何德润讲话，要求地方对抗日武装应一视同仁，做到有枪出枪，有人出人，有钱出钱，尽可能给驻军以方便。我又到杨庙会见了魏礼成，通过对地方做工作，使新四军的扩军工作得以顺利进行。

1939年10月廖磊病死，李品仙一上台就诛除异己，积极反共。由于寿县一带抗日民主运动蓬勃发展，早就引起了县党部党棍政客的嫉恨，此时便私下策划，向国民党省党部告发何德润"私通共党""弃城逃跑"等十大罪状。此时李品仙也已觉察政治中队里有共产党的活动，便决定把政治中队全部再调立煌"集训"，以便借机进行清洗。

风声很紧，党组织立即做出相应的对策，王希克同志传达了上级的指示，要求将政治中队里的共产党员、民先队员和一切可以争取团结的进步力量，尽可能地撤退到新四军去。对此，党支部作了具体研究，决定分三批撤退。由于事关重大，就是对何德润也要严守秘密。

1940年2月上旬，李德观率"政三队"在城内工作的大部分同志，秘密、分散地离开寿县，去新四军江北游击纵队驻地青龙厂。何德润虽有觉察，但表面上还保持着若无其事的样子。等到张正杰在县委书记马曙配合下，用巧计提取了县政府存放在众兴区公所100多支枪，又和"政三队"部分同志撤退到青龙厂后，何德润就再也沉不住气了。就在张正杰出走的当天晚上，何德润派人把我找去。当我快步来到他的房间时，何劈面就说，众兴区长张正杰率一批同学（指"政三队"人员）带100多支枪，不知去向。接着他突然问我："前几天李德观也带领一批同学走了，你知道吗？"我装着毫无所知的样子"啊"了一声。

何德润便试探着问道："你看他们能到哪里去呢？"

我半装糊涂，说："前天我听李德观说，多数同学都不愿去立煌集训，我看她可能去阜阳'政一队'，张正杰将人枪带走，看样子也是不愿去集训，所以决心离开五路军，很可能投新四军去了。"

何德润摇摇头深沉地说："李德观不会去阜阳，她是和张正杰一道去新四军了。"

我见他愁肠百结的样子，便有意反问道："你估计他们走了，李品仙会对你怎样？"

何德润满腹忧虑地说："廖磊活着问题还不大，现在李品仙来了是不会轻易放过我的。"

我也想试探他的本意，便建议他一面带兵追赶，一面向省政府报告他们去向不明。

他颇有难色地说："这是骗不过他们的。"

"那就不辞而别到广西去。"

他却连连摇头:"那更不行。你不知道广西内部有一套家法,处理更严。"

我搞不清他的真实想法,不便点破,只得把球又踢了过去:"你看怎么办才好呢?"

他迟疑了一下,然后深深吸了口气说:"我们也去投奔新四军,就怕他们不要。"

我心里虽喜,但还想考验他一番,便装出一副不以为然的样子说:"听说那里条件很差,又不讲待遇,你能否吃得了这苦?"

"既然去了还讲什么地位?凡是人家吃得了的苦,我也不怕!"

经过对何德润长期考察,我觉得他这番话是真诚的,便紧紧握住他的手说:"你自觉自愿跟共产党走,我想他们是不会不收留的。你如决定到新四军去,我愿奉陪!"

何德润眼眶红了,他将我的手紧紧一握,便动手清理文件。天快亮时,他打电话给驻军师长陆庭轩,告知自己将赴立煌拜谒新任省主席,一应城防事务,请为代劳。清晨,我和何德润带着便衣队离开寿县,佯装向立煌行进。我们决定把常备二中队和特务队带上。当行至埝口集时便折转向东,以追寻张正杰为由取道瓦埠把队伍全部拉走。

2月25日,在青龙厂游击纵队司令部的张正杰接到何德润率部到来的情报,便立即向孙仲德司令员做了报告。孙仲德同志立即请示新四军江北指挥部,回电很快来了:"国共合作,不容破坏,劝其回去。"中共皖东津浦路西省委认为,在那险恶的形势下,如把他们劝退回去,许多人都有掉脑袋的危险,便把情况再次向上级报告。经郑重考虑后才决定何德润等同志留下,并派一个警卫排到下塘集附近接应。

为了掩人耳目,在下塘区、镇人员招待宴会上,何德润叫我即席讲话。我在讲话中宣布去立煌不需护送,常备二中队仍回原地驻防。此时,何电告李品仙:"父母有病,告假返桂省亲。"同时函告县政府秘书:"离寿回乡,请代为办理移交。"当晚,我与何德润悄悄离开下塘集,在警卫排护送下,安全抵达青龙厂。

3月9日,我和何德润一行13人,在江北游击纵队一个警卫排护送下,踏着明媚的春光,前往皖东新四军江北指挥部。

上午10时,我们行至草庙集休息,刚落座,反共老手谢黑头的追兵就来了,接着另外几支反共武装又先后赶来，只得立即撤退。仓促间，我们与警卫排失掉了联系。我们不知道指挥部的地址，无人引导，此时不辨东西，如同盲人骑瞎马一般，只是向没有枪声的地方退却。在一条涧沟边和顽军接上了火。我们掩护何德润和伤员撤离，然后边打边退。当我们赶上何德润时，已近黄昏，他正狼狈地坐在一棵大树下，鞋丢了，打着光脚。见到我后，他把左轮手枪对自己头部样了样，态度坚毅地说："实在不行，就准备这样了。"

不久，走散了的两个战士和动委会的两位同志寻踪跟来，他们有纵队司令部的介绍信，才得知指挥部的地址。我们把现有的7支长短枪编为一个战斗小组，我凭着身边带的一枚指北针，率领这支武装掩护大家向新四军江北指挥部所在地大桥方向前进。

这一夜我们饥肠辘辘，冻累不堪。何德润把马让给了伤员骑，虽然从路旁的村子里买到了鞋，但双脚却磨破了，他一声不吭，咬紧牙，一瘸一拐跟着队伍前进。天快亮时，我们找到一座李氏宗祠，燃火取暖，并派一名便衣队员去打探消息，不一刻他兴冲冲地回来说，离大桥只有15里了。此时大家忘了疲劳，又急着上路。又走了几里，我们经过一个过路店，正休息买饭，突然进来一个人，鬼鬼祟祟地对我们说："不要再走了，前面几里就有新四军。"

我反问他："你是干什么的？"

他呆头呆脑地压低声音说："我是保长。"

他大概看到我和何德润身上穿的五路军军服，误以为我们是广西军了。我便将计就计地对他说："我们是奉命来查地形的，你可千万不能对外讲！"直到吃罢早饭上路时，那位"好心"的保长，还一再关注我们要当心，何德润和我直感到好笑。

我走了三四里路，就能听到阵阵清脆而嘹亮的军号声，我们身上的疲惫一扫而空。脚步更加轻捷有力。不久，指挥部派来迎接我们的人便赶到了，原来护送我们的警卫排，已先期到达指挥部。

第二天，胡服（刘少奇）和江北指挥部的领导同志亲切地接见了我们，高度赞扬了何德润同志投身新四军的果敢行动。

在这里，何德润与李德观同志又见面了。早在"政三队"期间，由于工作的关系，他俩产生了感情，但是为了革命事业，李德观同志服从党的纪律，自觉中止了关系。

有情人终成眷属，在抗日民主运动的革命洪流中，他俩终于走到了一起，并在到达根据地后的第三年结成了终身伴侣。

何德润同志凭借他当时的政治地位和社会关系，在桂系中完全能飞黄腾达，升官发财，但他在民族危亡之际，置个人功名利禄于不顾，克服许多艰难险阻，勇敢地投向革命，实现了他多年来追求真理、追随革命的愿望，并为之奋斗终生。在历史转折关头，不以一己之利为念，毅然献身共产主义事业，这种精神是多么难能可贵啊！

（徐为侃　整理）

原载中共六安地委党史工作委员会编：《皖西革命回忆录：抗日战争时期》，安徽人民出版社，1989年，第229～237页。

悼念青年时代的战友华兆江烈士

◎ 李竹平　石雪书

年仅 19 岁的共产党员华兆江同志，1940 年落入国民党顽固派的魔掌，在敌人的法庭上，经受了各种酷刑的考验，表现出一个共产党员威武不能屈的英雄气概。最后，在高唱《国际歌》，高呼"打倒国民党顽固派""抗日战争胜利万岁""中国共产党万岁""共产主义万岁"的口号声中，倒在敌人的罪恶枪口之前。他的牺牲我们感到无限的悲痛。

45 年来，华兆江同志那种有着坚强党性，把自己的一切，包括年轻的生命，献给崇高的共产主义理想的伟大形象，不时出现在我们的记忆之中。因此，我们早就想写篇文章，来悼念我们在斗争中结成了战斗友谊的年轻战友。

我们和华兆江同志相识，是在 1937 年秋天。那时，抗日的烽火燃遍了神州大地。为了取得抗战的胜利，上海各阶层人民，尤其是青年，在我党抗日方针的感召之下，响应党的号召组成各种各样的救亡团体。有的奔赴前线，有的深入农村，用通俗易懂的诗歌、戏剧、传单、标语和演说，阐明党的抗战方针，宣传八路军、新四军和一切抗日部队英勇杀敌的伟大战绩，发动一切爱国人士，在党的抗日民族统一战线的旗帜之下，共同奋斗。

1937 年 9 月，我们在上海文化界救亡协会的名义下，组成了上海文化界内地服务团，成员中有当时著名的文化人，如林淡秋、江桐等同志，有从国民党中央军人监狱出来的党团员，如柳乃夫、吴荻舟、史鸣、毛纪法、李竹平等同志，还有一大批青年，如丁宁、石天行、石雪书、余铭德、徐波、鲁阳、曹奎等同志，准备深入农村。在出发的前两天，我们正在讨论工作计划的时候，在党领导的由陶行知先生出面组织的上海山海工学团负责人张劲夫同志，带来3位青年，一位是杨应彬，一位是杜展潮，一位就是华兆江同志，他们当时都只有十五六岁，参加了我们的团体。

我们于1937年9月13日，从上海出发，经过浙江的嘉兴、桐乡、崇德、平湖、吴兴、长兴，江苏的宜兴、溧阳、溧水，安徽的宣城，到达芜湖。听说那里地下党正在组织游击队，我们和石天行、鲁阳离开了团体，准备留下来打游击。经过多方打听，找不到地下党，又和董启翔、郝子等同志，组成了中国青年战时服务团，约在11月底到了安庆，这时南京尚未失守，安庆除了前线溃退下来的杨森部队外，国民党的党政人员逃跑一空。我们就留在那里，做杨森部队及群众的宣传工作。一个多月后，杨的政训处从后方来了，要杨森把我们礼送出境，我们便到达了舒城，意外地和上海文化界内地服务团的同志又会合了。

在这段时间，我们步行了2000多里，经过了广大农村。我们的生活是相当艰苦的，因为我们团体除了以每人交10元法币及柳乃夫、吴荻舟两同志的几十元稿酬作为团的基金外，别无经费来源。因此，在跋山涉水时，个个都要背着沉重的宣传工具和宣传品。到住地后，往往是饿着肚皮，先排戏、演戏、刻蜡版、印传单、写标语，找老乡谈话，为老乡唱歌，和群众团体开座谈会。如果没有群众为我们准备伙食，我们还要买米买菜，自己烧饭。基金快用完了，只能买些烧饼，大家分着吃。有时还得到难民所去吃顿稀饭。但是大家的精神是愉快的。有时饿了，就以雄壮的抗战歌声来充饥。华兆江同志是我们队伍中较小的一个，他说话脸就红，有些腼腆，但他总是吃苦在前。行军时，抢着背东西。住下后，写标语、散传单、找老乡宣传，买米买菜，他也争着干。他待人诚恳，工作踏实，没有空洞的豪言壮语。对群众特别是贫苦的农民，有着深厚的感情，一面做救亡宣传，一面对群众嘘寒问暖。很多农民对我们的评价是：这些"洋学生"没有架子，唱的歌好听，演的戏好看，说的话有道理，不打败日本鬼子，能过安稳日子吗？通过3个月的农村工作，唤醒了一些群众，也锻炼了我们自己。

1938年1—2月间，根据舒城党组织的指示，外来的群众团体，除一部分同志离开外，留下的都参加县动员工作团。华兆江同志留了下来。他和大部分同志一样，深入农村，发动群众；组织农民、妇女、工人抗敌协会；支援新四军四支队；在做好群众工作的基础上，发展党员，建立党的组织。同时，根据我党的统一战线的原则，广泛地团结一切爱国的、进步的上层人士，如具有进步思想的国民党县长陶若存，就在各方面给予我们很大的支持。他的内兄是三区区长，阻挠群众工作，他立即予以撤职，换上了我们的同志。在他的支持下，赶走了国民党特务、县动员委员会指导员韦仁纯，换上了李竹平。通过训练班，一批共产党员当上了乡、保长。这时，华兆江同志更加成熟了，他担任安徽省动员委员会第三十六工作团团长，后又担任舒城三区动委会指导员和地下党晓天区委书记。当时，生活也更加艰苦，每个月只有几元生活费，他经常穿着破旧褂、裤，脚着草鞋，跋山涉水，不顾疲劳，忍着饥寒，组织群众，发展党员，日夜工作。还天天想如何帮助群众，改善生活，从不为自己谋点福利，在广大群众中树立了共产党员为国为民的光辉形象，与国民党的贪官污吏形成了鲜明的对比。他埋头苦干，不说空话，对工作成绩，他都归功于党和群众，从不吹嘘自己，经常是做十分，讲八分，不说假话，不讲虚功。

1939 年春，组织决定我们随陶若存去无为，后又去怀远，很长时间没有见到华兆江同志。大概在 1940 年 2 月间，有位地下党同志来告诉我们，华兆江同志来了，并要到我们住处来。这个意外的消息，使我们非常高兴，石雪书同志马上把他接来。见面后，知道组织上派他到安徽省第九游击纵队（后改为国民党一七六师补充团）工作。这个部队的司令云应霖、参谋长李伟烈、搞政治宣传工作的易杰（即叶华），我们都认识，在怀远石牌时，就经常接触。他们都同意我党的统一战线和持久抗战的思想，对国民党顽固派深为不满，但这个部队很复杂，其中有青年学生，也有土匪流氓和国民党军官。华兆江同志去的任务，是团结云、李等人，改造这个部队，使他们走革命道路。晚上，我们谈了很多，第二天又共同读了苏联小说《夏伯阳》。他表示一定要向小说里的政治委员富曼诺夫学习，把这个部队改造好。同时要我们为他搞了些县政府的空白通行证。第三天他就走了。没想到，这竟成了我们的永别。

后来听说补充团在国民党顽固派企图消灭九游的阴谋威胁下，不得已在 1940 年 4 月 1 日举行了起义。由于敌强我弱，他们失败了，华兆江和云应霖、李伟烈等被捕了。被捕后的情况，传说不一，最近看到《安徽文史资料》上登载的与他们同时被捕的马相苓同志的文章说：在起义失败后的 4 天 4 夜里，他们只有 4 个人，想隐蔽地通过国民党的封锁线，到无为新四军驻地去。这时，华兆江同志虽只有 19 岁，但一路上对其余的 3 位同志，照顾备至。找向导的是他，探路的是他，站岗放哨的是他，找吃的喝的还是他。在山陡得爬不上去时，他总是先上去，再拉别人。到舒城时，他们不幸被捕了，被送到国民党二十一集团军总部。在国民党法庭上，他遭受到各种酷刑，鲜血淋漓，依然正气凛然，毫不畏惧，不吭一声。在受尽敌人折磨之后，同年 6 月初，他和李伟烈同志从容地高呼口号，走向刑场，英勇地就义了。司令员云应霖被判处有期徒刑 12 年。

我们写这篇文章，不仅是悼念华兆江同志。我们亲眼看到许多共产党员，在铁镣叮当的伴奏声中，高唱《国际歌》，高呼革命口号，英勇地走上敌人的刑场。很多同志牺牲了，连自己的真实姓名和家乡住处也没有留下。在南京雨花台就义的，就有 10 万。在重庆的渣滓洞、白公馆，贵州的息烽，上海的龙华，以及旧军阀和国民党各省各县大大小小的刑场上，处处都有我们烈士的碧血。他们为的是什么？为的是中国人民解放的崇高事业，为的是实现伟大的共产主义理想！现在飘扬在天空，放射出无限光辉的五星红旗，是许多革命者和无数烈士的汗水和鲜血染成的。当此建设"四化"的社会主义祖国的时候，我们不能"忘记过去"，千万不能"忘记过去"，继续艰苦奋斗，是悼念烈士最好的方法与行动。

原载中共舒城县委党史办公室编：《舒城县革命史资料（抗日战争时期）》，内部资料，舒城印刷厂，1985 年，第 302 ～ 306 页。

忆念王谋成同志

◎ 佘子英

  王谋成同志，舒城县西港冲人。家庭贫苦，青年时期从事漆匠手艺。1929年加入中国共产党，曾任党支部书记和武装交通员。1934年，他带领红军到西港冲，一次镇压了骑在人民头上的华家地主8人，给受压迫受剥削的劳苦群众报了仇，解了恨。1941年，王谋成同志到新四军二师抗大学习，后分配到定远县任区委书记。皖南事变后，党根据抗日斗争形势发展的需要，派遣他返回大别山开展武装斗争。同年秋，他率领侦察班在地方党和群众的配合下，一举打下舒城五桥乡公所，缴获步枪10余支，子弹数百发，给中梅河顽敌以很大震动。有了这一部分武器弹药后，王谋成同志立即组织大别山、舒城游击队，并成立党支部，王谋成同志任队长、支部书记。从此舒城县的大别山区就有3支游击队了。

  在王谋成同志的领导下，在东至花岩山，西达七里河，南抵安菜山，北到徐家湾、东西港冲的广大地区，舒城县游击队一方面开展广泛的游击战争，打击伪顽；另一方面积极宣传我党中央、毛主席制定的抗日民族统一战线的方针、政策，宣传我八路军、新四军奔赴抗日最前线英勇抗击日寇的战绩，揭露蒋介石假抗日、真反共的反动政策，揭露国民党政府腐败无能、消极抗日的真面目。广泛的宣传、新区的开辟和队伍的壮大，使国民党反动派极为恐慌。为了消灭这支游击队，他们调来了"广西佬"1个团的兵力，进驻梅河、庐镇关一带，对我游击队进行"清剿"。1942年春，"广西佬"的1个营于夜里开到东、西港冲，妄图消灭我游击队，可是却扑了空。于是，他们实行"五家连坐法"（即一家与共产党、游击队有联系，其他四家同时受牵连、遭殃），并要保、甲长层层具保，撤走时还带走了几个甲长，以作人质。在此情况下，群众的情绪有些低落，认为王麻子（即王谋成）游击队只有几十人，十几支步枪，还有两个赤手空拳的女队员，恐怕难以对付"广西佬"的大队人马。王谋成同志根据群众的思想情绪和斗争形势的需要，将大别山的3支游击队和无为师部派来的侦察班共100余人全部集中起来，把部队的距离拉得长长的，于夜间从安菜山出发，一路经张田、程河道、徐家湾、东西港、古塘岗等地行军，造成我大部队在运动的声势。这一假象果然效果很好。群众亲眼看到部队来得这样多，个个都议论说："王麻子部队真不少，不仅人多，枪也多。"有的说："长枪多，短家伙也不少，还有手枪盒子炮。"大大地鼓舞了群众的斗争情绪。

对于顽军的"围剿"，王谋成同志表现得英勇、机智、顽强和沉着。为了粉碎顽军的"围剿"，他率领游击队采取分散、集中、声东击西等游击战术，神出鬼没地战斗在崇山峻岭之中，使得顽军晕头转向，被拖得精疲力竭。1942年秋的一天晚上，我们从徐家湾出发，经滴步山、猪行店进石岚冲到水竹洼潘家庄住下。不料，第二天下午就被顽军从四周包围了，一路顽军从沙埂往山上运动，一路顽军从河棚子上来已到了海龙庵，还有一路从庐镇侧翼包抄已到良田包，情况十分危急。王谋成同志立即召开支部大会，商讨突围方向。当时，多数同志主张向桐城方向突围，认为顽军都是从桐城来的，桐城那边可能没有顽军。最后，王谋成同志经过多方面考虑，决定从大路突围。他说："海龙庵这条大路有敌人的重兵驻守，他们可能估计我们是根本不敢走这条路来突围的，而我们就钻他这个空子，偏要走这条路。"会上，他还给我们规定了如果打散后集合的地点，之后，又对部队进行了动员，鼓舞大家做好战斗准备。黄昏时，部队开始突围了，我和徐国选同志当尖兵，走在队伍的最前边。当我们摸到海龙庵附近时，看到驻在大庙里的顽军在明亮灯火的照耀下，又是拉胡琴、吹笛子，又是唱大戏、哼小调，热闹得很，连岗哨也没有。王谋成同志命令道："准备战斗，绕道过去。"我们立即做好了一切战斗准备，在他的带领下，从一条小水沟绕过大庙，匍匐前进到河滩大路。就这样，部队安全地冲出了顽军的包围圈，强行军到达滴步山，脱离了四面包围的险境。

同年8月，游击队活动在张田一带，一次夜行军，不知怎么地泄了密，被顽军发觉。第二天上午，顽军的 5 个便衣包围了王谋成和我、徐国选住的地方党员姓梁的家。顽军端着张了大机头的驳壳枪，冲到了大门口，狂喊着"捉活的，缴枪不死"（原来我们的哨兵在山上发现了顽敌只是喊，没有鸣枪，家里没听到喊声）。在这紧急时刻，王谋成一听到顽军的叫喊，拔出手枪就打，我和徐国选同志正在打草鞋，见此状猛地甩掉草鞋耙子，拿起枪就朝门外打。怕死的顽军见屋里的人冲了出来，掉头就跑，比兔子还快。我们跟后追击，打得这几个敌人连滚带爬地朝山下逃去。我们追击了 5 里多路，搜索了 3 个村庄。当我们返回驻地张田准备做午饭的时候，国民党的保安队 100 多人像乌龟似的朝山上爬来。我和徐国选同志都准备利用有利地形打，王谋成同志却不同意，主张走，说："敌众我寡，硬打硬拼不叫游击队，光凭勇敢、不懂战术是不行的。假如我们在这里硬打，敌人从后面包抄过来，我们腹背受敌怎么办？"于是，他命令我们迅速地向猪头尖撤退。

这天下午，我们转移到了猪头尖，在一个老妈妈家里住下。老妈妈的儿子去晓天买米去了，家里一点儿粮食也没有。我们中午就没吃饭，晚上也只有饿着肚子睡下，可是，夜里实在饿得慌，大家都睡不着。王谋成同志索性坐起来，也叫我们坐起来，领我们唱《国际歌》。一夜间，大雨一根丝地下个不停，雨声和歌声交织在一起，使我们一时忘掉了饥饿。第二天，雨还在下着。敌情不明不能走，可是肚子饿怎么办？当雨小了一点时，他带领我们上山去摘毛桃、找苦栗子吃，挨到了傍晚。老妈妈见我们两天没吃东西了，很是焦急，她把自己吃的一升豌豆面端来，又弄了点南瓜藤叶送到我们跟前，叫我们煮一点稀糊吃。我至今还记得当时我们一人只喝了一小碗。

第二天，雨止天晴。潜山游击队与我们取得了联系，吃的问题解决了。

当天晚上，我们返回张田，得知顽军抄了梁同志的家，东西被抢得精光，梁同志也被顽军打得死去活来，最后还被逮走了。王谋成同志听到这一消息，心里非常难过。他决定，为了不牵累群众，不使群众遭受损失，游击队从此不住老百姓的家，行动改在夜间，白天住到山上。青枝绿叶是我们的房，大石板是我们的床。我们的斗争更艰苦了，有时一连几天吃不上东西，王谋成同志也不让我们下山麻烦群众。每当这种时候，他就给我们讲述红军爬雪山、过草地英勇悲壮的故事，启发我们，激发我们克服困难的意志。在他的带领和鼓舞下，我们终于克服了一个又一个困难。

这年 10 月，大别山的斗争更为艰苦，环境更加恶劣。广西军 1 个团和舒、桐、潜 3 县保安队联合，向我大别山游击根据地发动大规模的"清剿"，大肆搜捕我地下党员、游击队员和革命群众，还放火烧山，妄图一举消灭我游击队。在此情况下，无为新四军师部命令，除留下一支短小精悍的游击队坚持大别山斗争外，其余连同地方党全部撤退到无为。舒城游击队在王谋成同志的果断指挥下，巧妙甩掉了顽军的前堵后追，安全地撤到桐东根据地——水圩。

在桐东水圩休整期间，王谋成奉上级指示，率领部分游击队，重新返回大别山，坚持武装斗争。我和王谋成同志分手了，没想到这一别竟成永诀！1943 年，我在无为得悉由于叛徒的出卖，王谋成和徐国选两同志被捕牺牲的消息，悲恸欲绝。王谋成同志被捕后，坚强英勇，凛然无畏，在刑场上高唱《国际歌》，高呼"共产党万岁""毛主席万岁"的口号，最后倒在血泊中。

王谋成同志对党、对人民无限忠诚，在坚持舒城大别山区的游击斗争中，英勇顽强，机智果断，不屈不挠，有力地打击了地方反动势力，扩大了游击队，发展了党组织，扩大了游击区，拖住了国民党正规军"广西佬"的 1 个团，减轻了国民党反动派向我无为新四军主力进攻的压力，对于皖中抗日根据地人民的反摩擦斗争起到了很好的配合作用。

王谋成同志永远活在我们心中！

原载中共舒城县委党史办公室编：《舒城县革命史资料（抗日战争时期）》，内部资料，舒城印刷厂，1985 年，第 315～319 页。

从延安到七里坪

◎ 程启文

　　七七事变前夕，我在延安抗日军政大学学习，临近结业的时候，接到毛主席交给的一项任务，跟随郑位三、肖望东同志到红二十八军参加改编整训、东进抗日的工作。

　　7月2日那天，我正在课堂听课，五队苏振华队长的通信员来叫我，带我到中央招待所去找郑位三同志。路上，通信员机灵地问我是哪里人，我说是湖北人。他眨了眨眼说："听苏队长讲，很可能调你去工作。"我俩来到郑位三同志的住处，只见肖望东和张体学同志早已在座。张体学问我为什么才到，是不是通知晚了。郑位三同志说："不晚，我们这就到毛主席那里，接受毛主席的指示。"一听说要去见毛主席，我忙捅了张体学一下，真有种说不出的高兴。

　　不多久，我们几个人来到了毛主席的住处。这是一座用砖石砌成的窑洞，中间是个会客厅，左边一间可能是警卫员或秘书住的，右边一间就是毛主席的卧室兼办公室。

　　毛主席穿一身旧灰色军装，裤子上打了两个补丁，有1尺多长。他满面笑容，操着湖南口音说："欢迎你们，我在这里专等你们来。"毛主席拍了拍体学同志的肩膀，问他是哪里人，多大年纪，参加红军几年了，体学同志一一作了回答。接着他又向我问了一遍，我也立正回答了。位三同志向毛主席介绍说："他俩在红二十五军时，都曾在高敬亭同志部下工作过，高敬亭对他们很熟悉，很信任。"毛主席说：

那太好了。此时，我还搞不清为什么提起高敬亭。

毛主席接着说，中国工农红军主力长征后，还有大批留在南方各个苏区坚持游击战争的同志。他们不怕敌人的围追、堵截、烧杀、抢劫，在极端困难的情况下与强大的敌人作殊死的奋战。这次请你们4位同志来，就是派你们到鄂豫皖边区，找到红二十八军政委高敬亭同志。你们4人先去，中央随后再派一些干部去。毛主席指着郑、肖两位说：你们两位为党中央的代表，由你们向他们传达党中央有关抗日的主张和指示。毛主席又望了望体学和我说：你们两位必须先一步找到敬亭同志，联络好以后，再回程接位三、望东同志去与敬亭同志会合。

接着，毛主席说："红二十八军有位同志派人找到红二十五军，向党中央转交了一个报告。"位三同志插话说："是的，那位同志叫何耀榜，是皖鄂特委书记。"

毛主席说："从报告看，他们与敌人斗争得很有成绩，很了不起。请你们代表党中央向他们表示敬意和问候！"对于我们到红二十八军后如何开展工作，毛主席作了许多具体交代，并强调说，找到高敬亭同志以后，切记不要高唱什么"主义"。他们长期脱离党中央的领导，会有各种各样的具体情况和问题，那要由他们自己去认识，去总结。他们在红二十五军长征以后，收集分散人员成立红二十八军，经过艰苦斗争，保存了这么一支红军队伍，是很不容易的，这是一个很大的胜利。千万不要把在延安批判张国焘那一套去套他们。各地有各地的不同情况，不能用一个样式去套。要很好地团结他们，统一在党中央的路线、主张之下，一道抗日，发展胜利。

我们全神贯注地聆听着毛主席的指示，认真地默记着他的每一句话。这时毛主席好像是讲完了，又像是察觉到大家的心情有些紧张，忽然转向体学和我亲切地问道："你们在延安学习、生活怎么样？饭能吃饱吗？"我们回答说："生活过得很好，不仅吃得饱，还能吃到南方运来的大米呢！"毛主席笑了，说："那就好，学习很紧张，又能吃饱饭，这就不错嘛。你们要记住，南方大米是比陕北的小米好吃，可不要忘记陕北人民全力支援了我们，为革命作了大贡献。小米很有营养，你们吃了都长得这么结实。"毛主席这么一说，我们的心情轻松了许多，屋子里荡漾起欢快的笑声。

毛主席用手拢了一拢他那长长的头发，给位三、望东两位同志递了烟，自己也点燃一支烟吸着，继续说道：日本帝国主义想要霸占中国的野心是不会改变的，我们誓死保卫每一寸神圣领土的决心是下定了的，我们中华民族同日本侵略者进行一场殊死决战是不可避免了！我们的党，我们的军队，必须有一个较大的发展，要真正成为抗日的主力军，成为争取民族解放的中坚力量。我们的红军要扩大，还要大量吸收青年知识分子参加我军，到我们党内来。接着，毛主席又为我们阐述了抗日民族统一战线中独立自主的原则。他说，这次我们提出国共两党重新合作，共同领导全国人民抗日，但是我们要坚持独立自主的原则。谁抗日我们就同他联合，就支持他；谁不抗日，谁准备投降日本侵略者，我们就和全国抗日人民一起声讨他，揭露他。我们估计南方红军游击队还会有一段艰苦的斗争，在同国民党联合抗日的时候，必须保持高度的警惕，既要讲联合，又要同他们的破坏、捣乱行为作斗争。说到最后，毛主席又谈到了我们内部的团结问题，他说，我党我军内部要亲密团结，从延安到红二十八军去工作的同志，要同那里的同志搞好团结。我们内部的团结搞好了，就能团结、带领全国人民夺取抗日战争的胜利。

毛主席从上衣口袋里掏出一块钢壳怀表，看看快到11点钟了。他问："你们有什么要说的？大家都说一说。"郑、肖两位都说，毛主席的指示非常正确，对形势分析非常深刻，受到了很大的教育。毛主席又问体学和我："你们二位有什么意见？"我们齐声说："坚决按照主席的指示，做好工作。"毛主席高兴地说："今天就谈到这里，祝你们工作顺利，一路平安！你们找到敬亭同志以后，尽快报告中央，并请你们代表党中央和我，向敬亭同志以及红二十八军全体指战员、老根据地的地方干部和革命群众致意，向大家问好！"我们4人起立向毛主席告别，他把我们送出屋外，同我们紧紧握手，久久地站在门口目送我们归去。

回到郑位三同志住处，他说："大家先回去吃午饭，下午仍来这里学习讨论毛主席的指示，只有领会毛主席的指示，才能顺利完成他交给我们的任务。"我在回校的路上边走边想，任务太重要了，为什么要让我这么一个小干部去执行呢？下午讨论了毛主席交给的任务，休息时，我就问位三同志："我去能起多大作用？请您给我说一说，不然我闷得慌。"他说："高敬亭同志和红二十八军与党中央长期失去联系，必须有一两个高敬亭同志所熟悉的、信得过的同志随我和肖望东同志一起去，而且要先搞好联系，这样就想到派你和张体学同志去了。为了稳妥、慎重，前两天毛主席找原红二十五军在延安学习的高级干部谈了话，问大家派什么人去好？如何去法？我就提出，你和体学同志最合适。"

当时，从延安到鄂豫皖去，要先到西安再作具体安排。由于天公不作美，一连下了几天大雨，从西安来的汽车困在延安不能往回开，我们只好耐心地等待天晴、路干。

过了几天，发生了卢沟桥事变，全国军民奋起抗日。7月8日，中共中央发布《中国共产党为日军进攻卢沟桥通电》，号召全国同胞和军队团结起来，筑成民族统一战线的坚固长城，抵抗日本侵略者。这天下午，延安举行了1万多人参加的声援卢沟桥抗日将士的群众大会，广大军民发出了抗日的怒吼。从报纸上看到，全国各地也同延安一样，各界人民开始行动起来，一致要求团结对敌，把日本侵略者赶出去。这迅猛发展的形势，使我们更加坐不住了。好不容易等到7月15日，我们一行5人（加上郑位三的秘书荣维轩）才坐上一辆载重汽车从延安出发。由于道路不平，汽车颠簸得厉害，爬行3天才来到云阳镇。由于西安办事处没有电报来，我们只好在云阳红一方面军招待所住下。

8月15日，我们到了西安，18日由办事处派了一位姓张的同志带我们乘火车到南京办理去大别山的有关事项。由于害怕敌机轰炸，火车上旅客很少，到了开封以后，往东行的大概只有几十个人了。8月20日下午到达南京，找到了设在南京傅厚岗32号的八路军办事处，叶剑英参谋长亲切地接待了我们。他说，你们是办事处的第一批客人，从延安到南京很不容易，很辛苦，要好好休整一下。西安办事处的张同志汇报说，由于旅费不足，我们在车上每天只能吃两顿饭。叶参谋长听了，急忙吩咐多做一点饭菜。

南京的办事处才建立起来，一共只有3个人，加上一个做饭的女雇员，大家忙乎了好一阵子，才把我们安顿下来。晚上我们打地铺睡觉。临睡前，叶参谋长召集我们6个同志说，目前日军在上海打得很激烈，南京天天有空袭，很不安全。明天大家到南京中央商场去买些日用品，待我们同国民党的顾祝同联系办好护照后，争取早日离开南京。

21日上午，我们添置了衣物，叶参谋长看了很高兴，他拿着一封信交给郑位三说："这是你们到安徽六安豫鄂皖边区督办公署的接洽信，护照由八路军办事处开给你们，希望你们早日同红二十八军高敬亭同志取得联系，我在这里等待你们的佳音。"西安办事处的张同志被留在南京办事处工作，我们5人在当日下午又踏上了征途。

8月25日前后，我们来到六安，据国民党六安督办公署的一位处长说，红二十八军在岳西境内同国民党军队达成了停战协议，已向湖北七里坪、宣化店集结。郑位三和肖望东立即将这一情况用明码电报报告叶参谋长。我们办完了一切手续，立即上路，经正阳关、三和尖、固始县到达潢川。在潢川停留1天，郑、肖就派体学和我先到七里坪去找高敬亭同志。

从延安到七里坪，我们经过一个半月的行程，绕了大半个圈子，终于来到了鄂豫皖根据地的中心，会见了红二十八军的首长和战友们。郑位三、肖望东同志向高敬亭同志等传达了党中央、毛主席的指示，并在七里坪举行的平型关大捷庆祝大会上，向坚持3年艰苦斗争的红二十八军全体同志以及老革命根据地的人民群众，传达了党中央、毛主席的关怀和问候。会后，我们同第二批从延安派来的30多名干部一起，根据党中央的决定，开始协助高敬亭同志整训部队。部队经过整训，战斗力有了很大提高。不久，红二十八军改编为新四军四支队。于1938年4月开赴皖中，奔向了抗日前线。

1987年4月

原载中国人民解放军历史资料丛书编审委员会编：《新四军·回忆史料》(1)，解放军出版社，1990年，第12～16页。

从延安到大别山

——忆执行毛主席交给的一项任务

◎ 程启文

1937 年，我跟随郑位三、肖望东等同志从延安回到阔别多年的大别山，去完成毛主席布置的一项重要任务。

卢沟桥事变前夕，我在延安抗日军政大学学习临近结业。记得是 7 月 2 日那一天，我正在课堂听课，我们五队队长苏振华的通信员来叫我，带我到中央招待所去找郑位三同志。路上，通信员问我是哪里人，我说是湖北人。他眨了眨眼说："听苏队长讲，很可能调你出去工作。"我追问他到什么地方工作，他又说不出个子丑寅卯。我好生奇怪，这到底是啥任务呢？来到郑位三的住处，只见肖望东和张体学早已在座。肖望东是首次见面，我和张体学在当红小鬼时就很熟悉。张体学问我为什么才到，是不是通知晚了。郑位三说："不晚，马上我们就要到毛主席那里，接受毛主席的指示。"一听说要去见毛主席，我捅了张体学一下，真有种说不出的高兴。

我们几个人来到了毛主席的住处，我正在打量着周围的屋宇和院落，毛主席走出来了，领着我们进了他的住房。这是一座用砖石砌成的窑洞式房屋，一进去，中间是个会客厅，但什么桌、椅、茶几、茶具都没有。左边一间可能是警卫员或秘书住的，右边一间就是毛主席的住房兼办公室。毛主席的住房里有一个土炕，上面安了床铺，铺上垫着一条灰色旧军毯。那被子还是毛主席长征时用的，已经破旧得不像样子了。靠着窗户有一张旧条桌，靠墙放着一张旧太师椅，还有一条长板凳，一个旧的木立柜。桌上放着书、文件、报纸、毛笔、砚台，还有毛主席长征时用的一只搪瓷钵，搪瓷已经剥落了不少。此外，室内什么摆设也没有。

毛主席身穿一件旧灰布军装，裤子打了两个补丁，足有 1 尺多长。他满面笑容，操着湖南口音说："欢迎你们，我在这里专等你们来。"他先与郑位三、肖望东握了手，再走到我和张体学面前，和我俩一一握手。我只觉得周身涌着一股暖流，激动得话也说不出来。随后位三同志指着我和张体学向毛主席介绍说："他们在红二十五军时，都曾在高敬亭同志部下工作过，敬亭同志对他们很熟悉，很信任。"毛主席说："那太好了。"此时，我还搞不清为什么要提起高敬亭同志。

毛主席接着说："中国工农红军都先后进行了长征，胜利地到陕北大会合。"他指着郑、张对我说："你们都是从大别山长征出来的同志。"又指着肖望东说："他同我一道走了两万五千里，才同你们和陕北红军会合。我们付出了很大的代价，才剩下这批同志，党中央才在这里建立了抗日的大本营，这真是不容易啊！"毛主席的感慨很快感染了我们，想起长征途中为革命牺牲的烈士们，大家一下子默不作声，心情沉重起来。

沉默了一会儿，毛主席又说："可是，你们尤其要记住，还有大批留在南方各个苏区坚持游击战争的同志。那些老根据地的军民，不怕敌人的围追、堵截、烧杀、抢劫，坚信共产党的领导，在极端困难的情况下，与强大的敌人作殊死的奋战，他们是更加艰苦，更加不容易啊！"毛主席这一说，又把我们引向了对远方战友和同志们的深切怀念，室内气氛一片肃穆。

"这次请你们 4 位同志来，就是派你们到鄂豫皖，找到红二十八军政委高敬亭同志。你们 4 人先去，中央随后再派一些干部去红二十八军工作。"说着，毛主席指着郑、肖二位，"你们两位为党中央的代表，由你们向他们传达党中央有关抗日的主张和指示。"毛主席又望了望体学和我："你们两位必须先行一步，找到敬亭同志，联络好以后，再回程接位三、望东同志，去与敬亭同志会合。"

接着，毛主席说："红二十八军有位同志派人找到红二十五军，向党中央转交了一个报告。"位三插话说："是的，那位同志叫何耀榜，是皖鄂边区特委书记。"

"从报告看，他们与敌人斗争很有成绩，很了不起。党中央高度赞扬红二十八军同志所取得的成绩，请你们代表党中央向他们表示问候！"说到这里，毛主席站起来，扬了扬手。

　　毛主席对我们到红二十八军去如何开展工作，做了许多具体交代，并强调说：找到高敬亭同志以后，切记不要高唱什么"主义"。他们长期脱离党中央的领导，总会有各种各样的具体情况和问题，那要由他们自己去认识，去总结。他们在红二十五军长征以后，收集分散人员成立红二十八军，经过艰苦斗争，保存了这么一支红军队伍，这就是不可多得的，是一个很大的胜利。各地有各地的不同情况，不能用一个样式去套。你们去了要很好地团结他们，统一在党中央的路线、主张之下，一道抗日，发展胜利。

　　毛主席用手拢了拢他那长长的头发，给位三、望东递了烟，自己也点燃一支，继续说道：日本帝国主义想要霸占中国的野心是不会改变的，我们誓死保卫每一寸神圣领土的决心是下定了的，我们中华民族同日本侵略者进行一场殊死决战是不可避免的！我们的党，我们的军队，必须有一个较大的发展。要真正成为抗日的主力军，成为争取民族解放的中坚力量。我们的红军要扩大，还要大量吸收青年知识分子。接着，毛主席又为我们阐述了抗日民族统一战线中独立自主的原则。他说，这次我们提出国共两党重新合作，共同领导全国人民抗日，但是我们是独立自主的。我们向全国人民、国民党和其他党派、爱国人士提出了我党的抗日主张，共商国家大事。谁抗日我们就同他联合，就支持他；谁不抗日，谁准备投降日本侵略者，我们就和全国抗日人民一起声讨他，揭露他的阴谋诡计。我们估计南方红军游击队还会有一段艰苦的斗争，在同国民党联合抗日的时候，必须保持高度的警惕，既要讲联合，又要同他们的捣乱行为作斗争。说到最后，毛主席又回到了我们内部的团结问题上。他说，我党我军内部要亲密团结，我们从延安去到红二十八军工作的同志，要同那里的同志搞好团结，我们内部的团结搞好了，就能团结、带领全国人民夺取抗日战争的胜利。

　　说到这里，毛主席从上衣口袋里掏出一块钢壳怀表，看看快到 11 点钟了，他问："你们还有什么要说的？大家都说一说。"我们表示，坚决按照主席的指示做好工作。毛主席高兴地说："今天就谈到这里，祝你们工作顺利，一路平安！你们找到敬亭同志以后，尽快报告中央，并请你们代表党中央和我，向敬亭同志以及红二十八军全体指战员、老根据地的地方干部和革命群众致意，向大家问好！"我们 4 人起立向毛主席告别，他把我们送到屋外，同我们一一握手，久久地站在门口目送我们离去。

我在回校的路上走着，心想：毛主席交给的任务太重要了，为什么要让我这么一个一般干部去执行呢？下午在位三同志住处讨论毛主席指示时，我就向他提出这个疑问。位三同志说："高敬亭同志和红二十八军与党中央长期失去联系，大家觉得必须有一两个高敬亭同志所熟悉的、信任的同志随我和肖望东同志一起去，先搞好联系。毛主席就派什么人，如何去法，特地找原红二十五军在延安学习的高级干部普遍谈了话，征求大家的意见。我就建议，首先同高敬亭同志见面的，必须是他特别熟悉的、信得过的人。你和体学同志去最合适了。"听了位三同志的话，我恍然大悟，心情十分激动，我暗暗下决心，一定不辜负党中央和毛主席对我的信任与期望。

经过学习讨论，我们加深了对毛主席指示的理解，研究了行动计划，决定搭从延安返回的汽车到西安，再从那里出发找红二十八军。可是天公不作美，一连下了几天大雨，汽车队困在延安不能开动，我们只好耐心等待着。

过了几天，发生了卢沟桥事变。7月8日，中共中央发布《中国共产党为日军进攻卢沟桥通电》，号召全国同胞和军队团结起来，筑成民族统一战线的坚固长城，抵抗日本侵略者。这天下午，延安举行了10000多人参加的声援卢沟桥抗日将士的群众大会，广大军民发出了抗日的怒吼。从报纸上看到，全国各地也同延安一样，各界人民开始行动起来，一致要求团结对敌，把日本侵略者赶出去。这迅猛发展的形势，使我们更坐不住了。好容易等到7月15日，我们5人（加上郑位三的秘书荣维轩）才坐上一辆载重汽车从延安出发。由于道路不平，汽车颠簸得厉害，爬行3天才来到云阳镇红一方面军招待所住下。到南京去必须领取护照，由于没有接到西安红军办事处的电报，我们只好在云阳待下来。

在云阳，我们从报纸上知道，就在我们离开延安这一天，中共中央将《国共合作宣言》交给了国民党中央。《国共合作宣言》强调以团结抗日、实行民主政治为宗旨，提出了取消苏维埃政府、改编红军为国民革命军等具体建议。17日，我党派出周恩来、秦邦宪、林伯渠同志同国民党代表蒋介石、张冲、邵力子等在庐山举行会谈。从报纸上我们还了解到，卢沟桥守军在英勇抗击了数倍于我的日军的连续进攻后，终于不支，撤了下来，北平、天津已陷于日军手中。华北危急，全国震动，但蒋介石还妄图与日本侵略者和平解决卢沟桥事件，对我党抗日的正确主张不予采纳。形势发展很快，8月13日，日军大举进犯上海，上海军民奋起抗战。14日，国民党政府被迫发表"自卫"宣言，蒋介石表示同意西北红军主力改编为国民革命军第八路军。根据西安方面的来电，我们于8月15日乘车到达西安七贤庄红军办事处（后改为八路军办事处）。

8月18日，按照办事处的安排，由办事处派了一位姓张的同志带我们乘火车到南京办理去大别山的有关事项。由于害怕敌机轰炸，火车上旅客很少，到了开封以后，往东行的大概只有几十个人了。8月20日我们到达南京，找到了设在南京傅厚岗32号的八路军办事处。办事处的负责人叶剑英参谋长亲切接待了我们。他说，你们是办事处的第一批客人，从延安到南京很不容易，很辛苦，要好好休整一下。西安办事处同来的张同志汇报说，由于旅费不足，我们6人坐的是三等车，在车上每天只能吃两顿饭。叶参谋长听了，急忙吩咐接待我们的童小鹏同志多做一点饭菜。办事处才建立起来，一共只有3个人，加上1个做饭的女雇员，大家忙乎了好一阵子，才把我们安顿下来。晚上，我们打地铺睡觉。临睡前，叶参谋长召集我们6个同志说，目前上海战争打得很激烈，南京天天有空袭，很不安全。明天大家到南京中央商场，每人买套衬衣、布衫，买些鞋、袜、牙膏等日用品。我们抓紧到国民党何应钦处换护照，争取你们早日离开南京。

次日上午我们添置了衣物，叶参谋长看了很高兴，他拿着一封信交给郑位三同志说："这是你们到安徽六安督办公署的接洽信，护照由八路军办事处开给你们，希望你们早日同红二十八军高敬亭同志取得联系，我在这里等候你们到达的佳音。"当日下午我们5人又踏上了征途。

8月下旬的一天，我们来到六安，据国民党六安督办公署的一位处长说，红二十八军已于一个月前在岳西境内，同国民党军队达成了停战协议，开始向湖北七里坪、宣化店集结。郑、肖两位同志立即将这一情况用明码电报告知叶参谋长。我们办完手续，立即上路，经正阳关、三河尖、固始到达潢川。在潢川停留一天，郑、肖就派体学和我先到七里坪去找高敬亭同志。

张体学和我从潢川出发，经过两天急行军，来到红安七里坪，见到了分别3

年之久的战友们，见到了老首长高敬亭同志。久别重逢，分外高兴。高敬亭同志用一双饱经风霜的大手把我俩一边抱住一个，左看右看，上下打量，笑着说："都长大了，长高了！"这天晚上，在敬亭同志住的蔡家祠堂里，我们围坐一起，听他详细介绍红二十五军长征后，他收集留下的分散人员成立红二十八军，同敌人坚持3年的艰苦斗争的经过，他还简要叙述了最近同国民党军队谈判的情况。敬亭同志对党中央派郑位三、肖望东等同志来工作表示非常欢迎。次日即派张体学同志率领一个小分队到潢川把郑位三同志接来七里坪。肖望东同志在潢川停留了个把月，负责南京八路军办事处和七里坪的联系，他向中央和南京八路军办事处报告了我们到达的情况。不久，由我和李占彪等同志把他接到七里坪。

到达军部后，郑位三、肖望东向高敬亭等同志传达了党中央、毛主席的指示，在七里坪祝捷大会上，向坚持3年艰苦斗争的红二十八军全体同志以及鄂豫皖革命根据地的人民群众，传达了党中央、毛主席的关怀和问候。不久，我们根据党中央的决定，会同从延安派来的第二批30多名干部一起，协助高敬亭同志，将红二十八军改编为新四军四支队，并进行学习整训。四支队经过整训，战斗力进一步提高，于1938年春开赴皖东，奔向了抗日前线。

原载中共六安地委党史工作委员会编：《皖西革命回忆录：抗日战争时期》，安徽人民出版社，1989年，第1～8页。

我和中国人民共同抗战

◎ 石锦昭子

我是个中国籍的日本人，50 多年前来到中国，和中国人民并肩战斗。中日战争期间，举国奋起，全民抗战的感人情景，至今仍历历在目，使人难以忘怀。

1901 年，我出生在日本枥木县的一个农民家庭里。由于家境清贫，中学毕业后就远离家门去东京明治大学医务室任护士。1923 年，我认识了在明治大学学习的中国留学生翟宗文。经过较长时间相处，我深感宗文是一个富有正义感和追求进步的青年，我们彼此志同道合，互相爱慕，因而不顾父母反对，毅然脱离家庭，于 1927 年在东京结成伉俪。

1929 年秋，我告别了自己的国家——日本，随宗文来到了中国。在上海，我亲眼看到到处都是外国人的租界，英、法、日、美、俄等帝国主义似猛虎恶狼般掠夺中国财富，欺压中国人民，瓜分中国土地，激起了我对帝国主义者侵略行为的极大愤慨，从此我跟随宗文参加革命活动。

到上海后，我们只能暂住在他的革命老前辈同盟会会员朱蕴山老人家里。朱老对我们关怀备至，不仅供给生活费用，还经常和我们聊天，畅谈革命道理，使我们深受教育，获益匪浅。当时，我对宗文不投靠国民党以谋求一官半职的高贵品质深感敬佩。我也多次向他表示："我是同情中国革命才心甘情愿和你结成伴侣而来到中国的，今后为了革命事业，我能经受任何艰苦生活，和你共同战斗。"宗文笑着回答："但愿我们患难与共，白头偕老。"不久，宗文担任中共地下党宣传工作，经常和同志们在夜晚撰写文章，印刷宣传品，我也积极参与。1932 年，蒋介石的特务密谋杀害宗文，幸得一位老友深夜冒险告急，我们及时安全转移到南京。事后宗文对我说："为革命随时都有牺牲的可能，你怕不怕？"我斩钉截铁地说："如果我贪生怕死，能和你来到中国吗？"在共同的战斗中我俩的心贴得更紧了。宗文的战友们常在我家开会，往往密谈到深夜，我总是给他们备夜餐和站岗放哨。平时还帮助宗文印传单，和他们共同战斗。七七事变前夕，日本政府发出通令，凡侨居中国的日本人，一律要限期回国，否则作为叛国论处。我蔑视这一通令，毅然留在中国，协助宗文开展抗日救亡工作。不久，由于国民党军节节败退，沪宁相继失陷，我和宗文只好回到他的家乡——巢县柘皋暂住。

1938 年春，宗文应朱蕴山等人的电约，奔赴六安，我亦随行。宗文先后担任安徽省总动员委员会宣传部总干事和副部长等职，我也参加了省动委会的妇女工作委员会，与孙以瑾、朱澄霞、刘芳等一起搞宣传工作。由于我原是护士，懂得一些医疗技术，因此我还配合国民党二十一集团军卫生队中的中共地下党员师哲（女）筹集药品，经常为省动委会中的中共地下党员和进步人士治病。由于我是日本人，以实际行动反对日本军国主义侵略中国的行径，就格外引人注目，影响较大。

不久，省动委会迁到立煌，我家单独住在省动委会对面小山上 3 间草屋里，地方隐蔽，活动比较方便，成为中共地下党员和进步人士、青年知识分子的秘密集会与联络场所，我为他们做保卫工作。当时，我家经济比较困难，每月收入仅有 50 元。因此，我带着儿子翟大全在山头上开荒种菜，还养了几十只鸡，除了贴补家庭生活，还用来招待来我家开会的同志。童汉章等同志在我家住时，我总是热情安排好他们的生活。有些进步青年从立煌奔赴延安，从我家动身，经济上发生困难时，我们尽最大努力资助他们。

1938 年冬，省动委会在立煌召开千人大会，我应邀出席，并且作了演讲。我说："尽管我是个日本人，但我热爱中国人民。日本军国主义者丧尽天良悍然侵略中国，对中国实行惨无人道的"三光政策"，激起了全世界一切爱好和平的人民的强烈谴责。我现在郑重宣布，坚决站在中国人民这一边，与中国人民一道反对日本侵略者！中国地大物博，人口众多，只要全国人民自强不息，紧密团结起来，正义的战争就一定能够战胜侵略战争，中国必胜！日本军国主义者必败！"当时，我由于中国话讲得还不太流利，难以表达真实情感，因此仍用日语演讲，由宗文当场翻译。我讲话一结束，全场便响起雷鸣般的掌声。中国人民把我看作亲密战友，我感到万分光荣自豪！

为了发展进步势力，省动委会中共地下党员张劲夫、周新民及民主人士朱蕴山、沈子修等向省政府推荐了一批中共地下党员和进步人士参加县级行政工作，宗文被任命为庐江县长。当时情况复杂，由立煌去庐江，沿途有日本侵略军和伪军的封锁、搜查，因此大家劝我暂留立煌。但我为了协助宗文工作，毅然决定和他同往。在赴任途中，我们克服重重困难，在新四军第四支队的武装掩护下，经过将近一周的夜行军才到达目的地。原庐江县长李自强暗通敌伪，凭借武装拒不移交，宗文旋将这一情况向新四军四支队做了汇报。四支队派八团一个营打开了庐江县城，使宗文和随同赴任的陈国栋、史伯石、黄宗柏等同志顺利地接管了县政权。

宗文接任庐江县长以后，主动与中共庐江县委密切合作，广泛开展抗日锄奸工作。但仅历时月余，省府突然来电将宗文召回立煌。宗文面对廖磊的指责，据理力争，进行反驳，使其哑口无言。后经周新民、朱蕴山、光明甫等人联名力保，虽免遭进一步迫害，但廖磊限制了宗文的活动，仅给他一个省府参议空衔，实际上将他软禁起来。

经过这场斗争，我和宗文进一步认识了国民党反共的真面目，更加坚定地为抗战事业奔走呼号，对国民党反共反人民的行为和贪污腐化现象进行了针锋相对的斗争。当时 CC 分子方治利用国民党执行委员的权力贪污赈救安徽难民巨款 20 万元。宗文对此义愤填膺，在省动委会召开千人大会上揭露了方治的贪污丑行，并痛斥方治等是"自私自利、自甘下流、自取灭亡"的三自主义者，是孙中山先生的可耻叛徒。这时，坐在主席台上的方治听了宗文的发言，如坐针毡，狼狈不堪，中途溜走。会后，宗文在周新民、史迁、童汉章等同志的支持下，编写材料，揭露方治一伙假抗日、真反共、假团结、真分裂的伎俩。

李品仙接任安徽省省政府主席以后，大别山形势发生了急骤变化。他下令解散省动委会，并大肆逮捕、屠杀共产党人和进步人士。1943 年冬，史迁等同志又惨遭杀害。这时，我和宗文怀着悲痛的心情，被迫离开了立煌。宗文应省立一师校长贺义昭（进步人士）之聘，到霍邱教书。在那里我们自种蔬菜，继续过着清贫生活。宗文利用讲台，向学生传播进步思想，暗中动员一些进步青年参加革命。我总是为他们备餐送行并资助路费。抗战胜利后，我和宗文离开霍邱，同去芜湖，以公开职业教师为掩护，同中共党员唐晓光、顾训方等同志一起继续从事革命活动。

全国解放后，我曾当选为安徽省第四、五届政协委员。作为一个中国籍的日本人，我唯一的心愿就是：深切盼望中国早日实现社会主义四个现代化，使人民过着更加美满幸福的生活。前事不忘，后事之师，希望中日战争的历史教训被永远记取。

1980年底，我回日本探亲6个月中，谢绝了亲友们的劝说，又返回了第二个故乡中国。时任中共安徽省委第一书记张劲夫同志派专车接我到他家做客。酒席间，张书记风趣地对我说："您这次回日本探亲，我认为您远走高飞，不会再回来了，没想到您还能按期回归中国。"我回答："我和中国共产党有着几十年的深厚感情，老翟逝世后，党和政府对我生活备加照顾，在政治上还安排我为省政协委员，党的恩情使我永生难忘。在中国我有很多像你这样为革命久经考验的老同志，有我和老翟的好朋友，我怎能舍得不回来呢？更何况解放后我怀着万分高兴的心情加入了中国籍，实际上我早已是一个光荣的中国公民，这就更没有任何理由不回归中国。"张书记夫妇听了我这一席话连连点头称赞我说："您不愧是中国人民的亲密战友，您这种热爱中国共产党，热爱社会主义，热爱中国人民的高贵品质令人敬佩。"接着他夫妇举杯敬酒祝愿中日两国人民世世代代友好下去。

（石锦昭子于1985年4月16日在合肥病逝，此文系其子翟大全按照母亲生前口述整理）

原载中共六安地委党史工作委员会编：《皖西革命回忆录：抗日战争时期》，安徽人民出版社，1989年，第172～176页。